다석多夕 류영모柳永模 명상록

다석 사상의 진수
다석多夕 류영모柳永模 명상록

2000년 1월 26일 초판 1쇄 발행
2022년 7월 30일 2판 1쇄 발행

지은이 | 박영호
펴낸이 | 김영호
펴낸곳 | 도서출판 동연
등 록 | 제1-1383호(1992. 6. 12)
주 소 | 서울시 마포구 월드컵로 163-3
전 화 | (02)335-2630
전 송 | (02)335-2640
이메일 | yh4321@gmail.com
블로그 | https://blog.naver.com/dong-yeon-press

ISBN 978-89-6447-783-0 94100
ISBN 978-89-6447-782-3 (박영호의 다석 저작 선집)

다석 사상의 진수

다석多夕 류영모柳永模 명상록

박영호 지음

동연

| 책을 펴내며 |

『다석(多夕) 유영모(柳永模) 명상록』이 출간된 지 20여 년이 지나 이제 재출간하게 되었다.

이 글을 쓰는 본인은 이번 책의 간행에 원고 입력과 교정을 맡아 담당하였다. 다석 한시를 옮기고 풀이하신 이 책의 저자 박영호 선생님은 현재 다석 낱말사전 집필에 몰두하고 계신다.

매월 한두 차례 선생님을 다석 사상 관련 모임에서 만나 뵐 수 있었는데 코로나로 인해서 다석 사상 관련 모임이 열리지 않아 2년여가 지나도록 직접 뵙지는 못하고 간간이 전화 서신으로만 안부를 드리고 근황을 여쭈어보고 있다.

다석(多夕) 님은 우리들에게 많은 가르침을 주셨지만 으뜸으로는 한웋님(하느님) 사랑일 것이다. 다석 님의 유일한 저서 『다석일지』(多夕日誌)는 전체가 하느님 사랑으로 일이관지(一以貫之) 되어 있다. 다석 님은 한웋님(하느님)을 처음에는 ᄒᆞᆫᄋᆞ님으로 쓰셨다. ᄒᆞᆫ은 크다는 뜻이고, ᄋᆞ는 모든 음의 처음이고 총괄하는 뜻이 있다. ᄒᆞᆫᄋᆞ는 온통이요, 전체이다. 님이라는 것은 '머리에 이다'라는 것이고, 임(任)이 아니다. "물건이 중요하면 우리는 머리에 이고 간다. 참 받들어 가는 것이다. 머리에 이고 가는 것을 임(님)이라고 한다. 님이라고 할 때는 아주 정중히 섬기는 것을 말한다"(『다석어록』). 하느님에게 이름을 붙일 수가 없는데 우리는 상대적 존재이기 때문에 안 붙일 수가 없어서 붙여 ᄋᆞ를 드리는데, 그것도 작은 ᄋᆞ가 아니고 큰ᄋᆞ ᄒᆞᆫᄋᆞ님이시다. 나중에는 한웋님으로 바꾸어 쓰셨다. 우리는 낮고 하느님은 우에 계신다.

일전에 박 선생님께 전화를 드리니 현재 가벼운 산책과 다석 낱말사전 집필 그리고 전에 선생님이 집필하신 금강경 반야심경을 읽으면서 힘을 얻고 계신다고 하셨다.

우리가 코로나로 오랜 기간 힘든 시간을 보내고 있지만 어떤 환경에 처해 있고 힘들어도 하느님만 생각하면 기쁨이 샘솟아 올라야 한다는 선생님 말씀을 상기하고 용기를 얻어 분발하고자 한다.

이번에 어려운 출판 환경에서도『다석(多夕) 류영모(柳永模) 명상록』출간을 맡아주신 도서출판 동연에 깊은 감사의 말씀을 드린다.

2022년 5월

다석학회 총무

김병규

| 추천의 글 |

내가 본 다석 류영모

나라마다 민족마다 모두 특유의 자랑거리가 있다. 국토의 아름다움을 자랑하기도 하고 무진장의 자원을 자랑하기도 한다. 그러나 최고의 자랑은 문화이며 한 나라의 최고의 산물은 그 문화를 만든 인물일 것이다. 문화와 큰 인물이 없으면 아름다운 강산도 그림의 떡과 같고, 황량한 사막과 같을 것이다. 이러한 관점에서 이 시대에 다석 류영모(多夕柳永模) 선생이 우리와 함께 살았다는 사실은 참으로 보람과 자랑을 느끼게 한다.

다석(多夕)이 세상을 떠나기까지, 우리나라에서 그를 아는 사람들은 극소수였다. 그가 청년 시절 애국자의 산실이었던 평안북도 오산중학교에서 잠시 교장을 맡았던 일을 내놓고서는 그의 공적인 활동은 거의 알려진 것이 없다. 오히려 그의 애제자였던 함석헌 선생을 통해 함석헌의 은사로서 다소 알려진 정도일 것이다.

다석의 제자로 뚜렷한 두 분이 있다. 한 분은 이화여대의 기독교학과 교수였던 김흥호 선생이고, 또 한 분은 이 책의 저자인 박영호 선생이다. 김 교수는 다석의 일지(日誌)를 해설하는 원고를 2만 4천 장이나 썼는데, 그 원고는 추리고 추려서 내가 경영하는 성천문화재단에서 3권 1질로 출판되었는데, 출판 즉시 모두 판매되어 지금은 절판되었다.

박영호 선생은 다석에 관한 연구 논문을 문화일보에 325회에 걸쳐 연재하여 7권 1질의 책으로 출판하였으나 이 책들 역시 지금은 서점에서 구할 수가 없다.

최근에 박영호 선생이 어렵기로 이름난 『장자』(莊子)를 누구나 쉽게 읽을 수 있게 저술, 출판하였다. 나는 이 책을 읽으면서 다석이 남긴 어려운 한글 시조와 한시(漢詩)도 이처럼 알기 쉽게 해설되어서 단행본으로 발간된다면 사회교육을 위한 책으로 널리 읽힐 수 있을 것으로 생각했다. 박 선생에게 그 뜻을 말했더니 곧 찬성하고 저술에 착수하여 20세기 말에 한국문화를 값지게 장식할 책으로 출간하게 되었다.

어떤 분은 다석을 공자(孔子)와 대등한 인물이라고까지 평하는 이들이 있다. 나로서는 그들의 평에 저항을 느끼지 않는다. 공자는 고대 중국의 어지러운 춘추전국 시대에 여러 나라를 두루 탐방하면서 평화의 정치를 펴도록 유세하였으나 어느 임금도 그가 주장하는 왕도정치(王道政治)를 받아들이지 않았다. 그는 노년에 저술과 교육에 전력을 기울여 동양 제일의 성인으로 추앙받게 되었다. 다석도 좁은 한반도 안에서 일생을 수난 속에서 살았는데, 시종 교육에 진력하였다. 서울 YMCA가 그의 주된 교육장이었다. 다만 그의 말이 난해하기 때문에 공자와는 달리 평생을 따르는 제자가 많지 않았다.

다석은 일상에서도 창조의 생활을 영위하였다. 매일 아침 새벽에 일어나 고전을 읽고 명상을 하는 가운데 떠오르는 영감을 한글 시조와 한문시로 일지(日誌)에 기록하였다. 그 수가 3천이 넘는데, 그의 생각을 표현할 적당한 말이 없을 때는 옛말을 되찾아 쓰기도 하고 스스로 새 말을 만들어 쓰기도 하였다. 학자들은 다석의 종교다원주의가 서양의 학자들보다 70년이나 앞서서 제창되었다고 감탄한 바 있다. 참으로 그는 동서 고전에 널리 통할 뿐 아니라 한결같이 자신의 삶과 사상을 창조하면서 살았다.

다석의 차원 높은 생각과 믿음을 이처럼 알기 쉽게 쓸 수 있는 사람은 김흥호, 박영호 두 제자 외에는 없을 것이다. 일반 사람들은 다석의 글을 읽어도 그 뜻을 모른다. 그중에서 이번에 박영호 선생이 다석 선생의 사상을 일반인들에게 쉽게 소개하는 해설서를 냄으로써 스승의 은혜에 다소라도 보은하게 되어 큰 다행으로 여긴다.

이 책이 널리 읽혀 불모지(不毛地)로 변해 가는 이 시대 한국 사회의 정신 육성에 기름진 토양이 되기를 두 손 모아 빈다.

2000년 1월

서울대학교 명예교수

류달영(柳達永)

| 머리말 |

사물을 바로 볼(正見) 줄 아는 사람은 사람이 한낱 짐승에 지나지 않는다는 것을 알았다. 사람도 짐승 성질(獸性)인 탐 · 진 · 치(貪瞋痴)로 살며 대를 잇는다. 맹자(孟子)가 "사람은 짐승들과 다른 점이 아주 적다"(『맹자』「이루 하편」)라고 말하였으며, 모리스(Desmond Morris)는 "털 없는 원숭이(사람)가 불과 50만 년 사이에 불을 피울 줄 아는 짐승에서 우주선을 만들 줄 아는 짐승으로 극적인 진보를 하였지만, 그 번지르르한 거죽 아래에는 아직도 원숭이의 수성(獸性)이 그대로 남아 있다"(모리스, 『털 없는 원숭이』)라고 말하였다. 사람들은 문명을 이룩한 재능을 뽐내며 짐승들과 다르다는 착각을 하지만 문명의 이기를 다루는 것은 수성(獸性)의 주체인 제나(自我)인 것이다. 지금은 사람들이 자랑스럽게 생각하는 문명 때문에 인류 공멸의 위기를 맞이하였다. 이 위기를 벗어날 수 있는 유일한 길은 탐 · 진 · 치의 수성을 절제, 극복하는 것이다.

야스퍼스(Jaspers)가 인류 문화의 기축시대(基軸時代)라고 일컫는 기원전 1천 년 동안에 털 없는 원숭이들에게 처음으로 생각이 화산에 용암이 뿜어져 나오듯 솟아 나왔다. 그 가운데서 예수와 석가에게는 지극히 놀라운 생각이 그들의 맘에서 샘솟았다. 스스로 짐승이기를 거부하는 거룩한 생각이 나타난 것이다. 어버이가 낳아 준 제나(自我)는 짐승으로 거짓 나이고, 하느님이 주시는 얼나(靈我)가 하느님 아들로 참나라고 하였다. 사람은 짐승인 제나에서 벗어나(解脫) 하느님 아들인 얼나로 자유(自由)해야 한다는 것이다. 해탈한다는 것은 멸망의 제나를 버리는 것이고, 자유한다는 것은 영생의 얼나를 얻는 것이다.

예수와 석가는 영원한 생명인 얼나(불성)에 대해서 올바르게 가르쳤는데 뒷사람들이 제가 자란 정신적인 키만큼 낮춰서 알고 가르치게 되었다. 그리하여 정법(正法)이 제대로 이어오지 못하였다. 그런데 20세기에 들어와 예수와 석가가 다다랐던 구경(究竟)의 깨달음을 얻은 이가 나왔으니 마하트마 간디와 다석(多夕) 류영모(柳永模)이다. 간디와 류영모는 수성(獸性)의 제나(自我)를 버리고 영성(靈性)의 얼나(靈我)로 솟았다. 그 뒤로는 그들의 삶에 탐·진·치는 사라지고 진·선·미를 드러내어 성인(聖人)의 모습을 보였다. 성인이야말로 짐승이 아닌 사람이다.

류영모는 살아서 책을 낸 일이 없다. 류영모의 저술이라면 잡지 「동명」(최남선)과 「성서조선」(김교신)에 기고한 몇 편의 글과 일기뿐이다. 일기에는 자신이 지은 한시(漢詩) 1천 3백 수와 시조(時調) 1천 7백 수가 실려 있다.

류영모의 일기를 『다석일지』(多夕日誌)라 이름하여 영인본으로 출판하였는데(홍익재) 읽은 사람마다 어려워서 모르겠다고 말하였다. 그리하여 김흥호 교수가 『다석일지』 전체에 간략한 풀이를 달아 『柳永模의 명상록』(성천문화재단)으로 출판하였다. 그러나 사람들의 말이 김흥호(金興浩) 교수의 풀이조차도 알기 어렵다고 하였다.

류영모의 값진 영원한 생명의 글이 어려워서 사람들이 핵심에 가까이하지 못하는 것을 안타깝게 생각한 류달영 박사가 이 사람에게 누구나 알기 쉽게, 풀이를 해 보라는 것이었다. 사람들이 쉽게 알게 하자면 적은 분량을 자세히 풀이하는 길뿐이다. 그리하여 먼저 한시 1천 3백 수에서 무게 있는 99수를 골라서 한시(漢詩) 한 수에 5~6쪽의 충분한 풀이를 하였다.

이번에 이 사람이 번역하고 해설한 『다석多夕 류영모柳永模 명상록』을 집필토록 이 사람에게 요청하고 격려한 류달영 박사, 초고를 교열해 준 민항식(閔亢植) 그리고 교정을 도운 김성언(金性彦) 두 얼벗(靈友), 끝으로 이 책 출판에 성심을 다한 신홍범 사장과 두레출판사의 여러분에게 뜨거운 감사의 인사를 드리는 바이다.

2000년 1월 7일

옮기고 풀이한 박영호(朴永浩)

| 차례 |

제2편

제3편

일러두기

1. 이 책에 풀이된 한시(漢詩) 99수는 류영모의 유일한 저술인 『다석일지』(多夕日誌)에 실려 있는 것이다. 한시 총 1천 3백여 수 가운데서 다석 사상의 진수를 맛보일 수 있는 핵심적인 것을 골랐다.
2. 『다석일지』에는 한시(漢詩) 본문만 실려 있다. 원작자인 류영모는 한시에 대한 번역, 주석, 해설을 하지 않았다. 이 책에 붙여진 한시의 번역과 해설은 역해자(譯解者: 박영호)의 몫으로 잘못된 것이 있다면 역해자의 책임이다.
3. 다석 사상의 중심에 직접 닿게 하고자 류영모의 말씀(어록)을 많이 인용하였다. 그 결과로 중복된 인용이 있는 것을 앞서 밝혀 둔다.
4. 『다석일지』 강해는 성천문화재단 강의실에서 역해자가 강의했던 것이다.

제1편

1. 허공과 물질은 하나로 같다
空色一如

찾아도 하나(전체)를 못 얻는 게 물질이며 物色不得一色物
속 빈 걸 얕보다가 빈탕(허공)까지 업신여겨 空虛蔑以加虛空
있음에 아첨하고 없음을 깔보면 바보이며 諛有侮無後天痴
빈탕은 같으나 물질은 다른 게 본디 땅 재주 同空異色本地工
꽃 모양 겉 테두리는 하늘(허공)을 열어 뵈잠 花容虛廓天啓示
겉치레 말 으스대는 짓은 사람의 어쭙잖은 노릇 花語虛風人妄動
간직해 온 낯 세우기 받아들임을 그만두고 服膺體面容納止
곧은 맘 반듯한 몸가짐으로 빔(허공)에 뚫린 바른 님
直內方外中空公

(1956. 12. 27)

物色(물색): 찾다. 得: 얻을 득. 色物(색물): 물질, 물체. 蔑: 업신여길 멸. 加: 업신여길 가. 諛: 아첨할 유. 侮: 업신여길 모. 天痴(천치): 바보. 容: 모양 용. 廓: 둘레 곽. 虛風(허풍): 과장된 언행. 服膺(복응): 가슴에 품고 간직함. 膺: 가슴 응. 容納(용납): 받아들임.

천문학자들은 1천억 개가 넘는 별을 가진 은하 우주가 1천억 개 넘게 있는 대우주를 말하고 있다. 몇십 년 전만 하여도 눈으로 겨우 6천 개의 별을 헤아렸을 뿐이다. 앞으로 천문학자들이 무슨 말을 할지 아무도 모른다. 대우주는 알수록 알 수 없는 신비 그 자체다. 그 가운데서도 이것만은 우리가 말할 수 있다. 대우주는 허공과 물질로 되어 있다는 것과 시간과 공간으로 무한하다는 것이다. 중심은 있어도 둘레는 없는 구(球)처럼 느낀 옛사람들은 대우주를 일원(一圓)이라고 말했다. 천체와 물질을 포용한 단일(單一) 허공 전체를 장자는 대괴(大塊)라 하였고, 맹자는 대체(大體)라 하였다. 스피노자는 전체를 대자연이라 하여 능산(能産)의 자연과 피산(被産)의 자연을 말하였다. 능산의 자연은 허공일 것이고 피산의 자연이 물질일 것이다. 노자는 허공만을 무극(無極)이라 하고, 장자는 물질을 포함한 허공을 태극(太極)이라고 하였다.

예수 · 석가 · 노자 · 장자 · 공자 · 맹자는 전체인 대우주가 사람에게 생각을 일으키는 주체(나)와 성령(얼)으로 충만한 것을 깨달았다. 오직 '하나의 나'이므로 존재이고, '영원한 얼'이므로 생명이다. 이같이 깨달은 사람들은 대우주를 아버지(하느님)라, 니르바나(Nirvana)라 하였다.

류영모는 "단 하나밖에 없는 온통 하나(전체)는 허공이다. 색계(色界)는 물질계이다. 색계는 환상(幻像)이다. 나는 단일 허공을 확실히 느끼는데 하느님의 마음이라고 느껴진다. 단일 허공에 색계가 눈에 티끌과 같이 섞여 있다. 색계에 만족을 느끼면 하느님이 보이지 않는다. 하느님을 찾을 생각도 못 한다. 색계는 허공에 딸려 있다. 허공은 우리 오관(五官)으로 감지해서 알 수 있는 것이 아니다. 허공은 무한하다. 잣 알 하나를 깨뜨리니 속이 비었다는 그따위 허공이 아니다. 우리는 전체인 단일 허공의 존재(하느님)를 느껴야 한다. 참(眞)이란 허공밖에 없다. 물질인 있음(有)의 색계는 거짓이다"(류영모, 『다석어록』)라고 하였다.

존재하는 것은 허공인 하느님뿐이다. 불생불멸의 절대존재인 하느님 밖에는 존재하는 것이 없다. 생멸하는 상대적 존재인 색계의 물질이나 천체는 허공 속에서 별똥별처럼 나타나기 무섭게 사라진다. 별의 일생은 수백억 년이 된다고 하여도 영원에 비기면 찰나에 지나지 않는다. '색(色)은 있다고 할 수 없다'는 뜻에서 공색일여(空色一如)인 것이다. 공(空)과 색(色)이 대등하다는 것이 아니다. 반야심경의 '색불이공 공불이색 색즉시공 공즉시색'(色不異空 空不異色 色卽是空 空卽是色)은 이렇게 알아야 한다.

많은 사람이 하느님을 모른 채 우주를 논하는 것은 예수를 찾아와 예수의 말씀은 못 알아들은 채 겨우 예수의 겉옷 자락을 잡는 것과 같다. 깨달은 이는 우주를 보고 하느님의 존재를 느낀다.

> 우리는 눈에 보이는 것에서 눈에 보이지 않는 것을 늘 생각해야 한다. 우리는 모든 현상 속에서 산 우주가 지니고 있는 생명의 율동을 느껴야 한다. 하늘로 머리를 두는 인간은 하늘을 쳐다보며 우주에서 생명(하느님)의 고동을 느끼면서 기쁨으로 살라는 것이다(『다석어록』).

류영모는 불교에서의 색(色)의 뜻을 풀이하기를 "불교에서 색이라면 물질을 말한다. 물질세계는 빛깔을 띠어 요망한 것이다. 물질이라는 것은 한낱 하잘것없는 것이다. 물질은 무서워할 것도 애착할 것도 없다. 우리의 눈이 빛깔에 홀려 곱게 보이고 요망한 것들이 좋게 보일 때 색물(色物)을 사랑하게 된다"라고 하였다.

"찾아도 하나(전체)를 못 얻는 게 물질이며"(物色不得一色物)

물색(物色)한다는 것은 찾는다는 말이다. 색물(色物)은 물질이나 물체를 말한다. 어떠한 색물도 개체이지 전체인 하나(一)가 아니다. 만물을 포용한 허공에서 전체를 본다. 나 자신도 허공에 안겨 있는 개체의 하나에 지나지 않는다. 개체는 어느 것이나 전체에서 개체로 떨어진 것이다.

류영모는 "우리는 본디부터 여기에 있었던 게 아니고 어디서 떨어져 나왔다는 느낌이 내 속에 있다. 고독하고 비천한 이곳에 낮아지고 떨어졌다는 생각이 든다. 이렇게 타락된 느낌이 있으니까 본디의 모습으로 오르려고 한다. 어디서 떨어졌을까. 그곳이 있을 것으로 생각된다. 그곳이 전체인 하나다"라고 하였다. 전체의 자격을 잃고 개체가 된 것이 타락한 것으로 생각된다. 하이데거가 '던져진 나(企投)'를 알게 된 것도 같은 이치다. 전체를 잃어버린 개체의 나가 현존재다. 개체의 나가 전체의식을 회복할 때 실존이 된다. 예수 · 석가는 전체의식을 회복한 실존자들이다.

류영모는 전체인 하나(하느님)를 회복하는 것을 이렇게 말하였다. "우리는 정신을 바짝 차려서 지나간 나의 무지를 바로 보고 잊어버린 전체를 찾아야 한다. '하나', 이것을 찾아야 한다. 하나는 온전하다. 모든 것(개체)이 하나를 얻자(得一)는 것이다. 어떻게 하면 득일(得一)하나 큰 나(大我) 속에 이것이 있다. 그러니 마침내 하느님 아버지에게 매달릴 수밖에 없다. 큰 나 속으로 들어가는 것이다. 우리가 알 것이 있다면 하나이지 둘이 아니다. 우리는 하나로 시작해서 마침내는 하나로 돌아간다는 생각을 어쩔 수 없이 하게 된다. 또 그렇게 되어야 한다는 강박

된 요구가 우리에게 있다. 대종교가, 대사상가가 믿고 말한다는 것은 다 이 하나(전체)이다"(『다석어록』).

"속 빈 걸 얕보다가 빈탕(허공)까지 업신여겨"(空虛蔑以加虛空)

사람들은 가득 찬 것을 좋아하지, 빈 것은 아주 싫어한다. 빈 지갑, 빈 뒤주, 빈 금고, 빈 곡간이라면 질색이다.

있어야 할 것이 없으면 살아가지 못하기 때문이다. 없음(무소유)은 죽게 됨을 뜻한다. 그래서 빈털터리라면 사람대접을 못 받는다. 사람에게 빈 것을 얕보는 버릇이 생겨 저 영원한 빈탕(허공)까지 무시하게 되었다. 거지를 얕보다가 부처님을 내쫓은 것과 같다. 빈탕(허공)이 전체인 하느님이시다.

류영모는 이르기를 "석가와 장자가 허공을 말하였는데 사람들은 이것을 이단시하였다. 쓸데가 있는 것만 찾는 사람에게는 허공이 쓸데없다고 할 것이다. 그러나 정말 쓸데가 있고 없고는 하늘나라까지 가 보아야 안다. 나는 절대공(絶對空)을 사모한다. 죽으면 어떻게 되나. 아무것도 없다. 아무것도 없는 허공이라야 참이다. 이 허공이 하느님이다. 허공 없이 진실이고 실존이고 어디 있는가. 우주가 허공 없이 어떻게 존재할 수 있는가. 허공 없이 존재하는 것은 없다"(『다석어록』).

"있음에 아첨하고 없음을 깔보면 바보이며"(諛有侮無後天痴)

색(色)이 유(有)고, 공(空)이 무(無)다. 있음(有)에 아첨하는 것은 색물

(色物)에 아첨하는 것이고, 없음(無)을 깔보는 것은 빈탕(虛空)을 깔보는 것이다. 있음에 빠져 없음을 깔보고 나면 하느님을 모르는 바보가 된다. 70억 인류 가운데 하느님을 바로 아는 사람이 몇 사람이나 되는지 모르겠다. 하느님을 모르면 다른 것은 아무리 안다 해도 천치다. 바보인 저능아들은 오히려 천사처럼 순진해 거룩함을 느끼게 한다.

불교에서는 색(色)은 색물을 뜻하지만, 유교에서는 여색(女色)을 뜻한다. 한자 색(色) 자는 남녀가 얼싸안고 있는 꼴을 그린 상형문자다. 그래서 색욕(色慾)이란 낱말이 있다. 공자는 말하기를 "내 아직 속알(얼)을 좋아하기를 아름다운 여인을 좋아하듯 하는 이를 보지 못했다"(吾未見好德如色者也 ―「위령공편」)라고 하였다.

류영모는 "허공을 좋아하기를 아름다운 미인처럼 좋아해야 한다"라고 말하였다. 미색을 좋아하자 미모로 으스대고, 사치로 뽐낸다. 자연의 경색을 좋아하여 관광도 다니고 사진도 찍는다. 이것이 모두 유(有)에 대한 아첨이다. 허공에 대해서는 도무지 관심을 가진 사람이 없을 만큼 허공을 무시한다. 허공이야 없으니 무시하는 것이, 당연하다고 할지 모르나 허공이야말로 우리가 경외해야 할 모든 개체의 근원인 하느님이다. 그래도 멍청한 사람들 속에서 하느님을 바로 아는 슬기로운 이가 있으니 마하트마 간디가 그이다. 마하트마 간디는 자연의 아름다운 경치조차도 하느님을 생각하게 할 때 그것이 존재하는 의미와 가치가 있다고 하였다.

마하트마 간디는 이르기를 "밤하늘 별들 사이에 빛나는 초승달이나 해 질 무렵 붉게 물든 저녁노을 같은 아름다운 자연 풍경은 그 현상 뒤에 하느님이 계신 것을 생각나게 하는 진리적인 면이 있다.

이것들이 아름다울 수 있는 것은 하느님이 창조했기 때문이다. 내가 일몰(日沒)과 월출(月出)의 광경에서 불가사의한 아름다움을 감상할 때 나의 영혼은 하느님을 우러르게 된다. 나는 모든 사람이 이러한 창조물에서 하느님의 존재와 하느님의 사랑을 느끼게 되기를 바란다. 그러나 그러한 아름다운 경치를 보고도 하느님을 명상하는 데 도움을 주지 않는다면 그것은 단순한 방해물에 지나지 않는다. 얼의 활동에 방해가 되는 것은 무엇이든지 나에게는 미로나 덫에 지나지 않는다. 아름다운 미모도 마찬가지로 때로는 정신적인 해탈에 방해가 된다"(마하트마 간디, 『어느 날 아침의 회견』)라고 하였다.

석가는 아예 눈에 보이는 현상세계를 신기루와 같은 환상이나 잠 속에서 꾸는 꿈이라고 하였다(『금강경』「응화비진품」). 이처럼 참사람들은 오히려 있음(有)을 무시하고 없음(無)을 숭상한다. 유(有)는 거짓이요 무(無)는 참이기 때문이다.

"빈탕은 같으나 물질은 다른 게 본디 땅 재주"(同空異色本地工)

허공은 무상(無相)이라 다를 까닭이 없다. 동일(同一)의 허공으로 전체다. 그런데 물질(色物)은 개체들이라 다 다르다. 사람도 모습이 다르고, 음색이 다르고, 지문이 다르다. 아마존 밀림의 보석이라 일컬어지는 아글리아스 나비는 붉고 푸른 무늬가 있는데 그 모양이 나비마다 다 다르다. 이야말로 이색(異色)적이라 아니할 수 없다.

얼른 보면 비슷하게 보이는 얼룩말의 무늬도 다 다르고 고래의 큰 꼬리 모양도 다 다르다. 이것은 물질의 임시 근거이기도 한 땅이 지닌 재주다. 그런데 동양에서는 예로부터 천지인을 삼재(三才)라 하여 우주의 기본 요소로 삼아 왔다. 그러나 그것은 어느 한 면에서의 일에 지나지 않는다.

어느 한 면만을 보고 말하는 근시안적인 견해다. 지구도 사람도 허공인 하늘과 견줄 수 있는 게 아니다. 사람은 지구에 먼지처럼 붙어 있고 지구는 허공에 모래알처럼 담겨 있다.

류영모는 우리가 개체로 태어나서 너와 나로 나누어져 서로가 겨루고 싸우게 된 것을 슬프게 생각하였다.

우리가 할 일은 개체를 초월해 있는 영원한 생명인 얼나로 거듭나자는 것이다. "절대의 아버지께서는 조금도 아쉽거나 모자란 게 없다. 그런데 어째서 우리가 여기서 나와 너로 갈라져 이렇게 되었는지 모른다. 현상계의 제나(自我)라는 것은 참으로 형편없다. 재주도 힘도 아는 것도 없다. 그야말로 외롭고 홀홀하다. 이렇게 나와 너로 갈라져 나와도 서로 통할 수만 있다면 참으로 좋을 텐데 잘 통하질 않는다. 이 몸뚱이라는 게 독감방과 같아 나와 너로 나뉘어 한없이 외롭다. 겨우 말이나 글로 통할 수밖에 없다. 그러므로 서로 속알(얼)을 내놓는 것같이 좋은 일은 없다"(『다석어록』).

"꽃 모양 겉 테두리는 하늘(허공)을 열어 뵈잠"(花容虛廓天啓示)

불교에서 전해오는 말 가운데 염화미소(拈花微笑)라는 널리 회자되는 숙어가 있다. 염화미소라는 말이 생긴 연유는 이렇다. 그날도 영취산에서 석가의 설법이 있었다. 그러나 석가는 금구(金口)의 사자후 설법

대신에 들꽃 한 송이를 쳐들어 보였다. 많은 청중은 석가의 손에 든 꽃 송이를 바라보면서 의아해하였다.

그때 무리 가운데 제자 가섭이 빙그레 입가에 미소를 지었다. 가섭이 미소 짓는 모습을 보고 석가도 마주 미소 지었다. 염화미소란 이렇게 석가와 가섭이 미소의 대화를 한 것이다. 염화미소 속에 석가와 가섭 사이에 참나를 깨닫는 줄탁(啐啄)이 이루어졌다는 것이다. 그런데 그 둘만 알았지, 다른 사람은 석가가 꽃을 든 속뜻을 오늘날까지도 모른다.

류영모는 이 수수께끼 같은 불립문자의 말씀을 시원히 풀었다. "여기에 이 꽃은 꽃을 보라는 것이 아니라 꽃 밖의 허공을 보라는 것이다. 꽃과 허공이 마주치는 아름다운 곡선을 보고도 꽃만 보고, 허공은 못 보았다고 한다. 꽃 테두리 겉인 허공에는 눈길조차 주려 하지 않는다. 꽃을 있게 하는 것은 허공이다. 꽃이 있는 것은 허공을 드러내 뵈자는 것이다. 요즘에는 허공이야말로 가장 다정하게 느껴진다. 허공을 모르고 하는 것은 모두가 거짓이다. 허공은 참이다. 절대자 하느님이나, 무한대한 허공이나 맘속의 얼은 결국 하나인데 왔다 갔다 하는 상대적 존재가 아니라는 것을 이 사람은 인정한다"(『다석어록』).

색계의 만물은 하느님의 존재를 알리는 게시판이요 네온사인이다. 그런데 달을 보라고 가리키는 손가락만 보고 달은 보지 않듯이 게시판이나 네온사인만 보았지, 하느님의 존재를 알고자 하지 않는다.

"겉치레 말 으스대는 짓은 사람의 어쭙잖은 노릇"(花語虛風人妄動)

화어(花語)는 주희가 쓴 말로 겉치레 말을 뜻한다. 화려한 시어(詩語)에는 화어가 많다. 내용도 없는 말인데 그럴듯하게 꾸민 말이다. 허풍(虛風)은 거짓된 허세로 으스대는 것을 말한다. 과장된 행동으로 잘난 체하는 것이다.

이런 짓은 사람의 망령된 행동으로 거짓 나인 제나(자아)가 짓는 죄악의 카르마(업)이다.

류영모는 이르기를 "사람이 사귀는데 얼마만큼 깊이 사귀는 것이냐 하면 피상교(皮相交)에 지나지 않는다. 이것을 가만히 생각하면 참으로 서러운 일이기도 하다. 서로가 좋으면 서로의 겉모습을 대단히 칭찬한다. 옷 입은 것을 보고 무게를 달려고 하는 것은 피상교에 지나지 않는다. 동지(同志)로서, 도반(道伴)으로서 벗을 얻는다는 것은 지극히 어려운 일이다"(『다석어록』).

석가와 석가에게 배우고자 모인 이들, 예수와 예수에게 배우고자 따른 이들 사이에 주고받은 언행은 화어허풍이 아니라 진언성실(眞言誠實)이었다. 그들이 나눈 말머리 화두(話頭)는 하느님(니르바나)이었다. 그들이 보인 사귐의 공안(公案)은 우애였다. 석가와 예수는 하느님(니르바나)의 뜻을 받아 말하고, 뜻을 좇아 움직였다. 류영모는 그들의 언행을 『주역』(周易)에 나오는 전언왕행(前言往行)이라고 말하였다. "앞에 간 사람의 말이요 앞에 간 사람의 길이란 뜻으로 전언왕행이란 말이 있다. 앞에 간 사람들의 언행은 영원 무한한 허공을 생각하여 우주 창조자로 공경하였다. 하느님이야말로 성령이 충만한 대축(大畜)이다. 하늘나라에 머무는 것이 지극한 선에 머무는 지건(止健)이다. 지건대축(止健大畜)할 수 있는 사람은 공색일여(空色一如)를 알 수 있는 사람이다"(『다석어록』).

"간직해 온 낯 세우기 받아들임을 그만두고"(服膺體面容納止)

복응은 가슴에 잊지 않는 것이고 체면은 낯 세우는 것이다. 사람이 몸으로는 짐승이라 짐승 버릇이 있다. 짐승은 적자생존을 위하여 취약점을 숨기며 힘(强力, 能力)있게 보이려고 한다. 그래야 적의 공격을 안 받고 암놈의 관심을 끌 수 있다. 이처럼 자기의 실력 이상으로 과시하고자 하는 데서 체면 문화가 생겼다. 하물며 참나를 깨닫지 못했으면서 참나를 깨달은 성인을 모방해 자신을 내세운다. 그러나 알맹이(얼나) 없는 거짓임이 드러난다. 이것은 참나가 아니라 짐승인 제나(自我)가 분장한 거짓일 뿐이다.

류영모는 체면에 대해서 이르기를 "가족끼리도 체면치레, 동지끼리도 체면치레, 먹는 데도 입는 데도 일체가 체면이니 이 체면을 한번 시원하게 벗어버리고 하느님 아버지 품으로 돌아가기 전에는 참 인생은 없다. 세상에서 입신양명(立身揚名)이니 성공출세(成功出世)니 이런 것 다 집어치우고 진리 속에 들어가는 것만이 참 사는 것이다"라고 하였다(『다석어록』).

제나(自我)의 강화를 위한 체면치레를 그만둔 예수의 맘가짐을 보자. "악에 대항하지 말아라. 누가 오른편 뺨을 치거든 왼뺨마저 돌려대고 또 재판에 걸어 속옷을 가지려고 하거든 겉옷까지 내주어라. 누가 억지로 오 리를 가자고 하거든 십 리를 같이 가 주어라. 달라는 사람에게 주고 꾸려는 사람의 청을 물리치지 말아라"(마태오 5:39-42).

"곧은 맘 반듯한 몸가짐으로 빔(허공)에 뚫린 바른 님"(直內方外中空公)

직내방외(直內方外)는 곧은 맘 반듯한 몸이란 뜻이다. 장자는 이것을 "맘 안에 (얼을) 지니면 밖(몸)이 놀아나지 못한다"(內保之而外不蕩 — 『장자』 덕충부)라고 하였다.

직내(直內)는 곧은 맘, 곧 정직한 맘이다. 류영모는 정직에 대하여 이렇게 말하였다. "하느님 아버지께서 우리에게 이르신 말씀이 정직하게 살라는 것이다. 정직한 길은 옛날부터 하늘에서 주어진 길로 모든 성현이 걸어간 길이다. 이 길만이 마음 놓고 떳떳하게 걸어갈 길이다. 모든 상대세계의 일은 툭툭 털어 버리고 오로지 갈 수 있는 길은 곧은 길뿐이다. 곧은 길만이 일체를 이기는 길이다. 하느님만을 사랑하는 길이 곧은 길이다. 우리는 우리가 얼(靈)의 존재임을 알아야 한다. 우리의 정신이 정직하면 그것은 하느님의 성령이 임했기 때문이다. 마음 문을 닫는 사람은 성령과 아무 상관이 없다. 그래서 예수가 '사람들이 어떤 죄를 짓든 입으로 어떤 욕설을 하든 그것은 다 용서받을 수 있으나 성령을 모독하는 사람은 영원히 용서받지 못할 것이며 그 죄는 영원히 벗어날 길이 없을 것이다'(마르코 복음 3:28-30)라고 하였다. 성령을 거역한다는 것은, 마음을 닫고 하느님의 의(義)를 생각하지 않는 것이다"(『다석어록』).

방외(方外)는 반듯한 몸, 곧 방정한 몸가짐이다. 류영모는 방정에 대하여 이르기를 "우리는 이 세상에서 사는 동안 해서는 안 될 일이 여간 많은 것이 아니다. 해서는 안 되는 일은 끝까지 참아내야 한다. 이런 일을 생각하면 참으로 기가 막힌다. 그러나 견딜 수 없는 것, 참을 수 없는 것을 꾹 참아야 한다. 아니, 해야 될 일은 꾹 참고 지내는 게 필요하다. 이 인생, 이 세상은 그렇게 해야 하는 곳이다. 죽도록 참아야 하는 길이 우리가 지나가는 길이다"라고 하였다.

직내방외(直內方外)의 삶은 한마디로 하면 짐승인 제나(自我)로는 죽고 하느님 아들인 얼나로 살라는 말이다. 제나(自我)를 임자로 하는 짐승살이를 하고서는 그러한 삶을 살 수 없다.

중공(中空)은 허공인 하느님과 뚫렸다는 뜻이다. 하느님과 뚫려야 하느님의 성령이 오게 된다. 류영모는 이르기를 "우리는 이미 정신세계에서 하느님과 연락이 끊어진 지 오래다. 그리하여 사람들이 이승의 짐승이 되었다. 우리들이 산다는 것이 혈육의 짐승이다. 질척질척 지저분하게 먹고 싸기만 하는 짐승이다. 그러나 우리가 하느님으로부터 성령을 받을 때 하느님 아들인 얼나로 사람이 회복된다. 하느님의 성령이 우리의 얼생명인 참나다"라고 하였다(『다석어록』). 류영모는 중(中)을 줄곧 뚫림이라고 하였다. 사람이 하느님과 얼이 막히면 짐승이다. 사람이 짐승이 되면 짐승 이상의 죄악을 저지르게 된다.

제나로 죽고 얼나로 사는 사람이 공인(公人)이다. 공(公)은 파사(破私)를 했다는 뜻이다. 제나가 죽었다는 말이다. 부처, 그리스도, 성인이란 모두가 곧 공인이다. 그러고 보면 이 나라에 공직(公職)에서 일하는 사람 가운데 몇 사람이나 명실상부한 공무원일까. 빙공영사(憑公營私)하는 공무원이 많아서 나랏일이 잘 안 풀리고 오히려 어렵게 만든다.

참으로 공인인 성자에 대하여 류영모는 이르기를 "성인이 누구인가, 몬(물질)에 빠지고 미끄러지려는 나를, 몬(물질)을 차버리고 깨끗해 보려는 사람이 아니겠는가. 위에서 내려오는 성령을 자꾸 생각하여 하느님처럼 거룩해 보자는 것이 성인이 아니겠는가. 위 없다고 말하는 자, 내 위에 누가 있으랴, 하는 자는 지각이 없기로 마치 철없는 사람과 같다. 자기 머리가 가장 위인 줄만 알고 일을 저지르니 그 하는 일마다 못된 짓이 될 수밖에 없다"라고 하였다.

2. 보자, 대자연(하느님)을!
觀太自然界

깜짝 사이 참나 계심을 느끼는 빈 마음 瞬息實存虛空心
여느 일하는 이제라도 세상 소리를 들어야 茶飯現在觀世音
얼의 불꽃에 스스로 더러운 몸을 불살라 性焰自燒却垢肉
재앙(몸)의 씨들은 자기도 모르게 말씀을 거스른다. 禍種無妄逆福音

(1959. 12. 22)

茶飯(다반): 예사로운 일, 항다반(恒茶飯)의 약어. 瞬: 눈 깜짝할 순, 잠깐 순. 瞬息(순식): 눈을 한 번 깜짝이거나 숨을 한 번 쉴 동안의 짧은 시간. 垢: 더러울 구. 焰: 불꽃 염. 燒却(소각): 불 사르다. 無妄(무망): 자기도 모르는 사이에.

류영모는 말하기를 "하느님이라는 말이 싫다면 진리라고 하자. 진리라는 말도 싫다면 자연이라고 하자"라고 하였다. 마하트마 간디는 하느님을 진리라고 하였고 스피노자는 하느님을 자연이라고 하였다. 여기에서 태자연계라고 한 것은 하느님을 말한 것이다. 류영모는 이렇게 말하였다. "온통(전체)을 걱정하는 사람이 없다. 하나(절대)를 생각하는 사람이 없다. 모두가 중간에다 희망을 걸어놓고, 거기에 맞는 진 · 선 · 미를 만들어 놓고 거기에 다다르면 만족한다. 그러나 예수나 석가와 같이 우주를 깊숙이 본 이는 전체요 절대인 하느님 밖에는 모든 것을 거짓으로 보았다. 영원 절대에 비춰보았기 때문이다. 그런데 우주라는 것을 아주 무생물로 취급하는 수가 많다. 생명이 없는 것으로 알고 물건 취급을 하니, 우주도 퍽 대접을 못 받는다. 그러나 대접을 받거나 못 받거나 거기에는 하느님의 성령이 가득 차 있다. 그런데 사람들은 범신론(汎神論) 같은 것을 아주 싫어한다. 사물에도 성령이 있다고 하면 당장 반신론(反神論)이라고 단정을 하고 내던진다. 그렇게 해서는 올바르게 살 수 없다. 자기 것밖에는 모두가 틀렸다, 나쁘다고 하는 것은 안 된다"(『다석어록』).

1512년 11월 1일 만성절(萬聖節)에 세상에 공개된 미켈란젤로의 작품으로 로마에 있는 시스티나 성당 천장화로 그려진 노인 하느님에 익숙해 있는 사람들에게는 스피노자(1632~1677)의 말은 청천벽력과 같은 충격이 아닐 수 없을 것이다. 그러나 이제는 인태신(人態神)의 유치한 신관에서 벗어날 때가 되었다. 하느님은 무형무상(無形無狀)하여 없이 계신다.

스피노자는 이르기를 "그 본성에서 보면 실체는 변태에 선행하여 존재한다. 자연 속에는 실체와 그 변태 이외에는 아무것도 존재하지 않기 때문이다"(스피노자, 『에테카 정리』, 1, 6)라고 하였다. 자연은 영(靈)인 본체와 물(物)인 양태(樣態)로 되어 있는데 양태는 본체인 실체의 변태라는 것이다. 이는 하느님의 말씀으로 만물을 지었다는 요한복음의 사상과 일치한다. 하느님이 체(體)라면 말씀은 용(用)이다. 여기에서 존재론상 명실상부한 유일신관(唯一神觀)을 볼 수 있다. 슈바이처는 범신론이

유일신과 상치하지 않는다고 했지만, 사실은 범신론에서 비로소 절대 존재인 유일신이 드러난다. '하느님은 곧 자연'(Deus sive natura)이란 스피노자의 자연은 '참은 자연의 다스림을 받는다'(道法自然ㅡ『노자』 25장)라고 한 노자의 자연과 일치한다.

R.W.에머슨은 이렇게 말하였다. "우주는 자연과 정신으로 이루어졌다. 자연은 정신의 상징이다"(에머슨,『수상록』 자연편). 에머슨은 스피노자의 자연을 우주라 하였다. 에머슨에게는 우주가 곧 하느님이다. 그러나 스피노자와 에머슨은 류영모처럼 허공을 말하지 않았다. 류영모는 허공을 강조한 것이 다르다. "형이하(形而下)의 물건을 고유(固有)한 것으로 느끼는 것과 형이상(形而上)의 허공을 허무하다고 느끼는 것이 합해진 하나(절대)가 하느님이다"(『다석어록』).

"깜짝 사이 참나 계심을 느끼는 빈 마음"(瞬息實存虛空心)

순식(瞬息)이란 글자 그대로 눈 한 번 깜짝하는 동안 또는 숨 한 번 쉬는 동안을 뜻하는 순간이요 찰나다. 시간은 순간의 연속이다. 사람은 이 순간에 시공의 상대계를 초월하여 절대의 하느님을 만나야 한다. 이것을 깨달음이라 하며 돈오(頓悟)라 한다.

류영모는 이렇게 말하였다. "날아가는 새를 화살로 쏘아 맞히듯이 곧이곧아 신성(神聖)하고, 영명(靈明)하고 영원한 나(하느님)의 한복판을 똑바로 맞추어 참나를 깨닫는 것이 가온찍기(ㄱ̇ㄴ)이다. 내 맘에 하느님으로부터 온 영원한 생명의 긋(點)이 나타난 것이다. 이 가온찍기야말로 진리를 깨닫는 순간이요 영원을 만나는 순간이다. 이 찰나에 영원한 생명(얼나)을 느끼지 못하면 그 사람에게는 영원한 생명은 없다. 영원한 생명인 얼나(靈我)는 시간, 공간과 무관하다."

이제까지 임자 노릇하던 제나(自我)가 거짓 나임을 알고 제나를 버린다. 그러면 맘속에 가득 찼던 탐 · 진 · 치의 수성(獸性)이 없어져 맘이 빈다. 맘이 비면 하느님의 성령이 가득 찬다. 하느님의 성령이 참나다. 이것이 순간에 이루어진다. 이렇게 거짓 나와 참나가 만나면 거짓 나는 사라지고 참나의 존재는 뚜렷해진다. 이것을 하느님을 영광되게 한다는 것이다. 이처럼 상대와 절대, 유한(有限)과 무한(無限)이 만나는 순간이 현존재가 체험하는 실존(實存)의 순간이다. 이것을 류영모는 '가온찍기'라 하였고, 틸리히는 카이로스(Kairos, 瞬間時)라고 하였다. 틸리히는 카이로스를 '영원히 현재에서 분출해 나가는 것'을 체험하는 순간이라고 하였다.

류영모는 이렇게 말하였다. "얼나를 깨달아서 하느님 아들이 된다. 하느님 아들인 참나와 하느님이 얼나로 하나다. 얼나로는 내 생명과 하느님의 생명이 하나다. 얼나와 하느님은 이어져 있다. 그리하여 유한과 무한이 내게서 이어진다. 유한(有限)과 무한(無限)이 이어진 것이 바로 실존이다." 그래서 예수도 "나와 아버지는 하나다"(요한 10:30)라고 하였다. 예수가 말한 나는 하느님이 보내신 성령의 얼나임을 알아야 바로 아는 것이다.

"여느 일하는 이제라도 세상 소리를 들어야"(茶飯現在觀世音)

앞의 구절이 하느님 사랑이라면 이 구절은 이웃사랑이다. 하느님 사랑이 위로 진리(얼나)를 구하는 것이라면(上求菩提) 이웃사랑은 아래로 중생을 교화시키는 것이다(下化衆生). 모든 성인들이 이를 실천하는 것을 삶의 목적으로 삼았다.

다반(茶飯)이란 항다반사(恒茶飯事)를 줄인 것이다. 항다반사란 예사로운 일, 곧 늘 있는 일이란 뜻으로 평범한 일상생활을 말한다. 류영모는 말하기를 "밥 먹고 똥 누고 하는 이 일을 얼마나 더 해보자고 애쓰는 것은 참 우스운 일이다"라고 하였다. 항다반사로 인생을 보내는 것이 어이없다는 말이다. 항다반사가 순조롭지 않아 살려달라는 이들이 많다. 아프리카에 굶어 죽는 사람이 많더니 가까이 북한에도 굶어 죽는 이들이 적지 않다고 한다. 어려운 사람의 호소를 놓치지 않고 들어주는 이가 관세음보살이다. 류영모의 말은 이웃의 항다반사에 현재의 관세음보살이 되자는 것이다.

류영모는 이르기를 "정말 남의 선생 자리에 서는 이는 선지자(先知者)의 성격을 꼭 가져야 한다고 보겠다. 선지자라는 것은 자신을 위해서 사는 것이 없다. 그저 하느님이 맡겨 주신 세상을 바로 보는 것이다. 세상을 바로 보고 생각이 나면 옳은 말을 하지 않을 수 없다. 이것이 그대로 관세음(觀世音)이다. 참으로 남을 도와줄 수 있는 사람이 된다. 자신을 다스리지 못하는 사람은 남을 도와줄 수가 없다"(『다석어록』)라고 하였다.

"얼의 불꽃에 스스로 더러운 몸을 불살라"(性焰自燒却垢肉)

류영모는 말하기를 "미인 코에서는 콧물이 안 나오고 눈에서는 눈물이 안 나오나? 그 몸에서 떨어지는 때는 때가 아닌가? 그 창자에는 똥이 없는가? 절세미인도 알고 보면 똥자루에 지나지 않는다"라고 하였다.

몸이 더러운 것은 씻으면 되지만 씻어도 씻겨지지 않는 더 더러운 것이 우리 몸에 있다. 몸이 지니고 있는 짐승의 성질인 삼독(三毒)이 그것이다. 사람은 이 몸뚱이의 삼독으로 인하여 악마가 될 수도 있다.

예수는 말하기를 "마음에서 나오는 것은 살인 · 간음 · 음란 · 도둑질 · 거짓 증언 · 모독과 같은 여러 가지 악한 생각들이다. 이런 것들이 사람을 더럽히는 것이지 손을 씻지 않고 먹는 것이 사람을 더럽히는 것은 아니다"(마태오 15:16-20)라고 하였다. 예수는 탐 · 진 · 치라는 말은 안 썼으나 모든 죄악을 분류하면 삼독으로 나뉜다. 이 나라 경찰의 위신을 땅에 떨어뜨린 탈옥수 신창원도 알고 보면 무리하게 삼독을 행사한 것이다.

마음의 때(垢)인 삼독(三毒)을 없애는 유일한 길은 하느님의 성령(말씀)으로 불사르는 것이다. "이런 때(垢)를 불살라 버리는 것은 하느님의 말씀이다"(『다석어록』). 하느님의 말씀이 성염(性熖)인 바탈 불꽃이다. 옛 스님들 가운데는 몸을 불살라 등신불(等身佛)이 되기도 했다지만 쓸데없는 짓이다. 자신을 참으로 불사르고 싶으면 하느님 성령인 성염(性熖)으로 수성(獸性)을 불살라 성별(聖別)을 이뤄야 한다. 그것을 실천한 이가 예수나 석가 같은 성인이다.

"재앙(몸)의 씨들은 자기도 모르게 말씀을 거스른다"(禍種無妄逆福音)

재앙의 씨앗은 말할 것도 없이 짐승 성질인 삼독(三毒)이다. 사람도 몸으로는 짐승이라 이 삼독의 수성(獸性)을 지녔다. 우리의 선조는 부끄러운 일이지만 수성인 탐 · 진 · 치 삼독을 밑천으로 살아왔다. 사람이 바로 서는 유인원(類人猿)이 된 지가 2백만 년에서 3백만 년이 된다고 한다. 류영모는 사람의 짐승 성질이 인류의 원죄라고 하였다.

사람에게 끈질긴 삼독의 욕망이 없었다면 벌써 멸종되었을 것이다. 그런데 사람들은 짐승만큼도 삼독을 조절하지 못하고 지나치게 부리다가 재앙을 부른다. 그래서 맹자(孟子)가 이르기를 "하늘이 짓는 재앙은 피할 수 있지만 스스로 짓는 재앙에서는 살길이 없다"(『맹자』 공손추 상)고 하였다. 그러나 하느님이 보내시는 성령의 불길에 짐승의 성질을 불사른 이는 삼독의 욕망에 끌려 하느님의 말씀을 거스르는 일 따위는 없다. 재앙의 씨인 삼독을 좇느라 하느님의 말씀을 거스른다. 하느님의 말씀을 거스르면 멸망이다. 하느님의 말씀이 영원한 생명이기 때문이다. 마하트마 간디는 "하느님을 우리의 마음속에 모시면 악한 생각을 할 수 없게 된다"(간디, 『날마다의 명상』)라고 하였다.

그래서 류영모는 이렇게 말하였다. "사람이 몸으로는 다른 짐승들과 같은데, 그래도 귀한 것이 하느님의 씨(얼)가 사람의 맘속에 깃들여 있는 것이다. 하느님의 씨(얼)는 이 세상에서 그 무엇에도 비할 수 없을 만큼 높고 귀하다. 사람은 분명 짐승인데 짐승의 생각을 하지 않음이 얼로 솟나는 우리의 길이다. 다시 말하면 사람이란 다른 것을 직접 간접으로 잡아먹고 사는 짐승이다. 그런데 다른 짐승과는 달리 하느님의 얼이 있어 맘속을 밝혀 위로 한없이 솟나려 함이 인생의 길이다"(『다석어록』).

3. 만드신 경위
創造始末

뭇 사람이란 다른 게 아니라 사형수 　　衆生無他死刑囚
몸이 죽기까지 처형될 날만 기다려 　　終身有待執行日
헛되이 태어난 처음부터 판결은 선고되고 　　判缺宣告虛誕初
오래 산다 일찍 죽는다지만 한 유예기간 　　猶豫期間壽夭日

(1959. 12. 1)

始末(시말): 경위. 虛: 헛될 허. 待: 기다릴 대. 猶豫(유예): 날짜를 미루다. 壽夭(수요): 오래 사는 것과 일찍 죽는 것.

침팬지와 사람의 유전인자(DNA)는 98%가 같다. 5백만 년 전까지는 공동 조상을 가졌으니 이상할 것이 없다. 공동 조상의 유인원(類人猿)을 프로콘술이라 이름 붙였다. 지금의 침팬지들이 하루아침에 사람처럼 바로 서서 걷고, 말을 하고 하늘에 제사를 지낸다면 얼마나 놀라운 일일까. 그런데 사실은 털 없는 원숭이에 지나지 않는 사람들이 1만 년 전 그와 같은 놀라운 일을 하였던 것이다. 인간이 불을 쓰기 시작한 지가 50만 년 전이고, 원시 농업을 한 지가 1만 년 전의 일이다. 창세기에 아벨과 가인이 유목이나 농사를 하면서 천제(天祭)를 지냈다는 것은 이를 말해준다.

인류 역사가 시작된 것은 털 없는 원숭이가 하느님을 그리워하게 되었을 때부터라 할 것이다. 카시러(Cassirer, 1874~1945)는『언어와 신화』에서 언어와 신화는 한 뿌리에서 돋은 두 가지와 같다고 하였다. 사람이 처음으로 하느님을 그리워하게 된 흔적이 신화(神話)로 남아 있고 하느님에 대한 그리움을 나타내기 위해 말을 하게 된 것이다. 그 이전에는 오늘날의 침팬지와 별로 다르지 않은 수준의 의사소통만을 했을 것이다. 그런 의미에서는 창세기 신화나 단군신화 같은 여러 민족이 가지고 있는 신화의 의미는 자못 깊다고 하겠다. 그러나 또 한편으로는 어린이의 생각처럼 유치하기 때문에 아무것도 아니다. 다만 어린이가 그린 아동화와 대화가가 그린 추상화에 어딘가 상통하는 점이 있을 수 있듯이 무시할 수 없는 상징성은 지니고 있다.

창세기의 여호와(야훼) 하느님도 인태신(人態神)에 지나지 않는다. 하느님을 백발노인으로 생각한 것이다. 미켈란젤로가 시스티나 성전 천장화에 그린 하느님의 모습이 바로 그것이다. 아직도 많은 신자가 인태신관을 갖고 있는 것으로 보인다. 그러나 인류 역사는 보다 더 차원 높은 신관 향상(up lift)에 그 의미가 있다. 그런데 컴퓨터는 업그레이드(up grade)시킬 줄 알면서 신관을 향상시킬 줄 모르고 있다. 신관을 향상시킬 줄 모른다면 인류는 존재할 필요도 가치도 없는 것이다.

류영모는 창세기 신화에 대해 이르기를 "창세기에 적혀 있는 대로 창조주의 하느님을 믿는다는 것은 나와는 상관이 없다. 나는 하느님을 생명의 근본으로, 진리의 근본으로 믿는 것이다. 옛사람들이 천지(天地)에 대한 시말(始末)을 생각해 본 것이 창세기다. 이건 옛사람들의 생각이다. 그걸 오늘의 우리에게 믿으라고 해서는 통하지 않는다"라고 하였다. 창세기의 창조설, 프로티노스의 유출설(流出說), 스피노자의 변태설(變態說) 중에서 스피노자의 변태설이 차원 높은 창조관이라 하겠다. 그러나 이것은 우리 사람의 생각이고 하느님 쪽에서 생각하면 하느님이 절대 유일의 존재로 계실 뿐이다. 공연히 사람들이 옅은 소견으로 이러쿵저러쿵할 뿐이다.

"뭇 사람이란 다른 게 아니라 사형수"(衆生無他死刑囚)

예수를 진리의 자리에서 보면 하느님 아들이지만 세상의 자리에서 보면 처형된 사형수에 지나지 않는다. 세상의 낙오자들이 사형수가 되기도 하지만 선지자들이 사형수가 되기도 한다. 그런데 류영모는 이 세상에 태어난 모든 사람은 이미 나기 전부터 죽음이 언도되어 있는 사형수에 지나지 않는다는 것이다. 역사적으로 중국의 진시황을 비롯하여 많은 사람이 죽음을 맞지 않으려고 안간힘을 썼지만 모두가 실패했다. 류영모는 이렇게 말하였다. "사람들은 사는 동안에 지나친 욕심을 가지고 있다. 산 몸으로 신선(神仙)이 되어 영생불사(永生不死)하기를 바라는가 하면 예수를 믿으면 예수가 내려와서 죽지 않고 살려서 하늘로 구름 타고 올라가기를 바라고 있는데 몸으로 죽지 않고 살 욕심 때문에 이런 것을 믿는다"(『다석어록』).

"몸이 죽기까지 처형될 날만 기다려"(終身有待執行日)

사람들은 자신이 처형을 기다리는 사형수라는 것을 모른다. 아니 알면서도 애써 모른 체하려고 애쓴다. 톨스토이는 석가의 소전기를 쓸 만큼 불교에도 관심을 가지고 있었다. 그의 참회록에는 불경에 나오는 우화를 인용한 곳이 있다. 어떤 나그네가 인생이라는 광야를 헤매다가 고통이라는 사자를 만나 죽기 살기로 도망을 쳐서 가정이라는 오래된 깊은 웅덩이 속으로 피했다. 마침 그곳에 있는 애정이란 관목을 잡고 의지했다. 위에서는 사자가 내려다보며 울부짖고 아래를 내려다보니 죽음이라는 용이 떨어지기만 하면 한입에 삼키려고 입을 벌리고 있었다. 그러나 우선 배가 고팠다. 마침 옆에 쾌락이란 석청이 있어 허겁지겁 먹기 시작했다. 위의 사자도 아래의 용도 다 잊어버렸다.

그런데 잡고 있는 관목 밑동을 흰 쥐와 검은 쥐가 번갈아 가면서 갉아 먹고 있었다. 이것이 사람이 처한 절망스러운 상황이다.

우주 물리학자 스티븐 호킹 때문에 세상에 알려진 루게릭병으로 죽어간 모리 슈워츠라는 이렇게 말하였다. "죽게 되리라는 사실은 누구나 알지만 자기가 죽는다고는 아무도 믿지 않는다. 만약 자신이 죽는 것을 믿는다면 우리는 다른 사람이 될 것이다. 자기는 안 죽을 거라며 자신을 속인다. 사람이 어떻게 죽어야 할지를 배우게 되면 어떻게 살아야 할지도 배울 수 있다. 그러나 다들 잠든 채로 걸어 다니는 것처럼 사니까 우리는 세상을 충분히 경험하지 못한다. 그저 해야 한다고 생각되는 일만 기계적으로 하며 반쯤 졸면서 살고 있기 때문이다"(미치 앨봄, 『모리와 함께한 화요일』).

자로(子路)가 공자(孔子)에게 죽음에 대해 물었다. 그러자 공자가 말하기를 "삶도 알지 못하면서 어찌 죽음을 알겠는가"(未知生 焉知死 — 『논어』「선진편」)라고 하였다. 이는 공자의 말 가운데 가장 미숙한 말이다. 죽음을 알아야 삶을 알 수 있다. 살신성인(殺身成仁)을 말한 공자가 죽음을 몰랐을 리 없다. 만용에 가까운 용기로 목숨을 가볍게 생각하는 자로의 물음이라 핀잔을 준 것 같다. 아마 안회가 같은 질문을 하였으면 그렇게 대답하지는 않았을 것이다. 사람이 70살을 살았다면 70년을 죽어 온 것이다. 일 초 전에 한 일도 내가 바꿀 수 없는데 그것은 '이미 죽은 나'이기 때문이다. 그래서 어떻게 죽어야 할지를 알아야 어떻게 살지를 안다는 것이다. 사는 것이 죽는 것이고, 죽는 것이 사는 것이기 때문이다. 예수는 바로 죽을 줄을 알았기에 바로 살 줄 알았던 것이다.

벽암록에 나오는 운문(雲門)이 그의 문하생들에게 말하였다. "오늘 15일 전의 일은 너희들에게 묻지 않겠다. 오늘 15일 뒤의 일에 대해서 한마디 해 보라." 그러나 아무도 입을 떼는 이가 없자 운문이 스스로 대답하기를 "나날이 좋은 날이다"(日日是好日 — 『벽암록』 제6칙)라고 하였다. 운문의 '나날이 좋은 날'이란 무슨 뜻일까. 세상 사람들이 좋다는 부귀영화를 버린 스님에게는 어떤 날이 좋은 날일까? 사형수에게는 죄수복을 벗는 날이 좋은 날이듯이 나고 죽는 몸 나를 떠나 나지 않고 죽지 않는 얼나로 거듭난 사람에게는 수의(囚衣)의 몸을 벗는 날보다 기쁜 날이 없다. 류영모는 "죽는 날이야말로 축하할 날일지 모른다"라고 말하였다.

"헛되이 태어난 처음부터 판결은 선고되고"(判決宣告虛誕初)

아담과 하와가 여호와 하느님으로부터 받은 사형선고는 이러하였다. "너는 흙으로 돌아갈 것이니라."(창세기 3:19) 류영모는 말하기를 "우리는 날 때부터 사형선고를 받고 있다. 사형수가 교수대에서 밧줄을 목에 걸고 딛고 선 마루청이 떨어지기만을 기다리고 있는 그러한 형편에 우리는 서 있다. 이 사실을 잊으면 쓸데없는 잡념에 시달리고 욕망에 사로잡히고 교만에 빠진다. 종당 죽음이 결정된 사형수들이 서로가 잘났다고 다투다니 사람이란 짐승은 어떻게 생겨 먹은 것인지 모르겠다. 더구나 향락을 하겠다니 요절복통할 일이다"라고 하였다.

의사 안중근(安重根)은 여순 감옥에서 교수형을 받았다. 안중근은 1909년 10월 26일 하얼빈역에서 조선 왕국을 죽인 이토(伊藤博文)를 저격하였다. 그리고 1910년 3월 26일에 사형이 집행되었다. 3분간 기도를 올린 뒤 밧줄이 안중근의 목에 걸치었다. 10시 4분에 간수가 그의 발밑 판자를 떨어뜨리자 그의 몸이 공중에 달렸다. 10시 15분에 의사가 그의 죽음을 확인하였다. 이승에서 저승으로 가는데 11분도 안 걸렸다. 우리의 목에 걸린 눈에 안 보이는 밧줄을 의식하고 살아야 어리석은 사람이 안 된다. 어디까지나 우리는 사형수이기 때문이다.

"오래 산다, 일찍 죽는다지만 한 유예기간"(猶豫期間壽夭日)

젊어서 죽으나 늙어서 죽으나 죽고 나면 마찬가지다. 30대에 죽은 예수와 80살에 죽은 석가가 오늘에 와서 다른 것이 무엇인가. 사형집행을 당긴 것이나 미룬 것이나 오십보백보에 지나지 않는다. 어떤 이는 유예기간을 늘리려고 애를 쓰는가 하면 유예기간이 길다고 못 견디는 이도 있다. 생명은 나의 것이 아니라, 하느님의 것이니 하느님에게 맡겨 놓고 언제라도 죽을 준비를 하는 것이다. '그날이 오늘이다'라고 할 때 '왜?' 하고 대들어서는 안 된다.

류영모는 이렇게 말하였다. "이 몸은 얼마 앞서 어쩌다가 부모님의 정혈(精血)로 실없이 시작했으니 조만간 사라져 버린다는 것을 잊지 말아야 한다. 산다는 것도, 죽는다는 것도 아무것도 아니다. 우리는 몸으로는 죽기 위해 온 것이다. 자꾸 더 살자고 애쓰지 말아야 한다.

이 몸을 버리고 하느님 아버지께로 가는 게 영생이다. 날마다의 생각을 아름답고 거룩하게 하자. 참된 생각이란 죽는 연습이다. 죽음을 생각하여 언제 떠나도 미련이 없도록 준비와 각오를 하면 좀 더 생각을 깊이 하게 된다. 인간의 몸뚱어리는 아끼고 아끼다가 거름이 될 뿐이다. 죽음의 연습이란 것은 오늘 하루하루를 참되고 아름답게 생각의 꽃을 피우는 것이다. 나는 오늘 내 삶의 순간순간을 또박또박 참되고 아름답게 가면 마지막 끝(終命)도 참되고 아름답다"(『다석어록』).

전체(하느님)의 생명으로 있던 것이 전체를 잃고 개체(個體)로 떨어져 유배(流配) 생활 아닌 유배 생활을 하다가, 유배 생활에서 풀려나 전체로 돌아가는 것이 이른바 죽음이다. 개체에게는 더없이 기쁜 날이요 감격스러운 날이다. 비록 개체로 있으면서도 전체(하느님)의식을 회복한 것이 신앙이다. "임의 종인 죽음이 이 몸의 문 앞에 왔나이다. (줄임) 이 몸은 양손을 맞잡고 눈물로써 그를 공경하겠나이다"(타고르, 『기탄자리』)라고 한 타고르도 훌륭하지만 "나는 죽음 맛 좀 보고 싶다. 그런데 그 죽음 맛을 보기 싫다는 게 뭔가. 이 몸은 내던지고 얼은 들려야 한다"는 류영모도 훌륭하다.

4. (하느님)상 보기 觀相
— 하느님은 죽지 않는다 谷神不死

빈탕의 모습 장엄한데 만물은 꼴을 뵈고　　空相莊嚴物現象
빛깔 · 모양 좋다 나쁘다간 나도 몰래 흘려　　色相好惡我隱惑
눈으로 보니 흐리고 어둬 낮도깨비 나와　　小見渾盲鬼出晝
얼로 보니 분명 하느님 다니는 골　　大觀分明神運谷
(1901. 11. 4)

相: 상볼 상. 象: 형상 상. 隱: 숨길 은. 渾: 흐릴 혼.

류영모가 이 한시를 쓰게 된 데는 숨은 얘기가 있다. 류영모는 안사람들의 일손을 덜어주자며 국민복을 지어 입은 적이 있다. 그때 염락준을 비롯한 몇몇 제자들도 따라, 지어 입었다. 국민복이란 넥타이를 안 매는 양복을 말한다. 공산주의자들이 입는 레닌복을 연상하면 된다. 그러고는 일생 동안 한복을 입었다. 삭발한 머리에 무명으로 지은 한복을 입고 고무신을 신고 천으로 된 손가방을 들고 다녔다. 손가방에는

YMCA 연경반에서 강의할 교재가 들어 있었다. 이러한 류영모의 차림을 보고 어떤 이가 '사주 관상을 보는가'라고 물었다. 허름하게 차린 슈바이처를 보고 '고물 장수인가?'라고 묻는 이가 있었다.

류영모는 "이왕 관상쟁이라는 말을 들었으니 하느님 아버지의 관상을 보았다"라고 말하면서 이 한시를 교재로 강의하였다. 또 류영모는 말하기를 "이상하게도 우리나라 사람들이 『주역』을 많이 배워오고 또 이것을 가지고 무엇을 아는 체하려고 하는 사람들이 많다. 그래서 『주역』을 아주 미신으로 만들어버렸다.

나는 점치는 것을 미워한다. 보통 사람의 힘으로는 알 수 없는 것을 알고 싶어 하는 사람일수록 영(靈)한 사람을 찾는다. 그래서 귀신 잡힌 사람을 무당이라 하여 무당을 찾는다. 이래서 사교(邪敎)도 생긴다. 교육을 받았다는 사람도 이런 데에 흥미를 갖는 이가 아주 많다. 이들은 덜된 사람으로서 영(靈)에 통한 사람이 아니라 마(魔)에 씌인 사람이다. 우리의 진리 정신을 키울 생각으로 신통(神通)을 찾으면 그것은 진리를 찾는 것과 조금도 다를 것이 없다. 그러나 욕심으로 얼을 찾으면 그것은 사악(邪惡)에 떨어지고 만다. 신통이 문제가 아니라 사람의 마음이 문제다. 마음이 깨끗하면 성령이 되고 마음이 더러우면 악마가 된다"라고 하였다.

사람은 누구나 정도의 차이는 있을지 모르나 고생하다 죽게 되어 있다. 창세기에는 "아담에서부터 이미 사람은 이마에 땀 흘리며 고생한 뒤에 흙으로 돌아간다"(창세기 3:17-19)라고 하였다.

류영모는 말하기를 "평안하게 부모의 품 안에서 자라 따뜻한 이부자리에서 평생을 지내고 모두가 환영하고 모든 일이 즐거운 것만이 인생으로 알면 틀린 것이다. 나의 생명은 하느님의 것이니 살리거나 죽이거나 하느님 아버지께서 맘대로 하시라고 맡기는 게 아들의 마음이다. 우리는 하느님께서 살려주시는 동안 하느님을 찾아야 한다. 한 시간 동안을 살게 해주면 그 시간 동안에 하느님 아버지 당신을 찾으라고 주신 것이다. 하느님이 나의 나인 참나(眞我)라 찾지 않을 수 없다. 우리를 살리는 동안에 하느님께 다다라야 한다"라고 하였다.

그러니 내 관상을 남에게 보아 달랄 필요가 없고 남의 관상을 내가 보아줄 필요도 없다. 사람은 누구나 고난 속에서만 얼나를 깨닫게 된다. 예수처럼 얼나를 깨달아 하느님을 위해서 고생하고 죽을 줄 아는 지혜와 믿음이 있어야 한다. 석가처럼 스스로 고생을 사서 하고 고생을 즐기며 참을 드러내는 청정과 반야가 있어야 한다.

"빈탕의 모습 장엄한데 만물은 꼴을 뵈고"(空相莊嚴物現象)

하느님은 실체인 무(無)와 양태(樣態)인 유(有)로 되어 있다. 하느님은 무(無)와 유(有) 바꾸어 말하면 공(空)과 색(色)으로 되어 있다. 그런데 유(有)는 자꾸만 바뀐다. 무(無)는 바뀌지 않는다. 그러므로 전체인 하느님으로는 바뀌면서도 바뀌지 않는다고 말할 수 있다. 류영모는 이르기를 "대우주 전체는 언제나 자기가 아니면서 자기다. 자기가 아니라는 것은 계속 변해 간다는 말이다. 계속 변하여 자기가 없어지지만, 대우주는 여전히 대우주라는 것이다. 변하는 것이 변하지 않는 것이다"라고 하였다. 하느님은 변하지 않는 무(無)와 변하는 유(有)의 양면을 가졌기에 전체로는 변하면서 변하지 않고 변하지 않으면서 변한다. 맷돌 위짝은 돌아가지만, 밑짝은 움직이지 않는다. 그러나 전체적으로는 맷돌이

돌아간다고 말할 수밖에 없는 것과 같다.

그 누구도 그 무엇도 하느님 밖으로 나갈 수 없다. 하느님 밖이 없다. 하느님 밖에서 하느님을 본다면 하느님은 공상(空相)이라고 말할 수 없다. 하느님은 분명히 색(色)도 지녔기 때문이다. 그러나 사람인 우리가 색(色)이기 때문에 하느님을 말할 때는 불변의 공상(空相)을 말할 수밖에 없다. 또한 색계(色界)를 거짓이라고 부정하지 않을 수 없다. 색계의 만물은 없다가 있고, 있다가 없어지는 상대적 존재이기 때문이다. 공(空)이 주(主)이고 색(色)은 종(從)이므로 종(從)인 사람은 색계를 대표하여 색(色)을 부인하고 주(主)인 공(空)을 높여야 한다. 이렇게 깨닫고 실천한 이가 예수요 석가인 것이다. 류영모의 생각도 예수나 석가의 생각과 일치함은 놀랍지만 당연하다. 진리(하느님)는 하나이기 때문이다. "하느님의 얼굴이라 할 수 있는 공상(空相)이야말로 참으로 장엄하다. 이 우주의 만물은 공상(空相)을 나타낸 것이다. 우주의 만물이 전부 동원해서 겨우 이 공상(空相)을 나타내고 있다. 그런데 사람들이 붓끝 같은 물체만 보고 허공은 못 보다니 제가 좀팽이 같은 것이라서 물체밖에 못 본다"(『다석어록』).

류영모가 하느님의 얼굴이라 생각하고 공상(空相)의 관상을 보니 곡신불사(谷神不死)였다. 곡신(谷神)이란 노자(老子)가 쓴 하느님의 별칭이다. 곡(谷) 자는 하늘(天)을 그린 상형문자다. 아래 입구(口)는 둥그런 하늘을 그린 것이고 위에 여덟 팔 자(八)가 겹친 것은 하늘에서 빛줄기가 떨어지는 것을 그린 것이다. 곡(谷)이야말로 우주를 그린 것이다. 곡신(谷神)은 천신(天神)이다. '하느님은 죽지 않는다'(谷神 不死 — 『노자』 6장)가 하느님의 관상을 본 점괘다. '곡신불생불사'(谷神不生不死)인 것이다.

비롯이 있고 마침이 있는 것은 하느님이 아니다.

창세기 첫머리의 맨 처음이란 상대세계의 맨 처음일 뿐 하느님 자신에게는 처음도 마침도 없다. 류영모는 이르기를 "언제부터 어디서 어떻게 생겨 무슨 이름으로 불려지는 것은 하느님이 아니다"라고 하였다. 유일한 존재이신 하느님은 불생불사이기 때문이다. 상대 존재인 개체가 나고 죽는 것은 난 것도 아니고 죽는 것도 아니다. 개체는 있다고 할 수 없는 거짓이기 때문이다.

노자(老子)는 하느님의 관상을 보고 그 신비함에 황홀(恍惚)을 체험하였다. 장자(莊子)는 하느님의 상을 보고 그 권위에 좌망(坐忘)을 체험하였다. 예수는 하느님의 상을 보고 거룩한 광영(光榮)을 체험하였다. 석가는 하느님(니르바나)의 상을 보고 기쁨의 법열(法悅)을 체험하였다. 류영모는 말하기를 "색상(色相)이 없는 하느님 아버지의 공상(空相)은 햇빛보다 밝은 영광스러운 모습이다. 진리(말씀)란 하느님 아버지께서 그 모습을 드러낸 것이다"라고 하였다.

"빛깔 · 모양 좋다 나쁘다간 나도 홀려"(色相好惡我隱惑)

공상(空相)인 하느님의 모습을 뵙고자 나온 인생인데 엉뚱하게 색상(色相)에 홀려 정신을 차리지 못하는 것은 엄청난 미혹(迷惑)이 아닐 수 없다. 서울역으로 손님을 맞이하러 왔다가 휘황찬란한 네온사인의 빛깔에 홀려 손님맞이를 잊어버리는 것과 같다. "세상을 사랑하면 몸으로 멸망한다. 진리를 따르면 얼로 살아난다"라고 류영모는 말하였다. 세상이 색상(色相)이요 진리는 하느님이다. 참사람은 몸살림의 의 · 식 · 주는 간소하게 하고 맘 살림은 진 · 선 · 미로 풍성하게 살았다. 이것을 마하트마 간디는 진리파지를 위한 단순 생활(simple life)이라고 하였다.

그런데 사람들은 색신(色身)에 붙잡혀 색상(色相)에 홀리고 색계(色界)에 갇혀 짐승 노릇을 하고 있다. 그래서 류영모는 "세상에 영웅이라는 자들이 권력 금력을 잡으면 고작 호의호식(好衣好食)에 미녀(美女)를 많이 거느리는 것이 다인 줄로 생각한다. 악마의 나라를 세워놓고 멸망해간다"(『다석어록』)라고 하였다. 중국 삼국을 통일한 진(晉)나라 무왕(武王)이 처음 임금이 되어서는 청렴한 성군(聖君)이 되겠다고 호언하더니 차차 색상(色相)에 빠져들어 1만 명의 미녀를 거느리는 색광(色狂)이 되었다. 사람들은 멸망을 자초하는 그러한 영웅을 부러워하여 그 흉내라도 내 보겠다고 눈이 시뻘겋다.

"눈으로 보니 흐리고 어둬 낮도깨비 나와"(小見渾盲鬼出晝)

몸으로는 사람도 짐승이다. 짐승인 제나(自我)로는 자신과 새끼밖에 모른다. 짐승이 사는 목적은 오로지 새끼 치는 생식(生殖)에 있기 때문이다.

영원한 생명인 얼나를 깨달은 이는 몸이 죽는 것을 두려워할 것도 싫어할 것도 없다. 전체인 얼나(하느님)로는 죽음이 없다. 류영모는 말하기를 "죽음은 없다. 그런데 죽음이 있는 줄 알고 무서워한다. 죽음을 무서워하는 육체적 생각을 내던져야 한다"라고 하였다. 죽음을 무서워하는 이는 죽음에 대한 공포로 인하여 도깨비, 허깨비가 보인다. 그래서 하느님을 모르는 사람일수록 미신, 잡신을 믿는다. 몇십 년 전만 하여도 집집마다 잡신이 우글거렸다. 부엌에는 부엌 신, 아궁이에는 아궁이신, 뒷간에는 뒷간 신, 우물에는 용왕신, 방안에 방구석 신 등이 수두룩하였다. 그 신들에게 몸의 안녕을 빌어야 했다. 전체(절대) 신관이 확립되지 않은 옛사람들에게는 전 세계에 공통적으로 애니머티즘(animatism), 애니미즘(animism), 토테미즘(totemism), 반인반동물신(半人半動物神), 인태신(人態神)으로 신관이 변천되어왔다. 이게 다 대낮에 도깨비 나오는 얘기다. 영원한 생명인 얼나를 깨달은 이는 참나인 하느님만이 존재하는 것을 안다. 하느님밖에는 어떤 존재도 없으므로 잡귀, 잡신이 존재할 수 없다.

"얼로 보니 분명 하느님 다니는 골"(大觀分明神運谷)

몸의 눈으로 보는 것이 소견(小見)이고 맘의 얼로 생각하는 것이 대관(大觀)이다. 소견으로는 창공이 우주로만 보이지만 대관하면 우주가 하느님으로 보인다. 칸트를 비롯한 많은 철학자가 하느님의 존재를 규명하려다가 못하였다. 우주가 그대로 하느님인 것을 몰랐다. 필립보가 예수에게 하느님을 뵙게 해 달라고 하였다. 예수가 대답하기를 "나를 보았으면 곧 아버지를 본 것이다"(요한 14:9)라고 하였다. 나는 전체인 하느님의 한 부분인 개체다. 부분이 있는 것이 전체가 있는 증거인데 무슨 증거가 따로 필요하단 말인가.

하느님인 우주에 대해서도 분명히 알아야 한다. 과학자들이 말하는 170억 년 전 우주란(宇宙卵)의 대폭발(Big Bang)로 벌어진, 팽창하고 있는 유한우주(有限宇宙)와 유한우주를 감싸고 있는 무한우주(無限宇宙)가 있다. 이 무한우주가 하느님의 실체다. 무한우주 속에 유한우주가 생멸하고 있다. 무한우주 속에서 별의 불꽃놀이 하는 것이 유한우주다.

5. 삼독을 버린 뒤에 (니르바나의) 길을 닦는다
除三毒而後修行

하루에 한 번씩 식욕을 시험받고 一日一試貪
일생 동안 몇 번 (아내와) 함께해 一代幾度痴
눈동자에 성냄을 맑게 씻어버려야 眸子滌除瞋
사람이 바른말을 말할 때 人生正語時

(1957. 8. 25)

除 버릴 제. 修: 닦을 수. 行: 길 행. 試 시험할 시. 眸子(모자): 눈동자. 眸: 눈동자 모. 滌除(척제): 씻어버리다. 滌: 씻을 척. 瞋: 성낼 진. 時: 기약할 시.

삼독(三毒)이란 불교에서 나온 말이다. 사람이 지닌 짐승의 성질을 말한다. 20세기에 와서 가장 영향을 끼친 사상가가 마르크스와 프로이트인데 이들의 공통점은 사람이 지닌 탐·진·치의 수성(獸性)을 재발견한 데에 기초하여 사상을 전개한 점이다. 마르크스는 탐과 진에 기초하였고, 프로이트는 치에 근거하였다. 사람이 지닌 세 가지 독한 짐승 성질이 삼독이다. 첫째가 탐(貪)이다. 탐이란 먹는 데서부터 시작해서 강도 짓을 하는 데까지 이른다. 둘째는 진(瞋)이다. 진이란 미워하는 데서 살인하는 데까지 이른다. 셋째는 치(痴)이다. 치란 음담패설에서 강간에까지 이른다. 동물학자들이 동물의 본성을 feeding(貪), fighting(瞋), sex(痴)라고 하는 것과 일치한다. 그러므로 사람이 아무리 짐승들을 얕본다 하여도 삼독을 지닌 점에서는 다를 것이 없다. 류영모는 이르기를 "우리의 몸은 삼독에서 나온 짐승이기 때문에 탐 · 진 · 치에 빠져 있다. 우리는 탐 · 진 · 치라는 짐승 성질을 버리고 사람 노릇 하자는 것이다. 도덕이란 탐 · 진 · 치를 벗어나는 것이다. 사람은 몸으로는 분명 짐승인데 짐승의 생각을 하지 않음이 얼 사람으로 솟나는 우리의 길이다"라고 하였다.

삼독(三毒)은 짐승들에게는 삼덕(三德)이다. 탐 · 진 · 치가 아니면 어떠한 동물도 생존할 수도, 번식할 수도 없다. 사람도 오늘날까지 몇백만 년을 버텨 온 것은 삼독의 법칙에 따랐기 때문이다. 삼독을 버리자고 한 류영모도 이것을 인정하였다. "탐 · 진 · 치를 삼독이라 한다. 사람이 삼악(三惡)을 저지르면 개운치 않다. 그런데 탐 · 진 · 치, 이것은 인생살이의 살림 밑천이다. 그걸로 우리가 이 세상에 나왔고 먹고 자랐으며 또 진취적이 된다. 이게 모순인데 그대로 두어야 한다"(류영모, 『다석일지』).

사람이 유인원(類人猿)으로 침팬지 옆에 서야 한다. 그러나 바로 서는 직립 유인원은 사람뿐이다. "사람이 다른 동물과 달리 곧이 곧장 일어설 수 있는 것은 하늘에서 온 탓이라고 생각된다. 사람은 하느님께로부터 왔기 때문에 언제나 하늘로 머리를 두고 하늘을 사모하며 곧이 곧장 일어서서 하늘을 그리워하는 것 같다"(『다석어록』).

사람이 직립(直立)한 지 2백만 년도 더 지난 지금으로부터 2천5백 년 전에 석가 · 노자 · 공자 · 예수가 나와서 하나같이 탐 · 진 · 치의 수성(獸性)을 버려야 한다고 말하였다. 이것은 짐승의 한 무리에 지나지 않는 사람에게는 청천벽력과 같은 놀라운 사실이 아닐 수 없다. 삼독을 깨끗이 버리면 짐승인 몸 사람으로서는 자살하는 것과 다름이 없다. 짐승인 몸으로서는 죽어서 하느님 아들인 얼로 하느님 사랑을 이루라는 것이다. 공자(孔子)는 이것을 살신성인(殺身成仁)이라고 하였다. 예수는 살신성인의 모범을 보여주었다. 예수가 "앙갚음하지 말아라. 누가 오른 빰을 치거든 왼빰마저 돌려대고 또 재판에 걸어 속옷을 가지려고 하거든 겉옷까지도 내주어라. 누가 억지로 오리를 가자고 하거든 십리를 가 주어라"(마태오 5:39-41)라고 한 것은 한마디로 하면 살신성인인 것이다. 짐승인 제나(自我)로 죽는 살신성인에 이르지 않고는 예수의 말대로 할 수 없다.

그러므로 사람은 먼저 삼독을 버리기 위해 제나(自我)가 죽어야 한다. 제나는 제나가 거짓 나인 줄 스스로 알면 저절로 죽는다. 거짓 돈은 거짓 돈인 것이 폭로되면 값어치가 사라지는 것과 같다. 거짓 나가 죽으면 참나인 하느님이 오신다. 내 마음속에 오신 하느님이 얼나(靈我)다. 제삼독이후수행(除三毒而後修行)은 마하트마 간디가 말한 "제나가 죽을 때 얼나가 깬다"(When the ego dies, the soul awakes. —간디, 『날마다의 명상』)와 같은 뜻이다.

류영모는 이렇게 말하였다. "어릴 때 노릇은 짐승의 버릇이라고 한다. 사람이 어릴 때 노는 일은 모두 좋은지 나쁜지 분간하지 못한다. 이것을 분간하면 어리다고 하지 않는다. 짐승은 먹는 것, 싸우는 것, 새끼

치는 것밖에 모른다. 이승에서 배운 먹고 싸우고 싸는 못된 짐승 버릇을 끊게 하려고 하면 안 된다. 하느님의 말씀을 읽게 하고 알게 해주면 스스로 자연히 끊게 된다. 자연의 프로그램에는 다 방정식이 있다. 순서가 바뀌어서 모두가 갈피를 못 잡고 있다. 사람들이 짐승 노릇 버리도록, 하느님 생각 이루도록 하라는 말씀이다. 20세 전의 이 사람 일을 생각하면 참 짐승 노릇 하였다는 것을 느낀다"(『다석어록』).

삼독을 버리고 수행을 잘하여 니르바나(Nirvana)의 대도(大道)를 이룬 이가 석가 부처(Buddha)다. 석가가 가르친 여섯 파라밀다가 바로 '제삼독이후수행'(除三毒而後修行)을 말한 것이다. 앞의 보시(布施), 지계(持戒), 인욕(忍辱)은 삼독을 버리라는 가르침이다. 보시는 탐(貪)을 버리는 것이요, 지계는 진(瞋)를 버리는 것이요, 인욕은 치(痴)를 버리는 것이다. 뒤의 정진(精進) 선정(禪定), 반야(般若)는 수행하여 니르바나에 이르는 것이다. 니르바나(하느님)를 그리는 것이 정진이요 니르바나를 품는 것이 선정이요 니르바나를 세상에 증언하는 것이 반야이다.

"하루에 한 번씩 식욕을 시험받고"(一日一試食)

이것은 류영모 자신이 짐승 성질과 싸운 것을 말한 것이다. 류영모는 15세에 하느님에 대한 초발심을 일으켜 서울 중앙 YMCA와 서울 연동교회에 나가게 되었다. 이때는 남이 가르쳐 주는 대로 받아들인 기독교 교리에 맹종하는 신앙이었다. 22세부터는 스스로의 힘으로 하느님을 찾겠다는 자립의 신앙이었다. 52세에 이르러서는 스스로 최고의 깨달음을 얻은 구경(究竟)의 신앙이었다.

52세부터 하루 한 끼씩만 먹었다. 그것은 하루에 한 번씩 식탐을 시험받았다는 말이다. 하루에 한 끼만 먹으니 얼마나 배고팠겠는가. 식욕을 억제하느라고 안간힘을 썼던 것이다. 식욕에 끌려가면 과식을 하게 된다. "이 사람은 하루에 한 끼 먹으니 한 번씩은 탐한다. 이 시험을 날마다 한 번씩은 당한다. 한 끼 먹기 전에는 하루에 두 끼씩 먹었다. 하루에 한 끼 먹은 지가 올해로(1960년) 한 20년 된다. 새해 2월 18일이 꼭 20년이다. 다른 건 몰라도 일중(日中)하는 것을 호기심으로 사람들이 내게 물어본다"(『다석어록』).

"일생 동안 몇 번 (아내와) 함께해"(一代幾度痴)

류영모는 52세에 금욕생활과 일일 일식을 함께 시작하여 식색(食色)을 함께 끊은 것이다. 색과 달리 식은 완전히 끊으면 죽기 때문에 하느님이 맡기신 사명을, 할 만큼 하루에 한 끼만 먹었다. 류영모는 하루에 한 끼만 먹는 것은 굶는 것이라 안 먹는 것과 같다고 하였다. 평생에 몇 번 어리석은 짓을 하였다는 것은 52세 이전에 부부 사이에 성생활이 있었던 것을 말한 것으로 그 결과 3남 1녀의 자녀를 두었다.

"남녀관계의 그것은 몇 번 당했다는 것을 본인하고 하느님만 아는 사실이니까 발표할 수 없다. 평생에 몇 번 당해서 자식을 낳았다. 나는 51세까지 범방(犯房)을 했는데 그 뒤로는 아주 끊었다. 아기 낳고 하던 일이 꼭 전생(前生)에 하던 일같이 생각된다. 정욕이 없어서 그런 게 아니다. 사람 노릇 하려고 끊었다"(『다석어록』).

짐승들의 생존 목적은 종족 보존에 있다. 종족 보존을 위해서는 무슨 일을 해도 좋다. 류영모는 짐승인 종족이 단절되는 것이 하느님 아들인 얼나의 이상이라고 말하였다. 그래서 예수는 혼인하지 않았고 석가는 출가에 앞서 낳은 외아들 라훌라도 출가시켜 석가의 혈손(血孫)은 끊어졌다. 이것이 그리스도나 붓다(Buddha)가 보여주는 사상의 진수다. 류영모는 이렇게 말하였다. "영원한 생명은 빼앗기는 것이 아니라 내가 버리는 것뿐이다. 몸생명을 얻기 위해 얼생명을 버리는 것이 생식(生殖)하는 것이다. 얼생명을 얻기 위해 몸생명을 버리는 것이 천명(天命)이다. 몸을 버리고 세상을 버리는 것이 믿음에 들어가는 것이다. 식욕, 색욕을 미워하고 버려야 한다. 우주, 세상을 미워하고 버려야 한다"(『다석어록』).

이 음란한 세상이 류영모의 이러한 말을 들을 까닭이 없다. 예수 · 석가의 말을 귀 넘어 듣고 톨스토이 · 간디의 말을 우습게 듣는 이 세상이 아니던가. 그런데 문화일보에 연재되고 출판된 다석사상 전집 7권을 읽은 한 독자(元善基)가 1998년에 66세의 나이로 세상을 떠나면서 그의 외동딸(원성원)에게 "너는 될 수 있으면 시집가지 말고 깨끗하게 살라"는 유언을 하였다. 증자(曾子)가 이르기를 "새가 장차 죽으려 할 때 그 울음이 슬프고 사람이 장차 죽으려 할 때 그 말이 착하다"(鳥之將死其鳴也哀 人之將死其言也善 —『논어』「태백편」라고 하였다. 여느 아버지 같았으면 너를 시집보내지 못하고 떠나게 되어 미안하다고 했을 것이다. 그 아버지가 딸에게 멍에를 씌운 것으로 보이지만 그 딸이 아버지의 유언을 잊지 않는다면 시집을 가든 안 가든 하느님을 사랑하며 정결하게 살 것으로 믿는다.

"눈동자에 성냄을 맑게 씻어버려야"(眸子滌除瞋)

삼독(三毒)인 탐 · 진 · 치에서 진(瞋)을 끝으로 돌렸다. 남을 미워하지 않는 것도 쉬운 일은 아니지만 그래도 식 · 색을 참기보다는 나은 편이다. 성을 안 내고 사는 이들은 주위에서 볼 수 있다. 그런데 류영모는 눈동자에서 노여움을 씻어버리라고 하였다. 성을 내면 눈에 노여움이 나타나기 때문이다. 마음에 살의(殺意)를 품은 이는 눈에 살기(殺氣)가 돈다는 것이다. 맹자(孟子)는 이르기를 "사람이 지닌 것에서 눈동자보다 착한 것은 없다. 눈동자는 그 나쁜 것을 감추지 못한다. 속마음이 바르면 눈동자도 빛나고 속마음이 바르지 못하면 눈동자가 흐리다"(『맹자』「이루 상편」)라고 하였다. 눈동자에서 노여움이 사라지면 미운 생각이 아주 없어진 것이다. 그러므로 씻어내는 것은 눈동자가 아니라, 속마음인 것이다. "대자대비의 세계는 밉다, 곱다고 하는 애증(愛憎)의 세계를 넘어서야 한다. 그리고 남의 슬픔을 내 슬픔으로 가질 때에만 나와 남이 하나가 될 수 있다"(『다석어록』).

"사람이 바른말을 말할 때"(人生正語時)

인류 역사에 바른말을 한 사람은 옛사람으로 예수 · 석가요, 노자 · 장자요, 공자 · 맹자가 있었다. 현대 사람으로는 톨스토이와 마하트마 간디 · 류영모가 바른말을 하였다. 이들은 모두가 하나같이 탐 · 진 · 치의 제나(自我)를 부정하고 하느님이 주시는 얼나로 거듭난 사람들이다.

그들의 제나가 한 말이 아니라 하느님의 얼이 한 말이라 바른말이다. 그러므로 바른말을 하려면 먼저 수성(獸性)을 지닌 짐승인 제나를 이겨야 하고 죽여야 한다. 그래서 류영모는 이렇게 말하였다. “자기(제나)를 이기지 못하면 영원한 생명은 없다. 남을 이기는 것은 나와 남을 죽이는 일이다. 나를 이기는 것이 승리요, 생명이다. 참을 찾아 올라가는 길이 나를 이기는 승리의 길이다. 남을 짓이기려는 사람은 개인이나 나라나 다 망한다. 일제(日帝)도 망했고 조선도 망했다”(『다석어록』).

눈동자에 진성(瞋性)이 이글거리는 사람들이 거짓말을 참말처럼 능숙하게 하는 것도 우연한 일이 아니다. 남을 미워하고 괴롭히는 사람은 거짓말을 잘하게 되어 있다. 인자하고 정직한 사람이 누구를 위해 거짓말을 하겠는가.

6. 깨달은 이(크리스찬)
基督者

정중한 기도는 성령을 숨 쉼이요　　祈禱陪敦元氣息
찬송의 반주는 튼튼한 맥박의 울림　　讚美伴奏健脈搏
옳고 극진한 먹거리 감사는 날로 바로 먹기　　嘗義極致日正食
하늘 제사를 참 잘 밝힘은 밤에 맡기고 잠　　禘誠克明夜歸託

(1956. 12. 8)

陪敦(배돈): 정중히 받듦. 陪: 모실 배. 敦: 도타울 돈. 嘗: 가을 제사 상, 맛볼 상. 禘: 하늘에 올리는 제사 체. 誠: 진실 성. 克明(극명): 잘 밝힘. 克: 능할 극. 託: 맡길 탁. 健: 굳셀 건. 극치(極致): 더할 수 없이.

종교에서의 생명은 진리(성령)다. 종교에 진리가 살아 있으면 의식(儀式)을 초월하지만, 진리가 떠나면 의식(儀式) 종교가 되어버린다. 의식 종교는 진리보다 조직이 우선한다.

예수는 진리를 말씀하시는 선생이었지 의식(儀式)을 주재하는 사제

(司祭)가 아니었다. 그런데 그 뒤의 기독교는 의식을 주관하는 사제의 종교로 되어버린 점이 많다. 오늘날의 여러 교회들은 요란한 예배의식으로 최면 효과를 극대화하려고 한다. 류영모는 사찰이나 성당에 촛불 켜는 것조차 못마땅하게 생각하였다. 예수와 석가가 다 같이 진리를 설교하였지, 예배 의식을 주관한 일이 없다. 그러므로 제사 종교가 되어버린 기성 종교집회를 좋아할 리 없다. 류영모는 이렇게 말하였다. "이 사람은 예수 믿는 집회에는 안 가는데, 예수 믿는 이들이 한자리에 모이면 기도에 대해서나 성경에 대해서 말하라고 한다. 나는 그럴 자격도 없으니 안 한다. 소위 교회 본위의 교회주의 기독교 교인은 이 사람을 대단히 싫어하는 것으로 안다. 이 사람이 생겨먹기로 제 생각대로 하자는 것이지 억지로 어떻게 만들어서 말할 수는 없다. 나는 적어도 구약과 신약은 성경으로서 오래 지나도 버릴 수 없는 정신이 담겨 있다고 본다. 신약의 말씀도 구약을 이해해야 하는 것처럼 다른 종교의 경전도 다 구약성경과 같이 보아야 한다는 것은 조금도 틀린 말이 아니다. 지극히 높은 데 계신 완전한 아버지께로 가자는 것이 예수의 인생관이라고 생각된다. 나도 이러한 인생관을 갖고 싶다. 이런 점에서 예수와 나와 관계가 있는 것이지 이밖에는 아무 관계가 없다. 이걸 신앙이라 할지 어떨지, 예수 믿는다고 할지 어떨지 나는 모른다. 예수가 사람을 위하여 십자가에 못 박혀 피 흘린 것을 믿으면 영생한다고 믿는 것은 나와 상관이 없다"(『다석어록』). 이것이 류영모와 예수와의 관계다.

그러나 예수가 깨달은 얼나, 곧 하느님이 보낸 성령으로서는 예수와 류영모가 다르지 않다. 류영모는 말하기를 "우리는 그리스도를 만나 보았다. 보내신 그리스도란 영원한 생명이다. 우리에게 산소가 공급되듯 성령이 공급되는 것이 그리스도다. 그리스도는 줄곧 오는 영원한 생명이다. 영원한 생명(그리스도)이 있는 것은 틀림없다. 예수 · 석가에게 나타났던 영원한 생명이 나에게도 나타났으니 시간 · 공간을 초월하여 영원한 생명(얼나)이 존재하는 것만은 틀림없다"라고 하였다.

기독자란 크리스천(christian)이란 말이다. 여기에서 크리스천이나 기독자는 교회 신자란 뜻이 아니라 예수가 가르쳐 준 영원한 생명인 얼나로 거듭난 사람을 뜻한다. 이런 뜻에서 기독자란 불자(佛子)란 뜻과 다르지 않다. 류영모는 말하기를 "불교를 믿는다는 것은 불성(佛性)이 자기에게 있음을 믿는 것이다"라고 하였다. 기독자의 얼나나 불성의 얼나나 한가지로 영원한 생명이다. 류영모는 "영원한 생명에는 개인이란 없기 때문에 이름이 소용없다"라고 하였다.

"정중한 기도는 성령을 숨쉼이요"(祈禱陪敦元氣息)

하느님의 영원한 생명인 성령을 정중히 숨 쉬는 것이 기도라는 말이다. 元(원) 자는 사람이 하늘을 이고 있는 형상으로 하느님을 나타내는 글자다. '氣'(기)는 공중에 날아다니는 김을 나타내는 글자다.

'息'(식)은 코(自)와 맘(心)이 합친 글자로 얼숨을 쉬는 맘의 코다. 원기식(元氣息)은 하느님의 얼을 숨 쉰다는 말로 성령을 숨 쉬는 것이 기도라는 뜻이다. 성령을 숨 쉬되 쉬는 척만 할 것이 아니라 배돈(陪敦), 곧 정중히 숨 쉬어야 한다는 뜻이다.

류영모는 이렇게 말하였다. "나더러 크리스천이 어떤 것이냐고 물으면 기도하는 이가 크리스천이라고 말하겠다. 기도는 어떻게 하는 것이냐 하면 배돈(陪敦)하게 한다. 배돈에는 정중과 조심의 뜻이 포함되어 있다. 기도는 조심조심하여 정중히 간절간절하여 두툼하게 하는 것이다. 우리의 기도는 정신적인 성령의 호흡이다. 성령의 호흡인 원기식(元氣息)을 조심하여 깊이 두텁게 숨 쉬는 것이다. 성령은 바로 우리의 정신적인 숨쉼이다. 성령이 우리 맘의 얼로 참나인 영원한 생명이다. 하느님의 성령을 숨 쉬지 않으면 사람이라고 할 수 없고, 살았다고 할 수 없다. 이렇게 할딱할딱 숨을 쉬어야 사는 이 몸은 참 생명이 아니다. 성령을 숨 쉬는 얼생명이 참나다. 영원한 생명은 숨 쉬지 않아도 끊기지 않는 얼숨이 있을 거다. 내가 어쩌고저쩌고하는 그런 제나(自我)는 쓸데없다. 숨 안 쉬면 끊어지는 이 몸 목숨은 가짜 생명이다. 영원한 생명인 석가의 법신(法身) 예수의 하느님 아들은 같은 말이다"(『다석어록』).

류영모는 예배 의식을 갖지 않았다. 기도나 찬송하는 모습을 보지 못했다. 그러나 류영모는 류영모대로 기도와 찬송이 있었다. 예수처럼 사람들이 안 보는 데서 하느님께 기도를 올리고 찬송을 드렸다. 류영모는 이르기를 "이 사람은 여태껏 여러분과 같이 기도는 하지 않으려고 한다. 찬미 또한 해 본 적이 없다. 생각한 것이 꽉 차서 하느님의 생각과 일치되어 절로 나오는 감동이 찬미가 되어야 하고 그 말이 기도가 되어야 할 것이다. 참 생각이 여물어져 하느님과 일치되는 생각을 하게끔 되어야 찬미와 기도가 의미 있는 것이지 그밖에는 의미가 없다. 한다 하여도 거짓이 된다. 기도와 찬미를 우리네가 인사치레하는 것같이 하고 있으나 그런 것은 본래의 의미를 상실하여 무의미한 것이다"라고 하였다.

"찬송의 반주는 튼튼한 맥박의 울림"(讚美伴奏健脈搏)

태아가 어머니의 심장이 뛰는 소리를 리듬으로 삼아 소리 없는 감사와 찬양을 어머니께 바치듯 우주에 울리는 하느님의 심장이 뛰는 고동소리에 영원한 생명의 율동을 느끼며 그 반주에 맞춰 우리의 얼은 하느님께 감사와 찬미를 드린다. 우리 몸의 맥박도 따라서 차고 넘치는 기쁨으로 뛴다. 류영모는 이렇게 말하였다. "나더러 어떤 이가 '예수를 믿으십니까' 또 '선생님은 기도도 안 하시고 찬미도 안 하시지요?'라고 묻는다. 찬미는 몰라서 못 하고 기도는 참선에 가까운 묵상의 기도를 한다. 나는 찬미할 줄 모르나 찬미는 표한다. 찬미는 훌륭한 것을 훌륭하다고 하는 것이다. 맥박이 뚝딱뚝딱 건강하게 뛰는 소리가 참 찬미다. 다른 것은 부러워하지 않는다"(『다석어록』). 우리에게 할 일이 있다면 하느님 아버지께 올리는 기도와 찬미다. 하느님 아버지께 기도와 찬미를 올리는 마음에는 기쁨이 넘친다. 류영모는 말하기를 "하느님을 생각하는 것은 기쁜 것이고 하느님께로 올라가는 것이다. 참으로 하느님의 뜻을 좇아 하느님께로 올라간다는 것이 그렇게 기쁘고 즐거울 수가 없다. 인생은 허무한 것이 아니다. 인생이 허무한 것 같아도 목에 숨을 쉬듯이 한 발자국씩 올라가면 하느님에게까지 다다를 수 있다. 몸으로 사는 삶은 무상하지만, 얼로 사는 삶은 기쁨인 것이다"라고 하였다.

"옳고 극진한 먹거리 감사는 날로 바로 먹기"(嘗義極致日正食)

류영모는 이 구절을 이렇게 풀이하였다. "상(嘗)도 제사를 지낸다는 뜻이다. 일본 사람이 신상제(神嘗祭)라고 해서 햇곡을 올린다. 우리가 '추수감사제'라고 해서 햇곡을 올리는 것이 이것이다. 한 해 동안 하느님의 은덕으로 된 곡식을 이 죄가 많은 사람이 먹는데, 탈 나지 말라고 미리 하느님께 올리고 나서 먹는 것이다. 제(祭)에 제물을 올리는 것은 어디까지나 자기 몸을 바치는 대신으로 지낸다는 것이 그렇게 되었다. 제물을 바치는 그러한 것은 하지 않아도 좋다. 오로지 마음으로 머리를 하늘에 두고 사는 것이 옳다. 그래서 이 사람은 제(祭)는 기도라고 생각한다. 하느님을 추원(追遠)하는 것이 기도다. 우리가 예수의 지내 온 일생을 생각해 보면 하느님의 아들 노릇을 하였다고 생각된다. 하느님의 아들 노릇을 하는데 마지막 몸까지 희생하였다. 우리는 날마다 무엇을 먹든지 무엇을 마시든지 이 생각을 함으로써 우리가 욕심으로 먹고 마시는 것은 버려야 한다. 우리가 먹고 마시는 것은 예수의 희생으로 그의 살이요 피라고 생각하며 이렇게 알고 먹는 것이 성찬이다. 날마다 먹는 음식을 성찬으로 먹어야지 식욕으로 먹어서는 안 된다. 이것이 상의극치일정식(嘗義極致日正食)이다."

"하늘 제사를 참 잘 밝힘은 밤에 맡기고 잠"(誠克明夜歸託)

체제(禘祭)란 옛 중국의 천자(天子), 곧 황제들이 하느님께 제사를 올리는 것인데 제정일치(祭政一致) 시대의 일이었다. 그런데 체제(禘祭)에 대해서 공자(孔子)가 한 말은 그냥 지나칠 수만은 없다. 누가 공자에게 체(禘)에 대해 말해 달라고 하였다. 그런데 뜻밖에도 '알지 못한다'고 대답하였다. 공자는 모르는 게 없다 할 만큼 박식하여 무엇을 물어도 막히는 일이 없었다. 다만 진치는 법을 물었을 때 언짢게 생각하여 대답을 하지 않았고, 농사에 대해 묻자 농부만 못하다고 하였다. 더구나 제사에 관한 일이라면 공자에게는 전문분야라고 할 수 있는데 모른다고 하였으니 체(禘)의 뜻을 심상치 않게 본 것이 틀림없다. 공자는 말을 잇기를 "세상에 체(禘)를 말해 줄 수 있는 이라면 그이에게는 나라 다스리기가 이를 보는 것과 같을 것이다고 하면서 그의 손바닥을 가리켰다"(『논어』 「팔일편」). 공자는 세상을 다스리는 것을 군자의 사명으로 알았고 세상을 다스리는 일이 가장 어려운 것으로 알았다. 그런데 체(禘)의 뜻을 알면 나라 다스리는 일쯤은 손을 펴놓고 들여다보는 것처럼, 쉽다고 한 것이다. 이것으로 공자가 천명(天命)을 가장 두려워한 그 마음을 헤아릴 수 있다.

공자를 대신해 류영모가 체(禘)의 뜻을 말하였다. "옛날에 백성들은 자기 조상들에게만 제사를 지냈다. 천자(天子)인 대제사장이 온 천하를 대표해서 조상(祖上) 이상의 알 수 없는 것에 대하여 체제(禘祭)를 올렸다. 이것이 곧 하느님에게 들어가는 길이다. 이 체제(禘祭)의 뜻을 알면 천하를 다스리는데 막힐 것이 없다는 것이다. 지금은 저마다 하느님 앞에 나와서 체(禘)를 바쳐야 한다. 이 사람의 절대와 상대의 만남인 가온찍기는 체제(禘祭)를 말한다."

류영모가 체(禘)를 극명(克明)한다는 것은 하느님께 기도 올리는 체제(禘祭)의 뜻을 자세히 밝힌다는 뜻이다. 하느님께 기도를 바르게 할 줄 아는 사람은 체(禘)의 뜻을 모를 리 없다. 체(禘)의 뜻을 바르게 안다면 밤에는 하느님께로 돌아가 모든 것을, 하느님께 맡기고 잠든다. 죽는 것도 잠든 것과 같다.

7. 얼나를 모신 마음
基督心

가고 서는 제나의 삶은 꿈 · 거짓 · 헛됨이라　　自行自止夢弄幻
웃님 뜻에 살며 죽도록 밝히고 살피고 깨닫자　　命生命死覺省悟
탐욕을 채우고 음란에 빠져 나를 끝장내랴　　貪厭淫淪沈沒我
밥을 잊고 고디를 맵게 가져 제나를 불살라　　忘食貞烈炎存吾

(1956. 12. 11)

弄: 희롱할 롱. 幻: 허깨비 환. 覺: 밝을 각. 悟: 깨달을 오. 淪: 빠질 륜. 厭: 채울 염. 炎: 불태울 염. 烈: 매울 열. 沈: 잠길 침. 沒: 다할 몰. 마칠 몰.

불심(佛心)이란 말은 들어도 기독심(基督心)이란 말은 처음일 것이다. 그러나 불심이나 기독심이나 뜻은 같다. 다르마의 나를 모신 마음이 불심이듯 그리스도의 나를 모신 마음이 기독심이다. 다시 말하면 도심(道心)이고 진리심(眞理心)이다. 류영모는 이렇게 말하였다. "사람은 몸으로는 다른 짐승들과 같은데 그래도 귀한 것이 있으니 하느님의 씨(얼)가 사람에게 깃들여 있다는 것이다. 하느님의 씨(얼)는 이 세상에서 그 무엇에도 비할 수 없을 만큼 귀하다. 사람 안에서 하느님의 씨(얼)가 대통령이 되고, 제나(自我, ego)가 수상이 된 내각이 조각될 때 사람에게 인격이 나타난다. 인격이란 사람의 가치다. 인물(人物)의 가격(價格)이 인격이다. 우리가 예수를 따르자는 것은 그의 몸을 보고 따르자는 것이 아니다. 예수는 내 속에 있는 얼인 하느님의 씨가 참 생명이요 영원한 생명임을 가르쳐주었다. 그러므로 먼저 내 속에 있는 얼나에 따라야 한다. 그 얼이 예수의 영원한 생명이요 나의 영원한 생명이다"(『다석어록』). 얼나를 모신 마음은 하느님의 아들이 되지만 얼나를 모시지 못한 마음은 짐승 그대로이다. 짐승 그대로 살면서도 짐승이라고 하면 사람들은 "내가 왜 짐승이냐"면서 성을 낸다.

맹자(孟子)는 인성(人性)은 착하다고 말한 성선설(性善說)을 주장한 것으로 알려져 있다. 그러나 여기에는 큰 오해가 있다. 맹자도 순자(荀子)와 다름없이 제나의 인성을 악하게 보았다. 맹자가 말하기를 "사람이 새 짐승들과 다른 것은 아주 적다. (짐승과 다른 그것조차) 여느 사람들은 버리고 참사람만 간직한다"(人之所以異禽獸者幾希 庶民去之 君子存之 ─『맹자』「이루 하편」)라고 하였다. 그리고 하는 말이 "사람이 내게 함부로 덤빌 때는 내가 사랑이 모자랐던가, 아니면 예의가 모자랐던가를 살펴 고친다. 그런데도 다름이 없으면 스스로 충성됨이 모자랐던가를 반성한다. 그래서 잘못이 없다고 생각되는데도 함부로 덤비면 이것은 새 짐승과 같은 것이다. 새 짐승을 어찌 상대할 것이며 또 어찌 나무라겠는가"(如此則與禽獸奚擇哉 於禽獸又何難焉 ─『맹자』「이루 하편」)라고 하였다. 이것이 맹자가 본 제나(自我)의 인성이다. 거의 모든 사람이 짐승인 제나로 살아가고 있다고 본 맹자를 어찌 제나의 성선설을 말하였다고 하는지 알 수 없는 일이다.

그런데 맹자는 순자와는 달리 사람은 아주 적지만 짐승과 다른 무엇을 가지고 있다는 것을 말하였다. 그것은 하느님의 뜻(天命)을 아는 양지(良知)라는 것이다. 그것은 거저 얻어지는 것이 아니라 생각해서 찾아야 한다고 하였다. 맹자는 말하기를 "사람 사람마다 귀한 것(하느님의 씨)을 제게 가지고 있으면서도 생각해 찾지를 않는다"(人人有貴 於己者 不思耳 — 『맹자』「고자 상편」)라고 하였다. 예수가 말한 "구하라, 받을 것이다. 찾으라, 얻을 것이다. 문을 두드리라, 열릴 것이다. 누구든지 구하면 받고, 찾으면 얻고, 문을 두드리면 열릴 것이다"(마태오 7:7-8)라는 말도 짐승과 다른 하느님의 아들인 얼나(靈我)를 생각해서 찾으라는 말이다. 찾으면 찾을 수 있다는 말이다. 재물이나 명예, 여인이나 자식을 구하고 찾으라는 말이 아니다. 맹자의 성선설은 얼나가 선하다는 말이지, 제나가 선하다는 말이 아니다. 제나와 얼나를 가리지 못하는 이들이 잘못안 것이다.

어떤 이가 예수에게 묻기를 "우리가 어떻게 해야 하느님의 일을 하오리까"라고 하자 예수가 대답하기를 "하느님께서 보내신 이를 믿는 것이 곧 하느님의 일을 하는 것이다"(요한 6:29)라고 하였다. 이 말은 하느님이 보내시는 얼나를 믿는 것이 하느님의 일을 한다는 말이다. 일 사(事)는 섬길 사(事)이다. 하느님을 위해 일하는 것이 하느님을 섬기는 것이다. 그런데 맹자가 같은 말을 하였다. "마음은 얼을 기르는데 두는 것이 하느님을 섬기는 것이다"(存其心養其性 所以事天也 — 『맹자』「진심 상편」). 존기심양기성(存其心養其性)하는 것이 얼나를 모신 기독심(基督心)이다.

"가고 서는 제나의 삶은 꿈 · 거짓 · 헛뵘이라"(自行自止夢弄幻)

행(行) 자는 열 십 자 길을 그린 상형(象形)의 글자요 지(止) 자는 사람의 발을 그린 상형의 글자다. 길이 있고 발이 있는데 가만히 있을 수 있겠는가. 사람의 일생은 떠돌아다니는 부유(浮游)인생이다. 지구 위에서만 돌아다니는 것이 모자라 달나라까지 걸어 다니고 왔다고 어깨가 으쓱하고 있지 않은가. 하느님께서는 가지 않아도 안 간 곳이 없고 서지 않아도 안 계시는 곳이 없다.

사람의 시간과 공간 속에서의 몸짓은 아무리 진지하고 심각하게 하여도 모든 것이, 그 순간을 지나자마자 거짓으로, 헛뵘으로 돌아가 버린다. 온 나라가 잿더미가 되었고 2백만 명이 죽었다는 한국전쟁도 지나고 나니 꿈속의 꿈에 지나지 않는다. 류영모는 이렇게 말하였다. "니르바나니, 진리니, 구원이니 하는 것은 이 삶이라는 꿈을 탁 깨자는 것이다. 잠 속에서는 잠을 잔 걸 얘기 못 한다. 이 세상에서 말하는 게 모두 잠꼬대다. 사람이 무슨 학설을 세우려고 하지만 그게 모두 잠 속에서 꿈을 얘기한 것이다. 그러니 그게 틀린 것이다. 깨고 나서 잠을 이야기해야 한다. 식자우환(識字憂患)이라 하지만 참으로 알면 괜찮은데 반쯤 아니까 우환이다. 이 세상이 어지럽고 괴롭게 된 것은 반쯤 깬 사람이 너무 많아서 그렇다. 반쯤 선잠만 깨게 하다가 그만두려면 애초에 깨우지 말아야 한다. 인생이란 잠 깨자고 하는 건데 인생이 깨지 못하면 아무것도 못 된다. 사상가 · 철학자란 꿈꾸는 것이다. 꿈을 단단히 꾸면 깬다. 잠 잘못 자고 꿈 잘못 꿔서 저도 그렇고 남도 괴롭힌다. 마침내 사람은 깨자는 것이다"(『다석어록』).

『장자』(莊子)에도 이런 이야기가 나온다. "이제 꿈꿀 때는 그게 꿈인 것을 알지 못한다. 꿈속에서 또 그 꿈의 길흉을 점친다. 깨고 난 뒤에야 꿈인 것을 안다. 바야흐로 큰 깸이 있고서야 이 삶이 큰 꿈임을 안다. 그런데 어리석은 이는 스스로 깨었다고 한다"(『장자』「재물론」).

"웃님 뜻에 살며 죽도록 밝히고 · 살피고 · 깨닫자"(命生命死覺省悟)

류영모는 명(命)에 대해서 이렇게 말하였다. "명(命)이란 하느님의 말씀이다. 우리가 날 때 '살아라'라고 한 번만 명령을 받는 게 아니라 순간순간 숨 쉴 때마다 명령을 하시는지 누가 아는가. 순간마다 보이지 않는 손으로 시계 밥 주듯 우리 목숨을 돌려주는지 누가 아는가. 목숨 돌아가는 것, 얼숨 쉬는 게 하느님 말씀이다." 우리는 몸의 목숨이나 맘의 얼숨이나 하느님의 뜻인 말씀에 따라 살고 죽는다. 우리는 그 본보기를 예수에서 본다. 예수는 사는 것도 하느님 뜻에 따라 살았다. "나는 무슨 일이나 내 마음대로 할 수 없고 그저 하느님께서 하라고 하시는 대로 심판(평가)할 따름이다. 내가 이루고자 하는 것은 내 뜻이 아니라 나를 보내신 분의 뜻이기 때문에 내 심판(평가)은 올바르다"(요한 5:30). 또 예수는 하느님의 뜻에 따라 죽었다. 아버지께서는 하시고자 하시면 무엇이든지 다 하실 수 있으시니, 이 (죽음의) 잔을 저에게서 거두어 주소서. 그러나 제 뜻대로 마시고 아버지의 뜻대로 하소서. 아버지 이것이 제가 마시지 않고는 치워질 수 없는 잔이라면 아버지의 뜻대로 하소서"(마태오 26:39, 42). 이렇게 하느님 아버지의 뜻대로 살고 죽는 것은 하느님 아버지의 아들인 얼생명을 받은 사람만이 할 수 있다. 우리는 하느님 아들인 얼나를 밝히고 살피고 깨달아야 한다. 예수는 멸망의 몸나에서 영생의 얼나로 옮긴다고 말하였다. 석가는 멸망의 몸나에서 영생의 얼나를 깨닫는다고 말하였다. 둘은 같은 말이다.

류영모는 이렇게 말하였다. "하느님 아들을 보내 주셨다(요한 3:16)는 것은 하느님의 씨(요한1서 3:9)를 우리에게 주셨다는 것이다. 이 몸은 짐승이다. 그러므로 짐승과 다름없이 멸망하고 만다. 그런데 하느님의 씨(얼)를 주신 게 다른 짐승과 다르다. 내 맘속에 있는 하느님의 씨, 부처가 될 씨가 있어서 이것을 깨달으면 좋지 않겠는가. 성불(成佛)하는 데는 불성(佛性)을 믿어야 한다"(『다석어록』).

"탐욕을 채우고 음란에 빠져 나를 끝장내랴"(貪厭淫淪沈沒我)

탐염(貪厭)은 탐욕을 채운다는 뜻이다. 음륜(淫淪)은 음란에 빠진다는 뜻이다. 여기서는 탐 · 진 · 치 삼독(三毒) 가운데서 탐과 치만을 말하고 진(瞋)은 빠졌다. 그러나 삼독은 한 수성(獸性)이기 때문에 뿌리에서는 하나다. 탐욕 속에도 진성(瞋性)이 들어 있고 치정(痴情)에도 진성이 들어 있다. 강도나 강간을 저지르는 자체가 이미 진에(瞋恚)를 전제하고 있다. 류영모는 이렇게 말하였다. "이 삼독(三毒)의 나는 온 세상을 다 잡아먹어도 배부르다고 말하지 않는다. 온 세상을 다 잡아먹고도 그만두는 일이 없어서 마른 콩 먹고 배 터져 죽는 소 꼴이 된다. 또 식생활보다 남녀 문제가 겉으로는 안 나타나 보여도 더 복잡하고 괴상하게 얽혀 있다. 참으로 완전히 순결한 자가 몇 사람이나 될 것인가. 이 성(性)에 대한 생각은 먹는데 허덕이는 사람 아니면 누구나 다 가지고 있다. 이게 인생을 괴롭히는 여러 가지 복잡한 문제를 일으킨다"(『다석어록』). 탐욕을 부리고 음란을 저지르면 도덕적인 파탄상태가 되어 부력을 잃은 배처럼 침몰하게 된다. 수많은 인재 가운데 진에는 물론 탐욕과 치정을 이기지 못하여 파멸한 인격이 얼마나 많은지 모른다. 류영모의 말대로 인생이란 죽기로 참아야 하는 이 세상인 것을 명심해야 한다.

"밥을 잊고 고디를 맵게 가져 제나를 불살라"(忘食貞烈炎存吾)

망식(忘食)은 탐욕을 잊는다는 뜻이고 정렬(貞烈)은 음욕을 이긴다는 뜻이다. 그럴 때 하느님의 성령의 불길이 내려와 나를 불태워 성별(聖別)시켜 준다는 것이다. 류영모가 이르기를 "이 세상에서 대부분의 일은 식색(食色) 두 가지에 귀착된다. 예수 · 석가 · 톨스토이 · 간디는 명백히 식 · 색 두 가지를 따라 살아서는 안 된다고 하였다. 식색의 이 몸은 온통 죄악이다. 깜짝 정신을 못 차리면 내 맘속에 하느님 아들을 내쫓고 이 죄악의 몸이 차지한다. 몸나는 죽지만 얼나는 산다. 영생이란 몸나와는 상관이 없다. 위로부터 오는 얼나가 영생한다. 조금 다치면 아프고, 조금 일하면 피로하고, 시시하게 쉬 죽고 마는 이 몸이 무슨 생명이라 하겠는가. 우리가 하느님을 사랑할 때 내 맘속에서 진리의 불꽃, 말씀의 불꽃이 타오른다. 사상의 나라에서는 나를 생각의 불꽃으로 불태울 때 생각이 잘 피어나도록 하느님이 성령으로 살려주신다. 이 생각의 불꽃 밖에 믿을 게 없다"라고 하였다.

8. 얼 사람
人子

하느님은 제나 없는 하나(전체)로 오직 하나　　大我無我一唯一
참 하느님은 잡신이 아닌 영원이요 무한이라　　眞神不神恒是恒
영원한 한 님은 오직 절대존재로 고요해　　恒一唯是絶對定
시새우지 않고 바라지 않아 자유로운 님　　不忮無求自由郞

(1957. 8. 23)

恒: 두루 할 항, 늘 항. 是: 이 시, 바로 시. 忮: 시샘할 기. 郞: 사나이 랑. 定: 고요할 정.

인자(人子)는 글자 그대로 사람의 아들로 우리말의 사람과 같이 쓰인 것 같다. 이 사람이라고 하면 나 자신도 가리키고 저 사람이라고 하면 다른 사람도 가리킨다. 예수가 나기 전에 쓰인 다니엘서(10:16)에 인자라는 말이 나와 있다. 그리고 마르코 복음(3:28)에 '사람의 아들들'이라고 복수형이 나온다. 우리말 성경에는 단수로 번역되었으나 외국어 성경들은 거의가 사람의 아들들(the sons of men)이라고 복수로 번역되었다. 도마복음서(外經)에도 복수형 인자라는 낱말이 나온다.

하나(一)라는 말이 상대세계에 쓰일 때는 낱개의 하나지만 절대세계(전체)를 가리킬 때는 하느님이 된다. 인자(人子)도 사람으로 쓰이는 낱말이 절대의 얼나(靈我)를 가리키는 낱말로 쓰이게 되었다. "하늘에서 내려온 사람의 아들(人子) 외에는 아무도 하늘에 올라간 일이 없다"(요한 3:13)고 하였다. 이 구절은 요한복음 3장 5절 "부어주시는 (물)성령으로 새로 나지 아니하면 아무도 하늘나라에 들어갈 수 없다"와 서로 보완관계에 있다. 제나(自我)에서 얼나(靈我)로 새로 난 얼나만이 하늘나라에 들어갈 수 있다는 말이다. 얼나가 하늘나라에 들어갈 수 있는 것은 얼나는 하느님의 생명인 성령이기 때문이다. 그러므로 하느님으로부터 온 얼(성령)만이 다시 하느님께로 갈 수 있다는 말이다. 류영모가 여기에서 인자(人子)라 한 것은 하느님이 보내주시는 하느님의 얼을 받은 사람을 말한다. 얼나를 참으로 깨달은 사람이다. 하느님의 얼은 지금도 줄곧 우리 마음속으로 오고 있다. 류영모는 사람의 아들(人子)과 그리스도와 하느님 아들을 하느님이 보내신 성령인 얼나(靈我)로 생각하였다. 낱말만 다르지, 실체는 하나로 본 것이다.

류영모는 이렇게 말하였다 "하느님이 주신 영원한 생명인 얼나로 거듭나야 사람 노릇을 바로 한다. 얼나로 깨야 한다는 것이다. 얼나로 거듭나야 한다는 것이다. 그렇지 못하면 짐승 새끼다. 예수가 인자(人子)라고 한 뜻은 짐승의 새끼가 아닌 사람의 아들이란 뜻이다. 예수가 겸손해서 한 말이 아니다. 예수가 말한 인자(人子)란 이 땅에 있는 게 아니다. 인자(人子)는 얼이라 하늘에게 이어져 있다. 여기에 있는 이 짐승의 제나는 하느님 아들의 씨가 커갈 보금자리다"(『다석어록』).

"하느님은 제나 없는 하나(전체)로 오직 하나"(大我無我一唯一)

하느님께서 모세에게 '나는 나다'(출애굽기 3:14)라고 말하였다. 하느님만이 '나다'라고 할 수 있다. 하느님은 전체의 존재이기 때문이다. 사람은 전체의 조그마한 부분에 지나지 않으므로 나라고 할 수 없다. 나는 소분자에 지나지 않는다. 그런데 나라고 말하고 있다. 그래서 소아(小我)라 자아(自我)라 하고, 하느님은 대아(大我)라 진아(眞我)라 한다. 이처럼 하느님만이 유일(唯一)한 존재요, 모든 것은 하느님의 내용물에 지나지 않는 것을 분명히 안 사람은 역사적으로 몇 사람이 안 된다. 이것은 다만 하느님을 아는 것하고는 또 다르다.

동양에서는 석가와 장자가 분명하게 안 것 같다. 그리고 서양에서는 스피노자(Spinoza, 1632~1677)가 이것을 알았다. "하느님은 절대 무한의 존재다. 다시 말하면 그 각각이 영원 무한의 본질을 표현하는 무한히 많은 속성으로 성립되는 실체(substans)를 말한다. 하느님밖에는 어떠한 실체도 있을 수 없으며 또한 생각할 수도 없다. 절대 무한의 실체는 분할되지 않는다. 실체와 변태 이외에는 아무것도 없다. 실체는 변태에 선행하여 있다"(스피노자, 『에티카』-신의 정의).

류영모도 전체인 하느님을 알았다. "사람은 맨 처음을 잘 모른다. 사람은 전체 완전을 알 수가 없다. 그러나 사람은 전체 완전을 그리워한다. 그것은 전체 완전히 하느님 아버지가 되어서 그렇다. 하느님 아버지를 그리워하는 것이 참삶이다. 우리의 생각이 피어 넓어지면 하느님 아버지에게 다다를 수가 있다. 하느님의 소리 없는 소리를 귀 없는 맘이 듣는다. 하느님의 뜻이 있음을 이 사람은 느낀다. 하느님 아버지와 아들 사이에 뜻이 통하는 소리가 맘속에서 들린다. 하느님은 큰 나(大我)요 참나(眞我)다. 우리의 나는 거짓 나다"(『다석어록』). 석가는 니르바나를 큰 나(大我)라고 하였다. 이것은 니르바나가 예수가 말한 아버지와 다르지 않다는 것을 보여주는 말이다. "큰 나(大我)가 있으므로 니르바나라 이름한다. 큰 나는 나가 없으므로 자재(自在)한 것이다. 허공처럼 모든 곳에 두루 차 있기에 실로 볼 수 없으나 일체의 사람들에게 자유롭게 나타날 수가 있다"(『대승열반경』).

대아무아(大我無我)에 대해서는 생각해 볼 것이 있다. 왜냐하면 대아(大我)와 무아(無我)는 반대되는 개념이기 때문이다. 대아(大我)라면 무아(無我)란 있을 수 없고 무아(無我)라면 대아(大我)가 있을 수 없다. 이 관계를 류영모는 밝히기를 "참나는 큰 나(大我)이다. 더구나 우리말로는 '한 나'라면 큰 나를 뜻한다. 이 큰 나는 얼나(靈我)로 하느님 아버지다. 큰 나(大我)에는 제나(自我)란 없다. 무아(無我)다.

제나(自我)가 죽어야 참나(眞我)가 산다. 제나가 완전히 없어져야 참나다. 참나에는 사사(私事)가 없다. 불교에서도 모든 진리의 말씀은 제나를 없애라(諸法無我)는 것이다. 제나(自我)는 나서 죽는 상대적 존재인 짐승의 나를 말한다. 하느님은 나지도 않고 죽지도 않는 영원한 생명이다"라고 하였다. 짐승인 제나(自我)가 없는 얼뿐인 참나가 대아무아(大我無我)의 하느님이시다.

"참 하느님은 잡신이 아닌 영원이요 무한이라"(眞神不神恒是恒)

사람들은 너무도 오랫동안 신(神) 아닌 잡신을 신으로 받드는 우상

숭배의 미신(迷信)으로 헤매었다. 모든 물체에는 정령(精靈)이 있다고 믿어 그것을 신앙의 대상으로 삼는 애니미즘, 특정의 동식물을 신앙의 대상으로 삼는 토테미즘, 자연현상을 신의 움직임으로 보는 자연현상 신, 사람이 가공으로 상상해 낸 상상의 신이 있다. 조상이나 유명인의 혼령을 신으로 받들기도 하였으며 예수 · 석가 · 공자 · 노자가 신앙의 대상이 된 것도 이 때문이다. 파스칼 · 마르틴 루터 · 키에르케고르 · C.G.융도 예수를 하느님이라고 하였다. 류영모는 이렇게 말하였다. "사람을 숭배해서는 안 된다. 그 앞에 절할 것은 참되신 하느님뿐이다. 종교는 사람 숭배하는 게 아니다. 하느님을 바로 하느님으로 깨닫지 못하니까 사람더러 하느님 되어달라는 게 사람을 숭배하는 이유다. 언제부터 어디서 어떻게 생겨 무슨 이름으로 불리는 것은 신이 아니다. 참(진리)이신 하느님은 우리가 바라고 생각하는 것 같은 하느님이 아니다. 참이신 하느님은 없는 것 같다. 없는 것 같은 것이 하느님이다. 하느님은 얼로 무한한 시간과 공간에 가득하다"(『다석어록』).

영원하신 하느님이란 허공을 넘어선 성령의 하느님을 말한다. 또 류영모는 이렇게 말하였다. "예수는 바람을 영원한 생명 운동으로 비유하고 있다. 성령의 바람은 범신(汎神)이다. 범신이야말로 진정한 생명 운동이다. 큰 성령(하느님)이 계셔서 깊은 생각을 내 맘속에 들게 해 주신다. 그리하여 생각이 말씀으로 나온다. 우리는 성령을 받아씀으로 하느님을 안다. 하느님과 교통이 끊어지면 생각이 결단나서 그릇된 것을 생각하게 된다. 정신세계에서 하느님과 연락이 끊어지면 이승의 짐승이다"(『다석어록』).

"영원한 한 님은 오직 절대존재로 고요해"(恒一唯是絶對定)

칼케톤 공회의(AD. 451년)에서 인자(人子) 예수는 얼나(靈我)인 신성(神性)에서는 하느님과 같고 제나(自我)의 인성(人性)에서는 모든 사람과 같다고 하였다. 이 칼케톤 선언은 옳다. 그런데 한 마디 빠뜨린 말이 있다. 예수 혼자만 그런 것이 아니라 모든 사람이 하느님의 성령을 받아 얼나를 깨달으면 예수와 똑같은 신성을 갖는다는 것이다. 예수가 제자들에게 협조자(보혜사)를 맞으라고 한 것은 하느님이 보내시는 진리의 성령을 참나로 맞으라는 말이었다. 류영모가 이르기를 "이 껍데기 몸으로 말하면 어쩔 수 없이 어머니 모태(母胎)에서 나왔다. 이 몸은 땅에서 나와 땅으로 간다. 하느님으로부터 온 얼은 하느님께로 간다. 하느님이 영원하면 우리의 얼나도 영원하다는 생각을 가져야 한다. 하느님이 보내시는 성령이 우리의 영혼이기 때문이다. 하느님의 말씀으로 사는 참나인 얼나를 깨달아 하느님 아들이 되어야 한다. 얼나 밖에 정신이 만족할 만한 것이 상대세계에는 없다. 그러므로 상대세계에 한눈 팔 겨를이 없다. 이 상대세계에 머무르지 않는 참나인 얼나를 깨달으라는 것이다"라고 하였다. 얼나를 깨달아 안심입명(安心立命)하는 것이 정(定)이다. 기도가 정(定)이고 정은 고요한 기도다.

"시새우지 않고 바라지 않아 자유로운 님"(不忮無求自由郞)

불기불구(不忮不求)는 『논어』에 있는 말이다. "헌 무명옷을 입고서 털가죽 옷을 입은 이와 함께 있어도 부끄러워하지 않는 이가 자로(子路)다. 시샘도 않고 바라지도 않으니 어찌 착하다 않겠는가"(不忮不求何用不

臧—『논어』「자한편」). 성경을 본 이들은 "구하라 받을 것이다. 찾아라 얻을 것이다. 문을 두드려라 열릴 것이다. 누구든지 구하면 받고 찾으면 얻고 문을 두드리면 열릴 것이다"(마태오 7:7-8)라는 예수의 말에 익숙해 있다. 그래서 구하지 않는다고 하면 이상하게 들릴 것이다. 그러나 예수의 말과 류영모의 말은 어긋나는 말이 아니다. 예수가 구하라고 한 것은 하느님에게 영원한 생명인 얼을 구하라는 말이고 류영모가 구하지 말라는 것은 사람들에게 무엇을 바라지 말고 스스로 땀 흘려서 얻으라는 말이다. 시샘하지 않는다는 것은, 남이 나보다 잘사는 것을 시샘하지 않는다는 말이다. 더구나 악한 사람들이 잘사는 것을 시샘해서는 안 된다. 류영모는 이렇게 말하였다. "하느님께서 혹시 악을 모르고 계시지 않나 걱정하는 사람이 있을지 모르나 하느님은 다 잘 알고 계시니 조금도 걱정할 것 없다. 우리가 크게 생각해야 할 것은 이 모두가 다 큰 뜻이 있어서 그런 것이고 인생은 결코 악인이 승리하는 것이 아니라는 점이다"(『다석어록』).

자유랑(自由郞)은 인자(人子)를 별칭한 것이다. 얼나를 참나로 깨달은 사람은 상대세계를 이긴 사람이고 죽음을 없앤 사람이다. 그러므로 자유랑이다. 예수는 "너희가 내 말을 마음에 새기고 산다면 너희는 참으로 나의 제자다. 그러면 너희는 진리(얼나)를 알게 될 것이며 진리가 너희를 자유롭게 할 것이다"(요한 8:31-32)라고 하였다. 영원한 생명인 얼나를 깨닫지 않고는 자유가 없다. 영원한 생명을 얻은 이는 부족할 것이 없고 부러워할 것이 없다. 류영모는 이렇게 말하였다. "우리의 몸은 죽으러 온 줄 알아야 한다. 안 죽는 것은 하느님뿐이다. 하느님의 말씀뿐이다. 하느님의 얼(성령)이 내 맘에서 말씀으로 샘솟았다. 하느님의 얼생명에는 죽음은 없다. 죽음을 무서워하는 육체적 생각을 내버려야 한다"(『다석어록』).

9. 자 모두 나아가 돌아갈 줄을 알자
夫亦將知復

겉꾸밈의 사귐은 이미 싫증나고 징글맞아	皮肉相從厭旣飫
얼 생각은 오래 막히고 갈라져 떠나	心魂積阻支且離
깊고 깊은 크고 크신 하느님 알뜰살뜰 사랑	肫肫淵淵浩浩天
몬과 빔은 절대의 두 모습으로 같아	色色空空如如理

(1957. 6. 23)

復 돌아갈 복. 亦: 모두 역. 將: 나아갈 장. 皮肉(피육): 살과 껍질, 피상. 相從(상종): 서로 의좋게 보냄. 飫: 먹기 싫어할 어. 支: 흩어질 지. 心魂: 마음과 정신. 積阻(적조): 오랫동안 서로 떨어져서 소식이 막힘. 肫肫(순순): 정성스러운 모양. 肫: 정성스러울 순. 淵: 깊을 연. 浩: 넓고 클 호. 理: 바를 리.

"겉꾸밈의 사귐은 이미 싫증나고 징글맞아"(皮肉相從厭旣飫)

사람은 사람 사이에서 태어나서 인간(人間)이라고 한다. 그러니 사람은 만남에서 이루어진다. 만나면 아는 체를 해야 한다. 이것이 중요하다 하여 사람의 일이라는 뜻으로 인사(人事)라고 한다. 그런데 이 인사가 참으로 문제다. 류영모는 이렇게 말하였다. "누구를 만나면 가만히 있을 수가 없다. 무슨 인사 말씀이라도 해야지, 그렇지 않으면 시비가 생긴다. 그렇다고 해서 말이 많으면 또한 시비가 생긴다. 이 사람은 원래 인사하기를 쑥스럽게 생각한다. 나의 성미로 말할 것 같으면 다른 것은 다 원만히 하는 편이나 이 인사 하나를 도무지 못 한다. 요즘은 손잡는 인사가 버릇이 되었는데 이게 걱정이다. 제 주먹을 제가 쥐어야 한다. 합장을 하고 인사를 하거나 제 주먹을 쥐고 인사를 해야 한다. 남의 손을 잡아 흔들면 제법 가까운 것 같고 친절한 것 같으나 이게 거짓이다. 불교식의 합장 경례나 유교식의 큰절도 마음이 없으면 능청스러운 거짓이 된다. 제 주먹을 꼭 쥐는 사람들이 모여야 일이 된다."

사람의 만남은 소중한 것이다. 한 시대, 한 장소에서 만난다는 것은 대단한 인연이 아닐 수 없다. 맹귀우목(盲龜遇木)의 기연(奇緣)이 따로 있는 것 아니다. 우리의 일상 만남이 모두가 맹귀우목의 인연인 것이다. 그 소중한 만남을 싸움이나 하고 속이기나 하고 미워하기나 하면서 끝낼 수는 없다. 끝내야 할 것은 겉치레 인사만 하는 피상교(皮相交)다. 우리는 피상교(皮相交)를 버리고 심령교(心靈交)를 하여야 한다. 류영모는 이렇게 말하였다. "사람이 사귀는데 얼마만큼 깊이 사귀는 것이냐 하면 대개 겉으로만 서로 관계가 있는 피상교(皮相交)에 지나지 않는다. 이것을 가만히 생각하면 참으로 서러운 일의 하나다. 우리가 알고 싶은 것은 속 맘이다. 그러나 내가 남의 속에 들어가서 보지 못하면 피상교에 지나지 않는다. 가장 가까이 지내는 부부지간 부자지간도 피상교다. 서로가 좋으면 서로 보는 얼굴 모습이 좋다고 대단히 칭찬한다. 피상을 보고 아름다움이 있느니 없느니, 말하거나 아니면 옷 입는 것을 보고 사람의 무게를 달려고 한다. 이것이 다 피상교다"(『다석어록』).

류영모는 이렇게 말하였다. "이 몸은 참나가 아니다. 참나를 실은 수레라고나 할까. 참나가 입은 옷이라고나 할까. 참나인 얼나가 맘속에 있다. 몸나는 거짓 나이므로 얼나를 참나라고 한다. 몸나가 겉나라 얼나를 속나(속알)라고 한다. 얼의 나는 보이지 않지만 얼나가 있다는 것을 알아야 한다. 이 얼나는 예수의 얼나, 하느님의 얼나와 한 생명이다. 눈은 눈 자체를 보지 못하지만 다른 것을 보므로 눈이 있는 것을 알 수 있듯이 얼나는 얼을 볼 수 없지만 거룩한 생각이 솟아 나오니까 얼나가 있는 줄 안다. 참된 생각을 하는 것이 얼나가 있다는 증거다. 얼나가 없다는 것은 자기 무시요 자기 모독이다. 얼나가 있으므로 하느님이 계시는 것이다. 서로의 속알(얼나)을 내놓는 것같이 좋은 일이 없다. 동지(同志) 지기(知己)라는 게 서로 속알을 내놓는 것이다. 우리는 남의 속알인 얼은 못 보고 그저 가긴가"(『다석어록』).

"얼 생각은 오래 막히고 갈라져 떠나"(心魂積阻支且離)

이 세상은 탐욕(貪慾)과 진에(瞋恚)와 치정(痴情)으로 이른바 만인대 만인의 투쟁이라는 무한경쟁 시대를 이루고 있다. 그러므로 진리에 입각한 대동정신(大同精神)이란 지리멸렬(支離滅裂)이 되었다. 류영모는 이렇게 말하였다. "대동(大同)이라는 말 또는 대동주의(大同主義), 대동정의(大同正義)라는 말을 쓴다. 대동이라는 말은 하나(一)라는 뜻이다. '당연히 하나다'라는 말로써 하나는 옳고 가를 수 없다는 것이다. 자기편이라 옳으니, 위해 주고 자기편이 아니면 그르니 미워해 없애야겠다고 하는 것은 모두가 하나라는 것을 모르고 하는 소리다. 자기주장만 옳고 다른 이는 그르니까 멸망시켜야 한다는 소견을 가지고는 대동을 찾을 수 없다. 대동이란 온통 하나가 되는 지혜다. 누구나 예외라는 것 없이 하나가 되자는 것이다. 어떻게 대동이 될 수 있느냐고 할지 모르겠으나 마침내는 하늘로 되고 하나가 된다. 모두가 하나인 하늘로 들어가야 한다. 너 나가 있는 상대세계에는 잠깐 지내다가 마침내 이것을 벗어버리고 절대자(하느님) 앞에 나서야 한다. 그래서 마침내는 하나로 돌아가는 것을 믿는다. 하느님이 정의이므로 최후의 승리를 한다는 것은 하늘에 들어간다는 것과 같은 뜻이다"(『다석어록』).

우리의 정신이 나이로 막히고, 지역으로 막히고, 종족으로 막히고, 이념으로 막히고, 경제로 막히고, 종교로 막혀서는 다 함께 멸망하게 된다. 이 막힘을 뚫을 수 있는 것은 하느님의 얼뿐이다. 나도 하느님의 얼을 참나로 받아들이고 너도 하느님의 얼을 참나로 받아들이면 개체의 살(육신) 담벽과 관념의 맘(의식) 담벽이 저절로 허물어지고 하나임을 느낄 수 있다. 류영모는 이렇게 말하였다. "하느님 얼(성령)과 얼러야 어른이다. 정신과 정신이 단단히 얼려야 정말 어른이다. 성령이 충만한 어른이 되어야 한다. 하느님께서 얼을 빠뜨리라고 얼생명을 넣어 준 게 아니다"(『다석어록』).

류영모는 사람과 사람이 피육(皮肉)을 뚫고 만날 수 있는 얼나(靈我)에 대해서 이렇게 말하였다. "사람들이 몸으로는 만나나 맘으로는 만나지 못하는 고독한 인생이다. 그러나 선생도 깊이 생각하고 학생도 깊이 생각해서 서로 아무 말도 없지만 서로 마음속에 깊이 통한 곳에서 얼

(靈)이라는 한점의 나에서 만난다. 이 가온찍기의 참된 점만이 영원한 생명이다. 또 우(友)라는 것은 손과 손을 마주 잡고 있는 그림 글자다. 지금은 모두가 친구인 양 악수를 함부로 하고 있다. 친구라는 것은 하느님의 뜻을 가진 사람을 말한다. 하느님의 뜻대로 하는 사람은 나의 형제가 될 수 있다. 우애(友愛)처럼 믿음성 있는 것은 없다. 우애의 지경을 가야 하느님을 믿었다는 말을 할 수 있다. 예수는 제자들을 친구라 하고 친구를 위해 목숨을 바치는 것보다 더 큰 사랑은 없다(요한 15:13)고 하였다. 믿음으로 우애할 수 있는 벗을 이 세상에서 만나기 어렵다. 우애는 살과 털이 만나는 피상교가 아니라 얼나에서 나오는 정신과 말씀으로 하나 되는 것을 말한다. 끝으로 부부 사이에 서로가 껍데기 몸만 맡기고 서로가 좋다고들 하지만 사람의 속 알이 문제다. 도무지 껍데기 몸만 맡기면 낭패다. 부부가 함께하여 20년, 30년, 40년 지내도 자꾸 얼 생각이 새로 나와서 서로서로 보이면 그것이야말로 새로운 삶이 될 것이다. 깊은 얼 생각을 샘물처럼 주고받는 부부생활은 한없고 끝없는 그 무엇을 서로가 나눌 수 있을 것이다. 그리하여 영원한 생명인 얼나에서 한 생명임을 발견할 수 있을 것이다. 이 생각을 가지면 늘 새로운 아내 늘 새로운 남편을 볼 수 있을 것이다"(『다석어록』).

그러므로 우리는 사람과 바로 사귀기 위해서는 먼저 하느님과 얼생명으로 이어져야 한다. 얼생명으로 하느님과 이어지면 하느님 아들로 돌아온다. 자 모두 하느님 아버지께로 돌아갈 줄을 알자(夫亦將知復). 예수와 석가가 똑같이 말한 탕자의 비유는 하느님 아버지께로 돌아가는 것을 말한 것이다. 류영모는 이렇게 말하였다. "탕자인 우리는 하느님 아버지께로 돌아가야 한다. 맨 처음 나온 데로 복원(復元)하는 것이다.

마침내는 집을 버리고 몸조차 버리고 나가야 한다. 지나가는 한순간밖에 안 되는 이 세상을 버리고 간다면 섭섭하다고 하는데 그러한 바보들이 어디 있는가. 사람이 이 세상을 평생 지나가는데 마침내 참나를 찾아서로 사랑하는 것으로 끝맺게 될 것이다. 우리가 사랑으로 살면서 사랑의 본원(本元)에 들면 결코 해로운 것이 될 수 없다"(『다석어록』).

"깊고 깊은 크고 크신 하느님 알뜰살뜰 사랑"(肫肫淵淵浩浩天)

"알뜰살뜰 그 사랑, 깊고 깊은 그 깊음, 넓고 넓은 하느님이시여"(肫肫其仁 淵淵其淵 浩浩其天)는 『중용』 32장에 나오는 글이다. 알뜰살뜰 그 사랑(其仁)을 줄인 것이 순순(肫肫)이다. 류영모는 이 우주가 생겨나고 만물이 생겨난 것도 모두 하느님의 지극한 사랑 때문이라고 생각하였다. 땅의 어버이도 미워하는 마음으로 자식을 낳는 사람은 없다. 마음에 없는 혼인으로 낳은 자식도 미워하지 않고 사랑하는 것이 어머니의 마음이다. 그런데 하물며 하느님 아버지의 사랑이야 오죽하겠는가.

예수는 "너희 중에 아들이 빵을 달라는데 돌을 줄 사람이 어디 있으며 생선을 달라는데 뱀을 줄 사람이 어디 있겠느냐. 너희는 악하면서도 자기 자녀에게 좋은 것을 줄 줄 알거든 하물며 하늘에 계신 너희 아버지께서야 구하는 사람에게 더 좋은 것을 주시지 않겠느냐"(마태오 7:9-11)라고 말하였다. 류영모는 하느님의 사랑에 대해서 말하기를 "어제는 공자(孔子)가 온 세상을 구원할 사랑을 인(仁)이라 하였는데, 오늘 나는 온 우주의 임자이신 하느님의 사랑을 인(仁)이라고 해 본다. 참으로 하느님의 사랑은 알 수 없는 것이다. 사랑은 다만 화산(火山)이 터져서 용암이 흘러나오는 것이다. 어머니가 되면 젖이 나오고 사랑이 터져 나오는 것이지 젖이 무엇인지 사랑이 무엇인지 알 수 있는 것이 아니다. 하느님의 사랑에서 터져 나온 것이 하늘과 땅 곧 우주다. 말할 수 없는 하느님의 사랑이 밑에 깔려서 이 우주가 생겨났다"고 하였다.

하느님은 깊고 깊어 알 수 없기에 신비하고, 넓고 넓어 알 수 없기에 영원하다. 그런데도 우리는 얼나로는 하느님의 아들이기 때문에 하느님을 그리워하지 않을 수 없다. 류영모는 이렇게 말하였다. "사람으로서 사람 노릇을 하려는 사람은 마땅히 하느님을 알아야 한다. 온전한 사람이라면 사람이 무엇인지 알아야 한다. 전체인 하느님 아버지를 알아야 부분인 사람이 무엇인지 알 수 있다"(『다석어록』).

"몬과 빔은 절대의 두 모습으로 같아"(色色空空如如理)

이 세상에서는 물질(몬)은 물질(色)이요 허공(빔)은 허공(空)이다. 전혀 다르다. 그러나 하느님의 자리에서는 물질과 허공은 다같이 하느님의 구성요소라 다르지 않다. 물론 허공이 본(本)이요 물질이 말(末)이다. 허공에 별똥별이 갑자기 나타났다가 사라지듯이 물질이 나타났다가 사라진다. 그러므로 물질은 참으로 있다고 할 수 없다. 따라서 허공이 본체고 물질은 변태다. 모든 물체는 있다고 하면 우상(偶像)이 되지만 허공은 우상이 되지 않는다. 허공은 본디 없이 있기 때문이다. 그러므로 물질은 업신여겨 무시(無視)해야 바로 보는 정견(正見)이 되지만 허공은 높이 알아 유시(有視)해야 바로 보는 정견(正見)이 된다.

10. 참 길은 들락날락 아니해야 人道非首鼠

참을 가까이, 색욕을 멀리함은 반비례　　近道遠色反比例
참을 찾아 힘쓰기, 먹기를 잊음은 진분수(관계)　　發憤忘食整分數
부자됨, 어질게 됨은 어긋나는 법　　爲富爲仁葛藤式
여색을 좋아함, 속알 좋아함은 맞지 않는 셈　　好色好德矛盾籌

(1957. 11. 8)

首鼠(수서): 마음을 정하지 못해 쥐 머리처럼 들락날락 이랬다저랬다 하는 것. 發憤(발분): 마음을 단단히 먹고 힘쓰는 것. 葛藤(갈등): 어긋나는 것. 式: 법 식. 矛盾(모순): 이치에 맞지 않는 것. 籌: 셈 놓을 주.

예수가 이르기를 "좁은 문으로 들어가거라. 멸망에 이르는 문은 크고 또 그 길이 넓어서 그리로 가는 사람이 많지만, 생명에 이르는 문은 좁고 또 그 길이 험해서 그리로 찾아 드는 사람이 적다"(마태오 7:13-14). "재물을 땅에 쌓아두지 말아라. 땅에서는 좀먹거나 녹이 슬어 못 쓰게 되며 도둑이 뚫고 들어와 훔쳐 간다. 그러므로 재물을 하늘에 쌓아 두어

라. 거기서는 좀먹거나 녹슬어 못 쓰게 되는 일도 없고 도둑이 뚫고 들어와 훔쳐 가지도 못한다. 너희의 재물이 있는 곳에 너희의 마음도 있다"(마태오 6:19-21)고 하였다.

우리는 좁은 문과 넓은 문 그리고 재물을 땅에 쌓기와 하늘에 쌓기에서 선택해야 한다. 이것을 알기 쉽게 말하면 짐승인 몸생명으로 살 것인가 아니면 하느님 아들인 얼생명으로 살 것인가를 결정해야 한다. 얼생명으로 사는 것이 좁은 문으로 들어가는 것이고 하늘나라에 재물을 쌓는 일이다. 몸생명으로 사는 것이 넓은 문으로 들어가는 것이고 땅에 재물을 쌓는 일이다. 예수 자신이 얼생명으로 사는 길을 보여주었다. 그런데 사람들은 예수의 말을 따르려고 선뜻 나서지 못한다. 예수의 말대로 살자면 인생을 포기해야 될 것 같이 생각한다. 그래서 의심 많은 쥐가 쥐구멍 입구에서 나갈까 들어갈까 망설이듯이 기웃거리고 머뭇거린다. 그러나 류영모는 참을 찾아가는 사람의 길은 그래서는 안 된다는 것이다(人道非首鼠).

류영모의 소신(所信) 있고 확신(確信)에 찬 말을 들어보자. 이 정도가 되어야 믿는 사람이라 할 수 있다. "얼생명밖에 정신이 만족할 만한 것이라고는 상대세계에는 없다. 그러므로 상대세계에 한눈팔 겨를이 없다. 그래서 내게는 당연히 머물러서 마음 붙일 곳이 이 세상에는 없다. 응무소주이생기심(應無所住而生其心 —『금강경』)이다. 참 좋은 말이다. 이 상대세계는 내가 머물러 맘 붙일 데가 없으므로 이 상대세계에 머무르지 않는 참나인 얼나에 맘을 내라는 것이다. 이 말 한마디만 잘 알면 해탈할 수 있고 구원받은 지경에 갈 수 있다." 이렇게 생각하는 것이 좁은 문으로 들어가는 것이고 하늘나라에 보물을 쌓는 일이다. 류영모는 몸생명을 부정한 다음에 얼생명으로 나아가는 구체적인 사례를 들었다.

"참을 가까이, 색욕을 멀리함은 반비례"(近道遠色反比例)

도(道)를 가까이하려면 색(色)을 멀리해야 하고 색을 가까이하면 도와 멀어진다는 말이다. 근도원색(近道遠色)과 호색위도(好色違道)는 반비례의 관계인 것이다. 근도(近道)는 점수(漸修)다. 점수는 돈오(頓悟)에 이르러야 하듯 근도(近道)는 각도(覺道)에 이르러야 한다. 정자(精子)는 난자(卵子)에 수정이 되어야지 수정을 이루지 못하면 가까이 온 것이 무의미하다. 예수가 "나는 길이요 진리요 생명이다. 나를 거치지 않고는 아무도 아버지께 갈 수 없다"(요한 14:6)라고 하였다. 이 말은 예수가 각도(覺道)한 것을 보여주는 말이다. 이 번역을 다르게 옮기면 "얼나는 길이요 진리요 생명이다. 얼나가 아니고서는 아무도 아버지께 갈 수 없다"이다. 원색(遠色)은 단색(斷色)이 되어야 한다. 내게서 짐승의 본성을 뽑아 버려야 한다. 근도(近道)는 『대학』(大學)에 나오고 원색(遠色)은 『중용』(中庸)에 나온다. "군자는 참소를 버리고 색욕을 멀리한다"(去讒遠色—『중용』 20장)라고 하였다.

"참을 찾아 힘쓰기, 먹기를 잊음은 진분수(관계)"(發憤忘食整分數)

구도를 위한 분발을 분모로 하고 식욕을 분자로 할 때 분발함이 세어질수록 식욕이 줄어진다는 뜻이다. 정분수는 분자보다 분모가 큰 진분수를 말한다. 발분망식(發憤忘食)은 『논어』에 나오는 공자의 말에서 따온 것이다. 초나라 현윤 심제량이 자로에게 스승인 공자에 대한 인품을 물었다. 자로는 대답을 못 하였다. 그 말을 들은 공자가 말하기를 "너는 어찌 말하지 못했는가. 그의 사람됨은 학문을 좋아하기에 먹는 것을 잊고 학문하기를 즐겨 하여 근심을 잊어 늙어가는 줄을 모른다"(『논어』「술이편」)라고 하였다. 여기에 앞의 원색(遠色)과 뒤의 망식(忘食)이 이어져 있다. 식색(食色)을 말하고자 한 것이다. 특별히 진(瞋)이 강해 남과 싸우기를 좋아하는 사람이 아니면 대개는 식색(食色)인 탐치(貪痴)가 문제다. 그런데 식(食)의 상징이라 할 수 있는 혀(舌)의 길이가 12cm이고 색(色)의 상징인 남근의 길이가 12cm라고 한다. 12cm의 두 요물 때문에 삶의 성패가 판가름 난다. 이 두 요물을 잘 다스리면 인생은 성공이고 못 다스리면 인생은 실패다. 류영모는 이렇게 말하였다. "이 세상은 잘못되었다. 삶의 법칙이 잘못되었으니 못되었다는 것이다. 세상 사람들은 삶의 법칙을 식색(食色)으로 생각하고 있다. 재물에 대한 애착과 남녀에 대한 애착이 인생이라고 생각하고 있다. 이것은 짐승살이로 못된 것이다. 세상 사람들은 그것이 못된 것인 줄도 모르고 있다. 못된 것을 바로잡자면 밥도 처자(妻子)도 잊어야 한다. 식색으로만 사는 것은 짐승살이다. 못된 세상을 바로 살게 하는 것이 구원이다. 구원이란 외적인 제도를 고치자는 것이 아니다. 내적인 얼생명을 바로잡자는 것이다. 예수는 '육적인 것은 아무 쓸모가 없지만, 영적인 것은 생명을 준다'(요한 6:63)고 하였다. 식색이 사는 것이 아니라 말씀이 사는 것이다. 얼의 운동이 말씀이다. 이 땅 위에서 식색의 몸생명으로만 사는 이는 하느님의 말씀을 모른다. 식색의 몸이 주인 노릇을 하면 하느님의 말씀은 알 수 없다. 얼이 풍부해지면 식색은 자연히 끊게 된다. 얼의 나가 참나로 영원한 생명이다. 죽는 것은 짐승인 몸뿐이요 얼은 영원히 산다. 얼은 영원한 생명으로 몸의 생사(生死)와는 아무런 관계가 없다. 정신이 깨어서 얼생명으로 살아야 한다"(『다석어록』).

"부자됨, 어질게 됨은 어긋나는 법"(爲富爲仁葛藤式)

공자(孔子)는 인(仁)을 중시하였는데 제자들이 인(仁)에 대해 물으면 여러 가지로 대답하였다. 그러나 공자의 인을 우리는 분명하게 알 수 있다. 안연(顔淵)에게는 극기복례(克己復禮)함이 인(仁)이라고 하였고 자공에게는 박시제중(博施濟衆)함이 인(仁)이라고 하였다. 극기복례는 짐승인 제나(自我)를 죽이고 얼나로 하느님 아버지와 아들의 관계를 회복하는 것이다. 박시제중은 하느님 아들이 되어 모든 사람에게 영원한 생명을 깨닫는 진리를 베푸는 것이다. 류영모는 이렇게 말하였다. "예수는 이 세상 사람에게 '주는 것'을 가르친 사람이다. 이 세상은 주라는 것이다. 지금이라도 줄 수가 있어야 한다. 떳떳지 못하게 무엇을 바라고 산다는 것은 차라리 이 세상에 안 나온 것만 못 하다. 우주의 아버지(하느님)는 무엇을 나누어 주라는 것이다. 이 세상에 산다는 것은 주는 재미다. 그런 세상이기 때문에 기왕에 주려면 예수같이 주어야 한다는 것을 알아야 한다. 비록 아무것도 없지만, 이제는 주려고 산다. 내가 세상에 바라지 않는다"(『다석어록』). 이것이 '극기복례 박시제중'으로 어짐(仁)을 하는 것이다.

부자가 되는 것은 그 반대다. 제나(自我)의 탐욕으로 맘껏 부(富)를 쌓는 것이다. 류영모는 이렇게 말하였다. "돈을 모으면 자유가 있는 줄

아나 그것은 어리석은 생각이다. 영업이나 경영이 자기 몸뚱이만을 위한 것이라면 그것은 서로의 평등을 좀먹는다. 경영을 하게 되면 이익을 추구하게 되고 그렇게 되면 평생 동안 모으려고만 하게 될 것이니 자유 평등이 있을 리 없다. 돈에 매여서 사는 몸이 무슨 자유이겠는가. 매인 생활은 우상 생활이므로 매여서는 안 된다. 요즘 말하는 정상배(政商輩)의 생리다. 나도 한번 모아 보자. 그래서 떵떵거리고 잘살아보자. 재벌도 되고 큰 자리에도 앉아 보자는 것이다. 이따위 우상숭배는 사라져야 한다. 사람은 메이는 데가 없어야 한다. 위인불부(爲人不富)라는 말이다. 사람이 되어야지 부자가 되는 것이 아니라는 말이다. 부귀는 힘과 빛 때문에 사람에게 필요하다. 그러나 사람에게는 정신의 힘과 얼의 빛이 있는 줄 알아야 한다"(『다석어록』).

예수는 말하기를 "나는 분명히 말한다. 부자는 하늘나라에 들어가기가 어렵다. 거듭 말하지만 부자가 하늘나라에 들어가는 것보다는 낙타가 바늘귀로 빠져나가는 것이 더 쉬울 것이다"(마태오 19:23-24)라고 하였다. 어떤 사람이 예수를 찾아와 "제 형더러 저에게 아버지의 유산을 나누어주라고 일러주십시오"라고 부탁하자 예수가 말하기를 "어떤 탐욕에도 빠져들지 않도록 조심하여라. 사람이 제아무리 부요하더라도 그의 재산이 생명을 보장해 주지 못한다"(루가 12:15)라고 하였다.

"여색을 좋아함, 속알 좋아함은 맞지 않는 셈"(好色好德矛盾篇)

호색(好色)과 호덕(好德)의 관계를 비교하여 준 이는 공자(孔子)다. 공자가 말하기를 "그만두어야겠다. 내 아직 속알 좋아하기를 여색을 좋아하는 것 같이 하는 이를 보지 못하였다"(已矣乎 吾未見好德如好色者也 — 『논어』 「위령공편」)라고 하였다. 이 말은 공자가 찾아다닌 제후왕들이 하나같이 미색(美色)은 좋아하면서 덕사(德師)인 공자를 좋아하지 않았기 때문에 나온 말이다. 마하트마 간디는 일생 진리의 실현에 힘쓴 추남(醜男) 소크라테스야말로 아름다운 사람이라고 말하였다. 마하트마 간디는 참으로 호덕(好德)하는 인자(仁者)이다.

짐승인 제나(自我)의 사람은 여자를 보면 교접을 하여 제 자식을 낳고 싶은 충동을 느낀다. 짐승들은 오로지 자기 새끼를 번식시키는 것이 생존의 목적이다. 하느님의 아들인 얼나(靈我)의 사람은 모든 사람의 마음속에서 잠자고 있는 하느님 아들을 깨우려고 한다. 마하트마 간디는 이를 하느님의 생식(生殖)이라고 말하였다. 자신이 짐승인지 하느님의 아들인지를 알려면 자신의 마음이 여색에 더 끌리는지 덕사(德師)에게 더 끌리는지를 시험해 보면 알 일이다.

류영모는 이렇게 말하였다. "남녀가 모두 정신을 차려야 한다. 서로 정력을 낭비하여 상대의 생명을 갉아먹으면서 사랑한다고 착각하는 것은 어리석은 짓이다. 세상에 죄악치고 남녀 문제가 없는 것은 없다. 일체의 범죄는 남녀관계에서 비롯된다. 예수는 독신으로 살았으며 여자를 보고 음욕을 품은 일이 없다. 정신 든 사람이 어떻게 여자에게 함부로 음욕을 품을 수 있겠는가. 음욕이란 실성한 사람들이 할 짓이다. 정신이 바로 박힌 사람은 음란에 젖을 까닭이 없다. 속살을 가리는 것이 없으면 사람은 금수만도 못한 인충류가 되고 만다. 금수는 암수가 만나 새끼를 낳으면 끝낸다. 그런데 사람은 주인 있는 여자이건 아니건 색광(色狂)에 미치면 못 할 짓이 없다. 사람은 살맛으로 살아서는 안 된다"(『다석어록』).

11. 사람의 몸은 언짢다
民身不仁

(잘난 이의) 콧대가 우뚝 솟아 창문인 눈을 덮어 鼻突擊眼窓

(참사람의) 맑은 눈동자엔 몰래 눈물이 고여 明眸釀暗洟

(하느님이) 바라고 기다리긴 진 · 선 · 미인데 企待眞善美

(사람들은) 찌꺼기 탐 · 진 · 치만 만들어내 副産貪瞋痴

(1957. 1. 6)

民: 사람 민. 突: 우뚝할 돌. 擊: 눈에 마주칠 격. 釀: 술 빚을 양. 洟: 눈물 이. 副: 버금 부. 暗: 몰래 암.

사람의 몸이 언짢다(民身不仁)는 말은 사람의 몸은 탐 · 진 · 치(貪瞋痴)의 수성(獸性)을 지닌 짐승이란 뜻이다. 짐승이 짐승의 성질인 탐 · 진 · 치로 사는 것을 나쁘다고 할 수 없다. 그런데 사람이 짐승의 성질인 탐 · 진 · 치로만 살면 언짢게 생각된다. 그것은 나라고 하지만 홑 나가 아닌 것임을 드러낸 것이다. 다시 말하면 우리에게는 짐승인 제나(自我)

와 하느님 아들인 얼나(靈我)가 함께 있다. 그 얼나는 제나의 수성(獸性)을 언짢게(不仁) 본다. 그러므로 어진 이(仁者)는 탐 · 진 · 치의 짐승 성질을 온전히 버린다. 짐승 성질을 버린 이는 비록 짐승인 몸을 갖긴 했으나 이미 짐승이 아니다. 짐승 성질이 온전히 죽은 이는 하느님 아들이다. 부처니, 성자(聖者)니 하는 것도 하느님 아들이란 뜻이다. 하느님 아들인 얼나는 하느님께서 하느님의 생명인 성령을 보낸 것이다. 예수는 다른 사람들도 자기처럼 하느님이 보내시는 성령을 받아 얼나로 하느님 아들이 되라고 말하였다. 그래야 얼나로 하느님 나라에 들어간다고 하였다. 예수가 한 말 가운데 "하느님이 보내신 이를 믿는 것이 곧 하느님의 일을 하는 것이다"(요한 6:29)에서 '보내신 이'란 하느님의 성령인 얼나를 두고 한 말이다. 2천 년 전에 온 예수의 몸을 두고 한 말이 아니다. 그것은 예수의 다음 말로도 알 수 있다. "내가 아버지께 청하여 너희에게 보낸 협조자(보혜사) 곧 아버지께로부터 나오시는 진리의 성령이 오시면 그분이 나를 증언할 것이다"(요한 15:26). 이 진리의 성령이 곧 우리의 영원한 생명인 얼나(하느님 아들)다. 오늘에 이 사람이 예수가 하느님 아들이라는 실상을 증언하는 것도 예수가 말한 진리의 성령(보혜사)에 의한 것이라고 말할 수 있다.

류영모는 말하였다. 불경이니 성경이니 하는 것은 맘을 죽이는 거다. 살아 있어도 죽은 것이니 제나(自我)가 한 번 죽어야 맘이 텅 빈다. 한 번 죽은 맘이 빈탕(太空)의 맘이다. 빈 맘에 하느님 나라 니르바나 나라(얼나)를 가득 채우면 더 부족이 없다. 사람은 분명 짐승인데 짐승의 생각을 하지 않음이 얼 사람으로 솟나는 우리의 길이다. 하느님이 보내시는 성령이 우리의 얼나다"(『다석어록』). 그런데 이 세상에 머리를 하늘로 두고 바로 서서 걷는 사람이 70억에 이르지만 얼나를 깨달아 탐·진·치의 수성(獸性)을 온전히 버리고 사는 사람이 많지 않다. 이것이 슬픈 일이 아닐 수 없다. 석가는 짐승으로 사는 사람은 저 땅의 흙처럼 많은데 하느님 아들(法身)로 사는 사람은 손톱 위에 얹어지는 흙처럼 적다고 하였다. 그 비례가 오늘에도 달라진 것 같지 않다.

이 세상에는 탐·진·치의 수성(獸性)을 맘껏 부리면서 사는 사람들이 오히려 더 으스대면서 살고 있다. 예수는 말하기를 "너희는 사람들 앞에서 옳은 체한다. 그러나 하느님께서는 너희의 마음보를 다 아신다. 사실 사람들에게 떠받들리는 것이, 하느님께는 가증스럽게 보이는 것이다"(루가 16:15)라고 하였다

"(잘난 이의) 콧대가 우뚝 솟아 창문인 눈을 덮어"(鼻突擊眼窓)

탐·진·치의 수성(獸性)이 절정에 이른 세상의 임금들은 한마디로 콧대가 높은 사람들이다. 천하무상(天下無上)이요 안하무인(眼下無人)이다. 제 위에 하느님도 없고 눈 아래 사람도 없다. 클레오파트라의 코가 조금만 낮았더라면 역사가 달라졌을 것이라고 하였지만, 이 말은 영웅들의 코가 조금만 낮았더라면 역사가 달라졌을 것이라고 바꿔야 할 것이다. 피노키오는 거짓말을 할 때마다 코가 높아진다지만 사람은 삼독(三毒)을 저지를 때마다 코가 높아진다. 그러므로 콧대 높은 사람일수록 삼독의 카르마(業)를 많이 저지른 이다. 코가 높아져서 마음의 창문인 눈을 가려버린다. 그래서 눈에 뵈는 것 없이 행동한다. 나중에는 미쳐서 스스로 하느님인 척하기까지에 이르기도 했다. 멀리 로마 황제와 가

까이 일본 천황이 신(神) 노릇을 한 적이 있었다.

그래서 에레미야는 이 세상에서 삼독을 저지르는 이들이 오히려 더 형통한 것을 하느님께 따졌다. "내가 주께 질문하옵나니 악한 자의 길이 형통하며 패역한 자가 다 안락함은 무슨 연고입니까?"(에레미야 12:1) 또 이사야는 직접 그들을 나무랐다. "(너희는 어찌하여) 백성을 짓밟으며 가난한 자의 얼굴에 맷돌질하느냐"(이사야 3:15). 삼독의 화신이 된 지배자들은 사람들이 힘써 얻은 재물을 부당한 세금과 강요된 뇌물로 빼앗아갔다. 사람들이 고이 기른 아들은 데려가 병사를 만들어 싸움터로 보내어 죽거나 병신이 되었고, 딸들은 끌어가 시녀로 부리거나 음란의 노리개로 삼았다.

"(참사람의) 맑은 눈동자엔 몰래 눈물이 고여"(明眸釀暗洟)

맹자(孟子)는 "사람을 살피는데 눈동자보다 나은 것이 없다"(存乎人者莫良於眸子 —『맹자』「이루 상편」)라고 하였고 예수는 "눈은 몸의 등불이다"(마태오 6:22)라고 하였다. 류영모는 눈은 몸의 창문이라고 하였다. 사람의 눈을 들여다보면 탐욕을 뿜어내는 눈빛, 분노가 타오르는 눈빛, 음욕이 이글거리는 눈빛이 다 드러난다. 그러나 그 마음에 하느님의 성령(얼)이 머물면 눈동자가 밝게 빛난다. 예수의 눈이, 석가의 눈이 그러한 눈이었다. 그들은 이 세상 사람들이 멸망의 넓은 길로 희희낙락하며 나아가는 것을 보고 몰래 눈물을 흘렸다. 예수께서 예루살렘 가까이 이르러 그 도시를 내려다보고 눈물을 흘리시며 한탄하셨다. "오늘 네가 평화의 길을 알았다면 얼마나 좋을까. 그러나 너는 그 길을 보지 못하는구나"(루가 19:41-42).

"(하느님이) 바라고 기다리긴 진 · 선 · 미인데"(企待眞善美)

류영모는 진 · 선 · 미에 대하여 말하기를 "미(美)는 선(善)이 있어야 미(美)다. 선(善)은 진(眞)이 있어야 선(善)이다. 이 세상에서의 미는 만지면 없어진다. 선은 자랑하면 없어진다. 이 세상엔 진 · 선 · 미가 없다. 진 · 선 · 미란 영원해야 하는데, 있다가도 없고 또 없다가도 있는 것은 참 진 · 선 · 미가 아니다. 절대에서는 이 세상에서처럼 진 · 선 · 미가 따로 따로 있지 않을 것이다. 하느님은 진이면서 선이면서 미다"라고 하였다.

류영모는 하느님만이 오직 참된 진 · 선 · 미라고 하였다. 예수도 같은 생각인 것을 확인할 수 있다. 어떤 사람이 예수께 와서 "선하신 선생님, 제가 무엇을 해야 영원한 생명을 얻겠습니까?"라고 묻자 예수가 대답하기를 "왜 나를 선하다고 하느냐. 선하신 분은 오직 하느님뿐 이시다"(마르코 10:17-18)라고 하였다. 여기의 선(善)은 진 · 선 · 미를 내포한 것이다. 참 진 · 선 · 미는 나누어지는 것이 아니기 때문이다. 예수는 하느님만이 진 · 선 · 미 하신 것으로 알고 있었다. 하느님이 진 · 선 · 미 하시기 때문에 하느님께서 우리에게 보낸 성령(얼나)도 또한 진 · 선 · 미 하다. 그러므로 마하트마 간디는 이르기를 "안(얼나)의 아름다움을 본다면 밖의 아름다움은 하찮은 것으로 무색해진다"(If you see inner beauty, the outer will pale into insignificance. — 간디, 『날마다의 명상』)라고 하였다. 하느님께서 우리에게 진 · 선 · 미를 바라고 기다린다는 말은 곧 우리가 진 · 선 · 미 한 하느님의 성령을 받아 얼나로 거듭나라는 말이다. 짐승들의 사명은 종족을 이어가는 것이고 사람의 사명은 진리(얼나)를 깨달아 가는 것이라 엄연히 다르다. 그런데 사람들은 이것을 모른다.

"(사람들은) 찌꺼기 탐 · 진 · 치만 만들어내"(副產貪瞋痴)

사람들이 하느님께서 바라시는 대로 진 · 선 · 미의 얼나를 드러내지 못하고 있다. 오히려 부산물인 수성(獸性)의 탐 · 진 · 치만 저지르고 있다. 류영모는 말하였다 "사람이 귀한 것은 얼생명을 가지고 사는 것이다. 이 얼이 영원한 생명인 참나다. 우리가 꼭 해야 할 것은 하느님이 주신 성령인 얼로써 몸의 욕망인 탐 · 진 · 치의 수성(獸性)을 덮어 버리는 것이다"(『다석어록』). 이 사회에는 탐 · 진 · 치의 유황불이 엄청난 세력으로 불타오르고 있다. 나라의 원수(元首) 자리에 있었던 사람이나 서울시청 주사 자리에 있던 사람이나 몇백억 원을 챙기고는 감옥에 드나들고 있다. 이것이 탐욕이 어떤 것인지를 보여준다. 국회의사당의 폭력에서 학교의 폭력에 이르기까지 폭력의 힘이 뻗치지 않는 곳이 없다. 이것이 진에(瞋恚)의 일면을 보여준다. 가정주부의 매춘에서 여중생의 음행에 이르기까지 음란의 비린내가 진동한다. 이것은 치정(痴情)의 일면을 보여준다. 문명의 이기를 쓴다고 문화인이 아니다. 탐 · 진 · 치에 허덕이면 야만스러운 짐승에 지나지 않는다.

12. 제나(自我)가 죽어야 얼나(靈我)가 산다
終始

배꼽 막고 숨 열리듯 참나는 제나 죽어야 비롯 封臍通鼻誠終始
잘못 본떠 (생긴) 고달프고
역겨운 거짓 나는 나서 죽어 效嚬疲厭妄始終
비롯 없고 마침도 없는 맨 처음 으뜸님 無始無終元始初
비롯 있어 마침 있는 제나는 이내 죽어 有時有終自乃終

(1956. 10. 20)

終: 죽을 종. 始: 처음 시. 封臍(봉제): 갓난아기의 탯줄을 끊어 봉함. 封: 봉할 봉. 臍 배꼽 제. 效嚬(효빈): 남의 결점조차 좋은 것으로 알고 함부로 흉내를 냄. 效: 본받을 효: 嚬 찡그릴 빈. 妄: 거짓 망. 疲: 피곤할 피. 厭: 싫을 염.

종시(終始)라는 말은 『대학』(大學)에 나온다. "몬(물질)에는 밑동과 끝이 있고 일에는 마침과 비롯이 있으니 먼저 하고 뒤에 할 바를 알면 곧 참에 가까울 것이다"(物有本末 事有終始 知所先後 則近道義 — 『대학』 경지

장). 그런데 『대학』을 풀이한 이들은 종시를 뒤집어서 시종으로 풀이하고 있다. 비롯이 있어야만 마침이 있을 수 있다고 생각하기 때문이다. 그러나 그것은 종시의 바른 뜻을 모르는 소리다.

류영모는 종시(終始)의 뜻을 주자(朱子)의 '知止能得'보다 더 분명하게 말하였다. "시작했다 끝이 나는 것은 몸의 세계다. 그러나 끝을 맺고 시작하는 것은 얼의 세계다. 낳아서 죽는 것이 몸이요, 죽어서 사는 것이 얼이다. 얼은 제나(自我)가 죽어서 사는 생명이다. 형이하(形而下)에 죽고 형이상(形而上)에 사는 것이다. 단단히 인생의 결산을 하고 다시 새 삶을 시작하는 것이다. 회개(悔改)요 회심(回心)이다. 얼에는 끝이 없고 시작이 있을 뿐이다."

종시(終始)란 쉽게 말하면 상대세계를 부정해야 절대세계가 열린다는 뜻이다. 상대세계는 우리의 심안(心眼)을 가리는 비늘과 같다. 이 비늘을 떼어버리지 않고는 절대존재이신 하느님을 볼 수 없다. 류영모가 이르기를 "세상을 사랑하는 사람은 하느님을 모른다. 세상을 미워하는 사람에게만 하느님이 걸어온다. 하느님은 우리들에게 하느님을 알고 싶은 생각을 일으켜 준다"라고 하였다. 예수 · 석가가 가르친 것도 바로 이것이다.

예수가 말하기를 "내 아버지의 뜻은 아들을 보고 믿는 자마다 영원한 생명을 얻는 이것이니 마지막 날에 내가 이를 다시 살리리라"(요한 6:40)고 하였다. 마지막 날이 종(終)이고 살린다가 시(始)이다. 석가가 말한 사성제(四聖諦)인 고집멸도(苦集滅道)도 종시(終始)이다. 상대세계를 부정하면 제나(자아)가 죽는다. 제나가 죽으면 얼나(靈我)가 산다. 얼나가 사는 것은 하늘나라가 열리는 것이다. "제나가 죽어야 참나가 산다.

제나가 완전히 없어져야 참나다. 참나가 우주의 생명이요 제나의 임자다. 참나와 하느님이 하나다. 참나와 성령이 하나다. 참나와 하느님은 이어져 있다"(『다석어록』).

"배꼽 막고 숨 열리듯 참나는 제나 죽어야 비롯"(封臍通鼻誠終始)

봉제통비(封臍通鼻)란 태아가 태어났을 때의 상황을 그린 것이다. 갓난아기는 첫울음과 함께 숨길이 열리고 탯줄은 잘라 봉한다. 이제까지는 탯줄로 산소를 공급받다가 이제부터는 숨을 쉬어 산소를 얻는다. 이 세상에는 의미 없는 우연이란 없다. 탯집 속 양수에서 9달 동안 보낸 것은 생물이 30억 년 동안 바다에서 진화한 것을 축소한 것이다. 이것을 요점반복(要點反復)이라고 한다. 태아가 양수 속에서 대기 속으로 태어난 것은 바다에서 육지로 올라온 것이다. 원시 동물 이크시오테가가 육지로 올라온 것이 3억6천만 년 전이다.

바다의 생물들이 아가미로 물을 숨 쉬다 육지에 올라와 땅 위의 짐승이 되어 허파로 대기를 숨 쉬게 된 것은 비약적인 진화라 아니할 수 없다. 그런데 지금으로부터 3천 년에서 2천 년 전에 또 한 번의 높은 단계의 숨 쉬기가 열렸다. 이번에는 사람의 마음에서 하느님의 성령을 숨 쉬는 얼숨이 열렸다. 얼숨이 트인 것은 형이상의 하늘나라가 열린 것이다. 예수가 가르친 기도에 하늘나라가 임한다는 것은 이것을 말한 것이다. 또 예수가 내 나라는 이 세상에 속한 것이 아니라고 한 것도 이것을 말한 것이다. 기도나 명상은 얼숨을 쉬는 것이다.

류영모는 하느님의 성령을 숨 쉬는 얼숨에 대하여 이렇게 말하였다.

"우리의 숨은 목숨인데 이렇게 할딱할딱 숨을 쉬어야 사는 생명은 참 생명이 아니다. 하느님의 성령을 숨 쉬는 얼생명이 참 생명이다. 영원한 생명에 들어가면 코로 숨 쉬지 않아도 끊어지지 않는 얼숨이 있을 것이다. 내가 어쩌고저쩌고하는 제나(自我)는 소용이 없다. 숨 안 쉬면 끊어지는 이 목숨은 가짜 생명이다. 하느님의 성령인 말숨(말씀)을 숨 쉬지 못하면 사람이라 하기 어렵다. 하느님이 보내는 성령이 얼나인 참나다. 석가의 법신, 예수의 하느님 아들은 같은 얼나인 영원한 생명이다"(『다석어록』).

석가와 예수가 집을 뛰쳐나간 것은 가난해 못 살아서가 아니라 나를 몰라 속이 답답해서였다. 마치 물속에 들어가서 숨을 못 쉬는 것처럼 죽을 것 같이 마음이 답답하였다. 그러나 하느님의 성령을 숨 쉬는 얼숨이 터지자 그렇게 속이 시원할 수가 없었던 것이다. 인생의 모든 의문이 저절로 풀어졌기 때문이다.

성(誠)은 얼나인 참나를 말한다. 류영모는 이렇게 말하였다. "성(誠)은 하느님을 말한다. 유교에서는 참(誠)은 하느님이라고 말하였다. '참이라는 것은 하느님의 길이다. 참을 그리워하는 것이 사람의 길이다'(誠者天之道也 思誠者人之道也 — 『맹자』「이루장 상편」)라고 하였다. 이 하늘길을 가려면 곧이 곧장 가야 한다. 이것을 깨닫지 못하면 자꾸 중간에서 장애가 생긴다"(『다석어록』). 많은 사람들이 하느님을 그리워하면서도 하느님의 성령을 숨 쉬지 못하는 것은 제나(自我)가 살아 탐진치(貪瞋痴)가 얼숨 쉬기를 막기 때문이다.

"잘못 본떠 (생긴) 고달프고 역겨운 거짓 나는 나서 죽어"(效嚬疲厭妄始終)

중국 춘추전국 시대에 월(越)나라 구천이 오(吳)나라 부차를 쓰러뜨리고자 미인계를 썼다. 구천은 월나라 미인 서시(西施)를 부차에게 바쳤다. 서시는 속병이 있어서 통증이 일어나면 얼굴을 찡그렸다. 서시에게 빠진 부차는 서시의 찡그리는 얼굴을 더욱 아름답다고 하였다. 이 말을 들은 월나라 여인들은 아름답다는 소리를 듣고자 너도나도 서시처럼 찡그렸다. 그러나 찡그린 여인들의 모습은 더 꼴불견이었다. 이리하여 남의 결점을 좋은 것으로 알고 본뜨는 것을 효빈(效嚬)이라 하게 되었다. 류영모는 효빈에 대해서 말하기를 "남을 본받아 흉내 내는 것을 효빈이라 한다. 이 세상은 통히 효빈하는 세상이다. 이따위 짓을 한다면 성불(成佛)이고 구원이고 소용없다"라고 하였다. 류영모는 혼인하는 것은 분명 잘못인데 좋은 것으로 알고 너도나도 혼인하는 것을 효빈이라 하였다.

혼인하여 태어난 몸나의 삶은 거짓(妄) 나로 태어나서 고달프고 서럽게 살다가 죽는다. 류영모는 말하였다. "이 몸은 얼마 앞서 어쩌다가 어버이의 정혈(精血)로 시작되었다. 실없이 비롯되었으니 머지않아 사라진다. 어머니 배 속에서 나온 이 몸은 참나가 아니라 거짓 나다. 그러므로 몸나가 산다는 것도 죽는다는 것도 아무것도 아니다. 우리는 참나인 얼나를 찾아야 한다. 우리의 일은 참나를 찾는 거다. 하늘나라에는 영원한 생명인 참나가 들어간다. 가짜 생명인 몸나는 죽어야 한다. 그런데 사람들은 거짓 생명을 연명시키는 데에만 궁리하고 골몰하고 있다. 그래서는 안 된다. 예수 · 석가는 가정에 갇혀 살지 않고 하느님의 속인 허공에서 살았다. 아기를 낳지 말아요. 세계의 장래를 위해서 자식을 낳아 잘 길러 큰 인물을 만들어야겠다는 생각은 어리석은 생각이다. 그렇게 맘대로 되는 세상이 아니다. 자식을 못 낳는 게 불효하는 게 아니다. 무책임하게 아이 낳는 것보다 더 심한 부자(不慈)는 없다"(『다석어록』). 예수는 본보기로 가정을 이루지 않았고 자식을 낳지 않았다. 가정은 음욕을 기초로 한다. 그러므로 가정을 초월하여 성령으로 된 하늘나라에 이르러야 한다. 가정이란 잠시 머무는 쉼터에 지나지 않는다.

"비롯 없고 마침도 없는 맨 처음 으뜸님"(無始無終元始初)

장자(莊子)의 말대로 여름철에만 살다 죽는 쓰르라미가 겨울철을 상상하기 어렵듯이 짧은 삶을 살다 죽는 사람이 비롯도 없고 마침도 없는 영원 무한을 상상하기 어렵다. 그리하여 역사적으로 유식하고 영리하다는 동서양의 학자들조차도 무시무종(無始無終)의 절대존재인 하느님을 잘 알지 못하였다. 러셀은 하느님의 아버지는 누구인가를 따지다가 찾지 못하자 아버지 없는 하느님이 있다면 하느님 없는 우주도 있을 수 있다고 하였다. 무시무종의 허공인 절대존재를 모르니 그런 소리를 하게 된다. 무시무종이란 상상만도 아니고 관념만도 아니다.

사실적인 인식이고 체험적인 자각이다. 영원 무한한 허공은 과학자들도 부정할 수 없을 것이다. 고기들의 진짜 근원은 엄마 아빠 고기가 아니라 바다인 것이다. 바다가 없으면 고기가 존재할 수 없기 때문이다. 그처럼 모든 천체(별)의 원시초(元始初)는 허공인 것이다. 허공이 없으면 모든 천체가 있을 수 없다. 궁극적으로 하느님을 알게 되는 것은 사람의 마음속에 보내주시는 하느님의 성령으로 알게 된다.

"비롯 있어 마침 있는 제나는 이내 죽어"(有時有終自乃終)

비롯이 없어야 마침이 없지 비롯이 있으면 마침이 있다. 바꾸어 말하면 나면 반드시 죽는다는 말이다. 시(始)와 태(胎)는 같은 뜻글자로 모태(母胎)에서 비롯한다는 뜻이다. 종(終)은 다 감은 실꾸리로 끝났다는 죽음을 뜻한다. 유시유종(有始有終)은 생사(生死)이다. 무시무종(無始無終)은 불생불멸(不生不滅)이다. 하느님은 나지 않고 죽지 않는 절대존재이지만, 사람은 나서 죽는 상대적 존재다. 사람의 몸생명은 아무리 금이야 옥이야 해도 보잘것없기가 성냥불이요 물거품에 지나지 않는다. 그런데 하느님께서는 당신의 생명인 성령을 우리 맘속에 보내신다. 그 하느님의 성령이 우리의 얼생명이다. 이 얼생명은 하느님의 생명이라 하느님과 마찬가지로 불생불멸로 영원한 생명이다.

류영모는 이렇게 말하였다. "오늘날 세상은 나라는 것을 오관(五官)과 사지(四肢)에 한정해 버려 몸의 나밖에 모른다. 그리하여 권력을 쥐고 으스대는 자, 금력을 가지고 뽐내는 자, 명성이 높은 자, 신체가 미끈한 자를 부러워한다. 이게 다 악인의 낯을 보는 것이다. 잘 먹고 잘 싼다. 그러면 제가 잘 살거니 생각한다. 이게 다 꿈지럭거리며 짐승 노릇, 벌레 노릇 하는 거다. 나는 몸을 부정한다. 조금 하면 피곤해 지치고, 조금 하면 시시하게 죽어버린다. 이러한 몸을 위해 살다가 죽어서 그만두게 된다면 정말 서운할 거다. 그저 남 먹는 것, 입는 것에 빠지지 않겠다는 게 육신 생활의 전부다. 멸망의 몸나가 거짓 나임을 알고 영생의 얼나로 솟나자는 인생이다."

13. 깂음(죽음)에 막다르고 얇음(삶)을 밟다 臨深履薄

삶이란 때의 긋(끝)에 맞물려 가는 것 生也臨時刻點之
때란 죽음 바다 기슭에 금을 그어 가는 것 時也死海岸線之
얇기는 살아 있는 때보다 얇은 게 없고 薄莫薄於存時刻
깊기는 죽음 바다 구렁보다 깊은 게 없어 深莫深於亡海壑

(1956. 12. 8)

臨: 임할 임. 薄: 얇을 박. 存: 살 존. 亡: 죽을 망. 之: 갈 지. 壑: 구렁 학. 刻: 시각 각.

임심이박(臨深履薄)이란 말은 『시경』에서 따온 말이다. "깊은 연못에 막다른 것 같이, 얇은 얼음을 밟은 것처럼"(如臨深淵 如履薄氷 — 『시경』「소아편」)을 줄인 것이다. 이렇게 옛글을 고쳐 쓰는 것이 온고지신(溫故知新)의 한 방법이다.

모든 사람은 임심이박(臨深履薄)의 참혹한 처지에 놓여 있다. 깊은 죽음에 막다르고 얇은 삶을 밟고 있다. 그런데도 가정이라는 안대(眼帶)

와 사회라는 수건으로 자신의 두 눈을 가리고는 임심이박의 현 상황을 모른 체한다. 톨스토이는 임심이박의 참혹한 상황을 50살이 되어서야 알게 되었다. 톨스토이는 그때의 심정을 이렇게 고백하였다. "나의 생활은 정지(停止)하고 말았다. 이제까지 희망을 가지고 살아온 것은 스스로를 속인 것이었다. 바랄 것이라고는 아무것도 없다는 것을, 인생은 무의미하다는 것을 나는 그 즉시로 알게 되었다. 악착스럽게 인생의 길을 살아 온 끝에 절벽에 도달한 것이다. 그리고 나는 내 앞에 멸망밖에는 아무것도 없다는 것을 발견한 것이다. 이제는 전멸 외에 아무것도 없다고 하는 사실을 보지 않기 위해서 눈을 가릴 수도 없었다"(톨스토이, 『참회록』). 톨스토이는 참회록 끝에 이르기를 저 아래(下界)의 심연(深淵)은 나를 무섭게 하지만 저 위 하늘의 무한은 나를 끌어당겨 평안케 한다고 하였다. 지구가 도는데 위아래가 있을 리 없다. 아래란 제나(自我)가 느낀 심연(죽음 너머의 신비)이고 저 위란 얼나(靈我)가 느낀 영원(하느님 아버지)을 말한다.

석가는 사람의 수명이 너무나 짧은 것을 나타내고자 "눈 한 번 깜작할 동안에 4백 번 났다 없어졌다 한다"(『대반열반경』)라고 하였다. 영원무궁한 시간에서 보면 인류의 6천 년 역사도 눈 한 번 깜빡하는 사이에 지나지 않는다. 6천 년이라 해도 2백 세대밖에 안 된다. 2백 세대는 2백 번 나고 죽었다는 것이다. 석가의 말이 허황된 거짓말이 아니다.

석가는 임심이박(臨深履薄)인 사람의 수명이 무상한 데 대해 이렇게 말하였다. "선 남자여, 지혜 있는 사람이 세상이 즐거울 것이 없다는 생각을 닦고는 다음에 죽는다는 생각을 닦되, 이 목숨이 한량없는 원수에게 둘러싸여서 잠깐잠깐 줄어지고 늘어나지 못함이 마치 산 계곡에 홍수가 머물러 있지 못함 같고, 아침이슬이 오래가지 못함 같고, 사형수가 교수대에 나아감이 걸음마다 죽음에 가까워지듯 하며 소나 양을 끌고 도살장으로 나아가는 듯하다 하느니라. 선 남자여 지혜 있는 이는 또 관찰하기를 내가 지금 출가하여 수명이 이레 낮, 이레 밤이 된다 하여도 나는 그동안에 부지런히 도를 닦고 계율을 지키고 법(진리)을 말하여 중생을 가르쳐 도우리라 한다면 이것을 이름하여 지혜 있는 이가 죽는다는 생각을 닦는다 하느니라. 설사 엿새 닷새 나흘 사흘 이틀 하루 한 시간 한 호흡 동안만이라도 마찬가지다"(『대반열반경』).

"삶이란 때의 긋(끝)에 맞물려 가는 것"(生也臨時刻點之)

시간은 영원한데 우리는 시간을 순간순간으로 느낀다. 순간은 한점이다. 그래서 삶이란 때의 한 점 한 점을 지나쳐 가는 것이 된다. 류영모는 이렇게 말하였다. "우리는 순간순간 지나쳐 간다. 도대체 머무르는 곳이 어디에 있는가. 영원한 미래와 영원한 과거 사이에 '이제 여기'라는 것이 접촉하고 있을 뿐이다. 지나가는 그 한 점 그것이 이제 여기인 것이다. 그 한 점이 영원이라는 미래를 향해 가고 있다. 이렇게 보면 산다는 것은 이제 여기에 있다고 해야 할 것이다. 다른 것은 몰라도 '나는 이제 여기에 있다'는 것은 대단히 훌륭한 발견이라고 볼 수 있다. 그러니까 아무리 넓은 세상이라도 여기이고 아무리 오랜 세상이라도 이제이다. 가온찍기이다. 이 긋(點)이 나가는 것의 원점이며 나라는 것의 원점이다. 이제는 참 신비다. 우리가 알 수 있을 것 같은 신비가 이제다. 우리 인생은 이제에 목숨을 태운다. 이 찰나에 아흔 번의 생사(生死)가 있다는 인도 사상은 분명히 신비 사상이다. '이'라 할 때 이제는 이른(至) 것이다. '이'라고 할 때 실상은 이미 과거가 된다. 누가 물어도 대답할 수 있는 것이 이제다. 이 이제를 타고 가는 목숨이다. '이'의 계속이 영원이다"(『다석어록』).

오랫동안 영원한 생명줄을 잡지 못하고 정신적으로 헤매다가 천명(天命)을 안다는 나이에 이르러 다석사상을 접하게 된 이(민항식)가 있다. 그가 보낸 글월에 "무시무종한 절대의 원(圓)과 순간인 상대의 점(點)이 만나는 이 찰나에 하느님 아버지를 뵙지 못하면 언제 뵈오리. 하느님께서는 한없는 사랑을 베푸시어 눈만 뜨면 당신을 뵈올 수 있도록 허공의 우주를 열어 보이셨다. 하느님께서는 우주 안팎을 하느님의 생명이신 성령으로 가득 채워 당신을 그리워하기만 하면 성령으로 참된 생각을 일으켜 주신다. 탐 · 진 · 치 삼독이 빚어내는 인생살이에 눈이 어두워 하느님을 만날 수 있는 순간순간을 덧없이 흘려보내고 나이 오십이 넘어서야 겨우 하느님께서 세상에 내보내신 뜻을 엿보게 되다니 이 통탄과 회한을 어이하리"라고 하였다. 값진 보석처럼 빛나는 참회록이다. 사망의 몸나에서 영생의 얼나로 옮긴이의 소리임에 틀림없다.

"때란 죽음 바다 기슭에 금을 그어 가는 것"(時也死海岸線之)

헤르몬산에서 발원하여 사해로 흐르는 요르단강은 예수가 세례 요한으로부터 물세례를 받아 유명하게 되었다. 그 요르단강의 끝이 죽음의 바다란 뜻으로 사해(死海)이다. 이름이 사해(死海)인 것은 높은 염도 때문에 어떤 생물도 살 수 없기 때문이다. 과거란 죽음의 바다와 같아 죽음뿐이지 산 생명이 있을 수 없다. 산 것은 현재에 있을 뿐이다. 오늘로 22,741일을 살았다고 하자. 어제까지의 22,740일은 이미 다 죽은 것이다. 그러므로 우리가 서 있는 이제란 사해의 해안선인 것이다.

과거는 죽음의 바다라 생명이라고는 없는데 오직 사람을 통해 나타난 말씀의 빛이 빛난다. 캄캄한 밤하늘에 별빛이 더 빛나듯 죽음의 나라(바다)에 말씀의 빛이 더 빛난다. 말씀은 영원한 생명이기 때문이다. 류영모는 하느님으로부터 비추어 오는 생명의 빛을 보았다. 류영모는 이렇게 말하였다. "우리 눈앞에 영원한 생명줄이 아버지 계시는 위로부터 끊어지지 않고 드리워져 있다. 영원한 그리스도란 한 빛이며 한 줄이다. 몸생명은 끊어지면서 얼생명은 줄곧 이어가는 것이다. 빛이요 줄이란 곧 말씀이다. 나는 다른 것은 아무것도 믿지 않고 말씀만 믿는다. 여러 성현(聖賢)이 남겨놓은 수천 년 뒤에도 썩지 않는 말씀을 씹어 본다"(『다석어록』).

"얇기는 살아 있는 때보다 얇은 게 없고"(薄莫薄於存時刻)

우리는 지구를 밟고 다니니 꺼질 염려가 없어 든든하게 생각할지 모르지만, 사실은 밟고 다니는 것은 땅이 아니라 몸이다. 몸이란 살얼음보다 더 얇다. 몸의 존속 시간이 짧고도 짧다. 류영모는 이렇게 말하였다. "얇은 것 가운데 얇은 것은 시간보다 더한 것이 없다. 일생을 두고 만나보지 못한 분을 꼭 만나 보았으면 하는 분이 있다. 언젠가 살아서 한 번 만나 보겠지. 이번에 못 만났으니 요다음은 만나보리라고 하다가 처음이요 마지막인 인생에 못 만나고 만다. 요다음은 하는 시간이 얼마나 얇은 것인가. 얇은 것 가운데 얇은 게 시간이다. 이러한 얇은 시간을 밟고 가는 우리 인생은 참으로 조심하지 않을 수 없다. 시간은 미리 준비가 있어야 그 시간을 잘 쓸 수 있다. 그 시간이 되면 시간을 넘겨 버린다. 시간에는 올 것을 가지고 산다. 일찍 사는 것이고 미리 사는 것이다"(『다석어록』).

예수는 30대를 못 넘겼지만, 하느님 아버지가 참나인 것을 깨달았으니, 할 일을 다 하였던 것이다. 그러나 60대를 넘기고도 하느님이 참나임을 알지 못하면 태어나지 않은 것과 다름이 없다. 그러므로 오래 살았다고 나이 자랑하지 말고 일찍 죽었다고 나이 아까워하지도 말고 사람의 사명을 빨리 이루어야 한다. 사람의 사명은 처음도 없고 마침도 없는 영원한 생명인 하느님이 참나인 것을 깨닫고 그리하여 하느님의 생명인 얼을 붙잡는 것이다. 그것은 하느님 아들이 되는 것이요 부처가 되는 것이다. 영원한 생명을 깨달으면 몸나는 사나 죽으나 같다. 맹자(孟子)가 이르기를 "일찍 죽고 오래 사는 것이 둘이 아니니라 몸에서 삼독을 닦아내고 기다린다"(殀壽不貳 修身以俟之 —『맹자』「진심 상편」)라고 하였다. 류영모는 이렇게 말하였다. "하느님을 찾으라고 우리를 내놓으셨다. 한 시간을 주는 것도 그 시간 동안에 당신을 찾으라고 주신 거다. 하느님이 나의 참나인 얼나라 찾지 않을 수 없다. 우리는 우리를 살리는 동안에 하느님께 다다라야 한다"(『다석어록』).

"깊기는 죽음 바다 구렁보다 깊은 게 없어"(深莫深於亡海壑)

태평양 바다는 남해안 기슭에 출렁이지만 죽음의 바다는 사람의 베갯머리에 출렁인다. 태평양 바다는 겨우 에베레스트산을 못 잠기게 하지만 죽음의 바다는 우주를 감춰 버린다. 그러므로 류영모는 이렇게 말하였다. "저 건너 언덕(彼岸, 하늘나라)에 가려면 참으로 전전긍긍 소심익익(戰戰兢兢 小心翼翼)해서 가야 한다. 영원한 생명을 얻는 길은 조심조심 아슬아슬 가야 한다. 임시로 사는 여기를 불행으로만 돌리지 말고 조심해 영원한 생명을 찾아가야 한다. 떠날 때는 환하게 이륙(離陸)하여야 한다. 하느님을 향해 이륙(離陸)하는 앞바다보다 깊은 바다는 없다. 영생의 건너편 언덕을 향하여 출항하는, 그 감사의 일념(一念)으로 아주 이륙하는, 그보다 깊은 뜻이 어디 있겠는가. 세상에 나온 뒤로 우리는 자꾸 이 깊은 바다를 향하고 있다." 이것은 몸나가 겪어야 할 엄연한 현실적인 문제다. 죽음을 면하려고 진시황을 비롯하여 얼마나 많은 사람들이 안간힘을 썼는가. 그러나 몸나로 죽음을 면한 사람은 한 사람도 없다. 그러나 영원한 생명을 깨달아 죽음의 준비를 끝낸 사람은 이렇다. "예수는 간단하게 말하였다. 영원한 생명이란 죽음을 부정하는 거다. 죽음이 없는 거다. 이 껍데기 몸이 죽는 거지 참나가 죽는 게 아니다. 죽음을 무서워하고 싫어할 까닭이 없다. 보통 죽음이라고 하는 것은 이 껍데기 몸이 퍽 쓰러져서 못 일어나는 것밖에 더 있는가. 이 껍데기가 그렇게 되면 어떤가. 진리의 얼생명은 영원하다"(『다석어록』).

14. 끝은 첨과 같다
終如始

(남자의) 알짬이 처음 쏟아져 나올 때 精子始初出發時
여인의 몸도 비슷한 아찔함을 먼저 겪는다 母體先驗酷似險
산 것들의 마지막 끝(죽음)에 닥친 느낌은 生物最終感觸末
빛깔은 노랗고 소리는 까마득히 한 점으로 꺼져 色黃音玄幻一點

(1957. 1. 10)

酷似(혹사): 몹시 많음. 酷: 심할 혹. 險(험): 아찔함. 幻: 없어질 환. 末: 끝 말.

끝은 첨과 같다(終如始)는 말은 누구보다도 소설가 헤르만 헤세가 가장 잘 알아들을 것이다. 헤르만 헤세가 말하기를 "쾌락의 몸짓이 산고로 고통을 당하는 여인이나 죽어가는 자의 표정과 어쩌면 똑같다는 사실이 통감되었다"(헤르만 헤세, 나르시스와 고르트 문트)라고 하였다. 그것은 몸의 생식(生殖)과 사망(死亡)의 고리가 이어지기 때문이다. 일출(日出)의 광경과 일몰(日沒)의 광경이 비슷한 것과 같다. 사람의 삶이란 서울역에서 교외선을 타는 것과 같다. 교외선은 서울역에서 출발하여 다시 서울역에 돌아온다. 사람의 생명은 없(無)에서 시작해서 없(無)에서 마침을 본다. 없(無)에서 있어지고 있(有)에서 없어지는 것이 생사(生死)이다. 생(生)과 사(死)에 임한 몸의 본능적인 생리 상황에 공통성이 있다는 것을 의사들이 알아냈다.

갓 태어난 아기와 임종에 다다른 환자는 많은 공통점을 보인다. 갓난아기는 전적으로 다른 사람의 도움을 필요로 한다. 똑같이 죽음에 이른 환자도 전적으로 다른 사람의 도움을 필요로 한다. 먹여 주어야 하고, 씻겨 주어야 하고, 입혀 주어야 하고, 뒤도 치워 주어야 한다. 영국의 토인비는 치매에 걸려 정신 능력을 잃어버리는 것을 두려워하였는데 미국의 모리는 육체의 능력을 잃어, 남의 손으로 자신의 궁둥이를 닦게 되는 것을 두려워하였다. 그러나 어쩔 수 없는 일이다. 심신의 능력을 잃고서야 죽는다. 인생의 비롯과 마침은 온전히 타력(他力)에 의지할 수밖에 없다. 그래서 맹자도 "생명을 기르고 주검을 장사지냄에 서운함이 없는 것이 왕도(王道)의 비롯이다"(養生喪死無憾王道之始也 —『맹자』「양혜왕 상편」)라고 한 것이다. 그러므로 내가 낳은 자녀와 나를 낳은 어버이를 버리는 것은 제 생명을 버리는 것과 같다. 그런데 옛부터 사람들이 자기가 낳은 자녀는 잘 돌보지만 자기를 낳은 어버이에게 소홀히 하는 경향이 있다. 맹자(孟子)는 "참사람은 세상의 본보기가 되어서 그 어버이에게는 구두쇠 짓을 않는다"(君子不以天下儉其親 —『맹자』「공손추 하」)라고 하였다. 어버이에게 마음을 아끼지 않으면 시간과 재물은 따라서 간다. 어버이가 세 살까지는 내 오줌똥을 가려 주었으니 품앗이로라도 어버이가 자리에 누워 오줌똥을 못 가릴 때는 내 손으로 치워 드려야 한다. 그것이 자연의 순리다. 이것을 어기면 인류는 자멸할 수밖에 없다. 마하트마 간디는 말하기를 "첫째가는 섬김은 뒤를 깨끗이 해 드리는 것이다"(The first service is latrine-cleaning)라고 하였다. 나를 낳아 기른 어버이를 돌보지 못하고서는 정의니, 자비니 말할 자격이 없다.

"(남자의) 알짬이 처음 쏟아져 나올 때"(精子始初出發時)

사람들에게 사는 목적이 무엇이냐고 묻는다면 선뜻 대답 못 하는 사람들이 많을 것이다. 그러나 짐승들에게 왜 사느냐고 묻는다면 모든 짐승이 서슴없이 대답할 것이다. 짐승들이 사는 목적은 탐 · 진 · 치(貪瞋癡)의 삼독으로 종족을 보존하는 것이다. 종족을 번식시키는 수단이 삼독 가운데 치(癡, sex)이다. 물속에 사는 어류는 체외(體外) 수정하고 뭍에 사는 짐승들은 체내(體內) 수정을 한다. 사람도 몸으로는 짐승이라 체내 수정을 한다. 그런데 모든 짐승은 생식(生殖)을 위해서만 교미를 하지만 사람들은 쾌락(快樂)을 목적으로 성교를 한다. 쾌락이란 방정(放精)할 때의 말초신경의 자극을 말한다. 류영모는 이렇게 말하였다 "남녀의 정사(情事)를 쾌락이라 하지만 다 어리석은 짓이다. 남녀가 들러붙는 것처럼 좋은 게 없다고 하는데 그 꼴처럼 보기 싫은 게 없다. 다 속아서 그 짓을 하는 거지 깬 사람은 안 하는 짓이다. 그 짓을 하다가 죽어도 좋다면 해도 좋다. 그 지경이면 달관(達觀)한 사람이다. 그런데 그런 사람은 못 봤다. 안 죽으니까 하는 거다. 참을 수 없어서 또는 할 수 없어서 했다면 좋다. 그러나 안 할 수 없는 것을 안 하고 지내는 게 삶에서 필요하다"(『다석어록』).

"여인의 몸도 비슷한 아찔함을 먼저 겪는다"(母體先驗酷似險)

류영모는 육욕(肉欲)의 본질을 간지럼으로 보았다. 너무나 간지러워서 미칠 지경에 이르는 것이 음욕이다. 그래서 이성(理性)을 잃고는 "내 맘 나도 몰라. 내가 왜 이러지" 하고는 일을 저질러 두 번 없는 삶을 그르친다. 여자의 용색 뒤나 산고 뒤에 기진맥진하여 하늘이 돈짝만 해지는 체험이 비슷하다. 류영모는 말하기를 "이 세상에서 좋다는 것은 간질이는 것이다. 웃으면서도 죽을 지경이다. 간질이는 게 싫으면서 웃지 않을 수 없는 게 이 세상이다. 참 기가 막힌다. 견딜 수 없이 가려워서 긁어버리지 않을 수 없는데도 꾹 참는 게 있어야 한다. 아니할 수 없는 것을 아니하고 꾹 참고 지내는 게 필요하다. 이 세상을 지나가야 하는 이 인생이란 그렇게 해야 한다. 죽기로 참고 참아야 한다. 이게 인욕(忍辱)이다"라고 하였다.

류영모는 구경각(究竟覺)을 이룬 52세부터 스스로도 금욕생활을 실천하면서 금욕을 주장하게 되었다. 52세 전까지는 스스로 범방(犯房)하였다고 고백하였다. 하느님의 얼로 거듭난 이는 몸의 수성(獸性)에서 놓여나 자유(해탈)하기 때문에 삼독(三毒)인 성교를 하지 않는다는 것이다. 이것은 예수 · 석가의 생각도 마찬가지다. 그러나 얼나를 깨닫지 못한 제나(自我)의 사람이 혼인하여 자녀를 낳는 것을 인정하는 것도 예수 · 석가의 생각과 마찬가지다. 그러나 혼인을 하였더라도 될수록 부부가 떨어져 있어 자녀를 안 낳거나 적게 낳아야 한다는 것이다. 더구나 지금은 이미 지구에 인구가 너무 많기 때문이다.

류영모는 이렇게 말하였다 "벼 백 섬을 추수했다면 종자로 쓰이는 것은 한 말 정도이고 그 나머지는 모두 쌀을 만들어서 사람의 양식으로 제공된다. 종자로 쓰이는 것은 거둔 것의 천 분의 일이나 만분의 일이고 대부분은 사람의 양식으로 쓰인다. 사람의 씨앗인 정(精)도 이와 마찬가지다. 생식을 위한 종자로 쓰이는 것은 극히 적은 부분이고 정(精)의 대부분은 정신을 위해 문화창조를 위해 가치의 구현을 위해 하느님의 뜻을 이루기 위해 쓰여야 한다. 쾌락을 위해 자기의 정력을 소모한다면 그것은 자살행위요 자독(自瀆) 행위다. 성생활이 아니라 실성(失性)한 생활이다. 사람의 정력은 헤프게 쓰여서는 안 된다"(『다석어록』).

"산 것들의 마지막 끝(죽음)에 닥친 느낌은"(生物最終感觸末)

사람을 포함한 모든 생물이 본능적으로 죽음의 준비를 하는 것이 생식(生殖)하는 것이다. 그래서 병에 걸리면 성욕이 없어져야 할 텐데 성욕이 더 일어나는 수가 있다. 그것은 몸이 죽게 되었으니 후손을 이으려는 본능이 작용하는 것이다. 수벌은 여왕벌에게 수정을 시키고는 죽는다. 사정(射精)과 죽음이 이어져 있다. 그믐달과 초승달이 이어져 있는 것과 같다. 사마귀 수놈은 수정이 끝나면 암놈에게 잡아먹힌다. 사마귀 암놈이 지독해서 수놈을 잡아먹는 것이 아니다. 후손을 위해 살신성인(殺身成仁)하겠다는 수놈의 충정을 이루어 주는 것일 뿐이다. 메뚜기와 연어는 산란을 하고는 죽는다.

“빛깔은 노랗고 소리는 까마득히 한 점으로 꺼져”(色黃音玄幻一點)

이것은 죽을 때의 마지막 꺼져 가는 의식의 상황을 그려본 것이다. 이러한 상황을 여자들은 아기를 낳을 때 겪는다. 남자는 사정을 하는 것이 죽음이요 여자는 아기를 낳는 것이 죽음이다. 후손을 낳는 것은 바로 죽는 준비이기 때문이다. 류영모는 이렇게 말하였다 “나는 성(性)에 관해서는 괴설(怪說)이다. 톨스토이의 성관(性觀)도 괴설이다. 예수·석가도 마찬가지다. 금욕이란 분명히 자연스럽지 못한 것이니까 괴설이다. 성교(性交)라는 것은 죽어나는 것이다. 남자는 범방(犯房)하다 잘못하면 죽는다. 거기에 빠지면 죽어나는 것이다. 여자는 아기 낳다가 죽는 일이 많다”(『다석어록』). 여인들이 어머니로서는 강해지는 것은 목숨을 걸고 아기를 낳았기 때문일 것이다. 목숨을 걸고 낳은 아기인데 어떻게 사랑스럽지 않겠는가. 그런데 요즘에는 하문으로 아기를 낳기가 어렵다고 배를 째고 쉽게 아기를 낳는다니 문제가 아닐 수 없다. 쉽게 얻은 아이에게 깊은 정을 느끼기 어렵기 때문이다. 목숨 걸고 낳은 아기라야 목숨 걸고 기르려고 할 것이다. 류달영은 이렇게 말하였다. “한국 여성들이 자연 분만을 하지 않고 제왕절개로 출산하는 비율이 65%로 세계 1위라니 참으로 부끄럽다”(『진리의 벗』)라고 하였다.

사람이 죽을 때는 온 세상이 노랗고 사람의 목소리가 까마득하게 들리다가 TV 화면이 한 점으로 모여 꺼지듯이 사람의 의식도 꺼진다. 그 때 몸의 나는 죽지만 사실은 하느님 아들을 낳는 것이다. 류영모는 이렇게 말하였다. “죽음이란 아기(얼나)가 만삭이 되어 어머니 배 밖으로 나가는 것이다. 지구는 어머니 배 속이나 마찬가지다. 아기가 배 속에서 열 달 동안 있듯이 사람이 백 년 동안 지구에 있다가 때가 되면 지구를 박차고 나가는 것이 죽음이라고 생각한다. 죽으면 우리는 다시 신정(新正)을 맞아 하느님께 감사해야 한다. 이 땅에 사는 동안은 어머니 배 속에서 무럭무럭 자라서 생명이 충실하고 자꾸자꾸 올라가서 진리를 깨닫고 영원한 생명을 얻어 암호를 해독하고 체득하여 열 달이 차서 만삭공(滿朔空)이 되어야 한다"(『다석어록』).

15. 옛 베개를 생각지 않고 내게서 새 침상을 찾아 不思舊枕求我新床

바람과 달빛이 빈방에 들어오니　　風月中空房
무서운 더위 수그러지고 서늘함 세어져　　恐炎柔凉剛
시인은 평안하여 시름조차 없어라　　騷人保無恙
한 벌 나무판자 침상에 누웠도다　　一張木板床

(1957. 9. 6)

枕: 베개 침. 床: 침상 상. 中: 뚫을 중. 炎: 더위 염. 凉 서늘할 양. 騷人(소인): 시인. 保: 평안할 보. 恙: 근심할 양. 張: 벌 장.

불사구침(不思舊枕)은 옛날 함께 베던 베개를 생각지 않겠다는 뜻으로 가정을 초월하였다는 말이다. 예수가 이르기를 “여우도 굴이 있고 하늘의 새도 보금자리가 있지만, 사람의 아들(나)은 머리 둘 곳조차 없다”(마태오 8:20)고 하였다. 이것은 예수의 불사구침의 생각을 말한 것이다. 예수는 가정을 이루지 않았다. 석가는 가정을 버렸다. 그들은 가족 이상으로 사랑해야 할 영원한 님이신 하느님을 맞이하였던 것이다. 류영모는 가정을 하늘나라로 뛰어오를 도약대로 삼아야지 가정에 빠져서는 안 된다고 하였다.

류영모는 이렇게 말하였다. "우리는 세상에서 가정이라는 데서 살림을 하지만, 세상을 지나간 뒤에 보면 빈껍데기 살림을 가지고 실생활로 여기고 산 것이다. 물질생활은 변화해 지나가는 것뿐이다. 예수·석가는 가정에 갇혀 살지 않았다. 하느님의 속인 무한대(無限大)에 살았다"(『다석어록』). 마태오복음(8장 20절)에 "머리 둘 곳조차 없다"를 일어(日語)로는 'まくら(枕)するところがない'라고 옮긴다. 베개 베고 잘 데가 없다는 말이다. 우리의 머리는 여인과 함께 동침(同枕)하자는 머리가 아니다. 하느님 아버지를 우리 머리 위에 받들어 이어야 한다.

구아신상(求我新床)은 사상의 집을 짓겠다는 뜻이다. 누에가 고치를 짓는 것은 자기가 드러누울 침상을 만드는 것이다. 예수가 이르기를 "너희는 걱정하지 말아라. 하느님을 믿고 또 나를 믿어라. 내 아버지 집에는 있을 곳이 많다. 그리고 나는 너희가 있을 곳을 마련하러 간다"(요한 14:1-2)고 하였다. 예수의 이 말을 바로잡아서 류영모는 말하기를 "이 세상은 거저 있으라는 것이 아니다. 우리는 진리의 실을 뽑아 말씀의 집을 지으러 왔다. 하느님을 생각하러 왔으므로, 말씀의 집(思想)을 지어야 한다. 예수가 너희는 마음에 근심하지 말아라. 하느님을 믿고 또 나를 믿어라. 내가 있을 집을 지어 놓겠다고 하였지만 가서 지어 놓는 것이 아니라 여기서 벌써 지어 놓았다"라고 하였다.

형이상의 집도 형이하의 집처럼 정신적으로 안정되게 하여 헤매지 않게 하여 준다. 그것이 예수와 류영모가 마련한 사상의 집이다. 예수의 사상이 예수의 맘속에서 나왔듯이 류영모의 사상은 류영모의 맘속에서 나왔다. 그래서 류영모는 내게서 새 침상(사상)을 찾는다고 하였다. 사상의 집을 짓는 재료는 생각의 말씀이다. 누에가 입에서 실을 뽑듯, 거미가 꽁무니에서 실을 뽑듯 말씀의 실을 뽑아야 한다. 그 말씀의 실을 날라서 집을 지은 것이 성경이다. 류영모가 얼마나 생각을 중요시하였는가를 이 한마디로도 알 수 있다. "생각이 문제요 말씀이 문제다. 생(生)도 사(死)도 문제가 아니다. 그것은 객관적인 생각이다. 사람은 진리의 생각이 문제다. 위로 올라가는 생각이 문제다. 위로 올라가는 생각이 하느님의 말씀으로 참이다. 나를 통한 성령의 운동이 말씀이다. 성령은 내 마음속에서 바람처럼 불어온다. 내 생각에 하느님 아버지의 뜻을 실은 것이 말씀이다."

전구의 필라멘트에 전기가 들어와서 빛이 밝아지듯 사람의 의식(意識)에 하느님의 성령이 와서 슬기가 밝아진다. 성령으로 밝아진 슬기로운 생각이 하느님의 아들이다. 사람은 누구나 하느님의 성령을 받아 하느님 아들이 되어야 한다. 하느님 아들은 결국 하느님의 성령이라 영원한 생명인 것이다. 전구의 필라멘트가 끊어지면 다른 전구로 갈아 끼우면 다시 빛이 밝아진다. 개인이 죽어도 다른 개인의 의식에 다시 성령의 빛이 밝아진다. 그러므로 하느님 아들인 영원한 생명에는 개인의 제나(自我)란 없다. 부처나 그리스도는 제나(自我)의 생명이 아니다. 석가와 예수는 제나(自我)가 죽고 얼나(靈我)로 솟난 영원한 생명이다. 그러므로 부처나 그리스도를 석가나 예수의 개인 생명과 혼동하면 큰 잘못이다.

"바람과 달빛이 빈방에 들어오니"(風月中空房)

이 시는 1957년 9월 6일에 썼다. 그때는 장남 의상(宜相)이 1960년에 결혼하면서 지은 단층 벽돌집은 없었다. 류영모는 옛 한옥의 안방에 거처하였다. 9월 6일이면 음력으로 8월 13일이다. 추석을 이틀 앞둔 날이라 달이 아주 밝았다. 가을 달빛이 가을바람과 함께 류영모의 침실을 찾아들었다. 그때 아직 구기동에 전기가 들어오지 않아 류영모는 긴 책상 위에 램프등을 두고 불을 밝혔다. 그러니 달빛이 유난히 더 밝았다. 1957년도의 구기동은 여느 시골과 다름이 없었다. 류영모의 집은 1천2백 평이나 되는 넓은 터에 감나무, 복숭아나무 등이 서 있고 집 둘레에는 이미 고목이 된 단풍나무, 밤나무, 아카시아로 둘러쳐 있었다. 같은 북한산록이지만 우이동 계곡에 살았던 김교신은 이렇게 말하였다. "세상에 견디기 어려운 일이 적지 않으나 도시의 수십 평도 못 되는 작은 집에 살면서 한 뼘도 채 못 되는 땅을 가지고 이웃집과 다투는 일도 어려운 일이다. 광활하게 살고 싶은 소원으로 말할진대 백두산 차일봉 정상에 집을 짓고, 개마고원에 화초를 심고, 동해에 양어를 하면서 만주 벌판에 채마밭을 두고 싶으나 그렇지 못한 신세임을 어찌할 수 없어 북한산록이나마 지계(地界)에 황지(荒地)가 남아 있고 어루만지면 초목이 자랄 수 있는 개척할 여지가 남아 있는 것으로써 만족하지 않을 수 없다"(1937년 「성서조선」 107호). 김교신의 기개야말로 대장부답다고 아니할 수 없다.

“무서운 더위 수그러지고 서늘함 세어져”(恐炎柔凉剛)

추석이 가까워지자 삼복더위도 가셔져 아침저녁으로 서늘해진 것을 그리고 있다. 류영모의 집은 북한산 비봉산록 끝자락인데 대남문 계곡에서 흘러내리는 계천과 비봉에서 내려오는 계천이 만나는 삼각 언덕(지금의 구기 파출소 뒤)에 자리했다. 그리하여 개천가 나무 그늘 아래 있는 바위에 앉아 있으면 한여름에도 더운 줄 몰랐다. 류영모가 구기동으로 처음 이사했을 때는 그곳도 경기도 땅이었다. 오랜 뒤에 서울에 편입이 되었다. 처음에는 서대문구였으나 뒤에 종로구로 바뀌었다. 류영모는 자신이 서울에 사는 것을 부끄럽게 생각하였다. “이같이 꿈틀거리고 사는 이 세상에서 지각 있는 인사(人士)라면 서울 같은 도시에서는 살지 않는다. 이 사람은 거의 70년을 서울에서 사는데 앞으로 몇 년을 더 살지 모르겠다. 산다고 하되 류영모가 무엇인가, 무엇을 할 수 있단 말인가. 싱겁기 한량없는 것이 아니겠는가. 이제는 아주 진저리가 처질 지경이다.”

“시인은 평안하여 시름조차 없어라”(騷人保無恙)

소인(騷人)이란 시끄러운 사람이란 뜻인데 시(詩)를 읊는 사람을 뜻한다. 류영모는 산문보다 간결한 시(詩)를 더 좋아하였다. 일본의 우치무라(內村鑑三)는 동양의 한시에는 사상(思想)이 없다고 하였다.

우치무라가 문재(文才)만 있고 신앙(信仰)이 없는 글을 읽고서 한 말일 것이다. 우리나라의 김삿갓(金笠)만큼 문재를 타고난 사람도 드물 것이다. 그런데 김삿갓의 시(詩)를 읽으면 재미는 있는데 진리에 대한 말은 반 마디도 없다. 김삿갓처럼 집을 떠나 삼천리 방방곡곡을 30년 동안이나 방랑했다면 고생과 설움이 얼마였겠는가. 그런데도 인생의 의미를 캐보려는 생각은 아예 하지 않았다. 산사(山寺) 스님들과 만나서는 인생을 논할 만했는데 풍자와 해학의 시 짓기 내기로 끝냈다. 그러나 우치무라가 류영모의 한시를 읽었다면 한시에는 사상이 없다는 말은 하지 않았을 것이다.

류영모는 한시를 1천3백 수, 시조를 1천7백 수를 남겼으니 스스로를 소인(騷人)이라 하고도 남는다. 퇴계 이황이 1천5백 수, 다산 정약용이 2천5백 수의 시를 남겼다. 밥 먹고 시만 지었는가 할 만큼 대가들임에 틀림없다. 류영모는 만년 20년 동안에 지은 것으로 시 한 수, 한 수마다 진리인 하느님에 대한 사랑의 향기가 그윽하다.

보무양(保無恙)이란 평안하여 시름이 없다는 뜻이다. 류영모의 평소의 신조가 "몸성히 · 맘놓이 · 뜻태움이다. 몸은 병 없이 성히 가지도록 힘써야 하고, 맘은 삼독에서 놓여야 하고, 뜻은 성령의 불을 태워야 한다"이다. 류영모는 체격도 작은 편이고 체력도 약한 편인데도 91세로 장수하였다.

"한 벌 나무판자 침상에 누웠도다"(一張木板床)

류영모는 52세 때 구경각에 이르면서 밖으로 세 가지 변화가 있었다. 해혼(解婚)을 선언하고 금욕생활에 들어간 것과 하루 두 끼니만 먹던 것을 한 끼니로 줄인 것과 방 안에 널판을 깔고 자는 것이었다. 이것은 죽을 때까지 이어졌다. 무릎을 꿇고 앉는 것, 한복만 입는 것, 냉수마찰을 하는 것, 늘 걸어 다니는 것 등은 이미 20대부터 해왔다.

류영모가 널판자를 침대 삼아서 자게 된 것은 척추를 곧게 하자는 건강상 이유와 죽음을 잊지 말자는 정신상의 이유 때문이었다. 류영모는 40대에 나무 전지(剪枝)를 하다가 삼각 다리가 쓰러져 척추를 다쳐 오랫동안 누워 있었던 적이 있었다. 그래서 널판자 위에 자게 되었다. 공자(孔子)는 침불시(寢不尸)라 하여 송장 잠을 안 잤다는데 류영모는 바로 누워 송장 잠을 자야 한다고 하였다. 그리고 류영모가 널판자 위에서 잔 것은 관 속에서 생활하는 것과 같았다. 류영모는 이렇게 말하였다. "죽음을 생각하여 언제 떠나도 미련이 없도록 준비와 각오를 하면 좀 더 생각을 깊이 하게 된다. 아프면 죽음을 생각하게 된다. 아프지 않으면 죽음을 잊어버린다"(『다석어록』).

16. 낮이나 밤이나 (우러러야지)
晝夜

초승달 베개 치워져 많은 (아들) 새벽에 살핌	初月枕去多晨省
남쪽 하늘에 두성의 침상이 나와	
하느님의 잠자리를 펴 드려	南斗牀來一昏定
(하느님 아버지께) 혼정신성함을	昏定晨省曾缺如
일찍부터 빠뜨려 온 것 같아 술 취한 듯 살고	
꿈처럼 죽는 걸 어찌 바로잡을까	醉生夢死何頓整

(1957. 9. 18)

初月(초월): 초승달. 晨省(신성): 새벽에 문안드림. 南斗(남두): 초저녁 남쪽 하늘에 뜨는 두성(6개의 별). 昏定(혼정): 저녁 잠자리를 펴 드림. 牀: 평상 상. 醉生夢死(취생몽사): 술에 취한 듯 살다 꿈처럼 죽어버림. 頓整(돈정): 가지런히 바로잡음. 頓: 가지런할 돈. 整: 가지런할 정.

류영모는 말하기를 "낮은 밝아 세상이 눈에 보여 우리의 생각이 낮아지기 때문에 낮이라고 한다. 밤은 어두워 세상이 물러가고 먼 하늘에 빛나는 별들을 바라보는 바람의 밤이라고 한다. 대낮처럼 밝은 게 한없이 좋긴 하지만 그 대신 잊어버리는 것이 많게 된다. 더구나 굉장한 것을 잊게 되는 경우가 있다. 다름이 아니라 얼이신 하느님과의 정신적인 거래를 잊어버린다. 사람들은 낮을 좋아하고 밤은 쉬는 줄 알고 있기 때문에 밤중에 저 깜박이는 별들이 영원(하느님)과 속삭이는 것을 모르고 있다"라고 하였다.

R.W.에머슨은 이렇게 말했다. "어두운 밤하늘을 바라볼 때 뭇 별들이 얼마나 아름다운가! 만일 별들이 천년마다 하룻밤에만 나타난다면 사람들은 얼마나 좋아하고 찬미할 것인가. 그리고 수많은 세대에 걸쳐 모습을 드러냈던 하느님의 나라인 별밤의 기억을 새롭게 할 것이다. 그러나 미(美)의 사절들은 밤이면 밤마다 그 모습을 나타내어 뭔가를 알려주려는 듯한 미소로 우주에 빛난다"(에머슨, 수상록 『자연』).

"초승달 베개 치워져 많은 (아들) 새벽에 살핌"(初月枕去多晨省)

류영모는 말하기를 "예수는 절대의 아버지의 권한을 믿었다. 하느님 아버지를 모시는 것이 아들의 노릇이다. 하느님 아버지께서 하신 그대로 이르는 것이 예수의 하는 일이었다"(『다석어록』)라고 하였다.

류영모는 예수처럼 하느님 아버지에게 효(孝)를 다하고자 하였다. 류영모는 숨질 때까지 아버지 하느님을 불렀다. 류영모는 이렇게 말하였다. "유교에서는 효를 부모에게 하는 것을 말하는데 마침내는 하느님에게 바치는 마음이 참으로 효가 된다. 하느님 아버지께 효 할 줄 알아야 사람의 아들로서 땅의 아버지에 대한 효를 할 수 있다. 효도의 실상은 하느님 아버지에게 하라는 것이다. 하느님 아버지를 바로 아는 사람은 최선의 효를 할 수 있다. 하느님에 대한 정성이 어버이에 대한 정성이 되고 만다. 이 근본 이치를 모르기 때문에 오늘날 서러움 받는 어버이들이 많다"(『다석어록』).

예로부터 효자는 저녁에는 부모님의 잠자리를 펴드린 다음 평안히 주무시라는 인사를 올린다. 또 날이 밝으면 이른 아침에 부모님을 찾아가 밤새 평안하시었는가? 하고 살피는 아침 인사를 올린다. 늙으신 부모님이 외롭지 마시라는 자식된 도리다. 이를 혼정신성(昏定晨省)이라고 한다. 이 말은 중국 한나라 때 이루어진 『예기』(禮記) 「곡례편」에 나온다. "무릇 남의 자식된 예절은 어버이에게 겨울에는 따뜻하게, 여름에는 시원하게, 저녁에는 잠자리를 펴 드리고 새벽에는 안후(安候)를 살핀다"(凡爲人子之禮 冬溫而夏凊 昏定而晨省 — 『예기』 「곡례편」)라고 하였다.

류영모는 하느님 아버지에 대한 혼정신성(昏定晨省)을 생각한 것이다. 하느님 아버지에 대한 혼정신성은 기도하는 것이다. 그런데 류영모는 하늘에 떠 있는 초승달을 보고서 하느님 아버지께서 베고 주무시는 베개로 생각해 보았다. 하느님 아버지께서 사람과 같은 몸을 갖지 않았다는 것을 류영모는 누구보다도 잘 아는 사람이다. 류영모는 없이 계시는 하느님을 믿었다. 류영모는 말하기를 "사람들은 하늘을 쳐다본다. 보통 상식으로 별자리쯤은 기억할 만큼 하늘을 쳐다보아야 한다. 하늘을 자꾸 쳐다보고 그다음에는 눈으로 볼 수 없는 그 위까지 쳐다보아야 한다"라고 하였다.

윤극영은 낮에 하늘에 떠 있는 반달을 등 굽은 할머니가 차고 다니던 쪽박으로 비유하였듯이 류영모는 초저녁에 뜬 초승달을 하느님께서 베고 주무시는 경침(脛枕)으로 비유했다. 이쯤은 되어야 글이라고 할 수 있을 것이다. 하느님이 그리워 그림을 그리고 그림이 줄여져 글이 되었기 때문이다. 초승달은 뜰 때 이미 중천(中天)에 와 있기 때문에 새벽이면 벌써 서쪽으로 져서 보이지 않는다. 하느님 아버지께서 일어나셔서 베개를 치운 것으로 보았다. 그러면 얼마나 많은 하느님 아버지의 자녀들이 하느님 아버지께 신성(晨省)의 아침 인사를 올렸는가. 새벽 기도를 바르게 올리는 사람이 몇 사람이나 있을지 모르겠다.

"남쪽 하늘에 두성의 침상이 나와 하느님의 잠자리를 펴드려"(南斗牀來一昏定)

신성(晨省)이 있었으니 혼정(昏定)이 있어야 한다. 파스칼은 대구(對句)의 글을 못마땅하게 생각했다. 너무나 인위적이라는 것이다. "말을 사용하여 억지로 대구(對句)를 만드는 이들은 균형을 잡기 위해 필요 없는 들창을 만드는 사람과 같다. 그들의 목적은 정확하게 말하려는 게 아니라 정확한 형태를 만들려는 것이다"(파스칼, 『팡세』, 27) 파스칼은 이 세상이 음과 양으로 된 상대세계인 것을 몰랐던 것 같다. 남자가 있으면 여자가 있는 것이 자연이듯이 대구(對句)도 자연스러운 것이다. 과학에서도 음양의 법칙을 알아내어 발전을 본 것이다.

남두성(南斗星)은 북두성과는 대조되는 별이다. 북두성은 일곱 별인데 남두성은 여섯 별로 일(日)자 모양을 이루고 있어 류영모는 하느님 침상으로 비유하였다. 하느님의 침상에 누가 이부자리를 펴드려 혼정(昏定)을 하였는가. 그런데 이 인류 역사에서 하느님 아버지께 혼정신성을 하도록 천효(天孝)를 다한 사람은 몇 사람 안 된다. 류영모는 하느님께 으뜸가는 효자는 예수가 아닌가? 라고 하였다. 류영모는 하느님 아버지께 효(孝) 하는 길을 말하기를 "나는 하느님을 찾는데 무엇을 바라고 찾는 것은 아니다. '내가 이쯤 하면 하느님께서 은혜를 주시겠지?' 이것이 아니다. 하느님께 복종하는 것이다. 하느님을 향해 무엇을 바라며 믿는 것은, 섬기는 것이 안 된다. 죽이든 살리든 이것은 하느님이 하시는 일이다. 죽이든 살리든 간에 하느님을 따라가는 것이 하늘에 머리를 두고 사는 사람이 할 일이다"라고 하였다.

"(하느님 아버지께) 혼정신성함을 일찍부터 빠뜨려 온 것 같아" (昏定晨省曾缺如)

이 땅의 어버이에게 효성(孝誠)을 다하는 이도 없다시피 됐는데 하느님 아버지께 효도하는 이를 만나기는 어렵다. 예수의 가르침을 좇는다면서 예수처럼 하느님의 얼을 받아 얼나로 하느님 아들이 되겠다는 사람이 없다. 자기 가족의 육체적 행복을 바라는 기복신앙이 대부분이다. 기복신앙은 외형으로는 신앙이지만 진리로는 신앙이 못 된다. 진리와는 관계없는 탐욕의 연장에 지나지 않는다. 류영모는 이렇게 말하였다. "인생은 고달픈 삶을 겪고 있다. 그러나 우리의 갈 길은 하느님과 통하는 길뿐이다. 천명(天命)을 받들어 느낄 줄 알면 성령을 받아 권능을 얻게 된다. 그것은 하느님 아들이라는 권능을 갖는다. 우리는 하느님 아버지의 살림살이를 맡고 있으므로 더 나아질 것이 나아져야 할 것이 아닌가. 아버지에게 보다 가까워져야 할 것이 아니겠는가. 나아지는 것은 물론 정신이다. 이렇게 되는 것을 믿는 것이 종교라고 나는 생각한다"(『다석어록』).

"술 취한 듯 살고 꿈처럼 죽는 걸 어찌 바로잡을까"(醉生夢死何頓整)

술 취한 듯 산다는 것은 실성(失性)한 것을 말한다. 참나인 얼생명을 깨닫지 못하고 짐승인 몸생명의 수성(獸性)에 끌려다닌다. 류영모는 이렇게 말하였다. "구약 시대에도 그랬지만 예수도 이 세상은 먹고 마시고, 사고팔고, 장가 시집가고, 그러다가 멸망하고 마는 데라고 하였다. 이 고깃덩이 몸은 온통 죄악이다. 깜짝 정신을 못 차리면 내 속에 있는 하느님 아들을 내쫓고 이 몸뚱이가 차지하게 된다. 그러므로 사람은 깨지 않으면 멸망해 버린다. 이 몸은 멸망하고 만다. 이 짐승인 몸삶의 꿈을 탁 깨자는 것이다. 그러고는 하느님이 주신 얼생명으로 영생하는 것이다"(『다석어록』).

요즘에 사람의 이성(理性)을 마비시키는 것은 인간이 만들어 낸 문명(文明)이라는 최면과 허영이다. 류영모는 이렇게 말하였다. "세상 사람들의 마음을 보니 진리를 따르는 이는 없고 다 가짜 문명이라는 최면과 빛에 홀려 정신이 나간 것 같다. 이에 참으로 진실한 한 점 얼 마음으로 하느님께 제사드리고 싶은 것은 모든 인류가 하느님의 은혜로 마음속의 진리의 한점(얼)을 깨치고 나오기를 빌 뿐이다"(『다석어록』).

참나인 하느님을 모르고 사는 것은 사는 것이 아니라 꿈꾸는 것이다. 참나를 모르고 사는 삶이 참삶이 될 수 없다. 류영모는 이렇게 말하였다. "우리의 삶은 꿈을 꾸는 것이다. 우리가 산다는 것은 잠자는 것에 지나지 않는다. 사람들이 오느니 가느니, 성공이니 실패니, 가르치느니 배우느니 하는 게 다 잠꼬대다. 꿈이요 잠꼬대며 거짓이요 가짜이므로 꿈은 깨야 한다. 인생이란 참나를 깨닫지 못하면 마침내 꿈만 꾸다가 마는 것이다. 꿈 깨자고 하는 게 바른 생각이다. 니르바나니 하늘나라니, 진리니 하는 것은 이 삶이라는 꿈을 딱 깨자는 것이다. 얼나를 깨달아 영원한 생명으로 살라는 것이 하느님의 뜻이다."

개인의 발자취로나 민족의 발자취로나 인류의 발자취로나 지나간 것은 모두가 꿈이다. 사라진 꿈을 주워 모아놓은 것이 역사기록이다. 꿈을 적어 놓는다고 현실이 되는 일도 없다. 꿈은 어디까지나 꿈일 뿐이다. 사람을 폄하(貶下)해서 말하기를 똥 만드는 기계라고 하지만 꿈을 짓는 짐승이다. 꿈을 지어서 무엇에 쓴단 말인가. 그래서 류영모는 이렇게 말하였다. "땅 위의 인간이란 아무것도 아니다. 인간이란 벌레가 이 우주 안에 없다고 해서 어떻다는 것인가. 지구도 달과 같이 생물이 없이 빤빤하게 있다고 해서 무슨 서운함이 있는가. 우주조차도 마침내 다 타버린다는 사상이 있다. 우리가 옷에 묻어 있는 먼지 하나 털어 버린다고 해서 누가 눈 하나 깜짝할 것인가. 마찬가지로 지구에서 인류를 털어 버린다고 해서 무엇이 서운하겠는가. 똥벌레 같은 인류지만 생각해 사상을 내놓는 것이 여느 동물과 다르다. 이 사상이 문제다"(『다석어록』).

사람이 이룩한 사상의 핵심은 하느님이다. 하느님을 아는 것이 깨달음이다. 꿈의 허망함에서 벗어나는 길은 하느님을 생각하는 것이다. 하느님을 깨달은 이들만이 꿈에서 깨어난 사람들이다. 영원한 생명이란 꿈에서 깨어난 참나를 말한다. 아직도 하느님을 모르는 사람들은 잠을 자고 꿈을 꾸고 있는 것이다. 꿈을 깬 사람들은 하느님을 찾아 하느님이 참나임을 알게 된다.

17. 하느님의 소리(뜻)가 사람의 말로
天音人言

(얼나로) 나서부터 말씀이 있어 (제나의) 입 빌리고 生來有言借口能
(제나가) 죽자 입 없어 (얼나는) 성령으로 돌아가 死去無口還本音
대대로 말이 끊겼으나 오히려 하느님의 뜻을 남겼고 代代斷言猶遺志
세세로 말씀할 하늘 소리 담은 큰 그릇 世世欲言大畜音

(1957. 11. 16)

生來(생래): 나서부터. 借: 빌릴 차. 還: 돌아갈 환. 猶: 오히려 유. 畜: 쌓을 축.

하느님은 전체(全體)라 대괴(大塊)요 대체(大體)요 대축(大畜)이다. 하느님은 정신적으로 말하면 얼(soul) 탱크요, 물질적으로 생각하면 별(star) 탱크다. 얼 탱크는 곧 참의 탱크(truth tank)요 생각의 탱크(think tank)요 말씀의 탱크(word tank)라는 말이다. 하느님의 소리(天音)란 이것을 말한다. 류영모는 이렇게 말하였다. "오직 하느님의 뜻밖에 없다. 영원히 갈 말씀은 이 혀로 하는 말이 아니다. 입을 꽉 다물어도 뜻만 있으면 영원히 갈 말씀이다. 생각한다는 것은 소리를 낼 필요가 없다. 소리를 받아서 귀로 들을 필요가 없다. 하느님의 말씀은 들을 수가 없다. 그러나 선지자들은 하느님의 말씀을 듣고 있었다. 그것을 기록한 것이 경전이다"(『다석어록』).

하느님의 얼이 지구의 지각 속에 들어 있는 라버(lava, 암장)라면 사람의 입으로 나오는 하느님의 말씀은 이미 라버가 아니라 마그마(magma, 용암)다. 암장에는 용암과 함께 가스가 있다. 땅 위로 분출되면서 가스는 공중으로 날아간다. 그래서 우리는 용암만 보지 라버는 못 본다. 사람의 입으로 나온 말씀에는 이치만 있지, 거룩은 볼 수 없다. 그것이 천음(天音)과 인언(人言)의 차이다. 음(音)과 언(言)의 글자의 형성은 비슷하다. 둘 다 창으로 찌르는 것을 형상화한 신(辛)과 입의 모양을 형상화한 구(口)를 합친 회의 문자다. 지각을 뚫고 올라오는 암장처럼 마음을 뚫고 나오는 말씀이다. 지각을 뚫고 나오는 용암을 막을 수 없듯이 하느님의 말씀은 막을 길이 없다. 류영모는 말하였다. "생각을 자꾸 하는 사람은 말을 하고 싶다. 참 말씀을 알고 참 말씀을 하려는 사람은 그 가슴속에서 생각의 불꽃이 타오르고 있는 사람이다"(『다석어록』).

"(얼나로) 나서부터 말씀이 있어 (제나의) 입 빌리고"(生來有言借口能)

사람과 촌수가 가장 가깝다는 침팬지나 오랑우탄이 사람의 말귀를 얼마만큼은 알아들어도 말을 하지는 못한다. 그러나 그야말로 말 같잖은 소리를 내면서 저희끼리 집단생활을 하는 데는 아무런 불편이 없다.

사람도 5백만 년 전에는 침팬지나 고릴라와 공동 조상을 가지고 있었다. 그러니 인류의 조상도 오늘날의 말 같은 말을 하게 된 지는 그렇게 오래되지 않은 것 같다. 독일의 철학자 카시러(Cassirer, 1874~1945)는 "신화(神話)와 언어는 손잡고 사람의 정신적 창조와 우주에 대한 통일적인 비전이 생겨나는 저 위대한 총합을 위해서 정지(整地)하는 것이다"(카시러, 『언어와 신화』)라고 하였다. 카시러는 신화와 언어가 함께 사람의 머리에 샘솟았다고 말하였다. 털 없는 원숭이의 생각에 하느님에 대한 그리움이 일어나 하늘에 제사를 지내게 되었을 때부터 사람다운 말을 하게 되었을 것이다. 오래되어야 농경을 시작한 1만 년 전후일 것이다. 가장 높은 깨달음에 이른 때가 2천 년 전에서 3천 년 전 사이로 그 시대에 석가 · 노자 · 공자 · 장자 · 맹자 · 예수가 나타났다. 생래(生來)란 하느님의 얼이 사람에게 나타난 것을 말한 것이다. 공자는 이렇게 말하였다. "참사람은 두려운 것이 셋 있다. 하느님의 이르심을 두려워하고 큰 사람(깨달은 사람)을 두려워하고 성인의 말씀을 두려워한다"(君子有三畏 畏天命 畏大人 畏聖 人之言 —『논어』「계시편」)라고 하였다. 천명(天命)은 하느님의 뜻이고, 대인(大人)은 하느님의 뜻을 깨달은 사람이고, 성인의 말씀은 하느님의 뜻을 알리는 말씀을 뜻한다. 셋이라고 했지만 결국은 하느님 말씀 하나다. 여기서 우리는 공자의 하느님에 대한 신앙심을 헤아릴 수 있다. 예수가 이르기를 "나는 너희에 대해서 할 말도 많고, 판단할 것도 많지만 나를 보내신 분은 참되시기에 나도 그분에게서 들은 것을 그대로 이 세상에 말할 뿐이다"(요한 8:26)라고 하였다.

이렇게 하느님의 얼은 사람(성인)의 마음속에 임재(臨在)하여 사람의 입을 빌려서 하느님의 뜻을 사람에게 알렸다. 예수 · 석가는 철저히 하느님의 입 노릇을 하였다. 그런데 세상에는 제 말을 하면서 하느님의 대변인인 척하는 사람들이 적지 않다. 이들이 이른바 거짓 선지자들이다. 이 거짓 선지자들을 조심해야 한다. 그들을 따르는 것은 소경이 소경을 좇는 것과 같이 위험하다.

"(제나가) 죽자 입 없어 (얼나는) 성령으로 돌아가"(死去無口還本音)

공자(孔子)는 "속알(얼나)을 가진 이는 반드시 말씀이 있다"(有德者必有言 — 『논어』「헌문편」)라고 하였다. 그리고 또 "하느님께서 내게 속알(얼나)를 낳으셨다"(天生德於予 — 『논어』「술이편」)라고 하였다. 그렇다면 속알을 가진 공자가 말이 없을 수 없다. 공자의 말씀도 하느님의 말씀인 것이다. 하느님의 말씀이기에 많은 사람에게 깊은 감동을 주어 왔던 것이다. 그런데 사람들은 『논어』를 읽으면서 공자의 말인 줄로만 안다. 공자가 하느님으로부터 말씀을 받아서 한 것인 줄은 모르고 있다. 그래서는 공자의 말을 바로 알기 어렵다. 많은 사람이 예수를 찾아왔다가 떠나가자 예수가 베드로에게 너도 떠나가겠느냐고 물었다. 베드로가 대답하기를 "선생님께서 영원한 생명을 주는 말씀을 가지셨는데 우리가 선생님을 두고 누구를 찾아가겠습니까. 우리는 선생님께서 하느님이 보내신 거룩한 분이심을 믿고 또 압니다"(요한 6:68-69)라고 하였다. 베드로는 스승인 예수가 하느님의 대변자임을 알았던 것이다.

하느님의 입 노릇을 한 예수가 십자가에 못 박혀 죽으니 예수를 통한 하느님의 말씀은 듣지 못하게 되었다. 그래서 예수는 미리 예수가 죽은 뒤의 일을 제자들에게 일러주었다. 나를 통해서 하느님의 말씀을 듣는 것은 나의 죽음으로 끝나 이제부터 너희들은 직접 하느님의 말씀을 받으라는 것이었다. 성령은 예수의 생사와 관계없이 본음(本音, 말씀)으로 있기 때문에 성령의 말씀을 직접 받으라는 것이다. 예수가 이르기를 "내가 아버지께 청하여 너희에게 보낼 협조자(보혜사) 곧 아버지께로부터 나오시는 진리의 성령이 오시면 그분이 나를 증언할 것이다"(요한 15:26). 또 이르기를 "나는 지금 나를 보내신 분에게 돌아간다. 그런데도 너희는 어디로 가느냐고 묻기는커녕 오히려 내가 한 말 때문에 모두 슬픔에 잠겨 있다. 그러나 사실은 내가 떠나가는 것이 너희에게는 더 유익하다. 내가 떠나가지 않으면 그 협조자(보혜사)가 너희에게 오시지 않을 것이다. 그러나 내가 가면 그분을 보내겠다"(요한 16:5-7)라고 하였다. 하느님의 성령은 없는 곳이 없으니 가고 오는 것이 없다. 예수의 말은 스승인 내가 있으면 너희들이 나에게 의지하려 하지만 내가 가면 너희도 하느님의 성령을 스스로 찾을 수밖에 없다. 그러므로 내가 떠나면 너희는 더 빨리 성령을 받아 얼나를 깨닫게 된다. 그것이 정신적으로 빨리 독립하게 되어 더 낫다는 말이다. 이것이 사거무구환본음(死去無口還本音)이다. 류영모는 이르기를 "하느님의 성령이 말씀이요 참나(眞我)이다. 얼나로 거듭나면 몸나의 삼독(三毒)에서 자유로울 뿐만 아니라 죽음에서조차도 자유롭다. 하느님의 성령인 얼나는 영원한 생명이기 때문이다. 영원한 생명이란 성령으로 하느님의 아들이 되는 것이다. 우리가 하느님 아버지께로 가기만 하면 아버지께서 하느님의 생명인 성령을 넉넉히 부어주신다. 하느님의 성령을 받아 하느님의 소리(뜻)를 알 때 너와 나의 벽을 뚫어 통할 수 있다. 그러므로 하느님의 소리인 본음(本音), 정음(正音) 복음(福音)을 알아야 한다"라고 하였다.

"대대로 말이 끊겼으나 오히려 하느님의 뜻을 남겼고"(代代斷言猶遺志)

석가는 40년을 넘게 설법을 하였으나, 예수는 4년도 못 되게 가르치고는 세상을 떠났다. 그런데도 그들이 남긴 말씀으로 하느님 아버지의 뜻은 뚜렷하게 밝혀졌다. 예수는 말하기를 "나는 내 뜻을 이루려고 하늘에서 내려 온 것이 아니라 나를 보내신 분의 뜻을 이루려고 왔다. 나를 보내신 분의 뜻은 내게 맡기신 사람을 하나도 잃지 않고 마지막 날에 모두 살리는 일이다. 그렇다. 제 속에 있는 아들을 보고 믿는 사람은 누구나 영원한 생명을 얻게 하는 것이 내 아버지의 뜻이다"(요한 6:38-40)라고 하였다.

류영모도 톨스토이나 마하트마 간디와 같이 예수의 유지(遺志)라 할 가르침을 좇아서 참나를 깨달아 하느님 아들로 거듭났다. 류영모는 이렇게 말하였다. "하느님 아버지께서 할 일이 없어서 인간을 낸 것이 아니다. 영원한 생명을 깨닫게 하려고 인간을 내었다. 절대자이신 하느님이 나에게 계시니 나에게 사람의 사명을 주신다. 그 사명을 받아서 하느님의 아들이 된다. 나는 하느님 아들이 된 것을 느낀다. 그러므로 하느님 아들 노릇을 해야 한다. 아마 예수도 이것을 느낀 것 같다"(『다석어록』).

"세세로 말씀할 하늘 소리 담은 큰 그릇"(世世欲言大畜音)

류영모는 이르기를 "인류라는 것이 끊어지기 전에는 생각이 사람에게서 자꾸 나온다. 인류가 있는 동안에는 생각을 자꾸 할 것이다. 생각이 있는 것만은 확실한데 어디서 오고 어디로 가는지 모르겠다. 우리에게 생각이 있기에 말씀을 하고, 말씀이 있기에 우리가 생각을 한다. 말씀은 하느님에게서 나오는 것 같다. 말씀이 곧 하느님이다"라고 하였다. 하느님은 말씀의 얼이 가득 찬 탱크(tank)이다. 그 얼을 받아서 우리는 하느님을 생각한다. 그 얼이 아니면 하느님을 그리워할 리가 없다. 지금도 많은 사람들이 짐승과 다름없이 하느님을 모르고 있다. 그것은 하느님으로부터 오는 얼을 받아들이지 않았기 때문이다. 하느님의 얼을 받아들이려면 마음이 한번 죽어 빈 마음이 되어야 한다. 제나(自我)가 죽어야 성령의 얼나가 들어설 수 있다.

대축(大畜)이란 말은 『주역』(周易) 26번째 괘(卦)에 나온다. 산(☶)이 위에 있고 하늘(☰)이 밑에 있다. 하늘이 산속에 있다고 하여 천재산중(天在山中)이라 한다. 류영모는 이 괘(卦)를 풀이하기를 "이를 정신적으로 해석하여 우리 몸속에 성령이 충만한 것으로 생각하였다. 예수도 하늘나라는 너희 속에 있다고 하였다"라고 하였다.

류영모는 뒤에 오는 이 가운데서도 하느님의 말씀을 올바르게 전할 사람이 나온다고 하였다. "내 뒤에 오는 자가 나보다 앞선 자라는 것은 이즈음 진리의 발달이 그렇다. 내가 아무리 예수를 믿는 척해도 내 말을 듣고 뒤쫓아오는 사람은 언젠가는 나를 앞설 것이다. 나 역시 미완고(未完稿)를 완결짓기를 바라나 내 손으로는 할 수 없다. 내 뒤에 오는 이가 할 것이다. 사람들이 하느님이신 참나를 찾을 때에만 존속될 것이다"(『다석어록』).

18. 사랑이 일생 순결하게 살지 못할까
人間不可無一生童貞

빔을 깊이 느끼면 거룩한 부드러움 살에 닿고	深感空膚聖柔觸
때를 깐깐히 이으면 하느님과 사랑의 입맞춤	窃承時脣神愛情
생각해 말하는 사람은 새나 짐승은 아니라	思議人間非禽獸
바탈 다해 얼 목숨을 돌이켜 순결만을 생각해	盡性復命慕童貞

(1957. 2. 23)

窃: 깐깐할 절. 童貞(동정): 이성 간의 접촉이 없는 순결. 膚: 살갗 부. 觸: 닿을 촉. 脣: 입술 순. 禽: 새 금. 獸: 짐승 수. 慕: 생각할 모.

류영모는 말하기를 "삶을 가진 이는 영원히 사랑을 추구해 나간다. 그 사람이 올바르게 사느냐 못 사느냐, 이 세상이 제대로 되느냐 안 되느냐는 사랑의 님을 갖느냐 못 갖느냐에 달려 있다. 하느님은 사람이 맘과 뜻과 힘을 다하여 사랑할 님이요, 또 그에 못지않게 사랑해 주시는 님이다"라고 하였다. 류영모가 이 시를 쓰고 이 말을 한 것은 죽는 해로 가정한 67살 때다. 류영모가 일생 동안 하느님만을 사랑하며 살기로, 결심한 것은 22살로 동경에서 유학할 때였다. 이 결심을 하느라 일생에서 가장 심각한 고뇌를 하였다. 그러나 결심만 하였지, 뜻대로 쉬운 일은 아니었다. 그래서 일본에서 돌아와 혼인을 하였다. 해혼(解婚)을 하고 금욕생활에 들어간 52살의 믿음만 되었어도 아예 혼인을 안 했을 것이다. 류영모는 장가갈 때의 마음을 이렇게 말하였다. "소자(小子)가 하느님 아버지를 사모하는데 아버지와 하나 되려고 사모한다. 아버지를 닮으려고 그리나, 그리는 것이 제 모습을 그리는 것밖에 안 된다. 괴로워하다 못하여 다른 무엇을 그려볼까 하고 여러 가지 방법을 생각하게 된다. 옳게 바로 생각하는 것이 아니라 방황하여 동서남북으로 헤맨다. 말 못 하는 지경에서 퍽 참고 있다가 '아이, 못 견디겠다. 장가라도 가야 되겠다' 하고 땅의 아버지를 모방해 가정을 이룬다."

류영모는 52살에 해혼(解婚)을 하고 금욕생활에 들어갔다. 그러나 그것도 저절로 되는 것이 아니라고 말하였다. "미물색사(味物色事)에 머물지 않으려면 젊어서는 안 되고 늙어서 되는데 늙어도 젊었을 때부터 미물색사에 몸을 담지 않겠다고 피나는 수행과 고행이 있어야 한다. 몇십 년 동안 벼르고 별러서 거의 가까운 것이 되지 젊어서는 안 된다. 우선 젊어서는 장가갈 것이냐, 안 갈 것이냐의 기로에 선다. 결국 혼인하는데 그러면 한동안은 어떻게 하면 계집 데리고 재미있게 사나 이렇게 된다. 그러다가 자식이 생기고 자식에게 맘이 쏠려 이러지도 저러지도 못하게 되고 그동안에 늙어버린다"(『다석어록』).

류영모는 혼인한 것을 후회하는 말은 자주 하지 않았으나 한번은 이런 말을 하였다. "내가 혼인을 하였는데 이것이 잘못이다. 이 사람이 이 세상에 와서 그 짓 하지 않았으면 없는 것이다. 인류가 없어지면 어떡하나 큰일 날 줄 안다. 사람이 없으면 무슨 걱정인가." 그러나 여자에게 음욕을 일으키지 않고 살다 간 예수를 보고는 일생 동정으로 살 수 있다는 말을 하였다. "인격의 온전함이 능히 독신을 가능하게 한다. 누구를 의지하거나 기대거나 하는 것이 없고 조건이 없다. 거기는 영원한 평화만이 깃들인 영원한 그늘이다. 제나(自我)가 없는 마음은 남녀를 초월한다. 남녀의 바람이 자고 생각의 호수가 깊으면 그것이 니르바나(Nirvana)다. 남녀유별 부부유별 해야지 똥과 오줌을 싸 뭉개는 어리석은 짓은 벗어나야 한다."

"빔을 깊이 느끼면 거룩한 부드러움 살에 닿고"(深感空膚聖柔觸)

류영모는 탐·진·치(貪瞋痴)의 수성(獸性)을 좇는 이성(異性)과의 사랑을 그만두고 진·선·미(眞善美)의 영성(靈性)으로 하느님과의 사랑을 하자는 것이다. 사람은 남녀의 피부접촉을 좋아하고 즐기지만, 하느님의 몸이라 할 수 있는 허공을 깊이 느낄 때 하느님의 거룩하고 부드러운 살에 닿는 맛에는 비길 수 없다고 하였다. 하느님과의 사랑은 외설도 음란도 아니고 거룩함을 입음이다. 류영모가 빔(허공)을 깊이 느끼기를 "허공 없이 존재하는 것은 없다. 허공밖에 없는 이 세계에 얼나(靈我)는 허공의 아들이다. 절대의 아들이다. 절대의 아들인 얼나가 참나인 것을 깨닫고 요망한 몸나에 대한 애착이 가셔지는가가 문제다. 그래서 다시 하느님 아버지를 부르면서 올라간다. 그때가 되면 하나인 허공이 얼나를 차지할 것이고, 허공을 차지한 얼나가 될 것이다. 이러면 얼나의 아침은 분명히 밝아올 것이다”(『다석어록』)라고 하였다.

“때를 깐깐히 이으면 하느님과 사랑의 입맞춤”(窃承時脣神愛情)

시간을 깐깐히 이어간다는 것은 한석봉 어머니가 가래떡을 썰듯이 시간을 쪼개어 쓴다는 말이다. 시간의 순간순간을 그저 넘기지 않는다는 말이다. 순간순간에 하느님을 만난다는 뜻이다. 류영모는 이렇게 말하였다 “한 찰나에도 영원의 살림을 살 수 있다. 이 찰나에 영원한 생명(하느님)을 느끼지 못하면 그 사람에겐 영원한 생명이 없다. 아인슈타인은 시간은 4차원이라고 했는데 시간을 알면 천명(天命)을 알 것이다. 시자명야(時者命也)이다.” 류영모는 이렇게 순간에 하느님과의 만남을 하느님과의 입맞춤이라고 하였다. 하느님과의 입맞춤의 순간이 돈오(頓悟)의 찰나인 것이다. 류영모가 산 날수를 셈한 것도 이러한 뜻에서였다.

류영모는 허공을 명상하면서 하느님과 살 닿음을 느꼈다. 시간을 직시(直視)하면서 하느님과의 입맞춤을 느꼈다. 이쯤 돼야 하느님 아버지를 사랑한다고 말할 수 있다. 평생을 시간 · 공간 속에서 지내면서도 시간 · 공간이 하느님인 것을 모른다는 것은 참으로 미련하다고 아니할 수 없다. 인간들을 포함하여 모든 있는 것은 하느님의 내용이요 부속이라 하느님 한 분만이 존재한다. 하느님의 주권과 영역을 떠나서 있는 것은 없다. 그런데도 많은 사람이 하느님을 모르고 산다는 것은, 어이없는 일이다. 마하트마 간디는 “우리가 하느님의 존재에 대한 생각을 깨닫지 못하는 것은 우리가 육체적 생명으로 살기 때문이다. 하느님에 대한 생각이 없는 삶은 짐승살이와 같다”(간디, 『날마다의 명상』)라고 하였다.

하느님이 참나인 것을 알기 위해 이 세상에 사람으로 태어났는데 하느님에 대한 생각을 알지 못하고 짐승처럼 몸 삶에만 골몰하는 것보다 더 슬픈 일이 없을 것이다.

류영모는 이르기를 "사람들이 정말 모른다고 하는 하느님에 대한 영원성과 연결되어 하느님을 사랑하라. 하느님이 무엇인지 모르는 일은 끝내야 한다. 하느님과 사랑을 하여야 하지 않겠는가. 이 사랑의 정신이 나와야 참으로 하느님의 뜻이 진리의 불꽃, 말씀의 불꽃이 되어 살리어 나온다. 생각의 불꽃밖에 없다"(『다석어록』)라고 하였다.

"생각해 말하는 사람은 새나 짐승은 아니라"(思議人間非禽獸)

사의(思議)란 생각하여 옳은 말을 한다는 뜻이다. 류영모는 이렇게 말하였다. "큰 성령이신 하느님이 계셔서 깊은 생각을 내 마음속에 들게 하여 주신다. 말은 사람에게 한다. 사람과 상관하지 않으면 말은 필요 없게 된다. 따라서 사는 까닭에 말이 나오게 된다. 생각이 말씀으로 나온다. 참으로 믿으면 말씀이 나온다. 말은 하늘 마루 꼭대기에 있는 말이다. 우리는 그 말을 받아서 씀으로 하느님을 안다. 그렇게 말을 받아서 쓴다고 말씀이다. 말은 하느님으로부터 받아서 써야 한다. 하느님과 교통이 끊어지면 생각이 결딴나서 그릇된 말을 생각하게 된다. 정신세계에서 하느님과 연락이 끊어지면 이승의 짐승이다"(『다석어록』).

하느님을 생각하고 하느님의 말씀을 하는 사람은 새나 짐승이 아니다. 그러나 하느님도 모르고 하느님의 말씀도 못 하면 새나 짐승에 지나지 않는다. 하느님을 생각하고 하느님의 말씀을 하는 이는 탐 · 진 · 치의 짐승 성질을 버렸기 때문에 비록 몸을 지녔으나 짐승이 아닌 하느님의 아들인 것이다. 그것을 보여준 대표적인 이가 예수 · 석가다.

"바탈 다해 얼 목숨을 돌이켜 순결만을 생각해"(盡性復命慕童貞)

이 사람이 바탈과 바탕을 가리지 못할 때 스승 류영모가 가르쳐 주기를 바탈은 성(性)이고 바탕은 질(質)이라고 하였다. 바탈(性)은 하느님으로부터 얼을 받아서 한다는 뜻이라고 하였다. 류영모처럼 바탈을 말하기 좋아한 이로는 맹자가 있다. 맹자는 "바탈을 알면 하느님을 안다"(知其性則知天矣)고 하였다. 성(性)과 얼(靈)이 다르지 않음을 알 수 있다. 진성(盡性)이란 얼나를 받들기에 맘을 다하는 것이다.

류영모는 이렇게 말하였다. "사람은 자기의 바탈(性)을 살려낼 때 자기를 느끼게 된다. 자기의 개성(個性)이 자랄수록 오늘보다 내일 더 깊은 바탈을 느끼게 된다. 자기를 더 깊이 느끼게 될수록 더 깊이 자기 바탈을 찾아서 자기 바탈을 타고 가게 된다. 생각은 우리의 바탈이다. 생각을 통해서 깨달음이라는 하늘에 다다른다. 생각처럼 감사한 것은 없다. 생각이라는 바탈을 태우려면 마음이 놓여야 하고 마음이 놓이려면 몸이 성해야 한다. 바탈은 생각이 밑천이 되어 자기의 정신을 불사르는 예술의 세계다."

복명(復命)은 몸 목숨에서 얼 목숨으로 돌이키는 것이다. 물속에서 아가미로 물을 숨 쉬던 생물들이 땅 위로 올라와서 허파로 공기를 숨 쉰다. 이처럼 우리는 다시 한번 비약하여 생각으로 하느님의 얼(성령)을 숨 쉬게 되어야 한다. 얼숨을 쉬는 얼나는 하느님 아들로 영원한 생명이다. 류영모는 이르기를 "얼숨(말숨)은 콧숨의 마지막이요 죽음 뒤의 삶이라고 할 수 있다. 얼숨 쉼은 영원을 사는 것이다. 얼숨을 생각하는 것은 영원을 생각하는 것이다. 얼숨이 곧 하느님이기도 하다. 얼숨 쉬는 것이 하느님을 믿는 것이요, 하느님을 사는 것이다. 얼숨은 우리 맘속에 타는 참의 불꽃이다. 우리 맘속에 영원한 생명의 불꽃이 타고 있다. 하느님의 얼숨을 숨 쉬지 못하면 사람이라고 하기 어렵다"라고 하였다.

모동정(慕童貞)은 순결하게 사는 동정을 그린다는 뜻이다. 예수· 석가는 동정의 성인이다. 예수· 석가를 사모하는 것이 류영모의 삶이었다. 그리하여 스스로도 늦었지만, 순결의 동정을 생각하면서 살았다. 마하트마 간디는 브라마차리를 늘 생각하였다. 브라마차리(Brahamacharya)를 생각하는 것이 모동정(慕童貞)인 것이다. 류영모는 이렇게 말하였다. "사람의 몸은 분명 짐승인데 짐승의 생각을 하지 않음이 얼사람으로 솟나는 우리의 길이다. 이 틀(身) 쓴 것을 벗어버리기 전에는 못난 거다. 죽기 전에 이미 짐승의 나는 없어져야 한다. 송장이 되어 드러눕는 거다" (『다석어록』).

19. (하느님밖에) 다른 건 없다
無他

빔일 수도, 몬일 수도 있고 다 알고 다 할 수 있어 能空能物全知能
달라지며 달라지지 않는 하나에서 둘이 나와 바뀐다 變易不易一二易
(하느님) 아버지 우뚝 계시니 본디 이와 같아 父在從本來如是
(아들인) 나, 예서 이제 맘으로 차차 (아버지를) 닮으리 吾茲今心稍肖亦

(1957. 1. 14)

變: 변할 변. 易: 변할 역, 바뀔 역. 從: 우뚝할 종. 茲: 이 자. 稍: 점점 초. 肖: 닮을 초. 亦: 어조사 역.

류영모는 신앙생활로 평생(91세)을 일관한 사람이다. 도중에 신앙생활에 회의를 갖는다거나 탈선한 적이 없었다. 류영모는 평생을 신앙생활로 보낸 소감을 이렇게 말하였다. "산은 오를수록 험하다. 학문도 종교도 올라갈수록 어렵다. 그것은 행(行, 체험)의 세계이기 때문이다.

그러나 올라갈수록 기쁨이 넘친다. 이것이 "바라는 것의 실상이요 보지 못하는 것의 증거다"(히브리서 11:1). 우리는 하늘나라에 못 가 보았지만, 하늘나라에는 기쁨이 넘칠 것이다. 산에 올라가면 곧 알 수 있다. 산에 올라가 보면 오르는데 기쁨이 넘치는 것으로 보아 하늘나라에도 기쁨이 넘치는 곳임을 알 수가 있다."

하느님을 찾아가는 신앙생활이 산에 오르는 것과 같다는 것은 믿음이 깊어짐에 따라 마음에 어떤 변화가 일어나는 것을 말한 것이다. 그리고 몸을 지닌 사람으로서 하느님께 가장 가까이 다가갈 수 있는 정상(頂上)의 지경을 생각해 볼 수 있다. 믿음의 정상(頂上)이 있다면 거기에 머물러야 한다. 이를 지어지선(止於至善)이라고 한다.

불교에서는 최고의 깨달음인 구경각(究竟覺)을 아눅다라삼먁삼보디(Anuttara-Samyak-Sambodhi)라고 한다. 이를 의역하여 무상정등정각(無上正等正覺)이라 한다. 신앙이란 주관적인 체험이라 남이 이렇다 저렇다 저울질할 수 있는 것이 아니다. 그러나 그 사람의 말과 삶으로 신앙생활의 정도를 헤아릴 수는 있다. 그 사람의 말은 하느님에 대한 인식 정도를 나타낸다. 그 사람의 삶은 탐·진·치를 여윈 정도를 드러낸다. 류영모가 구경각을 이룬 것을 나타내는 말이 적지 않은데 그 가운데 하나를 들어본다. "진리(하느님)란 있는 그대로 보는 것이다. 내 뜻 없이 보는 것이 바로 보는 것이다. 내 뜻 없이 볼 때 진리(하느님)의 뜻을 이루게 되는 것이 성의(誠意)다. 진리(하느님)의 뜻을 이루는 것을 진성(盡性)이라고도 한다. 이는 내 뜻이 없어지고, 내 고집이 없어지고, 나(我)라는 것이 없어지고. 반드시(必)가 없어진 세계다. 진리(하느님)가 참나가 되는 세계다"(『다석어록』).

구경각을 이루었음을 드러내는 가장 간단한 말은 이 시제(詩題)인 무타(無他)다. 하느님밖에는 다른 것은 없다는 말이다. 그러므로 하느님은 절대존재인 것이다. 이 우주에 있는 모든 것이 그 자체로 존재하는 것이 아니다. 유일(唯一)한 존재인 하느님의 부속물로 있을 뿐이다. 시간도 공간도 모두가 하느님의 내용물이다. 하느님을 떠난 시간이 어디 있으며 하느님을 떠난 공간이 어디 있는가. 시간·공간 속에 살지 않는 사람은 없다. 시간·공간 속에 살면서 시간·공간만 알고 하느님을 모르는 것은 마음의 얼눈(靈眼)을 뜨지 못한 탓이다. 밤이나 낮이나 우주를 내다보면서 우주로만 보고 하느님을 못 알아보는 것도 마음의 얼눈을 뜨지 못한 것이다. 시간·공간이나 우주도 하느님의 한 모습이다. 마음의 얼눈을 뜬 류영모는 우주를 이렇게 내다보았다.

> 그믐이나 초하룻날 밤에는 하늘에 가득한 밝은 별들을 볼 수 있다. 그때 우리 눈은 가까운 데서는 볼 것이 없다. 멀리 내다보는 우리 맘에는 어떤 정신의 빛이 별빛처럼 쏟아져 온다. 그것이 진리(하느님)의 얼이다. 석가가 샛별을 보고 진리(하느님)를 깨달은 것은 그래서다(『다석어록』).

하느님을 떠나 그밖에 존재하는 것은 없다(We have no exitence outside and apart from God. — 간디, 『날마다의 명상』).

"빔일 수도 몬일 수도 있고 다 알고 다 할 수 있어"(能空能物全知能)

하느님은 허공일 수도 있고 물체일 수도 있다. 허공과 물체에서 허공이 실체(實體)이고 물체는 변태(變態)이다. 스피노자의 자연신이 실체와 양태(樣態)라 하였을 때 실체가 성령이고 양태가 물질이다. 스피노자는 석가 · 장자 · 류영모처럼 허공을 언급하지는 못하였다. 그러나 성령을 실체로 보고 물질인 양태를 성령의 변태로 봄으로써 범신(汎神)의 유일신관(唯一神觀)에 이르렀다. 이것은 어떤 의미에서는 구경각(究竟覺)에 이른 것이다. 스피노자의 범신(汎神)과 예수의 영신(靈神)이 다르지 않다.

우리가 하느님을 사실대로 스케치한다면 해안(海岸)이 없어 무한(無限)하고 해저(海底)도 없는 심연(深淵)의 허공 바다에 1천억 개가 넘는 별 무리로 된 1천억 개의 별 구름 덩어리가 유영(遊泳)하고 있는 모습이다. 또 달리 비유하면 무한 심연의 중심만 있고, 둘레 없는 공(球) 안에 무수한 별들이 생겼다가 사라지고 생겼다가 사라지고 있다.

무한 심연의 허공인 하느님을 생각할 때 나라는 존재는 강진(强震)을 만난 듯 전율하지 않을 수 없다. 이것은 공포의 전율이 아니라 환희의 전율이다. 남녀가 처음 만나서 느끼는 감각적인 짜릿함은 비교가 안 된다.

하느님의 전지(全知)와 전능(全能)은 예로부터 하나의 화두(話頭)가 되었다. 인간 세상은 너무도 모순투성이라 전지전능한 하느님의 실패작처럼 보였기 때문이다. 구약성서에는 하느님께서 이 세상을 낸 것을 후회하면서 홍수로 멸망시키기도 하였다. 그러나 전지전능한 하느님께는 후회 같은 건 있을 수 없는 일이다. 현대의 토인비조차도 하느님의 전능을 믿으려 하지 않았고 칼 융은 전지(全知)를 의심하였다. 토인비는 하느님의 전능을 못 믿어서인지 사람들의 사랑을 강조하게 되었고, 칼 융은 사람들이 보고를 해야 신이 알게 된다는 어리석은 소리를 하였다. 이 무한우주, 유한우주를 내는 것보다 더 어려운 일이 어디 있는가. 무극, 태극의 우주를 내는 것은 전지전능이 아니고는 불가능한 일이다.

"달라지며 달라지지 않는 하나에서 둘이 나와 바뀐다"(變易不易一二易)

류영모는 변하지 않는 절대(絶對)의 무(無)와 변하는 상대(相對)의 유(有)를 합친 것이 하느님이라고 하였다. 그래서 존재하는 것은 하느님 한 분뿐이다. 다른 모든 것은 하느님의 부속이고 내용이기 때문이다. "허공인 하늘과 물질인 땅(相對)을 합한 것이 하느님이다. 절대의 무(無)와 상대의 유(有)를 합한 것이 하느님이다. 절대를 무극(無極)이라, 상대(相對)를 태극이라 한다. 태극 무극은 하나라 하나가 하느님이다"(『다석어록』).

무(無)는 변하지 않는데 유(有)는 변한다. 우리는 지금 변하는 유(有)가 되어 있다. 그래서 변하지 않는 무(無)를 그리워한다. 무(無)가 유(有)의 밑동이기 때문이다. 류영모는 말하였다. "자꾸 바뀌고(變易), 자꾸 사귀고(交易), 그 가운데 바뀌지 않는 불역(不易)의 생명을 가져야 한다. 바뀌는 것은 상대생명이요 바뀌지 않는 것은 절대생명이다. 바뀌는 것은 겉나요 바뀌지 않는 것은 속나이다. 절대세계는 상대세계를 내포(內包)하기 때문에 바뀌면서 바뀌지 않는 것이라고 해야 한다. 변화하는 겉나(몸)에서 변화하지 않는 속나(얼)로 솟나면 무상(無常)한 세계를 한결같이 여상(如常)하게 살 수 있다"(『다석어록』).

변하지 않는 존재를 하나(一)라 하고 변하지 않는 하나(一)가 변하는 것으로 바뀐 것을 둘(二)이라 한다. 노자(老子)는 변하면서(二) 변하지 않는(一) 절대를 셋(三)으로 생각한 것 같다(道生一 一生二 二生三 三生萬物 一

『노자』 42장). 류영모는 하나에 대해 말하기를 "하나(元一)는 밑동(根本)이다. 또 주체(主體)로서 영(令)을 내린다. 이 영(令)은 우리에게 직접 이렇게 하라 저렇게 하라는 것은 아니지만 하느님의 뜻으로 우리가 모르는 가운데 움직이게 하는 것이다. 우리는 언제나 이 하느님의 영(令)을 받고 있다. 이것이 원일령(元一令)이다. 하나(一)는 전체를 말한다. 전체의 하나는 설명할 수가 없다"라고 하였다.

"(하느님) 아버지 우뚝 계시니 본디 이와 같아"(父在從本來如是)

모든 것은 다 없는 것과 다름이 없고 오직 하느님 아버지만이 계신다. 아버지는 본디부터 이렇게 계시는 분이다. 시작도 마침도 없는 영원한 존재다. 존재하는 것은 하느님 한 분인데 하느님의 존재를 모르는 사람이 많다. 마하트마 간디는 이렇게 말하였다. "하느님의 존재를 부인하는 사람은 자신의 존재를 부인하는 것이다. 하느님을 잊은 사람은 자기 자신을 잊은 사람이다"(He who denies the existence of God denies his own. He who forgets himself. ― 간디, 『날마다의 명상』). 간디는 하느님의 존재를 알았다.

류영모는 이렇게 말하였다. "사람들은 알아야 할 것을 모르면 인식부족(認識不足)이라고 말한다. 절대자 한 분(하느님) 계시는 것을 있느니 없느니 하고 떠드는 무식한 이 세상 사람들은 무엇이 인식 부족인지도 모르고 있다. 절대자(하느님)는 계신다. 다른 것은 다 없어도 절대자만은 계신다. 절대자는 우리가 인식하고 인식해야 한다. 그러나 하느님이 계시는 것을 누가 아느냐 하면 아무도 모른다. 그런데 이 세상이 괴롭고 어떻게 할 줄 모르는 사람에게 하느님께서 걸어오신다. 절대자께서 우리에게 당신을 알고 싶은 생각을 일으켜 준다. 절대자가 자신이 아버지라는 것을 아들에게 알게 하고 싶어 하는 것 같다. 말로는 할 수 없는 일이다"(『다석어록』).

"(아들인) 나, 예서 이제 맘으로 차차 (아버지를) 닮으리"(吾玆今心稍肖亦)

예수가 말하기를 "하늘에 계시는 아버지께서 완전하신 것같이 너희도 완전한 사람이 되어라"(마태오 5:48). 이것은 하느님의 얼을 받아 얼나로 거듭나라는 말의 다른 표현이다. 예수는 하느님 아버지를 닮는 정도가 아니라 "나와 아버지는 하나다"(요한 10:30)라고 하였다. 하느님으로부터 내가 받은 생명이 하느님의 생명인 얼나이니 하느님과 하나인 것은 당연한 것이다.

류영모는 말하기를 "예수는 하느님 아버지를 드높이는 것을 '아버지께 영광을 돌린다'고 하였다. 내가 하느님 아버지께 영광을 드러낸다는 것은 무엇일까. 아버지께서 나에게 주신 아버지의 본성(얼나)을 완성하는 것이다. 그것이 진리(얼나)다. 본성의 완성이 진리다. 진리를 깨쳤다는 것은 본성이 완성되었다는 것이다. 성숙한 사람이 되었다는 것이다. 누구의 도움도 필요 없이 스스로 설 수 있는 사람이 되었다는 것이다"라고 하였다.

우리가 하느님 아버지를 가까이하고 더 가까이하면 나도 모르게 하느님 아버지를 닮게 된다. 하느님 아버지를 닮고 또 더 닮아가면 마침내 하느님 아버지와 하나 되는 지경에 이른다. 하나 된다는 것은 하느님이 참나임을 깨닫는 것이다. 따라서 제나(自我)가 죽는 것이다.

20. 먹거리 끊고서 얻은 느낌
斷食有感

음욕으로 얼리니 결근거리는 몸 탈이라	痴後犯房貪食症
먼저 깨끗이 해 얼림 끊고 적게 먹어 맘 밝아야	齋先斷房節食明
음욕 · 탐욕 끊지 않으면 인류는 멸망하며	痴貪無斷滅人類
몸 깨끗, 맘 밝음을 이어가야 얼나로 구원되리	齋明有續救生靈

(1917. 1. 31)

有: 얻을 유. 痴: 어리석을 치, 의심을 품다. 犯房(범방): 부부의 동침. 齋: 재계할 재, 맘 씻을 재. 明(명): 진리를 아는 슬기가 밝아짐. 生靈(생령): 산 사람, 산 사람의 얼.

예수가 사십 주야를 단식하고 나서 몹시 시장하셨을 때, 유혹하는 자의 말이 "당신이 하느님의 아들이거든 이 돌 더러 빵이 되라고 해 보시오"라고 하였다. 예수가 대답하기를 "사람이 빵으로만 사는 것이 아니라 하느님의 입에서 나오는 모든 말씀으로 살리라"(마태오 4:4)라고 하였다. 여기에 하느님의 말씀을 먹고 산다는 것은 하느님의 성령을 숨쉬는 얼나(靈我)가 그렇다는 말이다. 예수의 몸나는 그 뒤로도 빵을 먹었다. 그래서 마지막 제자들과의 만찬도 있었으니 빵은 내 몸의 살이요, 포도주는 내 몸의 피라고 하였다. 그렇다면 하느님의 말씀으로만 사는 얼나를 찾아야 한다. 그런데 우리는 찾을 생각조차 안 한 채 날마다 몸을 위해 무엇을 먹을까 무엇을 마실까만 걱정하고 있을 뿐이다.

류영모의 말이 "사람은 분명 짐승인데 짐승의 생각을 하지 않음이 얼나로 솟나는 우리의 길이다. 다시 말하면 사람이란 태어나서 다른 것을 직접 또는 간접으로 잡아먹고 살면서도 얼이 있어 맘속을 밝혀 위로 한없이 솟아나려 함이 인생의 길이다"라고 하였다. 하느님의 성령을 숨쉬면서 사는 얼나가 있고, 세상의 먹거리를 먹고 사는 몸나가 있다. 얼나가 하느님의 성령을 왕성하게 숨 쉬자면 몸의 먹거리인 빵(밥)을 끊을 줄도 알아야 한다. 마하트마 간디가 이르기를 "먹는 것보다 먹지 않는데 더 큰 즐거움이 있다. 누가 그 진리를 체험하지 않으려 하는가. 굶주림의 고통은 지독하다고 한다. 우리가 사람이라는 존재로 살기를 바란다면 이 고통은 아무렇지 않아야 한다"(간디, 『날마다의 명상』)라고 하였다.

이 단식유감(斷食有感)의 글을 쓰게 된 연유가 있다. 어느 가난한 사람이 설날을 앞두고 어려운 살림을 비관하여 선달그믐날 저녁에 온 가족이 집단 자살을 했다. 그 사실이 실린 신문 기사를 읽은 류영모는 단식을 하지 않을 수 없었다. 늦게나마 그들의 아팠던 마음을 헤아려 내 아픔으로 하고자 함이었다.

이 단식유감(斷食有感)을 적어 놓은 일기장에 '맛'이라는 제목으로 원고지 10여 매분의 산문을 써놓았다. 류영모의 일기는 한시와 시조로 되어 있지, 산문은 드물다. 맛의 산문을 한시로 나타낸 것이 단식유감(斷食有感)이다. 말하고자 한 것은 "이 세상에 평화의 이상(理想)이 실현되지 않는 까닭은 사람이 식욕(食慾) 색욕(色慾)의 맛으로만 살려고 하기 때문이다"라는 것이다.

"음욕으로 얼리니 걸근거리는 몸 탈이라"(痴後犯房貪食症)

사람도 몸으로는 완전한 짐승이다. 모든 짐승은 탐 · 진 · 치 삼독(三毒)으로 자신의 생존과 종족 보존에 힘쓰는 것을 삶의 목적으로 한다. 얼나로 거듭나지 않는 이는 삶의 목적이 짐승과 다르지 않다.

먹고 싸우고 자식 낳는 일이 전부다. 류영모는 이렇게 말하였다. "먹거리가 목구멍을 넘어가기 전과 아이를 태어나게 하기 전에는 식사(食事)에서 생리(生理)가 방사(房事)에서 윤리(倫理)가 거의 무시된다. 맛이란 벌레의 꿈틀거리는 꼴을 그려보고 마치려는 것이다. 끝없이 추구하는 욕망이 맛, 맛, 맛이다. 그 맛은 이상해 난 죽겠다며 생전 첨 본 단맛을 더 보겠다고 찾으니 이것이 미친 짓이 아니고 무엇인가. 이 세상맛이 이 세상 복을 막는다"(『다석어록』). 색욕은 식욕을 일으키고 식욕은 색욕을 일으킨다. 그러므로 과색 하면 과식하게 되어 있다.

"먼저 깨끗이 해 얼림 끊고 적게 먹어 맘 밝아야"(齋先斷房節食明)

재(齋)는 심재(心齋)이다. 마음이 깨끗함이다. 장자(莊子)는 심재를 이렇게 말하였다. "오직 얼은 빔(맘)에 모인다. 빔이란 마음이 깨끗한 것이다"(唯道集虛 虛者心齋也 — 『장자』 「인간세편」). 사람의 마음이 빈 맘이 되려면 제나가 죽어야 한다. 제나(自我)가 짐승이라 제나가 죽기 전에는 삼독(三毒)이 없어지지 않는다. 류영모는 "맘이 죽어야 참나인 진리(얼나)가 나타난다. 그러므로 맘이 살아서는 안 된다. 맘은 죽어야 한다. 생심(生心)에 미혹하고, 사심(死心)에 본성인 불성(佛性) 영성(靈性)이 나타난다"(『다석어록』)라고 하였다. 마하트마 간디는 이렇게 말하였다. "하느님을 우리 마음속에 모시면 나쁜 생각도 나쁜 행동도 할 수 없게 된다"(When God is enshrined in our hearts, we cannot think evil thoughts or do evil deeds. — 간디, 『날마다의 명상』). 얼나를 깨달으면 색욕과 식욕이 저절로 절제되어 단방(斷房)도 절식(節食)도 할 수 있다. 류영모는 말하기를 "깊이 느끼고 깊이 생각하여 마음을 비우고 마음을 밝게 하면 우리 마음속에 깨닫게 되는 것이 있으니 그것이 우리의 얼생명을 키워가는 것이다"라고 하였다.

"음욕 탐욕 끊지 않으면 인류는 멸망하며"(痴貪無斷滅人類)

류영모는 이렇게 말하였다. "마음에 잔뜩 하고 싶은 게 있는 사람은 안 된다. 마음이 빈 맘이 돼야 한다. 빈 맘은 거기 곧 아버지 계신 데에 간 것이다. 거기와 여기는 떨어진 게 아니다. 극락이란 맘이 빈 지경이다. 맘이 빈 지경에서 손바닥을 한 번 치면 이 사바세계가 곧 극락세계로 변한다고 화엄경에 씌어 있다." 사람은 삼독(三毒)을 지닌 짐승인 제나를 버리고 삼귀(三貴)를 지닌 하느님 아들인 얼나(靈我)로 솟나자는 것이다. 탐·진·치 삼독(三毒)을 끊는다는 것은 제나(自我)를 버린다는 뜻이다. 그러면 진 · 선 · 미의 삼귀(三貴)를 지닌 하느님 아들로 솟난다. 제나는 멸망의 생명이요 얼나는 영생의 생명이다.

예수가 말하기를 "너희에게 겨자씨 한 알만한 믿음이라도 있다면 이 산 더러 여기서 저기로 옮겨져라 해도 그대로 될 것이다. 너희가 못 할 일은 하나도 없을 것이다"(마태오 17:20)고 하였다. 예수가 바라는 것은 산을 옮기라는 것이 아니다. 자리잡고 있는 산을 옮길 필요는 없다. 그런데 산을 옮기기보다 더 어려운 것이 생명 옮기기다. 제나(自我)에서 얼나(靈我)로 옮기는 일이다. 우리는 이 생명 옮기기를 하지 않으면 일생 동안 애써 산 일이 헛일이 된다. 생명의 중심축을 제나에서 얼나로 옮겨야 한다. 이것이 예수가 말한 멸망의 몸나에서 영생의 얼나로 옮기는 것이다(요한 5:24).

그런데 지금은 몸생명을 위해서라도 삼독을 끊어야 한다. 이 땅 위에 인구과잉으로 자멸을 가져오게 될 것이 불을 보듯 뻔하기 때문이다.

류영모는 이렇게 말하였다. "사람이 자연을 정복하자는 구경 목적이 지구 위에 인간으로 가득 채우자는 것이 되었다. 이것이 이른바 인구폭발이다. 인구폭발은 원자폭탄보다 무섭다는 것이다. 이렇게 위급한 인구문제의 해결은 순결에 있다. 이 몸은 짐승인데 우리는 짐승의 욕심을 버리고 사람 노릇 하자는 게 순결이다. 이는 2천5백 년 전에 석가가 말하였다. 인구증가의 문제는 중대한 문제다"(『다석어록』). 요즘에 와서 슈바이처가 부르짖던 생명외경을 말하는 사람이 많아지고 있다. 이것은 환경파괴에서 오는 인류의 자멸을 예감한 사람들의 예지다. 그런데 환경파괴의 근본적인 원인은 인구과잉에 있다. 그러므로 생명 존중 운동은 아기 안 낳거나 덜 낳기 운동에서 시작해야 한다. 이 지구의 면적과 환경으로 가장 알맞은 인구수는 1억8천만 명이라고 한다. 지금은 세계인구가 70억 명(2021년)으로 이미 정원을 35배 초과하였다. 사람이 많아 사람의 값어치가 떨어지지 않을 수 없고 사람이 넘쳐 환경이 파괴되지 않을 수 없다. 거기에 물질문명의 비뚤어진 발전이 환경오염을 불러와 인류를 멸망으로 몰아가고 있다.

"몸 깨끗, 맘 밝음을 이어가야 얼나로 구원되리"(齋明有續救生靈)

류영모는 이렇게 말하였다. "이 다섯 자(尺) 몸뚱이를 보면 한심하다. 이에서 박차고 나가야 한다. 우리의 머리가 위에 달린 게 위로 솟나자는 것이다. 믿는다는 것은 진리 되시는 하느님을 향해 머리를 두는 것이다. 하느님이 내 머리라는 것이다. 하느님이 나의 참나라는 것이다. 사람들이 이 세상에서 머리(元首)가 되려고 한다. 으뜸(진리)이 되어야 하는데 철이 없어서 이 세상에서 머리가 되겠다는 것도 이 때문이다. 그러다가 머리가 무거워서 감당을 못하여 굴러떨어진다. 『주역』(周易)에도 이 세상에서 머리(지배자)가 되지 말라고 하였다. 예수도 섬기는 이가 되어야지 섬김을 받으려 하지 말라고 하였다. 석가는 세상의 머리(임금) 되는 것을 그만두었다."

재명(齋明)은 제나(自我)가 죽고 얼나(靈我)로 거듭난 사람의 맘을 말한다. 이것을 마하트마 간디는 "자아(제나)가 죽을 때 영혼(얼나)이 깬다"(When the ego dies, the soul awakes. —간디, 『날마다의 명상』)고 하였다. 이렇게 제나로 죽고 얼나로 솟난 하느님의 아들들이 구원받은 사람들이다.

21. 뜻하였으나 못 이뤄
意欲未遂

(속알) 밝히려는데 밝히지 못해 새벽에 맘 살펴　欲明未明晨省心
(천하를) 안정케 하려 해도 시대마다 안정되지 못해　欲定未定每時局
평안코자 해도 평안치 못함이 지금의 세상 사람　欲平未平當世人
화평코자 해도 화평치 못해 하늘나라 오기 바라　欲和未和臨天國

(1957. 1. 14)

意慾(의욕): 하고자 함. 遂: 이룰 수. 定: 고요할 정. 時局(시국): 시대의 상황. 當世(당세): 지금의 세상. 臨: 임할 임.

"(속알) 밝히려는데 밝히지 못해 새벽에 맘 살펴"(欲明未明晨省心)

류영모는 이렇게 말하였다. "이 세상에는 절대 진리라는 것은 없다. 절대 진리는 하늘 위에 있다. 우리는 이 절대를 좇아 올라가는 것이다. 절대가 아닌 것은, 생각하지 말고 땅 위의 것은 훌훌 벗어버리고 오직 하나(절대)를 생각해야 한다. 하나의 님인 하느님을 찾아가는 것이 우리 사람의 일이다. 절대 진리를 위해서는 내버릴 것은 죄다 내버려야 한다." 이 세상에 절대 진리가 없다는 것은 이 세상은 캄캄한 어둠의 세상이란 말이다. 그래서 불교에서는 무명(無明)이라 한다. 이 상대세계에 갇혀서는 절대 진리를 찾을 길이 없다. 그런데 오직 한 길이 있으니 맘속으로 들어가 생각을 하는 것이다. 생각이 하늘나라로 들어가는 좁은 문이다. 하느님을 생각하는 것이 기도다. 류영모는 이렇게 말하였다. "하느님께로 가는 길은 자기 맘속으로 들어가는 길밖에 없다. 맘을 다하고 뜻을 다하는 것이다. 깊이 생각해서 자기의 속알(德)이 밝아지고 자기의 정신이 깨면 아무리 캄캄한 밤중 같은 세상을 걸어갈지라도 길을 잃어버리는 일은 없을 것이다"(『다석어록』).

마음이 빌 때만 절대존재의 빛(긋)이 우리 맘속에 밝아진다. 마음이 비려면 제나(自我)가 죽어야 한다. 장자(莊子)가 상아(喪我)니, 좌망(坐忘)이니 하는 것은 이 때문이다. 상아(喪我)란 제나(自我)가 죽었다는 뜻이다. 좌망(坐忘)이란 제나(自我)를 잊어버렸다는 뜻이다. 류영모는 이렇게 말하였다. "제나(自我)가 한 번 죽어야 맘이 텅 빈다. 한 번 죽은 맘이 빈탕(太空)의 맘이다. 빈 맘에 하느님 나라, 니르바나 나라를 그득 채우면 더 부족이 없다"(『다석어록』). 빈 맘에 들어오는 하늘나라, 니르바나 나라가 하느님인 절대의 빛이다. 마하트마 간디는 말하기를 "제나(自我 ego)의 어두움은 암흑 자체보다 더 꿰뚫어 보기 힘들다. 제 속에 하느님의 빛(얼나)을 가진 이는 그것으로 영원한 생명이 된다"(The darkness of egoism is more impenetrable than darkness itself. He who has the spark of Divine in him becomes immorter on that account. ―간디, 『날마다의 명상』)라고 하였다. 마하트마 간디가 말한 하느님의 빛이, 예수가 말한 맘속의 빛(마태오 6:23)이고 석가가 말한 맘속의 등불(寂光)이다. 이러한 체험을 한 사람으로는 장자(莊子), 에크하르트, 타고르에 이르기까지 적지 않은 사람이 있다. 이들이야말로 영원한 생명인 얼나로 거듭난 체험을 한 것이다. 류영모는 이렇게 말하였다. "영원한 생명인 얼을 빛이라 한다. 얼 자체를 어떻게 표현할 수 없으니까, 설명이 안 되니까 좀 근사한 표현을 쓴다는 것이 빛이라고 한 것이다. 얼을 우리는 모르고 있다. 이 빛은 햇빛이 아니고 참 빛이다. 햇빛을 떨쳐버려야 참 빛인 얼나를 깨닫는다"(『다석어록』). 그런데 류영모는 속알 밝히고자 하는데도 밝혀지지 않아 새벽에 맘을 살핀다고 하였다. 새벽에 명상기도를 한다는 말이다. 류영모는 얼나를 깨달은 이다. 겸손한 마음에서 그렇게 썼다. 새벽은 하루 가운데 정신 활동이 가장 활발하고 세상이 가장 조용한 때다. "사람이 새벽에는 높은 생각을 가질 수 있다. 그러나 아침이 되면 높은 생각을 갖기 어려워진다. 낮에는 낮은 형이하(形而下)의 몸살림에 빠지기 때문이다. 우리는 낮은 이 땅을 떠나 영원한 절대(絶對)로 올라가야 한다. 맨 꼭대기 절대로 가는 거다. 참 자리로 가는 것은 된 그대로 가지고 가는 거다. 새로 무엇이 되는 게 아니다"(『다석어록』).

"(천하를) 안정케 하려 해도 시대마다 안정되지 못해"(欲定未定每時局)

이 땅 위에는 크고 작은 싸움으로 칼부림이나 총질이 그칠 날이 없다. 공자 · 맹자가 살던 시대는 특별히 싸움이 심하여 춘추전국시대라 이름한다. 그러나 알고 보면 춘추전국시대가 아닌 때가 거의 없었다.

지금도 사람들이 시름없이 일하고, 구경하고 다니지만 땅 위에 만들어 놓은 원자탄이, 다 터지면 이 지구는 순식간에 용광로가 돼버릴 것이다. 이러한 가운데 무슨 안정이 있고 평화가 있을 수 있겠는가. 있다면 참으로 배꼽 잡고 웃을 일이다. 석가는 이 세상을 불난 집으로 비유하였다. 다 낡은 큰 집에 사면에서 한꺼번에 불이 났다. 집주인은 불이 사면에서 타오르는 것을 보고 깜짝 놀랐다. 그래서 "너희들 빨리 나오너라"라고 소리쳤으나 아이들은 아버지의 말을 믿으려 하지 않고 장난만 치면서 나오려는 생각조차 하지 않았다. 집주인은 아이들이 장난감을 좋아하는 것을 아는지라 "너희들이 갖고 싶어 하던 아주 드문 장난감이 여기 있는데 너희들이 빨리 와서 갖지 않으면 뒤에 반드시 후회하리라"고 하였다. 아이들은 장난감이라는 말을 듣고는 불난 집에서 뛰쳐나왔다는 것이다. 석가는 그 불이 삼독의 불(三毒火)이라고 하였다(『법화경』「비유품」).

천하(세계)를 안정시키자면 삼독의 불을 꺼야 하는데 그 누구도 끄지 못한다. 예수·석가도 자신의 불만 껐지, 세상의 불은 끄지 못했다. 모든 사람이 하나같이 삼독의 불덩어리들이기 때문이다. 육대주에 흩어져 있는 사람들을 한 사람도 남기지 않고 큰 빗자루로 오대양에 쓸어 넣기 전에는 세상에 타오를 삼독의 불을 껐다고 할 수 없다. 그런데 세상에는 과대망상증에 걸린 사람들이 나타나 세계평화를 안정시키겠다며 오히려 삼독의 불길을 더 돋우었다. 제2차 세계대전을 일으킨 자들이 세계평화를 위해 전쟁을 일으킨다고 하였다. 그게 무슨 미친놈의 소리인가.

류영모는 이렇게 말하였다. 상대세계에서 몹쓸 삼독(三毒)을 우리로부터 뽑아내야 한다. 삼독은 우리의 원수다. 이 삼독이 없으면 이 세상은 없다. 어리석은 치정(痴情)이 없으면 분명히 이 세상은 계속되지 못한다. 이 세상이 계속되는 것은, 그 어리석은 치정이 발동하기 때문이다. 이러한 세상을 버릴만한 곳이 없어서 걱정이 아니다"(『다석어록』). 그러므로 이 땅 위에서 공산주의 유토피아 같은 이상사회를 만든다는 따위의 말은 듣지도 말아야 한다. 내가 할 일은 나의 삼독과 싸우면서 신격(神格)의 얼나를 깨달아 줄기차게 하느님을 찾아 올라가는 것이다.

"평안코자 해도 평안치 못함이 지금의 세상 사람"(欲平未平當世人)

일찍이 노자(老子)가 이르기를 "내게 큰 걱정이 있는 까닭은 내게 몸이 있기 때문이다. 내가 몸이 없는 데 이른다면 내게 무슨 걱정이 있겠는가?"(吾所以有大患者 爲吾有身 及吾無身 吾有何患 — 『노자』 13장)라고 하였다. 이 몸이란 고무풍선 같고 비누 거품 같으니 걱정이 안 된다면 오히려 이상할 것이다. 실존 철학자들의 말이 아니더라도 사람의 마음은 언제나 나침반의 자침처럼 흔들리고 있다. 그 흔들림의 정도에 따라 불안하기도 하고 초조하기도 하고 우울하기도 하고 절망하기도 하고 공포에 떨기도 한다. 얼마나 흔들리는 마음으로 괴로웠으면 차라리 아무런 생각이 없는 돌이 되고, 바위가 되고 싶다고 하였겠는가.

류영모는 말하기를 "사람이 언제나 평안한 것을 구하는 것을 보면 사람이란 것은 평안하지 않은 것이다. 사람만이 평안치 않은 것이 아니라 이 우주도 이렇게 불평이 있어서 나왔다. 불평하면 맞대거리를 하는 것같이 소리가 난다. 평안케 해 달라는 소리다. 이것이 기도다. 우주도 역시 불평하여 평화를 구하느라 기도를 하고 있다.

우리는 불안을 느끼기 때문에 절대 평안한 것을 구하려고 한다. 절대 평안한 것은 우리의 본바탕인 본성(얼나)이다. 우리가 잊었던 본성(얼나)을 회복해야 한다. 우리 아버지(하느님)와 같은 자리, 영원한 자리를 일생을 두고 광복(光復)하자는 것이다. 이것이 신앙일 것이다. 얼마 동안 올라가는 것이 아니라 내쳐서 자꾸 올라가는 것이다. 이것이 영원한 부흥이다. 본성(얼나)을 회복하자는 부흥이다"라고 하였다.

하느님과 하나인 얼나를 깨닫기 전에는 마음에 평안을 얻지 못한다. 불안의 근본은 죽음이기 때문이다. 죽음을 이기고 죽음을 없애는 것은 하느님의 생명인 얼나뿐이기 때문이다.

"화평코자 해도 화평치 못해 하늘나라 오기 바라"(欲和未和臨天國)

예수가 말하기를 "너희는 걱정하지 말라. 하느님을 믿고 또 나를 믿어라. (중략) 나는 길이요. 진리요, 생명이다. 나로 말미암지 않고는 아무도 아버지께 갈 수 없다"(요한 14:1, 6)라고 하였다. 우리의 마음이 불안한 것은 전체(하느님)를 잃은 개체가 되어서 그렇다. 그러므로 전체인 하느님께로 돌아가기 전에는 불안을 면할 수 없다. 하느님께로 가는 데는 제나(自我)로는 안 된다. 제나를 버리고 하느님이 주시는 얼나로 거듭나야 한다. 그 얼나는 예수의 말대로 길이요 진리요 생명이라 하늘나라에 들어갈 수 있다.

『중용』(中庸)에 "기쁨, 노여움, 슬픔, 즐거움이 일기 전을 일러서 가온(얼)이라 한다. 일어나도 모두 가온(얼)의 절제 받음을 일러서 화(和)함이라 한다"(喜怒哀樂之未發 謂之中 發而皆中節, 謂之和 — 『중용』 1장)라고 하였다. 『중용』의 표현이 완벽하지 못하지만, 희로애락이 미발(未發)인 '중'(中)이란 제나(自我)를 넘은 얼나(靈我)라고 보아야 한다. 희로애락의 제나가 중(中)인 얼나의 제약을 받는 것이 화합이라는 것이다. 이를 중화(中和)라 한다.

류영모는 이렇게 말하였다. "속의 속인 얼나(中)로 감정을 웬만큼 제한해서 중절(中節)해야 한다. 아무 일 없으면 평화스럽다. 이 일을 이루면 천하달도(天下達道)라 하여 세상의 일에 무엇이든지 막히는 데가 없다. 중화(中和)하지 못하기 때문에 이 세상에 변(變)이 많다. 중화를 모르면 자기 자신의 건강부터 지탱할 수 없다"(『다석어록』).

화평을 바라나 화평하지 못한 것은 하늘나라(얼나)가 임하지 못했기 때문이다. 하늘나라가 임하지 않은 것은 제나(自我)가 죽지 않았기 때문이다. 제나를 죽이는 데는 파스칼의 말처럼 "그를 멸망시키기 위해서는 온 우주가 무장할 필요가 없다. 한 줄기의 수증기, 한 방울의 물도 필요 없다." 제나(自我)가 거짓 나인 줄 알면 제나는 스스로 죽는다. 가짜 형사는 가짜임이 드러나면 없어지는 것과 같다. 얼나를 깨달으면 십자가 위에서 숨져가면서도 마음의 화평을 잃지 않는다. 밖으로 평화의 시대가 온다느니 이상의 나라가 온다느니 하는 것은 믿을 것이 못 된다. 밖으로 무엇이 온다는 것은 거짓말이다. 류영모가 이르기를 "애당초 무엇이 오리라고 생각함이 잘못이다. 무엇이 오리라고 생각하는 데서 주의(主義)가 나온다. 예수 재림의 지상천국이니, 미륵불의 불국정토니 하고 떠든다. 오긴 뭐가 오는가? 진화니, 발전이니 하는 데서 속는다. 내 속에서 생명의 말씀이 나와야 한다. 생명의 말씀밖에는 믿을 것이 없다"라고 하였다.

22. 얼나(靈我) 아트만(Atman)

맑고 깨끗하며 가없이 큰 빔이신 높은 얼님	淸淨絶大空尊靈
삼독 · 삼악의 (제나) 죽고파도 못 죽어	欲死毒惡猶不刑
진선미의 여의주를 찾고자 하니	求眞善美如意珠
물들지 않고 부서지지 않는 금강의 말씀 (이루리)	不染不壞金剛經

(1957. 2. 15)

淸淨(청정): 맑고 깨끗함. 비물질의 성상(性狀). 刑: 죽일 형. 如意珠(여의주): 영묘한 구슬(mani), 얼나의 상징물. 染: 물들일 염. 壞: 무너질 괴. 毒惡(독악): 삼독(貪瞋痴)과 삼악(殺盜淫). 金剛(금강, rajha): 불변 영원한 얼나의 별칭.

석가가 읽은 경전은 베다경이다. 석가가 5명(五明)에 정통했다는 것은 5베다에 조예가 깊었다는 말이다. 그런데 석가는 베다경에 만족하지 못하고 독자적인 구도의 길을 걸어 금강과 같은 깨달음을 얻었으니 석가도 온고지신(溫故知新)을 하였다. 그래서 석가도 공자의 말대로 인류의 스승이 될 자격을 얻었다.

예수와 석가의 사상은 가장 가깝다기보다는 완전히 일치한다고 말할 수 있다. 예수가 하느님 아버지를 말하였는데 석가는 니르바나(Nirvana)를 말하였다. 예수는 생각으로 잡은 하느님을 '얼'(πνευμα)이라 하여 하느님 아들이라 하였다. 석가는 얼을 다르마(Dharma, 法)라고 하여 법신(法身)이라 하였다. 예수는 아버지와 아들로 비유하였는데 석가는 니르바나가 산이라면 다르마(法)는 산에서 솟는 옹달샘이라고 비유하였다. 그런데 이상한 것은 석가가 읽은 베다경에도 니르바나에 해당하는 브라만(Brahman)이 있고 다르마에 해당하는 아트만(Atman)이 있었다는 것이다. 그런데 석가는 그 낱말을 버리고 새로 브라만 대신에 니르바나를, 아트만 대신에 다르마라 하였다. 거기에는 까닭이 있다. 석가는 브라만이나 아트만에 대한 옛사람들의 생각이 모자란다고 생각하였던 것이다. 우파니샤드에 보면 브라만을 만유(萬有)라 하는가 하면 아트만을 심장 속에 들어 있는 손가락만 한 것이라고 하였다. 절대성과 형이상이 유치한 단계에 있었던 것이다. 그래서 옛사람들의 사상을 버리고 새로운 낱말을 선택한 것이다. 그러나 석가에 앞서 베단타학파가 그런대로 이미 불이일원설(不二一元說). 청정불이설(清淨不二說), 불이불이설(不二不異說) 등을 주장하였다. 류영모가 베다경에 관한 책을 읽고 이 한시를 썼다.

석가가 브라만교와 차별화를 한 것은 예수가 유대교와 차별화한 것과 같다. 예수가 이르기를 "낡은 옷에다 새 천 조각을 대고 깁는 사람은 없다. 그렇게 하면 낡은 옷이 새 천 조각에 켕겨 더 찢어지게 된다. 또 낡은 가죽 부대에 새 포도주를 담는 사람도 없다. 그러면 부대가 터져서 포도주는 쏟아지고 부대도 버리게 된다. 새 포도주는 새 부대에 담아야 둘 다 보존된다"(마태오 9:16-17)고 하였다.

우파니샤드 경전에 전해 오는 아트만이나 예수의 프뉴마와 석가의 다르마는 같은 뜻으로 생각하면 된다. 류영모는 아트만에 대해서 말하기를 "만물(萬物)을 이룬 것이 하느님의 로고스(λογος)라면 이것은 바로 참된 생각을 말한다. 로고스가 말씀이라면 생각하지 않고는 나올 수가 없다. 참된 생각을 예수는 얼(靈), 노장(老莊)은 도(道), 석가는 법(法)이라고 하였다. '아트만'도 마찬가지다"라고 하였다. 헤르만 헤세는 이르기를 "우리 모두는 마음속에 신성(神性)을 지니고 있다. 이 신성을 인도인은 아트만이라 하고 중국인은 도(道)라 하며 기독교인은 얼(靈)이라고 한다. 이것은 진리의 빛으로 하느님 자체다"(헤르만 헤세, 『禪 — 나의 신앙』).

"맑고 깨끗하며 가없이 큰 빔이신 높은 얼님"(淸淨絶大空尊靈)

청정(淸淨)하다는 말은 물질(物質)이 아니라는 말이다. 물질이란 허공에 비기면 더러운 것이다. 류영모는 이렇게 말하였다. "우리 몸에서 나온 것이 참으로 더러운 것이다. 이 몸뚱이가 있는 게 더러운 것이다. 그다음에 더러운 것은 우리들의 집 안이다. 판잣집이라도 가진 것은 안 가진 것보다 더 더럽다. 정신이 들자면 집을 버려야 한다. 물질이란 더러운 것이다. 물질을 차 버리고 초월해야 깨끗해진다. 하느님을 찾는데 물질에 만족하면 안 된다."

물질이 아닌 허공은 청정하고 거룩하다. 류영모는 절대공(絶對空)에 대해서 이렇게 말하였다. "허공은 맨 처음 생명의 근원이요 일체의 근원이다. 처음도 없고 마침도 없는 하느님이다. 허공은 우리의 오관(五

官)으로 감지해서 알 수 있는 것이 아니다. 허공은 무한하고 영원한 것이다. 잣 알 하나 깨어 보니 빈탕이라는 그따위 허공이 아니다. 단 하나의 존재인 온통 하나가 허공이다. 환상(幻像)의 물질을 색계(色界)라 한다. 유일 존재의 허공에 색계가 눈에 티끌과 같이 섞여 있다. 허공은 하느님의 맘으로 느껴진다. 허공을 석가나 장자(莊子)가 얘기했는데 이것이 이단시(異端視)되었다."

존령(尊靈)이란 하느님이란 말이다. 무한 심연의 절대 허공이 영원한 생명인 성령으로 가득 찼다. 그로 말미암아 우리를 포함한 만물이 있게 되었으니 지극히 높은 님인 것이다. 우리는 그 존령의 님을 그리워하고 사랑한다.

류영모는 이렇게 말하였다. "사람이란 생령(生靈)은 이상하다. 두 발로 거닐어 이상하고, 머리를 꼿꼿이 두어야 다닐 수 있으니 이상하고, 나를 생각하니 이상하고, 생각을 생각하니 이상하다. 제 여편네와 자식들 먹일 것만 생각하면 이상할 것 하나도 없다. 나와 무한 영원한 존령(하느님)과의 관계를 생각하면 이상한 느낌이 들면서 내가 생령이라는 것을 깨닫게 마련이다. 생령을 가만히 깨닫고 보면 자기가 보잘것없고 하잘것없는 존재임을 깨닫는다. 여러분이나 나나 마찬가지다. 하느님 아버지와 같지 않아서 하늘에서 떨어져 여기 온 이상은 우리가 생각하는 것은, 오직 원대상일명(遠大上一命)을 생각하고, 위로 하느님께로 올라갈 것을, 일편단심 해야 할 것이다"(『다석어록』).

"삼독 · 삼악의 (제나) 죽고파도 못 죽어"(欲死毒惡猶不刑)

류영모는 이렇게 말하였다. "성령의 나, 허공의 나를 모르기 때문에 탐·진·치 삼독의 나를 내세운다. 이 삼독의 나는 온 세상을 다 잡아먹어도 배부르다고 말하지 않는다. 삼악(三惡)은 살인, 음란, 도둑질인데 몸에서 그 짓이 나온다 하여 신업(身業)이라 한다. 신업의 근본은 의업(意業)인 삼독이다. 탐·진·치(貪瞋痴) 이 세 가지가 독(毒)으로 뱃속 밑에서 꿈틀거려 삼악을 저지르게 된다. 이제 삼독의 나와 싸워야 한다. 이 삼독의 나를 이겨야지 남을 이기면 무엇하나. 삼독의 제나(自我)를 이기지 못하면 영원한 생명은 없다"(『다석어록』).

석가가 네팔의 돌산에서, 예수가 팔레스타인의 돌산에서 죽기로 고행수도를 한 것은 삼독의 나를 죽이고 싶어서였다. 죽을 결의가 없고서는 그러한 극한의 고행을 하지 못한다. 삼독의 나로 사는 것이 아무런 뜻이 없었기 때문이다. 참나인 하느님을 깨달은 다음에는, 짐승인 몸은 하느님의 뜻을 이루는 데 요긴하게 쓸 심부름꾼인 것을 알았다. 그러고는 일할 수 있을 만큼만 돌보아 주기로 한 것이다. 류영모는 이렇게 말하였다. "나는 식색(食色)을 위주로 하는 몸생명은 거짓 생명으로 부정한다. 오로지 이 몸생명을 위해 일하다가 죽어 그만두게 된다면 정말 서운한 일일 것이다. 이 몸뚱이는 멸망한다. 죽어야 할 것이라 죽는다"(『다석어록』).

"진선미의 여의주를 찾고자 하니"(求眞善美如意珠)

진 · 선 · 미의 여의주란 참나(眞我)인 하느님 아버지를 상징한 것이다. 예수도 하느님을 구슬에 비유하였다. "하늘나라는 어떤 장사꾼이 좋은 진주를 찾아다니는 것에 비길 수 있다. 그는 값진 진주 하나를 발견하면 돌아가서 있는 것을 다 팔아 그것을 산다"(마태오 13:45-46). "너희의 보물이 있는 곳에 너희의 마음도 있다"(마태오 6:21)고 하였다. 신앙생활을 한다는 것은 마음의 중심이 이 세상에서 하느님에게로 옮겨가는 것이다. 마음의 중심이 아직도 땅의 그 누구나, 그 무엇에 있다면 그는 신앙인이라고 말할 수 없다. 시집간 색시가 마음이 친정에만 있다면 그 색시는 시집간 것이 못 된다. 사람의 마음은 진 · 선 · 미의 님을 그리며 좇아간다. 그런데 바른 진 · 선 · 미를 알지 못하고 유사(類似) 진 · 선 · 미에 빠지고 만다. 그것은 생명을 잘못 투자한 것이다. 생명을 잘못 투자하면 그 인생은 실패한 것이다.

류영모는 바른 진 · 선 · 미를 이렇게 말하였다. "이 세상에는 진 · 선 · 미가 없다. 진 · 선 · 미는 영원해야 하는데, 있다가 없다가, 하는 것은 참 진 · 선 · 미가 아니다. 참된 진 · 선 · 미는 하늘나라에 있다. 그러나 이를 잊어버리지 말라고 이 세상에는 사이비(似而非)한 진 · 선 · 미를 둔 것이다. 하늘나라에는 이 세상에서처럼 진 · 선 · 미가 따로따로 있지 않을 것이다. 절대 생명인 하느님은 진이면서 선이면서 미다. 진 · 선 · 미가 하나다."

마하트마 간디도 같은 생각을 하였다. "참(truth, 眞)은 찾지 않으면 안 되는 영원한 생명이다. 미와 선은 진에 따라온다. 내가 생각하기에는 예수는 참(眞)을 찾고 드러냈다. 그러므로 예수야말로 최고의 예술가다. 아무리 아름다운 여자일지라도 그 성질이 착하지 않으면 아름답다고 할 수 없다. 그러나 소크라테스는 아주 못생긴 추남(醜男)이지만 일생 진리를 위해 힘썼기 때문에 아름다운 사람이라고 생각한다"(간디, 『간디문집』).

"물들지 않고 부서지지 않는 금강의 말씀 (이루리)"(不染不壞金剛經)

류영모는 이르기를 "이 세계는 단연코 참은 아니다. 참을 찾으려고 하였고 나타내려 하였다. 그러므로 글도 말도 한가지다. 말씀 가운데 사람들이 가까이하고 외우려 한 것이 동서고금의 경전이다. 분명히 경전의 원줄기는 천년이고, 만년이고 없어지지 않을 것이다. 현 세상에도 몇 사람은 받아 가지고 이어가고 있다. 그래서 이것을 '정신줄'이라고 한다. 성경이라는 경(經) 자는 줄기 경(莖) 자와 뜻이 같다"라고 하였다. 경전 가운데는 몇천 년이고 몇만 년이고 없어지지 않는 말씀이 있다. 그것이 물들지 않고 부서지지 않는 금강의 말씀이다.

예수는 선지자의 말을 없애려고 하는 것이 아니라 온전하게 하는 것이 자신의 목적이라고 하였다. 사람들의 모자라는 생각을 바로잡아 주는 것이 진리의 말씀이다. 진리의 말씀이 모여 경전이 된다. 인도에서는 강가(간지스)강에서 목욕하는 것이, 중요한 종교의식이 되어 있다. 강가강의 더러워진 물로 목욕을 한다고 심신이 깨끗하게 되어 구원받는다는 것은 미신이라고 할 수 있다. 그것을 안 간디는 이렇게 말하였다. "강가(Ganga)강은 사람의 마음속에 흐르고 있는 것인데 사람들은 그 맘속의 강에 몸을 씻지도 못하고 그 효력을 받지도 못한 채 남아 있다"(The Ganga flows in man's heart, yet man in unable to bath in it and remain unaffected. ― 간디, 『날마다의 명상』). 이 말은 열은 생각을 깨우치는 금강의 말씀이다.

23. 거짓 님에 굽히지 말자(1)
不拜偶像(一)

어둡의 힘이 일곱 마귀를 움직이는 끈이요	暗權操縱七魔線
옷 · 밥 · 집이 멋스러운 걸 복 받은 걸로	衣食宮惠業藝色
온 세상이 꼭두각시와 배우의 무리들인지라	擧世傀儡俳優輩
나눠진 쭉정이를 기분으로 인기치레에만	虛分氣分人氣粉

(1957. 1. 12)

偶像(우상): 신(神)이 아닌 걸 신으로 모시는 것. 偶 허수아비 우. 拜: 굽힐 배. 七魔(칠마): 일곱 마귀. 宮: 집 궁. 惠業(혜업): 복된 일. 藝色(예색): 예술과 빛깔이 멋스러운. 去世(거세): 온 세상. 傀儡(괴뢰): 허수아비 꼭두각시.

사람에게는 두 가지 인생의 목적이 있다. 형이하(形而下)의 짐승인 몸으로는 자식을 낳고 길러 대를 잇는 것이고 형이상(形而上)의 하느님 아들인 얼로는 하느님 아버지를 찾는 것이다. 그런데 많은 사람은 형이하의 사명에만 관심을 가질 뿐 형이상의 목적에는 관심조차 없다. 그런 사람들은 미안한 소리지만 짐승으로만 사는 이들이다. 어려서는 어버이를 의지하다가 젊어서는 짝을 의지하고 늙어서는 자녀를 의지해 삶을 끝낸다. 이러한 가족주의 인생은 짐승살이에 지나지 않는다. 형이상의 목적에 눈뜬 사람은 가정에만 안주할 수 없다.

류영모는 이르기를 "유교에서 위(上)를 받든다는 것은 부모나 조상을 받드는 것을 말한다. 위로 조상을 받들고 아래로 권속을 거느리는 것이 인간의 본연이라고 말하는데, 이것은 태극에서 음양만을 말하고 그 윗자리인 무극(無極)을 잊은 탓이다. 유교가 활발히 발전을 못 본 것은 이와 같은 근원을 잊어버리고 천상(天上, 하느님)을 생각하지 않아서다. 예수 · 석가는 가정에 갇혀 살지 않았다. 오직 하느님 아버지의 아들 노릇을 하려고 하였다. 우리도 우리의 인생관을 형이하에서 형이상으로 높여나가야 한다. 인생관을 높이기 전에는 그 사회는 볼 장 다 본 것이다"라고 하였다.

하느님을 찾는데도 아직 지혜가 성숙하지 못하여 하느님이 아닌 것을 하느님으로 섬기는 어이없는 일을 해 왔다. 톨스토이는 이렇게 말하였다. "사람이 하느님을 믿지 않는 것보다 하느님 아닌 것을 하느님으로 섬기는 것이 더 큰 문제다"(톨스토이, 『종교와 도덕』). 그러다가 예수 · 석가에 와서 하느님을 바로 찾는 반야바라밀다(pranja paramita, 하느님을 아는 지혜)가 성숙하여 하느님 아닌 것을 하느님으로 섬기는 우상숭배에서 온전히 벗어났다. 이것이 '아뇩다라삼먁삼보디'이다. 예수 · 석가가 이룬 이 공로는 아무리 찬양하고 감사하여도 모자랄 것이다. 예수나 석가는 사람의 머리로 상상해 그리는 관념적인 절대자(하느님, 니르바나)를 믿으라고 하지 않았다. 각자의 마음속에 나타나는 하느님의 얼을 믿으라고 하였다. 예수 · 석가는 스스로 체득한 하느님을 믿은 이들이다. 다른 사람에게도 각자가 체득한 하느님을 믿으라고 가르쳤다. 체득한 하느님이 프뉴마(πνευμα)요, 다르마(Dharma)인 얼이다. 이 얼이 우리 마음속에서 말씀으로 샘솟는다. 예수는 이에 이르기를 "이 우물물을 마시는 사람은 다시 목마르겠지만 내가 주는 물을 마시는 사람은 영원히 목마르지 않을 것이다. 내가 주는 물은 그 사람 속에서 샘물처럼 솟아올라 영원히 살게 할 것이다"(요한 4:13-14)라고 하였다.

"어둠의 힘이 일곱 마귀를 움직이는 끈이요"(暗權操縱七魔線)

일곱 마귀란 예수가 한 말이다. 어떤 사람의 맘속에 들어 있던 마귀(魔鬼)가 나와서 돌아다니다가 있을 만한 곳을 찾지 못하자, 다른 마귀 일곱을 더 데리고 먼저 있던 곳으로 찾아와 머물게 되니 그 사람의 마음이 더 비참하게 되었다는 얘기다(마태오 12:43-45). 이 말은 마음의 회개를 바르고 철저히 하지 않으면 오히려 하지 않았을 때보다 더 사악하게 된다는 말이다. 처음으로 예수나 석가의 가르침을 좇겠다고 결심할 때는 그래도 마음이 깨끗해지는 듯했으나, 석가나 예수의 가르침을 바르게 배우지 못하면 나중에는 바리새인들처럼 위선자가 된다. 그러면 신앙생활을 하지 않았을 때보다 더 편협하고 과격하고 음란해진다. 이러한 일을 도처에서 보게 된다.

불교에서는 눈, 코, 귀, 혀, 몸, 뜻(眼耳鼻舌身意)을 여섯 뿌리(六根)라 하여 단속의 대상으로 친다. 거기에 손발을 더하면 칠마(七魔), 팔마(八魔)가 된다. 이 몸을 조종(操縱)하여 악한 카르마(業)를 저지르게 하는 것이 암권(暗權)이다. 제나(自我)가 지닌 수성(獸性)이 암권의 주체다. 수성인 삼독(三毒)이 지배하는 세계는 그야말로 만인의 만인에 대한 투쟁이라는 생존의 싸움을 벌인다. 가장 믿음직한 것이 그래도 가족이다. 그러나 가족이라고 믿을 수만은 없는 것이 실상이다. 대학 교수와 미국 유학생이 돈 때문에 어버이를 죽이는 것을 우리는 보았다. 옛날에도 네로가 어머니를 죽이고 당 태종이 아버지를 죽였다. 영조는 아들 사도세자를 죽였다. 이게 암권(暗權)의 조종인 것이다.

수성인 암권은 하느님의 얼을 받아서 없앨 수 있다. 그런데 그것이 쉽지 않다. 더구나 하느님의 얼이 있는 줄도 모른다. 그리하여 큰 암권(暗權)으로 작은 암권을 다스리겠다며 세운 것이 나라(국가)다. 이것을 영국의 홉스는 위대한 괴물(리바이어던, Great Leviathan)이라 이름하였다. 이를 사람들의 평화를 지키는 죽는 하느님(Mortal God)이라고 미화하였다. 그러나 위대한 리바이어던(국가)이 끊임없이 전쟁을 일으켜 온 것만 보아도 암권(暗權)의 본색을 저버릴 수 없다는 것을 보여주고 있다. 원숭이들이 벌이는 권력투쟁을 사람들이 하고 있는 것이다. 사람의 가정이 삼독의 소산이듯이 나라도 삼독(三毒)의 소산인 것이다. 에라스무스는 삼독을 바보신(神) 모리아(Moria)라고 하였다. 모리아는 버려야 할 우상이다. 그래서 예수는 말하기를 "내 나라는 이 세상의 것이 아니다"(요한 18:36) 또 "아버지의 나라가 오게 하시며"(마태오 6:10)라고 하였다. 이 두 말을 아울러 생각하면 예수는 짐승인 제나의 사람이 아니라 하느님의 아들인 얼나의 사람임이 분명하다. 예수는 하느님으로부터 얼(성령)을 받아 사는 얼 나라 사람이었다. 류영모는 말하기를 "얼에는 나와 나라가 다르지 않다. 얼이란 유일 절대이기 때문이다. 땅 위에서 이루는 나라는 좇아갈 필요가 없다. 세상의 나라를 좇아간 것이 오늘날 이러한 나라를 만들고 말았다. 본 생명의 자리인 얼나를 세워나가야 한다. 그렇지 않으면 나라는 서지 않는다. 자기의 참나를 찾은 다음에는 그 참나에서 떠날 수 없다. 그렇게 되면 영원을 붙잡은 것이다"라고 하였다.

6천만 년 전 자연환경의 변화로 지구를 지배하던 공룡이 갑자기 사라지듯 21세기에는 정신환경의 변화로 국가가 사라질 수도 있을 것이다. 모든 사람이 얼나를 깨달아 몸이 지닌 수성(獸性)을 없앤다면 가정이나 나라도 필요치 않을 것이다. 온 인류가 얼나로 한 생명을 느끼면 너와 나가 따로 없을 것이다. 그런데 무슨 울타리가 필요하겠는가. 그러나 제나는 쉽게 꺾이지 않는다.

"옷 · 밥 · 집이 멋스러운 걸 복 받은 걸로"(衣食宮惠業藝色)

옷·밥·집이 호화스러우면 성공한 삶이요 축복받은 삶으로 생각한다. 이것은 짐승인 제나(自我)의 가치관에서 나온 것이다. 류영모는 이렇게 말하였다. "이 세상에 무소유로 살다간 예수·석가를 믿는다는 사람들도 바라는 것은 식색(食色)의 풍부함뿐이다. 부귀(富貴)란 식색의 사회적인 표현이다. 이 세상에서 부귀란 병 아니면 죄다. 참으로 온전한 세상이라면 부자와 귀인이 있을 리가 없다"(『다석어록』).

예수는 이르기를 "나는 분명히 말한다. 부자는 하늘나라에 들어가기가 어렵다. 거듭 말하지만 부자가 하느님 나라에 들어가는 것보다는 낙타가 바늘귀로 빠져나가는 것이 더 쉬울 것이다"(마태오 19:23-24)라고 하였다. 류영모는 이르기를 "부(富)는 힘과 빛 때문에 사람에게 필요하다. 그러나 사람에게는 정신력과 얼빛이 있는 줄 알아야 한다. 정신력과 얼빛이 힘 있고 빛나야 사람이다. 정신력이 없고 얼빛이 어두워진 뒤에 부귀를 가지고 대신하려 하면 그것은 인류 멸망의 징조다"라고 하였다.

"온 세상이 꼭두각시와 배우의 무리들인지라"(擧世傀儡俳優輩)

꼭두각시는 조종하는 사람의 뜻에 따라 움직인다. 배우는 연출자의 뜻에 따라 움직인다. 그러니 실체도 주체도 있을 수 없다. "온 세상이 직접 간접으로 암권이 조종하는 꼭두각시와 배우의 무리들"이란 말은 세상 사람 모두가 거짓 나인 제나(自我)의 사람들이란 뜻이다. 류영모는 이르기를 "이제 여기의 이 나라는 제나(自我)는 거짓된 것이다. 참나가 아니다. 우리가 아는 지식이라는 것도 거짓된 것이다. 그러므로 한껏 찾아야 할 것은 오직 참나다"라고 하였다.

주체(主體)인 얼나를 깨닫지 못하면 너나 나나 가릴 것 없이 모두가 수성의 꼭두각시요 배우에 지나지 않는다. 이 사회에 온갖 유행이 전염병처럼 잘 퍼지는 것은 주체성 없이 남의 흉내만 내기 때문이다.

류영모는 이렇게 말하였다. "재주 부리는 인형을 괴뢰(傀儡)라고 하는데, 소위 지도자들의 괴뢰 노릇을 낙제생들은 못 하고 이른바 똑똑하다는 총준(聰俊)들이 한다. 꼭 돈 한가지가 없어서 그 짓을 한다. 돈 받고 힘 있는 사람들의 괴뢰 노릇을 한다. 또 백성은 깨닫는 것이 아니다. 그저 좋다면 이리 가고 저리 가고 하는 것들이다. 남이 하는 짓은 빠지지 않고 죄다 한다. 그러나 뭐가 뭔지 모르고 한다. 단순히 허영으로 다수에 따라갈 뿐이다. 뜻을 찾지 않는다. 민주(民主)가 되려면 깨달은 사람의 수효가 많아야 한다"(『다석어록』).

"나눠진 쭉정이를 기분으로 인기치레에만"(虛分氣分人氣粉)

우리는 어버이에게서 받은 몸뚱이만으로는 쭉정이(짐승)에 지나지 않는다. 쭉정이가 허분(虛分)이다. 개체란 쭉정이다. 개체라도 전체의 식 진리 의식을 가지면 속알이 차서 충실해진다. 공자(孔子)가 말하기를 "하느님이 내게 속알을 낳으셨다"(天生德於予 ―『논어』「술이편」)라고 하였다. 공자는 하느님으로부터 얼을 받아 허분(虛分) 아닌 충분(充分)이 되었다는 말이다. 무정란처럼 죽은 것이 아니라 얼생명을 지녔다는 말이다. 류영모는 사람들이 마땅히 택선의지(擇善意志)로 살아야 하고 진리파지(眞理把持)로 살아야 하는데도 기분(氣分)을 좇아 사는 것이 알 수 없었다. 그래서 류영모가 말하기를 "지금 사람들은 기분이라는 것을 가지고 사는 모양이다. 그런데 그 기분이라는 것이, 무엇인지 모르겠다. 우리가 대기(大氣) 가운데 사니까 그 대기의 공기가 우리 몸에 와서 접촉하는 데에 있어서 어떨 때는 좋게 느끼고 어떨 때는 언짢게 느끼는 것 같다. 그리하여 때에 따라 달라 날이 궂으면 나쁜 기분이 더 많이 느껴지는 모양이다. 그러나 그것은 속이 어두워서 그렇다. 속이 밝을 것 같으면 그런 일이 없다. 제대로 제가 살 것 같으면 무슨 그렇게 날이 궂었다고 기분 나쁘고 날이 개었다고 기분이 좋고 그럴 일이 어디 있는가"라고 하였다.

사람이 바라야 할 것은 하느님이 기뻐하는 일이다. 그런데 사람의 이목을 끌려고만 한다. 그리하여 사람의 이목을 많이 끌게 되면 제법 성공한 인생인 듯 스스로 인기에 도취한다. 그것은 속는 일이요 속이는 일이다. 지난날 십여 년 동안 정상의 인기를 누리던 가수의 말이 "인기란 아무것도 아니에요, 물거품 같은 것입니다"라고 하였다. 석가는 성주(城主)의 아들이라 귀한 몸이었다. 석가는 비록 임금의 자리에 오르지는 않았지만, 왕자의 신분이 그의 전도 생활에도 적지 않은 영향력을 미쳤다고 보인다. 거기에 비하면 예수는 시골의 무명 청년이었다. 그런데 2천 년이 지난 오늘에도 예수의 이름을 모르는 사람이 없다. 이것은 예수가 그의 맘속에 나타난 하느님의 말씀을 내놓았기 때문이다. 하느님 이상의 존엄(authority)이 어디에 있단 말인가.

류영모는 이렇게 말하였다. "오늘날 세상은 나를 몸뚱이로만 알아 몸의 나밖에 모른다. 그리하여 신체가 미끈한 자를 부러워하고 인기 있는 자를 부러워한다. 이게 다 악인의 낯을 보는 것이다. 우리도 이 몸에 붙잡히면 이 짐승인 몸에 잡아먹힌다. 이 짐승을 따르지 말고 참나인 얼나를 좇아야 한다. 서로의 속알(얼)을 내놓는 것같이 좋은 일이 없다. 동지(同志), 지기(知己)란 서로 속알을 내놓는 것이다"(『다석어록』).

하느님의 뜻을 내 뜻으로 하여 사는 이라야 주체성이 있는 사람이다. 하느님의 뜻 밖에서 수성(獸性)의 말만 듣고 남의 말만 들으면 괴뢰요, 배우에 지나지 않는다. 류영모는 이렇게 말하였다. "종교는 자유인데 자기가 어떻게 믿든 자기가 분명한 것을 믿으면 된다. 남의 말 듣고 믿으면 그게 무엇인가. 한 마리의 개가 의심이 나서 짖는데 다른 개들이 따라 짖는 것과 무엇이 다른가"(『다석어록』).

24. 거짓 님에 굽히지 말자(2)
不拜偶像(二)

'수신제가치국평천하'는 빈 염불이고	修齋治平空念佛
'널리 베풀어 중생 건지기'는 버린 과제인가	博施濟衆廢宿題
너와 내게 얼나 있으면 바람직한 나라	有道彼我理想國
스님의 탁발에도 말법이면 얼님이 하늘에 올라	僧託末法主昇天

(1957. 1. 12)

修齋治平(수제치평): 修身 齋家 治國 平天下의 줄임.

참괴스럽도록 죄악으로 점철된 인류 역사에 그래도 자랑스러운 일이 있다면 짓밟혀 오기만 하던 씨알(民)이 주권을 찾아 민주정치를 이룩했다는 것이다. 하느님께 바쳐야 할 씨알의 충성을 옆에서 가로챈 임금이 사라지게 된 것은, 정치 못지않게 종교 쪽에 큰 뜻이 있다. 신이 아니면서 신처럼 군림하던 우상(偶像)이 부서진 것이다. 류영모는 이렇게 말하였다. "우리가 역사를 보면 임금(王)이 있어서 세상 사람들을 깔고 앉아 충성을 바라고 있었는데 지금 생각해 보면 우스운 일이다. 사람이 사람 위에 서 있는 것이, 우스운 일이 아니겠는가. 그 뒤로 민주정치가 발달되어 지금은 밝아진 세상이다. 사람 위에 사람이 없어졌다. 임금이 없어진 세상에, 민주정치가 시행되는 이 땅에 우스운 사람이 아직도 있는 것은 무어라 말할 수 없다. 세상에서 높은 분은 하느님 한 분밖에 안 계신다. 이것을 모르고 아직도 우스운 짓을 하고 있는 민족이야말로 마지막에 달한 우스운 민족이다"(『다석어록』).

이제 임금이란 우상은 없어졌는데 아직도 정치(政治)를 사람에게 가장 중요한 것으로 아는 정치 우상은 그대로 남아 있다. 인생의 목적이 정치를 잘하는 데 있는 것으로 안 이의 대표자는 공자(孔子)일 것이다. 공자의 가르침을 좇는 사람들 가운데는 사람은 오로지 벼슬을 하는 데 삶의 목적이 있는 것으로 알았다. 그러나 이것은 깨뜨려야 할 정치의 우상에 지나지 않는다. 마하트마 간디는 정치를 하면서도 정치가 목적이 아니고 하느님을 만나는 것(모크샤, Moksha)이 목적이라고 하였다. 류영모는 이렇게 말하였다. "세상 사람들은 거의가 세상(나라)을 잘 다스려야 된다고 한다. 그러나 하늘에 가는 일을 잘해야지 세상이나 나라를 잘 다스려야 한다는 것은 기어코 헛일밖에 되지 않는다. 사람들은 하늘에 먼저 해야 할 것을 땅에 먼저 한다. 사는 목적을 하늘에 두지 않고 이 세상에 둔다. 이 세상에는 우리가 가질 목적이 없다. 이 땅에서 참이라고 하는 것은 상대적 참이지 온전한 참이 아니다. 이 세상에는 절대진리란 없다. 절대진리는 하늘 위에 있다. 우리는 이 절대진리를 좇아 올라가는 것이다. 절대가 아닌 것은 생각하지 말고 지상(地上)의 것은 훌훌 벗어버리고 오직 하나(一)를 생각해야 한다.

하나의 님을, 하느님을 찾아가는 것이 우리의 일이다. 절대진리인 하느님을 위해서는 내버릴 것은 모두 내버려야 한다"(『다석어록』).

"'수신제가치국평천하'는 빈 염불이고"(修齋治平空念佛)

수제치평(修齋治平)은 수신제가치국평천하(修身齋家治國平天下)를 줄인 것이다. 이 말은 『대학』(大學)에 나온다. 몸을 닦아, 집을 가지런히, 나라를 다스리고, 세상을 평안케 하는 것이 큰 사람이 해야 할 일이라는 것이다. 수신(修身) 앞에도 마음을 바르게 하다(正心), 뜻을 참되게 하다(誠意), 앎에 이르다(致知), 사물에 다닥치다(格物)가 있다. 그런데 여기에서 격물(格物)의 해석이 가지가지다. 격물(格物)은 장자(莊子)의 재물(齋物)과 같이 물질을 통해서 물질 너머의 정신을 파악하는 것이 되어야 한다.

류영모는 이렇게 말하였다. "수신제가치국평천하는 유교의 말인데 그것 가지고는 몇만 년이 지나도 안 된다. 사람은 한자리에 혼자만 오래 앉아 있으려고 하면 안 되게 되어 있다. 서양은 자꾸 변하였기에 발달하였다. 나는 치국평천하(治國平天下)가 그렇게 호락호락 될 것 같지 않다. 이 세상에는 모든 것이 제한이 있다. 형이하에도 형이상에도 그만큼 되는 거지, 뭐든지 다 되는 법은 없다. 그것은 욕심이다"(『다석어록』). 그래서 '수신제가치국평천하'는 공염불로 내려왔지 그대로 실현된 적이 없다.

"널리 베풀어 중생 건지기는 버린 과제인가"(博施濟衆廢宿題)

어느 날 자공(子貢)이 스승 공자(孔子)에게 말하였다. "널리 씨알들에게 베풀어 뭇사람을 건질 수 있을 것 같으면 어질다고 말하겠습니까?" 공자가 가로되 "어찌 어질다뿐이겠는가, 틀림없이 거룩할 것이다. 요와 순도 오히려 그걸 걱정하였다"(如能博施於民 而能濟衆 何如 可謂仁乎 子曰 何事於仁乎 必也聖乎 堯舜其猶病諸 ―『논어』「옹야편」)라고 하였다.

대통령이 국빈이 되어 다른 나라를 방문할 때 반드시 장애인을 수용하는 시설을 찾아본다. 그 장애인은 그 나라에서 가장 어려운 이들이다. 가장 어려운 이를 찾아보는 것이 온 국민을 찾아보는 것과 같다. 맹자도 이르기를 "늙고서 아내 없는 홀아비, 늙고서 지아비 없는 과부, 늙고서 자식 없는 홀앗이, 어리고서 어버이 없는 외로운 아이, 이 네 사람들은 세상에서 가장 어려운 백성으로 얘기할 데가 없는 이들이다. 문왕이 정치를 일으켜 어짐을 베풀 때 반드시 이 네 사람들을 먼저 하였다"(『맹자』「양혜왕 하편」)고 하였다. 또 예수는 이르기를 "너희가 여기 있는 형제 중에 가장 보잘것없는 사람 하나에게 해준 것이, 바로 나에게 해준 것이다. 여기 있는 형제들 중에 가장 보잘것없는 사람 하나에게 해주지 않은 것이 곧 나에게 해주지 않은 것이다"(마태오 25:40-45)라고 하였다.

박시제중(博施濟衆)이 넓게 베푼다 하여 잘사는 사람에게까지 더 준다는 뜻은 아니다. 어려운 사람을 빠뜨리지 않는다는 말이다. 공자(孔子)는 말하기를 "쪼들리는 이에게 두루 주는 것이지 잘사는 이에게 이어 주는 것이 아니다"(周急不繼富 ―『논어』「옹야편」)고 하였다. 그런데 정치하는 이들이 박시제중(博施濟衆)이라는 제일의 과업을 내버렸다. 그래서는 나라를 잘 다스린다고 할 수 없다. 류영모는 이렇게 말하였다. "바로 하려고 노력했지만 바로 되지 않는 게 인간의 역사다. 실패의 역사에서 무엇을 보려나. 이 원정미정(願正未正)의 역사에 그래도 바르게 해보겠다는 이것이 우리의 길이다. 그러니 정치도 반듯한 사람이 하여야 모든 것이 반듯해지는 법이다. 마음이 반듯하지 못하면 그 사람은 영원(하느님)과 이음이 끊어지고 미혹하게 된다"(『다석일지』). 그러나 저마다의 마음속에 숨어 있는 영원한 생명인 얼나를 깨우치는 데는 일체의 차별이 없다. 빈부, 귀천, 남녀, 노소를 가리지 않는다.

류영모는 이렇게 말하였다. "온 세상이 다 눕지 않도록 얼생명을 일으켜 세워야 한다. 그렇게 일으켜 세워야 할 사람이 누구냐 말이다. 참으로 모든 사람을 다 일으켜 세우는 박시제중(博施濟衆) 할 사람이 누구냐 하면 그것이 나다. 그런데 나부터 서지 못하고 누워 버렸으니 입명(立命)을 못 하였으니 못난 나가 되고 말았다. 나가 못나면 못 보게 마련이다"(『다석어록』).

"너와 내게 얼나 있으면 바람직한 나라"(有道彼我理想國)

공자(孔子)가 말하기를 "세상에 올바름이 있으면 나타나고 올바름이 없으면 숨는다"(天下有道則見 無道則隱 ―『논어』「태백편」)고 하였다. 류영모의 모든 말의 초점은 얼이다. 그것은 예수·석가와 일치한다. 그러므로 이 시의 유도(有道)도 올바름이 있다는 것보다는 얼나가 있다로 하였다. 유도(有道)는 영성존지(靈性存持)함이다. 류영모는 이렇게 말하였다. "몸나가 없는 곳에 하느님이 계신다. 하느님 앞에는 얼나가 있다. 얼나가 있는, 하느님 계시는 곳이 거기(彼岸)다. 거기가 하늘나라다. 거기로 가는 것이 인생이다. 거기에 가는 것은 하늘나라에 가는 것이요 참나를 깨달음이다. 하늘나라가 깨달음이다. 자각(自覺)과 천국(天國)이 둘이 아니다. 얼나와 하느님은 하나다"(『다석어록』). 류영모가 말하는 이상국(理想國)인 얼의 나라는 진리의 나라, 하늘나라를 말한다.

류영모는 이 땅 위에는 유토피아(理想國)가 없다고 하였다. 공산주의가 이 땅 위에 공산 유토피아를 세우겠다며 온갖 죄악을 저지르는 지옥나라를 만든 것을 언짢게 생각하였다. "사람들이 툭하면 유토피아(理想國)를 말하는데 이상세계가 오면 어떻단 말인가. 유토피아(utopia)도 상대세계일 것이고, 나고 죽는 세계이겠지. 우주 자체가 한숨인데 유토피아엔들 울음소리가 없겠는가. 한숨은 이상세계에서도 나온다. 그놈의 이상세계가 어떠한지, 그 세상 가지고 사람을 심판할 만한 것이 되겠는가. 공산 유토피아 때문에 그렇게 수많은 사람을 죽여도 된단 말인가"(『다석어록』).

류영모는 이 땅 위에서의 유토피아를 벌(蜂)에서 보았다. 류영모는 이렇게 말하였다. "나도 사람의 이상(理想)세계는 벌(蜂)의 사회를 닮는 것이라고 생각한다. 여왕벌은 한 번 수정해서 그것을 평생 동안 자기 속에 간직하여 필요할 때마다 꺼내 쓴다. 무정란에서 수벌이 나오고 유정란에서 암벌이 나온다. 수벌은 수가 적고 암벌은 수가 많다. 암벌이 일하는 일벌이다. 암벌은 결혼하는 법이 없다. 암벌은 평생 정성을 다해서 꿀을 모아들이는 일에만 열중한다. 부국(富國)은 암벌의 꿈이다. 수벌은 영웅처럼 나라를 지킨다. 수벌도 결혼하지 않는다. 다만 수벌 한 마리만이 여왕벌에게 한 번 수정시킨다. 여왕벌은 한 번 정(精)을 받으면 평생 그 정(精)을 가지고 일하는 일벌을 생산해 간다. 국민은 꿀을 아껴 먹고 여왕벌에게는 좋은 꿀을 많이 먹인다. 그러면 여왕벌이 된다. 왕벌은 한 마리뿐이다. 벌 세계는 마치 정신세계와 같다. 벌 세계처럼 순수(惟情)하고 한결같은(唯一) 사회는 없을 것이다"(『다석어록』). 우리의 가장 높은 이상은 모두가 얼생명으로 하나 되는 것이다. 우리가 비록 몸으로는 나와 너로 나뉘어졌지만, 하느님이 주시는 영원한 생명인 얼로 하나가 될 수 있다.

석도(夕濤) 유형재(兪衡在)는 서법예술사(書法藝術社)에서 뽑은 우리나라 10대 서예가 가운데 한 사람이다. 일찍이 이 사람을 찾아와서 "글씨는 진리(道)를 담을 그릇인데 진리를 모르고 글씨만 쓰는 것이 안타깝습니다. 글씨는 일창(一滄 兪致雄) 선생님에게 배웠는데 선생님은 아쉽게도 도(道)는 모르시는 분입니다"라고 말하였다. 그 말이 하도 고맙게 들려 그의 서실에서 다석사상 강좌를 열었다(1990~1995년). 다석사상 강좌는 이것이 역사적으로 처음인 셈이다. 그가 불혹(不惑)의 나이에 들어서는 연초서(連草書)를 쓰기에 이르렀다. 그가 일필휘지하면 붓끝이 종이 위를 떨어지지 않고 여러 글자가 한 글자인 듯 이어 쓰여진다. 마치 흑룡(黑龍)이 승천하는 것 같다. 여러 글자가 한 글자로 이어지는 연초서야말로 여러 사람이 한 얼(道)로 꿰뚫린 모습이다.

"스님의 탁발에도 말법이면 얼님이 하늘에 올라"(僧託末法主昇天)

탁발이란 스님들이 집마다 돌아다니며 동냥을 하는 것이다. 진리(法)도 상대세계에 나타난 이상 생로병사에 걸리게 된다. 진리도 나와서 알려지고 쇠퇴한다. 그것을 정법(正法), 상법(像法), 말법(末法)이라 한다. 예수 · 석가처럼 참나를 깨달은 이가 있을 때가 정법(正法) 시대다. 가르치기는 하되 깨달은 이가 없을 때를 말법(末法) 시대라 한다. 말법 시대에 깨달은 사람이 없는 것은 임자(主)인 얼(하느님 아들)이 하늘나라에 갔기 때문이다. 얼은 절대존재라 없는 곳이 없기 때문에 가고 오는 것이 없다. 그러므로 얼이 올라간 것이 아니라, 우리가 잡지(깨닫지) 못한 것이다. 그래서 마하트마 간디는 진리를 꼭 붙잡자는 것이다. 진리를 생각(意識)으로 꼭 잡는 것이 사티아그라하(眞理把持)이다. 진리파지를 한 이가 있으면 정법(正法) 시대다. 하느님과 연락이 끊어진 시대가 말법 시대이고 하느님과 연락이 이어지면 정법 시대다.

정법(正法) 시대에 대해서 류영모는 이렇게 말하였다. "사람들이 처음부터 생명의 말씀줄을 이어오기를 온전히 했다면 지금쯤은 이상 국가가 이루어졌을지도 모를 것이다. 그러나 잘 이어오지를 못하여 토막난 시대가 되고 말았다. 부처가 나타난다, 예수가 다시 온다 하지만 그런 분이 나타났다고 해서 사람들이 잘 살았다는 것은 아니다. 한 줄기 이어 내려오는 영원한 생명의 줄을 올바르게 이어온 시대가 좋은 시대이고 그 시대를 올바르게 지도한 이가 부처(Buddha)가 되고 그리스도가 되었던 것이다. 태초부터 이어오는 생명의 한 줄이 이어 닿는 여기가 '예'다. 예는 아들이 아버지가 되어 가는 자리다. 또 영원에서 상대세계로 떨어져 몸부림치는 곳이 예이다"(『다석어록』).

이돌라(Idola, 우상)에 대해서 글을 쓴 사람은 베이컨(1561~1626)이다. 과학적인 지식에 눈을 뜨면서 사회에 대한 비판을 한 것이 우상론이다. 사람은 종족의 우상, 동굴의 우상, 시장의 우상, 극장의 우상이라는 4개 우상에 사로잡혀 있다고 말하였다. 그러나 베이컨은 자아(自我)도 우상이요 국가도 우상이요 우주도 우상이라는 것을 몰랐다. 그러므로 베이컨은 구경각에 이르지 못하였을 뿐만 아니라 무신론자란 말을 들었다.

25. 거짓 님에 굽히지 말자(3)
不拜偶像(三)

제나로는 못 얻되 얼나로 빔에 이르러	有爲不得無爲空
나아가 씨알 평안케 하면 길이 조용해	民將安之長安定
요순도 그걸 걱정하다 오히려 아쉬웠고	堯舜病諸猶有憾
공자 · 맹자도 부르짖다가 말 없고자 해	孔孟說破欲無言

(1957. 1. 12)

爲: 다스릴 위, 할 위. 得: 잘할 득. 將: 나아갈 장. 病: 아파할 병. 諸: 그것 저. 憾: 아쉬워할 감. 說破(설파): 자세히 밝혀 힘주어 말하다.

지금 우리 눈앞에 보이는 이 물질세계는 분명히 참이 아닌 거짓이다. 왜냐하면 없었던 것이 생겼다가 다시 없어질 것이기 때문이다. 그러므로 이 눈에 보이는 현상계는 우상(偶像)임에 틀림없다. 이 현상세계에 붙잡히는 것은 우상에 절을 하는 것이다. 이 현상세계는 환상의 신기루임을 아는 것이 우상에게 절하지 않는 것이다. 류영모는 이렇게 말하였다. "없는(無) 걸로 시작해서 없는 걸로 그친다. 있다는 것도 마침내는 없는 거다. 우리가 이를 느껴야 하는데, 느끼지 못하니까 좀 느껴보자는 것이 우리의 노력이다. 이 세상은 그만둘 것이다. 이 세상에서 산다는 것도 죽는다는 것도 아무것도 아니다. 땅에서 그만이라면 소극적인 것이다. 위로 가서 그만이라는 '그이만'이다. 참으로 하느님 그이뿐이다"(『다석어록』). 그러므로 불배우상(不拜偶像)의 사상으로 살겠다는 사람은 이 세상에 미련 갖지 말아야 하고 몸뚱이에 사로잡혀서는 안 된다.

그러나 이 세상에 사는 동안에 할 일을 잊어버리면 안 된다. 3년을 더 살든 3달을 더 살든, 3일을 더 살든, 3시간을 더 살든 그 사는 동안에 우리는 하느님이 주시는 영원한 생명인 얼나를 찾아야 한다. 류영모는 이렇게 말하였다. "제각기 살겠다는 근소한 것들은 수효가 많다. 마치 구더기 같은 존재들이다. 다만 구더기와 좀 다른 것은 자꾸 원대(遠大)를 찾고 위(하느님)로 올라가겠다는 정신이 있기 때문이다. 위로 올라가겠다는 정신이 없으면 우리는 구더기와 같다. 위로 올라가겠다는 한 말씀을 받들고, 머리 위에 존중(尊重)한 님을 이고, 무겁고 괴로운 삶을 이겨나가야 한다. 이 명령이 우리의 목숨이다. 이 얼생명을 가지고 하느님을 찾아가는 것이 삶의 목적이다. 역사를 보면 우리 조상들은 이것을 좇아가다가 도중에 그만둔 것 같다. 그러나 우리는 다시 이어 끝까지 좇아가야 한다"(『다석어록』).

이 세상에는 나 이외에도 많은 사람이 살고 있다. 그 사람들과 어떻게 지내는가. 류영모는 좋이 지내야 한다고 하였다. "우리가 이 세상에 나왔으면 좋이 살아야지 나만 여기서 좋이 살면 안 된다. 한 어머니 배에 쌍둥이가 있으면 쌍둥이 하나마저도 좋이 좋이 이 세상을 살아야 하지 않겠는가. 이 세상에는 수십억의 쌍둥이(인류)가 있지 않은가. 이 수십억의 쌍둥이가 좋이 좋이 다 살아가야 된다는 것이 우리의 소원이 아니겠는가. 좋이 살겠다는 이것은 하느님의 큰 뜻이다."

"제나로는 못 얻되 얼나로 빔에 이르러"(有爲不得無爲空)

짐승인 삼독의 제나로 사람을 다스리겠다는 것은 원숭이들처럼 대접을 받으며 자기 새끼를 많이 두자는 것이라고 드발은 『침팬지의 정치』에서 밝히고 있다. 지난날의 임금들이 우리에게 고맙기는커녕 역겹게 느껴지는 것은 이 때문이다. 무위(無爲)는 하느님 아들인 얼나로 사람을 섬기는 것이다. 예수 · 석가가 이것을 우리에게 가르치고 보여주었다. 예수의 제자들이 세상 사람들처럼 서로 예수의 좌우에 서려고 하자, 예수가 그들을 불러서 말하였다. "너희도 알다시피 세상에서는 통치자들이 백성을 강제로 지배하고 높은 사람들이 백성을 권력으로 내리누른다. 그러나 너희는 그래서는 안 된다. 너희 사이에서 높은 사람이 되고자 하는 사람은 남을 섬기는 사람이 되어야 하고, 으뜸이 되고자 하는 사람은 종이 되어야 한다. 사실은 사람의 아들도 섬김을 받으러 온 것이 아니라 섬기러 왔고, 많은 사람을 위하여 목숨을 바쳐 몸값을 치르러 온 것이다"(마태오 20:25-28). 예수가 가르친 것이 무위(無爲)의 삶이다.

노자(老子)가 말하기를 "세상은 하느님의 그릇이다. 제 맘대로 안 된다"(天下神器 不可爲也 ― 『노자』 29장)라고 하였다. 노자도 하느님의 뜻대로 해야지 사람의 뜻대로 해서는 안 된다는 말이다. 류영모가 이르기를 "영웅주의 심리로 역사에 저지른 아무개같이 하고 싶다는 생각이 들면 밤낮 이 모양 이 꼴밖에 안 된다. 사람은 자기가 살았을 때에 그 사업이 완성되었다는 말을 듣고 싶어 한다. 자기 생전(生前)에 했다고 해야 좋아한다. 그러자니 급할 수밖에 없다. 그래서 밤낮 다스린다는 정치(政治)는 불치(不治)이다. 욕속(欲速)이면 부달(不達)이다. 빨리 잘했다는 소리를 듣고 싶어서다. 천천히 찾아가면서 가는 사람이 바른 것을 찾는다. 급하게 서둘러서 불가능을 가능케 하려니까 결국에는 피까지 흘리게 된다. 그러나 끝까지 낙심하지 않고 서두르지 않으면서 꾸준히 그 길로 나가는 것이 바른 신앙인 것이다"(『다석어록』)라고 하였다.

"나아가 씨알 평안케 하면 길이 조용해"(民將安之長安定)

자로(子路)가 스승인 공자(孔子)에게 참사람(君子)에 대해서 물었다. 공자가 말하기를 "하느님을 받드는 것으로써 나를 닦는다. (나아가) 나를 닦아서 남을 평안케 한다. (나아가) 나를 닦아서 씨알을 평안케 한다. 그것을 요순도 오히려 걱정하였다"(脩己以敬 脩己以安人 脩己以安百姓 堯舜其猶病諸 —『논어』「헌문편」)고 하였다. 류영모는 공자(孔子)의 이 말에서 따온 것이다. 이은 시구인 요순병저유유감(堯舜病諸猶有憾)으로 더욱 분명하다. 공자는 정치에 관심이 많은 사람이라 이것도 정치적인 얘기임에 틀림없다. 요즘 말로 하면 치안과 복지를 잘하여 백성들이 평안히 살아갈 수 있게 한다는 뜻이다. 그러나 이것은 근본적인 평안을 주지 못한다. 예수가 이르기를 "너희는 걱정하지 말라. 하느님을 믿으니 또 나를 믿어라"(요한 14:2)라고 하였다.

여기의 나는 얼나(靈我)인 영원한 생명을 말한다. 영원한 생명을 깨달으면 참으로 아무런 걱정이 없다. 모든 걱정은 노자(老子)의 말대로 몸뚱이가 있기 때문인 것이다. 몸이 죽어도 좋다면 아무런 걱정이 없다. 류영모는 말하기를 "죽음은 없다. 그런데 죽음이 있는 줄 알고 무서워 한다. 죽음을 무서워하는 육체적 생각을 내던져야 한다"고 하였다. 이쯤 되어야 불안에서 벗어났다고 할 수 있다. 그러나 이 세상에서 몸나로 사는 동안은 온 인류를 내 쌍둥이 형제로 사랑해야 한다. 그것이 하느님을 사랑하고 이웃을 사랑하는 기본이다. 류영모는 이렇게 말하였다. "이 씨알을 위함이 하느님 위함이다. 이 소자 중에 가장 작은 자에게 한 것이 내게 한 것이다. 백성을 모른다 하면서 하느님만 섬긴다 함도, 하느님은 모르면서 백성만 위한다 함도 다 거짓이다"(『다석어록』).

"요순도 그걸 걱정하다 오히려 아쉬웠고"(堯舜病諸猶有憾)

공자와 맹자는 참으로 훌륭한 재상감이었는데 어느 임금도 공자·맹자를 재상의 자리에 앉히지 못하였다. 공자·맹자를 참으로 알아주는 사람이 없었다는 말이 된다.

류영모는 공·맹에 대해 말하기를 "중국의 공·맹은 사람들의 살림을 바로잡아 보자는 것이 목적이었다. 그 시대에는 이에 열띤 활동이 있었다. 그런데 사람들이 공자·맹자를 다 몰랐다. 누구를 존경하고 좇는 것이 다 제 욕심 채우려 드니까 모르게 되는 거다. 예수·석가도 바른 말을 하였는데 사람들이 못 알아들었다"라고 하였다.

공자·맹자가 정치지도자로서의 본보기로 삼은 이가 요순이다. 공자와 맹자가 다 같이 흠모하고 찬양하였다. 공자·맹자의 말에 의하면 요순이 이상 국가를 세우기라도 한 듯이 말한다. 그런데 류영모는 그렇게 생각하지 않았다. "옛날에 이상의 시대가 있었다는 사상도 미래에 이상의 시대가 올 것이라는 사상도 있다. 그러나 우리가 추측한 범위 내에서는 옛날에 좋은 때도 없었고 차차 내려오면서 언짢아졌다는 것도 믿어지지 않는다. 앞으로 천국이 온다고 해도 거기서는 정신적으로 얼마나 키가 커지겠는가. 얼마나 좋은 것을 보겠는가. 무엇이 이상적으로 될 것인가. 사람이 몸뚱이를 가진 이상 그대로 바로 되리라고는 믿어지지 않는다. 이 상대성 속에서 원만한 이상적인 무엇이 일어난다는 것은 이 사람은 믿어지지 않는다"(『다석어록』).

"공자 · 맹자도 부르짖다가 말 없고자 해"(孟說破欲無言)

공자 · 맹자는 제후를 찾아다니며 정치학 강의를 한 셈이다. 그것을 유세(遊說)라고 한다. 그러나 공자 · 맹자의 정치학 강의가 너무 어려웠는지 한 제후도 그들을 등용하지 않았다. 공자가 14년 동안 이른바 주유천하(周遊天下)를 하였으나 뜻하던 바가 물거품이 되자 뒤늦게 체념하고서 "나 말 없고자 한다"(予欲無言 ─ 『논어』「양화편」)라고 하였다.

공도자가 맹자에게 말하기를 "세상 사람들이 모두 선생님은 말하기를 좋아한다고 합니다. 선생님은 어떻게 생각하십니까?"라고 묻자, 맹자가 대답하기를 "내 어찌 말하기를 좋아하겠는가. 내가 할 수 없어서 이니라"(予豈好辯哉 予不得已也 ─ 『맹자』「등문공 하편」)라고 하였다. 맹자를 읽어보면 맹자는 말 잘하는 사람임을 알 수 있다. 공자는 눌변에 속하였는데 맹자는 달변이었다. 그러나 맹자의 달변도 공자의 눌변과 다름없이 제후들의 소귀, 말귀에는 소용이 없었다. 맹자는 자신이 득의(得意)하지 못함은 하느님의 뜻이라며 체념하였다. 이르기를 "저 하느님이 세상을 고르게 다스리려고 하지 않아서이지, 세상을 고르게 다스리고자 한다면 오늘 이 세대에 있어서 나를 두고 또 그 누구이겠는가"(『맹자』「공손추 하편」)라고 하였다.

26. 거짓 님에 굽히지 말자(4)
不拜偶像(四)

아침저녁 찍어 나온 (신문) 읽어도 새것 못 듣고	朝夕刊讀無新聞
정치 · 경제를 배우고 연구하나 신통치 못해	政經學究不神通
배움을 못 이루면 맹세코 돌아오지 않겠다고	學若不成誓不歸
이루면 임금인가 부끄럼조차 모르네	成則君王破廉恥

(1957. 1. 12)

刊: 판박을 간. 誓: 맹세할 서. 廉恥(염치): 조촐하여 부끄럼을 아는. 廉: 조촐할 렴, 깨끗할 렴.

사람들은 성공해야 한다는 강박관념을 갖고 있다. 류영모는 이것을 깨뜨려버려야 할 우상이라고 하였다. 류영모는 이르기를 "사람들이 돈을 모으면 자유가 있는 줄 아나 그것은 어리석은 생각이다. 영업이나 경영이 자기 몸뚱이만을 위한 것이라면 그것은 서로의 평등을 좀먹는다. 경영을 하게 되면 이익을 추구하게 되고 그렇게 되면 평생 동안 모으려고만 하게 될 것이니 자유 평등이 있을 리 없다. 돈에 매여서 사는 몸이 무슨 자유냐. 매인 생활은 우상 생활이다. 그러므로 매여서는 안 된다. 매이는 데 매여지기를 바라고 매여지면 돈을 모아서 더 큰데 매여지기를 바란다. 요즘 말하는 정상배(政商輩)의 생리다. 나도 한번 모아보자. 그래서 떵떵거리고 잘살아보자. 재벌도 되고 큰 자리에도 앉아보자는 것이다. 이따위 우상숭배는 사라져야 한다. 사람은 자유로워야 한다. 매이는 데가 없어야 한다. 저녁 끼니가 없어도 천명(天命)이면 산다는 신념을 가져야 한다. 다 도둑질해도 나는 도둑질을 하지 않겠다는 용기가 있어야 한다. 지성(至誠)이면 감천(感天)이란 말이 있다. 자성(自誠)이면 하늘이 감동한다. 우리는 미혹몽환광(迷惑夢幻狂)의 상태에 빠지면 안 된다. 저만 잘 먹고 잘살겠다는 사람들, 권세 잡아 떵떵거리고 싶어 하는 사람들, 이들의 이기적 행동은 죄악이다. 진리 아닌 데서 나온 생각이다. 크게 조심해야 한다"라고 하였다.

사람의 마지막엔 누구나 멸망인 죽음이 기다릴 뿐이다. 그러므로 사람에게 성공이란 있을 수 없다. 성공이 있는 것으로 보았다면 그것은 거짓 성공인 우상(偶像)이다. "불가능이란 내 사전에 없다"라고 외치던 나폴레옹의 무덤에 가서 물어보지 않아도 분명한 일이다. 나의 뜻을 이루어 성취하는 이는 한 분이 계실 뿐이다. 나지 않고 죽지 않는 영원한 생명이신 하느님이시다. 사람이 하느님의 성취에 참여할 수 있는 길을 예수 · 석가가 가르쳐주었다. 하느님이 주시는 얼나로 솟나는 일이다. 그리하여 영원한 생명인 얼나로 하느님과 하나되는 것이다. 사람이 성공하는 길은 오직 이 길뿐이다.

"아침저녁 찍어 나온 (신문) 읽어도 새것 못 듣고"(朝夕刊讀無新聞)

공자(孔子)는 말하기를 "아침에 진리(얼)를 들으면 저녁에 죽어도 좋다"(朝聞道夕死可矣 — 『논어』「이인편」)고 하였다. 아침에 들으면 저녁에 죽어도 좋고 저녁에 들으면 아침에 죽어도 좋은 들음이야말로 새들음(新聞)이라 할 것이다. 류영모는 말하기를 "이 땅 위에는 새것이 없는 데도 이 땅 위에서 새것을 찾으려는 것은 어리석은 일이다. 시간 · 공간을 초월한 절대존재(하느님)만이 영원히 새롭다"고 하였다. 류영모가 조 · 석간신문에서 새 소리를 들을 수 없다는 것은 신문에서 하느님의 말씀을 들을 수 없다는 말이다. 신문에서 들을 수 있는 것은 언제나 사람의 수성(獸性)이 저지른 탐 · 진 · 치(貪瞋痴)의 업(業) 얘기다. 그것이 새 소리가 될 리가 없다. 마하트마 간디도 이러한 말을 하였다. "오늘날 신문을 읽기란 한가지 고역이다. 신문은 바른 소식을 주지 못한다. 그런 신문을 읽지 않는다고 잃을 것은 아무것도 없다"(It is an ordeal now-a-days to read the newspapers. They do not give correct news. Nothing would be lost by not reading them. — 간디, 『날마다의 명상』).

이규행(李揆行) 사장의 기획에 의해 문화일보에 다석사상 칼럼을 325회 연재한(1994~1995년) 적이 있다. 그 신문을 마하트마 간디가 읽었다면 참삶에 유익한 신문다운 신문을 보게 되었다고 기뻐했을 것이다. 그때 많은 독자는 놀라운 새 소리를 읽고 깜짝깜짝 놀란다고 하였다. 그것은 신문(新聞)이 있는 신문이었다는 소리다. 그때 이 사람은 내 소리를 전하려고 한 것이 아니라 류영모를 통해 온 하느님의 소리를 전하려고 하였다. 류영모는 이르기를 "나를 통한 성령의 운동이 말씀이다. 성령은 내 마음속에 바람과 같이 불어온다. 내 생각에 하느님 아버지의 뜻을 실은 것이 하느님 말씀이다"라고 하였다.

일본의 학원에서 이지메(いじめ, 놀림)가 극성을 부리더니 이 나라에도 학원에서의 따돌림이 사회적인 문제가 되었다. 그러면 그 사실을 보도만 할 것이 아니라 그 치유 방법을 일러주는 것이 신문이 할 일이다. 그런데 신문은 한마디도 옳은 소리를 들려주지 못했다. 그것은 하느님의 말씀만이 고칠 수 있다. 따돌림은 학생이 지닌 수성(獸性)의 장난이기 때문이다.

"어릴 때 하는 노릇을 짐승의 버릇이라고 한다. 사람이 어릴 때 노는 일은 모두 무엇이 좋은지 나쁜지를 분간하지 못한다. 이것을 분간하면 어리다고 하지 않는다. 짐승의 못된 버릇을 끊게 하는 데는 매를 때려서 버리게 하려면 안 된다. 하느님의 말씀을 읽게 하고 알게 해주면 스스로 끊게 된다"(『다석어록』).

"정치 · 경제 배우고 연구하나 신통치 못해"(政經學究不神通)

마하트마 간디는 말하기를 "정치 · 경제는 종교로부터 떨어지면 다만 묻어버릴 수밖에 없는 송장일 뿐이다"(간디, 『스와데시』)라고 하였다. 여기서 종교라는 말은 하느님으로 바꾸어 생각하면 된다. 하느님을 떠난 정치 · 경제는 멸망의 길로 달려갈 뿐이라는 말이다. 그런데 마키아벨리나 마르크스가 하느님을 떠나서 정치 · 경제를 해야 한다는 정치 『군주론』, 경제 『자본론』학을 세웠다. 그리하여 이 세상 사람들을 더 못살게 하였다. 류영모는 인생의 본질을 외면한 교육은 "도둑놈의 교육"이라고 하였다. 정치 · 경제도 마찬가지다. 하느님을 떠난 정치 · 경제는 도둑놈의 정치 · 경제일 뿐이다. 마키아벨리에 의한 제국주의 정치나 마르크스에 의한 공산주의 경제가 도둑놈들의 정치 · 경제가 아니었던가.

류영모는 학문을 하는 마음가짐을 이렇게 말하였다. "언제나 마음속에 욕심을 버리고 하느님의 신비를 궁신지화하는 것이 학문이다. 우리의 삶은 궁신지화(窮神知化)다. 하느님 아버지의 신비를 더듬은 결과가 지식이다. 학문은 생활의 편리화가 아니라 알 수 없는 아버지 하느님을 궁신지화하는 것이다. 학문이 신앙이다. 지금 연구하는 것은 앞으로 백 년 뒤만 되어도 더욱 밝아질 것이다. 우주의 비밀이 더 밝아지고, 하느님의 존재가 더 밝아지고, 아버지의 영광이 더 밝아질 것이다. 이런 뜻에서 모든 학문이 다 신학(神學)이다. 학문에는 언제나 알지 못하는 세계, 신비한 세계가 남아 있게 마련이다. 어떻게 하느님에 대해 더 알 수 있을까가 나의 문제요 인류의 문제다. 하느님의 신비를 찾는 일은 그것이 학문을 낳는 데 있다. 학문을 낳지 못하는 신앙은 미신이다." 하느님을 떠난 학문은 우상일 뿐이다.

"배움을 못 이루면 맹세코 돌아오지 않겠다고"(學若不成誓不歸)

학문이 출세의 수단이 되었다. 그래서 진리를 알고자 학문하는 사람은 없고 모두가 출세하기 위해 학문을 한다. 시골 젊은이가 서울로 가면서 내가 대학 졸업장을 손에 들지 않으면 집으로 돌아오지 않겠다고 맹세한다. 한국의 젊은이가 외국으로 떠나면서 박사 학위증을 손에 넣지 않으면 고국으로 돌아오지 않겠다고 맹세한다. 입신출세를 위해 굳은 결의를 보이는 자식을 믿음직하고 대견하게 본다. 그런데 류영모는 그게 아니라고 하였다. 부귀영화를 위해 학문을 하는 것은 학문에 대한 모독이라는 것이다. 먹고살기 위해서는 이마에 땀 흘리며 일해야 한다는 것이다. 대학교가 사람을 괴롭히는 우상이 된 지 오래다. 늦은 나이에 대학에서 공부하려는 이들이 있다. 진리를 알겠다는 호학(好學) 정신이라면 훌륭하지만, 대학 다녔다는 소리를 하고 싶어서라면 대학 우상 숭배자에 지나지 않는다.

류영모는 이렇게 말하였다. "이마에 땀 흘리고 살아야 한다. 권력과 금력으로 호강하겠다는 것은 제가 땀 흘릴 것을 남에게 대신 흘리게 해서 호강하자는 것이니 그 죄악은 여간한 것이 아니다. 대학에 들어가는 것만이 능사가 아니다. 시골에서 부모가 대학교에 가라고 권하여도 "무슨 말씀입니까. 형편이 이런데 땅을 팔아서야 갈 수 있습니까?" 하면서 땅이나 파며 농사짓고 부모님 모시고 살겠다고 하는 사람이 우리나라의 참된 주인이 될 사람들이다. 그 많은 대학이 정말 대학이라면 이렇게 죄다가 들어가서 공부하고 나올 수가 없다. 대학이 소소학도 되지 못하고, 돈만 내면 졸업장을 가질 수 있으니 그런 것이다"(『다석어록』).

류영모는 인류 역사에 참으로 위대한 공헌을 한 사람들 가운데는 대학을 나온 사람들보다 대학을 나오지 않은 사람들이 더 많다고 하였다. 옛날에는 학교 교육이 발달하지 못했지만, 그 나름대로의 고등교육 기관이 있었는데도 예수나 공자는 전혀 제도교육을 받지 못했다. 오늘날 우리가 지극히 존경하는 간디 · 타고르 · 톨스토이 · 헤르만 헤세 등도 대학 졸업을 하지 않았다.

류영모는 말하기를 "요새 신문을 보면 학비가 없어서 자살하는 사람이 있는데 대단히 고상한 것 같으나 실제로 배움의 맛 때문에 그랬는지 의심스럽다. 오늘의 맛보다는 내일의 맛이 더 좋을 것으로 여기고 대학교까지 나와 더 좋은 맛을 보려고 하는데 그만 그 길이 막히니까 목숨을 끊는 사람도 생겨남 직하다. 모르긴 해도 오늘날 교육한다는 사람 중에 공부를 잘해야 이다음에 잘 먹고 잘살게 된다고 말하는 사람이 있을 것이다. 옛날에도 좋은 음식, 좋은 집, 높은 벼슬 같은 것이 권학의 조건이 되기도 했다. 그래서 대부분에 사람들은 이 세상을 맛보고 사는, 걸로 알게 되었다. 그러나 인생은 맛으로만 사는 것이 아니다. 우리는 인생관을 승화시켜 나가야 한다. 그렇지 않으면 이 사회는 볼일 다 보게 될 것이다. 물욕주의가 일반적인 인생관이 된 것이다"라고 하였다.

"이루면 임금인가 부끄럼조차 모르네"(成則君王破廉恥)

짐승들은 수놈끼리 서로 싸워서 이기면 그 무리의 지배자가 된다. 그러나 지면 죽거나 쫓겨나거나 복종해야 한다. 사람들도 털 없는 원숭이라 이러한 짓을 몇백만 년 해왔다. 그런데 아직도 이런 치욕스러운 역사를 부끄러운 줄도 모르는 사람들이 있다.

류영모는 이르기를 "인류의 역사를 돌에 새기고 쇠에 녹여 부어 수천 년, 수만 년을 남겨 왔어도 결국 싸움하고 물어뜯은 기록들이지 자랑할 만한 것이 아무것도 없다. 인류의 역사는 죄악의 역사지 그밖에 아무것도 아니다. 개인의 역사도 마찬가지다. 지나간 역사는 모두 죄악뿐이오 후회할 것뿐이지 누가 감히 자기의 과거를 자랑할 수 있으랴. 어거스틴만 참회록을 쓰고 루소만 참회록을 쓸 것이 아니다. 누구나 자기의 과거를 쓰면 다 후회요 참회인 것이다. 지나간다는 '과'(過) 자가 본래 '허물 과' 자이다. 뱀이 허물을 벗어버리듯 벗어버릴 것이지 영원히 보존할 것이 아니다"라고 하였다.

오늘날의 나라(국가)도 폭력의 산물인 그 전통을 이어온 것이다. 그래서 예수 · 석가는 땅의 나라를 멀리하였다. 맹자가 말하기를 "군자는 푸줏간을 멀리한다"(君子庖廚也 — 『맹자』「양혜왕 상편」)라고 하였지만, 군자는 권력을 멀리한다. 한자리 얻을까 하여 정치인의 둘레를 맴돌지 않는다는 말이다.

류영모는 말하기를 "종교학자, 신학자도 학자라면 자꾸 배운 것을 익혀야 하는데, 버릇없이 감투를 좋아한다. 바람 감투를 얻어 쓰는 맛에 이 세상에 나온 보람을 느끼는 모양이다. 또 감투를 쓴 사람에게 옳은 제자도 없겠지만 은사라고 좇아다닌다. 이러니저러니 말 많고 유혹 많은 세상에 학자는 배운 것을 익혀야 하는 것이, 그 본분이 아니겠는가. 과거를 더듬고 영원(하느님)을 찾는 것을 익히는 이 맛, 이 재미는 즐거운 것이 아니겠는가"라고 하였다. 나라(국가)라면 절대적인 것으로 아는데 그래도 톨스토이와 마하트마 간디는 그렇지 않았다. 이 말은 그들의 정신의 높이를 보여주는 말이다. "다만 정부 자체를 보존시키는 것을 목적으로 하고 있는 횡포한 권력이 존재하지 않는 것은 폭력을 필요로 하지 않는 비교적 총명하고 정의로운 사회 조직을 건설하는 데 크게 공헌함에 틀림없다"(톨스토이, 『애국심과 정부』). "필요하다면 국가는 세계 인류를 위해 망할 수 있는 자유가 있어야 한다. 그러므로 내가 국가주의에 찬동하는 것은 다시 말하면 나의 국가주의 사상은 조국이 국가 조직으로 인해 자유를 얻게 되는 데 있다. 그러나 인류가 존속하는 데 필요하다면 모든 국가가 망해도 좋다"(간디, 『간디어록』). 국가가 이 지구상에서 완전히 없어질 때까지는 우리는 민주주의를 잘 하는 길밖에 없다. 정치라는 우상을 온전히 깨뜨릴 때 민주주의가 바로 될 것이다.

27. 거짓 님에 굽히지 말자(5)
不拜偶像(五)

아침에 시킨 걸 저녁에 고치는 게
법으로 다스리는 방편　朝令暮改 法治方
대낮에 도깨비 나오는 정치의 내막　晝出魍魎政事情
잔재주를 끊고 이로움 버려야 효성 · 자애 돌아오고　絶巧棄利復孝慈
밑동을 안고 참을 품어야 하느님께 잘 뚫린다　抱朴含眞元亨利

(1957. 1. 12)

朝令暮改(조령모개): 아침에 명령하고 저녁에 고침. 魍魎(망량): 사람 잘 속이는 도깨비. 魍: 산도깨비 망. 魎: 산도깨비 량. 巧: 거짓 교. 棄: 버릴 기. 復: 돌아올 복. 抱: 안을 포. 朴: 밑동 박. 利: 좋을 리.

"아침에 시킨 걸 저녁에 고치는 게 법으로 다스리는 방편"(朝令暮改法治方)

공자(孔子)는 안회(顔回)가 일찍 죽자, "아, 하느님이 나를 죽이는구

나. 하느님이 나를 죽이는구나"(噫天喪予天喪予 ―『논어』「선친편」)라고 하면서 탄식하였다. 공자가 맹자를 만났다면 "이런, 하느님이 나를 살렸도다. 나를 살렸도다"라고 하면서 기뻐하였을 것이다. 맹자는 공자에 대하여 말하기를 "사람이 있고서부터 이제까지 공자 같은 분이 없었다"(自有生民以來 未有孔子也 ―『맹자』「공손추편」)라고 하였다. 맹자는 공자를 정신적인 아버지로 섬겼다. 진리의 사상은 1백 년의 시간을 뛰어넘는다. 장자(莊子)는 진리를 터득한 성자(聖者) 사이에는 1만 년의 세월도 아침저녁과 같다고 하였다. 맹자는 결코 자만한 사람이 아닌데도 이렇게 말하였다. "성인이 다시 나와도 반드시 내 말을 좇을 것이다"(聖人復起 必從吾言矣 ―『맹자』「공손추편」). 이 말은 헛되이 큰소리치는 것이 아니다. 맹자는 공자가 체험한 얼생명을 자신도 체험하였다. 그러니 뒤에 오는 성인도 맹자가 체험한 얼생명을 체험하게 된다는 것을 알았던 것이다. 류영모도 말하기를 "예수 · 석가에게 나타났던 영원한 생명이 나에게도 나타났으니 시간 · 공간을 초월하여 영원한 생명이 존재하는 것만은 틀림없다"라고 하였다.

이렇게 참사람들은 개체는 다르지만, 영원한 생명인 얼나로 꿰뚫려 있다. 류영모는 이것을 한 얼줄이라고 말하였다. "한 얼의 줄이 있다. 성경의 경자도 줄 경(經)을 쓴다. 인도에도 '스트라'라는 말이 있는데 경(經)이란 뜻으로 줄을 말한다. 이 얼(靈)의 줄, 참(誠)의 줄. 영생의 줄 말씀의 줄에 따라 살아가야 한다"(『다석어록』). 아마 공자가 말한 하나로 꿰뚫림(一以貫之)도 이것을 말했을 것이다. 그런데 이 얼줄의 대원칙을 내버리고 사람들이 세운 원칙이 세상 나라의 법이다. 이른바 법치주의라는 것이다. 원칙이라는 것은 한결같아야 하는데 사람의 이해(利害)에 따라 조령모개(朝令暮改)가 되고 말았다. 교육부 장관이 바뀔 때마다 입시 제도가 바뀌었다. 따라서 수험생들이 갈피를 잡을 수가 없다. 이것은 인생 근본에 입각한 올바른 교육관을 세우지 못했기 때문이다. 총선거가 다가오면 반드시 선거법을 고친다. 그러나 아직도 부정선거가 없어졌다는 말을 듣지 못했다. 옛날보다는 선거가 바르게 치러질 수 있게 된 것은 선거법을 잘 고쳐서라기보다는 그만큼 민도(民度)가 높아졌기 때문이라고 본다.

맹자는 나라 다스리는 유형을 세 가지로 말하였다. 성지(聖之), 신지(身之), 가지(假之)가 그것이다(『맹자』「진심 상편」). 이것을 류영모는 설명하기를 "요순(堯舜)이 진리에서 순리로 다스리는 것을 성지(性之) 하는 도치(道治)라 한다. 탕무(湯武)가 사회적인 인의(仁義)로 정성을 다해 몸소 실천해 다스리는 것을 신지(身之)의 덕치(德治)라 한다. 관환(管桓)이 억지 수단을 써서 힘으로 다스리는 것을 가지(假之)하는 법치(法治)라 한다. 이들은 모두 어진 신하를 얻든지 그렇지 않으면 자신이 바짝 정신을 차려 무슨 일이든지 빈틈없이 정치를 해왔다. 그런데 요새는 왜 그렇게 거짓말이 많고, 꾸민 말이 많고, 선전이 많은가"라고 하였다.

류영모는 도치(道治), 덕치(德治)는 바랄 수 없지만, 법치(法治)라도 바로 되기를 바랐던 것이다. 그런데 잘못은 사람에게 있는데 잘못이 법에 있는 양 법만 만들고 고치니 법이 너무 많아 법 전문가라도 다 알 수 없게 되었다. 그러므로 입법(立法)만 하면 나라가 잘되는 줄 아는 법(法) 우상숭배의 생각을 버려야 한다. 하느님의 말씀을 모른 채 육법전서를 성경처럼 받드는 법 우상숭배자는 되지 말아야 한다.

"대낮에 도깨비 나오는 정치의 내막"(晝出魍魎政事情)

류영모가 이 글을 쓰던 1957년은 이승만이 대통령으로 있던 자유당 정권 때이다. 이승만 대통령은 자기가 아니면 나라가 안 된다고 생각하여 종신 대통령을 꾀하였다. 그것을 반대하는 야당과 학생과 국민을 억압하기 위해 온갖 일이 저질러졌다. 그야말로 대낮에 낮도깨비가 횡행하던 암흑의 시기였다. 류영모의 제자 함석헌은 월간지 「사상계」를 통해 자유당 정권에 당랑거철(螳螂拒轍)의 용기로 비판하기 시작했다. 스승 류영모의 입에서도 이런 말이 나왔다. "대통령을 죽는 날까지 하겠다면 어쩌자는 것인가. 그런 것으로 시원해질 수는 없다. 하느님과 얼이 통해야 시원하다. 내가 생각했는데 나도 모르는 것을 보면, 내 생각도 하느님으로부터 오는 것 같다. 나오기는 나에게서 나오는데 오기는 하늘에서 온다. 나오는 것은 생각이고, 오는 것은 생명이다"(YMCA 강좌).

40년이 지난 오늘에는 많이 나아진 것이 사실이다. 그런데도 여야의 대변인 성명을 들으면 낮도깨비에 홀린 듯 얼떨떨하다. 한 가지 사실을 두고 정반대되는 말을 서슴없이 하고 있기 때문이다. 이 세상이 상대세계이기는 하지만 너무 지나쳐 철면피하다는 느낌이 든다. 정치란 언제까지나 도깨비놀음으로 끝나는 것인지도 모르겠다. 클라우제비츠는 『전쟁론』에서 "전쟁도 정치의 연장이다"라고 했으니 기막힐 노릇이다. 아, 못난 삼독(三毒)의 짐승들이여 삼독의 수성(獸性)에서 놓여날 날이 그 언제인가? 그날이 어서 오기를 빌고 또 빌어 보자.

류영모는 정치에 대해 이렇게 말하였다. "정치(政治)라는 것은 다른 것이 아니라 비뚤어진 것을 바로잡자는 것이다. 몇천 년을 두고 바로 잡겠다는 것이 오늘날까지 하지 못하였다는 것은 부끄러운 일이다. 실제로 바로잡은 것이 무엇이 있는가. 바로잡겠다고 한 것은 모두 헛소리였다. 정치의 이상은 '너희가 자기 형제들에게만 인사를 한다면 남보다 나을 것이 무엇이냐? 이방인들도 그만큼은 하지 않느냐? 하늘에 계신 아버지께서 완전하신 것같이 너희도 완전한 사람이 되어라'(마태오 5:47-48)가 아니겠는가"(『다석어록』).

"잔재주를 끊고 이로움 버려야 효성 · 자애 돌아오고"(絶巧棄利復孝慈)

이 말은 『노자』(老子)에서 끌어다가 쓴 것이다. 『노자』의 "절인기의 민복효자 절교기리 도적무유"(絶仁棄義 民復孝慈 絶巧棄利 盜賊無有 ─『노자』 19장)에서 '절인기의'(絶仁棄義)를 '절교기리'(絶巧棄利)로 바꾸어 썼다. 노나라의 계강자(季康子)가 공자(孔子)에게 정치를 물었다. 공자가 대답하기를 "다스림이란 것은 바름이다"(政者正也─『논어』「안연편」)라고 하였다. 잔재주를 끊고 이로움 좇기를 버리는 것이 바로 바름(正)이다. 바름이란 사람이 지닌 짐승의 성질을 버리는 것이다. 예수 · 석가처럼 탐 · 진 · 치를 멀리하는 것이다. 이것은 하느님이 주시는 얼나를 깨닫지 않고는 불가능하다.

류영모는 이르기를 "하느님의 성령이란 우리를 바르게 살게 하는 힘이다. 하느님의 성령인 얼나로 거듭나지 않으면 하느님의 나라와 아무런 관계가 없다. 우리나라 지도자 중에는 몇 사람이나 얼나로 거듭났는지 모르겠다. 얼나로 거듭난 사람이 없으면 안 된다. 얼나로 거듭나서 하느님과 연결되지 않으면 몸의 욕망에서 헤어날 수가 없다. 나라의 지도자들이 엄청난 욕심만 가졌기 때문에 이 나라가 아직도 이렇다"라고 하였다.

공자와 맹자는 나라를 다스리는 사람이 바르면 백성들도 바르게 살게 된다고 하였다. 공자는 말하기를 "참으로 그 몸을 바르게 한다면 다스림에 있어서 무슨 일이 있겠는가. 그 몸을 바르게 할 수 없을 것 같으면 사람들을 어떻게 바르게 하겠는가"(苟正其身矣 於從政乎何有 不能正其身如正人何 — 『논어』「자로편」)라고 하였다. 또 맹자는 "큰사람(지도자)이 있으니 제 몸을 바르게 하고서 사람들을 바르게 하는 사람이다"(有大人者正己而物正者也 — 『맹자』「진심 상편」)라고 하였다.

그러나 한비자(韓非子)나 마키아벨리는 잔재주를 부리고 실리를 챙겨 정권을 강화하라고 한다. 사자 같은 폭력과 여우 같은 교활함으로 권모술수를 부리라는 것이다. 한비자를 좋아한 진시황이 어찌 되었으며, 마키아벨리를 좋아한 히틀러가 어찌 되었는가. 소경이 소경을 인도하다가 모두가 비참하게 끝났다. 지도자들이 바르면 백성들도 감화되어 자녀들은 효성스럽게 되고 어버이들은 자애롭게 된다. 맹자 가로되 "저 참사람이 지나가는 곳이면 감화가 되고, 머무는 곳이면 신통하여 위아래가 하늘땅과 더불어 함께 어울린다"(『맹자』「진심 상편」)고 하였다.

"밑동을 안고 참을 품어야 하느님께 잘 뚫린다"(抱朴含眞元亨利)

예수가 말하기를 "내가 아버지 안에 있고, 아버지께서 내 안에 계시다고 한 말을 믿어라"(요한 14:10-11)라고 하였다. 내가 아버지 안에 있는 것이 포박(抱朴)이다. 내가 하느님 아버지를 안으면 아버지는 크신지라 내가 하느님 아버지 속에 안긴다. 아버지가 내 안에 계시는 것이 함진(含眞)이다. 참을 품는 것이다. 포박함진이 바로 마하트마 간디가 말한 사티아그라하(satyagraha), 곧 진리파지(眞理把持)이다. 하느님께 안기고 하느님을 품어 진리파지한 이는 외로움을 모른다. 예수처럼 외롭게 살다간 이가 없지만, 예수는 전혀 외로움을 몰랐다. 예수는 진리파지한 사람이라 외로울 까닭이 없다. 하느님을 품어야 하고 하느님께 안겨야 할 것을 백 개의 조직에 들고 천 사람의 여인을 안아도 만족할 수 없다.

원형리(元亨利)는 하느님과 얼로 잘 통한다는 뜻이다. 이것을 류영모는 얼로 숨 쉰다고 하였다. 사람은 얼숨을 쉬지 못하면 사람이라고 할 수 없다고 하였다. 류영모는 이렇게 말하였다. "하늘인 건(乾)은 원형이정(元亨利貞)이라고 하였다. 우리가 생각한다는 것은 하느님과 통해서 쉬지 않고 원기(元氣)를 받아 마시는 것이다. 줄곧 원기를 받아 원기 왕성한 정신이 건전한 정신이다. 하느님의 원기를 받아서 사는 것이 행복하게 사는 것이다."

포박(抱朴)은 『노자』 19장에 나오는 견소포박(見素抱朴)에서 따온 것이다. 빔(空)을 보고 하느님(얼)을 품는다는 뜻이다. 박(朴, 樸)은 밑둥으로 하느님을 뜻한다. 『노자』 28장에 복귀어무극(復歸於無極), 복귀어박(歸歸於樸)이 나온다. 다시 하느님께 돌아간다는 뜻이다. 박(朴,·樸)과 무극(無極)은 모두 하느님(天道)을 나타내고 있는 것을 알 수 있다.

원형이정(元亨利貞)은 『주역』 건괘(乾卦)에 나온다. 소학(小學)에 붙인 주희의 제사(題辭)에 원형이정천도지상(元亨利貞 天道之常)이 있어 더욱 세상에 알려진 말이다.

28. 하느님 아버지만이 계십니다
父在

아버지 당신만이 아주 크신 얼이옵고　　父爾絶大中
닮지 못해 작고 작은 아들이옵니다　　不肖微小子
있어 있으셔 오직 하나로 계시옵고　　存存唯一在
힘쓰고 힘써 이어 갈 많은 아들들이옵니다　　孜孜代多仔

(1957. 1. 8)

爾: 너 이, 뿐 이. 不肖(불초): 닮지 않은. 微: 작을 미. 孜孜(자자): 부지런히 힘쓰는. 孜: 부지런할 자. 仔: 이길 자, 여기서는 인자. 存: 있을 존. 代: 갈아들 대.

류영모는 하느님 아버지와 아들에 대해서 이르기를 "우리는 전체(全體)에서 나온 부분(部分)이다. 부분은 전체를 밝혀야 한다. 부분은 전체의 부분이기 때문이다. 부분은 전체를 잊어서는 안 된다. 전체를 아버지라면 부분이 아들이다"라고 하였다. 부분의 생명은 전체에 있다.

부분은 전체에서 떨어지면 멸망이다. 그러므로 부분은 전체를 잊어서는 안 된다. 그런데 "온통(전체)을 걱정하는 사람이 없다. 절대(絶對)를 생각하는 사람이 없다"라고 하였다(『다석어록』).

전체를 생각 안 하는 것이 아니라 전체인 하느님을 없다고 하거나 모른다고 하기가 예사다. 부분의 생명체로 전체를 없다고 하면 어리석은 사람이다. 모른다고 하면 멍청한 사람이다. 전체를 모르면서 아는 체한다면 그 잘못은 더없이 크다. 예수 · 석가는 다른 이가 아니다.

전체인 하느님을 안 이다. 석가는 이르기를 "아난다야, 나의 정신적인 힘은 커서 못 할 일이 없다. 또 나의 정신적인 눈은 보지 못할 곳이 없다. 그러나 그 가운데서 오직 니르바나(Nirvana, 하느님)만을 가장 잘 알고 또 기뻐하고 있다"(『대반열반경』)라고 하였다. 또한 예수는 이르기를 "내가 나 자신을 높인다면 그 영광은 아무것도 아니다. 그러나 나에게 영광을 주시는 분은 너희가 자기 하느님이라고 하는 나의 아버지이시다. 너희는 그분을 알지 못하지만 나는 그분을 알고 있다. 내가 만일 그분을 모른다고 말한다면 나도 너희처럼 거짓말쟁이가 될 것이다. 그러나 나는 그분을 알고 있으며 그분의 말씀을 지키고 있다"(요한 8:54-55)라고 하였다. 예수와 석가는 이렇게 전체인 하느님 아버지와 유대를 확립한 성자들이다.

류영모는 이르기를 "경의를 표할 수 있는 인격은 하느님 아버지와 교통할 수 있는 아들의 자격을 갖추겠다는 거기에 있다. 혈육(血肉)을 가진 짐승인 우리가 개나 돼지와 다른 것은 하느님과 교통하는 얼을 가졌다는 것밖에는 없다"고 하였다.

예수가 하느님을 아버지라 불러서 거룩한 천륜(天倫)이 회복되고 확립되었다. 이것이 극기복례(克己復禮)이다. 이것은 예수의 지대한 공로라 할 수 있다. 사람이 진리의 아버지를 찾은 것은 인류에게 역사적인 큰 경사이기 때문이다. 그러나 하느님을 아버지라 부른 것은, 예수가 처음인 것은 아니다. 예수가 읽었을 것으로 믿어지는 에레미야서에도 나온다. "너희가 나를 아버지라 부르며 행여 나를 떠나지 않기를 바랐다"(에레미야 3:19). 예수에게 직접 영향을 끼칠 수는 없었지만, 중국에서는 하늘에 제사를 올리는 제사장인 황제를 천자(天子)라 불렀다. 천자란 글자 그대로 하느님의 아들이란 뜻이다. 더욱 놀라운 것은 노자(老子)는 하느님을 어머니로 나타냈는데 장자(莊子)는 하느님을 아버지로 표현한 것이다. "여느 사람들도 특별히 하느님을 아버지로 생각한다. 그리하여 몸소 사랑한다. 그런데 하물며 뛰어난 이들이랴"(彼特以天爲父 而身猶愛之 況其卓乎 —『장자』「대종사편」).

"아버지 당신만이 아주 크신 얼이옵고"(父爾絶大中)

예수의 하느님 아버지 관(觀)은 생각할수록 감동스럽다. 예수가 말하기를 "길에 나서면 인사받기를 좋아하고 사람들이 선생이라 불러주기를 바란다. 그러나 너희는 선생 소리를 듣지 말아라. 너희의 선생은 오직 한 분뿐이고 너희는 형제들이다. 또 이 세상 누구를 보고도 아버지라 부르지 말아라. 너희 아버지는 하늘에 계신 한 분뿐이다"(마태오 23:9)라고 하였다. 이는 하느님 아들인 얼나(靈我)를 깨닫지 않고는 알아들을 수 없는 말이다. 하느님이야말로 사부일체(師父一體)이시다. 하느님을 아버지로 사랑하지 않고 하느님을 스승으로 배우지 않고는 하느님을 하느님으로 믿는다고 할 수 없다.

하느님만이 무시무종(無始無終)한 영원한 존재로 생멸(生滅)하는 모든 상대적 존재의 근거이며 귀착이다. 그래서 절대중(絶大中)이라 하였다. 예수가 이르기를 "내 아버지는 모든 것보다 크시매 아무도 아버지 손에서 빼앗을 수 없느니라"(요한 10:29)라고 하였다. 중(中)이란 선악(善惡), 유무(有無), 생사(生死)를 초월한 절대를 말한다. 중(中)은 절대라 아무것도 없으면서 성령으로 가득 찼다. 그래서 『중용』에서도 가운데란 우주의 큰 밑동이다"(中也者天下之大本也 『중용』 1장)라고 하였다. 류영모는 이르기를 "절대 유일(唯一)을 알고 거기에 붙잡히는 것이 영원한 생명이다. 거기에 삶의 참맛이 있다"라고 하였다.

"닮지 못해 작고 작은 아들이옵니다"(不肖微小子)

창세기에는 "하느님 당신의 모습대로 사람을 지어내셨다"(창세기 1:27)고 하였지만, 그것은 사람의 바람일 뿐이다. 사람이 하느님 모습을 닮았다고 할 구석은 전혀 없다. 하느님은 얼로 자유한데 사람은 몸에 갇혀 꼼짝 못 한다. 류영모는 이렇게 말하였다. "우리가 이 세상에 나왔다는 것은 몬(物)에 갇혔다는 말이다. 이 세상에 나온 것은 참 못난 것이다. 물질(몬)에 갇혀 있음은 참 못난 짓이다. 이 틀(몸) 쓴 것을 벗어 버리기 전에는 못난 거다"(『다석어록』).

번뇌하는 사람을 가엾게 생각하였는지 하느님께서 하느님의 생명인 성령을 우리에게 보내 주셨다. 몸생명은 살았으되 죽은 것이다. 류영모는 이르기를 "내 맘속에 있는 하느님의 씨인 하느님 아들을 믿지 않으면 이미 멸망한 것이다. 죽을 몸을 나로 착각하고 있는 것이다. 위로부터 난 얼생명인 하느님 아들을 알지 못하면 그게 이미 심판받고 정죄받고 멸망한 것이다. 얼로 거듭날 생각을 안 하고, 그것을 모르니까 이미 죽은 거다. 몸의 숨은 붙어 있지만 벌써 멸망한 거다"(『다석어록』)라고 하였다.

얼나로 거듭나도 아버지의 얼은 무한한데 우리의 얼은 한 긋(點)에 지나지 않는다. 예수는 "아버지는 나보다 크시다"(요한 14:28)라고 하였다. 그러나 하느님의 얼이라 예수는 "나와 아버지는 하나다"(요한 10:30)라고 하였다. 예수는 이르기를 "하늘과 땅의 임자이신 아버지, 안다는 사람과 똑똑하다는 사람들에게는 이 모든 것을 감추시고 오히려 철없는 어린아이들에게 나타내 보이시니 고맙습니다"(마태오 11:25)라고 하였다. 여기에 어린아이들(小子)이란 예수 자신을 포함한 예수를 따르는 사람들을 가리킨 말이다. 이러한 소자(小子) 정신은 예수가 말한 무익한 종에서 잘 드러나 있다. 예수는 "너희도 명령대로 모든 일을 다 하고 나서는 '저희는 보잘것없는 종입니다. 그저 해야 할 일을 했을 따름입니다' 하고 말하여라"(루가 17:10)라고 하였다.

"있어 있으셔 오직 하나로 계시옵고"(存存唯一在)

전체인 하나(一)는 있어서 있는 것이지 누가 있게 해서 있는 것이 아니고 없게 해서 없어지는 것이 아니다. 무시무종(無始無終)으로 자유(自由)하고 자존한다. 하나(一)는 없이 있는 절대존재라 하나 속에 생기는 여러 유(有)의 개체들은 아무것도 아니다. 류영모는 이렇게 말하였다. "우리는 하나로 시작해서 마침내는 하나로 돌아간다는 생각을 어쩔 수 없이 하게 된다. 대종교가, 대사상가가 믿는다는 것이나 말한다는 것은 단지, 하나를 구하고 믿고 말한다. 성인이고 부처고 그리스도고 도(道)를 얻어 안다는 것은 다 이 하나다. 사람이란 이처럼 하나를 구해 마지않도록 생긴 존재다. 그래서 나는 참나(眞我)인 하나의 증인이다"(『다석어록』). 류영모뿐만 아니라 누구라도 참나에 대해서 자세히 알 것 같으면 하나의 증인이다. 그 하나가 나에게 계셔 나에게 사람의 사명을 주신이다. 그 사명을 받아서 '하나'의 아들이 된다.

"하나의 아들이 된 것을 느끼므로 하나의 아들 노릇을 해야 한다. 내 맘에서 자꾸만 하나의 뜻이 일어난다"(『다석어록』).

"힘쓰고 힘써 이어 갈 아들들이옵니다"(孜孜代多仔)

사람도 몸으로는 탐(avarice) · 진(wrath) · 치(lust)로 사는 짐승임이 틀림없다. 그러나 사람을 낸 하느님의 뜻은 그런 것이 아니다. 될수록 짐승 노릇을 그만두고 하느님이 주시는 얼생명으로 하느님 아들이 되라는 것이다. 하느님 아들은 나지 않고 죽지 않는 영원한 생명이다. 이것을 깨우쳐 준 이가 예수 · 석가이고 노자 · 장자이며 공자 · 맹자다. 20세기에 와서 톨스토이 · 마하트마 간디 · 류영모가 이를 다시 확인하여 주었다. 짐승인 제나가 거짓 나인 줄 알고 짐승 노릇을 싫어하면 하느님 아들인 얼나로 거듭난다. 얼나는 하느님의 얼이라 영원불멸이다. 류영모는 이렇게 말하였다. "허공으로 계시는 하느님 아버지다. 백 간짜리 집이라도 고루고루 쓸 줄 알아야 한다. 우리는 우주 허공 그 너머의 하느님 아버지의 성령도 내 것으로 쓸 줄 알아야 한다. 그래서 하느님 아버지의 품에서 살아야 하는 것이다. 늘 스스로 반성하고 좋은 일에 전력을 다하면 마음이 슬플 때나 괴로울 때나 악해질 리가 없다. 악한 놈이 길지 못하다는 것을 느낄 수 있다. 오늘날 입 달린 사람들은 대부분 너무 얌전해도 못쓴다고 하고 정직한 사람은 못 사는 세상이라고 말한다. 이 세상은 거의 세기말적이라고 하지만 그 가운데도 하느님의 아들들이 살고 있다. 하느님의 아들들은 겉으로 나타나지 않지만, 악에 무릎을 꿇지 않고서 버티고 있다. 그들이 없다면 세상은 오래가지 못할 것이다. 악한 세상에 무슨 하느님 아들들의 시대가 오겠느냐고 하지만 하느님 아들들의 시대는 반드시 올 것이다. 이것을 믿지 않으면 미끄러지기 쉽다"(『다석어록』).

하느님 아들로 살고자 한 예수는 십자가에 못 박혀 죽고 마하트마 간디는 암살을 당했다. 미인박명(美人薄命)이라더니 진인박복(眞人薄福)인가.

세상 사람들이 생각하듯이 부귀영화를 누리며 식색(食色)의 생활이 풍부한 것이 참으로 행복한 것이 아니다. 하느님 아버지의 사랑을 받는 것이 참된 행복이다. 마하트마 간디는 이르기를 "행복의 열쇠는 일체 만물을 주신 진리(하느님)를 받드는 데 놓여 있다"(The key to happiness lies in the worship of truth, which is the giver of all things. — 간디, 『날마다의 명상』)라고 하였다. 하느님의 사랑은 어떻게 주어지는가. 사랑하는 이에게는 하느님 당신의 실체를 많이 드러내 보여준다. 예수가 하느님을 잘 알고 간디가 하느님을 잘 안 것은 하느님의 사랑을 받았다는 증거다. 그들이 어떻게 하느님의 사랑을 받았는가. 그들이 먼저 하느님을 사랑하였기 때문이다. 그들에게는 하느님이 주신 영원한 생명이 있으므로 몸나의 고통은 아무것도 아니었다. 잠시 지나갈 뿐이다. 우리는 모두가 하느님을 사랑하며 하느님의 사랑을 받는 하느님의 아들이 되어야 한다.

29. 그대는 못 보았는가, 해 아래 새 일이란 없다는 것을…
君不見日下無新事
— 새 하늘과 새 땅을 찾아가자 尋新天新地行

다르고 새롭고 특별한 님을 찾아 멀리 가는 길 求異新特遠征路
뛰어나게 훌륭한 님을 지레 단정하는 근시 눈 速斷殊勝近視眼
하나이며 큰 (무극), 많고 큰 (태극), 그 가운데 계심 一大多大在其中
태극에서 무극인 저 언덕(하늘나라)에 다다라야 太極無極到彼岸

(1957. 3. 25)

尋: 찾을 심. 特: 우뚝할 특, 특별할 특. 遠征(원정): 멀리 가는, 정벌하러 가는. 征: 갈 정. 殊勝(수승): 뛰어나고 훌륭한. 殊: 다를 수. 勝: 나을 승. 斷: 결단할 단. 到: 이를 도. 彼岸(피안): 저쪽 언덕, 하늘나라.

"나보다 먼저 예루살렘에서 왕 노릇 한 어른치고 나만큼 지혜를 깨친 사람이 없다. 나만큼 인생을 깨쳐 지혜를 얻은 사람이 없다"(전도서

1:16)고 자신한 솔로몬은 사람들이 부러워하는 부귀영화를 누린 다음에야 세상만사 헛되더라는 소리를 하였다. "헛되고 헛되다. 헛되고 헛되다. 세상만사 헛되다. 사람이 하늘 아래서 아무리 수고한들 무슨 보람이 있으랴. (줄임) 지금 있는 것은 언젠가 있었던 것이요, 지금 생긴 일은 언젠가 있었던 일이라. 하늘 아래 새것이 있을 리 없다. 보아라. 여기 새로운 것이 있구나, 하더라도 믿지 말라. 그런 일은 우리가 나기 오래 전에 이미 있었던 일이다. 지나간 나날이 기억에서 사라지듯 오는 세월도 기억에서 사라지고 말 것을"(전도서 1:1-3, 1:9-11).

류영모는 '해(하늘) 아래 새것이 없다'라는 말을 따서 시의 제목으로 한 것이다. 솔로몬이 상대세계에서 새것을 찾았더니 새것이 없더라는 말이다. 상대세계의 모든 것은 새것인가 싶으면 헌것이 되어버린다. 스스로 가장 지혜로운 왕이라면서 가장 어리석은 짓을 한 것이다.

새로운 것을 찾으려면 절대인 하느님을 찾아야 한다. 솔로몬은 이 땅의 이성(異性)인 여인에게서 새것을 찾은 것 같다. 남자에게 새것은 이성(異性)인 여자다. 그래서 신랑·신부라 한다. 솔로몬은 새것을 찾아 많은 신부를 맞이했다. 『아라비안나이트』에 나오는 미련한 임금처럼 밤마다 새 여자를 맞이했는지도 모른다. 그러니 오늘날까지 전해오는 소리로 솔로몬의 아내가 7백 명이요, 첩이 3백 명이었다는 것이다.

류영모는 말하기를 "사람들은 해서는 안 되는 일은 더 해 보고 싶어한다. 이것은 불가능에서 가능을 찾으려는 것이다. 불가능을 가능으로 해 보아야 무슨 소용이 있겠는가. 요리를 먹어보면 자랄 때 먹던 음식보다 더 맛있는 것이 어디 있는가. 딴 계집이 무엇이 달라서 제 아내를 두고 나쁜 그 짓을 하는가. 우리는 이와 같이 생겼다. 어떤 사람이 말하기를 사기그릇, 옹기 가게를 보면 그 안에 들어가서 한번 맘대로 휘두르고 싶다는 것이다. 들어가서 휘둘러 보면 그것이 무엇이 좋다는 것인가. 이러한 생각은 사견(邪見)이다"라고 하였다.

"다르고 새롭고 특별한 님을 찾아 멀리 가는 길"(求異新特遠征路)

사람이 새것을 좋아하는 데 대해 류영모는 이렇게 말하였다. "우리는 새것을 좋아한다. 새것이란 다른 것이다. 그리하여 사람들이 특별히 다른 것을 추구한다. 어릴 때는 새것이 많은 것 같다. 그러나 좀 크면 다른 것이 하나도 없다. 다 그게 그거지 별것 없다. 역사도 되풀이하는 것 같다. 왜 사람들이 없는 새것을 자꾸 찾는지 모르겠다는 생각이 든다. 동서고금의 정신생활을 한 사람들이 자기는 날마다 새로워졌다고들 말하고 있다. 참으로 새것을 찾는 자는 퍽 드물다. 최신 유행에는 남에게 안 떨어지려고 열심히 찾는다. 그런데 무슨 이유로 찾는지 생각하지 않는다. 의지대로 움직이는 인간이 하는 일에 뜻이 없어서는 안 된다. 이 땅 위에 새것이 없는데 새것을 찾으려는 것은 어리석다. 시간·공간을 초월한 절대존재(하느님)만이 영원히 새롭다. 그러므로 사람이 새롭게 새롭게 살아가기 위해서는 하느님이 주시는 말씀으로 살아야 한다. 하느님의 말씀으로 살기 위해서는 눈이 뚫리고, 코가 뚫리고, 귀가 뚫리고, 입이 뚫리고, 마음이 뚫려야 한다. 얼에 뚫려야 참으로 속알이 엉큼엉큼 성큼성큼 자라게 된다." 우리가 성별(性別)이라면 남성(男性)과 여성(女性) 남녀의 구별로만 생각한다. 그것은 작은 성별에 지나지 않는다. 큰 성별(性別)에는 나서 죽는 상대성(相對性)과 첨도 끝도 있는 절대성(絶對性)이 있다. 상대성(相對性)에는 절대성만이 이성(異性)이라 할 것이다. 절대성의 님을 예수는 하느님 아버지라 하고 석가는 니르바나(Nirvana)라고 하였다. 우리는 우리의 밑뿌리 되는 영원한 하느님을 찾아가는 길에 있다. 그 처음도 없고 끝도 없는 영원한 님이야말로 우리가 찾는 다르고 새롭고 우뚝한(異新特) 님이시다. 그 님은 이 상대존재로 계시지 않고 절대존재로 계신다. 절대존재를 우리는 하늘나라라 한다. 이 세상(상대세계)과 다르다 하여 새 하늘과 새 땅이라고 한다.

류영모는 이렇게 말하였다. "우리는 여기에 붙들려 매였으므로 영원한 그곳에 가야 한다. 천원정(天遠征), 이것이 바로 우리의 실상이다. 하느님께로 원정하여 가는 것이다. 영원한 하느님께로 간다. 예수는 말하기를 하느님의 나라는 들이치는 이가 그리로 들어간다고 하였다. 하늘나라는 넓어 침략해도 좋다고 열어놓고 있다. 우리는 앞장서서 천국으로 쳐들어가야 한다. 우리의 인생길은 영원한 하늘나라까지 가는 원정이다. 그러기에 우리의 목적지는 하늘나라에 있지, 땅에 있는 것이 아니다"(『다석어록』).

"뛰어나게 훌륭한 님을 지레 단정하는 근시 눈"(速斷殊勝近視眼)

"사람은 사랑의 대상을 늘 찾는다. 기량(器量)이 큰 사람은 영원 절대(하느님)에 가서야 진 · 선 · 미가 있다고 한다. 기량이 작은 사람은 작은 이 땅의 것으로 만족해 버린다. 그리하여 기량이 커감에 따라 자꾸 높은 것으로 바뀐다. 그 기량이 아주 크면 사랑의 대상을 영원 절대(하느님)에 둔다"(『다석어록』).

맹자(孟子)는 이르기를 "마음속에 있는 하느님의 씨를 기르는 것이 하느님을 섬기는 것이다"(存其心 養其性 所以事天也 ―『맹자』「진심 상편」)라고 하였다. 사람의 자식도 너무 어리면 제 아버지를 잘 알아보지 못한다. 마음속의 하느님 씨가 자라지 못하면 하느님을 하느님으로 알아보지 못하고 엉뚱한 것 앞에 하느님이라면서 머리를 숙이게 된다. 이것은 한마디로 맘의 얼눈(靈眼)을 제대로 뜨지 못한 것이다. 그리하여 하느님이 아닌 것을 하느님으로 속단하고 오판한 것이다. 얼눈을 뜬 장자(莊子)는 이렇게 말하였다. "저 우뚝한 (절대인) 하느님을 아버지로 생각하여 몸 바쳐 사랑한다"(彼特以天爲父 而身猶愛之 ―『장자』「대종사편」).

이 지구가 생긴 지 46억 년이 걸려서 지금의 우리가 나오게 되었다. 우연히 생겨 멋대로 살다가 죽으라는 것이 아니다. 할 일이 있어서 우리가 나온 것이다. 그 할 일이란 무엇인가. 개인적으로는 달라도 인류 전체로는 하느님이 참나임을 인식하고 깨달으라는 것이다. 그런데 엉뚱한 것을 붙잡고 하느님이라고 받들어서야 되겠는가. 허공의 몸속에 수많은 별을 간직하시고, 처음도 끝도 없이 영원무궁한 얼생명을 지니신 이가 하느님이시다. 이를 전체신관(全體神觀)이라 할 수 있을 것이다. 앞으로는 사람인 인태신(人態神)이나 조형된 물신(物神)을 버려야 한다. 마하트마 간디는 이렇게 말하였다. "사람은 하느님이 아니다. 사람을 하느님이라 부르지 말자. 그러나 사람은 하느님의 빛에 일부분을 지닐 수 있다"(간디,『날마다의 명상』).

"하나이며 큰 (무극), 많고 큰 (태극), 그 가운데 계심"(一大多大在其中)

하나이면서 큰 것은 허공(虛空)이다. 그저 허공이 아니라 중심은 있으되 가장자리가 없는 공(球) 같은 무한의 허공이다. 이 일대(一大)의 허공은 누구도 부인할 수 없다. 이 허공에 유한우주가 담겨 있기 때문이다. 이 허공을 무한우주라고 말할 수 있다. 천체(별)로 이루어진 유한우주가 팽창하자면 무한우주가 없어서는 팽창할 수가 없다. 이 무한우주인 허공만을 노자(老子)는 무극(無極)이라, 허극(虛極)이라고 하였다.

류영모는 이렇게 말하였다. "이 허공에 가야 평안하다. 허공은 아무것도 없다는 것과는 다르다. 태공(太空)이다. 일체가 거기에 담겨 있다. 모든 게 허공에 담겨 있다. 이걸 믿지는 못한다 하더라도 생각해 보아야 한다"(『다석어록』). 허공 쪽에서 보면 모든 천체와 우주 간 물질은 없는 것이다. 허공만이 존재한다. 수많은 고기떼를 안고 있는 바다지만 바다 쪽에서 보면 바다만 있는 것이지 고기가 있는 것이 아니다. 다대(多大)라는 것은 무한 허공 속에 담겨 있는 수많은 천체까지를 말한다. 허공은 별을 모아놓은 곳간과 같다. 허공과 천체들을 합해서 말할 때 태극(太極)이라고 한다. 태극이 음양이라고 하는 것은, 태극의 내용인 천체들이 상대성을 띠고 있어 변화한다는 뜻이다. 태극의 본체인 허공은 변할 리가 없다. 그래서 류영모가 말하기를 "태극은 하나다. 그런데 태극이 쪼개져 음양이 되었다는 것은 말이 안 된다. 태극은 하나다. 태극은 엄연히 하나요 영원히 하나다. 하나가 쪼개지거나 벌어졌다면 그것은 하나가 아니다. 음양으로 된 상대세계는 좋은 것 같으나 싫은 것이 상대세계다. 우리는 어떻게든지 이 상대세계에서 벗어나 하나의 세계, 절대세계

(무극)로 돌아가는 것이다"라고 하였다.

"태극에서 무극인 저 언덕(하늘나라)에 다다라야"(太極無極到彼岸)

태극과 무극은 다른 것이 아니다. 한 가지로 하느님을 일컫는 말이다. 그런데 태극이라, 무극이라 다른 말을 쓰게 된 것은 까닭이 있다. 어느 쪽의 자리에서 보느냐에 따라서 다른 것이다. 상대에서 절대를 보면 절대에 안긴 상대(만물)가 다 보여 태극이고 절대에서 상대(만물)를 보면 상대는 없고 절대(하느님)뿐인 무극이다. 우리는 나고 죽고, 있어 없어지는 상대세계를 떠나 나지 않고 죽지 않는(생사 초월), 있지도 않고 없지도 않는(유무 초월) 절대세계로 솟나야 한다. 그것을 석가는 저쪽 언덕에 이르는 것이라고 하였다. 석가는 강가(갠지스)강을 자주 보았기 때문에 상대세계를 차안(此岸)에 비유하고 절대세계를 피안(彼岸)에 비유하였다. 류영모는 이렇게 말하였다.

> 있다는 것도 참으로 있는 것이 아니고, 없다는 것도 참으로 없는 것이 아니다. 생사(生死)에 빠진 미혹과 환상에서 있느니 없느니 야단이다. 있다 없다를 아는 사람은 아무도 없다. 다만 우리 감각이 있다 없다 하는 것뿐이다. 있다 없다 하는 것이 마음인데 맘도 영원한 것인가 하면 그렇지 않다. 맘은 생사(生死)의 제한을 받는다. 몸은 죽어도 죽지 않는 것은 하느님의 생명인 얼뿐이다. 얼생명으로 거듭난 이는 몸이 산다는 것도 죽는다는 것도 아무것도 아니다(『다석어록』).

30. 먹기만을 꾀하면 먹거리도 모자란다
謨食未足食
— 참을 찾으면 먹거리는 저절로 넉넉하다
(謨道食自給)

맘에 (삼독) 비워 평안한 깨끗이 빈 맘	虛心燕處淨空心
맘에 (삼독) 있어 때없이 욕심이 맘 더럽혀	有心無時欲點心
이익을 꾀하다 뒤에 뉘우쳐지는 이로움 꾀해	謨利後悔謨敗利
하늘 씨알은 하느님이 씨알 먹이심 먼저 알아	天民先知天食民

(1957. 2. 25)

謨: 꾀할 모. 燕處(연처): 평안한 하늘나라. 燕: 제비 연. 淨: 깨끗할 정. 點: 더러울 점. 敗: 질 패. 自: 저절로 자. 給: 넉넉할 급.

공자(孔子) 가로되 "참사람은 참 찾기를 꾀하지, 밥 먹기를 꾀하지 않는다"(君子謨道 不謨食 —『논어』「위령공편」)라고 하였다. 이 시의 제목을 따온 원문이다. 공자의 말을 고쳐서 류영모는 "먹기만을 꾀하면 먹거리도 모자란다. 참을 찾으면 먹거리는 저절로 넉넉하다"(謨食未足食 謨道食自給)라고 한 것이다. 사람의 말은 한쪽을 드러내면 다른 쪽이 숨겨지는데 서로가 보완해 주어 뜻이 분명해진다. 이 말은 "너희는 먼저 하느님의 나라와 하느님께서 의롭게 여기시는 것을 구하여라. 그러면 이 모든 것도 곁들여 받게 될 것이다"(마태오 6:33)라고 한 예수의 말과 같은 뜻이다.

류영모는 이렇게 말하였다. "급선무(急先務)가 밥에 있으면 안 된다. 우리 식구가 입고 먹어야지, 자식 입학도 시켜야지 하고 집안일을 먼저 생각하는 이는 나라와 겨레를 사랑한다고 할 수 없다. 참으로 나라 사랑이란 지금 당대만 아니라 3대, 4대까지 구차하게 지낼 각오가 있어야 한다. 사람은 욕심으로만 사는 것이 아니다. 농사를 짓는데 심은 사람과 거두는 사람이 함께 참여한다. 심었으니 내 것이라 할 수 없고 거두었으니 내 것이라 할 수 없다. 거저먹고 지내겠다는 생각도 잘못이고 편안히 먹겠다는 것도 착각이다. 사람들은 무엇이나 소용이 있어야 하고, 그렇지 않으면 안 하려고 하지만 이것은 틀린 생각이다.

자기의 의식주가 자기 혼자만의 힘으로 된 것은 아니다. 무한한 시간·공간에서 모든 것이 다 합해 이뤄져 대어준 것을 우리는 받아서 산다. 우리는 여기에 참여해 조금 일할 뿐이다. 그러므로 자기가 다 먹고 쓰려고 해서는 안 된다"(『다석어록』).

예수 자신의 말대로 예수는 머리 둘 곳조차 없는 가난한 사람이었다. 그런데 다섯 개의 떡과 두 마리의 생선으로 3천 명, 5천 명의 무리를 먹이고도 12 광주리가 남았다. 이것이 참을 찾으면 먹거리는 저절로 넉넉해진다(謨道食自給)를 보여주는 얘기다. 참을 찾고자 하는 사람들은 자신보다 남을 더 사랑하기 때문에 그러한 기적이 일어난다. 사랑하는 가족끼리는 밥이 모자랄 때 오히려 밥이 남는다. 참을 찾는 사람들은 일하지 않고는 먹으려 하지 않는다. 톨스토이와 류영모가 사람은 반드시 농사를 해야 한다고 한 것도, 이 때문이다. 내가 놀고먹으면 다른 사람들에게 짐을 지우는 것이 된다. 그래서 참사람은 백장 스님이나 바울로처럼 일하지 않고는 먹지 않겠다는 것이다. 그러므로 참 찾는 사람들이 많으면 저절로 먹거리가 넉넉해질 수밖에 없다.

그러나 세상에는 짐승의 수성(獸性)으로만 사는 사람이 너무나 많다. 원숭이나 침팬지 같은 유인원들에게는 반드시 힘으로 군림하는 임금이 있다. 우리 사람들도 탐·진·치의 짐승으로 사는 이가 대부분이기 때문에 원숭이나 침팬지처럼 임금(대통령)이 있다. 모든 사람이 예수·석가처럼 짐승인 제나(自我)를 버리고 얼나로 솟나 하느님 아들로 산다면 세상의 임금(대통령)이 무슨 소용이 있겠는가. 얼나로 솟난 하느님 아들들보다 세상 나랏일을 맡아보는 이들이 잘났다고 으스대는 동안은 우리가 짐승으로 살고 있는 것이다. 예수가 내 나라는 이 땅에 속한 것이 아니라고 한 것은 이 때문이다.

마르크스와 엥겔스가 『자본론』(資本論)이라는 책을 썼다. 『자본론』은 한마디로 모식(謨食)의 글이다. 그래서 세계에서 똑똑하다는 이들이 이 모식의 글을 성경으로 받들며 배물(拜物) 신도가 되었다.

그리하여 여러 나라에서는 이들이 정권을 잡기에 이르렀다. 그것이 이른바 20세기(1917년)에 나타난 공산국가다. 그들은 한동안 이 지구 위를 어지럽게 하였다. 그런데 일세기도 지나지 못한 오늘에 와서 모식(謨食)의 나라들이 더 못살게 된 것이 역사적으로 판가름 났다. 더구나 한국에서는 공산, 자유 두 사상의 시험 결과가 분명해졌다. 한국은 작은 나라인데다 단일민족이다. 한반도 한가운데를 잘라 북한에는 공산국가를 남한에는 자유민주 국가를 세웠다. 50년이 지난 오늘에 와서 그 시험 결과가 나온 것이다. 북한은 세계로부터 빌어먹는 거지 나라가 되었고 남한은 세계 10위권을 넘보는 무역국이 되었다. 모식을 하려는 공산 사상은 몹쓸 사상인 것이 판명되었다.

류영모가 이 한시를 쓴 것이 1957년이다. 그 무렵 류달영은 월간지 「사상계」(思想界)에서 한국은 자유사상과 공산 사상을 실험하는 두 시험관이라고 말했다. 그런데 류영모는 그 실험 결과를 보기도 전에 그 결과를 정확하게 예언한 것이다. 북한은 모식미족식(謨食未足食)이고 남한은 모도식자급(謨道食自給)인 것은 두말할 것도 없다. 그러나 남한 사람들 가운데도 모도(謨道) 하는 사람보다 모식(謨食) 하는 사람이 더 많아 IMF라는 경제위기를 스스로 불러들였다. 정치인은 정치인대로 경제인은 경제인대로, 국민은 국민대로 도덕 수준의 미달로 경제위기를 불러온 것이 확인되었다. 모도 정신이 모자란 것이다. 이 겨레에 모도 정신을 불러일으키지 않으면 경제위기는 얼마든지 다시 온다.

"맘에 (삼독) 비워 평안한 깨끗이 빈 맘"(虛心燕處淨空心)

류영모는 이르기를 "제나(自我)가 한 번 죽어야 마음이 텅 빈다. 한번 죽은 마음이 빈 맘이다. 빈 마음에 하느님 나라, 니르바나 나라를 가득 채우면 더 모자람이 없다. 하느님의 나라는 참의 고디(貞)를 가진 사람들의 나라다. 시간, 공간, 인간을 초월하여 언제나 있는 나라가 하늘나라이다"라고 하였다.

제나가 죽어 삼독(三毒)이 사라진 마음이 평안한 연처(燕處)이다. 허심(虛心)은 『노자』(老子) 3장에 나오는 "그 마음을 비우라(虛其心)"에서 따왔고, 연처는 『노자』 26장의 "평안한 곳에서 (모든 것을) 뛰어넘었다"(燕處超越)에서 따온 말이다. 연처란 산 제비 집이다. 산 제비는 외부의 침입이 없는 까마득한 낭떠러지에 집을 짓는다.

그러니 평안하지 않을 수 없다. 빈 맘에 하느님의 얼이 임재(臨在)하면 연처처럼 평안한 곳이다. 이 세상의 그 무엇도 침입할 수가 없다. 그런데 그 산 제비의 연처를 사람들은 밧줄을 타고 내려가 제비집을 뜯어서 요리를 해 먹는다. 이 땅 위에서 가장 안전하다는 '연처'도 연처가 못 된다는 것이다. 우리의 '연처'는 하늘나라뿐인 것이다.

장자는 이르기를 "오직 빈 맘에 하느님의 얼이 모여든다. 빈 맘이란 맘을 깨끗하게 하는 것이다"(唯道集墟 虛者心齊也 ―『장자』「재물론」)라고 하였다. 류영모의 허심연처정공심(虛心燕處淨空心)과 같은 뜻이다. 사람들이 하느님을 참나로 깨닫지 못하는 것은 제나를 버리지 못하기 때문이다. 제나를 참나로 착각하고 있다.

제나의 안전과 부강을 위해 힘 있는 세력 밑에 들어가듯이 하느님조차 제나의 안전과 부강을 위해 이용하려 하기 때문에 평생 동안 신앙생활을 해도 하느님을 바로 알지 못한다.

"맘에 (삼독) 있어 때없이 욕심이 맘 더럽혀"(有心無時欲點心)

어떤 사람이 예수 앞에 나와 자기의 형이 아버지 유산을 다 차지했으니 형님에게 말해 자기에게도 좀 나눠주도록 해 달라고 하였다. 그 말을 들은 예수는 어이가 없어 "누가 나를 너희의 재판관이나 재산 분배자로 세웠단 말이냐. 어떤 탐욕에도 빠져들지 않도록 조심하여라. 사람이 제아무리 부유하다 하더라도 그의 재산이 생명을 보장해 주지는 못한다"(루가 12:14-15)라고 말하였다. 예수는 무심(無心)으로 마음이 깨끗한데 그 사람은 탐욕(貪慾)이 마음을 더럽혔다. 가롯 유다가 예수를 팔아넘기고자 대제사장의 하수인들을 이끌고 예수를 찾아왔다. 그때 예수는 그것을 알고도 "자, 이 사람아 어서 할 일이나 하라"고 하자 베드로가 칼로 대제사장의 종의 귀를 잘라버렸다. 그때 예수가 말하기를 "칼을 도로 칼집에 꽂아라. 칼을 쓰는 사람은 칼로 망하는 법이다"(마태오 26:52)라고 하였다. 예수의 마음은 무심(無心)으로 마음이 깨끗한데 베드로는 진에(瞋恚)로 마음을 더럽혔다. 바리새인들이 간음하다가 들킨 여인을 데리고 예수를 찾아왔다. 모세의 율법대로 하면 간음한 여인을 돌로 쳐야 하는데 선생은 어떻게 하겠느냐고 물었다. 너희 중에 죄 없는 자가 먼저 치라고 하자 바리새인들은 슬슬 달아나고 간음한 여인만 남게 되었다. "나도 너의 죄를 묻지 않겠다. 어서 돌아가라. 그리고 이제부터 다시는 죄짓지 말아라"(요한 8:11)라고 하였다. 예수의 마음은 무심(無心)인데 그 여인은 치정으로 마음을 더럽혔다. 공자(孔子)는 의롭지 않은 재물은 뜬구름으로 여겨 탐욕을 이기고, 나를 죽여서라도 어짐을 이루려 하여 진에를 이기고, 여색을 좋아하기보다 속알(德)을 더 좋아하여 치정(痴情)을 이긴 무심(無心)의 사람이었다.

"이익을 꾀하다 뒤에 뉘우쳐지는 이로움 꾀해"(謨利後悔謨敗利)

공자가 이르기를 "참된 사람은 옳음에 밝고 덜된 사람은 이익에 밝다"(君子喩於義 小人喩於利 — 『논어』「이인편」)라고 하였다. 류영모는 이렇게 말하였다. "사람은 사물(事物)을 처리하는데 마땅히 참을 것은 참으면서 어질고 옳게 하여야 한다. 이는 우리가 상대적 존재로 여기서 한동안 지내는 것을 이렇게 해야 한다는 것이다. 참는 것이 어진 것이 된다. 마땅히 어질고 옳게 하는 이것만이 대동인(大同人)이다. 먹을 것이 있고 남는데도 자꾸 더 모으겠다고 하는 한편 마음이 바로 서면 나눠주기도 한다. 그러니 나쁘게 가려는 마음을 참고 참아 어질고 옳게 해 나가야 사람으로서 어지간히 아버지께 가까운 자리에 갈 수 있다. 옳게 위로 올라가야 한다"(『다석어록』).

짐승으로 살다가도 하루라도 빨리 하느님 아들로 돌아서야 한다. 노자(老子)도 "돌이키는 이는 얼(참)이 움직인 것이다"(反者道之動 — 『노자』 40장)라고 하였다. 류영모는 여기에 패리(敗利)라는 새로운 낱말을 만들어 썼다. 승리(勝利)라는 말은 있어도 패리(敗利)라는 말을 쓴 사람은 없다. 류영모의 패리(敗利)란 무슨 뜻인가. 예수의 말에서 패리를 알 수 있다. 예수는 "누가 오른뺨을 치거든 왼뺨마저 돌려대고 또 재판에 걸어 속옷을 가지려고 하거든 겉옷까지도 내주어라. 누가 억지로 오 리를 가자고 하거든 십 리를 같이 가 주어라. 달라는 사람에게 주고 꾸려는 사람의 청을 물리치지 말아라"(마태오 5:40-42)라고 하였다. 이것이 지고서 이기는 패리(敗利)의 정신이다. 예수가 일부러 십자가에 못 박혀 죽기로 한 것도 바로 패리의 정신을 보인 것이다.

류영모는 이렇게 말하였다. "사람들은 이(利)를 남기려 하고 밑지는 일은 하지 않겠다고 한다. 그래서 음흉한 제사장이 되고 포악한 폭군이 된다. 그러한 그들이야말로 밑지는 장사를 한 사람이다. 보기에는 분명히 실패로 밑진 예수나 간디는 그 진리의 무저항 정신으로 인류 역사에 큰 이(利)를 남겼다. 천배 만배의 이를 남겼다. 우리도 그 같이 남길 것을 남겨야 하지 않겠는가"(『다석어록』).

"하늘 씨알은 하느님이 씨알 먹이심 먼저 알아"(天民先知天食民)

장자(莊子)가 가로되 "하느님이 기르는 것은 하느님께서 말씀을 먹임이다. 이미 하느님으로부터 말씀을 받아먹는다면 어찌 사람의 맘(욕심)을 쓰겠는가"(天鬻也者 天食也 旣受食於天 尤惡用人 — 『장자』 덕충부)라고 하였다. 예수는 얼나로는 하느님이 주시는 말씀을 먹고, 몸나로는 하느님이 주시는 일용할 먹거리로 산다고 말하였다.

류영모는 이렇게 말하였다. "우리의 몸도 하느님이 먹여 주시고 길러 주시기 때문에 있는 것뿐이다. 우리는 하느님께서 미리 마련하신 대로 선한 삶을 살도록 하느님의 말씀으로 만들어진 작품이다. 우리도 밥 먹고 그저 가만히 있으라는 것이 아니다. 인생뿐 아니라 일체가 하느님에게 바쳐지기 위한 제물(祭物)이다. 사람은 몸의 제물이 아니다. 얼(靈)의 제물이다. 사람이 제물로 되는 것은 말씀이지 목숨이 아니다"(『다석어록』).

짐승은 종족을 보존하는 것으로 사명을 다한다. 사람도 몸나로는 짐승이라 자식을 낳아 길러 대를 잇는다. 그러나 사람은 짐승만은 아니다. 사람은 몸나에 얼나로 솟나 하느님 아들이 되어야 한다. 몸은 멸망하나 얼은 영원하다.

31. 위로 나 하느님 아들 되어야지, 아래로 낳아 땅의 아비 되랴
上天子 下地父

차마 못 할 태어남이나 하느님 씨를 길러내야	不忍落地仁成育
옳음 좇아 하느님께 이르러 아들 의를 돌이켜	取義如天宜復之
아버지와 아들의 바른길은 옳음에 의한 사랑	父子道理仁由義
몬과 맘은 땅 하늘로 왔다 간다 (나서 죽어)	物心來往天諸地

(1959. 5. 17)

不忍(불인): 차마 못 함. 仁: 사람 인, 열매 씨 인. 落地(낙지): 세상에 태어남. 取義(취의): 의를 위하여 목숨을 버림. 取: 가질 취. 宜: 옳을 의. 如: 이를 여. 道理(도리): 바른길. 由: 말미암을 유, 행할 유. 復: 회복할 복.

예수가 이르기를 "너희는 아래서 왔지만 나는 위에서 왔다. 너희는 이 세상에 속해 있지만 나는 이 세상에 속해 있지 않다"(요한 8:23)라고 하였다. 예수는 밤에 찾아온 유대인 관원 니고데모에게 "누구든지 새로 나지 아니하면 아무도 하느님 나라를 볼 수 없느니라"(요한 3:3)고 말하였다. 여기에서 '위에'와 '새로'는 그리스어로 한 낱말이다. 위란 뜻 아노(ανω) 이다. "몸에서 나온 것은 몸이요, 얼에서 나온 것은 얼이다. 위로(새로)부터 나야 된다는 것을 이상하게 생각하지 말라"(요한 3:6-7). 이것으로도 아래서 왔다는 것은 어버이 몸에서 태어난 몸나를 말하고 위에서 왔다는 것은 하느님의 얼에서 태어난 얼나를 말한 것임을 알 수 있다.

상천자(上天子)는 하느님 얼로 태어난 얼나로 하느님의 아들이 되자는 뜻이다. 사람은 누구나 하느님의 얼로 태어나 하느님의 아들이 되어야 한다. 하지부(下地父)는 내가 혼인하여 자식 낳아 땅의 아버지가 된다는 뜻이다. 될수록 혼인하지 말고 자식 낳지 말아 땅의 아버지가 되지 말자는 것이다.

"차마 못 할 태어남이나 하느님 씨를 길러내야"(不忍落地仁成育)

낙지(落地)란 새 생명이 어머니의 배 속에서 나와 땅에 떨어져 태어났다는 뜻이다. '불인낙지'는 차마 못 할 태어남이란 뜻이다. 어버이가 낳았고 자녀는 태어난 것이다. 세상에는 자식을 못 낳아 걱정이고 자식을 낳았다고 기뻐하는데 이 무슨 해괴한 말일까. 사람이 자식을 낳는 일은 분명히 짐승 노릇인 것이다. 짐승 같은 놈이라면 성을 내면서 자식 낳는 일이 짐승들이 하는 짓임을 모르고 있다. 한 걸음 더 나아가면 멸망의 생명인 몸나에서 영원한 생명인 얼나로 솟난 사람은 몸생명을 산 생명으로 보지 않는다. 예수는 하느님 아들인 얼나를 깨닫지 못한 사람을 죽은 이로 보았다. 예수가 이르기를 "죽은 자들의 장례는 죽은 자들에게 맡겨 두고 너는 나를 따르라"(마태오 8:22)고 말하였다.

장자(莊子)도 말하기를 “삶이란 붙은 혹이나 달린 사마귀다. 죽음이란 부스럼을 째고 헌데를 짜는 것이다”(生爲附贅縣疣 死爲決𤴯潰癰 ―『장자』「대종사편」)라고 하였다.

그러므로 생각을 하는 참사람들은 두 번 운다. 이 세상에 사람으로 태어난 것이 너무도 분통하여 운다. 그리고 또 이 세상에 사람으로 태어난 것이 너무도 감사하여 운다. 너무 분통하여 우는 것은 짐승으로 태어나 짐승 노릇하며 살아야 하는 것이 싫기 때문이다. 너무 감사하여 우는 것은 이 짐승에게 하느님 아버지를 생각할 수 있는 지혜(얼)를 주었기 때문이다. 다석사상 연구 모임에 4년째 나오는 불혹의 나이에 이른 이(나효임)가 말하기를 “이따금 나는 이 세상에 사는 것을 몹시 비참하게 느낀다. 그러나 때로는 내가 하느님 아버지를 알게 된 것을 매우 행복하게 생각한다. 나는 이 세상에 아무것도 바라지 않는다. 나는 단지 조용히 하느님 아버지와 함께하기를 바랄 뿐이다”라고 하였다. 그리하여 자신은 어버이로 해서 이 땅 위에 낙지(落地)를 당하였지만 자기만은 남(자식)을 낙지시키는 일은 하지 않겠다고 하였다.

이왕 낙지(落地)한 우리들은 무엇을 꼭 해야 할 것인가. 하느님의 씨를 길러야 한다. 하느님의 씨를 기르는 것이 인성육(仁成育)이다. “누구든지 하느님께로부터 난 사람은 자기 안에 하느님의 본성(씨)을 지녔으므로 죄를 짓지 않습니다. 그는 하느님께로부터 난 사람이기 때문에 도대체 죄를 지을 수가 없습니다”(요한1서 3:9). 우리 마음속에 보내진 하느님의 얼을 잘 파지(把持)하는 것이 하느님 아들을 성육(成育)시키는 것이다.

류영모는 이렇게 말하였다. “우리가 여기서 몇십 년 사는 것으로 그치라는 게 아니다. 정죄(定罪)하여 너는 죽을 것이라 심판하고 마는 것이 아니다. 그러나 이 몸이 죽지 않는다고 생각하면 못쓴다. 위로부터 난 얼생명을 믿어야 한다. 몸이 죽는다고 멸망이 아니다. 멸망할 게 멸망하고 영원한 생명의 씨는 자란다. 내 맘속에 있는 하느님의 씨인 하느님 아들을 믿지 않으면 이미 멸망한 것이다. 죽을 몸을 참나로 착각하고 있는 것이다. 위로부터 난 하느님 아들인 얼나를 알지 못하면 그게 이미 심판받고 정죄받고 멸망한 것이다. 위로부터 거듭날 생각을 안 하고 그것을 모르니까 이미 죽은 것이다. 몸의 숨은 붙어 있지만 벌써 멸망한 것이다"(『다석어록』).

"옳음 좇아 하느님께 이르러 아들 의를 돌이켜"(取義如天宜復之)

예수가 말하기를 "너희는 먼저 하느님의 나라와 하느님께서 의롭게 여기는 것을 구하여라. 그러면 이 모든 것도 곁들여 받게 될 것이다. 그러므로 내일 일은 걱정하지 말아라. 내일 걱정은 내일에 맡겨라. 하루의 괴로움은 그날에 겪는 것만으로 족하다"(마태오 6:33-34)고 하였다. 하느님께로 나아가는 길은 탐 · 진 · 치의 짐승 성질을 버리고 하느님의 진 · 선 · 미를 찾는 것이다. 이것이 하느님 아들로서 하느님 아버지와의 관계를 바로 세우는 것이 된다. 의(宜) 자는 사당 안에 제물을 쌓아놓고 하느님께 제사를 올리는 것을 상형한 글자다. 하느님께 기도(제사)하는 것이 하느님과의 관계를 바로 세우는 것이다. 취의여천의복지(取義如天宜復之)는 공자(孔子)가 말한 극기복례(克己復禮)라는 말과 뜻이 같다. 옳음을 쫓는 취의(取義)가 제나를 이기는 극기(克己)이다. 의(宜)를 회복한다(宜復)는 말이 복례(復禮)다. 제나(自己)로 죽어서 얼나(靈我)로 솟나는 것이 하느님 아들로서 하느님 아버지와의 관계를 돌이키는 것이다. 하느님 아버지와 하느님 아들 사이의 관계가 올바르게 되지 않으면 우리에게는 희망도 생명도 있을 수 없다. 하느님의 얼이 우리의 영원한 생명이기 때문이다.

"아버지와 아들의 바른길은 옳음에 의한 사랑"(父子道理仁由義)

류영모가 말하는 아버지와 아들은 거의가 하느님 아버지와 하느님 아들을 말한다. 이것을 땅의 아버지와 아들로 새기면 글자로는 맞지만, 류영모의 생각은 아니다. 류영모가 예수를 좋아한 것은 예수가 하느님을 아버지로 받들었기 때문이다. "지극히 높은데 계신 완전한 아버지께로 가자는 게 예수의 인생관이라고 생각한다. 나도 이러한 인생관을 갖고 싶다. 이런 점에서 예수와 나와 관계가 있는 것이지 이 밖에는 아무 관계가 없다. 이걸 신앙이라 할지 어떨지 예수 믿는다고 할지 어떨지 모른다." 류영모는 예수의 하느님 아버지에 대한 충성을 본받고자 하였다. 류영모는 돌아가기 얼마 전에도 "공자는 하느님 아버지와의 부자유친(父子有親)을 세우지 못하였는데 예수가 하느님 아버지와 부자유친을 세웠다"라고 말하였다. 그러나 공자도 하느님을 지성으로 받든 사람임에 틀림없다. 공자는 말하기를 "나를 아는 이는 하느님이시다"(知我者其天乎 ─『논어』「헌문편」)라고 하였다.

류영모의 하느님 아버지에 대한 충성은 지극하였다. "나는 하느님을 찾는데 무엇을 바라고 찾는 것은 아니다. 하느님께 복종하는 나다. 내가 이쯤 하면 하느님께서 은혜를 주시겠지, 이것이 아니다. 하느님을 향하여 무엇을 바라며 믿는 것은 섬기는 것이 안 된다. 죽이든 살리든 이것은 하느님의 하시는 일이고, 죽이든 살리든 간에 하느님을 따라가는 것이 나의 할 일이다. '살리거나 죽이거나 아버지 맘대로 하십시오' 하는 게 아들의 마음이다."

류영모는 이러한 아들의 충성심을 예수에게서 배운 것이다. 도리(道理)는 하느님 아버지와 아들 사이의 진리의 유대(rapport)이다. 그것은 하느님 아버지에 대한 순종의 믿음이다. 이것이 의(義)에 의한, 하느님에 대한 사랑(仁)이다.

"몬과 맘은 땅 하늘로 왔다 간다 (나서 죽어)"(物心來往天諸地)

왔다 갔다 하는 것은 상대적 존재다. 제나(自아)로는 나서 죽고, 있다 없어진다는 말이다. 오기는 땅으로 떨어진 것이 가기는 하늘로 돌아간다지만 그러나 사실은 부질없이 생겼다가 하염없이 꺼진다. 그것이 상대적 존재인 제나의 숙명이다. 그래서 석가가 말하기를 "일체의 유위법(有爲法, 상대적 존재)은 꿈이요 허깨비요 물거품이요 그림자 같은 것이다. 이슬 같고 또 번개와도 같은 것이다. 마땅히 이와 같이 봐야 한다"(『금강경』 32 응화비진품)라고 하였다. 그러므로 석가는 가지 않고, 오지 않고, 또한 머물지 않는(無去無來亦無住) 절대존재를 찾아야 한다는 것이다. 그게 니르바나(Nirvana)이니 니르바나가 하느님이다. 니르바나가 사람에게 자기의 생명을 준 것이 다르마(Dharma, 法)이다. 다르마도 니르바나와 같이 가고 오지 않는 절대생명이다.

류영모는 이르기를 "불성(佛性)인 얼나는 나는 것도 죽는 것도 아니다. 얼나는 영원한 생명이기 때문이다. 그러므로 몸이 아닌 얼나(다르마)는 하늘나라(니르바나)에 들어간 것도 나온 것도 아니다. 니르바나(하느님)가 보낸 얼은 절대(絶對)라서 없는 곳이 없다. 그러므로 갈 곳이 없고, 올 곳이 없다. 따라서 머무를 곳도 없다"(無去無來亦無住)라고 하였다. 류영모는 오고 가지 않는 것으로 하느님(니르바나), 하느님 아들(다르마)과 허공을 들었다.

몬(物)과 맘(心) 가운데 몬이 상대성이라는 것은 누구나 안다. 별똥별처럼 뜻밖에 나타나서 갑자기 사라지는 것이 물체다. 그런데 맘에 대해서는 사람들의 생각이 다르다. 여느 사람들보다 신앙을 가진 사람들이 더 헷갈리는 소리를 한다. 그러나 맘도 상대성이라 나고 죽는다.

류영모는 맘에 대해서 이렇게 말하였다. "마음은 영원한 것인가 하면 그렇지 않다. 마음은 생사의 제한을 받는다. 마음이라는 것은 어떤 의미로는 영원성 있는 영혼을 대표할 수 있다. 그러나 마음이라는 것도 그대로는 안 된다. 벗어버릴 것이 여간 많지 않다. 벗어버릴 것 벗어버리고 가야 한다. 마음도 멸거(滅去)하여야 한다. 그런 뒤에 즉진(卽眞)하여야 한다. 마음은 없어져 죽어야 빈다. 빈맘에 하느님의 얼이 나타난다"(『다석어록』).

하느님 아버지와 하느님 아들만이 나지 않고 죽지 않는 영원한 생명이다. 하느님의 생명인 성령(얼)은 없는 곳이 없기 때문에 오고 가지 않는다. "예수의 영원한 생명은 그의 몸이 아니고 그의 얼이다. 그 예수의 얼은 지금 우리에게도 보내주신다. 예수의 얼은 줄곧 우리에게 보내주신다. 성령이란 진리요 말씀이다. 성령을 받아서 우리의 생명을 유지할 수 있다"(『다석어록』).

32. 다 함께 제나의 죽음을 조상하자
大同弔

아직 스스로 제나 버리지 못한 이 있으면　　未有自致者
반드시 몸소 제나로는 죽어야 해　　必也親喪乎
모진 어려움 겪고도 아직 제나 못 버려　　遭艱猶未致
반드시 스스로 제나를 죽여야 해　　必也自處乎

(1959. 3. 1)

弔: 조상할 조. 親: 몸소 친. 致: 버릴 치. 喪: 죽을 상. 遭: 만날 조. 艱: 어려울 간. 處: 처치할 처.

대나무 장대 끝에서 걸어간다(竿頭進步)는 말이 있다. 이것은 장대를 짚고 높이뛰기를 한다는 말이 아니다. 석상(石霜) 스님이 이르기를 "백 자(百尺)의 대나무 장대를 세워놓은 끝에 올라서서 어떻게 걸어갈 수 있을 것 같은가." 또 고덕(古德) 스님이 이르기를 "백 자의 대나무 장대 끝에 앉았다 할지라도 아직 참됨에 들어서지 못하였다. 백자의 대나무 장대 끝에서 걸어가야 온 우주에 가득 찬 전체의 나(얼나)가 나타난다"(百尺竿頭須進步 十方世界現全身 ─『무문관』46측). 백척간두(百尺竿頭)에 올라서서 걸어가라는 말은 개체(個體)인 제나(自我)로는 죽으라는 말이다. 백척간두에서 걸어가면 공중을 나는 재주가 없는 이상 떨어져 죽을 수밖에 없다. 이 말을 한 때는 비행기란 상상도 못 하던 1천 년 전의 일이다. 백척간두에 서서 걸어가는 결심으로 제나를 버리라는 말이다. 방하착(放下著)을 하라는 말이다. 마하트마 간디가 이르기를 "죽음 안에 승리가 있다. 나를 버리는 것은 참된 기쁨이다. 제나가 죽을 때 얼나는 깨어난다"(There is victory in death. Renunciation is true enjoyment. When the ego dies, the soul awakes. ─간디,『날마다의 명상』)고 하였다. 백척간두에서 떨어져 죽는 것은 개체의 나인 제나(自我)이고 온 우주에 가득 찬 전체의 나가 나타나는 것은 얼나(靈我)이다. 그러므로 우리가 바랄 일은 모든 사람이 제나로 죽고 얼나로 솟나는 것이다. 그런 의미에서는 제나(自我)의 대동조(大同弔)야말로 얼나(靈我)의 대동축(大同祝)인 것이다.

고덕이 백척간두에 서서 걸어가라는 말이나 예수가 산에 명하여 여기서 저기로 옮기라는 말이나 같은 말이다. 불가능에서 가능을 찾으라는 말이기 때문이다. 멸망의 생명인 제나(自我)에서 영원한 생명인 얼나(靈我)로 옮기는 일이 백척간두에서 걸어가는 일이요 산을 들어 옮기는 일과 같다는 말이다. 제나에서 얼나로 옮긴 이는 "사망에서 생명으로 옮겼다"(요한 5:24)를 이룬 이다.

“아직 스스로 제나 버리지 못한 이 있으면 반드시 몸소 제나로는 죽어야 해”(未有自致者 必也親喪乎)

용담지촉(龍潭紙燭)이라는 말이 있다. 선사(禪師) 용담(龍潭)이 종이로 만든 초롱이라는 말이다. 중국에는 인문 지리상으로 무슨 까닭이 있는지 모르지만, 형이하에 강한 공맹(孔孟)이 북쪽 사람이고 형이상에 강한 노장(老莊)이 남쪽 사람이다. 불교에서도 북쪽에는 교종(敎宗)이 성한데 반하여 남쪽에는 선종(禪宗)이 성하였다. 북쪽 교종에서 금강경소(金剛經疏)를 지어 널리 알려진 선사(禪師) 덕산(德山)이 남쪽의 선종을 못마땅하게 생각하였다. 깨달음을 얻는다면서 배움을 소홀히 하는 것을 이해할 수가 없었다. 배우지 않고 깨달을 수도 없지만 배우기만 한다고 깨달아지는 것은 아니다. 제나(自我)를 죽이지 않고는 얼나를 깨달을 수 없기 때문이다. 제나가 진리(道)를 깨닫는다고 생각하면 평생 수도(修道)를 하여도 진리인 참나(眞我)를 깨닫지 못한다.

류영모는 이렇게 말하였다. “지식을 얻어들어 손해 볼 것 없다. 그러니 얻어 두자는 생각으로 집회에 나가는 사람이 대부분이다. 그래서는 안 된다. 제 속에 있는 영원한 생명을 깨달아야 한다. 불경, 성경을 보는 것은 삶을 알아보자 하는 데 참고가 되는 것이다. 더도 덜도 아니다. 인생에 대한 하나의 참고서다. 나와 불경 성경의 관계가 이러하다. 불경을 열심히 읽는다고 성불이 빨리 되는 것도 아니다. 성경을 외운다고 영원한 생명을 깨닫는 것도 아니다. 불경이니, 성경이니 하는 것은 맘을 죽이자는 거다. 제나가 한번 죽어야 마음이 텅 빈다. 한번 죽은 마음이 빈탕의 마음이다. 빈 맘에 하느님 나라, 니르바나 나라를 그득 채우면 더 부족이 없다."

덕산(德山)은 자신이 지은 금강경소를 짊어지고 남쪽으로 찾아갔다. 마침 점심때가 되어 떡 파는 가게에 들렀다. 떡 파는 노파가 덕산이 지고 온 것을 보고 무엇이냐고 물었다. 덕산은 "내가 지은 금강경소요"라고 자랑스럽게 대답하였다. 노파는 금강경소라는 말에 정색하고는 "스님 내가 묻는 말에 대답을 하면 떡을 공양하겠으나 대답을 못 하면 공양을 못 하겠습니다"라고 하였다. 덕산은 금강경에 대해 묻는다니 자신이 만만하였다. "금강경에 과거심불가득(過去心不可得), 미래심불가득(未來心不可得), 현재심불가득(現在心不可得)이라고 하였는데 스님은 점심(點心)하겠다니 어느 마음(心)에 점(點) 찍으시렵니까?" 그 말에 덕산은 입을 열지 못하였다. 스님도 아닌 떡 장사 노파에게 두 손 들 수밖에 없었다. 그리하여 덕산은 그 노파의 지시대로 용담사에 머물고 있는 용담(龍潭) 숭신(崇信)에게로 갔다. 그날 용담을 만난 덕산은 방장(方丈)에서 시간이 흐르는 것을 잊고 얘기를 나누었다. 밤이 늦어 덕산은 자기가 잘 처소로 가려고 일어났다. 문을 열고 나오니 밖은 캄캄하여 어디가 어디인지 알 수 없어 방안으로 다시 들어왔다. 그러자 용담이 종이로 만든 초롱에 불을 켜서 덕산에게 건네주었다. 덕산이 초롱을 들고 문밖으로 나서서 걸어가려고 발을 떼자 뒤에 섰던 용담이 초롱의 촛불을 불어 꺼버리니 더 캄캄하여졌다. 그때 덕산이 깨달음을 얻고 용담에게 큰절을 하였다.

촛불은 제나(自我)를 상징한다. 캄캄한 흑암(黑暗)은 전체(全體)다. 제나의 촛불을 꺼버리고 전체 속에 하나가 되어야 한다. 그런데 사람들은 제나의 촛불에 집착한다. 언젠가는 꺼질 불인데 꺼뜨리지 않으려고 밤낮으로 전전긍긍 안절부절이다. 우리는 생일날 생일 케이크에 나이 수만큼 촛불을 켜놓고 불어 끄는 것을 생일 축하 의식으로 삼는다. 우리는 생일 케이크에 켜놓은 촛불을 끌 것이 아니라 제나의 촛불을 꺼야 한다. 이것은 남이 불어서 꺼줄 수도 없다. 오직 자신이 불어서 꺼야 한다. 모든 사람이 제나의 불을 끌 때 대동조(大同弔)가 아닌 대동축(大同祝)이 될 것이다.

"모진 어려움 겪고도 아직 제나 못 버려 반드시 스스로 제나를 죽여야 해"(遭艱猶未致 必也自處乎)

아놀드 토인비는 인류의 6천 년 역사를 샅샅이 들추며 연구하여 독특한 사관(史觀)을 터득했다. 인류 역사의 목적은 신관(神觀)의 향상(向上)에 있다고 하였다. 그런데 사람은 고난을 통해 진리되시는 하느님을 인식하게 된다는 것이다. 인류 역사가 그럴진대 개인의 생애도 마찬가지다. 십자가를 지고 골고다 언덕을 올라가는 듯한 고난의 삶을 살아가는 것은 참나인 하느님을 인식하기 위한 것이다.

류영모는 이렇게 말하였다. "나란 바로 정신이다. 정신이 자라는 것이 생각이다. 정신이 깨어나 피고 정신에 불이 붙어야 한다. 정신은 거저 깨어나지 않는다. 쓰라린 가난과 고초를 겪은 끝에 가서야 정신이 깨어난다. 그리하여 우리의 생명이 이 땅 위의 몸에 한정된 것만이 아니라는 것을 생각하게 된다. 그러면 자연히 보이지 않는 영원한 하늘을 바라보게 된다. 이 영원(하느님)에 대한 생각은 어느 성인이나 어떤 경전이나 다 같다"(『다석어록』).

석가가 6년 동안의 결사적인 고행 없이 위 없는 깨달음을 깨닫는다는 것은 생각할 수 없다. 이미 고난 속에 있는 이는 고난을 감사하게 받아들여 깨달음의 기회로 삼아야 한다. 고난에서 좀 멀리 있는 이는 석가처럼 고난을 끌어당겨서라도 고난을 겪어내야 내 정신이 자랄 수 있다. 석가 못지않게 고난을 겪으면서도 전혀 깨달음을 이루지 못하는 사람들이 많다. 그들은 값진 고난을 겪으면서도 생각할 줄 몰랐다. 생각하는 것이 기도요 참선이다. 내가 스스로 생각을 높여 하느님께로 나아가는 것이 참되게 사는 길이다.

류영모는 이렇게 말하였다. "우리가 인생 문제에 의심이 생길 때 밤낮으로 생각해도 환히 밝아지지 않을 때가 있다. 아주 답답하고 곤란할 때가 많다. 그러나 참을 찾으려는 마음이 한결같으면 언젠가 제 가슴속에 밝은 길이 뚫릴 것이다. 우리가 나에 대해서는 의심을 안 한다. 그런데 이 세상이 괴로울 때면 나를 의심하게 된다. 이렇게 아프고 '괴로운 이 나라는 게 뭐냐'라는 것이다. 나를 없애버리고 싶어진다. 그래서 자살도 한다. 나를 의심하다가 이 나라는 것이, 참나가 아니라는 것을 깨닫는다. 그리고 영원 절대의 참나인 얼나를 깨닫는다"(『다석어록』).

류영모는 반드시 스스로 거짓 나인 제나(自我)를 죽여버려야 한다고 하였다. 제나를 죽이라고 말했다고 목을 매거나 독약을 먹으라는 것이 아니다. 값어치를 인정하지 않으면 이미 죽은 것이다. 제나가 거짓 나임을 알고 쓸데없는 것임을 알면 이미 제나는 죽은 것이다. "육적인 것은 아무 쓸모가 없지만, 영(얼)적인 것은 생명을 준다"(요한 6:63)는 것을 깨닫게 되면 이미 제나는 죽고 얼나가 산다.

류영모가 스스로 제나를 죽여버려야 한다는 것은 얼나를 선택하라는 것이다. 그것이 참으로 우리를 사랑하는 사람의 바른말이다. 친상(親喪)하라. 자처(自處)하라고 하니 끔찍하게 들릴 수도 있을 것이다. 그러나 예수 자신도 스스로 친상하고 자처하였음을 밝혔다. “아버지께서는 내가 목숨을 바치기 때문에 나를 사랑하신다. 그러나 결국 나는 그 목숨을 다시 얻게 될 것이다. 누가 나에게서 목숨을 빼앗아가는 것이 아니라 내가 스스로 바치는 것이다”(요한 10:17-18). 이것이 친상함이요 자처함이다. 얼생명을 얻기 위하여 몸생명을 스스로 죽이고 버린다는 말이다.

류영모는 이렇게 말하였다. “내가 자꾸 나아가는 것이니까 내가 죽어서 나아진다면 몸뚱이의 자살은 하지 않을지언정 정신적인 자살은 얼마든지 하여도 좋을 것이라고 생각한다. 나아가는 것이라면 정신의 자살을 하는 그 지경이 복음도 알고 은혜도 부딪쳐 보는 것이 된다. 내가 나를 죽이고 내가 나를 낳아 가는 것이다”(『다석어록』).

석가의 가르침에서 가장 귀한 것으로 아는 사성제(四聖諦)가 바로 스스로 제나로는 죽으라는 말이다. 괴로운 몸(苦), 모인 맘(集)을 없애는(滅) 것이 니르바나(하느님)에 이르는 길(道)이란 뜻이다. 탐 · 진 · 치(貪瞋痴)의 짐승인 제나로 죽지 않고는 진 · 선 · 미(眞善美)의 하느님 아들로 솟날 수 없다. “온 몸뚱이가 허물어지고 약아빠진 제나를 내친다. 몸은 떠나고 앎은 가버리자 하느님께 뚫리어 하나 된다. 이것을 제나 잊음(坐忘)이라 한다. 하느님과 하나 되면 이 누리에는 좋아할 것이 없다. 얼나가 되면 몸으로 오래 살 것 없다”(隳肢體 黜聰明 離形去知 同於大通 此謂坐忘 同則無好也 化則無常也 — 『장자』「대종사편」).

33. 너무도 고마워 쓰는 글
多謝詞

게으름을 떨치고 글 익히는 기쁨에 살고 罷倦習悅處
때로 벗이 와 즐거움을 더한다 有朋加樂時
바라기는 하느님 아들 선비가 됨인데 願爲君子儒
언짢아하지 않는 자리 기약하기 어려워 難期不慍地

(1959. 9. 19)

謝: 감사할 사. 詞: 글 사. 罷: 내칠 파. 處: 살 처. 倦: 게으를 권. 慍: 성낼 온. 期: 기약할 기. 地: 곳 지.

22살의 류영모는 아우의 죽음으로 날벼락을 맞는 듯한 충격을 받았다. 이 세상에서의 희망을 버리게 되었다. 사람이 비누 거품과 같은 몸으로 푸른 희망을 품고서 빛나는 성공을 바란다는 것이 부질없다는 것을 깨달았던 것이다. 류영모는 10년이 지났는데도 그때 일을 이렇게 말하였다. "내가 22살 때 20살의 동생이 죽었다. 그때부터 나는 이 세상에서는 완성된 것이 없다고 생각하였다. 일 하나 이루었다는 것은 또 하나의 일을 만들었다는 것이다. 세상에서 귀찮은 일은 없애자고 자꾸 노력하는데 그 일 마치면 또 거기서 새 일감이 나온다. 편리하게 승용차를 가지면 또 귀찮은 여러 가지 일이 따라온다. 나는 이 세상을 다 살아 그런지는 몰라도 이 세상에서 뭐가 된다는 것이 우습다. 이 세상에서 되는 게 무엇이 있는가. 장사가 잘된다는 등 이따위 것이 있을지 몰라도 그러나 그게 되는 건가. 이 세상이 달라진 게 있다면 사람 수효가 많아진 것, 그리고 세상이 좁아진 것뿐이다. 어리석은 것들은 역시 어리석은 그대로 있고 달라지는 게 없다. 이 세계는 말자는 거다. 최초의 의지가 조금 하다가 말자고 시작한 것이다. 우리의 할 일은 상대적 존재가 있는 상대세계는 "아니다"라고 하는 것이다. 이 세계는 소극적으로 생긴 거지 자꾸 번성해 나가자고 있는 게 아니다. 마침내는 말자고 생긴 세상이다. 어떤 결과를 보자는 세상이 아니다."

그러나 류영모는 마침내 헛일밖에 안 되는 몸살림을 하면서도 하느님 아버지를 생각할 수 있는 것을 엄청난 은혜로 감사하였다. "나는 위에서 은혜가 쏟아지는 믿음을 갖지 않는다. 여기서 이렇게 하는 이상 더 은혜를 바라지 않는다. 이 정도라도 할 수 있는 것도 위(하느님)로부터 오는 게 없으면 안 된다. 이걸 생각하면 무한한 감사를 드린다. 이렇게 우리가 만나 이야기하는 일이다. 우리가 하루 품을 내는 데는 우리를 대신해서 우리 집안 식구의 수고가 있다. 오늘 이때까지 건강하게 살아온 까닭은 우리들보다 더 괴로움을 당하면서 우리를 살리기 위해 애쓴 앞서간 사람들의 은혜 때문이다."

류영모가 감사하는 일이 따로 있다. 하느님의 얼(씨)을 받아 하느님의 아들을 기르는 일이다. "살림이 구차하여 얼의 싹이 트는지도 모르는 가운데에도 싹을 틔우려는데 마음을 쓰며 사는 것을 자랑하고 싶다. 나는 언제나 마음이 평안하다. 옆 사람은 알 수 없겠지만 내 마음속에서 하느님의 씨가 싹이 트는 척만 해도 좋은데 싹이 터서 자라난 사람은 얼마나 좋겠는가. 이러한 사람만으로 온 세상이 가득하게 된다면 이 세상이 오늘날처럼 이렇지는 않을 것이다"(『다석어록』).

"게으름을 떨치고 글 익히는 기쁨에 살고"(罷倦習悅處)

공자(孔子)는 "배우기를 싫어하지 않고 사람 가르치기를 게을리하지 않는다"(學而不厭 誨人不倦 —『논어』「술이편」)고 하였다. 류영모는 불권(不倦)을 파권(罷倦)이라 하였다. 공자는 "배우고 익히면 또한 기쁘지 않은가"(學而時習之 不亦說乎 —『논어』「학이편」)라고 하였다. 이를 줄여서 습열(習悅)이라 하였다. 류영모는 이렇게 말하였다. "하루하루를 지성껏 살면 무상(無常)한 인생이 비상(非常)한 생명이 된다. 하루하루를 덧없이 내버리면 인생은 허무밖에 아무것도 아니다. 정성을 다하여 쉬면서 쉬지 않는 숨처럼 언제나 깨어 있는 사람은 쉬지 않으면서 쉬는 숨이며 늘 괴로우면서 언제나 기쁘다. 늘 나를 죽임으로써 내가 사는 것이 일하는 것이다. 사람은 열심히 일하는 데서 삶의 보람을 느낀다. 그러나 그 일이 하느님이 시키는 대로 하며 자기 몫을 다하는 삶이 되어야 한다. 자기 사명을 가지고 사는 삶, 언제 죽어도 좋다고 하는 삶, 죽어서 사는 삶, 그것이 영원한 생명이다."

류영모가 익히는(習) 일에 대해서 이렇게 말하였다. "날개 우(羽) 아래 스스로 자(自)를 한 글자가 익힐 습(習)이다. 새 새끼가 어미 새를 본받아서 자꾸 나르는 것을 배운다. 병아리는 아마 이것을 참고 배우지 못하여 날지 못하는 것 같다. 날개가 있어도 날기를 배워서 쓰지 않으면 날 수가 없다. 닭이란 놈은 못난 놈이다. 우리들도 익히는 것이 사는 것이 되니까 자꾸 익혀야 한다. 새 새끼처럼 자꾸 익혀서 위로 날아 올라가도록 배우지 않으면 안 된다"(『다석어록』).

예수 · 석가인들 빈둥빈둥 놀면서 저절로 된 것이 아니다. 날마다 목숨을 걸고 힘쓰고 애쓰며 기도 명상에 힘쓴 결과로 하느님을 참나로 깨닫는 그리스도가 되고 붓다(Buddha)가 된 것이다. 오늘날 우리에게 참사람으로 다가온 류영모도 하루에 저녁 한 끼니씩만 먹는 주림을 참았고, 하루 5시간씩 자는 졸음을 이기면서 혼자 배우고 홀로 기도한 가운데 이루어진 인격인 것이다.

"때로 벗이 와 즐거움을 더한다"(有朋加樂時)

공자(孔子)가 말한 "벗이 있어 먼 데서 바야흐로 찾아온다면 또한 즐겁지 않으랴"(有朋自遠方來不亦樂乎 —『논어』「학이편」)를 줄여서 유붕가락시(有朋加樂時)가 되었다. 류영모의 어릴 때의 벗은 우경(友鏡) 이윤영(李潤榮), 일해(一海) 이세정(李世禎) 등이다. 20대의 벗이 춘원(春園) 이광수(李光洙), 육당(六堂) 최남선(崔南善) 등이다. 그러고는 제자로서 배우러 찾아온 이들이 함석헌(咸錫憲) 김교신(金敎臣) 김흥호(金興浩) 류달영(柳達永) 서영훈(徐英勳) 이정호(李正浩) 류승국(柳承國) 이성범(李晟範) 염낙준(廉洛駿) 김정호(金正鎬) 서완근(徐完根) 박영인(朴永寅) 등이다. 그들은 스승 류영모를 찾아와서 북한산의 빼어난 경치에 마음이 비워지고 류영모의 놀라운 말씀으로 마음이 가득 차서 돌아갔다.

증자(曾子)는 말하기를 "참사람은 글로써 벗을 만난다"(君子以友會友 — 『논어』「안연편」)고 하였으나 류영모는 "벗은 얼로 사귀어야 한다"고 말하였다. "하느님을 위해서 마음을 바치고 친구를 위해서 몸을 버릴 수 있는 사람이라면 큰 사람(大人)이다. 위(하느님)로 향하는 사람은 친구도 자기보다 얕은 사람과 사귈 수 없다. 정신이 자기보다 높아 자기의 정신을 높여 줄 수 있는 친구를 사귀지 않으면 안 된다. 사람은 얼로 사귀는 우도(友道), 우애(友愛)라야 한다. 하느님의 말씀을 알 때 너와 나의 벽을 뚫어 통할 수 있다."

"바라기는 하느님 아들 선비가 됨인데"(願爲君子儒)

공자(孔子)가 제자 자하(子夏)에게 이르기를 "너는 (하느님 아들인) 얼나의 선비가 되어라. (짐승인) 제나의 선비가 되지 말라"(汝爲君子儒 無爲小人儒 — 『논어』「옹야편」)고 하였다. 선비라고 다 선비가 아니다. 얼나로 솟난 이가 참 선비다. 공자(孔子)는 얼나로 솟난 얼나의 군자 선비였다. 그래서 공자는 "하느님이 나에게 속나(얼나)를 낳으셨다"(天生德於予 - 『논어』 술이편)라고 하였다. 이 말은 공자가 얼나로 거듭난 체험을 말한 것이다. 예수가 찾아온 유대 관원 니고데모에게 "누구든지 새로 나지 아니하면 아무도 하느님의 나라를 볼 수 없다. 물과 성령으로(얼) 새로 나지 않으면 아무도 하느님 나라에 들어갈 수 없다. 육(몸)에서 나온 것은 육이요 영(얼)에서 나온 것은 영(얼)이다. 새로 나야 된다는 내 말을 이상하게 생각하지 말라"(요한 3:3-6)고 하였다. 예수가 이 말을 하기 5백 년 앞서 이미 공자는 자신이 하느님이 낳아주시는 얼나로 새로 나는 체험을 말하였다. 예수가 '몸에서 나온 것은 몸이요'라고 한 것은 몸 사람인 어버이가 낳은 몸나는 나서 죽는 멸망의 생명이란 말이다. '얼에서 나온 것은 얼이다'라고 한 것은 얼이신 하느님이 낳은 얼나는 영원한 생명이란 말이다. 그런데 공자 뒤로 공자가 바라던 군자유(君子儒)는 드물고 소인유(小人儒)만 쏟아져 나왔다. 소인유들이 중국을 망치고 조선을 망쳤다. 유교가 부흥하려면 공자의 군자유 정신을 살리는 데 있을 것이다.

류영모는 군자(君子)를 '그이'라고 하였다. 그이란 뜻은 그(하느님)를 그리는 사람이라는 뜻이다. "군자(君子)를 그이라고 하고 싶다. 군자(君子)란 한자로는 임금의 아들이란 뜻인데 하느님 아들로 볼 수 있다. 공자(孔子)의 자(子)도 아들이다. 누구의 아들이겠는가. 하느님의 아들일 것이다. 나더러 '무엇을 하고 싶은가'라고 묻는다면 그이(君子)가 되고 싶다고 할 수 있다. 기왕에 생명을 타고난 이상은 나를 아는 사람들이 '어떻게든지 바로 살겠다고 하던 그이(君子)'라고 하는 소리를 나는 듣고 싶다. 이 세상에는 수많은 사람의 그이가 있는데 두어 사람이라도 이 사람에게 '그이는 참 지금 생각해도 좋은 사람이야. 나쁜 감정은 없다'면서 그이(君子)라고 불러준다면 나는 여부없이 받겠다"(『다석어록』).

"언짢아하지 않는 자리 기약하기 어려워"(難期不慍地)

여기의 불온(不慍)은 공자(孔子)가 말한 "사람들이 나를 알아주지 못

해도 언짢아하지 않는다면 또한 참사람이 아니겠는가"(人不知不慍不亦君子乎 —『논어』「학이편」)에 나오는 불온(不慍)이다. 성내지 않는다. 언짢아하지 않는다는 뜻이다. 공자가 사람들이 나를 몰라주어도 성내지 않으면 군자라 하였으니 나도 그런 지경에 이르기를 기약하기 어려울까라는 뜻이다.

예수는 베드로가 알아주고, 석가는 가섭이 알아준 것으로 되어 있다. 그런데 류영모는 말하기를 "예수 · 석가를 다 몰랐다. 누구를 존경하고 좇는 것은 다 제 욕심 채우려 드니까 모르게 되는 거다. 예수 · 석가는 바른말 하였는데 사람들이 못 알아들었다"라고 하였다. 공자는 스스로 말하였다. "하느님을 원망하지 않고 사람 탓을 않으며 아래(세상) 것을 배워 위(하느님)에까지 다다랐는데 나를 알아주기는 하느님뿐이다"(不怨天 不尤人 下學而上達 知我者天乎 —『논어』「헌문편」).

류영모는 이렇게 말하였다. "공자는 말하기를 '나를 몰라주는 것을 걱정하지 말고 내가 남을 몰라줄까 걱정하라.' 또 '내가 능(能)하지 못한 것을 걱정할 것이지 남이 나를 몰라주는 것을 걱정하지 않는다'고 하였다. 일생을 살다가 한 번도 친구가 찾아오지 않는 일이 있다.

심히 외로워 남이 나를 몰라주는구나! 하는 지경에 이를지도 모른다. 그러나 남이 나를 몰라주어도 노여워하지 않겠다. 왜냐하면 생전에 동지 하나 얻지 못하고 알아주지 못하는 데도 노여워하지 않으면 그것 또한 군자가 되기 때문이다. 예수나 공자가 걸어온 길이 바로 이 좁은 길이었다. 세상에서는 나를 알아주지 않아도 하느님께서만 나를 알아주면 그만인 것이다"(『다석어록』).

제2편

1. 솟나 있으리
超有

마흔 주일을 배내(태아)로 아기집에서 노닐고　　四十周遊子宮兒
일흔 해 해 바퀴 도는 동안 어머니 나라 사람　　七十輪廻母國人
맘속 얼나가 밖의 어지러운 제나 다스려　　禁中治外亂名色
태초의 하느님이 이제 스스로 하늘 씨알이라　　萬古一今自天民

超: 높을 초. 周遊(주유): 두루 돌아다님. 輪回(윤회): 되돌아오다. 輪: 바퀴 륜. 回 돌아올 회. 禁: 대궐 금(맘속). 名色(명색): 오온(五蘊)의 총칭, 자아(自我). 萬古(만고): 태고 아주 옛날.

초유(超有)라는 말은 초월해 있자는 말이요 초월해 있다는 말이다. 초월해 있었던 이는 예수와 석가다. 예수는 이르기를 "내 나라는 이 세상의 나라가 아니다"(요한 18:36)라고 하였다. 석가는 이르기를 "이 세상에는 마음 둘 데가 없다"(應無所住而生其心 — 『금강경』)라고 하였다. 예수와 석가는 몸의 제나(自我)에서 맘의 얼나(靈我)로 솟나 세상을 이겼다고 할 수 있을 만큼 세상을 내버렸다.

류영모는 이렇게 말하였다. “이 지구 위의 잔치(인류 문명)에 다녀가는 것은 너나없이 미련을 갖지 말아야 한다. 자꾸 더 살자고 애쓰지 말아야 한다. 이것을 잊지 말고 있어야 한다. 그저 사는 게 좋다고 죽는 게 싫다고 하는 것은 말이 안 된다. 여기는 잠깐 잔치에 참여할 곳이지 본디 여기서 산 것도 아니요 늘 여기서 살 것도 아니다. 종교나 형이상학은 이 세상을 초월하자는 것이다. 이 세상만 쳐다보고 있을 수 없으니 이를 생각으로라도 좀 초월해 보자는 것이다”(『다석어록』).

사람이 이 세상을 초월하지 않으면 안 되는 까닭이 무엇일까. 그것은 이 세상이 무상(無常)한 상대세계요 이 제나(自我)는 죄악의 짐승이기 때문이다. 이 세상에 태어난 것은 절대세계인 하늘나라에서 상대세계인 땅의 나라에 떨어진 것이다. 그러므로 참되게 사는 길은 이 세상을 초월하고 이 제나를 극기하는 것뿐이다.

류영모는 이렇게 말하였다. “우리가 세상에 나온 것은 떨어진(타락) 것이라는 것을 알아야 한다. 우리는 삼독(三毒)에서 나왔기 때문에 탐·진·치(貪瞋痴)에 빠져 있다. 우리는 탐·진·치를 벗어나야 한다. 그러기 위해서 우리는 참나로 솟나야 한다”(『다석어록』).

우리에게 이런 일이 벌어진 까닭을 생각해 보지 않을 수 없다. 하느님은 두 면의 모습을 가지고 있다. 한 모습은 얼(靈)의 나라로 나지도 않고 죽지도 않는 영원한 생명으로 바뀜이 없다. 또 하나는 몬(物)의 나라로 몬(物)으로 된 개체(個體)들이 나고 죽기를 거듭하여 줄곧 바뀐다. 얼의 나라가 정(正)이고 몬의 나라는 변(變)이다. 얼의 나라가 본(本)이요 몬의 나라는 말(末)이다. 얼의 나라가 초(超)요 몬의 나라는 타(墮)이다.

"마흔 주일을 배내(태아)로 아기집에서 노닐고"(四十周遊子宮兒)

이 시(詩)에서 '사십주유자궁아 칠십윤회모국인'(四十周遊子宮兒 七十輪廻母國人)은 제나(自我)로 떨어진 것을 말한 것이고, '금중치외난명색 만고일금자천민'(禁中治外亂名色 萬古一今自天民)은 얼나(靈我)로 솟난 것을 말한 것이다. 타락(墮落)과 초유(超有)를 대비시켰다. 타락의 첫 과정은 어머니 배 속에 임신하여 열 달(40주)을 아기로 지내는 것이다.

류영모는 말하였다. "우리의 이 껍데기 몸으로 말하면 어쩔 수 없이 어머니의 모태(母胎)에서 나왔다. 이 생명이 가짜 생명이라 우리는 참 생명을 찾아야 한다. 우리의 일은 참나를 찾는 거다. 하늘나라에는 참나가 들어감으로 가짜 생명은 죽어야 한다"(『다석어록』).

참나인 얼나를 찾기 위해 거짓 나인 몸나를 반드시 부정해야 한다. 그러나 몸은 몸대로의 상대적인 값어치를 지니고 있다. 예수는 말하기를 "오늘 있다가 내일 아궁이에 던지는 들풀도 하느님이 이렇게 입히시거든 하물며 너희일까 보냐"(마태오 6:30)라고 하였다. 태아는 어머니의 자궁 속에 있는 40주 동안에 땅 위의 생물들이 40억 년 동안 진화해 온 과정을 되풀이한다. 이것을 태아의 요점반복(要點反復)이라고 한다. 처음의 물고기 모양과 나중의 원숭이 모양은 그렇게 같을 수가 없다. 물고기의 지느러미 모양이 자라 손발이 된다. 한 송이 국화꽃을 피우기 위하여 봄부터 소쩍새가 울었다고 하였거니와 내 몸 하나가 태어나는 데도 40억 년의 진화가 있었다는 것이다. 태아가 아기집 양수에서 주유(周遊)하는 것도 생물이 30억 년이 넘게 바다에서 살아 온 것을 기념하는 것이다. 아기가 태어나며 대기를 숨 쉬는 것도 3억 6천만 년 전 '익티

오스테가'라는 원시 생물이 처음으로 뭍으로 올라온 것과 같다. 아기가 기어 다니다가 돌쯤 되어 서는 것은 2백만 년 전 인류의 조상인 유인원이 처음으로 서서 걷는 것과 같다.

우리의 몸뚱이는 비록 구차하게 살다가 실없이 죽지만 슈바이처의 생명외경(生命畏敬) 사상도 수긍하지 않을 수 없다. 어찌 함부로 독주를 마시며 마약을 찌를 수 있는가. 더구나 남의 몸에 매질, 주먹질을 하며 총질, 칼질을 할 수 있겠는가. 그러나 몸보다는 얼을 귀하게 알아야 몸도 따라서 대접을 받게 된다.

"일흔 해 해 바퀴 도는 동안 어머니 나라 사람"(七十輪廻母國人)

얼마 전만 하여도 사람이 일흔 살을 산다는 것은 드문 일이었다. 그런데 지금은 평균수명이 일흔 살이다. 20세기 초만 하여도 평균수명이 50살이 못 되었다. 그런데 이렇게 몇십 년씩이나 수명을 연장시켜 주었으면 나잇값을 하여야 한다. 탐 · 진 · 치의 짐승 노릇을 오랫동안 더 하라고 살려 주는 것이 아니다. 공자 같은 성인도 50살이 되어서야 하느님의 뜻을 알았다(五十而知天命 ―『논어』「위정편」)고 하였으니 이제까지는 뜻 알자 죽어야 했다. 그러나 오늘날은 뜻을 50살에 알더라도 한 20년 더 살면서 하느님의 뜻을 온전히 이루라는 것이다. 하느님이 뜻을 이루는 것은 하느님이 주시는 영원한 생명인 얼나를 깨닫는 것이다. 칠십윤회(七十輪廻)란 70년이란 뜻이다. 윤회는 나이바퀴를 말한다. 해가 동지(冬至)에서 시작해 동지에 이르면 한 바퀴 돈 것이다. 그것이 윤회이다. 류영모는 불교에서 말하는 자아(自我)의 윤회는 믿지 않았다. 윤회를 안 믿으니 전후생은 따라서 안 믿게 된다. 그런데 어머니 배 속에서의 40주는 분명 전생(前生)이 아니겠느냐고 말하였다. 여기서는 한 해의 윤회, 일생의 윤회 같은 윤회를 말한 것이다.

토인비가 말한 한 종교문화권이 일어나 성장하고 쇠퇴하고 멸망하는 것도 윤회이다. 바퀴가 도는 것이 윤회인 것이다. 인연(因緣)이나 윤회(輪回)는 상대세계의 법칙이다. 우리는 상대세계를 벗어나 절대세계에 들어가야 인연이나 윤회에서 벗어날 수 있다. 절대세계에 들어가는 길은 얼나로 솟나는 길밖에 없다. 그리고 자식을 안 낳는 것이 인연의 고리를 끊고 윤회의 바퀴를 멈추는 일이다. 모국인(母國人)은 자기 나라 사람이란 뜻이다. 류명모의 어머니 나라는 한국이다.

류영모는 이렇게 말하였다. "불교에서는 나한(羅漢) 이상이 되면 이 세상에 다시 안 온다는데 우리는 낙제생이라 온 것인지 모른다. 나를 낳지 않는 부모 은혜가 더 중하다. 더 많이 낳아 놓았다면 우리가 이렇게 활개치고 살 수도 없지 않을까. 그게 큰 은혜다. 우리를 낳을 때 받은 고통보다도 더 큰 은혜인지도 모른다. 한 여인에게서는 일생 동안 약 4백 개의 난자가 나온다는데 그것을 다 낳아 놓는다면 어떻게 한단 말인가"(『다석어록』).

"맘속 얼나가 밖의 어지러운 제나 다스려"(禁中治外亂名色)

금(禁)자는 제단(示) 둘레에 나무숲(林)을 이뤄 성역(聖域)임을 나타내자는 회의 문자이다. 중(中)은 하늘에서 하느님의 영감(뜻)이 별똥별처럼 내려꽂히는 것을 상형한 글자이다. 금중(禁中)은 마음속(至聖所)에 하느님의 얼이 임재한 것을 뜻한다. 명색(名色)은 제나(自我)의 사람을 가리킨다. 제나(自我)는 짐승이라 수성(獸性)으로 어지럽다. 맘속의 얼나가 밖의 어지러운 제나를 다스린다는 뜻이다. 장자(莊子)는 이르기를 "안에 얼나를 간직하면 밖의 몸이 놀아나지 못한다"(內保之而外不蕩 ―『장자』「재물론」)라고 하였다. 글자 수도 같고 뜻도 같다.

류영모는 이렇게 말하였다 "정신이 물질에 휘감겨서는 못 쓴다. 언제나 정신이 물질을 부려 써야 한다. 여섯 뿌리(六根)의 몸은 부림치(使喚)이지 참나가 아니다. 여기에 내가 팔려서는 안 된다. 아들이 종의 심부름을 해서는 안 된다. 그것은 멸망이다. 거짓인 몸나가 아닌 참나에게로 가자는 거다. 참나인 얼이 뜻대로 하게 하자는 거다"(『다석어록』).

"태초의 하느님이 이제 스스로 하늘 씨알이라"(萬古一今自天民)

만고(萬古)란 태초부터 오래되었다는 뜻이다. 영원한 하나의 님이 하느님이시다. 하느님은 시간적으로, 공간적으로 영원하신 절대존재이다. 전체(全體)라 하나다. 그 전체인 하느님이 스스로 개체 속에 들어와 개체인 사람은 하느님의 얼생명을 지닌 하늘 씨알(天民)이 되었다.

장자(莊子)는 이르기를 "속 곧은 이는 하느님과 함께 하는 무리이며 하느님과 함께 하는 무리가 된 이는 천자(天子)와 더불어 나도 다 하느님의 아들임을 안다"(內直者與天爲徒 與天爲徒者 知天子與己 皆天之所子 ―『장자』「인간세편」)라고 하였다. 하느님의 무리(天徒)가 하늘나라 씨알이다. 마음속에 하느님의 생명인 얼나가 임자가 된 이들이다. 세상에서는 그들을 성인이라 그리스도라 부처라 이름한다. 하늘 씨알(天民)들은 땅의 나라에 속하지 않는지라 비록 몸은 땅의 나라를 벗어날 수 없지만 맘속의 얼은 오로지 하느님의 뜻에 좇을 뿐이다. 그러므로 하느님과 하늘 씨알(天民)은 둘이 아니다. 그래서 하느님의 생명을 지닌 하늘 씨알을 하느님의 아들이라고 한다. 예수가 말하기를 "나와 아버지는 하나다"(요한 10:30)라고 하자 바리새인들이 예수를 돌로 치려고 하였다. 그들은 이러한 진리를 알지 못하였기 때문이다.

『주역』(周易) 태(泰) 괘에서도 하늘이 아래로, 땅이 위로 가면 좋다(地天泰)는 것이다. 하느님이 사람의 마음속에 오고, 사람의 마음이 하느님을 우러르는 것이 지천태(地天泰)의 모습이다. 이처럼 좋은 일이 없다는 것이다. 『주역』(周易)에서는 "작은 것(제나)이 가고 큰 것(얼나)이 오니 좋다(小往大來吉亨). 위아래가 사귀니 그 뜻이 같다"(上下交而其志同也 ―『주역』 태괘)라고 하였다.

2. 참말은 말이 없다
眞言無辭

이승에서는 말하면 증거 있기를 바라고	今生言辭欲證有
저승에서도 살 맘의 얼은 이미 본디 있었지	往生心性本固存
귀 눈으로 보고 듣는 게 어찌 흡족한 증거이랴	耳目視聽何足據
빔은 크든 작든 얼로 가득 찼어라	虛空大小圓滿魂
기쁨으로 배우고 익히면 말을 아는데 이르러	悅以學習至知言
또 새 말씀 옛 말씀을 익히어 쓰지 않으랴	且不用之新故溫
멀리서부터 오는 벗이 있음은 어떤 까닭인가	自遠有朋所以何
서로 알아주어 그칠 줄 알고 성내지도 말람이다	相慰知止而不慍

(1959. 3. 18)

證: 증거할 증. 固 이미 고. 據: 의지할 거. 圓滿(원만): 충만. 溫: 익힐 온. 所以(소이): 까닭. 慰: 알아줄 위. 慍: 성낼 온.

하느님은 누구인가. 별이 가득 담긴 끝없는 허공이며 얼이 가득 담긴 끝없는 허공이다. 별은 허공 속에 담겨 있는데 얼은 허공과 하나 되어 있는 것 같다. 허공 속에 별은 빛으로 감지하고 허공 속의 얼을 말로 감지한다. 그래서 "맨 처음 천지가 창조되기 전부터 말씀이 계셨다. 말씀은 하느님과 함께 계셨고 하느님이시다"(요한 1:1)라고 하였다.

류영모는 말하였다. "말을 모르면 사람을 알 수 없다. 배운다는 것은 말을 알기 위한 것이다. 말은 사람과 사람 사이를 사귀어 줄 뿐만 아니라 하느님의 말씀을 알면 하느님을 찾아갈 수 있다. 말을 알지 못하고는 도무지 사람 노릇을 못 한다. 도(道)라는 것은 말의 길을 안다는 말이다. 말은 하나밖에 없는 말인 하느님의 말씀을 알아야 한다. 우리는 하느님을 예수·석가 공자의 말씀을 더듬어 올라가서 만나보게 된다. 말씀을 모르고는 도저히 나갈 길을 찾았다고 할 수 없다. 말씀을 모르고는 산다고 할 수 없다"(『다석어록』).

참말(眞言)은 하느님의 얼이기 때문에 사람이 하는 말 같은 것은 없다. 류영모는 이르기를 "영원히 갈 하느님의 말씀은 이 혀로 하는 말이 아니다. 입을 꽉 다물어도 하느님의 뜻만 있으면 영원히 갈 말씀이다"라고 하였다. 예수도 장자도 하느님을 스승님이라고 하였다. 그것은 그들 자신이 하느님의 가르침을 받았다는 말이다. 땅의 스승만으로는 구경각(究竟覺)을 이를 수 없다. 공자(孔子)는 "하느님이 언제 말씀하시었던가"(天何言哉 ─『논어』「양화편」)라고 하였고, 맹자(孟子)도 "하느님은 말씀하지 않는다"(天不言 ─『맹자』「만장 하편」)고 하였다. 하느님은 말 없는 말씀을 하신다. 그야말로 노자의 말대로 말 없는 가르침(無言之敎)을 하신다. 그러므로 참말은 말이 없다(眞言無辭)는 것이다. 불교에서는 산스크리트어(梵語)의 만트라(Mantra)를 의역(意譯)해 진언(眞言)이라 한다.

음역해서는 '만다라', '다라니'라고 한다. 인도 사람들은 세계에서 가장 오래된 경전이라 할 수 있는 베다(veda)경을 산스크리트어로 썼다. 인도 사람들은 베다경을 지나치게 신성시하여 베다경의 말인 산스크리트어를 생활용어로는 쓰지 않았다. 따라서 산스크리트어와 일상용어 사이에 괴리가 생겨 일상용어인 '프라크리르다'가 따로 이루어졌다. 남방불교의 용어인 팔리어는 프라크리르다에서 파생된 것이다. 이 시에서 진언(眞言)은 불교의 산스크리트어로 된 진언(眞言)을 말하는 것이 아니라, 하느님의 말 없는 말씀을 말한 것이다.

"이승에서는 말하면 증거 있기를 바라고"(今生言辭欲證有)

예수를 미워하고 시기한 사람들은 서기관과 바리새인들이었다. 그들은 예수가 그들의 권위에 도전하고 그들의 권위를 손상시킨다고 생각하였다. 그래도 그들은 얼마간 순진한 구석이 있었다. 간음한 여인을 예수에게 끌고 왔을 때 예수가 너희 중에 죄 없는 자가 먼저 돌로 치라고 하였다. 그들은 양심의 가책을 받아 하나둘씩 슬금슬금 도망쳐버렸다. 그들이 뻔뻔스러웠다면 돌로 쳤을 것이다. 얼마간 순진한 그들이라 예수를 미워하면서도 예수가 참으로 하느님이 보낸 하느님의 아들이라면 예수를 박해하는 것은, 자신들이 하느님에게 큰 죄를 짓게 된다는 것을 알았다. 그리하여 예수에게 다가와서 예수가 과연 하느님으로부터 왔으면 그 증거를 보여달라는 것이었다. 바리새파요 유대인의 지도자인 니고데모가 밤에 남모르게 예수를 찾아와 기적 얘기를 한 것도 하느님이 보낸 사람이라는 증거를 찾고자 하였다. 그들은 예수에게 하느님의 아들이라는 증표가 될 만한 기적을 보여달라는 것이었다. 류영모가 말한 것도 바로 이것을 지적한 것이다. 그때 예수는 바리새파 사람들에게 이르기를 "내가 가르치는 것은 내 것이 아니라 나를 보내신 분의 가르침이다. 하느님의 뜻을 실천하려는 사람이면 이것이 하느님으로부터 온 가르침인지 또는 내 생각에서 나온 가르침인지를 알 것이다. 제 생각대로 말하는 사람은 자기 영광을 구하는 사람이다. 그러나 자기를 보내신 분의 영광을 위해서 힘쓰는 사람은 정직하며 그 속에 거짓이 없다"(요한 7:16-18)라고 하였다.

"저승에서도 살 맘의 얼은 이미 본디 있었지"(往生心性本固存)

금생(今生)이 이승살이라면 왕생(往生)은 저승에서 산다는 뜻이다. 저승에서도 사는 생명은 영원한 생명을 말한다. 류영모는 말하였다. "몸은 죽고 얼은 산다. 몸은 노병사(老病死)다. 얼은 진 · 선 · 미(眞善美)다. 몸은 죽어 썩지만, 얼은 살아서 빛난다. 그러므로 몸으로는 죽어야 한다. 몸은 죽으러 온 줄 알아야 한다. 안 죽는 것은 하느님의 얼뿐이다. 하느님의 얼이 내 맘에서 말씀으로 샘솟았다"(『다석어록』). 스피노자도 이렇게 말하였다. "사람의 정신은 몸과 더불어 완전히 파괴되지 않는다. 오히려 정신 가운데 어떤 것은 영원한 것으로 남는다"(스피노자, 『에티카 정리』 23). 류영모와 스피노자의 생각이 같다. 이미 본디부터 있다는 것은 얼생명은 비롯도 없고 마침도 없다(無始無終)는 말이다. 몸처럼 없던 것이 새로 생겼다가 죽어 없어지는 것이 아니라는 말이다. 나서 죽는 제나(自我)는 거짓 나이고, 나지 않고 죽지 않는 얼나가 참나다. 거짓 나로는 죽고 참나로 사는 것이다. 예수는 이를 "누구든지 (위로부터 오는 얼로) 새로 나지 않으면 아무도 하느님 나라를 볼 수 없다"(요한 3:3)라고 하였다. 하느님을 모르는 사람도 마음은 있는데 그 마음은 죽는다. 누구나 하느님을 아는 사람은 그 마음에 하느님의 얼이 왔기 때문에 하느님을 알게 된다. 마음에 온 하느님의 얼이 영원한 생명이다.

류영모는 이르기를 "맘은 덧없는 거다. 심무상(心無常)이다. '나는 예수 믿소' 하고는 그다음에 하는 말이 흔히 '맘 하나만 잘 쓰면 되지'라고 한다. 이렇게 말하는 사람은 마음이 덧없다는 것을 모르고 있다. 즉심시불(卽心是佛)이라고도 하지만 마음이 모든 죄악의 괴수라고도 했다. 네가 마음의 스승이 되어야지 마음을 너의 스승으로 하지 말라고 석가는 말하였다. 마음에 따라가서는 안 된다. 마음이 한번 죽어야 마음이 빈다. 빈 맘에 하느님의 얼이 가득 찬다"라고 하였다. 얼은 하느님의 생명이라 이승 저승의 구별이 없다.

"귀 눈으로 보고 듣는 게 어찌 흡족한 증거이랴"(耳目視聽何足據)

우리의 눈에 보이고 귀에 들리는 것은 모든 것이 나서는 죽는 상대적 존재이다. 그러므로 눈에 보이고 귀에 들리는 것에서 영원한 존재를 찾아서는 안 된다. 예수는 이르기를 "하느님 나라가 오는 것을 눈으로 볼 수는 없다. 또 보아라 여기 있다, 혹은 저기 있다고 말할 수도 없다. 하느님 나라는 바로 너희 맘속에 있다"(루가 17:21)라고 하였다. 류영모는 이렇게 말하였다. "얼의 나는 보이지 않지만, 얼의 나가 있다는 것을 알아야 한다. 이 얼나(靈我)는 예수의 얼나, 하느님의 얼나, 나의 얼나가

한 생명이다. 눈은 눈 자신을 보지 못하지만 다른 것을 보므로 눈이 있는 것을 알 수 있듯이 얼나는 얼나를 볼 수 없지만, 하느님에 대한 생각이 솟아 나오니까 얼나가 있는 줄 안다. 얼나가 없다는 것은 자기 무시(無視)요 자기 모독이다. 얼나가 있으면 하느님도 계신다"(『다석어록』). 그러므로 이상한 것을 들었다, 이상한 것을 보았다는 것은 거짓말이 아니면 착각에 지나지 않는다. 류영모는 또 이르기를 "하느님은 잡신(雜神) 노릇은 하지 않는다. 잠깐 보이는 이적(異蹟) · 기사(奇事) 같은 것을 하고자 영원한 하느님이 한 곳에서 사람들 보는 데서 신통 변화를 부릴 까닭이 없다. 하느님은 무한한 공간의 큰 늘(常)이요 한 늘(常)인 영원한 무한우주다. 우리 머리 위에 받들어야 할 님이시라 한우님이시다"라고 하였다.

"빔은 크든 작든 얼로 가득찼어라"(虛空大小圓滿魂)

무한(無限)하여 영원하고 무유(無有)하여 불변한 허공이야말로 유일절대(唯一絶對)이다. 허공이 아니면 모든 것이 있을 수가 없다. 허공은 모든 것의 어머니요 아버지다. 류영모는 이르기를 "참(眞)이라는 것은 이 세상에서는 볼 수 없다. 빈탕(허공)에 가야 한다. 이 세상의 모든 것은 거짓이다. 빈탕(허공)이 참이다. 우리는 쉽게 있다는 존재로 허공을 알아서는 안 된다. 허공은 우리 오관(五官)으로 감지해서 알 수 있는 것이 아니다. 허공은 무한한 것이다"라고 하였다.

생각해 보면 존재하는 것은 허공뿐이다. 모든 천체(天體) 만물(萬物)은 허공 속에 날아다니는 먼지에 지나지 않는다. 빈탕 허공이 천체(天體)

와 만물(萬物)을 창조하고 지양(止揚)한다. 빈탕 허공이 순환운동을 하는 것은 빈탕 허공이 살아 있다는 증거이다. 허공이 살아 있는 말씀이라 천체 만물을 창조하고, 허공이 권위의 절대존재라 천체 만물을 지양한다. 류영모는 이르기를 "하느님 절대자는 로고스인 아들을 낳아 상대세계를 열었다. 아들을 낳지 못하면 확실히 아버지를 알아주지 않는다.

아버지가 아들을 낳아야 확실히 아버지를 인식한다. 그같이 절대자를 아버지로 확실히 인정하여야 할 우리들이다. 아버지는 아들을 잊으려야 잊을 수가 없다. 아들인 우리는 아버지를 부른다. 조급할 것이 하나도 없다. 아버지와 아들은 나누려야 나눌 수가 없고 쪼개려야 쪼갤 수가 없다. 차별이 있는 것 같으나 떨어지지 않는다"라고 하였다. 하느님께서 우리를 아들로 사랑하여 주심으로 마음이 한없이 즐거워지고 우리에게 내가 너희의 참나(眞我)라고 일러 주시어 믿음이 끝없이 깊어진다. 류영모는 이렇게 말하였다. "마음은 항상 궁신(窮神)하는 자리에 있어야 한다. 하느님을 알려고 하는 것이 궁신(窮神)이다. 우리가 지금은 하느님의 능력을 나타내지 못할망정 이다음에 하느님으로 돌아가는 것만은 사실이다. 하느님의 자리에 간단 말이다. 정신이란 곧 궁신하겠다는 것이다. 거짓 나인 제나(自我)로는 죽고 얼나로 솟나자는 것이다. 사람이 이 세상을 평생 동안 지나가는데 마침내 참나를 찾아 서로 사랑하는 것으로 끝을 맺게 될 것이다"(『다석어록』).

"기쁨으로 배우고 익히면 말을 아는데 이르러"(悅以學習至知言)

맹자(孟子)의 제자 공손추(公孫丑)가 스승 맹자에게 물었다. "선생님께 감히 묻사온데 무얼 잘하십니까." 맹자 대답하기를 "나는 말을 알며 나의 호연지기를 잘 기른다"(我知言 我善養吾浩然之氣 ―『맹자』「공손추 상편」)라고 하였다. 맹자의 호연지기(浩然之氣)는 얼나를 뜻한다. 얼나를 마음에 잘 길러야 성인의 말씀을 알고 하느님의 말씀을 알게 된다. 모든 성인은 제나(自我)로 죽고 얼나로 솟난 이들이다. 그러므로 얼나로 솟나지 않고는 성인의 말씀을 들어도 알지 못한다. 맹자가 말을 안다는 것은 자신도 얼나로 솟난 사람이라 성인인 공자의 말을 알고 하느님의 말씀도 안다는 뜻이다. 맹자는 『논어』에 나오는 공자의 말을 많이 인용하였다. 그리고 맹자 자신의 말도 하였다. 맹자는 온고지신(溫故知新)하여 인류의 스승이 될 수 있었다. 맹자 스스로도 말하기를 "성인이 다시 온대도 내 말을 바꾸지 않을 것이다"(聖人復起 不易吾言矣 ―『맹자』「등문공 하편」)라고 하였다. 예수 · 석가의 말도 알아듣지 못하면 하느님의 말씀을 알아들을 수 없다. 또한 하느님의 말씀을 알아들어야 예수 · 석가의 말을 알아듣게 된다.

류영모는 이렇게 말하였다 "사람이 다른 동물과 다른 것은 자기 존재가 문제가 된다는 것이다. 왜 문제가 되느냐 하면 사람은 자기 속에서 존재(하느님) 소리를 들을 수 있기 때문이다. 공자(孔子)는 60살에 이순(耳順)이라고 말하였다. 나이 60살이면 존재의 소리가 들린다. 그것은 공자뿐 아니라 모든 사람이 다 그런 것이다. 존재의 소리를 듣고 말할 수 있는 것이 사람의 특징이다"(『다석어록』). 그러므로 우리는 경전을 읽고 기도를 하지 않을 수 없다. 날마다 말씀의 경전을 읽고 때마다 얼숨의 기도를 한다.

"또 새 말씀 옛 말씀을 익히어 쓰지 않으랴"(且不用之新故溫)

새 말씀은 내가 직접 하느님의 말씀을 듣는 것이고 옛 말씀은 옛 성인들이 하느님으로부터 듣고서 일러준 말씀이다. 공자가 이르기를 "옛 말씀을 익혀서 새 말씀을 알게 되면 스승될 만하다"(溫故而知新以爲師矣—『논어』「위정편」)고 하였다. 류영모는 이렇게 말하였다. "모든 사람이 연구한 것, 생각한 것은 모두 우리의 재산인데 왜 그것을 안 써요, 써야지. 모든 생각 모든 사상은 모두 사람의 가슴속에서 우러난 것이다. 내가 성경만 먹고사느냐 하면 그렇지 않다. 유교 경전도 불교 경전도 다 먹는다. 살림이 구차하니까 여기저기에서 빌어먹고 있다. 그래서 희랍의 것이나 인도의 것이나 다 먹고 다니는데 그렇다고 해서 내 깜냥(飽和量)으로 소화가 안 되는 것도 아니어서 내 건강이 상한 적은 없다"(『다석어록』).

"멀리서부터 오는 벗이 있음은 어쩐 까닭인가"(自遠有朋所以何)

예수가 십자가에 못 박혀 죽게 될 것을 미리 짐작하고 제자들에게 유언의 당부를 하였다. "내가 너희를 사랑한 것처럼 너희도 서로 사랑하라. 이것이 나의 계명이다. 벗을 위하여 제 목숨을 바치는 것보다 더 큰 사랑은 없다. 내가 명하는(이르는) 것을 지키면 너희는 나의 벗이 된다. 이제 나는 너희를 종(따르는 이)이라고 부르지 않고 벗이라고 부르겠다. 종(따르는 이)은 주인이 하는 일을 모른다. 그러나 나는 너희에게 내 아버지에게서 들은 것을 모두 다 알려 주었다"(요한 15:12-15). 하느님으로부터 온 얼나(靈我)가 인격의 주체가 된 벗을 만난다는 것 이상 기쁜 일이 없다. 얼나로 두 사람은 한 생명이 되었다. 붕우일령(朋友一靈)보다 더 고귀한 일은 이 땅에서는 없다. 로미오와 줄리엣의 사랑도 이몽룡과 성춘향의 사랑도 이 우애 앞에는 해 아래 촛불처럼 아무것도 아니다. 마하트마 간디는 말하기를 "우리는 훌륭한 벗을 찾는다. 왜냐하면 훌륭한 벗은 나의 얼생명을 키울 먹거리이기 때문이다"(간디, 『날마다의 명상』)라고 하였다. 류영모는 이렇게 말하였다. "서로 만나서 우애할 수 있는 벗은 참 만나기 어렵다. 참 벗은 하느님의 뜻을 가진 사람을 말한다. 하느님의 뜻대로 하는 사람은 나의 형제가 되고 벗이 될 수 있다. 그러자면 모두가 예수가 되지 않고는 벗이 성립되지 않는다"(『다석어록』).

1931년 마하트마 간디는 영국 런던에서 열리는 원탁회의에 참석하였다가 귀국하는 길에 스위스 제네바에 들러 레만호반에서 기다리고 있는 로맹 롤랑을 만났다. 어떤 연인끼리의 만남도 그들의 만남에 비교될 수 없을 것이다. 그들은 왜 만났을까. 그들은 진리의 벗이기에 서로가 깨달은 얼나를 알아주기 위해 만난 것이다.

"서로 알아주어 그칠 줄도 알고 성내지도 말람이다"(相懸知止而不慍)

공자(孔子)는 말하기를 "사람들이 나를 몰라주는 것을 걱정하지 않고 남을 못 알아줄까를 걱정한다"(不患人之己 不己知 患不知人也 ― 『논어』 「학이편」)고 하였다. 참나를 깨달은 이는 반드시 참나를 깨달은 이를 안다. 류영모는 말하기를 "내가 이 세상 사람 가운데 가장 좋아하는 사람은 예수 · 석가 · 톨스토이 · 간디 등이다"라고 하였다. 류영모는 자신이 참나를 깨닫고 나니 예수 · 석가 · 톨스토이 · 간디 등이 참나를 깨달은 것을 알 수 있었던 것이다.

류영모는 이르기를 "참으로 공경하고 대접하는 것은 그 사람의 마음 속에 하느님의 아들인 속나(얼나)를 알아주는 것이요 내 속나(얼나)를 드러내는 것이다"라고 하였다.

3. 굳은 곧이는 움직 안 해
貞固不動

물위 잔잔해 아래위 달이 서로 비추고　水面平定月相照
하느님 맘(빔)은 엄청 커서 뿌려진 별들도 작아　天心雄大星羅幺
참사람의 맘 또한 이와 다르지 않나니　人子心面亦不異
시름 걱정의 바람 구름이 무슨 쓸데 있으리　煩惱風雲何必要

(1959. 9. 16)

貞固: 굳은 곧이. 貞: 곧을 정. 固: 굳을 고. 平定(평정): 조용히 가라앉은. 雄大(웅대): 굉장히 큰. 雄: 웅장할 웅. 星羅(성라): 별을 벌려 놓은. 幺: 작을 요. 煩惱(번뇌): 마음이 괴로운. 煩: 괴로울 번. 惱: 걱정할 뇌.

류영모는 곧이(貞)를 좋아하여 곧이(貞)라는 말을 즐겨 썼다. 류영모는 말하기를 "진리와 통하는 것이 곧이(貞)다. 맘이 화살처럼 정직해야 뚫고 나갈 수가 있다. 곧이가 가장 강하고 곧이만이 하느님과 통할 수 있다. 정직만을 하느님이 좋아하신다"라고 하였다. 정(貞)의 貝는 솥 정(鼎)을 간추린 글자이다. 솥은 걸 때 반듯하게 걸지 않으면 안 된다. 貞

자는 正, 定과 뜻이 통한다. 정고(貞固)는 굳은 곧이다. 하느님의 사랑을 이루기 위해 제나를 바치겠다는 살신성인(殺身成仁)의 의지를 말한다. 이몽룡을 향한 춘향이의 사랑이 낮은 정고(貞固)라면 하느님을 향한 예수의 사랑은 높은 정고(貞固)다.

공자(孔子)가 40세에 미혹되지 않는다는(不惑) 것이나 맹자(孟子)의 40세에 움직이지 않는 맘(不動心)이나 다 정고(貞固)를 말한 것이다. 불교에서는 일생보처심(一生補處心)이라고 한다. 스토아학파에서는 아파티아나(不動心)라고 한다. 이것은 개체인 사람이 개체를 버리고 전체(하느님)로 귀일(歸一)하겠다는 의지(意志)를 말하는 것이다. 잠시라도 전체(하느님)와 떨어져서는 안 된다(道也者 不可須離也 ―『중용』 1장). 이것이 마하트마 간디의 진리파지(眞理把持)이다. 정고(貞固)는『주역』(周易) 건괘(乾卦)에 나온다. "굳은 곧이는 일을 맡기에 넉넉하다"(貞固足以幹事)가 그것이다. 류영모는 여기서 일을 하느님이 맡기시는 일로 보았다. 하느님의 일은 하느님의 얼을 받아 하느님 아들이 되는 것이다. 하느님의 아들은 하느님의 말씀으로 살아 몸은 지녔으나 짐승 노릇을 하지 않는다. 찔레나무 뿌리에 장미 가지를 접붙이면 장미꽃을 피우지, 찔레꽃을 피우지 않는 것과 같다. 류영모는 말하였다. "사람의 맘같이 싱거운 것이 없다. 맘은 아무것도 없는 것 같은데 이 같은 사람의 맘이 참으로 무서운 것이다. 맘은 허공과 같은 것이다. 그러나 굳은 게 있다면 맘이야말로 굳은 것이다. 불교에서는 맘을 금강심(金剛心)이라고 한다. 이런 맘을 싱겁게 가지니까 굳은 맘 가진 사람이 없다. 우리의 맘이 짐승인 몸이 시키는 대로 하면 완악한 완고심(頑固心)이 된다. 완고한 맘이란 맘이 몸을 위해서 일할 때의 맘이다. 그러나 몸이 얼을 임자로 모신 맘에 순종할 때 정고신(貞固身)이 된다. 사람은 어떠한 일이든 우선 곧이(貞)를 지켜야 한다. 정고(貞固)를 잃어서는 안 된다. 받은 곧이(貞)를 그대로 가지고 가는 게 해탈이요 구원이다"(『다석어록』).

"물위 잔잔해 아래위 달이 서로 비추고"(水面平定月相照)

맑은 물이 잔잔하면 거울처럼 물체를 비추어 준다고 하여 명경지수(明鏡止水)라고 한다. 평정한 수면이란 이런 명경지수를 말한다. 거울같이 맑은 물에는 공중에 달이 뜨면 물속에도 달이 잠겨 있어 공중의 달과 수중의 달이 서로 비추게 된다. 이것은 마치 니르바나(Nirvana)와 다르마(Dharma)의 관계와 같다. 니르바나와 다르마는 둘이 아닌데 하늘과 내 맘속에 둘인 듯 느껴진다. 하느님 아버지와 아들의 관계가 이렇다는 것이다. 예수가 아버지와 아들의 관계로 비유하면서도 "나(아들)와 아버지는 하나다"(요한 10:30)라고 한 것도 이 때문이다. 그런데 제나(自我) 밖에 모르는 이기주의자(egoist)들은 희랍신화에 나오는 나르시스처럼 물에 비친 제 모습에 제가 반한다. 제 잘난 맛에 사는 사람들은 모두가 그러한 나르시스트인 것이다. 류영모는 이르기를 "저 잘난 맛에 산다. 이것이 교만이다. 교만이 깨져야 한다. 풍선이 터져 바람이 빠지듯 망상이 없어지고 실상에 깨어나야 한다. 내가 못난 줄을 알고 겸손해져야 한다. 무상(無常)이 되어 내가(自我) 없어져야 한다. 그래야 마음이 가라앉고 거울같이 빛나게 된다. 바람이 자고 호수같이 빛난다. 그것이 얼이라는 것이다. 얼이 되면 망상(妄想)이 깨지고 실상(實相)이 된다. 마음은 없어져야 마음이다. 내가 없는 것이 마음이다. 이런 마음이 거울 같은 얼의 맘이다"라고 하였다.

"하느님 맘(빔)은 엄청 커서 뿌려진 별들도 작아"(天心雄大星羅幺)

민심(民心)이 천심(天心)이라고 할 때의 천심은 하느님의 마음을 뜻한다. "달이 하늘 한가운데 이르렀다"(月到天心處, 소강절의 시 淸夜吟)라고 할 때의 천심은 하늘 한가운데(中天)를 뜻한다. 류영모의 천심웅대(天心雄大)의 천심은 우주를 담고 있는 무한 허공(虛空)을 뜻한다.

류영모는 우주를 담고 있는 허공을 하느님의 마음이라고 말하였다. 하느님의 마음인 허공은 둘레가 없는 공이라 끝이 없다. 끝이 없는 허공을 생각하면 아찔하여 소스라치게 놀랄 뿐이다. 천심(天心)은 웅대(雄大)하고 허공(虛空)은 장엄(莊嚴)하다. 웅대하고 장엄한 천심 허공에 일천억의 태양별을 지닌 은하 우주가 일천억을 넘는다. 무려 10^{22}개의 태양별이 펼쳐있다는 것이다. 별을 없는 걸로 치면 무한 허공이 무극(無極)이고, 별을 있는 것으로 치면 무한 허공이 태극(太極)이다. 또 우리 맘속에 한없는 얼을 주시니 영극(靈極)이다. 성령의 영극(靈極), 허공의 무극(無極), 천체의 태극(太極)이 다 합하여 하느님이다.

있는 모두 그대로가 하느님이다. 이를 스피노자와 노자는 자연(自然)이라고 하였다. 이 자연은 성령, 허공, 천체로 이루어진 있는 그대로 하느님이다.

"참사람의 맘 또한 이와 다르지 않나니"(人子心面亦不異)

류영모는 복음서에 나오는 인자(人子)를 얼나로 거듭난 사람으로 알았다. 짐승의 새끼가 아니라 하느님의 아들이란 뜻이다. 얼나로 거듭난 참사람의 마음은 공중의 달과 수중의 달이 서로 비추는 잔잔한 수면과 다르지 않다. 하느님 아버지께서 공중의 달이라면 하느님 아들은 심중(心中)의 달이다.

류영모는 이르기를 "우리의 맘속에는 더러운 게 많이 들어 있다. 그런데 맘속을 하느님의 성전이라고 하였다. 이것은 모순 중의 모순이다. 이게 우리의 착각인 것 같다. 하느님의 성전은 저 위의 나라인데 맘속에 반영(反映)되어서 그렇지 우리 속에 정말 있는 게 아닐 것이다. 반영을 우리가 착각한 것이다. 그래서 맘속에 있는 것 같다"라고 하였다.

류영모는 또 달리 말하기를 "참나는 육체가 아니다. 생각하는 정신이다. 정신은 밖에서는 보이지 않지만, 정신은 영원하다. 영원한 생명인 하느님의 긋(點)이 참나다. 요즘엔 제 긋인 제 생명, 제 가치, 제 점수, 제 인격을 소홀히 하는 사람이 많다. 제 긋(얼나)을 자기 것으로 착각하여 제 맘대로 하려는 사람이 참으로 많다. 그러나 제 긋은 내 것이 아니다. 영원한 정신의 한 끄트머리다. 참나는 전체(하느님)에 속한 나지 떨어진 나가 아니다. 그런데 어떻게 자기를 자기 맘대로 할 수 있을 것인가. 영원한 생명(하느님)의 한 끄트머리인 한 점 영명(靈明)이 제 긋이다"라고 하였다.

앞의 '하느님의 반영(反映)'이라는 말과 뒤의 '하느님의 끄트머리(제 긋)'라는 말이 일치가 안 되는 듯하지만, 하느님과 관계가 있다는 것은 일치한다. 마하트마 간디도 모순되는 말을 하였다. "하느님의 얼이 무엇 때문에 닭장 같은 우리 몸속에 들어오겠는가. 무한한 허공에 가득 차게 있을 것이다"라고 하면서 '사람은 하느님이 아니다. 사람을 하느님이라 부르지 말라. 그러나 사람은 하느님의 빛에 일부분을 가지고 있다'라고 하였다.

류영모는 이러한 모순을 잘 해결하였다. 사람의 마음이 허공과 같다고 하였다. "어쩐지 나는 수십 년 전부터 마음을 허공 같다고 생각한다. 허공은 저 위에 있는 것인데 맘을 비우면 허공과 같은 것이다. 사람이 마음 그릇을 가지려고 한다면 측량할 수 없이 크게 하라. 우리 맘은 지극히 큰 것으로 우리 맘을 비워 놓으면 하늘나라도 그 속에 들어온다. 우리 마음에 하늘나라(성령)가 들어오지 못하면 맘의 가난을 면치 못한다. 맘과 허공은 하나라고 본다. 저 허공이 내 맘이요, 내 맘이 저 허공이다. 여기 사는 것에 맛을 붙여 좀 더 살겠다는 그따위 생각은 말자. 마음과 빈탕(허공)이 하나라고 아는 게 참이다. 빔(허공)에 가야 한다. 맘이 식지 않아 모르지, 맘이 식으면 하나 된다. 허공이 마음이고, 마음이 허공이라는 자리에 가면 그대로 그거다, 자연(自然)이다. 오는 것도 가는 것도 아니다. 절대(絶對)다"(『다석어록』).

"시름 걱정의 바람 구름이 무슨 쓸데 있으리"(煩惱風雲何必要)

예수가 제자들과 같이 배를 타고 가다가 바다에 큰 놀이 일어나 배에 물결이 덮이고 배가 뒤집힐 듯이 흔들렸다. 배에 타고 있던 예수의 제자들이 어찌할 바를 몰라 배 안에서 잠든 스승 예수를 깨웠다. 예수가 상황을 안 뒤에 제자들에게 이르기를 "어찌하여 무서워하느냐. 믿음이 적은 자들아, 하시고 곧 일어나 바람과 바다를 꾸짖자 바다가 잔잔해졌다"(마태오 8:23-27)는 것이다. 예수가 바람을 꾸짖어 잠잠케 했다는 것이나 제갈공명이 바람을 불러왔다는 것이나 일과성으로 별 뜻이 있을 수 없다. 그러나 예수는 아우구스티누스, 파스칼에서 톨스토이, 류영모에 이르기까지 수많은 사람의 마음에 일어난 회의의 구름과 번뇌의 바람을 잠재워 잔잔케 하였다. 이것은 역사적인 엄연한 사실이다. 예수의 그러한 힘은 어디서 오는가. 그것은 하느님의 얼(성령)에서 오는 것이다. 류영모는 이렇게 말하였다. "이 상대세계는 번뇌와 모순의 세계다. 저 절대세계는 번뇌와 모순이 없다. 번뇌를 벗으려면 절대세계로 솟나야 한다. 이 상대세계에 온 것은 어찌어찌하다가 만난 거다. 이 상대세계에 번뇌가 많은 것은 이 만남의 값을 치르지 않아서인지도 모른다. 영원한 생명인 참나를 발견할 때 불안이 사라지고 구원받은 느낌을 얻게 된다." 마음의 평정(平定)은 하느님의 얼을 받아서 얻어진다. 마음의 평정을 에피쿠로스학파들은 '아타락시아'(ataraxia)라고 한다. 제나(自我)의 신발을 벗고서만 들어갈 수 있는 지선(至善)의 자리에는 기쁨만이 넘친다. 시름이나 걱정이 있을 리가 없다.

류영모는 이렇게 말하였다 "지선(至善)의 자리에는 이제 한 번 딛고 서면 움직이지 않고 멈춰야 한다. 진리는 한번 얻었으면 잊어서는 안 된다. 하느님과 하나된 자리에서 부동(不動)이다. 이를 지어지선(止於至善)이라 한다. 정말 안다는 사람은 이러한 것을 얻은 사람이다"(『다석어록』).

4. 사람 생각
人間思想

익히 아는 사이도 얘기하면 보는 게 많이 달라　　熟親商議多異見
낯선 사이도 말을 주고받아 뜻이 같은 이 만나　　生面接語或同志
고향이나 나라 안에서 뜻을 펴기 어려우니　　故鄕國中難得意
새 터인 하늘 위에서나 올바르기를 바라　　新地天上企正義

(1957. 5. 30)

熟親(숙친): 익히 잘 아는. 熟: 한참 동안 숙. 商議(상의): 서로 이야기하다. 商: 헤아릴 상. 接語(접어): 서로 말을 주고받음. 接: 사귈 접. 或: 있을 혹. 企: 바랄 기.

사람은 개체(個體)로서 전체(全體)인 하느님의 존재(뜻)에 지양(止揚)될 수밖에 없다. 개체는 전체의 속물(屬物)이기 때문에 전체의 존재를 거스를 수 없다. 왜냐하면 개체는 전체인 하느님에게 맞설 수 없기 때문이다. 맞서보고자 해도 맞서지지 않는다. 진시황처럼 안 죽겠다고 안간힘 쓰는 것도 하느님의 존재에 대드는 것이라고 할 수 있다.

그런데 그 결과는 어떠했는가. 뜻밖의 객사로 진시황의 참패였다. 절대존재에 이긴 개체가 있은 적이 없다. 전체에 의해 지양되어야 하는 개체인 것을 아는 이는 진시황과 같은 망동(妄動)은 하지 않는다. 류영모는 이르기를 "이 세상에 죽기 위해 나온 건데, 그걸 뻔히 알면서 '죽긴 왜 죽어' 하고 잡아떼지만 그게 말이 되는가?"라고 하였다. 류영모는 결코 운명론자는 아니었다. 그러나 전체(하느님)에 지양될 수밖에 없는 개체(사람)의 처지를 이렇게 밝혔다. "사람들이 다 늙어서야 인생이란 공허한데 바쁘기만 하고 만사에 분수는 이미 정해 있다(人生空有忙 萬事分已定)라는 소리를 한다. 이는 일종의 운명론이라고 할 수 있다. 이것을 미신이라고만 할 수는 없다. 모든 일이 사주팔자(四柱八字)라고만 해도 안 되지만 칼빈신학이 아니더라도 큰 테두리 안에서는 분이정(分已定)을 인정치 않을 수 없다. 불교에서는 인연 아닌 것을 어떻게 할 수 없다고 한다." 사람과 사람의 만남도 또한 그렇다. 나의 의지가 작용하지 않는 것은 아닌데 하느님의 의지가 작용하는 것을 느낄 수 있다.

"익히 아는 사이도 얘기하면 보는 게 많이 달라"(熟親商議多異見)

류달영(柳達永)은 은사 김교신(金敎臣)과의 만남을 소중한 만남이라고 하면서 이렇게 말했다. "인간은 만남으로 자란다. 이것은 나의 인생관의 핵심이다. 어느 시대 어느 지역을 막론하고 인간은 잘 만나고 못 만나는 것으로 그 생애가 결정되는 것으로 나는 믿고 있다. (줄임) 오늘 나의 인생관과 세계관은 모두 김교신 스승과의 만남으로 자리 잡은 것이다. 나는 이 세상에 태어나 참 스승을 만난 행운아인 것을 언제나 고

마워한다"(류달영, 『소중한 만남』).

그런데 김교신과 류달영 사이에도 위대한 이견이 드러났다. 이것이야말로 잘 가르치고 잘 배운 사제의 본보기인지도 모르겠다. 류달영은 이렇게 말하였다. "김교신의 정통 신앙을 나는 그대로 기계적으로 답습할 수는 없게 되었다. 사도신경을 그대로 믿을 수도 없게 되었다. 동정녀 마리아의 예수 탄생, 예수의 육체 부활, 예수의 재림 등을 나는 그대로 믿을 수가 없었다. 그 생각은 지금까지도 변함이 없다. 김교신의 정통신앙은 과연 사도신경 그대로인지 아닌지 나는 확실히 알 수가 없다. (줄임) 김교신이 나처럼 80세를 넘어 살았다면 30세 전후의 정통 신앙을 그대로 갖고 살아왔을 것인지 나로서는 확언할 수가 없다"(류달영, 『다석추모문집』).

인도의 타고르(1861-1941)와 간디(1869-1948)는 같은 시대의 사람으로 서로가 경애하는 진리의 벗이라고 할 수 있다. 그런데도 두 사람 사이에는 이견(異見)이 많았다. 로맹 롤랑은 두 사람 사이의 관계를 이렇게 말하였다. "이 위대한 두 인물 사이의 견해 차이에 유의할 필요가 있다. 그들은 서로 존경하면서도 사도 바울로와 플라톤처럼 숙명적으로 다르다"(로맹 롤랑, 『간디전』). 이것이 공자(孔子)가 말한 "참사람은 화기(和氣)롭되 같지 아니하고, 좀 사람은 같으나 화기(和氣)롭지 못하다"(君子和而不同 小人同而不和) — 『논어』「자로편」)일 것이다.

류영모는 또 이렇게 말하였다. "사람은 좀 친해야 할 것 같고 많이 모이면 일이 잘될 것 같고 또 그것이 소위 역량이라고 할 수 있을 것 같지만 실상은 기대일 뿐 그렇게 쉽게 되는 것이 아니다. 맘속의 속은 사상(思想)이다. 그런데 사람은 사상이 같다고 하더라도 이내 쑥 친해지면 서로 달라진다. 달라지면 이견(異見)이 나온다. 이러한 세상에 득의(得意)가 이루어지지 않는다. 득의란 이상(理想)을 실현시켰을 때 득의하였다고 한다"(『다석어록』).

"낯선 사이도 말을 주고받아 뜻이 같은 이 만나"(生面接語或同志)

목사의 아들인 미국의 에머슨은 자신도 목사가 되었다가 정통 교리에 얽매이는 게 너무나 싫어서 목사직을 그만두었다. 거기에 사랑하는 아내가 폐결핵으로 죽자 에머슨은 29살의 나이에 극심한 번뇌에 빠졌다. 에머슨은 미국을 떠나 여행을 했다. 영국에 들러 8살 위의 칼라일을 만났다. 그때 칼라일은 하루 종일 찾아오는 이가 없고 오직 우편집배원만 찾아오는 '크레아켄 푸토크'라는 오지에서 살았다. 에머슨이 그곳까지 찾아갔다. 에머슨은 처음 만난 칼라일과 백년지기(百年知己)의 벗을 만난 듯 의기투합했다. 에머슨의 번뇌는 봄눈 녹듯 사라졌다. 그 뒤로도 에머슨은 칼라일을 만나러 세 번이나 영국을 찾았다. 공자가 "벗이 있어 먼 곳으로부터 찾아오면 이 또한 기쁘지 아니한가?"(有朋自遠方來 不亦樂乎 —『논어』「학이편」)라고 한 것은 이 두 사람을 두고 한 말인 것 같다.

류영모가 존경한 20세기의 인물에는 톨스토이와 마하트마 간디, 두 사람이 있다. 톨스토이와 마하트마 간디는 41살이나 차이가 있다. 1910년 41살의 간디와 82살의 톨스토이는 편지로 서로 만날 수 있었다. 톨스토이는 자신의 정신적인 후계자를 인도의 간디에게서 발견할 수 있었다. 톨스토이는 너무 기뻐하며 2백 자 원고지 20장이나 되는 긴 편지를 간디에게 보냈다. 그 편지는 톨스토이의 정신적 후계자에게 보내는 긴 유서와 다름이 없었다. 톨스토이는 편지 머리에 쓰기를 "내가 살면 살수록 그리고 특히 나에게 죽음이 가까워 온 것을 확실히 느끼는 지금에 있어서…"라고 하였다. 톨스토이는 간디에게 그 편지를 쓴 지 두 달 뒤에 세상을 떠났다. 톨스토이와 간디는 서로가 얼굴은 못 보았지만 한 얼(성령)을 숨 쉬는 동지였다.

류영모는 말하였다. "친숙한 사이에도 이견(異見)이 많은 법인데 처음 만난 생면부지(生面不知)의 사람인데도 서로 말을 주고받으면 공명(共鳴)을 느껴 금방 동지가 될 수 있다. 이런 일은 흔하지 않다. 죽을 때까지 사귈 수 있는 친구도 이렇게 맺어지는 경우가 많다. 이것은 진리의 사상이라는 것이 있기 때문이다. 나라는 사람이 있다는 것을 알고 몇백리 밖에서 찾아오는데 죽마고우(竹馬故友)를 만나는 것 같이 금방 익숙해진다. 하룻밤을 함께 새더라도 참 즐겁다. 평생 다시 만날지도 모르는 세상에 알려지지도 않은 나를 찾아와서 예수교·불교·유교 등 길은 다를지 모르나, 진리는 하나밖에 없는 것을 얘기하니 이보다 더 좋은 즐거움이 어디 있겠는가"(『다석어록』).

"고향이나 나라 안에서 뜻을 펴기 어려우니"(故鄕國中難得意)

예수는 말하기를 "어디서나 존경을 받는 예언자도 제 고향과 제집에서 존경을 받지 못한다"(마태오 13:57)라고 하였다. 예수가 몇 해 동안 고향 갈릴레아를 떠나 있었던 것 같다. 오랜만에 고향 사람들 앞에서 설교를 하니 모두가 놀라면서도 "저 사람이 저런 지혜와 능력을 어디서 받았을까. 저 사람은 목수의 아들이 아닌가. (줄임) 그런데 저런 지혜와 능력이 어디서 생겼을까"(마태오 13:54-56)라고 하였다.

놀랐으면 더욱 경애할 일이지 얕보고 멀리하기는 무슨 까닭인가. 예수가 석가처럼 성주의 아들이었으면 그러한 행동은 없었을 것이다. 예수의 낮은 신분 때문에 그렇게 나온 것 같다.

공자(孔子)는 14년 동안이나 제후들을 찾아다녀도 뜻을 이루지 못하였다. 따르는 제자들도 안회(顔回)밖에는 말귀를 제대로 알아듣지 못하였다. 그래서 공자는 한탄하기를 "사람들이 나를 몰라주는구나. 하느님을 원망치 않고 사람 탓도 않으며 아래에서 배워 위(하느님)에게 다다랐건만 나를 알아주는 이는 하느님뿐이다"(莫我知也 不怨天不尤人 下學而上達知我者 天乎 —『논어』「헌문편」).

석가의 나라 인도에서는 석가의 가르침이 사라지다시피 하였다. 예수의 나라 이스라엘에서 예수의 가르침이 사라지다시피 하였다. 공자의 사상은 중국에서 오래 전승되었는데 중국이 공산화되면서 공자(孔子)라는 이름까지 말살되었다. 곡부에 있는 공묘(孔廟)까지 무지막지한 공산당원에 의해 수난을 겪었다. 류영모는 이렇게 말하였다. "이러한 세상이 하느님의 말씀을 들을 리가 없다. 그 까닭은 그 난 뿌리가 다르기 때문이다. 이 땅 위에서 몸 사람으로 태어나 식색(食色)으로 사는 이는 하느님의 말씀을 모른다. 하느님의 성령을 받아 얼 사람으로 거듭나야 하느님의 말씀을 알아듣게 된다"(『다석어록』).

"새 터인 하늘 위에서나 을바르기를 바라"(新地天上企正義)

류영모는 말하기를 "이 땅 위에서는 득의(得意)하지 못하는 것 같다.

그러니 우리가 다다라야 할 새 하늘과 새 땅인 형이상의 하늘나라에서 정의(正義)를 이룩하도록 노력하자는 것이다. 우리는 하느님의 의(義)를 가지고 하늘나라에 올라야 한다. 이 세상에서 누가 나를 알아주나 하고 기웃기웃해도 소용이 없다"라고 하였다. 그러므로 우리는 바르게 생각해야 한다. 바르게 생각하는 것은 '이 세상은 틀렸다. 이 나란 거짓이다'라고 하면서 하늘나라를 바라고 줄곧 솟아올라야 하는 것이다.

파스칼은 이르기를 "사람이란 분명히 생각하기 위하여 만들어진 존재이다. 생각함은 사람이 지닌 존엄과 가치의 전부이다. 사람의 모든 것은 올바르게 생각하는 데 있다"(파스칼, 『팡세』 146)라고 하였다. 칼라일은 이르기를 "내가 이 세상에 가진 것이 감자 두 알과 생각 하나라면 감자 하나는 종이와 잉크를 위해 주고, 하나로 먹고살며 생각을 기록하는 것이 내 의무라고 나는 생각한다"라고 하였다.

류영모는 생각에 대하여 말하기를 "사람이 하는 생각은 확실히 있다. 생각이 있는 이 시간에는 내가 말씀드릴 수 있지만, 요다음 시간에는 나라는 존재가 있어도 생각이 없으면 이런 시간은 다시없다. 그렇지만 인류라는 것이 끊어지기 전에는 생각이라는 것은 사람에게서 자꾸 나온다. 인류가 있는 동안에는 생각은 자꾸 할 것이다. 생각은 아무리 해도 이상한 것이다. 생각이라는 존재만큼은 확실한데 어디서 오고 어디로 가는지 모르겠다. 생각이 있기에 말씀을 한다. 말씀이 있기 때문에 생각을 한다. 말씀으로 모든 것을 만들었다는 것보다는 말씀이 곧 존재이다. 말씀이 하느님이시다. 말씀의 근원은 사람의 정신이 아니라 하느님의 가운데(中)이다. 말씀이 사람의 정신 내용을 살린다"라고 하였다.

5. 연꽃은 물에서 나온다
蓮花出水

진에로 나서 탐욕으로 크는 벌거숭이 아기 길러 瞋生貪長赤子養
살 사랑으로 대를 이어 젊은 나이에 터 잡음 痴情繼世青年定
진에는 멀리 탐욕은 버려 치정은 놓은 사람 遠瞋去貪免痴人
하느님 기뻐해 이르심 알아 정신은 고요해 樂天知命精神靜

(1957. 5. 30)

瞋: 성낼 진. 長: 클 장. 赤子(적자): 갓난아이. 繼: 이을 계. 去: 버릴 거. 免: 놓을 면.

연(蓮)은 연못 바닥 진흙에 뿌리를 박고 양분을 빨아들여 물 위에 고운 연꽃을 피운다. 땅과 물과 빔(空)을 이었다고 연(蓮)이라 이름하였다. 사람도 몸과 맘과 얼이 이어져 조화를 이룰 때 얼의 꽃인 말씀을 드러낼 수가 있다. 예수나 석가의 말씀은 정신적인 연꽃이다. 마하트마 간디는 말하기를 "몸과 맘과 얼이 조화되지 않고는 아무것도 올바르게 될 수 없다"(Nothing turns out right so long as there is no harmony between body, mind, and soul. — 간디, 『날마다의 명상』)라고 하였다.

류영모는 이렇게 말하였다. "몸에 기름(精力)이 가득 차고 맘의 심지(心志)가 꼿꼿하고 얼의 지혜가 빛나야 한다. 이를 비기면 기름 등잔에 기름이 차 있고, 심지가 곧장 서서 불빛이 휘황한 것을 생각하면 된다. 이를 불교에서는 계·정·혜(戒定慧) 삼학(三學)이라고 한다"(『다석어록』).

우리는 몸으로는 탐·진·치의 수성(獸性)을 지닌 짐승임에 틀림없지만 진·선·미의 영성(靈性)을 깨달아 하느님 아들이 될 수 있다.

이것은 세상에서 그 무엇보다 신비로운 일이다. 맹자(孟子)가 이르기를 "사람이 새, 짐승과 다른 점은 아주 적다. 여느 사람은 그 다른 점을 버리고 참사람은 간직한다"(人之所以異禽獸者幾希 庶民去之 君子存之 — 『맹자』「이루 하편」)라고 하였다. 짐승과 다른 아주 적은 무엇이 하느님의 얼이다. 그것조차 여느 사람들은 버리고 온전히 짐승으로 살아가는데 참사람만이 간직하고 있다. 간직하고 있는 하느님의 얼을 맹자는 선(善)한 인성(人性)이라고 하였다(人性善也 — 『맹자』「고자 상편」). 수성(獸性)을 의지하여 피어난 영성(靈性, 善性)이 그대로 연꽃이다. 사람들은 맹자의 성선설(性善說)을 잘못 알고 있다. 모든 사람이 모두 착하다는 말이 아니다. 맹자도 사람을 악한 짐승으로 본 것은 순자와 다름이 없다. 톨스토이는 말하기를 "사람은 무의미한 악(惡)의 연속이다. 이것은 의심할 여지도 없는 엄연한 사실이다"(톨스토이, 『참회록』)라고 하였다. 쇼펜하우어는 말하기를 "사람은 악하다. 생존경쟁은 서로가 서로를 죽이게 되는데 사람들이 가장 심하다. 사람은 사람을 잡아먹는 승냥이다"(쇼펜하우어, 『공상으로서의 세계』).

이 지구가 큰 연못이 되고 모든 사람이 연꽃으로 피어날 수 있다면 얼마나 아름답겠는가. 불경에 묘법연화(妙法蓮華)란 이것을 바라는 마음일 것이다.

"진에로 나서 탐욕으로 크는 벌거숭이 아기 길러"(瞋生貪長赤子養)

사람은 하느님이 보내시는 얼(성령)의 나를 깨닫기 앞서는 순전(純全)한 짐승이다. 여느 짐승들과 다름이 없는 짐승 성질(獸性)을 지닌 짐승이다. 그 수성(獸性)의 뿌리는 하나인데 셋으로 나타난다. 먹는 것(feeding), 싸우는 것(fighting), 새끼 치는 것(sex)이 그것이다. 이것은 일체 삼두(一體三頭)의 뱀과 같다. 일찍부터 인도에서는 이것을 탐(貪) · 진(瞋) · 치(痴) 삼독(三毒)이라고 하였다.

생물학자 D.모리스는 말하기를 "사람이 일종의 영장류(靈長類)인 것만은 틀림없다. 192종의 원숭이와 유인원(類人猿) 가운데 침팬지나 고릴라 같은 꼬리 없는 유인원 옆에 서게 된다. 털 없는 원숭이인 사람은 아는 것이 아주 많아졌고 도덕적인 숭고한 본능을 새로 얻었지만 예로부터 갖고 있던 동물적인 본능도 여전히 간직하고 있다"(D. 모리스, 『털 없는 원숭이』)라고 하였다.

진에는 싸우는 것이고 치정(痴情)은 음행하는 것이다. 이치로 말하면 진생(瞋生)이 아니라 치생(痴生)이라 하는 것이 옳을 것이다. 그러나 진생이라고 굳이 말하는 데는 그 까닭이 있다. 짐승들이 교미(交尾)하는 자체도 하나의 싸움인 것이다. 생물 가운데는 교미하려다가 암놈에게 물려 죽는 수가 많다. 사마귀는 교미한 뒤에 수놈이 암놈에게 잡아먹힌다. 또 암놈이 발정하면 수놈들끼리 서로 차지하려고 치열한 싸움이 벌어진다.

류영모는 이르기를 "사람은 정충(精蟲) 시대부터 투쟁적이고 배타적이다. 남녀가 노(怒)한 끄트머리로 우리가 나왔으니 진생(瞋生)이 아닐 수 없다. 우리는 분명히 노여움을 타고났기에 삼독(三毒)이 내 속에 들어 있다. 나와서는 어머니도 못살게 탐욕을 부린다. 커서는 어리석기 짝이 없는 치(痴)를 저지른다. 그 짓을 해 어리석은 껍데기 자식 하나 낳는다. 이 짓을 되풀이하면서 인류가 살아간다"라고 하였다.

적자(赤子)는 벌거숭이 갓난아기를 뜻한다. 노자(老子)는 이르기를 "속알을 두터이 머금은 이는 벌거숭이 아기에 비긴다"(含德之厚 比於 赤子 ―『노자』 55장)고 하였다. 맹자는 이르기를 "어른은 벌거숭이 아기의 맘을 잃지 않는 이다"(大人者 不失其赤子之心者也―『맹자』「이루 하편」)라고 하였다. 예수도 어린아이같이 되어야 하늘나라에 들어간다고 하였지만, 아이들도 수성(獸性)이 왕성치 않을 뿐이지 이미 수성(獸性)을 지니고 있는 작은 짐승이다. 갓난아이나 어른이나 얼나를 깨닫기 전에는 하느님의 얼이 없기는 여느 짐승과 같다.

"살 사랑으로 대를 이어 젊은 나이에 터잡음"(痴情繼世青年定)

류영모는 이르기를 "노골적으로 말해서 남녀관계가 치정(痴情)인데 치정이 사람의 대를 이어준다. 생각이 어두워 어리석은 혼인으로 인해서 우리가 여기에 있는 것이다. 남녀가 말쑥하였던들 우리는 나오지 않았다. 그러나 사람은 말쑥할 수 없고 어떻게든지 삼독(三毒)이 나타난다. 우리 몸나의 근본은 죄다가 독(毒)이다"라고 하였다. 사람들도 몸나로는 짐승이라 짐승과 다름없이 종족 보존에 삶의 목적을 두었다. 그래서 일찍부터 부귀다남(富貴多男)을 인생의 성공으로 생각하였다. 그러나 하느님 아들인 얼나로 솟난 예수와 석가는 나서 죽는 몸나의 종족 보존을 부질없는 일로 생각하였다. 몸은 애써 낳아 길러도 얼마 못 살고 죽을 목숨인 것이다. 돌을 산마루에까지 굴려 올리면 다시 굴러 내린다는 시지프스의 신화처럼 미련한 일이 후손을 잇겠다는 것이다. 후손의 대를 잇는 일이 그렇게 중요한 일이라면 예수와 석가가 절손(絶孫)을 시킬 리가 없었을 것이다. 예수와 석가는 정신적인 아들인 제자들만 기르고자 하였다. 간디와 류영모는 자식을 낳으려 하기보다는 제자를 길러야 한다고 말하였다. 제자를 기르는 것은 하느님의 자녀를 늘리는 거룩한 일이라고 말하였다.

류영모는 이렇게 말하였다. "젊은이는 정(定)함이 있지 않고서는 안 된다. 누가 뭐라고 해도 순결하게 독신으로 사는 길을 택하든지 아니면 혼인의 의미를 알 때쯤 결혼을 해서 지내든지 결정을 해야 한다. 이것이 정(定)함이다. 아이 아버지가 되어도 좋으나 정신의 아들인 제자를 많이 두는 것이 몸의 아들보다 더한층 좋은 것이 아니겠는가. 청년은 아무래도 혼인에 대한 호기심이 있다. 그렇다고 그 호기심이 지나면 인생에 대하여 알 것을 알아야 할 터인데 그렇지 못하여 중년에서도 삼독(三毒)을 맹렬히 내뿜는 것은 차마 입에 말을 담을 수가 없다. 미정(未定)의 청년은 안 된다"(『다석어록』).

"진에는 멀리 탐욕은 버려 치정은 놓은 사람"(遠瞋去貪免痴人)

진에를 멀리하고 탐욕을 버리고 치정을 끊어버려야 짐승에서 벗어나게 된다. 예수의 자유로워야 한다, 석가의 벗어나야 한다(解脫), 장자(莊子)의 풀려나야 한다(懸解)는 말은 탐 · 진 · 치의 수성(獸性)을 이겨야 한다는 말이다. 그 사람의 마음속에서 탐 · 진 · 치의 수성(獸性)이 설치고 있으면 그 사람은 아직도 영원한 생명인 얼나와는 거리가 먼 사람이다. 몸을 참나로 알고 몸의 심부름만 하는 이는 짐승일 뿐이다. 몸은 짐승으로 거짓 생명임을 깨달아야 한다.

류영모는 이렇게 말하였다. "이 몸이 사는 것이 아니다. 이 몸은 참나의 그림자다. 이 껍데기 몸이 훌렁 벗어져 나가는 게 무슨 문제인가. 몸이야 아무래도 좋지 않은가. 이 몸은 참나가 지나가는 것이지 참나가 아니다. 이 몸은 두루마기 옷 같은 것이라 언젠가 내버릴 때가 있다. 이 몸의 심부름만 하는 이는 아무리 높이 앉혀주고 배워주어도 땅에 붙은 소리밖에 못 한다"(『다석어록』).

탐 · 진 · 치의 수성(獸性)을 다스릴 수 있는 것은 얼나(靈我)뿐이다. "하느님이 보내시는 성령이 우리의 얼나다. 얼나가 생명의 원자(原子)요 하느님의 원자다. 우리의 얼은 소금과 같아 못된 것들이 활동을 해도 이 얼이 꼼짝 못 하게 한다. 철학이나 종교라는 것은 얼이 문제다. 얼을 자세히 보자는 게 그 일이다"(『다석어록』).

예수는 말하기를 "아버지께서 아들에게 모든 사람(온몸)을 다스릴 권세를 주셨고 따라서 아들은 아버지께서 맡겨 주신 모든 사람에게 영원한 생명을 주게 되었습니다"(요한 17:2)라고 하였다. 여기에서 아들은 하느님이 보낸 성령인 얼나이다. 예수의 마음속에 온 얼나이다. 그 얼나는 온몸을 다스리는, 곧 수성(獸性)을 다스리는 권세(능력)를 가지고 있다. 얼나인 하느님 아들은 모든 사람에게 영원한 생명인 것이다. 그러므로 얼나로 거듭난 사람에게는 탐 · 진 · 치의 수성은 이미 설치지 못한다. 순치(馴致)된 말이나 소처럼 임자가 시키는 일을 성실히 할 뿐이다.

"하느님 기뻐해 이르심 알아 정신은 고요해"(樂天知命精神靜)

하느님을 기뻐한다는 것을 우리는 톨스토이의 참회록에서 볼 수 있다. "하느님의 존재에 대한 신앙을 잃었을 때에는 나는 살고 있지 않는 것과 마찬가지였다. 하느님을 찾으리라는 희미한 희망이나마 없었다면 먼 옛날에 나는 자살하였을지도 모를 일이다. 하지만 이에 반하여 하느님을 느끼고 하느님을 찾고 있을 경우에만 나는 살고 있는 것이었다.

도대체 이것 외에는 나는 무엇을 찾는 것일까 하는 목소리가 내 내부에서 부르짖었다. 이것이 곧 하느님이다. 이것 없이는 살아나갈 수 없는 존재이다. 하느님을 안다는 것과 산다는 것은 동일한 것이다. 하느님은 곧 생명이다. 하느님을 찾아서 살아라. 그러면 하느님이 안 계시는 생활은 없어지고 말 것이다. 이렇게 깨닫자 내 내부와 주위에 있는 모든 것이 이제까지 보다도 훨씬 광채를 띠고 나타났다. 그리고 이 빛은 이제는 절대로 나를 저버릴 수가 없었다"(톨스토이, 『참회록』). 하느님이 계시기에 우리에게는 슬픔도 절망도 공포도 있을 수 없다. 하느님이 참나이기 때문이다. 하느님을 영광되게 하기 위하여 거짓 나인 제나(自我)

로는 기쁨으로 죽는 것이다.

지명(知命)은 공자의 말이다. 공자는 "얼생명을 모르면 참사람(하느님 아들)이 될 수 없다"(不知命 無以爲君子也 ―『논어』「요왈편」)고 하였다. 예수는 말하기를 "영원한 생명은 한 분이신 하느님 아버지를 알고 또 아버지께서 보내신 (예수) 그리스도를 아는 것입니다"(요한 17:3)라고 하였다. 얼나를 알아서 하느님 아들이 된다는 말이다. 하느님 아들인 얼나는 나지 않고 죽지 않는 영원한 생명이다. 고요한 정신은 하느님께 온 생명을 바친 마음이다. 생명은 하느님 아버지의 것이라 하느님 아버지께 몽땅 드린다. 류영모는 말하기를 "'살리거나 죽이거나 아버지 맘대로 하십시오'라고 하는 게 하느님 아들의 맘이다"라고 하였다. 이러한 마음가짐에 흔들림이 있을 수 없다.

6. 사람의 삶이란 곧아야
人之生也直

○지가 느끼게 ○지가 일어서야 집 몸이 서고　膣感腎作家身立
우주 허공 혼자 어찌 꼿꼿함 안 찾으랴　宇空獨不要爾直
영원토록 튼튼하고 평안함이 생명의 바탕이요　永遠健康生命素
근본은 부드럽되 꼬장꼬장해야 더욱 자유롭다　體柔用剛自由益

(1957. 2. 21)

膣(질): 여자의 성기. 腎(신): 남자의 성기. 作: 일어날 작. 爾: 그 이. 要: 구할 요. 健: 굳셀 건, 병 없을 건. 康: 평안 강. 體: 근본 체. 用: 쓸 용. 剛: 꼬장꼬장할 강. 益: 더할 익.

인지생야직(人之生也直)은 공자(孔子)의 말이다. "사람의 삶이란 곧아야 한다. 속이고서 사는 것은 요행히 (천벌을) 면한 것이다"(人之 生也直 罔之生也 幸而免 —『논어』「옹야편」). 공자는 말하기를 사람은 곧게 살아야 하고 곧게 살지 않으면 죽는다고 하였다. 사람의 조상인 유인원(類人猿)

이 바로서기 시작한 것이 약 2백만 년 전이다. 직립(直立)하고부터 머리가 커져 지능이 높아지고 목구멍도 넓어져 발음이 분명해졌다. 사람이 바로 서는 것은 지구 중력의 법칙을 거스르는 일이다. 넘어지기 쉽고 허리를 다치기 쉽다. 그런데도 머리를 하늘 쪽을 향하게 하고자 곧게 일어섰다. 류영모는 사람이 곧게 서는 것과 생각을 하게 된 것은 이상한 일인데 하느님을 그리워하기 때문이라고 하였다. 얼마나 위를 그리워하면 스님들 가운데는 잘 때도 앉아서 자고 죽을 때도 앉아서 죽고 묻힐 때도 앉은 채로 묻힐까. 사람이 잘 때는 어쩔 수 없이 바닥에 눕지만, 하늘로 머리 두는 것을 대신하여 해가 돋는 동쪽이나 남쪽으로 머리를 두고 잔다. 그런데 사람이 머리를 옆으로 두는 때가 있으니 남녀가 얼려 짐승 노릇할 때이다. 류영모는 이것을 독립전복(獨立顚覆)이라고 하였다.

류영모는 이르기를 "하느님을 우리 머리 위에 이는 이것이 우리가 이 세상에 나온 목적이요 이루어야 할 내용이다. 우리가 이 세상에 나와 그리고 우리가 이 세상을 이겨야 하는 것은 하느님을 우리 머리 위에 받들고 하느님을 우리 머리에 이어서 하느님의 빛과 힘을 드러내기 위해서다"라고 하였다. 그런데 사람의 몸이 곧게 선다고 다 된 것이 아니다. 맘도 곧게 서야 한다. 마음이 곧게 서는 것을, 직(直)이라 정(貞)이라 한다. 류영모는 사람이 하느님의 성령을 받아야 정직해질 수 있다고 하였다. 류영모는 이렇게 말하였다. "우리는 우리가 얼(靈)의 존재임을 알아야 한다. 우리의 정신이 정직(正直)하면 그것은 하느님의 성령이 임했기 때문이다. 마음을 닫은 사람은 성령과 아무 상관이 없다. 그래서 성령을 거역하면 용서받지 못한다고 하였다. 성령의 거역은 마음을 닫고 의(義)를 생각하지 않는 사람이다"(『다석어록』).

공자(孔子)는 사람이 곧지 못하고 사는 것은, 요행으로 죽음을 면한 것이라고 하였지만, 예수는 이미 죽은 이라고 하였다(마태오 8:22). 류영모는 이르기를 "내 맘속에 있는 하느님의 씨인 하느님 아들(얼나)을 믿지 않으면 이미 멸망한 것이다. 죽을 몸을 나로 착각하고 있는 것이다. 얼나로 거듭날 생각을 안 하니 이미 죽은 거다. 몸의 숨은 붙어 있지만 벌써 멸망한 것이다"라고 하였다.

"○지가 느끼게 ○지가 일어서야 집 몸이 서고"(膣感腎作家身立)

톨스토이와 마하트마 간디와 류영모는 한목소리로 금욕을 주장하였다. 그러나 그들도 하느님의 얼로 거듭나기 전에는 다른 사람과 다름없이 호색(好色)하였다고 고백하였다. 이 세 사람은 어버이가 낳아준 대로 짐승 노릇하며 살다가 짐승으로 사는 데 회의를 느끼며 고뇌하기에 이르렀다. 오랫동안의 방황과 번민 끝에 마침내 하느님의 얼을 받아 짐승인 제나(自我)에서 하느님 아들인 얼나로 솟났던 것이다.

그러한 류영모가 남녀의 성교(性交)를 직접 그리면서 형이상(形而上)의 진리를 나타내었다. 류영모는 이렇게 말하였다. "상대세계의 모든 이치는 음양으로 되어 있다. 돌쩌귀에서부터 밤과 낮, 사시사철에 이르기까지 음양의 법칙으로 되지 않은 것이 없다. 그렇다고 프로이트의 범성설(汎性說)이란 말도 안 된다. 우리는 육욕(肉慾) 이상으로 강한 구도의 욕망을 지니고 있다. 이 구도(求道)의 욕망이야말로 참 성욕(性慾)인 것이다. 성교(性交)라는 것은 죽어나는 것이다. 남자는 범방(犯房)하다 잘못하면 죽는다. 거기에 빠지면 죽어나는 것이다. 얼의 의지가 강한 이는 금욕생활의 길을 걷는다"(『다석어록』).

류영모의 말이 결코 과장된 말이 아님을 마하트마 간디의 경험담이 입증한다. 간디는 13살의 나이에 12살의 소녀 카스투르바이와 조혼을 하였다. 철없는 사춘기의 소년이던 간디는 자제할 줄 모르는 성욕으로 나이 어린 아내를 괴롭혔다. "만일 잡아먹는 정욕만 있고 의무에 대한 강한 집념이 내게 없었다면 나는 병을 얻어 요사(夭死)하였거나 남에게 짐 덩어리가 되어 연명하는 신세가 되고 말았을 것이다"(간디, 『자서전』)라고 간디는 말하였다.

예수·석가는 결코 가정 파괴자는 아니었다. 그러나 하느님을 사랑하기 위해 스스로 고자가 되는 것을 가장 이상적으로 생각하였을 뿐만 아니라 실천하였다. 짐승인 남녀가 자식을 낳아 기르기 위하여 동물적인 성욕과 본능적인 사랑으로 가정을 이룬다. 그래서 성기능 장애로 남자가 이혼을 당하기도 하고 아기를 출산치 못해 여자가 쫓겨나기도 한다. 요즘 남자의 발기부전을 고치는 약이라는 비아그라(Biagra)가 사회적으로 큰 파문을 일으키고 있다. 그 약을 먹고 죽는 수가 있다는 데도 먹는 것을 두려워하지도 않는다. 호색하던 러셀의 말대로 잠시의 쾌락을 위해서는 나머지 인생을 바쳐도 아깝지 않다는 것이 아닌가. 사내 노릇 한 번 제대로 하고는 죽어도 좋다는 것이다. 비아그라 먹고 수놈 노릇 잘해서 무엇 하자는 것인가. 하느님의 성령을 먹고 하느님 아들 노릇 제대로 해야 한다. 짐승 사랑에 만족하는 채털리 부인이 있는가 하면, 하느님 사랑에 평생을 바친 테레사 성녀도 있다.

순결하게 사는 것이 잘사는 것이지 음란하게 사는 것은 잘못 사는 것이다. 하느님의 얼로 꼿꼿한 지조를 지닌 하느님 아들이 부처요 그리스도다. 석가는 사람의 성욕이 배로 세지면 구원받을 사람이 없다고 하였는데 지금의 사람들이 그렇게 되어가고 있다.

"우주 허공 혼자 어찌 꼿꼿함 안 찾으랴"(宇空獨不要爾直)

류영모는 우주 허공(하느님)도 예수나 석가처럼 하느님 사랑으로 지조가 꼿꼿한 사람을 찾는다고 하였다. 그런데 세상 사람들은 그렇게 꼿꼿한 사람을 미워하고 구박하였다. 류영모는 이렇게 말하였다. "예수가 못 박혀 죽고 간디가 암살을 당했다. 고금(古今)의 역사상 꼿꼿한 사람의 최후가 미움을 사지 않고 마친 것이 드물다. 미워하는 일이 적은 사회가 올라서는 사회이고 미워함이 많은 나라일수록 참 보기 흉한 나라다"(『다석어록』).

류영모는 이 시와 같은 뜻의 산문을 1961년 4월 6일 자 『다석일지』에 적어 놓았다. 사람들이 제 아내 기쁘게 하려고 건양(建陽)에만 힘쓰고 하느님을 위해 건극(建極)을 하지 못하니 태공(太空 하느님)이 불만족이요, 불평일 거라고 하였다. 예수는 "하느님은 영(얼)적으로 참되게 예배하는 이를 찾는다"(요한 4:23 24)고 하였다.

하느님이 찾으시고 기뻐하는 사람이 되자면 정신적인 비아그라라 할 수 있는 하느님의 성령을 숨 쉬어야 한다. 맘에 얼이 차야 몸에 힘(氣)이 넘친다. 그러므로 몸의 힘(氣)보다 먼저 맘의 얼(靈)을 찾아야 한다. 그런데 요즘의 사람들이 얼은 찾지 않고 힘(氣)만 찾는 것은 본말이 뒤집힌 일이다. 그래서는 힘인들 제대로 있을 리 없다.

류영모는 기(氣)조차도 하늘에서 온다고 하였다. "하늘에서 기(氣)가 나와 기(氣)의 일부분이 우리 하초에서 호르몬이 되어 있는 게 정(精)이다. 이 정(精)과 신(神)이 합하여 정신이다. 성령이란 게 다른 게 아니다. 기운이 움직이는 게 성령이다. 기즉명(氣卽命) 명즉기(命卽氣)이다. 나 요새 기운 빠져 못 살겠다고 하는 것은 성령 빠져 못 살겠다는 것과 같다." 류영모는 얼이 형이하화(形而下化)하면 힘(氣)이 되고 힘이 형이상화(形而上化)하면 얼이 된다고 생각하였다. 그러므로 힘의 원천도 얼인 것이다.

"영원토록 튼튼하고 평안함이 생명의 바탕이요"(永遠健康生命素)

예수와 석가는 똑같이 늙고 병들고 죽는 몸생명이 거짓 나인 줄 알고 늙지 않고, 병들지 않고, 죽지도 않는 얼생명이 참나임을 깨달았다. 석가는 "삼계(三界)는 다 무상한 것이다. 항상 근심이 있고 이 몸은 괴로움의 덩어리다. 나는 이것을 여의고 참나를 증득하여 이미 모든 고통을 벗어났다. 그러므로 내게는 늙음도 없고, 병도 없으며, 죽음도 없고, 목숨 다함도 없다"(『불반열반경』)라고 하였다.

예수는 "내 말을 듣고 나를 보내신 분을 믿는 사람은 영원한 생명을 얻은 것이다. 그 사람은 심판을 받지 않을 뿐 아니라 이미 죽음의 세계에서 벗어나 생명의 세계로 들어섰다"(요한 5:24)라고 하였다.

류영모는 이렇게 말하였다. "몸이 건강한 것은 소(小)건강이다. 대(大)건강은 이 멸망의 생명인 이 몸뚱이를 벗어버리는 것이다. 이 몸뚱이로 밥 먹고, 똥 누고 하는 이 일을 얼마나 더 해보자고 애쓰는 것은 참 우스운 일이다. 영원한 생명이란 죽음이 없는 것이다. 거짓 생명인 이 껍데기 몸이 죽는 것이지 참 생명인 얼이 죽는 게 아니다. 우리는 몸이 죽는 것을 무서워하고 싫어할 까닭이 없다. 이 껍데기 몸이 홀렁 벗어져 가는 게 무슨 문제인가. 몸이야 아무래도 좋지 않은가. 이 땅에서 몸 쓰고 장생불사(長生不死)하기를 바라는 것은 신앙이 아니다. 영원히 불변하는 것은 얼생명뿐이다. 얼생명에 죽음이란 없다." 얼생명은 하느님의 생명인 성령이라 병들지 않아 건강하고 죽지 않아 영원하다.

"근본은 부드럽되 꼬장꼬장해야 더욱 자유롭다"(體柔用剛自由益)

노자(老子)는 말하기를 "사람이 살아서는 부드럽고 무르며 죽으면 굳고 뻣뻣하다"(人之生也柔弱 其死也堅强 — 『노자』 76장)라고 하였다. 사람의 몸이 지닌 수성(獸性)은 죽음이라 굳고, 맘이 지닌 영성(靈性)은 생명이라 부드럽다. 모세의 눈은 눈으로, 이는 이로 갚으라는 말은 굳은 생각이다. 예수가 앙갚음하지 말라는 말은 부드러운 생각이다.

니체는 굳은 생각의 사람이다. "나는 많은 장병을 눈앞에 본다. 그대는 항상 눈으로 적을 찾는 자가 되어야 한다. 어떤 자는 언뜻 보아 증오가 깃들어 있음을 알 수 있다. 그대들은 그대들의 적을 구해야 한다. 그대들의 싸움을 계속해야 한다. 그대는 또 다른 싸움을 위한 수단으로 평화를 사랑해야 한다. 그리고 긴 평화보다는 짧은 평화라야 한다. 나는 그대들에게 노동보다도 투쟁을 권한다. 나는 그대들에게 평화보다 승리를 권한다. 바라건대 그대들의 노동은 하나의 투쟁이기를 그대들의 평화는 하나의 승리이기를"(니체, 『차라투스트라는 이렇게 말했다』). 류영모는 부드러운 생각의 사람이다. "우리는 냉정하게 무아(無我)의 지경을 볼 수 있어야 한다. 불살생(不殺生) 무상해(無傷害)가 원칙이다. 내가 괴로움을 당하지만, 남에게 괴로움을 주지 않을 마음이 없는 사람은 아직도 선을 위해서 무엇을 한다고 할 수 없다. 악을 악으로 대하면 자기도 악당이 되고 만다. 악이라는 존재는 하느님의 뜻으로 없어질 것이고 하느님의 뜻으로 있을 것이다”(『다석어록』).

얼나에서 나오는 진리 정신은 부드럽지만, 그 쓰임은 죽음조차 두려워하지 않는 강직(剛直)함이 있다. 소크라테스· 예수· 마하트마 간디는 죽음을 사양하지 않았다. 아니 오히려 죽음을 바랐다.

류영모는 이르기를 “얼의 자유를 위해 몸은 죽어야 한다. 몸의 죽음이 없으면 얼의 자유도 없다. 거짓 나인 몸이 부정될 때 참나인 진리(하느님)에 이른다”라고 하였다. 수성(獸性)의 죽음이 영성(靈性)의 자유이다.

7. 사람이 무엇으로써 서야 하나
人所以立

없음은 더없이 크고 옹근 것을 말해	無者莫大全之謂
있음은 뭇 작게 나눠진 것을 말해	有者衆小分之謂
여기 있고 저기 있는 것은 수효가 많아	此有被有多數爻
무극 · 태극은 하나(전체)이며 으뜸 자리다	無極太極一元位

(1959. 10. 6)

所: 것 소. 者: 놈 자, 것 자. 之(지): 말을 강조하는 조사. 數爻(수효): 사물의 수. 爻: 괘수(卦數) 효.

설 립(立)은 사람이 땅 위에 선 모습을 그린 상형문자이다. 사람이 짐승과는 달리 하늘로 머리를 두고 일어선 것은 하느님을 그리워하기 때문이다. 사람은 짐승과는 달리 하느님의 얼을 지니고 있어 하느님을 아버지로 그리워한다. 그래서 예부터 사람을 생령(生靈)이라고 하였다. 산 얼이란 뜻이다.

류영모는 이렇게 말하였다. “사람이란 생령(生靈)은 이상하다. 사람은 서서 두 발로 거닐어 이상하고, 머리를 꼿꼿이 하늘로 두어야 다닐 수 있으니 이상하다. 나를 생각하니 이상하고, 생각을 생각하니 이상하다. 제 아내와 자식들 먹일 것만 생각한다면 이상한 것 하나도 없다. 나와 영원 무한(하느님)과의 관계를 생각하면 이상한 느낌이 들면서 내가 생령이라는 것을 깨닫게 마련이다. 생령을 가만히 깨닫고 보면 자기가 보잘것없고 하잘것없는 것을 깨닫는다. 여러분이나 나나 예수도 마찬가지다. 하느님 아버지와 같지 않아서 하늘에서 떨어져 여기 온 이상 우리가 생각하는 것은 오직 원대한 하느님의 이르심을 생각하며 하느님께로 올라갈 것을 일편단심해야 할 것이다”(『다석어록』).

공자(孔子)는 말하기를 “지위 없는 것을 걱정하지 말고, 무엇으로 설까 그것을 걱정하라”(不患無位 患所以立 ―『논어』「이인편」)고 하였다. 세상 사람들은 권력이나 금력을 잡는 것으로 일어서려 하지만 류영모는 하느님 아버지를 모시는 것으로써 서야 한다는 것이다. 예수 · 석가는 전체(全體)인 하느님(Nirvana)을 받드는 것으로 인류 역사에 우뚝 섰다. 간디와 류영모도 마찬가지다.

공자(孔子)는 말하기를 3가지를 꼭 알아야 한다고 하였다. “얼숨을 모르면 하느님 아들이 될 수 없고, 기도할 줄 모르면 서지 못하고, 말씀을 모르면 사람을 알지 못한다”(不知命 無以爲君子也 不知禮 無以立也 不知言 無以知人也 ―『논어』「요왈편」). 예(禮)란 하느님께 제사를 올리는 것을 그린 상형문자다. 오늘날의 기도인 것이다. 하느님에게 기도할 줄 모르면 설 수 없다. 선다는 것은 하느님을 우러르는 하느님 아들이 된다는 뜻이다. 서지 않으면 식색(食色)을 쫓아 기어 다니는 짐승이다.

류영모는 이르기를 "의식(意識)이건 무의식(無意識)이건 우리 사람이 땅으로 기어들어 가려는 정신보다는 하늘을 우러러보려는 정신이 더 강하다. 우리가 머리를 하늘에 두고 있는 이 사실이 그것을 말해주고 있다. 우리 사람은 하늘 그리고 영원과 불가분의 관계가 있는 것이다"(『다석어록』)라고 하였다.

"없음은 더없이 크고 옹근 것을 말해"(無者莫大全之謂)

불교에서 공(空)이라 하는 것을 노장(老莊)은 무(無)라고 한다. 류영모는 무자(無者), 유자(有者)라 하였는데 노자(老子)는 무명(無名), 유명(有名)이라 하였다. 『노자』 1장의 무명(無名) 유명(有名)의 명(名)을 이름 명(名)으로 새기면 뜻이 통하지 않는다. 이름 명(名)은 초사흘 달(夕)이 뜬 으스름 밤에 내가 있는 것을 알리고자 입(口)으로 소리친다는 회의 문자이다. 그러므로 존재(存在)라는 뜻이 본뜻이다. 『노자』 1장은 "없는 것은 하늘땅의 비롯이고, 있는 것은 온갖 것의 어머니다"(無名天地之始 有名萬物之母)이다.

무명(無名)이 무극(無極)이고 유명(有名)이 태극(太極)이다. 존재하는 것은 공(空)인 무(無)뿐이다. 유(有)는 무(無)의 변태(變態)이며 무(無)에 지양(止揚)된다. 그리하여 없(無)에서 있어지며 있다가는 없어진다. 없(無)은 비롯도 없고 마침도 없지만 있(有)은 반드시 비롯이 있고 마침이 있다.

그러므로 얼 눈이 밝은 이는 유(有)의 세계를 잠시 있다 사라지는 환상(幻像)으로 본다. 무(無)에서 유(有)가 나왔다가 다시 무(無)로 돌아가는 정반합(正反合)의 변증법이 하느님의 존재 법칙이다. 우리가 없다 있다의 무(無) 유(有)를 너무 쉽게 아는 척하지만, 사실은 알 수 없는 신비 자체이다. 풀잎에 이슬방울과 같은 무상하고 허무한 인생이지만 업신여길 수만 없는 신비를 지니고 있는 것이다.

"있음은 뭇 작게 나눠진 것을 말해"(有者衆小分之謂)

존재하는 것은 하느님 한 분뿐이다. 천지 만물은 존재하는 것이 아니라 하느님의 부속물이요, 내용물일 뿐이다. 하느님의 존재 내에 포함된다. 이것을 류영모는 원일물불이(元一物不二)라고 하였다. "나는 원일물불이(元一物不二)의 하느님을 믿는다. 유일불이(有一不二)의 절대존재를 누구보다 먼저 모시고 싶고 섬기고 싶다. 우리는 새삼스럽게 진리인 절대존재를 찾는 게 아니다. 본래 내가 가지고 있는 것이다. 본디 가지고 있는 원일(元一)이다. 원일(元一)이라는 것은 있는 것(有)이 아니다. 이 우주가 있기 전 원래 아무것도 없는 무일물(無一物)이 아니었겠는가. 본래 아무것도 없지 않았겠는가. 지금 있는 것들은 없던 데서 생긴 것이고 또 없어질 것이기 때문이다. 원일물불이(元一物不二) 이것이 하느님이요 니르바나이다"(『다석어록』).

무(無)는 단일허공(單一虛空)으로 전체다. 그런데 단일허공 안에서 천체(天體)를 비롯해 우주의 먼지에 이르기까지 여러 개체가 생겼다. 이것은 허공이 변해서 생긴 것으로 볼 수밖에 없다. 왜냐하면 허공밖에 없는 허공에서 생겼기 때문이다. 개체는 무(無)인 허공에서 잠깐 동안 있다가 없어진다. 무(無)인 단일허공은 영원 무한한 데 비해 개체들은 공간적으로도 작고 시간적으로도 짧다. 그러나 하늘의 별의 수효가 많듯이 무수하게 많다. 이러한 개체들은 반드시 본 모습인 무(無)로 돌아간다. 우리 사람도 그러한 개체의 하나다. 이 개체는 한 번 왔다가 가면 두 번 다시 오지 않는 뜨내기에 지나지 않는다. 류영모는 말하였다. "우리는 지나가는 한순간밖에 안 되는 이 세상을 버리고 간다면 섭섭하다고 한다. 한 번 가면 다시 못 오는 길을 우리가 가고 있다. 일왕불복(一往不復)이다"(『다석어록』).

"여기 있고 저기 있는 것은 수효가 많아"(此有被有多數爻)

류영모는 말하기를 "하느님은 원대(遠大)하여 보이지 않고 근소(近小)한 것만 보인다. 제각기 살겠다는 근소한 것들은 수효가 많다"라고 하였다. 개체는 전체인 하느님과의 관계가 유지되어야 개체의 생명을 가지게 된다. 사람 이외의 만물은 하느님의 뜻에 따라 움직인다. 하느님의 뜻을 거스르는 일이 없다. 그런데 오직 사람만이 하느님의 뜻을 무시하고 제멋대로 할 수 있다. 류영모는 말하였다. "인충류(人蟲類)는 동물 이하의 짓을 곧잘 하게 된다. 이것이 문제다. 동물은 자연을 좇는다. 그러나 사람은 의지(意志)가 발동한다. 사람이 지닌 의지의 분방은 걷잡을 수 없다. 그것은 문명한 민족이거나 미개한 민족이거나 마찬가지다"(『다석어록』).

사람이 짐승인 제나(自我)를 초월하여 하느님으로부터 새로 얼나(靈我)를 받아서 제나를 다스려야 한다. 그것이 하느님의 뜻을 따르는 것이다. 사람은 짐승과 달리 영원한 생명을 바라는 것도 이 때문이다. 사람은 제나로는 죽지만 얼나로는 영생한다. 얼나는 하느님의 생명이기 때문이다. 류영모는 이렇게 말하였다. "사람은 나서 죽는 제나의 삶을 벗어나야 한다. 몸과 맘의 제나를 벗어나야 한다. 그렇지 못하면 빛나고 힘있게 살 수 없다. 사람은 좀 더 빛나고 힘있게 살아야 한다. 하느님은 우리 마음속에 영원한 생명(얼나, 하느님 아들)을 깊이 감추어두었다. 이 영원한 생명의 씨앗을 잘 길러 몸과 맘의 제나를 초월해야 한다. 제나가 죽어야 영원한 생명인 참나(眞我)가 산다. 제나가 완전히 없어져야 참나다. 참나가 우주의 임자인 하느님이다. 참나와 하느님이 하나다. 참나와 성령(얼나)이 하나다. 참나로 내 생명과 하느님의 생명이 하나다. 참나와 하느님은 이어져 있다. 그리하여 유한(有限)과 무한(無限)이 이어져야 한다. 그것이 영원한 생명이다. 영원한 생명은 진·선·미한 얼생명이다"(『다석어록』).

"무극·태극은 하나(전체)이며 으뜸 자리다"(無極太極一元位)

무극(無極)은 노자(老子)가 말하였다. "그 밝음을 알고도 그 캄캄을 지키니 세상의 본보기가 되리라. 세상의 본보기가 되어 늘 속알(얼나) 어기지 않으니 다시 하느님께로 돌아가리라."(復歸於無極 —『노자』 28장) 허공인 무(無) 쪽에서 보면 있다, 없다 하는 물질세계는 있으되 없는 것이다. 별똥별처럼 있다고 하면 없어지는 것을, 있느니 없느니 할 것이 못 된다. 하늘에 별(天體)들은 제법 몇백억 년씩 있다지만 영원 무한에는 비길 수조차 없는 한순간에 지나지 않는다. 그러므로 무극만이 존재한다. 무극에서 보면 나고 죽음이란 없다. 비롯도 없고 마침도 없는 영원 절대의 생명이 있을 뿐이다. 우리 사람도 몸으로는 나고 죽는 상대적 생명이지만 얼로 거듭나면 얼나는 하느님의 생명이라 비롯도 마침도 없는 영원한 생명이다.

무극이 무(無)의 자리에서 본 절대라면 태극은 유(有)의 자리에서 본 절대다. 무(無)의 자리에서 보면 유(有)는 없지만, 유(有)의 자리에서 보면 유(有)를 포용하고 있는 무(無)다. 상대를 포용한 절대며 이것을 태극이라 한 것이다. 태극이란 말은 『주역』(周易)에 나온다.

"바뀜(상대)은 태극에 있다. 이것이 양의(兩儀=陰陽)를 낳았다"(易有太極是生兩儀 — 『주역』 계사 상전). 또 『장자』「대종사편」에도 태극이 나온다. "(얼은) 태극에 앞서 있으되 높다 안 한다"(在太極之先而不爲高 — 『장자』「대종사편」).

류영모는 말하였다. "태극은 하나(전체)다. 그런데 태극이 쪼개져 음양(陰陽)이 되었다는 것은 말이 안 된다. 태극은 영원히 하나다. 음과 양은 참이 아니다. 음양으로 된 상대세계는 좋은 것 같으나 싫은 것이다. 우리는 어떻게든지 이 상대세계를 벗어나 절대세계로 돌아가는 것이다"(『다석어록』).

상대적 존재가 있다가 없어지는 유무(有無)를 가지고는 절대적 존재를 헤아릴 수 없다. 시작도 없고 종말도 없는 절대존재는 상대적 존재의 유무(有無), 생사(生死)를 초월하였다. 첨도 없고 끝도 없는 무(無)를 상대적 존재처럼 있다고도 할 수 없고, 없다고도 할 수 없는 언어도단(言語道斷)의 경지라 류영모는 '없이 있다'는 모순된 말을 했다. 상대로는 없고 절대로는 있다는 뜻이다.

8. 얼나를 깨달음
得道

버린 아들(얼나) 꽉 잡고 暴棄子把握
돌보던 너(몸나) 던져 버려 回顧女抛擲
얼생명 하나로 꿰뚫린 길 性命一貫道
저절로 우주가 열리나니 自宇宙開闢

(1957. 2. 22)

暴棄(포기): 불만에 차 마구 행동함. 暴: 상할 포. 棄: 버릴 기. 把握(파악): 꽉 잡아 쥠. 把: 잡을 파. 握: 쥘 악. 回顧(회고): 돌아다봄. 一貫(일관): 하나(진리)로 꿰뚫음. 女: 너 여. 抛擲(포척): 던져 버림. 抛: 버릴 포. 擲: 던질 척. 性命(성명): 얼생명. 開闢(개벽): 우주가 열리는 시초. 闢: 열 벽.

"버린 아들(얼나) 꽉 잡고"(暴棄子把握)

득(得)은 가서 보배를 손에 넣는다는 뜻의 회의 문자이다. 사람에게는 생명보다 귀한 것이 없다. "사람이 온 세상을 얻는다 해도 제 목숨을 잃으면 무슨 소용이 있겠느냐. 사람의 목숨을 무엇을 주고 바꾸겠느냐"(마태오 16:26). 그런데 몸 목숨은 거짓 나이고 얼 목숨이 참나(眞我)다. 그러므로 참나인 얼나야말로 보배 가운데 보배다. 그런데 어리석은 사람들이 그 보배를 내버리고 있다. 맹자가 이르되 "슬프도다. 사람이 닭이나 개를 놓았다가는 찾을 줄 아는데 맘을 놓아두고는 찾을 줄을 모르니 학문의 길은 다른 게 아니라, 놓은 맘을 찾는 것일 뿐이다"(哀哉 人有鷄犬放則知求之 有放心而不知求 學問之道 無他求其放心而已矣 —『맹자』「고자 상편」) 라고 하였다. 얼을 잡는 손은 맘이다. 얼을 잡자면 맘부터 찾아야 한다. 맘을 찾는 것은 생각하는 것이다. '버린 아들(얼나)을 꽉 잡고(暴棄子把握)'에서 아들은 말할 것 없이 하느님 아들인 얼나(靈我)를 두고 한 말이다. 얼나를 찾지 않는 것이 버린 것이다. 류영모는 이렇게 말하였다. "우리는 절대진리인 얼나를 찾고 싶다. 그런데 찾기가 어렵다. 유일불이(唯一不二), 이것이 절대진리인데 그걸 찾을 길도 있다. 그런데 사람들은 절대진리(얼나)를 찾을 것 없다, 상대세계에서 당장 살아야 하지 않느냐 하는 무리한 생각에서 참 진리를 터득하지 못하게 된다"(『다석어록』).

하느님 아들인 얼나(靈我)에 대해서 류영모가 이르기를 "어머니 배 속에서 나온 이 몸은 참나가 아니다. 이 몸은 흙 한 줌이다. 하느님이 보내시는 얼이 참나(眞我)다. 이 참나는 영원한 생명이다. 우주 안팎에 가득한 한없이 크고 강한 호연지기(浩然之氣)의 얼나다"라고 하였다. 마하트마 간디도 이르기를 "우리의 얼생명은 우주 안팎에 가득 차 있다. 얼생명이 무엇 때문에 새장 같은 우리의 몸속에 갇혀 있겠는가. 이것을 알 때 우리는 상대세계의 모든 것을, 버리는 해탈(解脫)의 이상에 다다른다"(간디,『간디문집』)라고 하였다.

없는 데가 없는 얼생명을 어떻게 버릴 수 있으며 어떻게 잡을 수 있겠는가. 그것은 생각하느냐, 않느냐에 달려 있다. 맹자(孟子)가 이르기를 "사람이 귀한 것(얼)을 제 속에 가지고 있건만 생각하지를 않는다"(人人有貴於己者 不思耳 ―『맹자』「고자 상편」)라고 하였다. 생각해서 하느님의 얼에 이르면 쇠가 자력을 얻듯 영감(靈感)을 얻는다. 이것은 타율적인 세뇌(洗腦)가 아니라 자율적인 자각(自覺)이다. 이것을 마하트마 간디는 진리파지(眞理把持, Satyagraha)라고 하였다. 이것은 제나(自我)가 얼나를 붙잡는 것이 아니라 제나(自我)가 얼나(靈我)에 붙잡히는 것이다.

류영모는 이렇게 말하였다. "얼나의 자유를 위해 제나는 죽어야 한다. 제나가 죽지 않으면 얼나의 자유는 없다. 거짓 나인 제나가 부정될 때 참나인 하느님에 이른다. 정신 생명인 얼나를 얻기 위하여 육체 생명인 몸나를 버리는 것이 천명(天命)이다. 육체를 미워하고 세상을 버리는 것은 짐승의 삼독을 버리는 것이다"(『다석어록』).

"돌보던 너(몸나) 던져버려"(回顧女抛擲)

도(道) 자는 머리를 그쪽으로 들고 간다는 뜻의 회의 문자다. 류영모는 이르기를 "사람이 다른 동물과 달리 곧이, 곧장 일어설 수 있는 것은 하늘에서 온 탓이라고 생각된다. 마치 모든 초목이 태양에서 왔기 때문에 언제나 태양이 그리워서 태양을 머리에 이고, 태양을 찾아 하늘 높이 서 있는 것처럼 사람은 하느님께로부터 왔기 때문에 언제나 하늘로 머리를 두고, 언제나 하느님을 사모하며 곧이, 곧장 일어서서 하느님을 그리워하는 것 같다. 사람이 하느님을 찾아가는 궁신(窮神)은 식물의 향일성(向日性)과 같이 사람의 가장 깊은 곳에 도사리고 있는 사람의 본성이라고 생각된다"라고 하였다.

하느님께로 머리를 향해 나아가기 위해서는 이 땅 위에 돌보던 것을 던져버려야 한다. 그렇지 않으면 자꾸만 이 땅 위의 것을 돌아보게 되기 때문이다. 너(女)는 내 몸을 비롯하여 가정, 나라, 우주까지 상대세계가 너이다. 그래서 예수는 아예 "내 나라는 이 땅에 속한 것이 아니다"(요한 18:36)라고 하였던 것이다.

류영모는 너의 알파요 오메가인 몸에 대해서 말하기를 "짐승을 기를 때는 우리가 쓸 만큼 사랑하여 길러야지, 더 이상 사랑할 필요가 없다. 이 몸도 짐승이다. 그러므로 이 몸을 지나치게 사랑하고 여기에다 전 목적을 두어서는 안 된다. 하느님의 얼을 기르기 위한, 한도 안에서 몸을 건강하게 해야지 몸을 전 목적으로 해서는 안 된다"라고 하였다.

예수가 제자들에게 자기가 머지않아서 유대교 대제사장의 미움을 받아 죽게 될지도 모른다는 것을 말하여 주었다. 그 말을 듣고 베드로가 예수를 붙들고 그래서는 안 된다고 펄쩍 뛰었다. 그러자 예수가 베드로에게 "사탄아 물러가라. 하느님의 일을 생각지 않고 사람의 일만 생각하는구나"(마르코 8:33)라고 하면서 크게 꾸짖었다. 예수는 사랑하는 제자 베드로가 영원한 생명인 얼나의 뜻을 생각하지 않고 멸망할 생명인 몸나의 삶만을 생각한 데 대하여 노여워하였던 것이다.

그런데 참으로 묘한 일은 예수보다 5백 년 먼저 온 석가가 예수가 한 말 그대로 실천하였고 예수는 석가보다 5백 년 뒤에 왔으나 석가를 안 것 같지 않은데 석가의 말 그대로 실천하였다. 이렇게 예수와 석가의 사상과 생애가 일치하는 것은 한 얼나를 깨달았기 때문이다. 예수와 석가는 얼나를 위하여 자신의 몸과 가정과 나라와 세상을 그야말로 헌 신짝처럼 내던져버렸다.

류영모는 이렇게 말하였다. "우리는 하느님에게 올라가야 한다. 높은 산에는 부귀를 가지고 못 오르듯 하느님에게도 오르지 못한다. 우리는 짐을 벗고 몸을 벗고 얼이 되어야 오를 수 있다. 오르고 또 오르는 것이 사람의 본성이다"(『다석어록』).

"얼생명 하나로 꿰뚫린 길"(性命一貫道)

인명(人命)이라면 몸나를 뜻하고 성명(性命)은 얼나를 뜻한다. 『중용』(中庸)의 "하느님이 시키심을 일러 바탈이다"(天命之謂性)에서 나온 말이다.

류영모는 이렇게 말하였다. "성(性)은 만유(萬有)의 근원(根源)이다. 성(性)을 잊어버리고 남녀에만 갖다 붙이니 이게 실성(失性)한 시대다. 심신(心神)의 본체요 만유(萬有)의 근원인 성(性)을 잊어버렸다. 성(性)을 찾아야 한다. 성명(性命)이란 성경의 생명과 같은 뜻이다. 성명이란 하늘이 주신 마음의 바탕이다."

사람들은 개체(個體)로서 그 수가 많다. 그러나 얼나를 깨달으면 개체도 전체의식으로 공통된다. 그것이 일관도(一貫道)이다. 개체는 전체(하느님)에 지양(止揚)되어 전체로 돌아와 다시 하나가 된다. 여기에서 정신적으로 지양되는 것을 장자(莊子)는 도통위일(道通爲一)이라 하였다. 류영모의 일관도(一貫道)가 바로 '도통위일'을 말한다. 다음으로 물질적으로 지양되는 것을 장자는 복통위일(復通爲一)이라고 하였다. 개체가 소멸(멸망)하는 것을 말한다. 개체의 존재 가치나 사명은 전체(하느님)에 지양되는 데 있다. 그것이 개체의 영광인 동시에 전체의 영광인 것이다. 예수가 이르기를 "나는 아버지께서 나에게 맡겨 주신 일을 다 하여 세상에서 아버지의 영광을 드러냈습니다. 아버지, 이제는 나의 영광을 드러내 주십시오. 세상이 있기 전에 아버지 곁에서 내가 누리던 그 영광을 아버지와 같이 누리게 하여 주십시오."(요한 17:4-5)라고 하였다. 개체가 스스로 기쁨으로 죽음을 맞이하는 것이 개체로서 영광을 누리는 것이고 전체(하느님)를 영광되게 하는 것이다. 여기에서 우리는 예수의 고별 기도의 참뜻을 알 수 있다. 나로 하여금 기쁘게 죽을 수 있게 해 달라는 말이다. 그것이 죽음을 이기고 영생을 얻는 것이다. 우리는 감격 속에 얼나로 솟나야 하고 환희 속에 몸나가 죽어야 한다. 이것이 예수·석가가 우리에게 가르치고 보여준 것이다. 류영모는 예수·석가의 가르침을 바로 배워 바로 실천하였다. 류영모는 이렇게 말하였다. "삶의 뜻을 알았으면 아무 때 죽어도 좋다. 인생의 의미란 하느님이 보내신 얼나가 하느님의 아들이라는 것을 깨닫는 것이다. 얼나가 하느님의 아들임을 깨달으면 아무 때 죽어도 좋다. 영원한 생명인 얼나를 깨달았기 때문이다. 하느님 아들인 얼나(靈我)는 죽지 않는다. 죽지 않는 얼생명을 가졌기에 이 껍질의 몸나는 아무 때 죽어도 좋은 것이다. 영원한 생명인 얼나로 몸나에서 자유함을, 죽음에서조차 자유함을 보여주는 것이다. 영원한 생명인 얼나는 하느님이 그의 생명인 성령을 우리 마음으로 보내주는 것이다. 우리가 탕자(루가 15장)처럼 하느님 아버지께로 돌아가기만 하면 하느님께서 하느님의 생명인 성령을 넉넉히 부어주신다. 하느님의 성령을 받아 얼나로 하느님 아들이 된다"(『다석어록』).

또 류영모는 이렇게 말하였다. "'얼의 나'라는 영원한 생명 줄이 우리

앞에 드리워 있다. 이 얼생명 줄은 이 몸이 죽어도 안 끊어진다. 이것은 나의 절대 신앙이다. 이 생명줄은 영원히 안 끊어진다. 그게 참나인 얼 생명이다." 이것을 한마디로 나타낸 것이 류영모의 성명일관도(性命一貫道)다.

"저절로 우주가 열리나니"(自宇宙開闢)

쿠르즈 고델과 에드윈 허블이 알아낸 170억 년 전의 우주란(宇宙卵)의 대폭발(Big Bang)은 분명히 우주 개벽이라 할 수 있다. 그 우주란의 크기가 얼마만 하였는지는 알 수 없으나 우주란에서 터져 나온 별들이 아직도 튀어 나가고 있다. 지금 그 유한 우주의 직경이 80억 광년으로 팽창하였다. 이 유한 우주가 팽창하고 있는 무한 허공(虛空)은 테두리 없는 공(球)과 같아 무변무한(無邊無限)이다. 이 허공 그 자체는 영원불역(永遠不易)으로 절대다. 무한 허공 속에서 팽창하는 유한 우주는 한 번 쏘아 올린 놀이 불꽃에 지나지 않는다. 불꽃이 장관을 이루다가 일시에 사라지듯이 이 유한 우주도 일시에 사라져 없어질 때가 올 것이다. 하루살이거나 유한 우주이거나 없다가 생겼고, 있다가 없어지는 것은 모두가 꿈같은 환상(幻像)에 지나지 않는다. 환상은 거짓이다. 무한 우주인 하느님만이 영원하다.

9. 이 무엇인가(이 뭣꼬)
是甚麽

손잡고 입 맞추며 얼싸안던 것을　　握手接吻抱擁物
씻기고 옷 입혀 널에 널어 흙 속에 던져　　殮襲棺葬抛擲塵
오리목에 광목천으로 비는 문 세워　　角木廣木祝典門
(화장하여) 뼈와 살이 타고 난 재 찌꺼기　　骨灰肉灰焚燔燼

(1959. 8. 24)

是甚麽(시심마, 시삼마): 이 무엇인가? 麽: 무엇 마, 어찌 마. 接吻(접문): 입맞춤. 吻: 입술 문. 抱擁(포옹): 얼싸안음. 抱: 안을 포. 擁: 안을 옹. 殮襲(염습): 주검을 씻긴 뒤에 수의를 입힘. 殮: 염할 염. 襲: 염습할 습. 棺: 널 관. 葬: 묻을 장. 抛擲(포척): 내어던짐. 抛: 던질 포. 擲: 던질 척. 祝典門(축전문): 의식을 위해 세운 문. 焚燔燼(분번신): 불타고 남은 재. 焚: 불사를 분. 燔: 사를 번. 燼: 깜부기불 신, 나머지 신.

남남이던 남녀가 부부일신이라면서 한집에서 살고 한방에서 잔다. 그러고는 두 사람의 유전인자(DNA)가 합해져 두 사람을 닮은 자식을 낳는다. 혼인할 때는 백년해로(百年偕老)를 약속하였건만 뜻밖에 상배

(喪配)를 당하여 땅속에 묻거나 화장을 한다. 그러고는 새삼스럽게 인생이란 '이 뭣고' 하면서 사람의 삶에 대해서 의문을 던진다. 사람은 누구나 송장 후보다. 언제 송장이 될지는 아무도 모른 채 살고 있다. "우리가 나에 대해서는 의심을 안 한다. 그런데 이 세상이 괴로울 때면 나를 의심하게 된다. 나까지 의심을 하게 되면 문제가 달라진다. 이렇게 아프고 괴로운 이 나라는 게 뭐냐 라는 것이다. 나를 의심하고 부정하게 된다. 나를 없애버리고 싶어져 자살도 한다. 괴롭다 하면서도 재미를 찾으면 아직 자기를 온전히 부정하지 않는 거다. 석가가 6년 동안 고행을 한 것은 나를 의심해서다. 나를 의심하다가 이 나(自我)라는 것이 참나가 아니라는 것을 깨달았다. 그리고 영원 절대의 참나를 깨달아 성불(成佛)한 것이다"(『다석어록』).

시심마(是甚麽)는 선(禪)불교의 교과서라 할 수 있는 『벽암록』(碧巖錄)에 여러 번 나온다. "문밖에 무슨 소리가 들리는가"(門外是甚麽聲 — 『벽암록』 46칙) 등이 그것이다. '이 뭣고?'는 선불교의 중요한 화두(話頭)이다. 이 화두를 바로 푸느냐, 못 푸느냐에 따라 이 한 번뿐인 삶을 참되게 살 수도 있고 헛되게 살 수도 있다. 우리는 나 자신에게 이 뭣고를 진지하고 엄숙하게 물어야 한다. 석가는 네팔의 돌산에서, 예수는 팔레스타인 광야에서 죽기까지 할 결심으로 이 뭣고를 줄곧 물었다. '나란 무엇인가?' 그래서 깨달음을 얻었다. 류영모는 이렇게 말하였다. "이제 여기의 이 나라는 것은 거짓 나이지 참나가 아니다. 그러므로 찾아야 할 것은 오직 참나다. 참나는 생전을 두고 찾아야 한다. 참나는 아주 가까운 데 있다. 참나는 거짓 나인 제나(自我) 너머에 있기 때문이다. 참나는 얼의 나이다. 얼나밖에 만족할 만한 것이 이 상대세계에는 없다. 그러므로 상대세계에 한눈팔 겨를이 없다. 그래서 '응당 마음을 내어 머무를 곳이 없다'(應無所住而生其心)이다. 이 상대세계에는 맘 붙여 머물 데가 없다는 말이다. 그리하여 이 상대세계에 머무르지 않는 참나인 얼나에 맘을 내고 맘을 두라는 것이다. 이 말 한마디만 잘 알면 해탈할 수 있고 구원받은 지경에 간다"(『다석어록』).

"손잡고 입맞추며 얼싸안던 것을"(握手接吻抱擁物)

함부로 이성에게 몸을 닿게 하면 성희롱이 되고, 성추행이 되고, 성범죄가 된다. 그러나 오직 한 여자, 아내와는 이 금기사항이 허락되어 있다. 그런데 요즘에는 전래의 불가촉(不可觸)의 귀인 정신을 어디다 버렸는지 이성 간에 몸이 닿는 일에 마음을 쓰지 않는다. 쉽게 손잡고, 쉽게 팔짱 끼고, 쉽게 얼싸안고, 쉽게 입 맞춘다. 그리하여 버려지는 갓난 아이들이 많이 태어나고 있다. 이게 무슨 짓들인가. 류영모는 이렇게 말하였다. "요새 대낮에 한길에서 남녀가 팔짱을 끼고 다니는 것을 보게 된다. 이렇게 활개를 치고 바람을 떨치며 다니는 것은 실상(實相)을 떨어뜨리는 짓이다. 남녀가 모두 정신을 차려야 한다. 예수는 독신으로 살았으며 여자를 보고 음욕을 품는 일이 없었다. 정신 든 사람이 어떻게 음욕을 품을 수 있겠는가. 음욕이란 실성한 사람들이 할 짓이지 정신이 바로 박힌 사람은 음란에 젖을 까닭이 없다. 이 사회에 영화 광고 등에서 키스 장면이 어떻게 흔히 나오는지 이제는 오히려 정신이 마비되어 그러려니 하고 지나가게 되었다. 그 부끄럽고 더러운 일을 공공연하게 내놓는 것이 하늘에 머리 두고 사는 사람들이 하는 짓들인가. 이렇게들

키스가 흔하니 사랑하는 사람과 키스를 해도 그 맛이 이제는 없어졌을 것이다"(『다석어록』).

류영모와 김효정은 64년을 함께 살아온 그야말로 백년해로한 드문 부부이다. 이 상배(喪配)의 한시는 류영모 본인의 얘기가 아니다. "죽는 날이 태어난 날보다 좋다. 잔칫집에 가는 것보다 초상집에 가는 것이 좋다. 산 사람은 모름지기 죽는다는 것을 명심할 필요가 있다. 웃는 것보다는 슬퍼하는 것이 좋다. 얼굴에 시름이 서리었지만, 마음은 바로 잡힌다. 지혜로운 사람은 마음이 초상집에 있다. 어리석은 사람은 마음이 잔칫집에 있다"(전도서 7:1-4). 이 성경 말씀처럼 류영모는 잔칫집에는 못 가도 초상집에는 갔다. 다른 사람들의 상배(喪配)의 상황을 보고서 내 일인 듯 생각하여 글을 쓴 것이다. 류영모는 이르기를 "좀 참혹한 이야기인지는 모르겠으나 사람이란 세상에서 최후의 불행이라 할 수 있는 홀아비가 되어 보아야 신앙을 알기 시작한다. 연애하고 결혼하고 자식 낳고 할 때는 신앙을 바로 알기 어렵다. 홀아비가 된 뒤에 하느님을 믿으라는 것은 못 할 말이지만, 어떤 사람은 장가를 갔다가 아내가 죽자 아내에게 따라갈 수 없으니 신부가 되었다"라고 하였다.

"씻기고 옷 입혀 널에 널어 흙 속에 던져"(殮襲棺葬抛擲塵)

지금 지구 위에는 70억의 사람이 살고 있다. 1백 년 전에는 현재의 이 사람들은 한 사람도 없었고 1백 년 뒤에도 이 사람들은 한 사람도 없을 것이다. 그렇다면 지금 살고 있는 것을 어떻게 보아야 하는가.

70억의 사람이 없다고 하면 거짓말이라 하겠지만 있다고 하면 속는 것이다. 비눗방울처럼 머지않아서 꺼져버릴 사람들을 어떻게 믿으라는 것인가. 손잡고 입 맞추고 얼싸안던 아내도 숨지면 흙 속에 묻든지 불 속에 태워야 한다. 그러고 나면 함께 지내던 일이 꿈속의 일 같다. 몸이란 환상에 속은 것이다. 저 살았다고 돌아다니는 사람들을 허깨비로 보아야 하고 미라로 보아야 바로 보는 것이다.

류영모는 말하였다. "우리는 세상에서 가정이라는 살림을 하지만 세상을 지나간 뒤에 보면 빈 껍데기 살림을 가지고 실생활(實生活)로 여기고 산 것이다. 물질생활은 변화하여 지나가는 것뿐이다. 예수 · 석가는 가정에 갇혀 살지 않았다. 하느님의 속인 무한대에서 살았다"(『다석어록』).

내게 가까운 사람이 갑자기 안개처럼 사라진다는 것은 원자탄이 터지는 이상의 놀라움이다. 세상에 취해 살다가도 정신이 번쩍 난다. 율곡 이이(李珥)는 어머니가 죽고는 절을 찾아갔고, 마르틴 루터는 친구가 죽자 수도원을 찾았다. 키에르케고르가 하느님을 찾고 류영모가 하느님을 찾게 된 데는 똑같이 그들의 여러 형제가 잇달아 죽은 것과 무관하지 않다. 뉴턴이 사과나무에서 한 개의 사과가 저절로 땅에 떨어지는 것을 보고 만유인력을 알아냈듯이 우리는 한 사람의 죽음을 보고 하느님의 존재를 알아내야 한다. "우리의 삶이란 꿈이라 거짓이다. 꿈은 깨야 한다. 인생이란 마침내 꿈꾸고 마는 것이다. 꿈 깨자 하는 게 바른 생각이다. 인생이란 한바탕의 꿈을 딱 깨자는 것이다"(『다석어록』).

"오리목에 광목 천으로 비는 문 세워"(角木廣木祝典門)

이것은 화장터 앞에다 각목을 세워 광목을 씌우고, 거기에 고인의 이름을 적어서 극락 영생을 기원한다는 것이다. 류영모는 화장을 해야 한다고 하였다. 어머니 김완전이 한국전쟁 때 부산 피난지에서 돌아갔는데 화장을 하였다. 그래서 무덤이 없다. 류영모 자신도 화장하기를 바랐다. 류영모는 이렇게 말하였다. "반드시 화장을 지내야 한다. 흙에서 와서 흙으로 돌아가는 데는, 없는 데서 생겨나서 없어지는 데는 다 마찬가지다. 혈육의 근본은 흙이지만, 정신은 하늘에 근본을 두고 있다. 정신은 하늘에 돌아가고 몸은 빨리 흙으로 돌아가게 죽은 몸을 재로 만들어버리면 그만인 것이다. 무슨 흔적을 남기려고 할 것 없다. 영원한 것은 진리인 얼생명뿐이다. 인도 사람들은 3천 년 전에 이미 화장을 지냈다고 하니 그들은 전 인류의 선배다"(『다석어록』).

토인비는 부부 가운데 한 사람이 먼저 가고 한 사람이 남는 것이 싫은 일이라 하여 부부가 비행기 여행 중에 사고가 나서 함께 죽었으면 좋겠다고 하였다. 토인비답지 않은 소리다. 비행기 사고로 인해 또 많은 홀아비와 과부가 새로 생길 수도 있기 때문이다.

"(화장하여) 뼈와 살이 타고 난 재 찌꺼기"(骨灰肉灰焚燔燼)

류영모는 죽음에 대하여 이렇게 말하였다. "늙어가면 어떻게 되나 하면 도착하는 데가 있다. 몸은 있으되 없는 것과 같은 지경에 이른다. 아직 살았으되 죽은 몸이나 다름이 없어 없는 것과 같다. 다 늙은 몸은 해골만 남아 있으나 마나 한 것이다. 몸은 다 자라 자라기를 멈추어도 정신은 훨씬 크게 자라게 된다. 그 뒤로는 몸은 차차 쇠진해지다가 해골만 남게 된다. 그러다 해골이 넘어지면 사람이 죽었다고 아이들이 야단을 한다." 사람은 곳에 따라 갖가지 장례를 치르는 방법이 있다. 거기에 우주장(宇宙葬)이 더하게 되었다. 1986년 1월 29일 우주왕복선 챌린저호가 발사대를 떠난 지 75초 만에 섬광과 함께 공중폭발을 하였다. 승무원 일곱 사람은 흔적도 없이 산화(散華)하고 그 연기가 한 마리의 백조 모습을 보여주고는 사라졌다. 이것은 이제까지 없었던 장례의 방편으로 우주장이라 할 수밖에 없다. 챌린저호에 든 비용이 12억 달러나 된다니 가장 호화스러운 장례 의식이라 아니할 수 없다. 돈만 많이 안 든다면 그러한 장례식을 치르고 싶다. 고려장처럼 생 장례가 된다 하여도 싫어하지 않겠다. 흔적 없이 사라지는 게 좋다. 몸나의 일생이란 이렇게 보잘것없고 하잘것없다. 여기에서 솟나 얼생명으로 부활해야 한다. 미국의 천체 지질학자 슈메이커의 유해 일부가 달의 분화구에 보내져 인류 최초로 달에 묻히는 사람이 된다고 한다. 지구도 천체(天體) 가운데 하나이다.

10. 어리석음을 깨우침
擊蒙

너무 먹고 너무 쓰며 죽기 싫어함은 잘못이고 過食過用惡死過
먹기 억누르고 쓰기 억눌러 삶 좋게 하는 꽃꽃함 節食節用好生節
자벌레가 뻗고자 굽힘 눈여겨봐 어리석음 일깨워 蠖屈求伸目擊蒙
크게 하는 밑힘 움츠림에 있어 손 단단히 잡아둬야 張本在緊手檢閱

(1958. 12. 1)

擊: 두드릴 격. 蒙: 어리석을 몽. 惡: 싫어할 오. 節: 절개 절, 절제할 절. 蠖: 자벌레 확. 屈: 굽힐 굴. 目: 눈여겨볼 목. 張: 큰 체할 장. 本: 비롯 본. 緊: 움직일 긴. 檢閱(검열): 조사하고 시험하는 곳. 檢: 검사할 검. 閱: 볼 열.

격몽(擊蒙)이란 낱말은 『주역』 몽(蒙)괘에 나온다. 몽괘는 산괘가 위에 있고 물괘가 아래에 있다. 어리석을 몽(蒙)은 섬(가마니)을 뒤집어쓴 돼지라는 뜻의 회의(會意) 문자이다. 섬을 뒤집어쓴 돼지처럼 뭐가 뭔지 모른 채 좌충우돌하는 어리석음을 몽매(蒙昧)하다고 한다. 진리인 얼나

(靈我)를 모르면 석가는 맘의 눈이 어둡다고 무명(無明)이라 하고, 예수는 맘속 빛의 어둠(마태오 6:23)이라고 하였다. 그것은 진리의 얼나가 잠자고 있는 것이라 이를 두들겨 일깨우는 것이 격몽(擊蒙)이다. 소크라테스는 자신을 등애라 하면서 잠이 덜 깬 아테네 사람들을 쏘아서 잠을 깨운다고 하였다. 율곡 이이(李珥)는 격몽요결(擊蒙要訣)이라는 책을 지었다. 어린이들을 일깨운다는 뜻이다. 류영모는 이렇게 말하였다. "어릴 때 하는 노릇을 짐승의 버릇이라고 한다. 사람이 어릴 때 노는 일은 모두 좋은지 나쁜지를 분간하지 못한다. 좋은 것 나쁜 것을 분간하면 어리다고 하지 않는다. 짐승은 먹는 것, 새끼 치는 것밖에 모른다. 미성년 시대는 짐승 시대이다. 아직 한 사람으로서 대접을 받지 못한다. 오로지 관심은 식욕, 색욕뿐이다"(『다석어록』).

나이가 어린 사람은 어려서 모른다고 하지만 나이가 들어서도 철이 없기는 마찬가지인 사람들이 많다. 이는 철없는 어린이에 대해 어리석은 어른이라 할 것이다. 철없는 어린이와 어리석은 어른은 똑같이 계몽(啓蒙), 격몽(擊蒙)의 대상이다. 몸은 짐승이라 몸이 지닌 짐승의 성질인 탐·진·치(貪瞋痴)를 다스릴 얼나를 깨워야 한다. 류영모는 이렇게 말하였다. "우리 생활의 핵심이 되는 중요한 문제는 식·색(食色)이다. 식·색이 삶의 핵심이다. 식·색의 정체를 모르면 삶을 바로 살 수 없다. 삶의 핵심을 못 붙잡으면 나를 사랑하고 남을 사랑한다 해도 사랑하는 것이 아니라 서로 해치고 죽이고 있는 것이다. 사람의 진면목(眞面目)인 참나(眞我)는 드러나지 않은 채 애매한 세상을 살아가고 만다. 자칫하면 인생을 헛살기 쉽다. 보아서는 돈도 가졌고 지위도 있어서 세상에서 출세한 것 같아도 속을 들여다보면 썩은 무 같아서 쓸모 없는 사람이다"(『다석어록』).

"너무 먹고 너무 쓰며 죽기 싫어함은 잘못이고"(過食過用惡死過)

마하트마 간디는 말하기를 "삶이란 먹고 마시고 흥청거리는 것이 아니라 하느님을 찬양하는 것이다. 바꾸어 말하면 그것은 인류에게 성실하게 봉사하는 것이다"(간디, 『날마다의 명상』)라고 하였다. 그런데 사람들은 먹고 마시고 흥청거리는 데서 삶의 보람을 느끼려고 한다. 그리하여 너무 먹고 너무 마시어 밥통이 견디지 못하여 밥통이 헌다. 옛 로마 사람들은 먹고 마시는 재미를 즐기기 위하여 배가 불러 먹고 마실 수 없으면 새 깃털로 목구멍을 간질러서 토하고 난 뒤에 다시 먹고 마시기를 이었다는 것이 아닌가. 이쯤 되면 먹고살겠다는 것인지, 먹고 죽겠다는 것인지 모를 일이다. 많이 먹고 마셔 위가 결딴이 나서 죽는 이가 많다. 류영모는 이렇게 말하였다. "'몸 성히'를 위해서는 탐욕을 버려야 한다. 자꾸 먹고 싶은 욕망을 경계하고 많이 먹지 않도록 하는 것이다. 이를 점심(點心)이라고 했다. 석가는 대낮에 한 번 먹었다고 해서 일중식(日中食)이라 하고 24시간에 한 번 먹는다고 해서 점심이라고 한다. 또 밥을 먹는 둥 마는 둥 마음에 점(點)친다고 해서 점심이라고 한다. 내가 하루 한 끼를 먹어보니 '몸성히'의 비결이 점심에 있다. 하루에 한 끼니만 먹으면 온갖 병이 없어진다. 감당 못 할 음식을 너무 많이 배 속에 넣기 때문에 병이 난다. 하느님이 주신 도시락이라고 할 수 있는 배 속 밥통(胃)을 죽을 때까지 성하게 간직해야 한다"(『다석어록』).

과용(過用)은 재물을 많이 쓰는 것도 되지만 여기서는 과색(過色)이란 뜻이다. 용색(用色)을 뜻하기 때문이다. 그래야 뒤의 죽음과 직접 연관된다. 지나친 방사(房事)는 죽음을 부르기 일쑤이기 때문이다. 마하트마 간디가 말하기를 "마음에 정욕이 파도치고 있는 이가 어떻게 진리를 깨달을 수 있겠는가. 맘에 정욕이 일어나는 것은 큰 바다의 폭풍우와 같다. 폭풍우 속에서 빨리 키를 잡는 키잡이는 안전할 것이다. 이같이 마음이 들떠있을 때 하느님에게 의지하는 이는 이겨낼 것이다. 욕망을 채우려 하지 않는 것이 좋다. 그런데 욕망을 채우려 하기 시작하면 불가능한 것은 아니지만 자제하기가 어려워진다"(간디, 『날마다의 명상』)라고 하였다.

류영모는 이렇게 말하였다. "남녀가 모두 정신을 차려야 한다. 서로가 정력을 낭비하여 상대의 생명을 갉아먹으면서 사랑한다고 착각하는 것은 어리석은 짓이다. 짐승들은 음란에 젖지 않는다. 짐승들은 암수가 생식을 위해서만 만나지 생식이 끝나면 결코 만나지 않는다. 사람이 짐승보다 못하면서 소나 돼지를 잡아먹는 것은 말도 안 된다. 사람은 소나 말 같은 짐승에게 배워야 한다. 그들은 본능대로 사는 것이다. 생식은 본능이지만 음란은 본능이 아니라 타락이다. 이것을 모르는 사람은 신앙과는 아무 상관이 없다. 이것을 아는 사람은 진리를 사랑하는 사람이다. 밤낮없이 마음껏 음란에 빠진다면 그것이야말로 마귀의 세상이다. 늙어서도 색(色)에 주린 늙은이가 있는가 하면 젊어서도 색(色)을 좇아가는 것이 인생의 전부인 것처럼 생각하는 젊은이가 있다. 영웅은 호색한다면서 임금이 삼천 궁녀를 두는 것을 당연한 것으로 생각하였다. 그 결과로 나라의 임금치고 허약하지 않은 이가 없었다. 임금들은 거의가 단명요절(短命夭絶)하여 사람 구실을 못 하였다. 그런 제도에 얽매여 젊은 임금만 가엾게 죽어갔다"(『다석어록』).

"먹기 억누르고 쓰기 억눌러 삶 좋게 하는 꼿꼿함"(節食節用好生節)

함석헌의 시집 『수평선 넘어』에 '그 사람을 가졌는가'라는 시가 실려 있다. '만리(萬里)길 나서는 날 처자(妻子)를 내맡기며 맘 놓고 갈 만한 사람 그 사람을 그대는 가졌는가? 온 세상 다 나를 버려 마음이 외로울 때에도 저 맘이야 하고 믿어지는 그 사람을 그대는 가졌는가? 탔던 배 꺼지는 시간 구명대 서로 사양하며 너만은 제발 살아다오 할 그 사람을 그대는 가졌는가? 불의의 사형장에서 다 죽어도 너희 세상 빛을 위해 저만은 살려두거라 일러줄 그 사람을 그대는 가졌는가? 잊지 못할 이 세상을 놓고 떠나려 할 때 저 하나 있으니 하며 빙긋이 웃고 눈을 감을 그 사람을 그대는 가졌는가? 온 세상의 찬성 보아도 아니라고 가만히 머리 흔들 한 얼굴 생각에 알뜰한 유혹을 물리치게 되는 그 사람을 그대는 가졌는가?'(함석헌, 시집 『수평선 넘어』). 그 사람은 탐 · 진 · 치의 수성(獸性)을 이기고 진 · 선 · 미의 영성(靈性)을 광복(光復)한 사람이어야 할 것이다. 함석헌 자신은 그 사람이 되지 못하였다. 토정 이지함은 여인숙에 묵고 있을 때, 여인숙 여인이 유혹하는 것을 누이를 대하듯 타일러 가르쳤고, 도산 안창호는 그의 침실로 찾아든 여인을 딸처럼 타일러 다치지 않게 하였다. 식 · 색을 이기기 전에는 사람 구실을 할 수 없다. 율곡 이이와 퇴계 이황에게는 그들을 사모하는 예기(藝妓)가 있었으나, 그들을 색욕으로 대하지 않았다. 거기에 그들의 인격이 살아 있음을 본다. 식 · 색을 이기지 못한 예수 · 석가가 어디 있을 수 있겠는가. 마하트마 간디와 톨스토이가 수성(獸性)을 이긴 삶의 전기(轉機)가 없었다면 어떻게 인류의 스승 자리에 설 수 있었겠는가.

"자벌레가 뻗고자 굽힘 눈여겨봐 어리석음 일깨워"(蠖屈求伸目擊蒙)

자벌레는 나뭇가지 위를 기어갈 때 폈다가 오므리고, 오므렸다가 펴서 앞으로 나아간다. 오므리는 데서 나아갈 힘이 생기는 것을 알 수 있다. 이처럼 우리의 배 속에 들어 있는 밥통도 쉴 때 쉬어야 오므려져 기운을 회복한다. 그래야 다음에 들어오는 음식을 새겨낼 수 있다. 밥통이 쉬지 않고 일만 하면 위 무력증에 걸린다. 그러면 밥통이 늘어났다느니, 처졌다느니, 헐었다느니, 뚫렸다느니 하면서 약국, 병원을 드나들어야 한다. 그러므로 배 속의 밥통(위)을 될수록 많이 쉬게 하는 것이 좋다. 밥통을 많이 쉬게 하자면 하루 한 끼만 먹는 것이 가장 좋다. 그러고는 아무것도 먹지 말아야 한다. 밥 한 톨이라도 들어가면 밥통은 그것을 새기느라 일을 하게 되어 쉬지를 못한다. 먹지 않을 수는 없지만, 밥통 임자가 터무니없이 많이 먹는 것과 쉼 없는 잦은 주전부리가 밥통을 고달프게 만든다.

류영모는 이렇게 말하였다. "먹는 것은 끄니(끊이)로 먹어야 한다. 한참 끊었다가 먹으라고 끄니 또는 끼니라고 한다. 그런데 사람들이 줄곧 이어서, 달아서 먹으려는 것은 잘못이다. 먹는데 실컷 먹겠다는 생각을 버린 사람은 일부러 금식도 하고 단식도 한다. 먹을 것이 모자라서 먹기를 끊을 때(굶을 때) 오히려 이것을 하늘이 주는 은혜로 알고 감사의 뜻으로 받는다. 말씀을 바로 아는 집안에서는 나쁜 듯하게 먹으라는 말을 한다. 온당한 말이 아닐 수 없다"(『다석어록』).

아직도 제대로 밥 먹을 줄 몰라 격몽(擊蒙)의 대상인 사람들이 너무나 많다. 류영모는 이 나라에 성인병으로 당뇨 환자가 많은 것은 먹거리를 제대로 먹을 줄 몰라서 그렇다고 말하였다. 적게 먹으면 당뇨병이 생기지 않는다. 태평양전쟁 때는 먹거리가 귀해 당뇨병 환자가 거의 생기지 않았다는 것이다. 그러니 참으로 격몽하지 않을 수 없다.

"크게 하는 밑힘 움츠림에 있어 손 단단히 잡아둬야"(張本在緊手檢閱)

"참사람은 반드시 혼자서 삼간다"(君子必愼其獨也 — 『대학』)고 하였다. 사람은 혼자서도 삼가야 하고, 둘이서도 삼가야 하고, 여럿이서도 삼가야 한다. 류영모는 이렇게 말하였다. "사람에게는 할 수 없는 일, 해서는 안 될 일이 여간 많지 않다. 사람이 할 수 있는 일, 해야 할 일이란 머리를 하늘에 두고 다니는 일이다. 이것만이 사람이 할 수 있는 일이요 해야 할 일이다. 이것은 하느님을 사모하여 우리의 사상을 높이자는 것이다"(『다석어록』).

광복 뒤에 1946년부터 서울 종로 YMCA 연경반(硏經班)에서 류영모의 강의를 들어온 분이 있다. 그는 조선조의 이름 높은 성리학자인 회암 이언적의 후손이다. 그래서 어릴 때부터 기계 옥산서원이 있는 바로 그 마을에서 자라며 할아버지가 가르치는 서당 공부를 하였다. 그런데 집이 넓은지라 서당 아이들이 집에서 자고 가는 일이 자주 있었다. 그때 큰아이들로부터 수음을 알게 되었다. 그 수음 맛에 빠져 잦은 수음으로 말미암아 정력이 메말라버리기에 이르곤 하였다. 그 탓으로 병에 걸려 몇 번이나 죽을 뻔하였다. 혼인을 한 뒤에야 그 버릇을 떨쳐버릴 수 있었으나 정력이 약해진 뒤라 혼인 생활도 쉽지가 않았다. 그리하여 몇 번이나 옥상에서 뛰어내려 자살하려 한 적이 있었으며 가벼운 정신

이상을 일으키기도 하였다. 류영모의 글에서 손을 검열하라는 뜻을 짐작하였을 것이다. 정력을 모아 두어야 정신을 장대(張大)하게 하는 데 쓸 수 있다. 그러자면 혼자 있을 때 반드시 손을 단속해서 삼가야 한다. 손을 잘 단속하지 않으면 인생을 그르치게 된다. 이것이야말로 요긴한 격몽이 아닐 수 없다. 그분이 부끄러움을 무릅쓰고 이 사람에게 말해준 것은 모든 뒷사람에게 격몽의 산 자료로 쓰라는 뜻이었다. 사람은 또 둘이서도 삼가야 한다. 남녀가 둘이 있을 때는 반드시 삼가야 한다. 비록 혼인한 부부 사이라도 삼가야 한다. 혼인한 부부가 아니라면 더구나 조심하고 삼가야 한다. 마하트마 간디는 이렇게 말하였다. "나는 열정적으로 아내를 사랑하였다고 말할 수밖에 없다. 학교에 가서도 그녀를 생각하곤 하였다. 그리고 저녁때 가서 아내를 다시 만날 생각이 내 머리에서 떠나지 않았다. 떨어져 있는 것이 견딜 수 없었다. 나는 이런저런 이야기를 하며 밤늦게까지 아내를 못 자게 붙들고 있기가 일쑤였다"(간디,『자서전』). 남녀가 있을 때도 맘을 가다듬고 손 단속을 잘하면 뉘우칠 일을 안 할 수 있다. 여러 사람이 모였을 때도 반드시 손 단속을 잘해야 한다. 그것은 도박이다. 도박에 빠진 이는 손끝에 닿는 화투장의 감각이 음행의 쾌감보다 더 짜릿하다고 한다. 거기에 한 번 빠지면 밤낮을 가리지 않는 것도 마찬가지다. 그리하여 인격이 파탄되고 가정이 파괴된다. 재화도 모아 두었다가 올바르게 써야 하는 귀중한 것이다. 그런데 도박으로 다 내버린다는 것은 지극히 어리석은 일이 아닐 수 없다. 도박의 피해는 전쟁의 피해에 못지않을 것이다. 자신들이 지닌 수성(獸性)을 버리지 않으면 도박을 끊을 수 없다.

11. 넉넉한 이의 노래
富者吟

침이 그득해 입 안이 기름지고	口潤玉津給
저녁 쌀밥 든든하게 배가 차고	腹實粒飧足
평상 위의 밤기운 시원히 맑고	平床夜氣澈
맑은 물 때로 쉬 긷네	玄酒時易汲

(1960. 3. 12)

吟: 읊을 음, 노래할 음. 潤: 윤택할 윤. 津: 진액 진. 玉津(옥진): 입 속의 침. 給: 넉넉할 급. 粒: 쌀밥 립. 飧: 저녁밥 손. 足: 넉넉할 족. 澈: 물 맑을 철. 汲: 물 길을 급.

류영모는 서울 남대문 옆에 있던 수각다리 근처에서 태어나 45살이 되도록 서울 종로에서 살았다. 아버지(柳明根)가 세상을 떠나고 삼년상을 지내자 바로 경기도 고양군 은평면 구기리로 출애굽을 감행하였다. 그러나 서울이 류영모를 놓칠 수 없다는 듯 은평면이 서울시로 편입되었다. 사람들은 서울에 사는 것을 자랑으로 알지만, 류영모는 서울에 사는 것을 부끄럽게 생각하였다. 이 세상 모든 사람이 밤낮을 가리지 않고 끊임없이 추구하는 부귀영화에 대한 꿈을 류영모는 이미 24살 때 버렸다. 일본 동경으로 유학을 하여 동경물리학교를 다녔는데 더 이상의 진학을 포기하고 귀국하는 길에 '나의 류영모'를 현해탄 바다에 던져 버렸다. 오직 '하느님의 류영모'가 되어 사나 죽으나 하느님의 뜻을 좇아 살기로 마음먹었다. 그런 류영모가 새삼스럽게 부자음(富者吟)을 읊은 것은 무엇 때문일까.

류영모는 말하기를 "부귀(富貴)는 힘과 빛 때문에 사람에게 필요하다. 그러나 사람에게는 정신의 힘과 얼의 빛이 있는 줄을 알아야 한다. 정신이 힘이 있고 얼이 빛나야 사람이다. 정신이 힘이 없고 얼의 빛이 어두워진 뒤에 부귀를 가지고 대신하려면 그것은 인류 멸망의 징조다. 나는 요새 큰 부자가 되고 싶은 맘은 없다. 다만 하느님의 성령을 가득 안은 맘의 부자가 되고 싶다. 세상에서는 더 바랄 것이 없다. 바랄 것이 있다면 몸이 성한 것과 맘이 놓이는 것이다. 몸이 성해야 맘이 놓일 수 있고 맘이 놓여야 하느님의 성령인 진리를 담을 수 있다"라고 하였다.

류영모의 부자는 마음의 부자, 성령의 부자, 진리의 부자를 말하는 것이다. 예수의 산 위 가르침(山上垂訓)에서 "마음이 가난한 이는 복이 있나니"의 본뜻은 "얼나를 찾는 이는 복이 있나니"로 되어야 한다. 우리는 몸으로는 가난하더라도 맘으로는 부자가 되어야 한다. 몸으로는 무소유(無所有)이지만 맘으로는 전소유(全所有)이기 때문이다. 무소유는 내 것이 없고 다 하느님의 것이라는 생각으로 사는 것이다. 전소유는 전체인 하느님을 내 맘에 간직하고 하느님이 참나라는 생각으로 사는 것이다. 물질에 대한 끝없는 탐욕을 가진 부자는 부자가 아니라 한없는 결핍을 느끼는 빈자(貧者)이다. 절대존재인 하느님으로 채워야 할 마음인데 상대적 존재인 재물로 채우려 하니 채워질 리가 없다. 마음 부자는 이르기를 "거친 밥 먹고 물 마시고 팔베개하니 즐거움이 그 속에 있다. 옳지 않은 부(富)와 귀(貴)는 내게 뜬구름과 같다"(『논어』「술이편」)라고 한다.

"침이 그득해 입 안이 기름지고"(口潤玉津給)

이 말은 류영모 자신의 몸이 아주 건강하다는 것을 나타낸 말이다. 건강이 나쁜 사람들은 입이 잘 마른다. 많은 사람이 마지막 임종을 할 때 입안이 말라 물을 찾는다. 그러나 물 마실 힘도 없는지라 빨대로 빤다. 빨대를 빨 힘도 없으면 탈지면을 적시어 입 안에 넣어 준다.

그렇게 죽음의 고개(分覺嶺)를 넘기가 힘든 것인가 보다. 그러므로 입에 침이 그득 고인다는 것은 건강이 아주 좋다는 간접적인 표현이다. 그래서 류영모는 강의를 할 때 물을 마시는 일이 없었다. 오히려 류영모는 자기 앞에 가까이 앉지 말라고 하였다. 침이 많아서 침이 튀어 간다는 것이다. 그렇게 입에 침이 많아진 것은 하루에 한 끼만 먹은 결과라고 말하였다. "몸은 부모로부터 받았으면 다치지 말고 가야 할 것이다. 몸은 무엇인가 하면 자기의 얼생명을 담는 그릇이다. 그릇을 다치면 그 얼도 온전하지 못하게 된다. 몸도 성하고 얼도 성해야 정신 행위가 올바르게 된다. 증자(曾子) 같은 이는 일찍 이것을 안 사람이다. 우리는 증자의 몸 성히 해야 한다는 정신을 본받아야 한다. 성하게 받은 몸을 성하게 가지고 가야 한다. 적극적으로 몸 성히 가져야 한다. 몸이 성하면 더 바랄 것이 없다"(『다석어록』).

"저녁 쌀밥 든든하게 배가 차고"(腹實粒飧足)

노자(老子)는 "넉넉한 줄 아는 이가 부자다"(知足者富 ―『노자』 33장)라고 말하였다. 류영모는 하루에 저녁 한 끼만 먹었다. 저녁을 먹었으니 다음 날 아침까지는 배고프지 않겠지만 낮 동안은 종일 배가 고팠을 것이다. 그러다가 저녁을 먹게 되면 그 밥이 얼마나 맛이 있겠는가. 밥반찬이 문제가 아닐 것이다. 그리하여 저녁을 먹고 나면 이 세상에서 가장 큰 부자라도 된 듯이 흐뭇할 것이다. 그러면 비록 내 힘으로 먹는 밥이지만 하느님 아버지께서 날마다 주시는 먹거리임을 알게 된다. 요즘은 의학적으로도 적게 먹는 것이 건강에 좋다는 것이 정설이 되었다. 몸무게가 지나쳐 걱정하는 사람들이 적지 않은데 의약으로 고칠 생각보다는 정신적으로 고쳐야 한다. 진리 정신과 노겸(勞謙) 정신으로 살면 군살 붙을 겨를이 없다. 일제 말기 류영모가 김교신이 발행하던 월간지 「성서조선」에 연루되어 경기도 경찰부에 체포되어 종로경찰서 구치소를 거쳐 서대문 형무소에 영어(囹圄)의 몸이 되었다. 류달영의 말에 의하면 건강한 젊은이들도 형무소에 수감된 지 한두 달 만에 영양실조가 되어 퍽퍽 쓰러졌다고 하였다. 영양실조를 막기 위해 콩밥을 주는 것이 원칙인데 일제 말기에는 콩도 귀해 만주에서 가지고 온 썩은 콩깻묵을 넣어서 주었다는 것이다. 류영모는 워낙 적게 먹는 버릇을 들였으니 형무소 생활을 어렵지 않게 견딜 수 있었다.

류영모는 밥 먹는 자격에 대해서 말하기를 "사람이 밥을 먹는 것은 자격이 있어서 먹는 것도 아니고 내 힘으로 먹는 것도 아니다. 하느님의 은혜로 수많은 사람의 은덕으로 대자연의 공로로 주어져서 먹는 것이다. 밥은 가격을 따질 수 없는 무한한 가치와 힘이 합쳐져서 밥이 된 것이다. 우리가 밥을 돈 내고 사 먹는다고 생각해서는 안 된다. 돈은 밥 가치의 몇억 분의 일도 안 된다. 사람들이 수고한 노동력의 대가 일부를 지불한 것뿐이다. 밥이 되기까지에는 태양의 빛과 바다의 물과 그밖에 갖은 신비가 총동원되어 밥이 지어진 것이다. 그러니까 밥은 순수하게 거저 받는 하느님의 선물인 줄을 알아야 한다. 우리가 밥 먹는 것은 하느님의 은혜요 선물이지 우리의 힘으로 된 것이 아니다"라고 하였다.

"평상 위의 밤 기운은 시원히 맑고"(平床夜氣澈)

평상(平床)이라 하였지만, 사실은 두꺼운 널감이다. 류영모는 그것을 온돌방에 들여다 놓고 그 위에서 살았다. 낮에는 그 위에 꿇어앉아 있고 밤에는 그 위에 누워 잠을 잤다. 이 사람이 처음 찾았을 때 널판 위에 무릎 꿇고 앉은 모습을 보고 예사로운 이가 아니라는 생각이 들었다. 류영모는 살아서 기인(奇人)이라는 말을 많이 들었는데 널판 위에서 자는 것과 하루에 한 끼니 먹는 것이 사람들에게 이상하게 보인 것이다.

류영모가 널감 평상 위에서 자기 시작한 것도 52살의 큰 깨달음을 얻고부터였다. 류영모는 1955년 4월 25일에 1년 뒤인 1956년 4월 25일에 죽는다고 사망 예정일을 선언하였다. 그때 그 소리를 들은 YMCA 연경반 모임에 나왔던 사람들에게는 청천벽력과 같은 놀라움이 아닐 수 없었다. 그러나 실제로 류영모가 제나(自我)로 죽은 것은 이미 13년 전 큰 깨달음을 이루었을 때다. 그때 널 한 감을 사서 칠성판만 방안에 들여놓고 자기 시작하였다. 죽었다는 생각 없이 어찌 산 사람이 널 위에서 잘 수 있는가. 사람이 길을 지나다가 장의사에 있는 널만 보아도 가슴이 철렁하고 소름이 오싹 끼친다. 그러나 류영모는 이미 생사(生死)를 초월하였다. 나서 죽는 제나에서 영원한 생명인 얼나로 솟난 것이다. 류영모는 이르기를 "참으로 욕심이 없으면 생사(生死)도 넘어설 수 있다. 참으로 욕심이 없으면 죽어도 싫어하지 않고 살아도 좋아하지 않는다. 생사를 초월하면 그것이 해탈한 자유요 진리의 사랑이요 영원한 생명이다. 그대의 영원한 생명을 사랑하라. 황금을 아끼듯이, 보석을 아끼듯이 참으로 사랑하라"라고 하였다. 야기(夜氣)는 맹자(孟子)에 나오는 말이다. "밤기운이 모자라는 대로 살면 짐승들과 다름이 멀지 않다"(夜氣不足以存 則其違禽獸不遠矣 —『맹자』「고자 상편」). 이것으로 맹자의 야기(夜氣)가 성령과 같다는 것을 알 수 있다. 야기와 호연지기(浩然之氣)가 다르지 않다. 평상에 야기가 밝다는 것은 류영모의 잠자리에 하느님의 성령이 감싸고 있다는 말이다. 칠성판에 누워서 죽은 듯 자는데 성령이 감싸지 않을 리 없다.

"맑은 물 때로 쉬 긷네"(玄酒時易汲)

류영모의 집 안마당에는 깊은 우물이 있었는데 펌프를 장치해 물을 길었다. 물론 수돗물은 없었다. 현주(玄酒)란 찬물을 말한다. 술이 없을 때는 물을 술 대신 제사에 썼다. 그때 까맣게 깊은 우물에서 길은 물을 하느님의 술이라 하여 현주(玄酒)라 불렀다. 류영모는 새벽이면 냉수마찰을 하였다. 찬물을 누구에게 시키지 않고 손수 길어다 썼다. 때로는 집 앞 냇물에서 세수하면서 냉수마찰을 하였다. 1957년에 한 말인데 "이 사람이 사는 곳 아래에는 맑은 물이 항상 흐르고 있다. 어디 갔다가 돌아오는 길이면 흰 고무신을 닦는다. 웬일인지 자꾸 닦고 싶다. 영혼을 담은 몸을 깨끗하게 하고 싶은 것과 같이 신도 자꾸 닦고 싶다. 새로 닦은 신발은 어떻게 귀여운지 먼지나 흙을 밟을까 돌만을 딛는다"라고 하였다.

류영모는 이미 20세 되기 전부터 냉수마찰을 하였다. 타고난 몸이 작고 약하여 의사로부터 30살을 넘기기 어렵겠다는 말까지 들었다. 실제로 11명의 형제는 20살을 넘기지 못하고 죽었다. 영모, 영철 형제만이 환갑을 넘겼다. 그리하여 철이 들면서 몸의 건강에 대하여 마음을 썼다. 요가 체조를 배우고 냉수마찰을 한 것도 몸의 건강을 위해서였다. 오래 살고 싶어서라기보다는 사는 날까지 몸 성히 살고 싶어서였다. 몸은 우리 얼생명을 가둔 감옥이라 원수이기도 하지만 얼생명을 받들어 일을 해주는 머슴이기도 하다. 그러므로 머슴이 일을 잘 할 수 있을 만큼 돌보아 주어야 한다. 그래야 필요할 때 맘 놓고 부릴 수 있다. 그런데 일꾼인 몸을 임자로 받드는 이들은 참으로 어리석은 일임에 틀림없다.

12. 가난 속에 앓는 이들 찾아보다
問病貧

무등산 가슴둘레를 차례로 굽이돌아	無等胸次等廻轉
걸어서 찾기는 괴로움 함께 한 사랑	徒步到訪同苦仁
백세 천대 이어온 한 집안인데	百世千代一宇內
만 갈래 길 수억 나그네 함께 돌아갈 사람들	萬逕億旅同歸人

(1960. 1. 31)

廻: 굽을 회. 轉: 돌 전. 到: 이를 도. 訪: 찾아볼 방. 逕: 길 경. 旅: 나그네 려.

앓고 있는 이를 찾아보는 것을 문병(問病)이라고 한다. 그런데 류영모는 문병빈(問病貧)이라고 하였다. 눈 위에 서리까지 내린다는 말이 있지만 아프기도 서러운데 거기에다 가난하기까지 하다는 말이다. 아프면 병원에 입원하는 것이 상식이지만 돈이 없어 무료 요양소에 들어가 있는 중환자들이 있었다. 류영모가 그들을 여러 번 찾아보았다.

톨스토이가 모스크바의 빈민굴을 찾아본 일이 있다. 톨스토이는 거기서 놀라운 사실을 알게 되었다. 어려운 사람끼리는 서로 돕고 지낸다는 것이다. 톨스토이는 빈민굴을 찾아보고서 얻은 깨달음을 가지고 『우리는 무엇을 할 것인가』라는 훌륭한 책을 쓰게 되었다. 마하트마 간디가 크리슈나무르티와는 달리 인도의 가난한 사람들에게 깊은 관심을 가지게 된 데는 톨스토이의 영향이 크다. 마하트마 간디가 톨스토이의 저서 『우리는 무엇을 할 것인가』와 『하늘나라는 너희 가운데 있다』를 읽고 깊은 감동을 받고 빛나는 지혜를 얻었던 것이다. 장자의 문병, 문빈 얘기는 아무리 여러 번 읽어도 더 읽고 싶은 글이다. 남에게 보이고 싶지 않은 추한 환자의 몰골을 예술적으로 그려 아름다움까지 느끼게 한다. 자사, 자여, 자려, 자래의 네 도반이 있었다. 갑자기 자여가 병이 났다. 자사가 문병을 갔다. 자여가 말하길 "훌륭하도다. 저 만물을 지으신 이여! 문득 나를 이처럼 몸이 오그라지는 병에 걸리게 하였소." 자여의 등은 구부러져 불쑥 나오고, 오장은 위로 올라가 있고, 턱은 배꼽에 가려지고, 어깨는 정수리보다 높고, 목등뼈는 하늘을 가리키고 있었다. 정맥, 동맥의 혈액순환이 순하지 않은데도 그 마음은 고요하여 아무 일 없었다. 비틀거리며 우물에 자신의 모습을 비춰보면서 "슬프도다, 저 만물을 내신 이가 다시 문득 나를 이처럼 몸이 오그라지는 병자가 되게 하였구나"라고 하였다. 자사가 "그대는 싫은가?"라고 물었다. 자여 가로되 "그런 일 없다. 내 어찌 싫어하겠는가. 내 왼팔을 바꾸어 차츰 닭이 되게 한다면 나는 그것이 새벽에 때 알리기를 바라겠네. 내 오른팔을 바꾸어 차츰 활이 되게 한다면 나는 그것으로 구이 할 새를 구하겠네. 내 꽁무니를 바꾸어 차츰 바퀴가 되게 하고, 내 정신으로는 말(馬)을 만들면 나는 그것을 타겠다. 어찌 다른 수레와 바꾸겠는가"(『장자』「대종사편」).

그때 빛골(광주) 무등산, 이 기슭 저 기슭에 중환자, 장애인들의 무료 요양 구호시설이 있었다. 거기에는 그때의 서울 YMCA 총무 현동완의 노력이 컸다. 정부의 지원도 받고 개인적인 자선금도 받고 이현필이 이끄는 동광원 수녀, 수사들의 헌신적인 봉사도 보태어져서 어렵게 운영되고 있었다.

"무등산 가슴둘레를 차례로 굽이돌아"(無等胸次等廻轉)

빛골(光州)의 자애로운 어머니 뫼 무등산의 이 자락 저 자락에 결핵 중환자들이 수용되어 있는 소망원을 비롯하여 귀일원, 손등원, 무등원 등 여러 요양시설이 흩어져 자리하고 있었다. 그들은 가족에게까지 버림을 당한지라 그들을 찾는 사람이 있을 리가 없었다. 류영모는 그들에게 몸의 죽음은 죽음이 아니다. 하느님이 이룬 하늘나라에는 죽음이란 없다. 몸이 죽는 것이지 얼이 죽는 게 아니다라고 일러주면서 그들의 두 손을 잡아주었다. 저승사자들이 와서 데려가기만을 바라던 그들은 죽음이 없다는 말과 따뜻한 손길에 고마움의 눈물을 글썽거렸다. 어떤 환자가 자기가 먹으려고 두었던 감을 류영모에게 주자 류영모는 사양하지 않고 그 사람이 보는 앞에서 먹었다. 악수를 안 하고 군것질을 안 하는 류영모가 파격적으로 대하였다. 그들의 마음에 하느님의 평안과 기쁨을 전해주고 싶었던 것이다.

그 시설들을 걸어서 찾아보는 데는 거의 하루해가 걸렸다. 그때 길을 안내하는 일은 주로 김춘자 수녀가 맡았다. 이 사람은 1971년에 가서 스승 류영모가 다녔던 길과 시설을 그때 동광원의 수사(修士)로 있던 임낙경(林洛京)의 안내를 받으며 다 찾아본 적이 있다. 임낙경은 그 뒤 목사가 되어 지금 화천군 내사면 광덕리에서 제2의 이현필이 되어 장애인들을 돌보는 데 헌신하고 있다.

"걸어서 찾기는 괴로움 함께 한 사랑"(徒步到訪同苦仁)

류영모가 이 사람의 집을 찾아왔을 때 뒷산에 올라가 군포 산본 일대를 굽어보면서 무등산에서 광주 시내를 내려다보던 생각이 난다고 말하였다. 이현필과 광주(光州), 이승훈과 정주(定州)는 류영모가 일생 잊지 못하던 곳이다. 류영모는 북쪽의 이승훈과 남쪽의 이현필을 사귀었는데 이승훈은 1864년에 태어났고 이현필은 1964년에 돌아갔다고 말하였다. 이것으로도 두 사람을 얼마나 깊이 생각하고 있었는가를 말하여 준다.

남강 이승훈과 이공 이현필은 하느님 사랑, 나라 사랑, 이웃사랑을 위하여 가진 것을 다 주고 몸까지 바친 살신성인(殺身成仁)의 성자들이다. 이승훈은 있는 재산을 다 바쳐 정주(定州) 오산학교를 세웠다. 심지어 사는 집의 기와를 벗겨서 학교 교사의 지붕을 덮었다. 나라의 독립을 위하여 오랜 세월 동안 옥고를 치렀다. 그러고도 모자라 자신의 시신을 학생 실험용으로 쓰라고 유언하였다. 이현필은 구도(求道)를 위하여 가정을 버렸다. 가정을 떠나온 사람들을 모아 기도하고 봉사하는 수도단체를 만들었다. 환자와 장애인을 돌보다가 자신이 후두 결핵에 걸려 죽었다. 그는 죽은 다음에 자신의 무덤을 만들지 말라 하여 무덤의 봉우리조차 없다. 류영모가 가까이 사귄 사람들만 보아도 류영모의 속마음을 읽을 수 있다.

"백세 천대 이어온 한 집안인데"(百世千代一宇內)

개체의 수가 아무리 많아도 전체(全體)의 부속물인 아들이다. 전체는 하나인 아버지이다. 그러므로 "너와 나가 다른 것이 아니다. 모두 다 한 나무에 핀 꽃이다. 그런데 이 세상은 여러 층으로 되어 있다. 그 가운데서도 미워하는 일이 적은 사회가 올라가는 사회이고, 미워하는 일이 많은 사회일수록 참 보기 흉한 나라이다. 사람이 이 세상을 평생 지나가는데 마침내 참나를 찾아 서로 사랑하는 것으로 끝을 맺게 될 것이다. 본디 하느님께서 내게 준 얼생명이 여물게 노력하면 반드시 사랑에 이르게 될 것이다. 우리가 사랑으로 살면, 사랑의 본원(本元)에 들면 결코 해로운 것이 될 수가 없다"(『다석어록』). 사랑이란 한 뿌리임을 느끼는 감정이다. 하느님을 뿌리로 하는 인류는 한 집안의 형제일 뿐이다. 예수·석가는 온 인류가 모두 한 뿌리의 형제임을 알았다. 그래서 베드로가 예수에게 말하기를 "주님 제 형제가 저에게 잘못을 저지르면 몇 번이나 용서해 주어야 합니까? 일곱 번이면 되겠습니까?" 하고 묻자 예수는 이렇게 대답하였다 "일곱 번뿐 아니라 일곱 번씩 일흔 번이라도 용서하여라"(마태오 18:21-22). 이것은 무한히 용서하라는 뜻이다. 무한히 용서할 수 있는 것은 형제의 사랑이 없이는 할 수 없는 일이다. 그런데 지금 세계 곳곳에서는 이 핑계 저 핑계로 사람이 사람을 미워하는 이들이 많다. 어떤 이유로도 그것은 잘못이다. 형제를 미워하면서 어떻게 하느님 아버지를 찾을 수 있단 말인가. 예수는 이렇게 말하였다. "제단에 예물을 드리려 할 때에 너에게 원한을 품고 있는 형제가 생각나거든 그 예물을 제단 앞에 두고 먼저 그를 찾아가 화해하고 나서 돌아와 예물을 드려라"(마태오 5:23-24). 이 말은 하느님께 기도하기에 앞서 형제를 미워하는 마음부터 없애라는 것이다.

류영모는 말하기를 "사람이 귀하다는 것은 얼을 가지고 있기 때문이다. 만물의 영장이 될 수 있는 것은 얼 때문이다. 얼 때문에 우리는 오르고 올라 만물 가운데서 가장 높은 데까지 올라간 것이다. 만물이 아직도 기어 다니는데 사람이 서서 다닌다는 것만 해도 신통한 것이다. 우리의 모든 것이 결단이 나도 얼 하나만은 결단이 나서는 안 된다. 우리가 산다는 것은 얼 하나 가지고 사는 것이다. 우리의 진리 정신이 얼이다. 이 얼이 영원한 생명인 참나다"라고 하였다. 몸뚱이의 대(代)를 물리는 데 역사의 의미가 있는 것이 아니라 얼생명을 참나로 깨닫는 데 역사의 의미가 있다는 것을 우리는 알아야 한다. 아무리 모든 것이 잘 되어가도 얼생명을 깨닫는 사람이 없으면 이 역사는 죽은 역사지 산 역사가 될 수 없다.

"만 갈래 길 수억 나그네 함께 돌아갈 사람들"(萬逕憶旅同歸人)

사람이 걸어가는 길은 제각각이다. 한 이불 속에서 잔다는 부부 사이도 사람으로서 살아가는 길은 서로 다르다. 모두가 인생이라는 길을 지나가는 나그네들이다. 그러나 하느님 아버지께로 돌아가는 것만은 같다. 류영모는 이르기를 "사람들이 여기서 만났다고 속이고 싸우고 해치지만 그건 일시적이다. 또다시 헤어져서 허공이신 하느님 아버지께로 돌아간다. 이 몸은 가짜 생명의 탈을 쓴 것이다. 이 몸을 버리고 하느님 아버지께로 가는 게 영생이다. 하느님 아버지께로 간다는 것은 몸으로는 죽는다는 뜻이다. 예수가 말한 영원한 생명이란 죽음을 부정하는 거다. 얼생명에는 죽음은 없다. 가짜 생명인 이 몸이 죽는 거지 참나인 얼생명이 죽는 게 아니다. 거짓 나인 몸이 죽는 것을 무서워하거나 싫어할 까닭이 없다. 우리의 죽음이라고 하는 것은, 이 몸이 퍽 쓰러져 못 일어나는 것밖에 더 있는가. 이 몸이야 그렇게 되면 어떤가. 진리인 얼생명은 영원하다"라고 하였다. 우리는 하나(절대)인 하느님 아버지께로 돌아간다는 것을 똑바로 알아야 한다. 하느님 아버지께로 잘 가자고 행진의 북을 둥둥 치는 이가 바로 예수 · 석가이다. 류영모는 이렇게 말하였다. "유교, 불교, 예수가 따로 있는 것이 아니다. 오직 정신을 하나(一)로 고동시키는 것뿐이다. 이 고동은 우리를 하느님께로 올려보낸다. 이 고동이 우리를 부처로 만든다. 이 고동이 우리를 영생으로 인도한다. 이 고동이 우리를 사람 노릇 하게 한다. 이것이 성인들의 고동이었다. 이것이 우리의 고동이다. 하느님을 향한 올바른 고동은 우리에게 하느님의 아들이 되는 최후의 승리를 가져다준다"(『다석어록』).

13. 나눠져 있는 개체(個體)
有分存在

우주의 꿈 간직한 꽃망울 눈떠 봄을 맞아　　　蕾中天地芽逢春
바람눈을 껍질로 막은 나무 겨울을 견뎌내　　　甲外風雪木耐冬
크면서 작고 깊으면서 먼 속알 가진 여러분들　　　巨細深遠諸子家
시간 · 공간 장막 속 하느님 아들을 키운 곧은 이　　　空帳時幕貞女童

(1958. 11. 21)

蕾: 꽃봉오리 뢰. 甲: 갑옷 갑. 細: 작을 세. 諸: 모을 제. 家: 용한 이 가. 童: 아이 동.

유분존재(有分存在)란 나누어져 있는 상대적 존재란 뜻이다. 상대적 존재란 있어도 없는 것이지만 전체인 하느님으로부터 받은 직분(사명)이 있어 존재의 값어치를 얻게 된다. 마하트마 간디가 이르기를 "사람은 저 혼자로는 아무것도 아니다. 그러나 자신을 하느님에게 내맡길 때 그는 소중하다"(간디, 『날마다의 명상』)라고 하였다.

우리는 나 자신이 상대적 존재라는 것을 알아야 한다. 상대적 존재는 낱 수가 많은 작은 것들로서 없다가도 있고, 있다가도 없어지는 것을 말한다. 절대적 존재는 모든 개체를 포괄하는 전체로서, 유일 절대의 존재로서 없이 있어 비롯도 마침도 없다. 한마디로 상대적 존재인 개체는 유시유종(有始有終)이고 절대적 존재인 전체는 무시무종(無時無終)이다.

그러나 개체인 우리는 전체인 하느님을 잃어버렸다. 개체가 할 일은 전체로 돌아가 전체를 회복하는 것이다. 개체의 참 생명은 전체이기 때문이다. 전체를 회복하고 전체로 복귀하는 것이 영원한 삶에 드는 것이요 참된 삶을 이루는 것이다. 예수·석가가 밤낮없이 기도한 것은 비록 개체의 몸을 지녔지만, 생각으로는 전체의 생각을 하기 위해서였다. 그것이 하느님의 나라에 들어감이요 하느님과 하나됨이다. 예수의 말씀 가운데서 "너희도 완전하라"(마태오 5:48)는 것은 개체인 너희는 개체를 초월하여 전체인 하느님께로 돌아가라는 뜻이다. 개체의식인 제나(自我)를 버리고 전체의식인 얼나로 솟나라는 뜻이다. 개체는 유분존재이고 전체가 완전존재(完全存在)이다. 유분존재(有分存在)인 사람은 완전존재인 하느님께로 돌아가야 영생한다.

류영모는 말하기를 "우리는 정신을 바짝 차려서 지나간 무지(無知)를 바로 알아 잊어버린 전체(全體)를 찾아야 한다. 하나(절대)를 찾아야 한다. 하나는 온전하다. 모든 것이 이 하나(절대)를 얻자는 것이다. 하나는 내 속에 있다. 그러니 마침내 하느님 아버지에게 매달릴 수밖에 없다"라고 하였다.

"우주의 꿈 간직한 꽃망울 눈떠 봄을 맞아"(蕾中天地芽逢春)

제나(自我)로 짐승살이하는 이에게는 이 세상이 여름철이라 마음껏 설치기에 좋다. 이것을 죄악이 관영(貫盈)하다고 한다. 그러나 얼나(靈我)로 하느님 아들살이를 하는 이에게는 이 세상이 겨울철이라 꼼짝할 수 없다. 제나의 사람은 상대세계를 긍정하니 여름인 것이고, 얼나의 사람은 상대세계를 부정하니 겨울인 것이다.

꽃망울이 우주의 꿈을 간직한 채 눈떠 봄맞이를 기다리듯이 참사람은 맘속에 절대세계인 하느님 나라의 꿈을 품고서 하느님 나라의 새날을 맞이할 때를 기다리는 것이다. 그것을 예수·석가의 삶이 보여주었다. 이 세상은 참사람의 뜻대로 이루어지는 곳이 아니다.

"바람 눈을 껍질로 막은 나무 겨울을 견뎌내"(甲外風雪木耐冬)

예수가 이르기를 "마음이 가난한(얼나를 찾는) 사람은 행복하다. 하늘나라가 그들의 것이다. 슬퍼하는 사람은 행복하다. 그들은 위로를 받을 것이다. 온유한 사람은 행복하다. 그들은 땅을 차지할 것이다. 옳은 일에 주리고 목마른 삶은 행복하다. 그들은 만족할 것이다. 자비를 베푸는 사람은 행복하다. 그들은 자비를 입을 것이다. 마음이 깨끗한 사람은 행복하다. 그들은 하느님을 뵙게 될 것이다. 평화를 위하여 일하는 사람은 행복하다. 그들은 하느님의 아들이 될 것이다. 옳은 일을 하다가 박해를 받는 사람은 행복하다. 하늘나라가 그들의 것이다"(마태오 5:1-10)라고 하였다. 이것은 예수가 겨울나무 껍질 위로 스치는 북풍한

설(北風寒雪)과 같이 참사람의 몸 위를 스치고 지나가는 세상의 시련을 이른 것이다.

류영모는 말하기를 "평안하게 부모의 품 안에서 자라 따뜻한 이부자리에서 평생을 지내고 모두가 환영을 하고 모두가 즐거운 것이 인생으로만 알면 틀린 것이다. 우리들은 불안한 것을 느끼기 때문에 절대 평안한 것을 구하려고 한다. 절대 평안한 것은 우리의 본바탕인 본성(얼나)이다. 우리는 잊었던 본성(얼나)을 회복해야 한다. 하느님 아버지와 같은 자리, 영원한 자리를 일생을 두고 광복(光復)하자는 것이다. 이것이 신앙일 것이다. 신앙이란 본성인 얼나(하느님)를 회복하는 부흥이다"라고 하였다.

우리의 신앙생활이란 겨울 망울이다. 겨울 망울 속에는 봄을 믿는 꿈이 서려 있다. 생명의 꿈이, 전체의 뜻이 서려 있다. 우리의 믿음은 형이상의 겨울망울이다. 그러므로 믿는 맘에도 하늘나라의 꿈이 서려 있고, 영원한 생명의 꿈이 서려 있고, 하느님의 뜻이 서려 있다. 지금은 현실적으로 어처구니없는 헛꿈에 지나지 않는 것 같기도 하지만 절대 그렇지 않다. 그 진실을 보여준 이가 예수요 석가이다.

예수는 머리 둘 곳 없는 사람이 되었을 때, 석가는 바리때를 들고 밥 빌러 나섰을 때 서리맞은 나무가 나뭇잎을 떨어뜨리듯 삼독의 욕망을 다 버린 것이다. 그러고는 오직 하늘나라에 대한 꿈을 품은 겨울 꽃망울 같은 믿음만을 간직하였다. 그들이 하늘나라에서 영생하지 않는다면 우리 마음에 예수 · 석가가 이렇게 존귀할 수가 없다. 우리도 삼독의 욕망을 다 버리고 숨김없이 벌거벗은 나목(裸木)이 되어야 한다. 하늘나라의 꿈을 간직한 겨울 망울을 지닌 나목은 세상 사람들의 눈으로 볼 때는 쓸쓸하게 보일지 모르지만, 그것은 잠시다. 예수· 석가처럼 사랑을 받고 기림을 받는 사람이 어디 있는가. 앞으로도 인류 역사가 이어질 때까지 예수· 석가의 가르침은 없어지지 않을 것이다. 겨울의 나목은 기도 삼매에 들어간 성자의 모습인 것이다.

류영모가 겨울 망울에 대한 생각을 많이 하였을 때가 바로 이승만이 이끄는 자유당 정권의 횡포가 절정에 달한 때이다. 류영모가 제자 함석헌과 함께 대광고등학교 운동장에서 '겨울 망울'이란 주제로 대중 강연을 하였다. 그 겨울 망울을 듣고서 큰 감명을 받았다는 말을 하는 사람을 여럿 만났다. 최원극· 이동준· 이진구· 백만제 등이 그들이다. 사람들은 이승만 정권의 인권탄압을 겨울의 풍설로 생각하였다.

씨알(民)이 품고 있는 민주(民主)의 꿈을 겨울 망울로 생각하였다. 그 멋진 비유가 여러 사람에게 감동을 주어 잊지 않도록 만들었던 것이다. 류영모의 천의무봉(天衣無縫)이라 할 만큼 자연스러운 비유는 촌침활인(寸針活人)이라 할 자극과 명경수지(明鏡止水)에 뛰어드는 듯한 쇄락(灑落)을 주었다. 그러나 류영모의 뜻은 민주 회복보다 더 깊은 천국 회복을 하자는 속뜻이었다.

"크면서 작고 깊으면서 먼 속알 가진 여러분들"(巨細深遠諸子家)

겨울 꽃망울 속에 들어 있는 봄 꿈처럼 참사람의 마음속엔 하늘나라 꿈인 얼(靈)이 서리어 있다. 얼은 시간· 공간을 초월하기에 크다면 무한하게 큰 것이고 작다면 없는 듯이 작다. 류영모는 이르기를 "어머니 배에서 나온 몸나는 참나가 아니다. 하느님이 주신 속알(얼나)이 참나다.

겉 사람은 흙 한 줌이요 재 한 줌이다. 그러나 참나인 속알은 하늘나라를 세울 수 있다. 속알은 없다 할 만큼 아주 작아 내 맘속에도 들어온다. 또 한없이 크고 커서 우주를 통째로 싸고 있는 호연지기(浩然之氣)다. 한없이 강하고 한없이 큰지라(至剛至大) 아무도 견줄 수 없고 아무것도 헤아릴 수 없다. 그것이 참나다"라고 하였다.

노자(老子)도 이르기를 "하느님이 주시는 속알, 깊고도 아득하다"(玄德深矣遠矣 —『노자』 65장)라고 하였다. 하느님이 보내시는 성령인 얼나(靈我)는 우주 안팎을 가득 찬 호연지기(浩然之氣)의 나라인지라 깊고도 멀리 느껴진다. 깊고도 멀다는 것은 뒤집어 말하면 신비하다는 말이다. 참나인 하느님이 신비한 것이지 이 땅 위에서 신비를 찾아서는 안 된다. 이 세상 만물은 하느님의 것으로서만 신비한 것이다.

류영모는 이르기를 "우리가 하느님으로부터 성령을 받는 것은 영원한 생명을 얻기 위해서다. 영원한 생명이란 하느님의 성령을 받아 하느님의 아들이 되는 것이다. 하느님 아버지께 돌아가기만 하면 아버지께서 아버지의 생명인 성령을 넉넉히 부어주신다. 우리의 정신을 깨치고 나서면 그때 하느님의 생명인 성령을 받는다. 우리의 삶이란 하느님의 성령을 받고 성령을 증거하는 것이다. 성령이 그리스도요 말씀이요 참나다. 그리스도를 증거하고 참나를 증거하는 것뿐이다. 사람은 하느님으로부터 얼을 받아 몸나에서 자유함을 얻는다. 죽음에서조차 자유함을 보여주는 것이다. 하느님으로부터 받은 얼로 내가 하느님 아들인 것을 깨달아야 한다. 내가 하느님 아들임을 깨달으면 몸나는 아무 때 죽어도 좋다. 내 속에는 이미 영원한 생명이 깃들어 있기 때문이다. 하느님 아들인 얼나는 생사(生死)를 초월하였으므로 죽지 않는다. 죽지 않는 영원한 생명을 가졌기에 이 껍질인 몸은 아무 때나 죽어도 좋은 것이다"라고 하였다.

"시간 · 공간 장막 속 하느님 아들을 키운 곧은 이"(空帳時幕貞女童)

제나(自我)란 시공(時空)의 장막 속에서 하느님 아들인 얼나(靈我)를 기르는 탯집과 같다. 아기가 다 자라면 탯집은 찢어져 홀렁 벗겨져야 한다. 얼나가 살려면 제나가 죽어야 한다는 말을 하는 것은 그 때문이다. 제나가 죽지 않고는 얼나가 살 수 없다. 사도 바울로는 이르기를 "이제는 내가 사는 것이 아니라 그리스도가 내 안에서 사시는 것입니다"(갈라디아서 2:20)라고 하였다. "유혹의 욕심을 따라 썩어져 가는 구습을 좇은 옛사람을 벗어버리고 오직 성령으로 새롭게 되어 하느님을 따라 의와 진리의 거룩함으로 지으심을 받은 새 사람을 입으라"(에베소서 4:22-24)고 하였다. 이것은 사도 바울로가 제나에서 얼나로 거듭나는 체험을 말한 것이다.

하느님의 씨를 맘속에 기르고 있는 이를 정녀동(貞女童)이라고 하였다. 우리의 몸은 시간 · 공간의 장막에 갇혀 있지만, 하느님의 아들은 시간 · 공간의 장막을 걷어치운다. 예수가 십자가 위에서 숨질 때 성전의 휘장이 찢어졌다는 것은 시간 · 공간의 장막이 찢어지는 상징이라고 할 수 있다. 시간 · 공간에 갇혀 있는 제나(自我)는 살기 바쁘고 죽기 바쁘지, 아무런 일도 못 한다. 시간 · 공간을 초월하는 얼나로 솟나야 한다.

14. 이처럼 조용하다 如是閒

먹어야 할 때를 알아 고픔 참다 먹어	知幾可食饑來喫
책은 차곡차곡 챙겨 두고 쓰되 고단하면 자고	卷密藏用倦諸眠
짬(사이)에 깨어 얼숨 길러 간추린 살림 몸성해	瞬存息養易簡健
낮엔 배우고 밤엔 깨달으니 부산할 것 없다	晝學宵得不勤勉

(1959. 1. 13)

嘰: 기약 기. 可: 마땅할 가. 藏: 감출 장. 喫: 먹을 끽. 卷: 책 권. 密: 차곡차곡 밀. 易簡(이간): 간단하고 쉬움. 瞬: 잠깐 순. 倦: 고달플 권. 宵: 밤 소. 諸: 모을 제.

마하트마 간디는 말하기를 "시간을 아끼고자 하는 사람은 불필요한 일은 조금이라고 해서는 안 된다"(He who wishes to save time will never do single unnecessary thing. ―간디, 『날마다의 명상』)라고 하였다. 이것은 노자(老子)의 무위(無爲)사상과 일치한다. 이 말에 비추어 볼 때 우리는 시간을 얼마나 헤프게 쓰고 있는지 모른다. "좀 사람은 한가로우면 나쁜 짓을 한다"(小人閒居爲不善 — 『대학』)라고 하였지만 큰 사람에게는 여가가 있어야 좋은 일을 할 수 있다.

다산 정약용이 유배지에서 목민심서를 쓸 수 있었고, 빅토르 위고가 감옥에서 레미제라블을 쓴 것은 비록 불행한 시련이었으나 여가를 얻을 수 있었기 때문이다. 인류가 오랫동안의 유인원(類人猿)의 삶에서 벗어나 사람다운 삶을 살기 시작한 것은 1만 년 전 원시 농업을 시작한 것과 밀접한 관계가 있다. 농사를 짓게 됨으로써 사람들이 안정된 여가를 얻을 수 있게 된 것이다. 먹거리의 거둠이 곧 여가의 거둠으로 나아가게 되는 것이다. 영어 단어로 학교(school)나 학자(scholar)가 그리스어의 여가(schole)에 그 어원을 둔 것도 시사하는 바가 있다. 그리스의 유한계급인 자유민(自由民)이 한가한 시간을 보내는 장소를 뜻하였다. 시간은 황금이 아니라 문화요 나아가서 진리인 것이다.

한가한 시간 가운데 한가한 시간은 명상의 시간, 기도의 시간이 아니겠는가. 명상의 시간, 기도의 시간 없이는 진리의 참나를 깨달을 수 없다. 그러므로 시간은 진리라는 말이 결코 억지소리가 아닌 것이다. 시간을 잡담이나 잡기로 흘려보내는 것은 참으로 큰 잘못이다. 시간을 허비하는 것은 돈을 낭비하는 것보다 더 나쁘다. 시간은 우리의 생명 그 자체이기 때문이다.

류영모는 말하기를 "유한을 잘못 쓰면 죄악이다. 유한한 시간을 팽팽한 긴장으로 보낸다면 영구히 후회하지는 않을 것이다. 게으르게 멍청하니 있다가 어디 가서 말 한마디 하라면 머리가 멍해 말도 못 하는 그런 지경에 가서는 안 된다. 이거야말로 죄악이다. 새로운 생각을 자꾸 서로 주고받아야지, 하던 말 그대로 평생 가야 새것 하나 없으면 그게 뭔가. 그래서는 만나서 무얼 하나. 하루를 생각 없이 무심히 지내면 백년 천년을 살아도 다 잃어버린다. 이 겨레가 5천 년을 긴장해서 살아왔다면 지금 이 모양으로 되지는 않았을 것이다. 선조나 나나 모두 하루를 무심히 평안히 지냈기에 지금은 요 모양이다. 우리는 시간을 아껴야 한다. 우리는 온 시간은 말할 것도 없고 자투리 시간도 아껴야 한다. 식사를 기다리는 시간, 마중을 나가는 시간, 차를 기다리는 시간 같은 부스러기 시간을 잘 이용하는 것이다. 그 부스러기 시간 동안에도 자기의 사상을 여물게 하는 데 써야 한다"라고 하였다. 다음은 류영모 자신이 어떻게 일상생활을 유유자적(悠悠自適)하게 보냈는가를 밝힌 것이다.

"먹어야 할 때를 알아 고픔 참다 먹어"(知幾可食饑來喫)

류영모는 하루에 저녁 한 끼만 먹었다. 일일일식(一日一食)을 하게 된 것은 52살에 구경각(究竟覺)을 이루는 전기(轉機)를 맞이하였을 때의 일이다. 그때 짐승인 제나(自我)와의 결별을 위해 단식단색(斷食斷色)을 하기로 하였다. 그러나 단색과는 달리 단식은 전혀 안 먹으면 죽기 때문에 하루에 한 끼만 먹기로 한 것이다. 류영모는 52살 때 무슨 까닭에 단식 · 단색을 하게 되었는가를 이렇게 말하였다. "종교의 핵심은 죽음이다. 죽는 연습이 철학이요 죽음을 넘자는 것이 종교다. 죽음의 연습은 얼생명을 기르기 위해서다. 단식 · 단색이 죽음의 연습이다. 사는 것이 사는 것이 아니고, 죽는 것이 죽는 것이 아니다. 산다는 것은 육체를 먹고 정신이 산다는 것이다. 밥을 먹듯이 육체를 먹는 것이 단식이다. 단식에는 금식(禁食)과 일식(一食)이 있다. 유대 사람은 금식하고 인도 사람은 일식을 했다. 모두 죽는 연습이다. 몸으로 죽는 연습이 얼로는 생명의 연습이다. 하루 한 끼 먹는 지가 한 20년 된다(1960년도). 새해 2월 18일이 꼭 20년이다. 다른 건 모르는 데 일중(日中)한다는 건 호기심으로 사람들이 물어본다"라고 하였다.

"책은 차곡차곡 챙겨 두고 쓰되 고단하면 자고"(卷密藏用倦諸眠)

마하트마 간디는 말하기를 "모든 물건을 제 자리에 놓지 않는 버릇이 있는 사람은 어리석다. 그 물건이 필요할 때 찾으려면 많은 시간을 낭비하게 된다. 모든 것이 제 자리에 있으면 바르고 적당하지만 제 자리에서 벗어나면 부적당해진다"(간디, 『날마다의 명상』)라고 하였다. 류영모는 마하트마 간디의 마음에 꼭 들 사람이다. 류영모는 정리 정돈을 썩 잘하는 편이었다. 20여 년 동안 집으로 찾아갔지만, 방안에 물건이 흩어져 있는 것을 보지 못하였다. 수백 권의 장서는 벽장 속에 꽂혀 있었고 밖의 책꽂이에는 자주 보는 얼마의 책들만 나란히 꽂혀 있었다. 집에서 만든 낮은 다리 책상은 언제나 정리되어 있었다. 옛날 아버지가 상업을 할 때 쓰던 주판이 준비되어 있어 찾아오는 손님들의 산 날수를 셈하는 데 썼다. 글씨는 잉크병에 찍어 쓰는 펜을 썼다. 만년필을 쓰지 않았다. 볼펜은 훨씬 뒤에 나왔다. 전기가 들어오기 앞서는 램프를 썼는데 책상에 고정되어 있었으며 그 옆에 성냥통이 고무줄에 매여 있었다. 이것만 보아도 얼마나 합리적이고 과학적인 생활을 추구하였는가를 짐작할 수 있다. 류영모는 젊을 때는 데카르트처럼 늦게까지 공부하고 늦게 일어난 적도 있었으나 대개 일생 동안 일찍 자고 일찍 일어났다. 10시

전에 자고 새벽 3시경이면 깨어나 일기에 쓰는 한시나 시조를 날이 밝을 때까지 썼다. 잠자리에 들자마자 잠이 들어 코를 골면서 깊이 잠들었다. 장자(莊子) 말대로 "그 잠, 꿈 안 꾸고, 그 깸 걱정 없었다"(其寢不夢其覺無憂 ―『장자』「대종사편」). 죽는 날을 가장 축복된 날로 알며 저녁에 자는 것을 죽는 연습으로 아는 류영모에게 꿈자리가 뒤숭숭할 까닭이 없다. 더구나 아예 널판을 깔고 자는 게 아닌가. 류영모야말로 생사일여(生死一如)한 가운데 생사초월(生死超越)의 삶을 살았다.

"짬(사이)에 깨어 얼숨 길러 간추린 살림 몸성해"(瞬存息養易簡健)

마하트마 간디는 말하기를 "삶의 모든 순간마다 번쩍 깨어 있지 않은 사람은 진리(하느님)를 찾지 못한다. 나는 내 삶의 매 순간마다 하느님의 존재를 의식한다. 그런데 왜 내가 사람을 무서워하겠는가?"(간디, 『날마다의 명상』)라고 하였다. 전동차가 전선과 이어져 있지 않으면 움직일 수 없듯이 하느님과 얼로 이어져 있지 않으면 우리의 살림이 되지 않는다. 하느님과 얼로 끊어진 채 살았다면 살았다 해도 그것은 산 것이 아니다. 탐 · 진 · 치의 짐승 노릇을 가지고 사람의 삶이라고 할 수는 없다.

류영모는 말하기를 "한 찰나에도 영원의 살림을 살 수 있다. 이 찰나에 영원한 생명을 느끼지 못하면 그 사람은 영원한 생명이 없다"라고 하였다. 순존(瞬存)은 순간적으로 나의 얼나가 큰 얼나인 하느님과 눈이 마주치는 것이다. 마하트마 간디는 '모크샤'(moksha)라고 하였다. 마하트마 간디는 말하기를 "하느님과 마주 대한 사람은 말이 없다. 참으로 말할 수 없다"(He who is face to face with God does not speak; indeed, he cannot. ― 간디, 『날마다의 명상』)라고 하였다.

식양(食養)은 성령의 숨을 쉼으로써 내 맘속에 하느님 아들을 기르는 것이다. 하느님 아들은 절대존재로 완전무결하지만, 제나(自我)에 의해 의식화(意識化)되는 데는 배움과 기도가 필요하다. 그것을 하느님의 아들을 기른다고 말한다. 마하트마 간디는 말하기를 "얼의 힘은 기도로 자란다. 참된 명상(기도)은 생각의 깊이를 갖게 하며 또한 성숙되고 순수한 사상으로 만든다. 사람은 참된 명상을 함으로써 미련해지지 않는다"(간디, 『날마다의 명상』)라고 하였다.

이간(易簡)은 마하트마 간디가 말한 간소한 생활(simple life)을 말한다. 류영모는 이렇게 말하였다. "사람의 의식주(衣食住)는 간단히 해야 한다. 더구나 먹는 것은 글자나 문화를 팔아먹지 말고 겨우겨우 살아가야 한다. 일 안 하고 살겠다는 것보다 더 나쁜 게 없다. 그러면 노예밖에 안 된다. 소비를 넉넉하게 하여야 사는 데 진보가 있다는 생각은 하지 말아야 한다. 물자를 소비하면서 산다는 생각을 하면 안 된다. 하느님에게로 나아가는 것이 참 사는 것이다. 우리가 못사는 것은 정신이 후퇴해서 못사는 것이지 결코 소비가 적어서 못사는 것이 아니다. 다시 말하면 소비를 많이 하는 나라가 잘 사는 나라라는 말로는 이 세상이 안 된다는 것이다. 신앙적으로 정신이 향상하는 것이 잘사는 것이다. 소비가 삶의 목적이 될 수는 없다. 오늘보다 내일을 더 잘 산다는 것은 더 많은 물자를 쓴다는 것이 아니라, 내가 하느님께 나아가는 것이 오늘보다 내일이 나아져야 하는 것이다"라고 하였다. 마하트마 간디는 "간소한 삶에는 착함과 고귀함이 있다. 부자에게는 그것이 없다"(간디, 『날마다의 명상』)라고 하였다. 『주역』(周易)에는 "쉽고 간소하고서 우주의 진리를 깨달을 수 있다"(易簡而天下之理得矣 —『주역』 계사 상전)라고 하였다.

"낮엔 배우고 밤엔 깨달으니 부산할 것 없다"(晝學宵得不勤勉)

류영모에게는 땅 위의 삼라만상은 그림 성경이었다. 하늘의 별은 점자 성경이었다. 낮에는 그림 성경으로 배우고 밤에는 점자 성경으로 깨달았다. 그러므로 새삼스럽게 연구한답시고 부지런 떨 것이 없었다.

류영모는 이렇게 말하였다. "얼의 숨길은 밤중에서야 잘 뚫린다. 잠잘 때처럼 얼의 숨길이 잘 뚫릴 때가 없다. 낮에는 전혀 못 듣는 얼의 숨길을 듣는다. 그런데 낮에 허영에 취해서 날뛰는 것도 모자라 그것을 밤에까지 연장하여 불야성(不夜城)을 만들려는 것은 사실은 점점 더 어두운 데로 들어가는 것이다. 영원 절대와 얼의 통신이 끊어지기 때문이다. 그것은 사람을 몰락시키는 것밖에 아무것도 아니다. 낮보다 더 밝은 길이 얼의 길이다. 하느님의 영원한 소식을 받아들이고 얼의 숨길로 들어가는 것이 참으로 우리가 위로 올라가는 길이다. 이 세상 밝은 날에 오래 사는 것이 좋은 줄로만 알고 있다가 참으로 얼의 소식을 알고 보면 이 세상에서 사는 것은 아무것도 아니라는 생각이 든다. 참으로 영원한 곳으로 가 보았으면 좋겠다는 생각이다."

15. (하느님의 얼이) 꺼지고 살아나는 인류 역사
消息通鑑

한숨에 눈물로 소리 내 울며 하는 말　　太息流涕痛哭辭
단지 한 사람의 일생에만 벌어진 일이 아니라　　非單一代局面事
솟난 얼나의 오르내림 몸나를 살리고 죽이되　　靈誕降昇肉生殺
몬과 맘의 어긋남은 오래 일러온 말씀　　物心矛盾長誄詞

(1959. 1. 2.)

太息(태식): 한숨. 鑑: 거울 감, 본뜰 감. 涕: 눈물 체. 痛哭(통곡): 소리 높이 울다. 局面(국면): 일의 상황. 長: 오랠 장. 誄詞(뇌사): 옛사람이 남긴 말. 誄: 시호 뢰, 제문 뢰.

통감(通鑑)이란 중국의 사마광(司馬光)이 지은 자치통감(自治通鑑)이라는 역사책을 말한다. 통(通)은 전체라는 뜻이고 감(鑑)은 거울이라는 뜻인데 역사를 뜻한다. 옛 중국 사람들은 역사를 자신의 모습을 비추어 보는 거울로 생각하였다.

소식(消息)은 『주역』(周易)에 나온다. "군자(君子)는 꺼지고 살아나고 가득 찼다가 텅 비는 하느님의 길을 소중하게 생각한다"(君子尙消息盈虛天行也 — 『주역』 박괘(剝卦))고 하였다. 아놀드 토인비는 인류 문화의 흥망성쇠는 하느님이 타고 가는 수레의 바퀴임을 알아내었다. 아놀드 토인비야말로 『주역』에서 말하는 군자(君子)임에 틀림이 없다고 할 것이다. 토인비는 20세기 인류 역사를 주도해온 기독교 문화에 하느님의 얼숨(성령)이 꺼져 가는 것을 보고 새로운 얼숨이 살아나기를 바랐다.

이른바 고등 종교의 탄생을 기원하였던 것이다. 류영모도 이 역사에 하느님의 얼숨(성령)이 꺼지는 것(消)을 보고 숨길을 뚫으려고(息) 애썼다. 류영모는 말하기를 "우리는 이미 정신세계에서 하느님과 연락이 끊어진 지 오래다. 그리하여 사람들이 이승의 짐승이 되었다. 우리가 산다는 것이 혈육(血肉)의 짐승이다. 질척질척 지저분하게 먹고 싸기만 하는 짐승이다. 하느님으로부터 성령을 받을 때 사람이 회복된다. 우리가 안다는 것은 성령과 교통이 되어서 아는 것이다. 성령과 통해야 바르고 옳게 발달된다. 참으로 발전시킨다는 것은 성령이 일러주는 것을 안다는 말이다. 사람은 하느님이 주시는 성령을 숨 쉬지 않으면 살았다고 할 수 없다"라고 하였다.

"한숨에 눈물로 소리내 울며 하는 말"(太息流涕痛哭辭)

여기에서 말하고자 하는 것은 의인(義人)의 한숨, 의인의 눈물, 의인의 통곡을 말하자는 것이다. 의인은 진리 되시는 하느님을 사랑하는 것을 삶의 목적으로, 보람으로, 기쁨으로 삼는 사람을 말한다. 예수는 예루살렘 사람들에게 하느님의 말씀을 알리고자 하였으나 쇠귀에 경 읽기에 지나지 않았다. 예수는 한숨을 쉬면서 이렇게 말하였다. "예루살렘아, 예루살렘아 너는 예언자들을 죽이고 너에게 보낸 이들을 돌로 치는구나. 암 닭이 병아리를 날개 아래 모으듯이 내가 몇 번이나 네 자녀를 모으려 했던가. 그러나 너는 응하지 않았다. 너희 성전은 하느님께 버림을 받아 황폐해지리라. 주의 이름으로 오시는 이여 찬미 받으소서 하고 너희 입으로 찬양할 때까지 너희는 정녕 나를 다시 보지 못하리라"(마태오 23:37-39).

예수는 예루살렘 성을 굽어보며 침략을 받아 폐허가 될 것을 슬퍼하여 눈물을 흘리며 울면서 말하였다. "오늘 네가 평화의 길을 알았더라면 얼마나 좋았을까. 그러나 너는 그 길을 보지 못하는구나. 이제 네 원수들이 돌아가며 진을 쳐서 너를 에워싸고 사방에서 쳐들어와 너를 부수고 너의 성안에 사는 백성을 모조리 짓밟아 버릴 것이다. 그리고 네 성안에 있는 돌은 어느 하나도 제 자리에 얹혀 있지 못할 것이다. 너는 하느님께서 구원하러 오신 때를 알지 못하였기 때문이다"(루가 19:41-44).

예수는 드디어 예측대로 십자가에 못 박혀 숨지기 전에 이렇게 외쳤다. "엘로이, 엘로이 레마 사박타니"(마르코 15:33-34) 이 말씀은 "나의 하느님, 나의 하느님 어찌하여 나를 버리시나이까?"라는 뜻이다. 그런데 여기에서 예수가 한 말은 시편 22장 1절에 나오는 말을 암송한 것이 된다. 예수가 기꺼이 자기 목숨을 바치면서 진리를 증언코자 한 말이라고 보기 어렵다. 더구나 죽기 직전에 시편 구절을 외운다는 것은 믿기 어려운 일이다. 예수는 영원한 생명(얼나)을 믿은 이요, 하느님 아버지의 사랑을 믿은 이다.

"단지 한 사람의 일생에만 벌어진 일이 아니라"(非單一代局面事)

40살이 못 되어서 죽은 예수에게만 그러한 어려움이 있었는가 하면 그렇지 않다. 74살에 죽은 공자(孔子)도 예수에게 못지않은 어려움이 있었다. 공자는 잘못된 정치로 수많은 백성이 살기가 어려운 것을 보고 차마 모른 척할 수 없어 정치를 잘해 보고자 하였다. 석가처럼 왕자로 태어났으면 쉽게 정치를 할 수 있었을 터인데 공자는 그렇지 못하였다. 한 무관의 서출(庶出)에 지나지 않았다. 약관의 나이에 소년 가장이 되어 온갖 궂은일을 하면서 집안을 꾸려가지 않으면 안 되었다.

공자는 타고난 총명으로 스스로 혼자서 배워 노나라에 벼슬을 하게 되었다. 뛰어난 능력이 인정되어 대부(大夫)에 오르기도 했다. 그러나 노나라 위정자들이 이웃 나라의 미인계에 빠져 정사는 돌보지 않고 미녀들과 즐기는 것을 보고는 참을 수 없어 노나라를 떠났다. 다른 나라에서라도 일할 기회를 얻고자 14년 동안 제후들을 찾아다녔으나 뜻을 이루지 못했다. 공자는 탄식하지 않을 수 없었다. "나를 몰라주는구나. 나는 하느님을 원망치 않고, 사람 탓을 아니하며, 아래 세상일을 배워 위로 하느님에게까지 이르렀다. 나를 알아주는 이는 저 하느님이시다"(不怨天 不尤人 下學而上達 知我者 其天乎 — 『논어』「헌문편」).

공자(孔子)는 하느님으로부터 얼생명을 받아 솟난 사람이라 몸의 자식보다 제자들을 더 사랑하였다. 여러 제자 가운데서도 안회(顔回)에게 기대를 하였다. 공자는 제자들에게 엄격하였다. 그러나 안회만은 칭찬을 아끼지 않았다. 그런데 그 안회가 나이 40에 요절하였다. 공자는 하느님이 나를 죽였다고 하면서 통곡하였다.

노나라 애공(哀公) 16년(BC. 479) 봄에 73살의 공자는 몸에 이상이 온 것을 느껴 죽을 날이 멀지 않은 것을 알았다. 이 땅 위에 이상 국가를 세워 보려는 염원을 못 이룬 채 세상을 떠나는 공자의 마음은 착잡하지 않을 수 없었다. 그래도 여러 제자를 가르친 것이 공자의 삶을 헛되게 하지 않았다. 공자는 뜰을 거닐면서 혼잣소리로 고별의 말을 하였다. "태산은 무너지고 기둥은 쓰러지려 하고 철인(哲人)은 세상을 떠나려 한다."

석가는 한숨과 눈물과 통곡을 삼킨 사람이다. 부모와 처자를 버리고 나라와 가정을 버렸다. 왕관과 재산을 버리고 명예와 제나(自我)를 버렸다. 어떤 의미에서는 자살하기보다 더 어려운 일이다. 석가도 몸을 뒤집어쓴 사람인데 어찌 눈물이 없었겠는가. 오직 영원한 얼나(法身)가 아닌 것은 모두가 헛보이는 환상임을 알았기에 이길 수가 있었다. 비루다카 왕의 복수심에 불타는 침략으로 석가의 친족인 샤아카 족이 전멸하게 되었다. 그때 석가는 비루다카 왕의 군사가 지나가는 길 옆 죽은 나무 아래서 참선을 하고 있었다. 비루다카 왕이 다가와서 "부처님이시여, 니아그로다에는 우거진 나무가 이 근처에 얼마든지 있는데 왜 이렇게 잎도 없는 마른나무 밑에 앉아 계십니까?"라고 하자 석가는 "왕이여, 친족들의 그늘은 시원한 것이다. 그러나 내게는 친족의 그늘이 없도다"(『증일아함경』)라고 하였다. 샤아카 족은 드디어 멸망하였다. 석가는 80살에 임종을 앞두고 제자 스님이 된 외아들 라훌라를 불렀다. 그러고는 이렇게 말하였다. "라훌라야, 나는 이제 니르바나에 들면 다시 다른 이의 아버지가 되지 않을 것이요, 너도 반드시 니르바나에 들어 다시 다른 이의 아들이 되지 않을 것이다"(『대승열반경』). 니르바나에 들어 서로 만나자는 것보다 얼마나 참된 말인가. 석가의 아버지와 아들의 고별이야말로 육신으로는 참혹

할지 모르지만, 정신으로는 위대한 작별이라 아니할 수 없다.

"솟난 얼나의 오르내림 몸나를 살리고 죽이되"(靈誕降昇肉生殺)

짐승인 제나(自我)로만 사는 이에게는 죄의식이란 것이 없다. 짐승은 참회하고 반성할 줄 모른다. 얼나로 거듭나고서야 삼독(三毒)인 육욕을 따르지 않고 싸우게 된다. 얼이 상승할 때는 육욕을 이기지만 얼이 하강할 때면 육욕이 살아난다.

류영모는 말하기를 "나는 위로 올라가려고 하는 것은 얼이라고 생각하고, 아래로 떨어지려고 하는 것은 덜이라고 생각한다. 얼덜결이란 말이 있지만, 얼은 생명이고 덜은 마(魔)라고 생각한다. 얼은 하느님이 보내시는 영원한 생명이고, 덜은 몸이 지닌 탐 · 진 · 치 삼독(三毒)이다. 우리는 계속 하느님의 성령으로 살아가고 있다. 성령이 충만하지 않으면 하느님께로 올라간다는 생각을 할 수가 없다. 사람은 가끔 의(義)를 위하여 목숨을 내놓을 때가 있다. 우리는 우리가 얼의 존재임을 알아야 한다. 우리의 정신이 정직하면 그것은 성령이 임했기 때문이다. 마음을 닫은 사람은 성령과 아무런 상관이 없다. 그래서 예수가 성령을 거역하면 용서받지 못한다고 한다. 성령을 거역하는 사람은 마음을 닫고 의를 생각하지 않는 사람이다"라고 하였다.

"몬과 맘의 어긋남은 오래 일러온 말씀"(物心矛盾長誄詞)

뇌사는 제문을 뜻한다. 기도의 말씀이라 할 수 있다. 하느님에게 바치는 노래나 말씀이 뇌사(誄詞)이다. 모든 경전을 뇌사라고 할 수 있다. 물심(物心)의 모순은 좀 정리를 해야 한다. 여기서는 유물(唯物)과 유심(唯心)의 모순이 아니다. 물질을 좋아하는 마음과 진리를 좋아하는 마음의 모순이다. 옛 순임금은 말하기를 "사람의 마음은 오직 위태롭고 진리의 마음은 오직 희미하다"(人心惟危 道心惟微 ―『서경』「우서편」)라고 하였다. 여기서 인심(人心)은 몸을 따르는 마음이란 뜻이고 도심(道心)은 얼을 따르는 마음이란 뜻이다. 물심(物心)의 모순은 인심과 도심의 대립을 말하는 것이다.

"마음(얼)은 간절하나 몸이 말을 듣지 않는구나"(마르코 14:38)라고 한 것은 인심과 도심으로 이해되어야 한다. 사도 바울로는 말하기를 "나는 내 마음속으로는 하느님의 율법을 반기지만 내 몸속에는 내 이성의 법과 대결하여 싸우고 있는 다른 법이 있다는 것을 알고 있습니다. 그 법은 나를 사로잡아 내 몸속에 있는 죄의 법의 종이 되게 합니다. 나는 과연 비참한 인간입니다. 누가 이 죽음의 육체에서 나를 구해줄 것입니까?"(로마서 7:22-24)라고 하였다.

류영모는 이르기를 "우리는 몸과 맘의 제나(自我)로는 변하다가 없어지지만 얼나(靈我)로는 변하지 않는 것이 영생하는 것이다. 영원한 생명이 되면 몸은 살아도 죽어도 언제나 행복하다. 하느님의 아들인 얼나는 죽지 않는다. 죽지 않는 얼생명을 가졌기에 이 껍질인 몸나는 아무 때 죽어도 좋은 것이다. 생명의 비결은 한결(불변)을 알아 그 가운데 드는 것이다. 얼로 영원한 현재가 되는 것이다. 그것이 얼의 생명이 되어 하느님과 하나 되는 것이다"라고 하였다.

16. 텅 빔과 알참
虛實

무극에서 이뤄진 태극에 음양이 나와	無極太極陰陽來
음양을 태극이라면 무극을 버리게 되고	陰陽太極無極去
절대를 맘에 지녀 상대적 존재도 알차고	絶對存心相對實
상대에 평안 찾으면 절대조차 텅 빔	相對姑息絶對虛

(1959. 3. 20)

實: 찰 실. 姑息(고식): 우선 당장에 탈 없이 평안함. 姑: 아직 고. 息: 아직 편할 식.

무극(無極)이란 말만 들어도 시원하고 태극(太極)이란 말만 들어도 뿌듯하다. 류영모는 말하기를 "사람의 밥통은 늘어나 위확대증이 되면 병이 된다. 그러나 반대로 마음은 좁아지면 심비색증이 되어 병이 된다. 그러므로 마음을 무한대로 넓히면 저 허공이 마음속으로 들어온다"라고 하였다.

우리는 설날이나 한가윗날이 되면 고향을 찾아가느라고 온 나라가 떠들썩하다. 그런데 이왕에 고향을 찾을 바에는 고향의 의미를 생각해야 한다. 몸을 나로 생각하는 사람들은 이 몸이 태어난 곳을 고향이라 하겠지만 얼을 나로 생각하는 사람은 이 얼의 뿌리인 무극·태극이 고향임을 안다. 사상사에서 무극·태극을 바로 말한 사람은 얼나로 솟난 성인들이다. 류영모가 무극 태극을 말하는 것은 류영모도 얼나로 솟난 사람임을 보여주는 것이다.

무극·태극은 다른 게 아니라 예수가 말한 하늘나라이고 석가가 말한 니르바나이다. 하늘나라와 니르바나를 좀 더 따져서 말한 것이 무극 태극이다. 비롯도 없고 마침도 없는 무(無)인 허공 속에 비롯도 있고 마침도 있는 유(有)인 천체(天體)가 있다. 유(有)인 천체는 없었던 것이요 없어질 것이다. 그래서 없는 것으로 보는 것이 바른 봄(正見)이다. 이처럼 바르게 보면 무극만이 유일무이(唯一無二)의 존재이다. 그런데 지금 우리에게는 무수한 천체(별)들이 보인다. 그리고 그 천체의 하나인 지구에는 나를 비롯한 70억의 사람들이 붙어서 나고 죽기를 계속하고 있다. 이 천체를 있는 것으로 칠 때 천체를 포괄한 허공이 바로 태극인 것이다. 그래서 어쩔 수 없이 무극이 태극이라고 말하게 된다. 하느님은 자연이라고 한 스피노자가 능산(能産)의 자연과 소산(所産)의 자연을 말하고, 스피노자의 영향을 받은 헤겔이 진무한(眞無限)과 악무한(惡無限)을 말하였다. 그들도 무극·태극의 사상과 비슷한 생각을 한 것을 알 수 있다. 무극이 태극이라고 말한 사람은 중국 송(宋)나라 때의 주렴계(周濂溪)이다. 염계는 아호이고 이름은 주돈이(周敦頤, 1017~1073)다. 주렴계는 그가 쓴 태극도설(太極圖說) 첫머리에 무극이태극(無極而太極)이라고 하였다. 유교로서는 대단한 진보라 아니할 수 없다. 태극도설은 모두

250자쯤 되는데 실제로 궁금한 무극 · 태극에 대한 설명은 없다. 주로 음양(陰陽)에 대한 설명이 주를 이루고 있는 것이 아쉬움이 아닐 수 없다. 류영모는 유학자가 무극 태극을 언급한 것만으로도 기뻤던 것이다.

류영모는 이렇게 말하였다. "주렴계가 태극에 관한 그림을 그리고 태극에 대한 글을 쓴 것이 태극도설이다. 장횡거, 정명도, 정이천 같은 이들이 주렴계에게 배웠다. 오늘날 유교 철학을 볼 때는 어쩔 수 없이 이걸 보아야 한다. 유교에서 우주의 시작이 이것이다. 없(無)을 내가 말하는데 사실은 수십 년 전부터 내가 없(無)을 말하고 싶었다. 그런데 말머리가 맘대로 트이지 않았다. 나는 우리가 없(無)에 가자는 것이다. 이것이 내 철학의 결론이다. 그래서 태극도설을 말하는 것이다. 이걸 주렴계가 썼거나 예수가 썼거나, 석가가 썼거나 문제가 안 된다. 이 없(無)이 내 속에 있는 것이다. 태극에서 무극에까지 가면 유교도 불교나 노장(老莊)과 다를 게 없다"(『다석어록』).

"무극에서 이뤄진 태극에 음양이 나와"(無極太極陰陽來)

이 일곱 글자가 훌륭한 창세기다. 무극 태극이란 두 말은 주렴계가 연결시켰지만, 실제로는 노자(老子)가 이미 말을 하였다. 다만 무극태극이 아니고 무명(無名) 유명(有名)이라고 하였다. 무명(無名)은 우주의 비롯이라고 하였고 유명(有名)을 만물의 어머니라고 하였다. 니르바나라고 하면서 공(空)이라고 하듯이 하느님(天)이라고 하면서 무(無)라고 말하였다. 그런데 사람들이 어렵게 애를 써서 이렇게까지 생각하는 데 이르렀지만 그렇게 쉽게 알 수 있는 하느님(니르바나)인 무(공)가 아니다.

류영모는 말하기를 "하느님을 찾는 사람은 하느님의 향내라 할 수 있는 신비를 느껴야 한다. 신비를 느끼려면 자신의 무지(無知)와 부지(不知)를 알아야 한다. 스스로가 아무것도 모르는 소자(小子)임을 깨달아야 한다. 하나(一)는 아무것도 알 수 없는 영원한 신비다. 하느님 아버지가 얼마나 높은 지경인지 사람으로서는 아무도 안 사람이 없었고 또 없을 것이다. 하느님 아버지의 절대 하심을 그저 믿는 것이 사람의 도리이다. 하느님을 그리워하고 사모하는 것이 참된 삶이다"라고 하였다.

무극(無極)인 무(無)에서 유(有)가 나와 태극이 되었다. 유(有)가 나오지 않았으면 무극일 뿐이다. 그러나 유(有)만이 태극은 아니다. 유(有)를 내포한 무극이 태극이다. 무극은 무(無)라 불변(不變)의 절대이다. 그러나 태극의 유(有)는 바뀌는 역(易)이다. 시시각각으로 계속 바뀐다. 바뀜을 멈추는 일은 없다. 바뀌는 유(有)도 줄곧 바뀐다는 것만은 불변이다. 여기에서 우리는 살아 계시는 하느님을 느낄 수 있다. 그러므로 우리는 이미 상대세계에 와서 변화의 소용돌이 속에 있다. 여기에서 할 일은 우리가 잘 변함으로써 불변의 자리에까지 이르러야 하는 것이다. 류영모는 이렇게 말하였다. "사람은 몸을 쓰고 있다가 맘으로 바뀌고, 맘을 쓰고 있다가 뜻으로 바뀌고, 뜻을 쓰고 있다가 얼로 바뀌어야 한다. 봄이 여름으로 바뀌고, 여름이 가을로 바뀌고, 가을이 겨울로 바뀌는 것이 자연이다. 하늘 땅을 펼친 우주적 자리에서 계속 바뀌어 가는 것이 자연이요 인생이다"(『다석어록』). 얼생명은 나고 죽음과 너와 나를 초월한 절대생명이요 영원한 생명이다. 곧 하느님이시다.

류영모는 이르기를 "영원한 생명에는 개인이란 없기 때문에 이름이 소용없다"라고 하였다. 『주역』의 음양, 불교의 인연, 헤겔의 정반(正反),

토인비의 도전 응전은 상대적 존재가 바뀌어 가는 과정을 이루는 법칙을 말한 것이다.

"음양을 태극이라면 무극을 버리게 되고"(陰陽太極無極去)

주렴계의 태극도설을 세상에 널리 알린 이는 주희(朱熹)이다. 주희가 편찬한 근사록(近思錄) 첫머리에 태극도설을 실었다. 주희가 태극도설을 얼마나 중요하게 생각하였는지를 알 수 있다. 그러나 주희는 형이상학에 약한 사람이다. 『춤추는 물리』의 저자 카프라가 공(空)을 물리학의 장(場)으로 보듯이 주희는 태극을 이(理)로 보았다. 류영모가 무극(無極)과 공(空)을 하느님으로 보는 것과는 천양지차라 아니할 수 없다. 육상산(陸象山)은 한술 더 떠서 고전(古典)에 무극이란 말이 없다며 무극을 부정하였다.

주희가 태극을 이치(理致)로 보게 된 데는 주렴계의 책임이 크다. 태극도설에서 무극 태극에 대한 충분한 설명이 없이 음양이 태극이고 태극이 무극이라고 말한 것이 그것이다(陰陽一太極也 太極本無極也 — 『태극도설』).

류영모는 이렇게 말하였다. "하느님은 하나다. 존재하는 것은 오직 하느님뿐이라 절대다. 무극이 태극이요 태극은 하나다. 태극은 엄연히 하나(절대)요 영원히 하나다. 하나가 쪼개지거나 벌어졌다면 그것은 하나(절대)가 아니다. 음양이 태극인 하나라고 하면 안 된다. 하나인 태극이 음양인 둘로 나누어졌다는 데서부터 유교가 아주 병에 걸려 버렸다. 음양이 태극에서 나온 것이라면 모르겠지만 태극이 음양이 되었다면 말이 안 된다. 태극이 둘로 갈라진다면 태극이 어떻게 살 수 있는가. 음양오행이란 무엇이란 말인가. 동양에서는 음양오행을 찾다가 멸망한 것이다. 음양으로 된 상대세계는 좋은 것 같으나 싫은 것이 상대세계다. 유교가 발전하지 못한 것은, 우주의 근원인 무극(無極)을 잊어버리고 천상(天上)을 생각하지 않았기 때문이다"(『다석어록』).

마침내 유교는 하느님을 버리고 조상(祖上)을 숭배하는 종교로 퇴행하기에 이르렀다. 유교가 다시 살아나려면 공자·맹자처럼 하느님을 경외하는 사상으로 돌아가야 한다. 공자·맹자의 하느님 사상을 돌이켜야 한다.

"절대를 맘에 지녀 상대적 존재도 알차고"(絶對存心相對實)

상대적 존재는 절대를 떠나서는 있어도 없는 것이고 살아도 죽은 것이다. 그러나 상대적 존재도 절대인 하느님의 얼(성령)을 맘속에 간직하고 있으면 물거품 같은 몸을 지녔지만, 하이데거의 말처럼 실존(實存)이 되고 예수의 말처럼 부활이 된다. 톨스토이가 하느님을 알게 되자 만물이 소생하는 기쁨을 맛보았다고 하였지만 로맹 롤랑은 이렇게 말하였다. "나는 본래 강가에서 태어났다. 나는 강물을 살아 있는 것처럼 좋아하였다. 선조들이 강에 우유나 포도주를 부어주던 것을 알 것만 같다. 모든 강 가운데 가장 신성한 강은 영혼의 깊은 바위틈으로 흘러나오는 강물일 것이다. 종교·예술·행동·과학 등 측량할 수 없는 천길만길의 물길이 이 신비의 암흑으로부터 넘쳐 나와 어쩔 수 없는 경사를 따라 의식되고, 실현되고, 지배되는 존재의 강물이다. 물이 김이 되어 바다에서 올라와 하늘의 구름이 되고, 비가 되고, 물이 되어 냇물의 둘레를 살리면서 창조의 바퀴는 끊임없이 이어진다. 물의 근원지인 산에서 바다에까지, 바다에서 산에까지 모든 것이 똑같은 힘, 존재로 이루어져 있다. 처음도 없고 끝도 없는 그것을 신(神)이라고 하건, 물질이라고 하든, 정신이라고 하든 말의 차이뿐이다. 추상적이 아닌 생생하게 살아 있는 통일성, 이것이 모든 것의 본질이다. 삶이 의식하건 못 하건 내가 존경하지 않을 수 없는 것은, 다만 근원적인 본질뿐이다"(로맹 롤랑, 『크리슈나의 생애』).

"상대에 평안 찾으면 절대조차 텅 빔"(相對姑息絶對虛)

상대세계에 희망을 걸고 목적을 두고 사는 것을 현실에 안주하려는 고식적인 삶이라고 한다. 고식적인 삶을 사는 사람들은 하느님은 없다고 한다.

류영모는 말하기를 "몸뚱이만 가지고 맘을 내면 견물생심(見物生心)이 된다. 몸뚱이의 욕망을 충족시키는 것은 죄악이다. 무슨 맛을 그리워하는 것은 못 쓴다. 무엇을 좀 갖겠다든지 좋은 소식을 좀 듣겠다고 하는 것은 실제 마음이 거기에 머뭇거리는 증거이다. 이런 생각은 하나의 우상이니 삼가야 한다. 보아서 돈도 있고 권세도 있고 세상에서 출세한 것 같아도 속을 들여다보면 썩은 무 같아서 아무 쓸모 없는 인생이다"라고 하였다.

전체가 진리이고 부분인 개체는 전체로 지양되어야 한다는 헤겔의 말은 옳은 말이다. 그런데 마르크스는 땅의 나라를 전체라 하여 개인을 구속해도 좋다는 독재의 원리를 끄집어내었다. 그러나 전체는 하느님만이 전체이지 하느님밖에는 전체란 없다. 우리는 하느님 뜻에 따라 순종하면서 살아야 한다.

20세기 공산주의 국가의 발생과 멸망은 상대고식절대허(相對姑息絶對虛)의 결과를 보여준 것이다. 류영모는 말하였다. "세상은 못됐다. 틀렸다고 하면서 위로 올라가면 시원하다. 위로 오르면 마음이 한없이 넓어진다. 하늘로 머리를 들면 시원하고 시원하니까 생각이 난다. 마음에서 생각이 나온다. 몸은 무익하다. 생각을 일으키는 얼뿐이다"(『다석어록』).

17. 하느님
太一

앞에도 없었고 뒤에도 없을 이제 번쩍하는 삶　空前空後今閃生
유심 유물의 사관을 함부로 잘라 말하누나　唯心唯物史斷論
죽고 삶에 관계 없는 참나는 스스로 있어라　死生不關我自在
몬·맘은 둘이 아니고 하느님만이 계시니라　物心不二太一存

(1959. 1. 14)

空: 없을 공. 閃: 번쩍할 섬, 언뜻 볼 섬. 唯: 오직 유. 論: 말할 논. 不關(불관): 관계하지 않음.

"앞에도 없었고 뒤에도 없을 이제 번쩍하는 삶"(空前空後今閃生)

마하트마 간디는 하느님의 이름에 대해 말하기를 "하느님의 이름은 수없이 많으나 만일 그 가운데 하나를 골라야 한다면 사트(Sat) 또는 사타(Satya), 곧 참(진리)일 것이다. 이에 진실로 참이 하느님이시다"(Innumerable are the names of God, but if a choice were to be made of one. It would be Sat or Satya, that is, Truth. Hence verily Truth is God. ―간디, 『날마다의 명상』)라고 하였다. 마하트마 간디는 하느님을 참(진리), 아버지, 라마(Rama), 야훼 등 여러 가지로 불렀다. 마하트마 간디는 하느님의 이름에 대해서는 마음 쓰지 아니하였다. 마하트마 간디는 말하기를 "하느님은 무슨 이름으로 불리든 하느님다운 신격(神格)을 가졌다면 우리는 그 하느님에게 반드시 경배하여야 한다"(간디, 『날마다의 명상』)라고 하였다. 이름만 달리 불리었지, 하느님은 한 분이신 것이다. 마치 해가 이 땅 위의 4천 종류의 언어에 따라 다 다르게 불리겠지만 해는 하나인 것과 같다.

마하트마 간디는 말하기를 "어린 시절 나는 힌두교의 성전에 나오는 신(神)이 가진 일천 개의 이름을 암기하라는 과제를 받은 일이 있다. 그러나 일천 개의 신(神)의 이름은 결코 그것으로 끝나는 것이 아니었다. 생각하건대 신은 그 창조물의 수와 같은 수의 이름을 갖는 것이 당연하다고 본다. 따라서 우리는 또한 신은 무명(無名)이라고 할 수도 있는 것이다. 한편 신은 다수의 형태를 가졌으므로 또한 무형(無形)이라고 해도 좋다. 신은 무수한 입을 통하여 우리에게 말을 걸어오므로 무언(無言)이라고 할 수도 있다"(간디, 『간디문집』)고 하였다. 류영모는 여기서 하느님의 이름을 태일(太一)이라고 하였다. 절대(絶對)의 하나라는 뜻이다. 류영모는 태공(太空)이라고도 하였다. 절대의 허공이라는 뜻이다. 장횡거(張橫渠)가 하느님을 태허(太虛)라고 하였다. 류영모는 이르기를 "하느님은 본디 이름이 없다. 하느님에게 이름을 붙일 수 없다. 하느님에게 이름을 붙이면 이미 신(神)이 아니요, 우상이다"라고 하였다.

하나는 전체(全體)라는 뜻과 절대(絶對)라는 뜻이다. 전체와 절대는 유일존재(唯一存在)로 하느님밖에 다른 존재는 없다. 이 존재는 없이 있는 허공(虛空)이다. 허공 속에 무엇인가 나타났다가 사라진다. 이것은 허공이 나지 않고 죽지 않는 것과는 다르게 없었는데 있어지고, 있다가는 없어진다. 앞에서도 없었고 뒤에도 없을 것이 전광석화(電光石火)처럼 나타나서는 그대로 없어진다. 이것을 상대적 존재라고 한다. 상대적 존재는 있어도 없는 것이다.

류영모는 1890년에 나와서 1981년에 사라졌다. 그 존재한 시간이 80만 시간이다. 그러나 영원한 시간에 비기면 80만 시간이란 번갯불이 나무뿌리 모양의 광선을 그은 것에 지나지 않고 별똥별이 대막대기 모양의 금줄(金線)을 그은 데 지나지 않는다. 지구의 생존 기간이든, 유한 우주의 천체(天體)가 생존하는 기간이든 영원한 시간에 비기면 찰나에 지나지 않으며 그 차이야말로 오십보백보다. 왜 이렇게 상대적 존재들이 나왔다가 사라질까. 그것은 절대 허공이 죽은 허공이 아니라 살아 있는 허공임을 나타내기 위한 것이다. 이 절대 허공이 살아 계시는 하느님 아버지이다. 절대 허공이 전체이고 절대 허공 속에 나타났다 사라지는 생멸(生滅)의 물체를 개체(個體)라 한다. 이 개체의 역동적인 생멸의 이어짐을 카프라는 '우주적 무도(舞蹈)'라 하였다. 어떤 무희가 180시간을 쉬지 않고 춤추다가 죽었다지만 우주의 개체들은 나서 죽을 때까지 춤을 추다가 생애를 마친다. 개체들이 펼치는 죽음의 우주적인 무도는 무엇 때문인가. 전체인 하느님을 영광되게 하기 위한 것이다.

류영모는 이렇게 말하였다. "이 세상의 모든 것은 하늘 아버지께서 영광을 받으라는 것이다. 이 세상의 모든 것은 하느님의 영광을 위해 있는 것이다. 그러나 하늘이 아무리 영광을 받으셔도 또 아무리 존귀하게 계시더라도 그 아들 된 내가 그 아버지께 이르지 않으면 아무런 상관이 없는 것이 되고 만다"(『다석어록』). 전체(하느님)의 나(個體)요, 전체에 의한 나요, 전체를 위한 나인데 내가 하느님을 모른다면 나라는 존재는 아무것도 아니다.

"유심 유물의 사관을 함부로 잘라 말하누나"(唯心唯物史斷論)

사람들이 종교 철학적인 생각을 하면서부터 유심론이니 유물론이니 논란을 벌여왔다. 유심론의 족보를 따져도 플라톤, 플로티노스, 칸트, 피히테, 셸링, 헤겔에 이르기까지 수많은 학자가 있다. 유물론의 족보를 따져도 탈레스, 베이컨, 홉즈, 가상디, 포이에르바하 게르첸, 마르크스에 이르기까지 수많은 학자가 있다.

류영모는 톨스토이의 말대로 쓸데없는 곳에 마음을 기울이지 않고 어떻게 사람답게 사느냐만 생각하였다. 물레방아꾼이 절구를 잘 조절한다는 것은 바로 이를 말한 것이다. 류영모는 유물론이란 생각도 맘에서 나온 것이라고 하면서 이러한 결론을 말하였다. "우리의 목적은 하늘나라다. 그것을 믿는 것이 신앙이다. 신앙은 하늘을 바라는 것이다. 하늘나라가 목적인 것을 어떻게 아는가. 그것은 정신이 목적인 것을 알기 때문이다. 정신이 목적이고 육체는 수단이지 목적이 아니다. 육체는 정신의 수단이고 거름이기에 육체가 정신의 거름이 될 때 정신이 살아난다. 정신이 사는 것이 참 사는 것이다. 정신이 깰 때 인생은 한없이 기쁘다. 이 몸은 아무리 튼튼해도 죽을 때는 죽는 것이지 죽지 않을 수 없다. 이 몸은 전셋집이나 같아 빌려 쓰다가 마침내 두고 가는 것이다.

이 몸집은 내 것이 아니고 그 자체의 법칙에 따라 존재하는 것뿐이다. 물론 있는 동안 깨끗하고 튼튼하게 간수해야 한다. 병 없이 잘 지내는 것이 사람이 바라는 이상이다"(『다석어록』).

류영모는 평생 동안 유물론과 무신론이 득세하는 세상을 살아왔다. 류영모는 유물사관에 대해서 이렇게 말하였다. "사람들이 걸핏하면 유물사관(唯物史觀)을 들고나와 사람은 만족할 만한 물질과 좋은 환경이 있어야 한다고 한다. 사람이 물질에 만족을 느끼면 하느님이 보이지 않는다. 그러니 하느님을 찾을 까닭이 없다. 그러나 우리에게는 만족할 만한 물건이 없다. 눈에 보이는 것은 있다가 잃어버리는 것이니 만족할 수가 없다. 영원불멸의 참된 것이 있다면 그것을 가져 보았으면 한다. 석가는 모든 것을 버리고 집을 나와 눈에 보이지 않는 영원한 생명을 찾고자 고행을 하였다. 드디어 석가는 보이지 않는 마음속에서 참된 것을 찾았다. 만족한 참을 찾았다. 참된 그것이 무엇일까.

참은 하나라 절대다. 절대의 자리는 있다, 없다는 말이 통하지 않는다. 절대에서는 있다, 없다가 문제가 아니다. 우리는 이런 절대존재를 느끼고 싶고 찾고 싶다"(『다석어록』).

"죽고 삶에 관계 없는 참나는 스스로 있어라"(死生不關我自在)

마하트마 간디는 말하기를 "그의 맘속에 하느님이 머물고, 하느님의 계심을 언제나 깨닫고 있는 사람만이 살아 있는 것이다"(He alone lives in whose heart dwells God and whose ever aware of such presence. — 간디, 『날마다의 명상』)라고 하였다. 내 맘속에 머무는 하느님이 나의 참나인 얼나(靈我)다. 얼나는 내 몸과 맘의 제나(自我)가 나고 죽음에 상관없이 언제나 스스로 있다. 있게 해서 있는 것이 아니고, 없애자 해서 없어지는 것이 아니다. 비롯도 없고 마침도 없는 영원한 생명이다.

류영모는 이렇게 말하였다. "우리는 몸과 맘의 제나(自我)로는 변하면서(生死) 얼의 나로는 변하지 않는 것이 영생하는 것이다. 영원한 생명인 얼나는 몸은 죽으나 사나 여기서도 저기서도 언제나 행복하다. 생명의 비결은 한결(영원)을 알아서 그 가운데 들어 영원한 현재가 되는 것이다. 그것이 얼생명으로 하느님과 하나되는 것이다. 영원한 생명은 하느님밖에 없다. 영원한 생명으로 거듭나면 몸은 언제 죽어도 좋다. 제나로는 죽고 얼나로 깨는 삶이 영원한 생명이다. 하느님과 하나되게 중심을 잡고 바로 사는 이것이 인생의 비밀이다"(『다석어록』).

"몬 · 맘은 둘이 아니고 하느님만이 계시니라"(物心不二太一存)

하느님은 있는 모든 것, 전체(全體)가 하느님이다. 무한(無限) 허공에 많은 별(天體)이 고기떼처럼 유영(遊泳)하는 것이 하느님이다. 거기에 하느님의 얼은 없는 곳이 없다. 이 전체 존재 절대존재가 하느님이시다. 모든 것은 얼과 빔의 하느님이 변한 것이다. 그 모든 것이 없는 무(無)에서 이루어졌기에 근본이 무(無)이다. 그러므로 근본인 하느님 앞에서는 물심(物心)의 경계가 있을 리 없다. 무(無)가 실체요, 유(有)는 무의 변태이다. 그러므로 다시 무(無)로 돌아가야 한다. 무(無)는 살아 있는 무이기에 얼(靈)의 무요 얼의 공(空)이다.

그 얼이 내 맘속에서 솟아오른다. 그래서 전체인 하느님의 존재를 알게 되었다. 얼을 보내주지 않았으면 알지 못한다. 많은 사람은 짐승들이 모르듯이 모르고 있다. 알게 된 것은 생각하였기 때문이다. 그게 태일(太一)인 하느님이다.

류영모는 이렇게 말하였다. "이제 여기의 이 나라는 것은 거짓된 것이라 참이 아니다. 우리가 아는 지식이라는 것도 거짓된 것이라 하잘것없는 것이다. 그러므로 한껏 찾아야 할 것은 오직 '참'이다. 참이란 생전을 두고 찾아야 한다. 일생뿐 아니라 대를 물러가면서 찾아야 한다. 인류가 그칠 때까지 찾아야 한다. 전 인류가 다 힘을 쏟아서 마침내 알아내야 할 것은 "참"하나요 진리 하나뿐이다. 그밖에는 아무것도 없다. 참이란 절대자 하느님이다"(『다석어록』).

공산주의 사상이 사교(邪教)임을 러시아 사람 가운데서 먼저 안 이는 톨스토이였다. 그런데 사교 공산당에 이끌려가서 그 거짓 정체를 알고 비판하다가 쫓겨난 이가 베르자예프다. 1948년에 프랑스에서 세상을 떠난 베르자예프는 이러한 말을 남겼다. "지금 세계는 암흑을 거쳐서 새로운 영성(靈性)과 새로운 신비주의를 향하고 있다. 이 새로운 신비주의에는 처음으로 고대(古代) 그노시스파(영지주의. 靈知主義)의 우주적 유혹을 피하는 참다운 그노시스가 나타나게 될 것이다. 더욱이 새로운 신비주의에서는 처음으로 우리를 괴롭히고 있는 모순과 분열이 한꺼번에 해결될 것이다. 이 신비주의는 기성 종교보다 한층 깊은 것을 갖고 있기 때문에 그것은 모순과 분열을 고치고 모든 것을 하나로 통합하는 동시에 거짓된 사회적 신비주의에 대해서 승리를 거둘 것이다. 이것이야말로 가이사의 나라에 대한 얼(靈)의 나라를 강조하는 실존철학일 것이다"(베르자예프, 『사랑과 실존』).

18. 혼인 축하
昏祝

인해전술이 단지 오랑캐만의 짓인가	人海戰術非單狄
부질없는 축하로 많은 사람 도철에 바쳐	漫祝庶孼供饕餮
잡풀이 너무 많으면 두엄을 만들지만	雜草淫蕃爲堆肥
세운 나라 역사 사람 많아 멸망하리	植國本紀多全滅

(1958. 12. 31)

昏祝(혼축): 혼인 축하. 人海(인해): 아주 많은 사람. 戰術(전술): 싸우는 방편. 狄: 오랑캐 적. 漫祝(만축): 부질없는 축하. 漫: 부질없을 만. 庶孼(서얼): 많은 백성과 그 후손. 庶: 백성 서. 孼: 자식 얼. 供: 바칠 공. 饕餮(도철): 사람을 잡아먹는다는 악한 짐승. 饕: 탐할 도. 餮: 탐할 철, 짐승 이름 철. 淫蕃(음번): 넘치게 불어남. 淫: 넘칠 음. 蕃: 불을 번. 植國(식국): 세운 나라. 植: 세울 식. 本紀(본기): 역사 기록.

석가를 오랫동안 가까이 수행한 제자로 알려진 아난다(阿難)가 날이 밝자 스라바스티(사위국, 舍衛國) 성내로 들어가 밥을 빌어먹고 기원정사로 돌아가고 있었다. 어느 마을을 지나는데 목이 말랐다. 마침 그 마을 우물에서 물긷는 처녀가 있었다. 아난다는 그 처녀에게 물을 얻고자 하였다. 그러자 그 처녀는 자신이 카스트 계급상 천민이라면서 물 떠주기를 머뭇거렸다. 아난다는 자신이 부처님의 제자로서 귀천 따위는 따지지 않는다고 말하였다. 그 처녀는 그 말이 너무도 고마워서 어쩔 줄 모르며 물바가지를 내밀었다. 아난다는 물 떠준 처녀에게 고맙다는 인사를 남긴 채 기원정사로 향하였다. 그 처녀의 이름은 프라크리티였다. 프라크리티는 우물가에서 만난 아난다 스님을 잊을 수 없었다. 밤잠을 이루지 못하며 그리움을 불태우다가 드디어 아난다 스님을 찾아 나섰다. 아난다가 밥 빌러 나오는 길목을 지켰다. 처녀는 좋은 옷을 입고 그 위에 온갖 장식을 달아 더욱 아름다웠다. 처녀는 아난다 스님을 보자 그 뒤를 따랐다. 아난다가 가던 길을 멈추면 따라서 멈추고 걸으면 따라서 걸었다. 그리하여 석가 부처님이 머무는 기원정사에까지 따라왔다. 아난다는 어쩔 수 없이 부끄러움을 무릅쓰고 부처님에게 그 사실을 말씀드렸다. 부처님은 그 처녀를 불렀다. "네가 만일 아난다의 아내가 되기를 바란다면 너의 부모님의 승낙을 얻어오너라." 그 말에 처녀는 어쩔 줄 모르게 기뻐하며 집으로 뛰어가서 그 부모와 함께 부처님 앞에 왔다. 부처님이 그들에게 말하기를 "아난다는 머리를 깎은 스님이니 네가 만일 그의 아내가 되려면 먼저 머리를 깎고 집을 나와야 한다." 그 처녀는 부처님의 말씀에 따라 곧 머리를 깎고 법복을 입고 스님이 되었다. 그때 부처님은 이렇게 말하였다. "프라그리티야 애욕이란 모든 죄의 근본이며 괴로움의 씨이다. 그 단맛보다 그 쓴맛이 몇만 갑절이 된다. 이 애욕으로 인하여 모든 생명이 짐승의 세계를 벗어나지 못하는 것이다. 마치 여름밤 부나비와 벌레들이 타는 등불에 몸을 던져 죽는 것과 같이 어리석은 사람들이 욕심의 불꽃에 몸을 던지는 것이다. 그러나 지혜 있는 이는 그와 달라서 욕심을 멀리하여 애욕의 불 속에서 벗어나는 것이다"(『중일아함경』).

짐승은 종족 보존이 삶의 목적이다. 그런데 석가는 종족 보존을 거부하였다. 석가도 몸으로는 짐승임에 틀림없다. 그래서 아내를 얻어 아들을 낳기도 했다. 그런데 짐승임을 거부하는 진리의 정신을 가지게 된 것이다. 그것은 얼나(靈我, 法我)의 깨달음 없이는 불가능하다.

그런데 5백 년 뒤 예수가 와서 석가와 같은 말을 하였다. "(혼인하지 않고 순결하게 사는 것은) 아무나 할 수 있는 일이 아니다. 다만 하느님께서 허락하신 사람만이 할 수 있다. 처음부터 결혼하지 못할 몸으로 태어난 사람도 있고, 사람의 손으로 그렇게 된 사람도 있고, 또 하늘나라를 위하여 스스로 결혼하지 않은 사람도 있다. 이 말을 받아들일 만한 사람은 받아들여라"(마태오 19:11-12). 예수의 생각이 석가의 생각과 일치한다. 이것으로도 석가와 예수는 그 개체는 다를지언정 그들이 깨달은 참나인 얼은 한 생명인 것을 알 수 있다. 예수와 석가의 사상이 일치함으로 어떤 사람들은 예수가 인도까지 다녀간 불교도라고 주장하는 이도 있다. 더구나 마르코 복음 15장에 나오는 탕자와 법화경에 나오는 탕자 얘기는 흡사하다. 그러나 거짓이 없는 예수가 석가를 알았다면 그것을 숨길 사람이 아니라고 본다.

류영모는 이렇게 말하였다. "사람은 분명 짐승인데 짐승의 생각(종족 번식)을 하지 않음이 얼생명으로 솟나는 우리의 길이다. 사람들은 남녀가 들러붙는 것처럼 좋은 게 없다고 하지만 남녀가 들러붙는 것처럼 보기 싫은 꼴은 없다. 다 속아서 하는 일이다. 깬 세상에서는 안 하는 일이다. 하늘로 머리 둔 사람이 개나 돼지 짓을 하는 건 다 속아서 하는 일이다. 안 할 수 없는 것을 안 하고 지내는 게 인생에 필요하다. 이것이 우리가 해야 할 인생의 의무요, 우리가 지켜야 할 계명이다"(『다석어록』).

"인해전술이 단지 오랑캐만의 짓인가"(人海戰術非單狄)

옛날의 전쟁은 인해전술이었다. 그래서 거의 병사가 많은 쪽이 싸움에 이겼다. 적은 군사로는 많은 군사를 대적하지 못한다 하여 중과부적(衆寡不敵)이라는 말이 있다. 그런데 인해전술을 한국전쟁 때 인민군을 도우려고 참전한 중공군이 보여주었다. 그때 그 사실을 신문보도로 알게 된 류영모는 이렇게 나무랐다. "공자(孔子)의 말씀에도 백성을 가르치지 않고 전쟁을 하면 범죄행위로 간주하였다. 바로 가르쳐 윤리가 무엇이고 도덕이 무엇인지를 가르쳐 주어야 한다. 이것을 알지 못하고 전쟁을 하면 안 된다. 차라리 모르면 손해를 볼지라도 참고 참다가 싸우지 않으면 안 된다. 백성들도 더 이상 참을 수가 없어 싸워야겠다고 해서 국민이 궐기하여 전쟁이 이루어져야 잘 되는 것이다. 그런데 소위 독전대라는 것이 있어서 몰아가지고 나가는 것은 백성을 내버리는 것이다. 중공군의 인해전술이 바로 그것이 아니겠는가. 백성을 전쟁에 몰아넣고 독전대가 뒤에서 기관총을 대고 독전을 한다. 이렇게 되면 백성을 죄다 내버리는 것이다. 그러니 중공의 국방상 팽덕회가 4억 명을 내버려서라도 원자탄, 수소탄에 대항하겠다고 한 것이다. 4억 명이 죽어도 2억 명이 남으니 이긴다는 것이다(현재 인구는 14억이다). 그에게는 백억의 백성이 있어도 소용이 없다. 그따위 정신으로 이기려 든다면 하나도 무서워할 것 없다."

이 시에서 인해전술을 말한 것은 중공군의 인해전술을 비판하자는 것이 아니다. 이 땅 위에 해마다 사람의 수효가 8천만 명씩 늘어나는 것이 무슨 인해전술을 벌리겠다는 것이냐고 묻는 것이다. 그렇지 않아도 사람이 급속도로 자꾸만 늘어나기 때문에 다른 생물들이 살 터전을 잃고서 멸종되어가고 있다. 이 지구상에는 3천만 종의 생물들이 있는데 1960년대에 들면서 1년에 150종씩 멸종되었고, 1970년대에 들어서는 1년에 1천 종씩 멸종되었으며, 1980년대에 들어서는 1년에 4만 종씩 멸종되었다고 한다. 이와 같은 추세로 나간다면 3천만 종의 생물들이 다 멸종되지 말란 법이 없다. 그러면 이 땅 위에 사람만 남게 된다. 모든 생물이 멸종되었는데 사람이라고 살아남겠는가. 먹이사슬이 끊겼는데 사람인들 무엇으로 살아간단 말인가.

이 지구가 사람들만 너무 많이 탔다고 사람들은 이제 다 내리라고 하면 인류도 멸망할 것이다. 원시 생물인 아노말로카리스가 2천만 년 이상 바다를 독차지하다시피 번성하다가 일시에 멸종하였다. 중생대에 지상을 점령하다시피 한 공룡들이 6천만 년 전에 일시에 멸종되어 버렸다. 오늘날 인간들의 지나친 번성은 인간들의 종말을 스스로 부르는 일인지도 모른다. 마하트마 간디는 말하기를 "사람은 자제를 할 수 있기 때문에 사람이고 자제를 하는 한까지만 사람이다"(간디, 『자서전』)라고 하였다.

"부질없는 축하로 많은 사람을 도철에 바쳐"(漫祝庶孼供饕餮)

도철(饕餮)이란 탐욕이 많아 사람을 해치는 야차(夜叉) 같은 사람을 말한다. 세계를 정복하여 통일 천하를 이루겠다는 영웅들이야말로 도철의 표본이다. 알렉산더, 칭기즈 칸, 나폴레옹, 스탈린, 도조 히데키 등이 그들이다. 그들에 의해 죽은 사람의 시체를 모으면 높은 산을 이룰 것이요, 그들이 흘린 피를 모으면 큰 강이 될 것이다. 그야말로 시산혈하(屍山血河)를 이룰 것이다. 전쟁보다 더 무서운 일이 강제노역이다. 중국의 진시황은 자기가 묻힐 여산릉을 75만 명을 동원하여 36년 만에 완성하였다. 이집트의 파라오 왕들은 자신의 무덤인 피라미드를 쌓기 위하여 10만 명을 동원하여 30년이 걸렸다.

류영모는 말하기를 "역사를 볼 때 잘 보고 가야 한다. 역사를 잘못 보고 가면 몹쓸 놈이 되고 만다. 영웅주의 심리로 역사에 큰일을 저지른 아무개같이 하고 싶다는 생각이 들면 밤낮, 이 모양 이 꼴밖에 안 된다. 삼독(三毒)의 도철인 영웅들은 온 세상을 다 잡아먹어도 배부르다고 말하지 않는다. 죄다 잡아먹고도 그만두는 일이 없다. 이것을 통일(統一)이라고 허울 좋게 말한다. 그리하여 마른 콩 먹고 배 터져 죽는 소 꼴이 된다"라고 하였다.

만축(漫祝)은 '부질없는 축하'라는 뜻이다. 관습이라, 예의라 해서 우리가 남의 혼인을 축하한다. 거기에 축의금을 주면서 아들딸 낳아서 행복하라는 기원을 한다. 이게 다 부질없는 짓이라는 것이다. 구약성경에서는 후손이 번창한 것을 하느님의 축복이라고 생각하였다. "하느님께서 노아와 그 아들들에게 복을 내리시며 말씀하셨다. 많이 낳아 온 땅에 가득히 불어나거라"(창세기 9:1)라고 하였다. 그러나 지금은 축복이 아니다. 그동안에는 자식을 아프게 낳아 힘들여 길러서 도철들에게 제물로 바쳤으나 이제는 인구 과잉으로 인류 전체가 멸망할 위기에 놓여 있기 때문이다.

"잡풀이 너무 많으면 두엄을 만들지만"(雜草淫蕃爲堆肥)

잡풀이 많으면 짐승이나 먹이고 퇴비나 만들면 없는 것보다 고맙지만 사람이 많은 것은 실업자만 늘어나 사람들의 의식주에 궁핍이 심각해진다. 그러면 사회에는 온갖 질병과 범죄가 들끓어 사회를 멸망의 나락으로 몰고 간다. 역사적으로 망하고자 하여 멸망한 사회가 어디 있는가. 그 조건이 멸망하지 않을 수 없어 멸망하는 것이다.

류영모는 이렇게 말하였다. "우리 사람이 이렇게 많이 퍼지는 것은 특별한 은혜를 받은 것이다. 사람들이 가축을 잡아먹으려고 잘 기르듯이 사람이 특권을 가지고 이렇게 번성했는데 나중에는 아주 톡톡히 번제(蕃祭)를 지내게 될지도 모른다. 이 시대는 사회 전체로서의 문제지나 혼자만 어떻게 된다는 것은 없다. 인류 전체의 문제가 해결되어야 한다"(『다석어록』).

"세운 나라 역사 사람 많아 멸망하리"(植國本紀多全滅)

류영모는 말하기를 "예수 · 석가처럼 나라(國家)를 부정한 사람은 없다. 또한 예수 · 석가처럼 나라(國家)를 사랑한 사람도 없다"라고 하였다. 이 말은 예수 · 석가의 마음인 동시에 류영모 자신의 마음이기도 하였다. 아놀드 토인비는 인류가 미국과 소련의 핵전쟁으로 멸망할 것을 자나 깨나 걱정하였다. 그런데 핵폭발의 위기는 고비를 넘겼다. 마르크스가 경전을 썼고 레닌 스탈린 등이 사제(司祭) 노릇을 한 공산주의라는 사교(邪敎)는 그 거짓을 드러내면서 자멸하였기 때문이다. 아놀드 토인비가 핵전쟁을 걱정한 만큼 다석 류영모는 인류가 인구 폭발로 멸망할 것을 자나 깨나 걱정하였다. 인구 폭발이란 시한폭탄의 시계는 지금도 그대로 작동 중이다.

류영모는 이르기를 "사람이라는 것이 돼지와 똑같은 껍질(몸)을 위해서 일하다가 나중에 서로 폭발(인구 폭발)하라고 만들어진 것은 아닐 것이다. 맹수 같은 짐승도 서로 폭발되는 일이 없는데 왜 사람만이 이러한 문명을 가지고 있단 말인가. 오늘날 사망률이 낮아졌다느니 생활 수단이 편리해졌다느니 하는 것을 굉장한 복지인 것처럼 생각한다. 이게 복지가 될 까닭이 없다. 우리가 단단히 속고 있는 것이다"라고 하였다.

마하트마 간디는 말하기를 "탐욕스러운 이, 호색하는 이, 성 잘 내는 이, 술주정뱅이는 종교(하느님)에 관심이 없는 사람으로 평가되는 열 가지 유형의 사람 속에 들어간다"(『날마다의 명상』)고 하였다. 술 좋아하는 이가 추가되었지만, 탐 · 진 · 치 삼독에서 놓여 나지 못한 사람은 참을 찾는 사람에 속하지 않는 사람이라는 말이다. 참을 찾지 않는 사람들뿐이라면 인류는 존재할 값어치가 없으므로 멸망해도 아까울 것이 없다. 그래서 인류의 존망을 걱정하기 전에 참을 찾을 것인가를 생각해야 한다. 오늘날 폭발 지경에 이른 인구 과다는 한 마디로 삼독(三毒)의 결과다. 내가 차지하자는 탐(貪), 내가 이기자는 진(瞋), 내가 즐기자는 치(痴)가 왕성한 결과로 인구 과잉으로 자멸을 부르게 되었다. 환경파괴, 환경오염은 우선 인구 과잉을 다스리기 전에는 막을 길이 없다. 인구 폭발로 자멸하게 된 오늘에도 밀레니엄 베이비라며 온 세계가 들썩이니 이 사람들이 정신이 있는 사람들인지 알 수 없다.

19. 이르기를 하느님을 생각하라
命窮神

아침 서울에서 저녁 광주니 하루 길게 차 탓네 朝京暮光日長乘
온 하늘 눈 오려는 듯 강과 산에 안개 걸치었네 滿天雪意霧江山
나는 삶, 드는 죽음 사이 하느님 생각하라 일러 出生入死命窮神
맘 비워 하느님 모시니 추위 더위도 시쁘기만 極一無心易署寒

이어진 산 이리저리 뻗었고 강경엔 눈 하얀데 連山紛紜江景白
구도자의 속탐인 양 기차는 연기 뿜으며 바삐 달려 小乘煩惱火輪急
김제 만경 들 누렇게 익은 벼로 풍년 들기 바라고 金堤萬頃願黃登
이대로 봄이면 눈 녹은 물이 사방 논에 못을 이루리 從此春水滿四澤

차 안에서 하루 동안 일이 꿈에 듣고 본 것인가 車中一日夢聞見
세상에서 일생 동안 무엇을 보고 듣는다던가 世間一生何視聽
잡다한 것 듣고 봐도 맘은 고요하기만 聞見雜駁心閑散
깊은 속 헤아리니 밝은 참(하느님)을 생각 視聽深奧思明誠

(1959. 1. 15)

窮神(궁신): 하느님을 생각하다. 窮: 궁구할 궁. 易: 홀하게 여길 이. 紛: 많을 분. 紜: 어지러울 운. 紛紜(분운): 부산함. 小乘(소승): 개인의 수도를 위주로 하는 불교의 종파. 黃登(황등): 누렇게 익다. 登: 익을 등. 四: 사방 사. 雜駁(잡박): 잡다한. 雜: 섞일 잡. 駁: 섞일 박. 閑散(한산): 조용하고 한가한. 奧: 속 오. 明誠(명성): 밝은 참 하느님의 얼.

궁신(窮神)은 『주역』(周易)에 나오는 말이다. 류영모는 『주역』을 옛날 중국 사람들의 물리학이라고 하였다. 정확하게 말하면 인문 물리학이다. 오늘에 카프라나 장회익(張會翼, 서울대 자연대 물리학과 교수)이 인문 물리학을 시도한 것이라 할 수 있다. 류영모는 『주역』을 읽었으나 인문 물리학으로만 읽었지, 점복(占卜)의 책으로는 보지 않았다. 류영모는 『주역』에 대해서 말하기를 "『주역』은 중국에서 오래된 경전 가운데 하나다. 이상하게도 우리나라에서 사람들이 이 『주역』을 배워오고 있다. 이것을 가지고 자기가 무엇을 안다는 것을 표시하려고 하는 이들이 많다. 그리하여 『주역』을 미신으로 만들어버렸다. 이것은 옳지 못한 일이다. 늙은이가 『주역』을 이죽거리면 요새 사람들은 괘사를 한다고들 한다. 이리저리 돌려대기를 잘해서 그렇게 말하는지 모르겠다. 『주역』은 계사를 읽어야 한다"라고 하였다. 류영모가 『주역』에 나오는 숙어 가운데 특별히 자주 쓴 것이 있다. 수사입기성(修辭立其誠), 진덕수업(進德修業), 지종종지(知終終之) 등인데 그 가운데 하나가 궁신지화(窮神知化)이다. 궁신지화는 하느님을 생각함으로 하느님의 성령을 받아 마음이 거룩하게 되어 수성(獸性)이 깨끗이 죽어버리는 것이다. 곧 기도 참선인 것이다. "하느님을 그리워하여 생각이 참되어진 큰 얼나다"(窮神知化 德之盛也 —『주역』 계사 하).

류영모는 이렇게 말하였다. "우리의 마음은 항상 궁신(窮神)하는 자리에 있어야 한다. 하느님을 알려는 것이 궁신이다. 우리는 거짓인 제나(自我)로는 죽고 하느님인 얼나로 솟나자는 것이다. 사람이 하느님을 찾아가는 궁신은 식물(植物)의 향일성(向日性)과 같이 가장 깊은 곳에 도사리고 있는 사람의 본성이다"(『다석어록』).

"아침 서울에서 저녁 광주니 하루 길게 차 탓네"(朝京暮光日長乘) "온 하늘 눈 오려는 듯 강과 산에 안개 걸치었네"(滿天雪意霧江山)

아침에 서울을 떠나 저녁에 광주에 닿았다니 하루 종일 걸린 기차 여행이다. 이때가 1959년도이다. 아직 호남선은 단선이었으며 고속도로는 물론 없었다. 다석(多夕)사상에 관심이 깊은 윤우정, 노숙현 부부가 지금 광주(빛고을)에 살고 있는데 서울 여의도에 자리한 라이프 오피스텔 성천아카데미에서 열리는 다석사상 강좌에 그날에 왔다가 그날로 돌아간다. 참으로 금석지감(今昔之感)을 금할 수 없다.

류영모가 빛고을(光州) 방림동에 있던 동광원에 강사로 초빙되어 가는 길이다. 동광원에서는 해마다 정초에는 정기 총회가 열리고 대개 일 주일간 수련 집회를 가졌다. 동광원은 토착 자생 독신 수도집단으로 이현필(李賢弼)이 창설하였다. 이현필을 각별히 아낀 류영모는 이현필의 초청이면 사양하거나 거절하는 일이 없었다. 그때의 기차 여행에는 자리 얻기가 무척 어려웠다. 70 노인이 10시간 가까이 서서 간다는 것은 대단한 고역이 아닐 수 없었다. 그런데도 마다하지 않고 갔다. 무슨 강사료가 있는 것도 아니었다. 그들의 살림이 워낙 어려운지라 여비를 댈 형편도 못 되었다. 지금은 광주 방림동에서 남원(南原)으로 옮겨갔다.

"나는 삶, 드는 죽음 사이 하느님 생각하라 일러"(出生入死命窮神)
"맘 비워 하느님 모시니 추위 더위도 시쁘기만"(極一無心易署寒)

"나오니 삶이요, 드니 죽음이라"(出生入死)는 말은 『노자』 50장에 나온다. 사람이란 작게 보면 어머니의 배 속에서 나와 무덤 속으로 들어간다. 그러나 크게 보면 없(無)에서 나와 없(無)으로 돌아가는 것이다. 하루 동안의 나들이나 일생 동안의 나들이나 나들이라는 점은 같다. 류영모는 숨 한 번 내쉬고 들이쉬는 것도 나고 드는 생사(生死)와 같다고 하였다. "사람은 일생 동안 9억 번을 호흡한다. 숨을 들이쉬는 것이 사는 것이요, 숨을 내쉬는 것이 죽는 것이다. 그러니 한 번 들이마시고 한 번 내쉬는 것이 한 번 낫다가 한 번 죽는 것이나 다를 것이 없다. 결국 9억 번을 숨 쉰다 해도 들이쉬었다 내쉬는 것이지 그밖에 아무것도 아니다. 숨을 한 번 들이쉬고 한 번 내쉬는 것이 곧 생명의 내용이다. 한 번 숨 쉬는데 생(生)의 덧없음과 명(命)의 보통 아님을 볼 수 있다"(『다석어록』).

류영모는 생명의 내용이 숨 쉼인데 궁신(窮神)하는 것은 정신적으로 하느님의 성령을 숨 쉬는 것이라고 하였다. 물고기는 아가미로 물을 숨 쉬고 짐승은 허파로 공기를 숨 쉬는데 하느님 아들은 맘으로 성령을 숨 쉰다. 류영모는 말하기를 "내가 숨을 쉬는 것은 성령이 숨을 쉬는 것이다. 그리하여 참인 하느님을 체득하는 것이다. 이 모든 것은 기도하는 데 있다. 기도는 생각하는 것이다. 성령은 하느님 아들이 되는 권능이 있다. 성령을 숨 쉬고 하느님 아들로 솟나는 것이다. 우리의 숨은 목숨인데 이렇게 할딱할딱 숨을 쉬어야 사는 몸생명은 참생명이 아니다. 하느님의 성령을 숨 쉬는 얼생명이 참 생명이다. 얼생명은 나지 않고 죽지 않는 영원한 생명으로 하느님 아들이다. 숨 안 쉬면 끊기는 이 목숨은 가짜 생명이다. 숨 쉬지 않아도 끊기지 않는 얼숨이 있다"라고 하였다.

극일(極一)이나 태일(太一)이나 참나인 하느님 아버지다. 하느님 아버지를 맘속에 모시면 세상에 아무런 문제가 없어진다. 추위 · 더위 따위가 문제 되지 않는다. 류영모는 이렇게 말하였다. "나는 가끔 문제가 별로 없다고 말하는데 그것은 다만 하나(절대)만을 문제로 삼고 있기 때문이다. 모든 문제는 마침내 하나(절대)에 연결되었을 뿐이다. 문제는 언제나 하나(절대)인데 하나(절대)로 참 산다는 것이다"(『다석어록』).

"이어진 산 이리저리 뻗었고 강경엔 눈 하얀데"(連山紛紜江景白) "구도자의 속탐인 양 기차는 연기 뿜으며 바삐 달려"(小乘煩惱火輪急)

호남선 열차에서 내다본 논산 강경의 겨울 설경이 그려져 있다. 옛 증기기관차의 유연탄 타는 연기를 출가한 신달다의 번뇌에 비겼다. 빛고을에서 류영모를 따른 이로는 김정호, 김준, 김준호, 김천배 등이 있었다. 그 가운데 남다르게 류영모를 스승으로 받든 이가 있었으니 전남 장성(長城)에 사는 심상국(沈相國)이다. 심상국은 많은 재산을 가진 이도, 깊은 학문을 쌓은 이도 아니다. 다만 남다른 택선고집(擇善固執)을 지니고 있었다. 맹자(孟子)가 이르기를 옛 순임금은 "착한 말 한 가지를 듣거나 착한 행동 한 가지를 보면 강물이 터지듯 넘쳐흐름을 막을 수 없었다"(及其聞一善言 見一善行 若決江河 沛然莫之能禦也 —『맹자』「진심 상편」)

라고 하였다. 심상국이 바로 그러한 사람이었다. 심상국은 어려운 가정 환경에서 자라났으나 착한 심성을 밑천으로, 남다른 부지런함을 수단으로 적지 않은 농토를 가진 독 농가를 이루었다. 그런데 40대 초에 위장병으로 병원에 입원하게 되었다. 병상에서 선물받은 성경을 읽고 예수의 가르침을 따르기로 결심하였다. 퇴원하자 그 길로 교회를 찾아가 크리스천이 되었다. 병마가 삶의 전기를 가져다준 은혜였다. 심상국의 진지한 신앙생활은 주위의 사람들을 놀라게 하였다. 심상국이 그때 빛고을에서 한국의 성 프란체스코로 알려진 이현필의 소문을 듣게 되었다. 심상국은 광주 방림동에 있는 동광원으로 이현필을 찾았다. 그리하여 이현필이 스승으로 받드는 류영모를 알게 된 것이다. 이현필이 해마다 정초면 류영모를 모시고서 모임을 열어 수사, 수녀는 물론 외부 사람들까지 모임에 참석하도록 하였다. 심상국도 그것을 본받아 동광원 모임이 끝나는 대로 류영모를 장성군 삼서면 수해리 자기 집으로 모시고 왔다. 그리하여 동네 사람들을 불러 모아 마당 멍석 위에 앉힌 다음 류영모는 집 툇마루에 서서 말씀을 하였다. 이웃 마을 소농리 교회 사람들이 많이 오기도 하였다.

류영모가 직접 소농리 교회에 가서 말씀을 하기도 하였다. 여느 때는 심상국을 비롯하여 몇 사람이 방안에서 류영모의 말씀을 들었다. 심상국의 조카뻘인 심길택(沈吉澤)이 열성을 보였다. 좀처럼 남의 집에 오래 묵지 않는 류영모인데도 심상국의 선의(善意)를 저버릴 수 없어 여러 날 묵기가 예사였다. 어떨 때는 한 달 가까이 묵기도 하였다. 그동안 심상국의 아내 김웅임(金雄任)은 정성을 다하여 류영모를 받들었다. 심상국의 셋째 아들 심복섭(沈福燮)이 아버지 심상국의 유품에서 류영모가 심상국에게 보낸 편지 17통을 찾아 이 사람에게 넘겨주었다. 그 편지들이 류영모와 심상국 두 사람 사이의 정신적인 유대를 잘 증언해 준다.

"김제 만경 들 누렇게 익은 벼로 풍년 들기 바라고"(金堤萬頃願黃登)
"이대로 봄이면 눈 녹은 물이 사방 논에 못을 이루리"(從此春水滿四澤)

국토의 8할이 산지인 우리나라인데 남한에서 산 없는 지평선이 보이는 곳이 김제 만경 평야이다. 시원스럽게 펼쳐진 평야에 올가을에도 대풍이 들기를 류영모는 빌었을 것이다. 그때만 하여도 한국전쟁 뒤라 굶주리는 겨레가 적지 않았다. 만경 평야를 처음 본 것은 1915년 목포에 있는 처가 집에 처음으로 갔을 때였다. 류영모는 1915년 가을에 서울 신랑(류영모) 집에서 혼인 예식을 올린 뒤에 그 길로 목포에 있는 처가로 갔다. 장인이 서울에 오지 않았기 때문에 인사 올리러 간 것이다. 일년 전 1914년에 개통된 호남선 기차를 타고 다녀왔다. 그때가 가을이었다. 류영모는 차창 밖으로 황금물결이 일렁이는 만경 평야를 처음으로 보았을 것이다. 춘수만사택(春水滿四澤)이란 말은 도연명의 시 사시(四時)에 나오는 시구이기도 하다.

"차 안에서 하루 동안 일이 꿈에 듣고 본 것인가"(車中一日夢聞見)
"세상에서 일생 동안 무엇을 보고 듣는다던가"(世間一生何視聽)

'인생살이란 무엇인가?'라고 묻는다면 멀쩡하게 눈 뜨고 꿈꾸는 것이라 할 수 있다. 1959년부터 1981년까지 이 사람의 스승 류영모와의 만남이 지금은 기억이라는 영상 필름 속에 남아 있을 뿐이다. 살아서 잣나무 널판 위에 오뚝이처럼 무릎 꿇고 앉아 있던 모습, 죽어서 잣나무 널판 위에 주검으로 누워 있던 모습이 떠오른다.

"잡다한 것 듣고 봐도 맘은 고요하기만"(聞見雜駁心閑散)
"깊은 속 헤아리니 밝은 참(하느님)을 생각"(視聽深奧思明誠)

이 세상이 아무리 소란스럽고 고통스럽고 번뇌스러워도 깊이 생각하여 빛나고 참되고 고요한 하느님께로 돌아가자는 말이다. 1960년도에 한국전쟁 때 폐허가 된 서울 종로 YMCA 건물 재건이 시작되었다. 가건물 판잣집이 헐리고 나니 YMCA 연경반 모임을 할 장소가 없어 이곳저곳으로 옮겨 다니며 하게 되었다. 한번은 종로 제일은행(구건물) 2층 사무실을 빌렸다. 냉방시설이 없던 때라 여름에는 창문을 열어놓을 수밖에 없었다. 도로 위로 달리는 자동차 소리에 류영모의 강의 소리가 제대로 안 들릴 정도였다. 류영모는 말하기를 조용한 곳에서처럼 시끄러운 곳에서도 정신통일을 할 줄 알아야 된다면서 열심히 강의를 하였다. 이 시는 류영모가 호남지방과 깊은 인연이 있었음을 보여주는 시라 한 수 골랐다. 이 밖에도 호남지방에 대한 시가 여러 수 있다.

20. 그리스도란 이름
基督名義

그리스도란 뜻 바로 풀기 어려워 基督意義正解難
비슷한 정의는 어디서나 만나지만 定義如之何處到
기름 부은 제나는 믿고 따를 푯대요 傳油小我信順標
얼을 부어주심이 큰 나로 자라날 길 注靈大我成長道

(1958. 12. 21)

名義(명의): 이름. 解: 풀 해. 定義(정의): 규정된 뜻. 傳油(부유): 기름 붓다. 傳: 베풀 부. 注靈(주령): 얼을 붓다.

"그리스도란 뜻 바로 풀기 어려워"(基督意義正解難)
"비슷한 정의는 어디서나 만나지만"(定義如之何處到)

그리스도(Christ)를 사음하여 기독(基督)인데 의역(意譯)은 아예 없다. 구세주를 그리스도의 의역이라고는 보기 어렵다. 그만큼 그리스도의 뜻은 간단치 않다. 폴 틸리히가 그리스도론이란 책을 한 권 썼지만 읽어보아도 시원스럽지 않다. 그리스도의 정의에 따라서 그 사람의 신앙의 내용이 다 드러나게 되어 있다. 뒷사람들에 의해 그리스도 예수라 불리는 예수 자신은 그리스도라는 말을 몰랐을 것이다. 예수가 그리스어를 안다고 짐작하는 성서학자는 거의 없기 때문이다. 요한복음에는 메시아라는 히브리어를 쓰고서 번역하면 그리스도라고 밝혔다. 깊이 헤아려보면 예수는 그리스도라는 호칭에 아무런 관심이 없었다. 예수는 하느님 아버지의 뜻을 따르는 데만 마음을 썼다. 예수는 거듭난 얼나로 하느님의 아들이면 그만이었다. 하느님 아들 이상의 영광은 없기 때문이다. 그런데 예수의 생애를 기록하는 복음 기자들은 예수의 생애와 이스라엘의 메시아와 고리를 잇고자 애쓴 흔적을 쉽게 찾을 수 있다. 예수는 복음 기자에 의해 그리스도에 추대되었다고 하여도 지나친 말이 아닐 것이다.

복음 기자들이 무리수를 쓰면서까지 예수를 그리스도로 받들고자 한 것은 무엇 때문이었을까. 이스라엘 민족과 그리스도(메시아)는 떼어서 생각할 수가 없다. 복음 기자 자신들도 이스라엘 민족으로서 메시아 사상에 깊이 물들어 있었기도 하거니와 예수가 이스라엘 민족에게 인정받는 길은 예수가 메시아임을 밝히는 데 있다고 믿은 것 같다. 그리하여 복음 기자들은 필요 이상으로 예수를 구약성경과 연계시키고자 하였고 메시아사상과 밀접한 종말적인 얘기를 많이 썼다. 그리하여 예수의 기본 사상조차 이해하는 데 많은 혼란을 주고 있다. 복음서를 읽으면 예수의 랍비적인 진리의 말씀과 예언자적인 종말의 교리가 모세 앞에 홍해가 갈라지듯이 갈라지는 것을 본다. 우리는 예수의 가르침에 어긋나게 되는 성경 구절의 근거가 거의 종말 사상에 있다는 것을 명심해야 한다.

이스라엘 민족에게 메시아사상이 민족 신앙으로 자리 잡게 된 것은 이스라엘 민족의 선민사상 때문이다. 이스라엘 민족만이 여호와(야훼) 하느님에게 선택받은 민족이라는 민족 우월 의식이 선민사상의 핵심이다. 사람이 태어나자면 남자의 생식기에서 나온 정액 가운데 있는 2억 마리가량의 정자가 결사적인 경주를 벌인다. 그리하여 2억 마리 정자 가운데 단 한 마리의 정자만이 난자에 골인하여 아기로 자라게 된다. 사람으로 태어난 사람은 잘났든 못났든 2억 대 1의 경쟁에 이긴 선택된 생명인 것이다. 그런데 이스라엘 민족만이 특별히 선택받았다는 것은 이기적인 망상이요 편집광적인 착각이다.

토인비는 말하기를 "나는 유대 교도가 하느님의 선택된 민족이라는 것을 믿지 않는다. 자기 종족이 하느님의 선택된 민족이라고 믿는 것은 민족주의의 착오다. 그것은 지적인 오류인 동시에 윤리적인 오류이다"(토인비, 『회고록』)라고 하였다. 이러한 오류에서 나온 메시아사상이므로 많은 잘못이 있는 것은 당연한 것이다.

이스라엘 민족이 하느님으로부터 사랑을 받는다는 생각까지는 잘못이 없다. 오히려 그러한 사실을 모르는 사람들보다는 더 나은 생각에 틀림이 없다. 그 생각이 모든 인류에게 귀감이 되기에 충분하다. 그러나 이스라엘 민족만을 하느님께서 특별히 더 사랑한다는 생각은 버려야 할 어린아이 같은 유치한 생각임에 틀림없다. 거기에서 종말관에 기초한 메시아의 천년왕국 사상이 움트게 되었다. 하느님의 특별한 사랑을 받는다고 생각하는데 언제나 주변의 이민족들에게 침략의 치욕을 당하니 마음에 갈등을 일으키지 않을 수 없었다. 메시아사상의 진원이요 선전을 맡은 예언자들은 이스라엘 민족이 하느님에게 잘못하여 응징을 받는 것이라 하였다. 그리하여 세계 어느 민족보다 과민한 죄의식이 발달하기에 이르렀다. 그러나 하느님 여호와로부터 잘못에 대한 응징만 받아서는 여호와의 선택된 민족이라는 자긍심이 유지될 수 없었다. 그리하여 예언자들의 머리에 떠오른 것이 종말관 신앙이다. 이제 인류의 종말이 오는데 그때 다른 민족들은 다 멸망하고 이스라엘 민족만은 하느님 여호와의 친정(親政) 아래 영광과 행복을 누리는 천년왕국이 도래한다는 것이다. 그 일을 하는 데는 하느님의 아들인 메시아(그리스도)가 오게 되어 있다는 것이다. 이스라엘 민족이 선민임을 내세우는 데는 멋진 시나리오에 틀림이 없으나 그것이 다만 민족 이기주의에서 지어낸 허황한 망상인 것이 문제인 것이다.

그러므로 복음 기자들이 아무리 예수를 메시아(그리스도)로 내세웠어도 종말도 오지 않았고 천년왕국도 오지 않았으니 이스라엘 민족은 예수를 메시아로 받아들일 수 없었던 것이다. 칠 년이란 대 한발에 단비 오기만 기다리는 농민들처럼 갈급한 마음으로 메시아(그리스도)를 기다리던 이스라엘 민족인지라 조금만 이색적인 인물이 나타나기만 하면 혹시나 메시아가 아닐까 하고 우르르 모여들었다. 또 아니다 싶으면 우르르 떠나갔다. 예수도 예외가 아니었다. 많은 사람이 예수에게 밀물처럼 몰려왔다가는 썰물처럼 빠져나가기를 되풀이하였다.

그때의 인구 분포로 3천 명, 5천 명이 모였다면 대단한 군중인 것이다. 일본의 가가와(賀川豊彦)는 그의 주석서에서 말하기를 예수 때는 혁명적 분위기라고 말하였다. 로마의 식민지가 되어 있는데 혁명적 분위기이기만 했겠는가.

예수는 안타까운 마음에서 그래도 자기를 떠나지 않는 몇 사람의 제자들이 고맙고 귀하였다. 그래서 사람들은 나를 어떤 사람으로 보더냐? 하고 물었다. 제자가 대답하기를 "어떤 사람은 세례자 요한이라 하고, 어떤 사람들은 엘리야라 하고 또 예레미아나 예언자 가운데 한 분이라고 하는 사람도 있습니다"(마태오 16:14)라고 하였다. 예수는 제자들의 생각이 궁금하였다. 그래서 너희들은 나를 누구라고 생각하느냐 하고 물었다. 시몬 베드로가 "선생님은 살아 계시는 하느님의 아들인 그리스도입니다"(마태오 16:16)라고 대답하였다. 예수는 기뻐하며 "시몬 바르요나, 너에게 그것을 알려준 분은 사람이 아니라 하늘에 계시는 아버지이시니 너는 복이 있다"(마태오 16:17)라고 하였다. 하느님은 우리에게 하느님 자신의 영원한 생명인 성령을 주어 우리가 짐승인 제나(自我)에서 하느님 아들인 얼나(靈我)로 새로 나기를 바란다는 것이 예수의 가르침이다. 예수 자신이 얼나로 거듭나지 않았다면 그 이치를 알지 못하였을 것이다. 그 자신이 먼저 제나에서 얼나로 부활하였기에 자신 있게 가르칠 수 있었을 것이다. 그 이상의 하느님 아버지의 사랑이 없다. 이스라엘 민족의 민족적 이기주의에서 나온 종말관적인 천년왕국 사상은 하나의 몽상과 같은 유토피아 사상으로 그 실현성이 전혀 없다. 하느님으로부터 영원한 생명을 받는데 그런 유토피아가 이스라엘 민족에겐들 무슨 쓸데가 있겠는가.

"기름 부은 제나는 믿고 따를 푯대요"(傳油小我信順標)
"얼을 부어주심이 큰 나로 자라날 길"(注靈大我成長道)

그리스도(메시아)란 말의 뜻은 '기름 붓다'(傳油)라는 뜻이다. 옛날에 임금의 제도가 생기기 전에는 이스라엘에서는 선지자들이 민족을 이끌어 갔다. 그때 선지자들은 늙어지면 후계자를 세우는 의식으로 그 머리에 기름을 부었다. '기름 붓다'가 그리스도(메시아)의 본뜻이다. 뒤에 임금제도가 들어서서는 임금이 왕위에 오르는 의식으로 선지자들이 그의 머리에 기름을 부었다. 그 사람들은 얼나로 거듭난 사람들이 아니기 때문에 제나(小我)라 한 것이다. 그들은 일반 백성들이 믿고 따르라는 표시로 머리 위에 기름을 부은 것이다. 사무엘이 사울과 다윗의 머리 위에 기름 부은 일이 이스라엘 역사를 바꾸는 계기가 되었던 것으로 유명하다.

류영모의 그리스도관은 한마디로 하느님이 보내주시는 성령으로 깨달은 얼나를 말한다. 그러므로 얼나는 하느님의 생명이므로 하느님과 하나다. 그러나 몸을 쓰고 있는 동안은 하느님의 아들이라고 할 수밖에 없다. 류영모는 이르기를 "이 껍데기 몸은 어머니의 모태(母胎)에서 나왔다. 이 몸은 땅에서 나와 땅으로 돌아간다. 위에서 온 얼은 위로 간다. 하느님이 영원하면 우리의 얼도 영원하다는 생각을 가져야 한다. 하느님이 보내시는 성령이 우리의 얼나이다. 예수를 따르고 예수를 바라보는 것은 예수의 몸을 보고 따르자는 것이 아니다. 예수는 내 맘속에 있는 얼나가 참 생명임을 가르쳐 주었다. 그러므로 먼저 내 맘속에 하느님의 성령을 맞아들여야 한다. 그리고 하느님의 성령으로 거듭난 얼나의 뜻에 따라야 한다. 그 얼나가 참 예수의 생명이고 참나의 생명이다.

몸으로는 예수의 몸도 내 몸과 같이 죽을 껍데기지 별수 없다"라고 하였다.

류영모는 하느님 아들의 정체(正體)는 마리아가 낳은 몸이 아니고 예수가 세례 요한에게 세례를 받기 전후에 하느님의 성령을 받아 깨달은 얼나임을 밝힌 것이다. 예수의 가르침을 따르겠다는 사람들이 많았으나 이것을 바로 알지 못하였다. 류영모의 생각을 받아들이면 "너희는 아래에서 왔지만 나는 위에서 왔다. 너희는 이 세상에 속해 있지만 나는 이 세상에 속해 있지 않다"(요한 8:23)라는 말을 쉽게 알아들을 수가 있다. 너희란 제나(自我)를 말하는 것이며 나란 얼나(靈我)를 말한 것이다. 예수도 그의 몸으로는 아래서 나온 것이고 얼만 하느님으로부터 온 것이다. 우리도 얼나로 거듭나기만 하면 얼나로는 위에서 온 것이 된다. 예수가 "나는 아브라함이 태어나기 전부터 있었다"(요한 8:58)고 한 것도 얼나를 두고 한 말이지 몸나를 두고 한 말이 아니다. 예수는 그때 50살도 안 된 나이인데 1천7백 년 앞의 사람인 아브라함보다 먼저 있을 수 있겠는가. 그러나 얼나는 시간·공간을 초월하기 때문에 예수의 말은 털끝만큼도 거짓이 없다. 예수가 아브라함보다 먼저 있었다는 말을 더 잘 알아듣게 류영모는 이렇게 말하였다. "하느님이 주시는 영원한 생명에는 너와 나라는 개인이 없기 때문에 이름이 소용없다"라고 하였다.

그리하여 류영모는 예수의 얼나를 그리스도라 이름하는 것으로 결론을 내린 것이다. 류영모는 이르기를 "예수나 미륵불을 기다리지 말라. 그것은 헛일이다. 그리스도는 영원히 오시는 분이다. 우리는 그리스도를 만나보았다. 보내신 그리스도란 영원한 얼생명이다. 우리 몸에 산소가 공급되듯이 얼이 공급되는 것이 그리스도다. 그리스도는 하느님으로부터 줄곧 오는 영원한 생명이다"라고 하였다.

21. 하늘나라로 솟남
峻極于天

이미 만들어 놓은 옷이 만족스럽지 않듯　　不滿旣成服
이미 이뤄진 사람이 어찌 흡족하겠는가　　何足旣成人
제나 이겨 얼나 돌이켜 삼가 뉘우침 없고　　克復無祗悔
위로 참(하느님)에 다다라 어짐을 이루리　　上達誠爲仁

(1958. 11. 6)

峻極(준극): 대단히 높고 큰. 峻: 높고 클 준. 極: 까짓 극. 祗: 삼갈 지. 爲: 이를 위.

"크도다, 거룩한 사람이 가는 길이여! 가득히 모든 만물을 일깨우고 키워서 하늘 끝까지 높게 하였도다"(大哉 聖人之道 洋洋發育萬物 峻極于天 ―『중용』 27장). 여기에서 하늘나라로 솟남(峻極于天)이 나온다. 예수·석가와 같은 성인들이 한 일이란 사람들로 하여금 정신을 일깨우고 키워서 하느님에게까지 이르게 한 것이다. 사람이라면 가장 먼저 해야 할 일이 또 가장 마지막에 해야 할 일이 하느님께로 나아가는 것이다. 류영모는 이르기를 "하느님을 찾으라고 우리를 내놓으셨다. 사람의 목숨을 한 해 동안 주는 것도, 한 달을 주는 것도, 하루를 주는 것도, 한 시간을 주는 것도 그동안에 하느님 당신을 찾으라고 주신 거다. 하느님이 나의 나인 '참나'라 찾지 않을 수 없다. 우리를 살려주는 동안에 하느님 아버지께 다다라야 한다. 사람은 하느님을 가질 때 참나를 가지게 된다. 하느님이 참나이기 때문이다. 그런데 사람들이 하느님을 가지기 싫어한다. 하느님을 버리는 것은 나를 버리는 것이다. 하느님을 잊는 것은 나를 잊어버리는 것이다"라고 하였다.

개체(個體)는 전체(全體)의 부분이다. 그러므로 개체는 전체를 가질 때만 개체로서 생명을 가지게 된다. 전체를 떠난 개체는 거짓이요 죽은 것에 지나지 않는다. 우리가 하느님을 생각할 때 마음이 평안하고 기쁜 것은 이 때문이다. 그런데 사람들은 하느님을 생각하려고도 하지 않으니 알 수 없는 일이다. 마하트마 간디는 말하기를 "하느님 대한 신앙을 가지는 것은 세상에서 가장 쉬운 일이 되어야 할 터인데 오히려 가장 어려운 일처럼 보인다"(To have faith in God should be the easiest thing in the world. Yet it appears to be the most difficult. ―간디, 『날마다의 명상』)라고 하였다.

비롯도 없고 마침도 없는 절대존재에서 비롯도 있고 마침도 있는 상대 존재로 떨어진 우리는 다시 비롯도 없고 마침도 없는 절대존재로 솟아오르는 것이 우리의 할 일이다. 그것을 류영모는 준극우천(峻極于天)이라고 나타낸 것이다. 우리는 준극우천하는 길을 찾아야 한다.

"이미 만들어 놓은 옷이 만족스럽지 않듯"(不滿旣成服)
"이미 이뤄진 사람이 어찌 흡족하겠는가"(何足旣成人)

사람들은 돈을 들여서라도 맞춤옷을 지어 입으려고 한다. 그래야 몸에 맞고 맘에 들기 때문이다. 이미 만들어 놓은 기성복은 내 몸에 맞기도 어렵고 내 맘에 들기도 어렵다. 그런데 옷에는 맞춤옷이라도 있을 수 있지만, 사람에는 맞춤이라고는 한 사람도 없다. 모든 사람이 기성(旣成)이다. 내 몸뚱이라면서 다니지만 내 몸뚱이가 내 뜻대로 이루어진 것은 한 곳도 없다. 내 몸을 이룬 기본 프로그램인 인간 게놈(Genome)은 부모로부터 물려받은 각각 쌍으로 된 23개 곧 46개의 염색체로 구성되어 있다. 인간 게놈의 염색체 속에는 약 30억 개의 DNA 염기쌍이 자리 잡고 있으며 이들이 어떻게 조합되느냐에 따라 그 사람의 피부색, 생김새 등의 유전형질이 결정된다. 내 몸을 나라면서 살지만, 나의 뜻과는 전혀 관계없이 이루어졌다. 밉게 생겨도 내 탓이 아니고 곱게 생겨도 내 공이 아니다. 내 몸이라는 기성복 한 벌을 공짜로 얻어 입은 것이다. 류영모는 말하기를 "사람의 몸뚱이라는 것 또한 벗어버릴 허물이요 옷이지 별것이 아니다. 몸에 옷을 더 입지만 몸이 옷이라는 것을 나타내는 것밖에 아무것도 아니다. 옷은 마침내 벗을 것이다. 속옷 겉옷 아무리 겹겹이 입었더라도 벗어버릴 것밖에는 아무것도 아니다. 결국 사람의 임자인 얼(靈)이 참나다. 사람에게 영원불멸하는 것은 얼나뿐이다. 옷은 아무리 화려하고 찬란한 옷이라도 그것이 비록 살(肉)옷이요 몸(體)옷이라도 70살, 80살이 되면 마침내 벗어버리고 만다. 그리고 드러나는 것은 얼뿐이다"라고 하였다.

이 세상에서는 내 것이 아닌 것을 내가 차지하면 횡령죄가 되거나 절도죄가 된다. 그런데 알고 보면 내 몸은 전혀 내 것이라고 할 수 없는데 나라면서 소유권을 주장하거나 주체성을 주장한다. 이것은 어김없이 횡령이 아니면 절도가 틀림없다. 많은 사람은 그런 줄도 모른다. 참으로 정직한 사람의 고백을 들어보자.

류영모는 이렇게 말하였다. "사람에게 제일 귀중한 것이 생명인데 이 생명이 사실은 내 것이 아니다. 내 것이 아니기 때문에 사람은 임종에 다다라 일 초도 더 늘릴 수 없다. 진리도 시간도 공간도 내 것이 아니다. 그것은 내 맘대로 할 수 없기 때문이다. 내 맘대로 할 수 없는 것을 내 것이라고 생각하는 것은 망상이다. 이것은 몽땅 하느님의 것이다. 하느님의 것을 내 것이라고 생각하면 그런 망상이 없다. 내 몸도, 내 가족도, 자연도, 우주도 다 내 것이 아니다. 일체를 내 것이 아니라고 부정해야 한다. 이것을 모르면 어리석고 어리석은 것이다. 돈이니 감투니 하는 것도 그것을 몰라서 하는 어릿광대다. 그러니까 내 것인 양 타고 앉아 있으려고 하지 말고 임자이신 하느님께 돌리는 것이 마땅한 도리다. 일단 돌리고 나서 다시 받아쓰는 거다. 그러면 몸도 맘도 가볍다. 내 것이 없으니 가볍지 않을 수 없다. 내 것이 없으면 무중력 상태에 머무는 것과 같다"라고 하였다.

"제나 이겨 얼나 돌이켜 삼가 뉘우침 없고"(克復無祇悔)
"위로 참(하느님)에 다다라 어짐을 이루리"(上達誠爲仁)

극복(克復)은 『논어』「안연편」에 나오는 공자의 말 극기복례(克己復

禮)의 줄임이다. 좀 더 온전한 뜻이 되려면 극기복령(克己復靈)일 것이다. 몸나를 이겨서 얼나를 일으키는 일이다. 석가의 고집멸도(苦集滅道), 예수의 각령사신(覺靈捨身-요한 6:63)도 모두가 극기복령하라는 뜻이다. 한 하느님의 우주에서 다른 진리가 있을 까닭이 없다. 구경각(究竟覺)에 이르지 못한 이는 다르겠지만 구경각에 이른 이들은 다르지 않다.

마하트마 간디가 이르기를 "참으로 사람이 있는 수만큼 많은 종교가 있다. 그러나 그 사람이 자신의 종교의 근원에 다다르면 그 사람은 모든 종교는 하나라는 진실을 알게 된다"(간디, 『날마다의 명상』)고 하였다. 마하트마 간디는 어릴 때부터 믿었던 힌두교를 버린다는 말은 안 했지만, 그는 이미 힌두교를 넘어선 구경각의 사람이었다. 그러니 다른 어떤 종교로 개종할 필요도 없었다. 기독교를 믿다가 불교로 개종하는 사람도 있고 불교를 믿다가 기독교로 개종하는 사람도 있다. 그것은 그가 예수나 석가를 바로 알지 못했다는 것을 드러내는 것밖에 안 된다. 구경에 이르렀다면 석가와 예수의 가르침이 하나인 것을 알았을 것이기 때문이다. 내 하느님은 내 맘속에 있다. 그러므로 모든 사람은 각자 제 맘속에서 하느님을 찾아야 한다. 이 종교 저 종교로 옮겨 다닐 필요가 없다. 여러 경전을 혼자서 읽으면 된다. 읽어도 알 수 없는 것은 공안(公案)으로 걸어놓고 오랫동안 생각하면 저절로 풀릴 때가 있다. 류영모는 이것을 '물음, 불림, 풀음'이라고 하였다. 모르는 문제를 맘의 입에 물고서 불리면 풀어진다는 말이다. 류영모도 예수·석가처럼 스승님이 없었다. 구경각은 스승이 있다 해도 가르쳐 줄 수는 없다. 구경각의 스승님은 하느님뿐이시다. 예수·석가의 스승님이 하느님이었듯이 류영모의 스승도 하느님이었다. 마하트마 간디는 말하기를 "스승님은 완전해야 한다. 하느님만이 완전한 스승님이다"(A Guru(preceptor) should be perfect. Cod alone is that. — 간디, 『날마다의 명상』)라고 하였다.

무지회(無祗悔)는 삼가하여 뉘우침이 없다는 뜻이다. 짐승인 제나(自己)를 이겨 수성(獸性)인 탐 · 진 · 치(貪瞋痴)를 다스리는 데 뉘우칠 일을 저지를 까닭이 없다. 톨스토이가 참회를 한 것도, 루소가 참회를 한 것도 하느님 아들인 참나를 깨닫기 전에 짐승 노릇을 한 것을 뉘우친 것이다.

상달(上達)은 『논어』에 나오는 공자의 말을 따온 것이다. 공자가 말하기를 "하느님을 원망치 않고 사람 탓을 않으며 아래(세상) 것을 배워서 위에(하느님) 다다른 나를 알아주기는 하느님뿐이시다"(不怨天 不尤人 下學而上達 知我子 其天乎 — 『논어』「헌문편」)라고 하였다. 이 세상의 것을 배우는 데 이 세상의 것만 알고 끝내서는 이 세상 것을 바르게 배운 것이 못 된다. 형이하(形而下)의 세상을 배워서 형이상(形而上)의 하느님을 알아야 한다. 아무리 세상의 것을 아는 것이 많아도 하느님을 모르면 그는 헛배운 것에 지나지 않는다. 세상의 것을 잘 몰라도 하느님을 알면 그는 다 아는 것이 된다.

류영모는 이르기를 "절대(絶對)에 서야 상대(相對)가 끊어진다. 상대(세상)에 빠져 헤매지 말고 절대에 깨나야 한다. 자기가 무지(無知)임을 알아야 한다. 아무리 상대지(相對知)가 많아도 절대지(絶對知)에 비하면 없는 것이나 마찬가지다. 그러므로 진리되시는 하느님을 깨닫는 것이 가장 급선무다"라고 하였다. 상달(上達)은 상대에서 절대에 이르렀다는 뜻이다. 절대에 이르렀다는 것은 제나(自我)를 버리고 얼나(靈我)를 깨달았다는 말이다. 얼나를 깨달으면 제나의 수성(獸性)이 저절로 죽는다. 수성(獸性)이 없어져 탐 · 진 · 치가 일어나지 않는 맘을 성(誠)이라 한다.

『중용』(中庸)에 이르기를 "참에 이르면 하느님과 같다"(至誠如神 ―『중용』 29장). 또한 "참된 이란 스스로 이룬 이다"(誠者自成也 ―『중용』 24장)라고 하였다. 하느님처럼 자율적인 인격이 되었다는 뜻이다. 자율적인 인격이 되면 어짐(仁)을 이를 수 있다.

공자(孔子)의 인(仁)은 사뭇 복합적인 뜻을 가지고 있다. 석가의 육바라밀을 한 글자로 나타낸 것이라 할 수 있다. 공자는 이렇게 말하였다. "어짐이란 먼 곳에 있는가? 나 어짐을 하고자 하면 이 어짐에 이를 것이다"(仁遠乎哉 我欲仁 斯仁至矣 ―『논어』「술이편」). 어질 인(仁)은 사람이 둘이라는 회의 문자다. 사람이 참나(얼나)를 깨닫지 못하면 제나(自我) 한 사람이다. 그러나 얼나(靈我)를 깨달은 사람은 두 사람이다. 그래서 얼나로 거듭난 사람은 겹 사람인 인(仁)이다. 인인(仁人)은 제나에서 자유하는 얼나로 하느님과 하나이다.

류영모는 이렇게 말하였다. "절대자가 따로 있는 것이 아니고 님 되는 참나가 있어서 그 하나(절대)를 찾는 것이다. 님 되는 참나는 이해(利害)에 밝고, 기분을 따지고, 오만한가 하면 좌절하고 짜증과 성질을 잘 내는 이 제나(自我)와는 다르다. 님 되는 참나가 하느님이다. 그 님 되는 참나가 우리 속에 있다. 각자의 내 속에 있다. 이 님의 참나를 예수도 찾았고 석가도 찾았다. 우리가 예수 · 석가를 배우고자 하는 것은 예수 · 석가처럼 님인 참나를 주일무적(主一無適)하자는 것이다. 지금 당장은 안 될지 모르나 마침내 그 자리에 갈 것이다. 무적(無適)이란 다른 곳에 갈 데가 없다는 뜻이다. 하느님 아버지만 받들자는 것이 주일(主一)하자는 것이다"(『다석어록』).

22. 죽는 삶
死生

이미 난 나는 삶을 좋게 하는 속알을 품었고　　已生吾懷好生德
앞날의 나를 생각하여도 잡혀 오지 않는다　　未來我念不來得
나고 나는 것은 쉽게도 죽고 죽어버리고　　生生之易死死變
살고 사는 것의 변괴는 죽이기를 즐기는 것　　生生之變樂殺戮

(1958. 12. 31)

德(덕): 속알, 얼나. 易: 쉬울 이. 得: 잡을 득. 變: 변할 변, 재앙 변. 生: 날 생, 살 생.

나는 것은 모두 죽는다. 모든 있음은 없는 데서 나와 없는 데로 돌아간다. 없는 것이 정(正)이고, 있는 것은 반(反)이며, 다시 없어지는 것이 합(合)이다. 무(無)가 원일(元一)이요 전체(全體)다. 유(有)는 무(無) 속에 포함된 말다(末多)요 부분(部分)이다. 말다(末多)는 원일(元一)의 한계를 벗어나지 못한다. 부분은 전체에 지양(止揚)되지 않을 수 없다. 모든 있는 것(有)은 있되 없는 것으로 있다가 없어진다.

그런데 사람들은 있다가 없어지는 것만 알지, 있으되 없는 것이라는 것을 잘 모르고 있다. 있으되 없는 것과 같다는 것은 살았으되 죽은 것이라는 뜻이다. 그것을 슬기로운 사람들은 알았다. 마하트마 간디가 말하기를 "낳는 것과 죽음은 동전의 두 면이 아니겠는가? 한쪽 면에서는 죽음을, 다른 쪽 면에서는 낳는 걸 본다. 왜 이것이 슬픔을 일으키고 또 기쁨을 일으키는가?"(Are not birth and death, perhaps, the two sides of the same coin? You find death on the one side and birth on the other. Why should this give rise to sorrow or ioy?—간디, 『날마다의 명상』)라고 하였다. 태어남과 죽음이 동전의 두 면이라는 것은 어머니가 아기를 낳았을 때 삶만 낳은 것이 아니라 죽음도 함께 낳았다는 말이다. 삶이 있으면 반드시 죽음이 있다. 삶과 죽음이 떨어져 있는 것이 아니라 삶 속에 죽음이 들어 있고 죽음 속에 삶이 들어 있다. '어떻게 살까'는 '어떻게 죽을까'에서 해답이 나오는 것은 그 때문이다. 그래서 슬기로운 사람은 삶의 면보다 죽음의 면을 본다. 하이데거는 삶을 '죽음의 존재'라고 하였고, 키에르케고르는 '죽음에 이르는 병'이라고 하였다. 예수와 석가는 아예 산 사람도 산 사람으로 보지 않고 죽은 사람으로 보았다. 살았다는 것은 죽은 미라(mirra)가 움직이는 것이요, 죽었다는 것은 미라가 안 움직이는 차이일 뿐이다. 예수의 사인관(死人觀), 석가의 백골관(白骨觀)이 그것이다. 죽은 자는 죽은 자로 하여금 장사지내게 하라는 것이 예수의 사인관이요, 사람이란 해골 위에 살가죽을 입힌 것이라는 게 석가의 백골관이다.

류영모는 있는 것이야말로 없는 것이라고 말하였다. "하느님은 없이 계신다. 하느님은 없으면서도 계신다. 사람이란 있으면서 없다. 사람은 있긴 있는데 업신여겨진다. 그래서 우리는 이게 슬퍼서 어떻게 우리도 하느님 아버지처럼 없이 있어 볼까 하는 게 우리의 노력이다."

"이미 난 나는 삶을 좋게 하는 속알을 품었고"(已生吾懷好生德)

내가 나라는 것을 알았을 때는 이미 나는 이 세상의 어떤 운명을 지닌 한 사람으로 정해져 있다. 그렇다고 내가 노력할 여지가 전혀 없다는 것은 아니다. 마하트마 간디는 이르기를 "운명과 노력 사이에는 끊임없는 겨룸이 있다. 우리는 계속 노력하자. 그리고 그 결과는 하느님에게 맡겨두자"(Between Destiny and Human Endeavour there is incessant struggle. Let us continue to endeavour and leave the consequences to God. —간디, 『날마다의 명상』)라고 말하였다. 이것을 하이데거는 세계 내 존재(In-der-Welt-sein)로서 현존재의 피투성(被投性)이라고 하였다. 상대세계인 나고 죽는 골짜기에 던짐을 당한 내가 나를 던진 절대존재인 하느님을 찾아 나를 하늘나라로 던지는 실존(實存)이 되자는 것이다. 절대존재로의 복귀가 상대적 현존재의 사명이요 생명이다.

호생덕(好生德)은 삶을 좋게 하는 속알(얼)이란 뜻이다. 짐승인 제나(自我)인데 하느님이 얼나를 주어서 우리의 삶을 좋게 한다. 상대적 생명인 제나(自我)가 거짓 나인 줄 아는 이는 제나를 미워하고 버린다. 석가는 이르기를 "제나의 모든 것은 덧없다. 이것은 나고 죽는 상대적 생명이기 때문이다. 나고 죽는 제나를 없애버리고 절대존재로 참나인 니르바나로 기뻐하리라"(諸行無常 是生滅法 生滅滅已 寂滅爲樂 —『대승열반경』)라고 하였다.

류영모는 이르기를 "제나(自我)가 죽어야 참나가 산다. 완전히 제나가 없어져야 참나다. 참나와 하느님이 하나다. 참나와 성령이 하나다. 참나로는 내 생명과 하느님의 생명이 하나다. 참나와 하느님은 이어져 있다"라고 하였다. 얼나가 성령이요 참나요 속알이다.

"앞날의 나를 생각하여도 잡혀 오지 않는다"(未來我念不來得)

류영모는 이르기를 "우리는 이 껍질(몸)을 쓰기 전 앞일을 모르고 또 벗어버린 뒤에 어찌 될 줄은 모른다. 이것을 안다면 나도 거만할 수 있을 거다. 그러나 영원한 생명이 있는 것은 틀림없다. 예수 · 석가에게 나타났던 영원한 생명이 나에게도 나타났으니 시간 · 공간을 초월하여 영원한 생명이 존재하는 것만은 틀림없다. 사람은 사는 동안에 지나친 욕심을 가지고 있다. 신선(神仙)이 되어 영생불사하기를 바라는가 하면 예수 믿으면 예수가 내려와서 이 몸이 죽지 않고 살아서 하늘로 구름 타고 올라간다는 것을 바라고 있다. 살 욕심 때문에 이런 것을 믿는다. 예수가 말한 영원한 생명에 대한 정의(定義)는 이렇다. '영원한 생명은 곧 참되시고 오직 한 분이신 하느님 아버지를 알고 또 아버지께서 보내신 예수 그리스도를 아는 것입니다'(요한 17:3). 영생한다는 것은 피 살 뼈가 사는 게 아니고 하느님이 보내신 성령인 얼생명이 사는 것이다"라고 하였다.

세상 사람들은 제나(自我)밖에 모른다. "육적인 것은 아무 쓸모가 없지만 영적인 것은 생명을 준다"(요한 6:63). "육(몸)에서 난 것은 육이지만 영에서 난 것은 영이다. 새로 나야 된다는 내 말을 이상하게 생각하지 말라"(요한 3:6)고 예수가 분명하게 일러주었건만 우이독경이요 마이동

풍이었다. 그리하여 예수가 일러준 영원한 생명인 얼나(πνεύμα)를 깨닫지 못하고 짐승인 제나(自我)가 안 죽으려고만 안간힘을 썼다. 제나가 안 죽고 살아서 이 세상에서의 지긋지긋한 제나의 살림을 하늘나라에서까지 연장시키겠다는 어리석은 생각을 한다. 이 땅에서 비롯된 제나는 이 땅에서 끝이 난다. 맘과 몸의 제나가 영생에 들어가는 일은 없다. 제나가 영생한다는 미신보다 더 큰 미신은 없다. 제나의 영생은 예수·석가의 가르침을 그르치는 잘못된 생각이다. 있음의 제나는 개체로 없음의 얼나인 전체에 의해 존재로 지양(止揚)되어 멸망한다.

"나고 나는 것은 쉽게도 죽고 죽어버리고"(生生之易死死變)

나고 나는데 쉬 죽고 죽는 것을 노자(老子)는 이르기를 "그저 만물이 빽빽이 나오나, 제각기 밑동으로 돌아간다"(夫物芸芸各歸其根 ―『노자』 16장)라고 말하였다. 우리도 그 가운데 하나로 돌아가기를 기다리고 있다. 우리는 왜 이같이 와야만 했고 또 가야 하는지를 알자는 것이다. 가만히 살펴보니 나란 짐승이고 삶이란 짐승 노릇 하는 것이다.

류영모는 이르기를 "이 세상 일반의 최대 흥미와 관심은 짐승 노릇인 식(食)과 색(色)이다. 일체 문화 활동의 노력하는 초점은 이 이대욕구(二大欲求)를 온전히 채우는 데 있는 것 같다. 참으로 이것이 삶의 목적이라면 고개를 들고 하늘을 쳐다볼 필요가 없다. 이것은 도대체 말이 안 된다. 이것이 인생의 목적이라면 다른 짐승들보다도 못하다. 다른 짐승들은 고뇌도 없이 이 두 가지를 자유롭게 충족시킨다. 또 짐승들의 사는 목적도 그것뿐이다"라고 하였다. 사람이 사는 목적은 짐승들처럼 식색(食色)에만 있는 것이 아니다. 짐승인 제나로 죽고 하느님 아들인 얼나로 솟나 하느님 아버지를 사랑하는 데 있다. 그러므로 짐승인 제나로는 몸이 죽기 전에 이미 맘으로 먼저 죽어야 한다. 그러면 얼나로 솟나 기쁨으로 영원한 삶에 들어간다. 장자(莊子)가 이르기를 "저 하느님이 나를 꼴(몸)에 실어주었다. 내 힘써 살라. 내 늙어 평안하라. 내 죽어 쉬라. 내 삶을 잘해 주었으므로 이에 내 죽음도 잘해 줄 것이니라"(夫大塊載我以形 勞我以生 佚我以老 息我以死 故善吾生者 乃所以善吾死也 —『장자』「대종사편」)라고 하였다. 그러므로 죽어야 할 때 내가 왜 죽어야 하느냐 하면서 떼를 써서는 안 된다. 이 생명이라는 것은 내 것이 아닌 것으로 잠시 빌려 쓴 것이라 고맙게 돌려주어야 한다.

류영모는 말하기를 "우리가 밤낮없이 가는 것을 알면 우리는 저녁에 잠자리에 들어가듯이 한 번 픽 웃고는 죽는 자리에 들어서야 한다. 이것이야말로 대장부일 것이다. 하느님에게 무조건 복종하는 것이다. 하느님을 향하여 무엇을 바라며 믿는 것은 섬기는 것이 안 된다. 죽이든 살리든 이것은 하느님의 하시는 일이고 죽이든 살리든 간에 기쁨으로 하느님을 따라가는 것이 우리의 마음가짐이다"라고 하였다.

"살고 사는 것의 변괴는 죽이기를 즐기는 것"(生生之變樂殺戮)

사람이 사는 것도 아무것도 아니고 죽는 것도 아무것도 아니지만, 사람을 함부로 낳아도 안 되고 사람을 함부로 죽여도 안 된다. 목숨을 낳고 죽이는 것은 하느님의 하실 일이지 사람이 할 수 있는 일이 아니다. 사람을 죽이는 것은 모르지만 사람을 낳는 것은 하느님이 사람에게 권한을 맡긴 것으로 생각하기 쉽다. 그러나 그 권한을 하느님에게 돌려드려야 한다. 우리가 행사하기에는 너무나 과분한 권한인 것이다. 그러면 하느님께서 더 기뻐하신다. 예수 · 석가가 그렇게 하였다.

사람 죽이는 일은 하느님이 하실 일인데 사람이 하면 안 된다. 안 되는 까닭을 노자(老子)는 이르기를 "늘 죽음을 다스리는 이(하느님)가 있어서 죽이는데 저 죽음 다스리는 이를 대신해 죽이면 이는 큰 목수를 대신하여 나무를 깎는 것이다. 저 큰 목수를 대신하여 깎는 이는 그 손을 안 다치기가 드물 것이다"(『노자』 74장)라고 말하였다. 공자(孔子)는 이르기를 "뜻있는 선비와 어진 사람은 어진 사랑을 다치면서까지 살고자 않는다. 나를 죽여서라도 어진 사랑을 이룬다"(志士仁人 無求生以害仁 有殺身以成仁 ― 『논어』 「위령공편」)라고 하였다.

류영모는 이렇게 말하였다. "우리는 냉정해야 한다. 불살생(不殺生) 무상해(無傷害)가 원칙이다. 내가 괴로움을 당하지만, 남에게 괴로움을 주지 않겠다는 것이다. 악을 악으로 대하면 자기도 악당이 되고 만다. 악한 사람을 보면 당장에 때려죽일 것처럼 날뛰는 사람이 악을 가장 싫어하는 것 같지만 그런 사람일수록 법을 범하기 쉬운 사람이다"(『다석어록』).

사람은 짐승의 성질인 삼독(三毒)을 타고났다. 이 삼독을 순화시키지 않으면 짐승보다도 더 모진 놈이 된다. 학원 폭력인 따돌림, 사회폭력인 깡패조직, 국가폭력인 전쟁이 끊이지 않는 것은 이 때문이다.

23. 말씀 사림
言辭詞

쭉정이로 태어나 거짓으로 살아왔고 虛誕假生來
속알은 참인데 사라져 없어져 實存眞亡去
가지도 않고 오지도 않는 것은 無去無來子
바르게 말하면 말씀 끊은 데서 正言斷辭處

(1958. 10. 20)

言辭(언사): 말씀. 詞: 고할 사. 虛: 빌 허.

예수는 예배에 대해서 말하기를 "진실하게 예배하는 사람들이 영적으로 참되게 아버지께 예배를 드릴 때가 올 터인데 바로 지금이 그때이다. 아버지께서는 이렇게 예배하는 사람들을 찾고 계신다. 하느님은 영적인 분이시다. 그러므로 예배하는 사람들은 영적으로 참되게 하느님께 예배드려야 한다"(요한 4:23-24)라고 하였다. 예수 때에도 예루살렘 성전에서 제사장에 의해 짐승들이 잡히어 제물이 되고 있었다.

예수는 제물로 바쳐질 짐승들을 파는 장사꾼들을 채찍으로 몰아내기도 하였다. 이것을 예수의 성전확청이라고 한다. 예수는 얼로 예배를 올리라고 하여 자신이 기도하는 말을 가르쳐주기도 하였다. 그것이 '주의 기도'이다.

언사사(言辭詞)는 말씀 사림이다. 사람이 하느님의 말씀을 참 생명으로 안 것은 놀라운 기적이다. 하느님의 말씀이 적힌 경전을 소중하게 생각할 줄 알게 된 것은 놀라운 발전이다. 그런데 오늘날 우리나라 학교에서는 경전을 가르치지 않으니 기가 막힐 일이 아닐 수 없다.

오늘날 학생들이 저지르는 삼독(三毒)이 이만저만이 아니라고 한다. 삼독을 다스리는 유일한 처방은 경전을 읽히는 것이다. 그런데 교육하는 이들이 이를 모르니 답답하고 안타까울 뿐이다.

류영모는 이르기를 "내가 66년 동안 인생에 참여하면서 본 것이 있다면 그것은 말씀을 알아야 한다는 것이다. 이것은 내가 한국전쟁을 겪으면서 거듭 알게 된 중요한 교훈이기도 하다. 사람을 알려면 그 사람의 말을 알아야 한다. 그 사람의 말을 알면 그 사람을 알게 된다.

사람으로서 꼭 들어야 할 말을 들으면 죽어도 좋다(朝聞道夕死可矣—『논어』)는 것이다. 말을 알자는 사람이요 말을 듣고 끝내자는 사람이다. 사람의 총결산은 그 사람이 한 말로써 한다는 것이다. 마지막 날에 너희들이 말한 말이 너희를 판단한다고 하였다. 말이란 우리 입으로 쓰는 여느 말이다. 여느 말이 판단에서는 윈통이 된다. 많은 말을 가지고 우리를 판단하지는 않는다. 우리가 쓰는 한 두 마디의 말이 우리를 훌륭하게 판단한다"라고 하였다.

말이라고 다 말이 아니다. 하느님의 뜻이 담긴 말이 참말이다. 우리는 하느님의 뜻이 담긴 참말을 말씀이라고 한다. 이 말씀을 받아 전하고 이 말씀을 알아듣는 것이다. 그것이 하느님을 예배하는 것이고 사람을 사랑하는 것이다.

류영모는 이렇게 말하였다. "사람이 생각한다는 것은, 하느님의 얼이 있어서 이루어진다. 하느님이 내게 건네주는 것이 거룩한 생각이다. 하느님께서 내게 건네주지 않으면 참된 생각을 얻을 수 없다. 거룩한 생각은 하느님과의 연락에서 얻어진다. 몸의 욕망에 사로잡힌 사람은 못된 생각이 일어날 수밖에 없다"(『다석어록』).

"쭉정이로 태어나 거짓으로 살아왔고"(虛誕假生來)

류영모는 말하기를 "어머니 배 속에서 나온 제나(自我)는 참나가 아닌 거짓 나다. 하느님으로부터 온 얼나(靈我)가 참나다. 몸나는 죽으면 흙 한 줌이요, 재 한 줌이다. 그러나 속 사람인 얼나는 하늘나라다. 그것은 지강지대(至剛至大)하여 아무도 헤아릴 수 없고 누구와도 견줄 수 없다. 그게 참나다"라고 하였다. 어버이가 낳아준 제나는 거짓 나라 허탄(虛誕)이다. 예수가 자신을 배반한 유다에게 이르기를 "그는 차라리 세상에 태어나지 않았더라면 더 좋았을 뻔했다"(마태오 26:24)라고 하였다. 누구나 참나인 얼나를 깨닫지 못하여 하느님을 모른다면 유다와 마찬가지로 '쭉정이로 태어나 거짓 살아온' 삶인 것이다. 제나는 짐승으로 근본이 빈 것이므로, 아무리 다부지게 산다 하여도 모든 것이 헛삶이다. 그러므로 나지 않았으면 좋을 뻔하였다고 말할 수밖에 없다. 아우구스티누스와 톨스토이가 참회록을 쓴 것은 지난날의 허탄가생래(虛誕假生

來)의 삶을 뉘우친 것이다. 허탄가생래의 삶을 살면서 잘 살거니 착각하고 있는 사람들이 문제 중에 문제인 것이다. 석가가 말한 불난 집(火宅)의 비유가 바로 이것을 깨우치고자 한 것이다.

"속알은 참인데 사라져 없어져"(實存眞亡去)

맹자(孟子)는 이르기를 "사람이 새나 짐승과 다른 점은 아주 적다. 여느 사람은 (그것조차) 버리는데, 참사람은 지닌다"(人之所以異禽獸者幾希 庶民 去之 君子存之 —『맹자』「이루 하편」)고 하였다. 실존이란 전체인 하느님의 생명인 얼(靈)을 말한다. 여느 사람들은 얼생명을 버리고 찾지(생각) 않는다. 하이데거는 상대적 존재로 던져진 사람이 다른 개체들인 존재자들과 관계를 맺는 가운데 본래의 자기를 잃어버린 사람을 일상인(日常人, das man)이라고 하였다. 맹자가 말한 서민(庶民)이 바로 일상인이다.

맹자가 이르기를 "귀하고자 하는 것은 사람들의 같은 맘이다. 사람사람이 귀한 것이 제 속에 있거늘 생각하지 않는다. 사람이 주는 귀한 것은 참으로 귀한 것이 아니다"(欲貴者 人之同心也 人人有貴於己者 不思耳 人之所貴者 非良貴也 —『맹자』「고자 상편」)라고 하였다. 귀한 것은 사람이 준 것이 아닌, 하느님이 준 얼이다. 하느님이 준 귀한 것이 내 맘속에 있는데 사람들이 생각해 찾을 줄을 모른다는 것이다. 자기 존재의 근거인 전체를 잃어버린 일상인이 본래의 존재 방식인 전체에로 솟나려는 것이 기투(企投, Entwurf)이다. 맹자는 이것을 생각하는 것이라고 하였다. 기도, 참선이 하이데거의 기투이다. 그리하여 본래적 존재 방식인 전체를 회복한 것을 실존(實存, Existenz)이라고 하였다. 맹자가 말한 군자는 실존이다. 예수 · 석가야말로 전체를 회복한 실존이다.

"가지도 않고 오지도 않는 것은"(無去無來子)

석가가 말하기를 "붓다(Buddha)는 좇아 올 곳도 없고 또한 갈 곳도 없다. 까닭에 이름하여 붓다라 한다"(如來者 無所從來 亦無所去 故名如來 — 『금강경』)라고 하였다. 하느님의 얼은 무소부재(無所不在)한 전체라 오고 갈 데가 없고, 오고 갈 필요가 없다.

전체인 하느님이 무소부재(無所不在)한 것은 당연한 일이다. 만물은 모두가 하느님의 부속물이다. 우리가 이 나라고 하는 것도 내 것이 아니라 하느님의 것이다. 하느님 한 분만이 전체로 존재하는데 하느님의 것이 아닌 것이, 있을 수 없다. 옛사람들이 오줌, 똥에도 도(道)가 들어 있다는 말도 이런 뜻일 것이다.

개체는 시간 · 공간의 제약을 받아 공간적으로, 시간적으로 왔다 갔다 움직인다. 움직이는 것은 상대적 존재로 하느님의 부속물이지 하느님은 아니다. 해와 달도 움직이니 하느님이 될 리가 없다. 두 발 가지고 오가면서 하느님인 척하는 것이나 사람이 손으로 만들어서 갖다 놓고 신으로 모시는 것은 해괴한 일이요 망측한 일이다.

"바르게 말하면 말씀 끊은 데서"(正言斷辭處)

정언단사(正言斷辭)는 『주역』(周易)에서 가져온 말이다. "저 역(易. 바꿤)이란, 가는 것을 밝히고 오는 것을 살펴서 (그 뒤에) 뵈지 않는 것을 드러내고 숨은 것을 밝혀 (그 바뀌지 않는 것을) 열어 뵈고 이름하여 지킨다. (세상의) 사물을 가려서 바른말하고 말씀을 끊고 떠나면 다한 것이다"(夫易 彰往而察來 而微顯闡幽 開而當名 辨物正言 斷辭 則備矣 ―『주역』「계사 하편」).

『역경』(易經)을 읽는 사람은 적지 않은데 바로 읽을 줄을 모르는 것 같다. 하느님인 전체에는 바뀌는 것(易)과 바뀌지 않는 것(不易)이 있다. 바뀌는 것을 잘 관찰하는 가운데 그 너머에 바뀌지 않는 것을 직관(直觀)해야 한다. 그리하여 그 바뀌지 않는 것을, 부르며 지켜야 한다. 바뀌지 않는 것은 바뀌는 물체가 아니다. "바뀌지 않는 것은 참나로 영원한 생명"이라는 바른 소리를 하고는 이 세상을 떠나가자는 것이다. 그러면 다 이룬 것이 된다. 예수 · 석가가 이것을 하고 갔다. 류영모도 이 세상은 하느님 한 분이 전체로 계신다는 것을 한마디하고 떠날 곳이라는 뜻으로 정언단사처(正言斷辭處)라고 하였다.

"물에 용이 튀듯이 바른말 속에는 참뜻이 튀어 오른다. 영원히 사는 것은 참뜻뿐이다. 하느님의 뜻은 영원하다. 참뜻만은 가지고 가야 한다. 하느님 아버지의 참뜻 그것이 참나(眞我)의 본체다. 바른말(正言)이 영원한 생명이다. 하느님의 뜻과 내 뜻이 하나가 되어 영원한 참뜻은 이루어진다. 아버지의 참뜻이 내 참뜻이다. 하느님의 뜻이 참된 것처럼 내 뜻을 참되게 해야 한다"(『다석어록』).

예수 · 석가는 이 세상에 와서 바른말하고서 미련 없이 단사(斷辭)하고 떠났다. 그런데 예수 · 석가의 바른말이 얼마나 왜곡되었는지 모른다. 예수 · 석가의 바른말을 살려내야 한다.

24. 옳음에 뚫림이 기도이고 바름에 다다름이 바뀜이다 義通乎禘質達乎易

한 긋의 얼나는 낮에 깬 듯 환히 밝고 一點我慢晝覺明
여러 사래 헛된 꿈은 밤에 자듯 어두워 萬頃幻夢夜寢幽
비롯을 미뤄보고 마침 밝힘이 바뀜의 바름이며 原始要終易之質
밑동에 아뢰되 멀리 미치면 기도를 함이라 報本追遠禘之由

(1958. 11. 6)

禘: 제사 이름 체, 기도. 質: 바를 질. 一點(일점): 한 긋. 我慢(아만): 제 자랑함. 慢: 방자할 만. 萬頃(만경): 많은 이랑. 頃: 이랑 경. 幽: 어두울 유. 原: 미루어볼 원. 要: 살필 요, 옳게 밝힐 요. 報: 고할 보. 追: 미를 추. 由: 행할 유. 報本(보본): 나온 뿌리를 잊지 않고 갚음(근본을 잊지 않고 은혜를 갚음).

禘(체) 자는 저 위를 가리키는 高(고)의 머리와 묶을 束(속)을 붙여서 된 글자로 저 위 하느님에게 묶어놓는다는 뜻이다. 라틴어의 종교(religio)라는 단어도 하느님에 묶어놓는다는 뜻이다. 이렇게 사람의 생각이 일치하는 것을 만나면, 깜짝깜짝 놀라도록 신통함을 느낀다. 그러면 체(禘)의 뜻을 짐작할 수 있을 것이다. 禘(제사)는 기도를 뜻한다. 류영모는 체에 대해서 이렇게 말하였다. "본디 백성은 자기 조상만을 제사 지내고 천자(天子)인 황제가 제사장이 되어 온 천하를 대표하여 자기도 알 수 없는 조상(祖上) 이상의 것에 대하여 체라는 제사를 올렸다. 이것이 절대인 하느님에게 들어가는 길이다. 이 길 곧 체를 알면 천하를 다스리는 데 막힐 것이 없다는 것이다." 또 역리(易理)의 기본은 불역(不易)인 바름에 이르는(質達) 것이라는 뜻이다. 천하의 바뀜만 살필 것이 아니라 나 자신이 바뀌어야 한다는 것이다. 나 자신의 바뀜은 짐승인 제나(自我)에서 하느님의 아들인 얼(靈我)로 바뀌는 것이다. 노자(老子)는 "돌이키는 것은 얼의 움직임이다"(反者道之動 — 『노자』 40장)라고 하였다.

"한 긋의 얼나는 낮에 깬 듯 환히 밝고"(一點我慢晝覺明)

류영모는 하느님의 얼이 내 맘속에 한 긋으로 꼭 찍히는 것을 '가온찍기'라고 하였다. 하느님의 얼이 일점(一點)이다. 아만(我慢)이란 나를 내세우며 남을 멸시하는 것이다. 여기서는 그런 뜻이 아니다. 짐승인 제나(自我)가 아닌 하느님 아들인 얼나(靈我)를 내세우는 것이다. 제나를 내세우면 죄악이 되지만 얼나를 내세우는 것은 선행이 된다. 예수·석가가 평생토록 한 일이 얼나를 내세우는 일이었다. 예수가 이르기를 "하늘에서 내려온 사람의 아들 외에는 아무도 하늘에 올라간 일이 없다. 구리 뱀이 광야에서 모세의 손에 높이 들렸던 것처럼 사람의 아들도 높이 들려야 한다. 그것은 그를 믿는 사람은 누구나 영원한 생명을 누리게 하려는 것이다"(요한 3:13-15)라고 하였다. 여기서 사람의 아들(人子)은 하느님이 보낸 성령인 얼나(靈我)를 말한다. 그 얼나는 하느님 아버지와 하나이다(요한 10:30).

류영모는 말하기를 "속나인 얼나는 하느님의 참인 끄트머리다. 사람은 나라는 것이 무엇의 끝인가를 잘 알지 못한다. 그러고는 무턱대고 세상에서 처음이 되려고 야단들이다. 그러나 처음은 하느님뿐이다. 나는 하느님의 제일 끄트머리의 한 긋(一點)이다. 우리가 참을 찾는 것도 하느님의 끄트머리인 이 긋을 찾자는 것이다. 참이란 이 긋이요 이 긋이 참이다. 이 긋이 속나요 참나요 얼나다"라고 하였다.

얼나를 깨달으면 낮엔 갠 것처럼 밝다. 하느님을 아는 것이 밝음이요 하느님을 모르는 것이 어둠이다. 얼나를 깨달으면 얼나는 하느님의 성령이라 하느님의 참 빛을 비춘다. 예수가 말하는 '나'나 '빛'은 얼나를 두고 하는 말이다. "나를 믿는 자는 나를 믿는 것이 아니요, 나를 보내신 이를 믿는 것이며 나를 보는 자는 나를 보내신 이를 보는 것이다. 나는 빛으로 세상에 왔나니 무릇 나를 믿는 자도 어두움에 거하지 않게 하려 함이다"(요한 12:44-46). "빛이 너희와 같이 있는 것도 잠시뿐이니 빛이 있는 동안에 걸어가라. 그리하면 어둠이 너희를 덮치지 못할 것이다. 어둠 속을 걸어가는 사람은 자기가 어디로 가는지 모른다. 그러니 빛이 있는 동안에 빛을 믿고 빛의 자녀가 되어라"(요한 12:35-36). 에크하르트에서 마하트마 간디에 이르기까지 많은 이들이 얼나를 빛이라 하였다.

"여러 사래 헛된 꿈은 밤에 자듯 어두워"(萬頃幻夢夜寢幽)

만경(萬頃)이란 만 사래란 뜻이다. 평야의 밭이랑이나 바다의 물이랑(물결)을 말한다. 사람이 82살을 살면 3만 날을 사는데 밤낮의 3만 이랑이라 할 수 있다. 3만 날을 피땀 흘리고 애쓰며 힘쓰고 살아도 살고 나면 헛된 꿈에 지나지 않는다. 그래서 인생이란 한바탕 봄꿈(一場春夢)이라고 한다.

류영모는 이르기를 "우리가 이렇게 사는 건 잠자는 것이다. 이렇게 오느니 가느니, 성공이니 실패니, 가르치느니 배우느니 하는 게 다 잠꼬대다. 잠꼬대도 심하게 하는 것이다. 사상가, 철학자란 꿈 꾸는 것인데, 꿈을 단단히 꾸면 깬다. 잠을 잘못 자고 꿈을 잘못 꿔서, 저도 그렇고 남도 괴롭힌다. 마침내 사람은 깨자는 것이다"라고 하였다.

꿈을 깰 때는 깜짝 놀란다. 신앙의 돈오(頓悟), 철학의 경이(驚異)는 곧 꿈을 깨는 일이다. 꿈을 깨면 하느님 한 분만이 존재하는 것을 본다. 이제까지 많던 만물은 꿈처럼 사라져 버린다. 하느님밖에 다른 것이 있다면 아직도 꿈을 덜 깬 것이다. 하느님 한 분만이 존재할 때 꿈을 온전히 깬 것이다.

류영모는 말하였다. "하느님 아버지의 모습은 햇빛보다도 밝은 영광스러운 모습일 것이다. 우리는 그것을 진리라고 한다. 진리란 아버지의 모습이 드러난 것이다. 그 모습을 보고 우리도 그대로 따라 사는 것이 생명이다. 하느님 아버지의 모습을 보고 감탄 안 할 사람이 어디 있을까. 철학은 경탄에서부터 시작된다고 하지만 사람이 근본 경험을 가질 때는 깜짝 놀라지 않을 수 없다. 어디로 가나 망설일 것 없다. 하느님 아버지께로 가는 것이다"(『다석어록』).

"비롯을 미뤄보고 마침 밝힘이 바뀜의 바름이며"(原始要終易之質)

전체의 부분이 개체 자신의 비롯을 미뤄보고 마침을 밝히면 절대존재인 하느님에 다다른다. 우주의 비롯을 캐고 마침을 따져도 마찬가지로 하느님에 다다른다. 전체인 무(無)에서 개체인 유(有)로 바뀠다가 다시 전체인 무(無)로 돌아가는 것이 바뀜의 본질이다.

류영모는 이렇게 말하였다 "이 긋인 나는 영원한 첫긋(始點)을 그리워하고 알고자 하며 영원한 막긋(終點)을 그리워하며 알고자 한다. 그러나 이 긋인 오늘 여기 있는 나로서는 창시(創始) 종말(終末)을 다 알았다고 하면 그것은 교만이며 거짓이다. 이 첫긋과 막긋은 알 수가 없다. 맨 첨을 알려면 맨 꼭대기에 가서 알아야 하는데 우리는 낮은 아래 것만 알지 형이상(形而上)의 꼭대기 것은 알지 못한다. 우리는 다만 형이상도 아니고 형이하도 아닌 중간존재로서 나 속으로 찾아 들어가 자각(自覺)을 할 수밖에 없다. 이 긋인 나를 무시하고 맨 첫긋과 맨 막긋만 알려고 덤벼들면 자칫하면 미치기 쉽다. 첫긋도 막긋도 이 긋(나)에서부터 시작해야 한다. 내 속에 있는 참나를 안 자만이 형이상도 형이하도 안다"(『다석어록』).

"밑동에 아뢰되 멀리 미치면 기도를 함이라"(報本追遠禘之由)

보본반시(報本反始)라는 말은 『예기』(禮記)에 나온다. 신종추원(愼終追遠)이란 말은 『논어』에 나온다. 보본추원(報本追遠)은 그 두 말을 묶은 것이다.

몸나의 보본반시(報本反始)는 나를 낳은 어버이에게 효도하는 것이다. 몸나의 신종추원(愼終追遠)은 죽어서 선조에게로 돌아가는 것이다. 유교의 생각함은 이것에서 더 나아가지 못하였다. 그러나 류영모는 그것에 만족하지 않았다. 얼나로 거듭난지라 하느님께 효도하고 하느님께 돌아가는 것이 보본추원(報本追遠)이다. 우리가 생각하는 것은 보본추원하여 하느님을 찾자는 것이다. 이것이 모든 사람의 기본 사명이다. 이것을 잊어버리면 심부름 온 사람이 심부름 온 목적을 잊어버린 것처럼 어이없게 된다. 그런데 이 세상 사람들을 볼 때 사람의 기본 사명인 보본추원을 바로 하는 사람이 거의 없다. 엉뚱한 일에만 맘과 힘을 쏟고 있다. 쓸데없는 일을 하지 않고, 쓸데 있는 일만 하자는 것이 노자(老子)의 무위(無爲)사상이다.

류영모는 이렇게 말하였다. "우리 사람은 한없이 작은 소자(小子)이지만 그러나 우리의 생각의 긋은 참을 찾아간다. 참되신 절대자(하느님)는 우리 속에 참의 긋을 주었다. 그러나 우리의 소견은 그 참을 잘 알려고 하지 않는다. 사람이 지닌 참은 말이 없기 때문에 우리가 참을 알려면 여간한 정신 가지고는 안 된다. 세상에 참(하느님)이 없다는 어리석은 사람도 있다. 그것은 이 세상에 우주가 있는가라고 하는 것과 같다. 참이신 절대자를 잘 인식할 때 내가 그리고 이 세상이 바로 된다. 사람들이 정말 모른다고 하는 하느님의 영원성과 연결되어 하느님을 사랑하자"(『다석어록』).

25. 하나(전체 · 하느님)를 붙잡아야
得一

임자는 '없음' 쓰임은 '있음' 따로 정해진 할 일	體無用有各定業
있어진 제나는 없어져 이에 속나를 높여	自有而無乃德崇
있음은 나눠져 온전을 잃고서 만물로 나왔고	有分失全萬物生
다른 게 없어 하나(전체)를 붙잡아 하느님 속으로	無他得一大我中

(1957. 9. 5)

體用(체용): 사물의 그 본체와 작용. 體: 근본 체. 得: 붙잡을 득.

하나(一)를 붙잡는다는 뜻의 득일(得一)은 『노자』(老子)에 나온다. "예로부터 하나(전체·하느님)를 붙잡은 것으로는 하늘은 하나를 붙잡아 맑고, 땅은 하나를 붙잡아 잔잔하고, 정신은 하나를 붙잡아 신령하다" (昔之得一者 天得一以淸 地得一以寧 神得一以靈 ㅡ『노자』 39장)라고 하였다. 하늘이나 땅은 하나(전체)를 떠나지 않는다. 하나(하느님)를 떠나 제가 '나'라면서 하나를 잊어버린 것은 사람뿐이다. 그런데 예수· 석가· 노자·

장자· 공자· 맹자 같은 정신인들이 하나(전체)를 붙잡았다. 하나(전체)를 붙잡는다는 말을 마하트마 간디는 진리파지(眞理把持, 사티아그라하)라고 하였다. 진리파지란 제나(自我)에서 얼나(靈我)로 생활의 중심축을 옮기는 것이다. 이것을 석가는 참나를 깨닫는 것이라 하고 예수는 얼나로 거듭나는 것이라고 하였다. 예수· 석가는 똑같이 어버이가 낳아준 제나가 참나가 아니라고 부정하였다. 그리고 하느님(니르바나)이 주시는 얼나를 깨달았다. 얼나를 깨달은 사람은 얼나가 전체인 하느님(니르바나)임을 안다. 득일(得一)하면 각천(覺天)한다. 얼나를 깨닫지 못한 사람들이 하느님과 니르바나가 다르다고 말한다. 전체는 하나뿐인데 다를 리가 없다.

"임자는 '없음' 쓰임은 '있음' 따로 정해진 할 일"(體無用有各定業)

우리가 꼭 잡아야 하는 하나(一)는 전체요 절대인 하느님이다. 하느님인 임자(主體)는 없음(無)이다. 그 없음이 스스로 자신을 활용(活用)하기 위하여 자신의 일부를 있음(有)으로 변화시켰다. 그런데 있음(有)은 없음(無)이 변화된 것이라 조만간 없음으로 돌아와야 한다. 이것을 장자(莊子)는 복통위일(復通爲一)이라고 하였다. 다시 없음인 하나로 돌아간다는 뜻이다. 복통위일의 법칙을 벗어나는 있음(有)은 있을 수 없다. 그것이 없음(無)인 임자(主體)의 권한이다. 그야말로 하느님의 고유 권한인 주권(主權)이라 할 것이다. 이 주권을 벗어난 있음은 없다. 멸망하지 않는 유(有)는 없단 말이다. 상대적 존재인 있음(有)에서 보면 절대적 존재인 없음(無)이야말로 있지만 없는 것 같다. 그러나 절대존재인 없음에서 보면 상대적 존재인 있음(有)은 있으되 없다. 그러므로 슬기 있는 이는 하느님은 없이 계신다고 하고 사람은 있으되 없다고 한다.

류영모는 이렇게 말하였다. "하느님이 없다면 어떤가. 하느님은 없이 계시는 분이다. 그래서 하느님은 언제나 시원하다. 하느님은 몸이 아닌 얼이다. 얼은 없이 계신다. 우리는 있으면서 없다. 그리하여 우리는 업신여겨진다. 우리도 하느님처럼 없이 있어질까 하는 것이 우리의 노력이다. 우리가 기도하며 생각하는 것이 없이 있는 얼이 되고 싶어서다"(『다석어록』).

이처럼 주체인 무(無)는 얼이고 활용인 유(有)는 몬(物)이다. 얼이 하는 일이 있고 몬이 하는 일이 따로 있다. 얼은 변하지 않고 몬은 변한다. 류영모는 말하기를 "바뀐다는 역(易)의 세상에 바뀌지 않는다는 불역(不易)이 있다. 변치 않는다는 것은 진리되시는 하느님을 말한다. 신학이니 철학이니 하는 것은 역(易)을 알자는 것이 아니라 불역(不易)을 알자는 것이다. 꼭 알아야 할 것은 불역(不易)을 알아야 한다. 낡아가고 바뀌는 세상의 일은 하지 않는다"라고 하였다.

"있어진 제나는 없어져 이에 속나를 높여"(自有而無乃德崇)

몸과 맘으로 된 제나는 있음이다. 데카르트가 아니더라도 나는 여기에 있다는 생각을 한다. 물체의 있음(有)이 다시 없음으로 돌아가는 것을 복통위일(復通爲一)이라고 하는 데 대하여 사람이 생각으로 제나(自我)가 거짓임을 알고 없음(無)의 얼나로 돌아가는 것을 장자(莊子)는 도통위일(道通爲一)이라고 하였다.

얼나를 높인다(崇德)는 말은 제나가 스스로 제 목을 자르고(自首) 얼나를 머리로 받드는 것이다. 숭덕이 그대로 기도요 참선이다. 이것이 바로 도통위일(道通爲一)이다. 생각하는 사람만이 도통위일할 수 있다.

류영모는 이렇게 말하였다. "거짓 나인 제나(自我)가 죽어야 참나인 얼나가 산다. 제나가 완전히 없어져야 얼나가 드러난다. 하느님의 성령이 얼나라 얼나와 하느님은 하나다. 얼나와 하느님은 이어져 있다.

얼나가 진 · 선 · 미한 영원한 생명이다. 덕(德)이란 속알(얼나)로서 지혜, 정신, 인격이 충만한 사람이다. 그런 사람은 무엇을 생각 없이 가까이하든가 멀리하지 않는다. 지나치게 친절히 하는 것도 잘못이고 지나치게 무시하는 것도, 잘못이다. 친압(親押)이나 모멸(侮蔑)은 속알이 모자라는 데서 일어난다. 친압처럼 간사한 것은 없고 모멸처럼 어리석은 일은 없다. 사람은 인격이 중심이 되어야지 재간이나 인물이 중심이 되면 친압과 모멸을 막을 길 없다. 사람이란 장차 무엇이 될지 모른다. 모두 예수나 부처가 될 수 있는 사람인데 어떻게 멸시할 수 있겠는가"(『다석어록』).

"있음은 나눠져 온전을 잃고서 만물로 나왔고"(有分失全萬物生)

있음(有)은 전체에서 떨어져 나와서 나뉘어 흩어졌다. 그래서 있음(有)은 많은 개체로 되어 있다. 창세기 실낙원은 사람이 전체인 하느님을 잃어버린 것에 대한 상징적인 얘기라고 할 수 있다. 이 땅 위에서 복락원(復樂園)이란 있을 수 없다. 그러나 복전(復全)을 하여야 한다.

하느님을 찾아 돌아가는 것이다. 노자(老子)가 이르기를 "그저 만물이 빽빽하나 제각기 밑동(하느님)으로 돌아간다"(夫物芸芸各歸其根 ―『노자』 16장)라고 하였다. 우주의 무한 허공에 노니는 별무리도 마찬가지다. 전체인 하느님을 잃고서 뭇 별이 되어 태어났다. 뭇 별들도 때가 되면 없음(無)으로 돌아간다. 허공에 별들이 노니는 것은 별들이 노니는 것이 아니라 허공이 노니는 것이다. 그러므로 개체가 나고 죽는 데 대해서 마음쓸 것이 없다. 전체인 허공의 하느님이 노닐고 계시면 그만인 것이다. 예수가 말하기를 "내 아버지께서 언제나 일하고 계시니 나도 일하는 것이다"(요한 5:17)라고 하였다. 그러나 하느님께서 하시는 일은 우리 사람들처럼 안간힘쓰면서 하는 일이 아니다. 모든 일이 다 자동이라 하실 일이 없다. 그냥 존재해 계셔 노니시는 그것이 일하는 것이다.

"다른 게 없어 하나(전체)를 붙잡아 하느님 속으로"(無他得一大我中)

우리가 해야 할 일은 다른 것이 없다. 오직 하나(전체. 하느님)를 붙잡는 것밖에 없다. 그런데 사람들은 어찌 그렇게 해야 할 중대사도 많고 급선무도 많은지 모르겠다. 그러나 이 세상의 모든 일은 뒷간에 가는 일과 같다. 그때는 그보다 더 중대사 급선무도 없지만 지나고 나면 아무것도 아니다. 그 일에 인생의 목적을 걸 수는 없는 것이다.

류영모는 이렇게 말하였다. "예술가는 자신의 득의작(得意作) 속에 머무르거나 만족하지 않으며, 시인(詩人)이 자성품(自成品) 속에 해골을 눕힐 수는 없다. 종교인이 자설법(自說法) 속에 열반할 수는 없을 것이다. 작품, 시집, 업적, 경전, 집, 절, 교회, 사회 등은 색계(色界)의 그림자 모음이다. 우리가 찾아야 할 귀착점은 참나다. 하느님인 참나를 만날 때까지 생명에 만족이란 없다. 이 세상에서는 참나인 얼나를 향하여 계속 앞으로 나가(進行)는 것뿐이다. 지나간 일은 벌써 허물이고 껍데기지 생명이 아니다. 세상에 달라붙으면 생명은 죽는다. 참나인 얼나를 만날 수 없기 때문이다. 얼나밖에 정신이 만족할 만한 것이라고는 상대세계에는 없다. 그러므로 상대세계에 한눈팔 겨를이 없다. 이 상대세계는 머물러 맘 붙일 데가 없다는 말이다. 그리하여 이 상대세계에 머무르지 않는 참나인 얼나에 맘을 내라는 것이다"(『다석어록』).

전체의 부분인 개체의 구원은 전체에 있다. 전체가 아니고는 개체를 구원할 수가 없다. 이제까지 역사적으로 수많은 사람이 인류의 구원에 대해서 말해 왔다. 그러나 전체인 하느님밖에는 그 어디에도 구원은 없다. 개체는 전체에서는 잃어지지 않는다. 전체가 바로 개체의 본 모습이기 때문이다. 대아중(大我中)은 하느님 속으로 뛰어든다는 뜻이다. 거짓 나의 살길은 참나인 하느님 속으로 뛰어드는 것이다.

류영모는 이렇게 말하였다. "죽음을 넘어서 울리는 소리, 그것이 복음이다. 연못 속에 뛰어드는 개구리의 생명은 무상한 것 같지만 적막을 깨트리는 그 물소리는 한없이 심오하다. 인생의 죽음도 개구리가 시간(하느님)이라는 연못 속에 뛰어드는 것이나 마찬가지일 것이다. 그러나 영원한 생명에 뛰어드는 물소리는 한없는 묘미가 있을 것이다. 이것이 복음이다. 개구리의 몸은 물속으로, 그러나 소리는 바람과 함께 울려 퍼진다. 사람의 몸은 땅속으로, 그러나 얼은 희망과 함께 울려 퍼진다"(『다석어록』).

26. 나서는 죽는다
生死

살아 따르고 죽어 평안 이룬 일 참되　　生順死安成事實
삶 · 죽음 하나로 같음 (앎이) 가장 급한 일　　生死一如最急務
사람의 비롯(나고)과 마침(죽음)은 하나의 큰 일　　人間始終一大事
앞뒤로 서로 따르며 옹글게 일을 이루리　　先後相隨完成事

(1957. 10. 26)

實: 참될 실. 隨: 따를 수.

로댕이 조각한 생각하는 사람은 과연 무엇을 생각하고 있을까. 나서는 죽고, 나서는 죽는 사람이란 도대체 무엇인가를 생각하고 있을 것이다. 사람이라면 나서 죽는 이 나란 무엇인가를 생각해야 하기 때문이다. 나서 죽는 이 나란 무엇인가를 한 번도 생각하지 않고 사는 사람은 행복한 사람인지 모른다. 그러나 그러한 삶은 짐승 삶과 다를 것이 없다. 하이데거는 나서 죽을 때까지를 시간이라고 하였다. 사람은 시간의 존재이다. 이러한 시간의 존재인 나란 아무리 생각해도 자다가 생긴 떡이 아니면 자다가 얻은 병인 것 같다. 자다가 생긴 떡이란 공짜로 생긴 은혜란 뜻이다. 자다가 얻은 병이란 재수 없게 얻은 괴로움이란 뜻이다.

우리보다 먼저 나서 살다가 먼저 죽은 류영모가 살았을 때 이러한 말을 하였다. "이 세상 밝은 날에 오래 사는 것이 좋은 줄만 알고 있다가 참으로 얼의 소식을 알고 보면 이 세상에서 사는 것은 아무것도 아니라는 생각이 든다. 참으로 영원한 곳으로 가 보았으면 좋겠다는 생각이 든다." 지금 류영모는 그가 말하였듯이 가고 싶어 하던 영원한 곳으로 갔다. 우리로서는 이 세상에 태어나서 함부로 죽을 수 없어 살아가고 있다. 그러나 어떻게 살아야 할지 모른다. 무용이나 체조를 잘 모르는 어린이가 남이 하는 몸짓을 보고 따라 하듯이 남들이 살아가는 모습을 보고 흉내 내고 있다. 이 삶은 그렇게 남의 흉내만 내고 살 수는 없는 것이 아닌가. 우리를 이 세상에 보낸 분의 바람(뜻)이 있지 않겠는가.

류영모는 이렇게 말하였다. "깊이 느끼고 깊이 생각하여 마음을 비우고 마음을 밝게 하면 우리 마음속에 깨닫게 되는 것이 있다. 그것은 우리의 목숨을 키우고 생명을 키워가는 것이다. 그래서 깊이 느끼고 높게 살게 하는 것, 다시 말하면 깊이 생각하고 고귀하게 실천하는 것이 삶의 알맹이임을 알게 된다. 우리가 밥을 먹는 것도 잠을 자는 것도, 이 우주의 기운이 올라가고 빛이 내려옴도 다 우리의 참 목숨인 얼을 키우기 위해서 있다. 우주와 세계와 인생이 모두 얼 목숨 키우기 위해 있다. 하느님의 뜻은 하느님이 이루시는 것이니 우리는 하느님의 뜻이 이루어지도록 기다리는 수밖에 없다. 우리는 다만 내가 깨달은 얼생명을 나무를 가꾸듯이 키워나가야 한다"(『다석어록』).

"살아 따르고 죽어 평안 이룬 일 참되"(生順死安成事實)

참나를 깨닫고서 어떻게 사는 것이 바르게 사는가를 알고 모범답안을 보여준 이가 예수·석가이다. 류영모는 말하기를 "인생이란 것이 잠깐 쉬고 떠나는 것임을 알면 이러고 저러고 문제를 일으키지 않을 것이다. 사람이 하느님 아버지의 이르심(天命)을 알 때 하느님의 아들이 된다. 예수·석가는 이미 30대에 천명(天命)을 아는 하느님(니르바나)의 아들이 되었다"라고 하였다.

예수의 값진 삶은 살아서 하느님에게 순종하고 죽어서 평안하며 평생 동안 이루어 놓은 일이 참되기 그지없다. 예수는 하느님 아버지의 뜻이라면 십자가의 죽음도 마다하지 않았다. "아버지께서는 무엇이든지 다 하실 수 있으시니 이 잔을 나에게서 거두어 주소서. 그러나 제 뜻대로 마시고 아버지의 뜻대로 하소서"(마르코 14:36)라고 하였다. 예수가 하느님의 뜻을 받들기에 얼마나 힘썼는가 이 한마디 말로서도 헤아릴 수 있다. "나는 무슨 일이나 내 마음대로 할 수 없고 그저 하느님께서 하라고 하시는 대로 심판할 따름이다. 내가 이루고자 하는 것은 내 뜻이 아니라 나를 보내신 분의 뜻이기 때문에 내 심판은 올바르다"(요한 7:30)라고 하였다.

하느님 뜻에 따라 산 사람이 죽을 때 평안치 않을 리가 없다. 예수는 십자가에 못 박혀 죽으면서 불안해하지 않았다. 아버지에게 돌아가는데 불안할 까닭이 없다. 다만 몸의 고통을 이기는 데 어려움이 있었다. 예수는 죽음의 고통을 아이 낳는 산고(産苦)에 비겼다. 잠시의 고통을 이기면 아기 낳은 기쁨이 아픔을 잊게 한다는 것이다. 예수가 말하기를

"마음은 간절하나 몸이 말을 듣지 않는구나"(마르코 14:38)라고 하였고, 노자(老子)도 이르기를 "내 큰 근심이 있는 까닭은 내가 몸이 있는 것을 생각함이다. 내가 몸 없는 데 다다르면 내가 무슨 근심이 있겠는가"(吾所以有大患者 爲吾有身 及吾無身 吾有何患 —『노자』 13장)라고 하였다.

이 세상에 하는 일에 하느님의 뜻(얼)이 포함되지 않으면 어떠한 일도 헛일이 된다. 한 나라 왕업(王業)조차도 한 자리 꿈이 되고 만다. 그러나 예수의 일생을 생각해 보라. 제나의 눈으로 보면 예수의 일생은 실패한 삶으로 보일 것이다. 그러나 얼나의 눈으로 보면 예수보다 성공적으로 진리(하느님)를 증거한 이가 어디 있는가? 예수의 맘속에 진리인 얼나가 깃들여 있었다. 인류 역사에 잘난 체하며 살다 간 수많은 왕후장상의 이름은 잊혀도 예수의 이름은 잊히지 않을 것이다. 그것은 이 뒤로도 참(하느님)을 찾는 사람들이 끊어지지 않고 나오기 때문이다.

류영모는 이렇게 말하였다. "예수를 좀 알겠다고 하고 지금 예수를 믿는다고 한다. 그런데 죽는 것이 무엇인지 사는 것이 무엇인지 모르고 상대적으로 남에게 빠지지 않고 사는 것이 은혜이고 믿는 것인 줄 알고 있다. 답답하기 짝이 없다. 예수를 너무나 헤프게 알려고 하고 예수를 너무나 헤프게 가르치고 있다"(『다석어록』).

"삶 · 죽음 하나로 같음 (앎이) 가장 급한 일"(生死一如最急務)

이 세상에서 사람이 나고 죽는 것은 정반대의 일로 하늘과 땅만큼 다르다. 생사(生死)가 하나로 같다면 정신없는 소리라 할 것이다. 그러나 전체인 얼나(하느님)의 자리에서 개체인 제나(自我)의 나고 죽음은 다를 것이 없다. 왜냐하면 제나는 거짓 생명이기 때문이다.

류영모는 이렇게 말하였다. "사람은 가끔 이번만 살려달라고 기도를 한다. 씨가 들지 않아서 그렇고 열매를 맺지 못해서 그렇다. 빈 쭉정이가 된 것이다. 쭉정이 가지에 삼 년이란 말이 있는데 가지에 붙어만 있으면 무얼 하나? 모양만 사납다. 나는 이번만 살려달라는 쭉정이 인생들의 남은 여생이 문제라고 생각한다. 마치 전과자들처럼 용서해 주면 또 죄를 범하는 것과 같다. 사람은 생사(生死)의 제나를 벗어나야 한다. 몸과 맘의 제나(自我)를 벗어나야 한다. 그렇지 못하면 빛나고 힘있게 살 수 없다. 사람은 좀 더 빛나고 힘있게 살아야 한다. 하느님은 우리 마음속에 영원한 생명을 깊이 감추어두었다. 이 영원한 생명(얼나)의 씨앗을 잘 길러서 생사(生死)를 초월해야 한다"(『다석어록』).

생사일여(生死一如)임을 아는 것이 가장 급선무란 말은 생사를 초월한 얼나를 깨닫는 것이 가장 급한 일이란 뜻이다. 얼나를 깨닫지 않고는 삶과 죽음이 같은 것을 알 수 없다. 영원한 생명인 얼나를 깨달은 사람은 몸과 맘의 제나(自我)는 살거나 죽거나 상관이 없다.

"사람의 비롯(나고)과 마침(죽음)은 하나의 큰 일"(人間始終一大事)

사람들은 가까운 이의 태어난 날과 돌아간 날은 잊어버리지 않고 반드시 기념한다. 이것은 사람에게는 나라는 존재가 비롯된 날과 마치는 날처럼 중대한 날이 없기 때문이다. 그러나 난 날이 있고 죽는 날이 있다는 이것은 상대적 존재임을 심판받는 일이다. 절대적 존재인 하느님은 난 날과 죽는 날이 없는 무시무종(無始無終)한 영원한 생명이다.

류영모는 이렇게 말하였다. "하느님은 어디 있다면 하느님이 아니다. 하느님은 안 계시는 곳이 없지만, 없이 계시기 때문이다. 하느님이 언제부터 있었다고 하면 하느님이 아니다. 하느님은 영원한 생명으로 시작도 없고 마침도 없기 때문이다. 아무리 하느님으로 받들어지고 있다 하여도 언제부터 어디서 어떻게 생겨 무슨 이름으로 불리는 것은 하느님이 아니다. 하느님이 아닌 것을 하느님으로 받들면 우상을 섬기는 것이 된다. 그래서 사람들이 쉽게 무신론이니 유신론이니 떠드는 그 소리가 무엇인지 모르겠다. 무엇이 있는지 없는지를 알고 있는지 모르겠다"(『다석어록』).

난 날이라 하여 축하할 일도 아니고 죽은 날이라 하여 애도할 일도 아니다. 난 날이나 죽은 날에는 이 세상에 보내고 또 불러간 하느님을 생각하는 기회가 되어야 한다. 나지도 않고 죽지도 않는 하느님에게는 사람들의 나고 죽음이 큰일일 까닭이 없다. 영원한 생명인 하느님에게는 사람의 생사(生死)란 아무것도 아니다. 우리 몸의 세포가 나고 죽는 신진대사가 내게 자연스러운 일인 것과 같은 것이다.

류영모는 이렇게 말하였다. "인생살이에서 우리가 살고 있는 이것이 확실한 것인지 우리는 모르고 있다. 죽는다고 하는 것 역시 우리는 모르고 있다. 어머니 배 속에서 뛰어나와 우리가 살고 있는데 이것이 사는 것이 아니다. 또 여기를 떠나서 죽는다는 것도 죽는 것이 아니다"(『다석어록』).

"앞뒤로 서로 따르며 옹글게 일을 이루리"(先後相隨完成事)

앞뒤로 서로 따른다는 것은 삶과 죽음이 서로 따른다는 말이다. 삶이 있어서 죽음이 있기 때문이다. 몸으로 보면 삶이 앞서고 죽음이 쫓아온다. 그러나 맘으로 보면 삶이 죽음을 바라보면서 살아간다. 사는 동안 이루어야 할 일은 절대존재인 하느님을 드러내는 것이다. 그러므로 하느님을 높이 받들고자 살고 또한 죽는다. 나 자신이 살고 죽는 게 문제가 아니다. 예수는 빌라도에게 이렇게 말하였다. "나는 오직 진리를 증언하려고 왔으며 그 때문에 세상에 왔다. 진리 편에 선 사람은 내 말을 귀담아듣는다"(요한 18:37). 빌라도는 예수의 말을 못 알아듣고 "진리란 무엇인가?"(티 에스틴, 아레세이아, *What is truth?* 요한 18:38)라고 물었다. 진리란 하느님이다. 하느님이 주신 영원한 생명으로 삶의 중심축을 옮긴 이는 몸나의 삶과 죽음은 이미 내 손아귀에 쥐고서 산다. 언제라도 내 뜻대로가 아닌 하느님 뜻대로 하시옵소서라고 할 수 있기 때문이다.

27. 사람이 사람을 바라는 것은 잘못이다
人望人妄
— 하느님만을 바라야 한다
望望望 信望愛在天

삶에서 느긋함은 바람을 이루는 데 있어	生得成在望
만일 이미 이루었다면 무엇을 바라랴	若旣成何望
바라는 것을 아직 얻지 못하였다면	所望尙未得
사람이 참고서 바라는 것을 기다려야	人忍以待望
	(1958. 11. 6)

妄: 망령될 망. 得: 만족할 득.

마하트마 간디에게 힝고라니라는 제자가 있었다. 힝고라니의 아내 비디아가 죽었다. 힝고라니는 아내 비디아의 갑작스러운 죽음에 어쩔 줄을 모르며 비통해하였다. 보다 못해 마하트마 간디는 힝고라니에게 위로의 편지를 보냈다. "비디아(Vidya)의 죽음을 너무 골똘히 생각해서도 안 되고 마음이 산란해서도 안 된다. 그녀가 육체로 살아 있을 때 네 삶의 영감이 되었다면 그녀가 쉴 곳으로 갔어도 더욱더 삶의 영감이 돼야 하지 않느냐? 나에게는 그것이 영혼의 진정한 결합을 뜻하는 것 같다. 예수의 경우가 대표적 예이고 현대에는 라마크리슈나의 경우가 그렇다. 그들은 죽고 난 뒤 더 큰 영향을 주었다. 그들의 정신은 죽지 않았고 비디아의 얼 또한 죽지 않았다. 그러니 슬퍼하지 말고 네 앞의 의무에 대해 생각하라. 하느님만을 쳐다보려는 사람은 죽은 이든 산 이든, 사람을 쳐다보는 일은 그만두어야 한다. 이것을 이해한다면 너는 이제 슬퍼하지 않을 것이다"(간디, 『날마다의 명상』).

개체(個體)는 전체(全體)의 명함과 같다. 개체는 전체를 드러내자는 것이다. 그런데 그 명함의 주인공은 버려둔 채 명함을 존경하고 사랑한다면 그것은 어리석은 일이 아닐 수 없다. 그래서 류영모는 말하기를 사람이 사람을 바라는 것은 망령된 일이라고 한 것이다. 바라고, 바라야 할 것은 믿음과 소망과 사랑의 님인 하느님을 바라야 한다. 하느님은 하늘(절대)에 계시지 땅 위(상대)에 계시지 않는다. 그런데 사람들은 사람을 바라는 일을 곧잘 한다. 그래서 하느님을 사람으로 만들기도 하고 사람을 하느님으로 만들기도 한다. 이것은 다 잘못이다.

"지극히 높은 데 계신 완전한 아버지께로 가자는 것이 예수의 인생관이라 생각한다. 나도 예수와 같은 인생관을 갖고 싶다. 우리가 이 땅에 있는 동안은 어쩔 수 없이 땅에 부딪힌다. 그러나 예수가 위로 오르신 것처럼 나도 올라감을 믿는다"(『다석어록』).

석가에게는 니르바나(Nirvana)만 있었지, 다른 것은 없었다. 예수에게는 하느님 아버지만 있었지, 다른 것은 없었다. 니르바나와 하느님은 절대존재를 가리키는 이음동어(異音同語)이다. 하느님(니르바나)만을 참나(眞我)로, 하느님만을 참님(眞存)으로 받든 예수·석가의 신앙을 본받아야 한다. 그런데 사람들이 그렇지 못하다. 아직도 하느님(니르바나) 외에 좇는 것이 많고 믿는 것이 많다. 15살까지 어버이를 좇고 30살까지 스승님을 좇은 것은 성장기로서 인정된다. 30살 뒤로는 오로지 하느님만을 절대의 님으로 받들어야 한다.

류영모는 말하기를 "모든 것은 우리에게 우상으로 비친다. 예수도 석가도 다 우리가 보는 견지에서 표상(表象)으로 보면 다 우상이 될 수 있다"라고 하였다. 석가는 말하기를 "이 썩을 몸을 보아 무엇하겠는가. 나의 몸을 보거나 음성을 듣는다면 그것은 어리석게도 잘못 본 것이라, 이 사람은 부처를 보지 못한다. 참나를 보는 것이 얼나(法身)를 보는 것이고 얼나를 보는 것이 참나를 보는 것이다"(『증일아함경』)라고 하였다. 그래서 석가는 죽은 다음에 자신의 몸을 화장하도록 하였다. 석가의 얼나(法身)만 생각하고 몸나는 깨끗이 잊어버리라는 뜻이었다. 그런데 미련한 사람들은 석가의 가르침을 바로 알아듣지 못하고 화장을 한 뒤에 그 재를 서로 가져가려고 싸움이 벌어졌다. 이렇게 되면 석가의 말씀대로 달을 보라고 손가락으로 저 하늘의 달을 가리키니 가리킨 달은 보지 않고 가리키는 손가락만 보는 격이다.

석가는 내 몸을 보지 말라, 내 목소리를 듣지 말라고 하였지만, 예수는 더 나아가 예수의 살을 먹고 피를 마시라고 하였다. "내 살을 먹고 내 피를 마시는 사람은 영원한 생명을 누릴 것이며 내가 마지막 날에 그를 살릴 것이다. 내 살은 참된 양식이며 내 피는 참된 음료이기 때문이다. 내 살을 먹고 내 피를 마시는 사람은 내 안에서 살고 나도 그 안에서 산다. 살아 계신 아버지께서 나를 보내셨고 내가 아버지의 힘으로 사는 것과 같이 나를 먹는 사람도 나의 힘으로 살 것이다"(요한 6:54-57) 라고 예수는 말하였다. 예수의 가르침대로 우리가 예수의 몸을 먹고 소화시킨다면 예수의 몸은 없어지고 하느님 아버지가 보낸 얼나만 볼 것이다. 예수를 보아도 하느님 아버지와 하나된 예수를 볼 것이다. 예수의 말씀을 읽으면서도 하느님을 생각해야 하고 석가의 말씀을 들어도 니르바나를 생각해야 한다. 우주를 보고도 하느님을 생각해야 한다.

"삶에서 느긋함은 바람을 이루는 데 있어"(生得成在望)
"만일 이미 이루었다면 무엇을 바라랴"(若旣成何望)

사람들은 젊어서 희망을 품는다. 소질에 따라 환경에 따라 시대에 따라 그 희망의 내용도 가지가지다. 발명가 · 교육자 · 사업가 · 운동가 · 정치가 · 예술가 · 종교가가 있다. 그리하여 부귀영화를 남 못지않게 누려보겠다는 것이다. 그래서 덕담 가운데 첫째가 상대방의 소원을 성취하라는 것이다. 그렇다면 우리는 어떠한 바람(望)을 품어야 하며 이루어야 할까. 인류 역사에서 가장 훌륭하다는 사람인 예수 · 석가는 어떠한 바람을 품고서 이루었던가? 사람인 개체(個體)로서 하느님의 전체(全體)로 돌아가기를 바랐다. 우리가 잘 알지 못하는 전체를 예수는 하느님 아버지라 하였고 석가는 니르바나라고 하였다. 예수의 전체가 따로 있고 석가의 전체가 따로 있을 수 없다. 전체는 하나뿐이기 때문이다. 그러므로 표현은 달라도 한 전체임을 알 수 있다. 개체의 생명은 나고 죽는 생멸(生滅)의 생명이다. 전체는 개체와는 달리 생멸을 초월한 영원한 존재이다. 이를 영원한 생명인 하느님이라고 한다.

개체가 바라는 것은 전체이다. 이것을 예수는 영원한 생명을 바라고 얻는다고 표현하였다. 예수와 석가는 전체인 영원한 생명을 바라서 전체인 영원한 생명을 얻었다. 그들은 그밖에 다른 무엇도 바라는 것이 없었다. 오직 있었다면 다른 이들도 자신과 같이 영원한 생명(하느님)을 깨닫기를 바랐다. 예수와 석가는 개체의 생명이 나고 죽는 것은 아무것도 아닌 것으로, 생각하였다. 사람들은 나는 것을 기뻐하고 죽는 것을 슬퍼하는데 그들은 오히려 나는 것을 슬퍼하였다.

류영모는 이렇게 말하였다 "우리가 이 세상에서 바라고 찾을 것은 영원한 생명뿐이다. 영원한 생명이란 전체로서, 나고 죽는 개체인 생명을 부정하는 거다. 거짓 생명인 개체가 나고 죽는 것이지 전체인 얼생명이 나고 죽는 게 아니다. 그러므로 개체의 죽음을 무서워하고 싫어할 까닭이 없다. 죽음이란 개체인 이 몸이 퍽 쓰러져 못 일어나는 것밖에 더 있는가. 이 몸이 그렇게 되면 어떤가. 전체인 참 생명은 영원하다. 우리는 참나인 영원한 생명을 바랄 뿐이지 그밖에 바라는 것은, 없다. 있다면 그것은 우상이 되고 만다"(『다석어록』).

"바라는 것을 아직 얻지 못하였다면"(所望尙未得)
"사람이 참고서 바라는 것을 기다려야"(人忍以待望)

류영모는 말하기를 "사람은 전체인 완전(하느님)을 알 수가 없다. 그러나 사람은 완전을 그리워한다. 그것은 완전(完全)이 하느님 아버지가 되어 그렇다. 전체인 하느님 아버지를 그리워하는 것이 참삶이다. 그런데 정신적인 기량(器量)이 작은 사람은 이 땅의 작은 걸로 만족해버린다. 그 정신적인 기량이 커감에 따라 사랑의 대상이 자꾸 차원이 높은 것으로 바뀐다. 그 기량이 아주 크면 사랑의 대상을 영원한 절대인 하느님에 둔다. 우리 마음속에 하늘나라(니르바나)가 들어오지 못하면 마음의 가난을 면치 못한다"라고 하였다.

석가는 전체인 하느님(니르바나)을 깨닫는 데 6년 동안 고행을 하였다. 예수도 자세한 기록은 없지만 6년보다 짧지 않은 긴 동안 수도 생활을 하였음이 틀림없다. 시련과 고난을 겪어야 하는 까닭은 생각 때문이다. 시련과 고난을 겪을 때 생각을 깊게 하게 된다. 시련과 고난이란 쉽게 말하면 죽을 고비이다. "죽음을 생각하여 언제 떠나도 미련이 없도록 준비와 각오를 하면 좀 더 생각을 깊이 하게 된다. 사람이 아프면 죽음을 생각하게 된다. 아프지 않으면 죽음 생각이 안 난다"(『다석어록』).

일본의 후지무라(藤村操)처럼 생각이 쉽게 풀리지 않는다고 약관의 나이에 폭포에 뛰어내려 죽어서는 안 된다. 그러므로 죽기로 참으면서 생각의 길을 열어가야 한다. 제나(自我)가 거짓임을 깨달을 때 참나가 들어선다. 류영모는 말하기를 "영원히 갈 것은 오직 생각 하나뿐이다. 영원한 생명을 아는 것은 생각 때문이다. 생각이 없었다면 말도 없었을 것이다. 말이 없으면 이렇다 저렇다 할 아무런 문제가 없을 것이다. 이런 물질 말고 오직 생각(얼)뿐인 데가 있을 것이라 해서 하느님이라 한다. 영원히 가는 것은 생각하는 점 그것뿐이다. 진리(法)라, 말씀이라 하는 것이, 이것이다"라고 하였다.

28. 떠나가는 말씀
逝辭

세상에 많은 이들 목숨 길기를 비나 世間多祝壽
감옥살이에 장기수일 뿐이라네 囹圄長期囚
머지않아 하늘 위로 돌아가서 天上不遠歸
노니는 얼나는 바뀐 셈대로 세리라 游魂爲變籌

(1958. 10. 31)

逝: 죽을 서. 囹圄(영어): 감옥. 囹: 옥 영. 圄: 가둘 어. 游魂(유혼): 자유로운 얼. 游: 노닐 유. 籌: 셈 주.

칼릴 지브란의 예언자 마지막에 떠나가는 말이 있다. "자 이젠 됐다. 시내는 바다에 이르렀고 크신 어머니가 또 한 번 제 아들을 가슴에 품으신다. 수련 꽃이 내일을 두고 닫히듯이 이날이 우리 위에 닫힌다. 잊지 마라, 나는 다시 너희에게로 온다. 바람 위에서 잠깐만 쉬면 또 다른 여인이 나를 낳을 것이다"(칼릴 지브란, 『예언자』). 『사람의 아들 예수』를 쓴

이가 "또 다른 여인이 나를 낳을 것이다"라고 한 것은 알 수 없는 말이다. 오히려 윤회설을 믿은 것으로 알려진 석가의 말이 더 옳다. "상대적 존재는 다 떳떳지 못하다. 설사 내가 일겁(一劫)이나 반겁(半劫) 동안 수명을 늘린다 하여도 마침내는 죽지 않을 수 없다. 리차 사람들이여 수미산이 높지만 마침내는 무너질 것이요, 큰 바다가 깊지만, 또한 반드시 마를 때가 있을 것이다. 해와 달이 밝게 비치고 있지만 오래지 않아서 저쪽으로 빠져 잠기고, 대지(大地)가 굳어 일체 물건을 싣고 있지만, 겁(劫)이 다하여 업화(業火)가 타오르면 또한 멸망하지 않을 수 없는 것이다. 모인 자는 다 이별을 하게 마련이다. 모든 부처의 몸도 또한 이 세상을 떠나 돌아가셨다. 그렇거늘 나 혼자만이 어찌하여 상대적 존재의 멸망하는 법칙을 거슬러 죽음을 면할 수가 있겠느냐. 너희들은 내 일에 대하여 그와 같이 걱정하고 슬퍼하지 말라. 라훌라야, 나는 이제 니르바나(Nirvana)에 들면 다시 다른 이의 아버지가 되지 않을 것이요 너도 반드시 니르바나에 들어 다른 이의 아들이 되지 않을 것이다. 나와 너는 함께 어지럽게도 말고 또 성질도 내지 말아야 한다. 라훌라야 붓다(Buddha)의 진리는 영원한 것이다. 너는 떳떳하지 못한 자아(自我)를 벗어나기를 구하지 않으면 안 된다. 이것이 곧 나의 가르침이다"(『불반』 및 『대승열반경』).

석가가 자신의 죽음을 걱정하지도 말고 슬퍼하지도 말라고 하였듯이 예수도 자기의 죽음은 유익한 것이며 기쁜 일이라고 말하였다. "지금까지 내가 이 말을 너희에게 하지 않은 것은 내가 너희와 함께 있었기 때문이다. 나는 지금 나를 보내신 분에게 돌아간다. 그런데도 너희는 어디로 가느냐고 묻기는커녕 오히려 내가 한 말 때문에 모두 슬픔에 잠겨 있다. 그러나 사실은 내가 떠나가는 것이 너희에게는 더 유익하다. 내가 떠나가지 않으면 그 협조자가 너희에게 오시지 않을 것이다"(요한 16:4-7). "아직도 나는 할 말이 많지만, 지금은 너희가 그 말을 알아들을 수 없을 것이다. 그러나 진리의 성령이 오시면 너희를 이끌어 진리를 온전히 깨닫게 하여 주실 것이다"(요한 16:12-13). "너희는 울며 슬퍼하겠지만 세상은 기뻐할 것이다. 너희는 근심에 잠길지라도 그 근심은 기쁨으로 바뀔 것이다. 여자가 해산할 즈음에 걱정이 태산 같다. 진통을 겪어야 할 때가 왔기 때문이다. 그러나 아이를 낳으면 사람 하나가 이 세상에 태어났다는 기쁨에 그 진통을 잊어버리게 된다. 이와 같이 지금은 너희도 근심에 싸여 있지만 내가 다시 너희와 만나게 될 때에는 너희의 마음은 기쁨에 넘칠 것이며 그 기쁨은 아무도 빼앗아가지 못할 것이다"(요한 16:20-21).

이것이 석가와 예수가 이 세상을 떠나면서 남긴 서사 곧 고별사이다. "하느님 아버지를 사랑하라"는 말이었다. 류영모는 이렇게 고별사를 말하였다. "1956년 4월 26일은 내가 죽기를 기원한 날인데 오늘이 일년 돌이 되는 날이다. 내 장례를 내가 치르고 오늘은 내 소상(小祥)을 내가 치르는 날이다. 내 대상(大祥)도 내가 치르게 될지 모른다. 그러나 그런 것이 문제가 아니다. 요는 하느님을 알고 하느님을 믿고 하느님에 사는 것이다. 그러면 사람의 삶이 단순해진다. 하느님을 알고 살면 다른 것은 몰라도 괜찮다. 나는 하느님밖에 모른다"라고 하였다. 류영모가 하느님밖에 모른다고 한 것은 예수가 하느님만 알고 석가가 니르바나만 안다는 것과 같다. 이렇게 이 세상을 떠나면서 마지막 남긴 말이 서사(逝辭)이다.

"세상에 많은 이들 목숨 길기를 비나"(世間多祝壽)
"감옥살이에 장기수일 뿐이라네"(囹圄長期囚)

옛날부터 사람의 오복(五福) 가운데 장수(長壽)를 첫째로 친다. 사람들에게 가장 흔한 인사가 만수무강 하라는 축수이다. 그래서 옛날 임금들에게는 천세 만세를 외쳐주기도 하였다. 그러나 임금치고 오래 산 임금이 별로 없다. 무집착과는 정반대의 자리이기 때문이다.

류영모는 몸을 수의(囚衣)로 알고 이름을 죄수의 번호와 같다고 하였다. 몸나로 갇혀 사는 이 상대세계는 감옥에 지나지 않는다는 것이다. 류영모는 말하기를 "이 생명은 종당 죽음이 결정된 사형수이다. 사형수들이 못 나가게 얽어매놓은 것이 가정이요 나라요 지구요 우주다. 우리의 이름이란 마치 감옥에서 죄수에게 붙여준 죄수 번호와 같은 것이다. 이름을 가졌다는 것은 우리가 감옥 속에 갇힌 죄수라는 것뿐이다. 이름 없는 것이 나의 본바탕인 참나다. 참나란 영원한 생명이 폭발하여 나타나는 얼나뿐이다. 참나인 진리에 무슨 이름이 붙을 리가 없다. 진리는 영원 전에도 진리이고 영원 뒤에도 진리이고 오늘도 진리이다"라고 하였다.

류영모가 1943년에 일본제국 경찰에 의해 서대문 형무소에 미결수로 수감생활을 하였다. 김교신이 발행한 「성서조선」이 반일(反日) 조선독립운동을 하였다는 죄목이었다. 류영모는 형무소 감방에서 기가 막힌 깨달음을 얻었다. 새로 들어오는 죄수들에게 '어서 오시오'라고 인사를 하면 오히려 인사가 안 된다는 것이다. 오히려 섭섭하게 맞이하는 것이 바른 인사라는 것이다. 풀려나 집으로 가게 된 죄수에게 헤어지게 되어 섭섭하다고 하면 인사가 아니라는 것이다. "떠나게 되어 기쁩니다"라고 해야 바른 인사라는 것이다. 이 세상도 감옥이라 '오는 이 섭섭히 맞으며 가는 이 반기세'가 되어야 한다는 것이다. 그렇다면 사람들에게 만수무강 하시라는 인사는 인사가 아니다. 장기수(長期囚) 노릇 하라는 것밖에 안 되기 때문이다. 그것은 축하가 아니라 모욕이 된다는 것이다. 만수무강 하라는 것을 축하 인사로 주고받는 것은 아직 인생이 뭔지 전혀 모르는 사람들의 뒤집힌 생각에 지나지 않는다.

"머지않아 하늘 위로 돌아가서"(天上不遠歸) "노니는 얼나는 바뀐 셈대로 세리라"(游魂爲變籌)

대통령의 권위는 장관을 언제나 바꿀 수 있는 데 있다. 민주의 주권은 대통령을 뽑을 수 있는 데 있다. 허공(虛空)의 권위는 이루어 놓은 모든 형체(形體)의 유(有)를 어김없이 무(無)로 복귀시키는 데 있다. 이 허공의 권위를 어기어 본 유(有)는 없다. 참으로 지엄한 명(命)이라 아니할 수 없다.

그러므로 우리는 허공을 항상 그리워하고 높여야 한다. 그리고 허공에 돌아가고자 허공을 항상 바라고 사랑해야 한다. 절대 허공이 하느님이시다.

류영모는 이렇게 말하였다. "이 지구 위에 잔치에 다녀가는 것은 너나 할 것 없이 미련을 갖지 말아야 한다. 자꾸 더 살자고 애쓰지 말아야 한다. 이것을 잊지 말고 있어야 한다. 그저 사는 게 좋다고 죽는 게 싫다고 하는 것은 말이 안 된다. 여기는 잠깐 잔치에 참여할 곳이지 본디 여기서 산 것도 아니요 늘 여기서 살 것도 아니다. 이 잔치만 쳐다보고 있을 수 없으니 이를 생각으로라도 좀 초월해 보자는 것이다. 예수·석가의 말씀을 그대로 바로 알아들었다면 이 죄고(罪苦)의 세상을 건너가려고 언제든지 애를 쓸 것이다. 바로 알아듣지 못했으니 재미를 찾는다. 나는 죽음 맛을 보고 싶다. 그런데 그 죽음 맛을 보기 싫다는 게 뭔가. 이 몸은 땅에 내던지고 얼은 하느님께로 들려야 한다. 하늘에서 온 얼은 들리어 하느님께로 올리고 땅에서 온몸은 땅에 떨어지는 것이다"라고 하였다.

유혼위변(游魂爲變)이란 『주역』(周易) 계사 상전에 나온다. 노니는 얼은 바뀌게 한다는 뜻인데 여기에 주(籌)를 덧붙였다. 얼나의 나이는 몸나의 나이와 다르기 때문에 셈대를 바꾼다는 뜻이다. 얼나는 시간·공간을 초월하기 때문에 나이가 없다. 하늘나라에는 세상에서 쓰는 주판도 계산기도 소용이 없다.

류영모는 말하기를 "얼나라의 영원한 생명줄이 우리 앞에 드리워 있다. 이 목숨 줄은 이 몸이 죽어도 안 끊어진다. 이것은 나의 절대 신앙이다. 이 얼 생명줄은 영원히 안 끊어진다. 그게 참나다. 이 얼나의 성명(性命)은 절대다. 하늘땅이 갈린다 해도 끄덕 않는다. 이게 불성(佛性)이다. 나는 염불(念佛)을 하는 건지 크리스천인지 모른다. 신앙인지 철학인지 모른다"라고 하였다

29. 빈 맘
無心

빈 맘으로 제나가 없을 때 無心無我時
나를 생각해 참뜻을 배운다 爲己學誠意
든 맘으로 제나가 있는 곳엔 有心有我處
남을 생각해 나쁜 생각을 낸다 爲人放邪思

(1957. 11. 11)

無: 빌 무. 處: 곳 처. 妨: 놓을 방. 邪: 간사할 사.

예수는 사마리아 지방의 사가르라는 동네에 있는 야곱의 우물에서 만난 사마리아 여인에게 이렇게 말하였다. "이 우물물을 마시는 사람은 다시 목마르겠지만 내가 주는 물을 마시는 사람은 영원히 목마르지 않을 것이다. 내가 주는 물은 그 사람 속에서 샘물처럼 솟아올라 영원히 살게 될 것이다"(요한 4:14). 뒷부분의 번역을 좀 고쳐야 한다. '그 사람 속에 영원한 생명이 샘물처럼 솟아날 것이다'라고 해야 뜻이 분명해진다. 예수가 하느님이 주시는 성령을 받아 하느님의 말씀을 하는 것을 상징적으로 비유하여 말한 것이다. 예수가 말하는 영원한 생명은 하느님이 보내시는 얼(성령)인 것을 분명하게 알 수 있다. 예수가 눈에 보이는 생명의 물을 준 적이 없다. 마음은 이처럼 하느님의 성령이 샘솟는 거룩한 샘이 될 수 있다.

예수의 제자들이 음식 먹을 때에 손을 씻지 않는다며 시비하는 바리새파 사람들에게 예수가 말하였다. "입으로 들어가는 것은 사람을 더럽히지 않는다. 더럽히는 것은 오히려 입에서 나오는 것이다"(마태오 15:11). 이 말을 제자들조차 알아듣지 못하자 예수가 이르기를 "너희도 아직 알아듣지 못하였느냐. 입으로 들어가는 것은 무엇이나 배 속에 들어갔다가 뒤로 나가지 않느냐. 그런데 입에서 나오는 것은 마음에서 나오는 것인데 바로 그것이 사람을 더럽힌다. 마음에서 나오는 것은 살인 간음 음란 도둑질 거짓 증언 모독과 같은 여러 가지 악한 생각들이다. 이런 것들이 사람을 더럽히는 것이지 손을 씻지 않고 먹는 것이 사람을 더럽히는 것은 아니다"(마태오 15:16-20)라고 하였다. 마음은 이처럼 사람을 더럽히는 악한 생각이 쏟아져 나오는 더러운 곳이다. 같은 마음이 어찌하여 거룩한 곳이 되기도 하고 더러운 곳이 되기도 하는가. 류영모는 그것을 제나(自我)가 죽은 무심(無心)과 제나가 살아 있는 유심(有心)으로 갈라서 말해주고 있다. 제나(自我)는 짐승이라 짐승의 본성인 탐·진·치의 삼독을 지니고 있다. 그 삼독이 온갖 죄악된 생각을 일으키는 주범이다. 그러나 제나가 죽으면 그 자리에 하느님이 보내신 아들인 얼나가 들어선다. 얼나는 영원한 생명이요 또한 하느님의 말씀이다.

류영모는 이렇게 말하였다. "맘이라는 것은 어떤 의미로는 영원한 생명인 얼을 대표할 수 있다. 그러나 맘이라는 것은 그대로는 안 된다. 맘에는 벗어버릴 것이 여간 많지 않으므로 벗어버릴 것 벗어버리고 가야 한다. 맘을 멸거(滅去)한 뒤에 즉진(卽眞)하여야 한다. 참에 이르러야 한다는 것이다. 여러 가지 말을 하여도 맘이 참에 이르지 못하면 아무짝에도 못 쓴다"(『다석어록』).

"빈 맘으로 제나가 없을 때"(無心無我時)

무심(無心)이 무아(無我)이고 무아가 무심이다. 어버이로부터 받은 제나는 짐승이다. 짐승들은 짐승으로 사는 데 불만이 없겠지만 참사람은 그렇지 않다. 짐승 노릇 하는 것이 부끄럽고 싫다. 짐승으로는 죽고 싶다. 그래서 몸은 지녀도 짐승 성질을 버리려고 한다. 짐승 성질인 탐·진·치를 온전히 버리면 무심(無心) 무아(無我)가 된다. 석가가 말한 여섯 바라밀(六婆羅密)이 바로 짐승의 나(自我)로 죽고 하느님 아들로 살라는 가르침이다. 탐(貪)을 버리는 보시(布施)요, 진(瞋)을 버리는 지계(持戒)요, 치(痴)를 버리는 인욕(忍辱)이다. 그러면 짐승의 나는 죽어버린다. 그러고는 얼나로 솟나 하느님(니르바나)에 이른다. 하느님과 교통하는 것이 정진(精進)이요, 하느님의 뜻과 일치하는 것이 선정(禪定)이요, 하느님의 뜻을 나타내는 것이 반야(般若)이다. 예수의 가르침도 석가와 다름이 없다. 욕심내지 말라, 성내지 말라, 음욕을 품지 말라는 것은 짐승의 성질을 버리라는 말이다. 맘과 뜻과 힘을 다해 하느님을 사랑하고 또 이웃을 사랑하라는 것은 하느님 아들 노릇을 하라는 말이다.

"나를 생각해 참뜻을 배운다"(爲己學誠意)

위기(爲己) 위인(爲人)이란 말은 논어에서 따온 말이다. "옛날에 배운 이들은 내가 (참되고자) 하였는데 오늘에 배우는 이들은 남에게(아는 체) 하고자 한다"(子曰 古之學者爲己 今之學者爲人 ―『논어』「헌문편」). 그러므로 위기(爲己)는 이기(利己)와는 다르다. 위인(爲人)도 이타(利他)가 아니다.

류영모는 성의(誠意)에 대해서 말하기를 "맨 처음이시고 진리되시는 아버지 하느님을 그리워함은 어쩔 수 없는 사람의 깊은 본성(本性)이다. 그것이 사람의 참뜻이다. 그런데 이 뜻은 꼭 이루어진다. 그것이 참뜻(誠意)이다. 영원히 사는 것은 참뜻뿐이다. 하느님의 뜻은 영원하다. 우리가 참뜻만은 가지고 가야 한다. 하느님의 참뜻 그것이 나의 본체인 참나다. 참뜻이 우주의 뿌리다. 참뜻만은 영원히 죽지 않는다. 참뜻은 영원한 생명이다. 하느님의 뜻과 내 뜻이 하나가 되어 영원한 참뜻을 이루어 간다. 하느님의 뜻이 내 참뜻이다. 하느님의 뜻이 참된 것처럼 내 뜻을 참되게 해야 한다"라고 하였다. 이처럼 하느님의 뜻을 내 참뜻으로 하여 배우고 실천해야 한다.

"든 맘으로 제나가 있는 곳엔"(有心有我處)

우리는 어머니 아버지가 낳아준 나밖에 모른다. 그런데 류영모는 어머니 배에서 나온 나는 참나가 아니라고 말하였다. "어머니 배에서 나온 것은 참나가 아니다. 속 사람인 얼나가 참나다. 겉 사람인 몸나는 흙 한 줌이요 재 한 줌이다. 그러나 참나인 얼나는 하늘나라를 세울 수 있다."

몸나는 어버이가 낳아주었다. 예수는 이것을 아래서 났다고 하였다. 얼나는 하느님이 성령을 보내준 것이다. 예수는 이것을 위에서 났다고 하였다. "너희는 아래서 왔지만 나는 위에서 왔다. 너희는 이 세상에 속해 있지만 나는 이 세상에 속해 있지 않다"(요한 8:23). 이 세상이란 상대세계를 말한다. 제나(自我)는 상대세계에 속하여 반드시 나고 죽는다. 그러나 절대세계에 속한 얼나는 나지도 않고 죽지도 않는다.

제나(自我)는 짐승이라 제나의 맘에는 짐승의 성질이 들어 있다. 그 짐승의 성질을 탐·진·치(貪瞋痴) 삼독(三毒)이라 한다. 이것은 150만 종이나 되는 모든 동물의 공통된 성질이다. "사람이 바라는 공평과 자유를 언제 만나볼 것인가, 맘은 공평과 자유를 찾는데 삼독이 든 몸이 악(惡)을 저지르려고 한다. 악을 보면 끔찍한데도 자꾸 악이 세상에 나오는 것은 삼독이 있기 때문이다"(『다석어록』).

그래서 예수·석가는 제나를 버리고 얼나로 솟나라고 일러주었다. 그런데 그 말귀를 제대로 알아듣지 못하였다. 그래서 류영모는 예수·석가의 가르침을 다시 분명하게 말해주었다. "제나(自我)가 죽어야 참나가 산다. 제나가 완전히 없어져야 참나다. 제나가 죽어 마음이 깨끗해지면 하느님인 참나가 드러난다. 하느님의 얼인 참나로는 참나와 하느님이 한 얼생명이다."

"남을 생각해 나쁜 생각을 낸다"(爲人放邪思)

예수·석가처럼 제나에서 얼나로 거듭난 이들은 참나인 하느님을 생활의 중심으로 삼는다. "내가 가르치는 것은 내 것이 아니라 나를 보내신 분의 가르침이다. 하느님의 뜻을 실천하려는 사람이면 이것이 하느님으로부터 나온 가르침인지 또는 내 생각에서 나온 가르침인지를 알 것이다. 제 생각대로 말하는 사람은 자기 영광을 구하는 사람이다. 그러나 자기를 보내신 분의 영광을 위해서 힘쓰는 사람은 정직하며 그 속에 거짓이 없다"(요한 7:16-18). 하느님을 영광되게 하려는 사람은 언제나 하느님을 의식하지, 세상 사람을 의식하지 아니한다. 류영모는 말하기를 "참을 찾는 사람은 외부사(外部事)에 초연해야 한다. 좀 성공했다고 우쭐할 것도 없고, 좀 안 된다고 풀 죽어 할 것도 없다. 이 세상은 이렇게 복잡한 세상이지 단순한 세상이 아니다. 그러니 우리가 성경, 불경을 읽는다. 마음이 허공처럼 청정(淸淨)하면 누가 헐뜯거나, 또는 기린다 해도 수미산 같이 꿈쩍하지 아니해야 한다"라고 하였다.

석가의 어머니는 석가를 낳고 죽었다. 석가의 이모가 새어머니가 되었다. 그래서 이모가 낳은 아들이 배다른 친동생이다. 그 이복동생 난다도 형인 석가 부처의 제자가 되었다. 그런데 몸은 출가하였는데 맘은 언제나 아내인 순다리에게 가 있었다. 출가한 스님답지 않게 부드러운 옷을 입고 눈가에 물을 들이고 멋진 바리때를 들고 다녔다. 아직도 세상 사람들을 의식하여 세상 사람들에게 잘 보이고자 하는 맘이 있었던 것이다. 형인 석가 부처는 그 아우가 걱정이 되었다. 하루는 향취산에 큰 산불이 났다. 거기 살던 짐승들이 불에 타 죽었다. 석가는 난다를 데리고 향취산에 올라갔다. 불난 곳에 암원숭이가 불타서 처참하게 죽어 있었다. 석가 부처는 그 암원숭이의 죽음을 가리키면서 너의 아내도 죽으면 이렇게 된다. 그러니 아내를 잊어야 한다고 가르쳤다. 그러므로 하늘 아가씨가 있다 해도 맘이 흔들려서는 안 된다고 하였다. 얼나로 솟난 이는 하느님(니르바나)만 의식하지만 제나로 사는 이는 사람을 의식한다.

예수 때에 바리새파 사람들은 하느님에게 올리는 기도조차도 하느님은 제쳐놓고 사람들을 의식하였다. 그래서 예수가 나무랐다. "기도할 때에도 위선자들처럼 하지 말아라. 그들은 남에게 보이려고 회당이나 한길 모퉁이에 서서 기도하기를 좋아한다. 나는 분명히 말한다. 그들은 이미 받을 상을 다 받았다. 너는 기도할 때에 골방에 들어가 문을 닫고 보이지 않는 네 아버지께 기도하여라"(마태오 6:5-6). 우리의 삶이 언제나 기도하는 맘이라야 할 것이다. 그렇다면 언제나 하느님의 뜻을 헤아리는 데 맘을 기울여야 한다. 사람에게 잘 보이려 하다가는 오히려 우습게 보인다. "사람들은 제 잘난 맛에 산다. 이것이 교만이다. 교만이 깨지고 겸손해져야 한다. 풍선이 터지듯 허세의 바람이 빠져야 한다. 망상이 없어지고 실상(實相)에 깨어나야 한다. 그리하여 내가 못난 줄을 알아야 한다. 내(自我)가 없어져야 한다. 그래야 마음이 가라앉고 거울같이 빛나게 된다. 그때 참나인 얼이 빛난다. 마음은 없어져야 맘이다. 무념무상(無念無想)한 맘이 얼이다. 제나가 없는 마음은 깨끗이 식색(食色)을 초월한다. 식색이 끊어져야 붓다(Buddha)이다."

30. 사랑을(나를 버린) 기림
慈(我可廢)頌

빔을 이제 거스른 나그네 집(몸)인데	空方逆旅舍
때로 이르심 따르라는 하느님의 시키심	時命順天使
깨달음이 더디면 괴로운 꿈 길고	覺遲苦夢長
얼생명으로 영생하는 하느님 아들(인자)	獨生能人子

나를 부르심은 (뜻) 받들어 행하라 함이요	召我以擧行
나를 거듭나라 함은 얼로서 살리는 것이라	復我以起死
(제나를) 다스려야 그리스도의 무리들이요	提督基督徒
님을 생각함으로 님이 계시니 사랑(의 하느님)이라	念玆在玆慈

(1957. 10. 31)

慈: 사랑할 자. 廢: 내칠 폐. 頌: 기릴 송. 方: 이제 방. 使: 부릴 사. 擧行(거행): 명령에 따라 행함. 擧: 받들 거. 起死(기사): 다시 살아남. 提督(제독): 통솔하는 이. 玆: 이 자.

옛 그리스 사람들은 사람과 사람 사이의 사랑에 차별을 두었다. 사랑에도 여러 종류가 있다는 것이다. 하느님과 성인의 사랑을 아가페(agape)라 하고, 남자와 여자의 사랑을 에로스(eros)라 하고, 부모와 자녀의 사랑을 스토르게(storge)라 하고, 벗 사이의 사랑을 필로스(philos)라 하였다. 요한복음 21장에 부활한 예수와 베드로 사이에서 사랑하느냐고 물을 때 아가페와 필로스를 쓰고 있다.

류영모는 하느님의 사랑을 말하면서 사랑 자(慈)를 썼다. 그러고는 괄호 속에 아가페(我可廢)라 하였다. 그리스어를 한자로 사음하면서 제나를 없애겠다는 뜻을 나타내는 한자를 골라 썼다. 하느님은 제나(自我)가 없는 참나(眞我)이다.

류영모는 이렇게 말하였다. "사람이 이 세상에서 평생을 지내는데 마침내 참나(얼나)를 찾아 서로 사랑하는 것으로 끝을 맺게 될 것이다. 본디 하느님께서 내게 준 분량을 여물게 노력하면 반드시 사랑에 이르게 될 것이다. 사랑을 잘못하면 죄가 될 수도 있다. 짝사랑으로 인해서 서로 다투고 미워하다 마침내 살인까지 이른다면 그것은 독한 가스와 같은 죄악이다. 그렇지만 사랑을 너무 에누리해서 사랑의 죄악만을 강조한다면 사랑의 본질을 놓치기 쉽다. 우리가 사랑의 본원에 들어 사랑으로 살면 결코 해로운 것이 될 수가 없다."

류영모는 진리의 사랑을 아가페의 사랑이라 하였다. 사람 사이도 하느님과 마찬가지로 진리의 사랑(아가페)을 해야 한다. 인정의 사랑을 해서는 안 된다. 진리의 사랑은 얼나로 거듭난 사람만이 할 수 있다. "벗이라는 것은 하느님의 뜻을 가진 사람을 말한다. 하느님의 뜻대로 사는 사람은 나의 형제가 될 수 있다. 그러자면 모두가 예수가 되지 않고는 벗이 성립되지 않는다. 예수는 벗을 위하여 목숨을 버리는 사람보다 더 큰 사랑이 없다고 하였다. 원수를 사랑할 줄 알면 벗을 위해서 목숨을 버릴 수 있는 사람이다. 우애(友愛)처럼 믿음성 있는 것은 없다. 그밖에 믿음성은 하나도 없다. 우애의 지경을 가야 하느님을 믿었다는 말이 나올 수 있다. 이 같은 존신(尊信)이 서로 만나서 우애할 수 있는 세상이란 참 만나기 어렵다"(『다석어록』).

24살의 로맹 롤랑(1866~1944)은 프랑스의 최고 명문 대학인 고등사범학교(École normale)에 다녔는데 장학생으로 뽑히어 로마에 유학을 갔다. 고등사범학교의 모노 교수의 소개로 로마에 머물고 있는 73살의 마르뷔다 부인을 찾아 만났다. 마르뷔다 부인은 리스트, 바그너, 니체와도 잘 아는 사이로서 독일 음악의 산 넋이라 일컬어졌다. 어머니 덕택으로 음악에도 조예가 깊은 로맹 롤랑과 마르뷔다 부인과의 사귐에 음악이 공통의 화제가 되었다. 그 뒤 로맹 롤랑은 고국 프랑스로 돌아온 뒤 마르뷔다 부인이 79살로 세상을 떠날 때까지 6백 통의 편지를 썼다. 거의 1주일에 1통의 편지를 보낸 셈이다. 사람들은 로맹 롤랑과 마르뷔다 부인의 사랑을 우정이라고도 하고 애정이라고도 한다. 로맹 롤랑은 자기에게 큰 영향을 끼친 두 여인으로 자기 어머니와 마르뷔다 부인을 들었다. 로맹 롤랑이 마르뷔다 부인에게 보낸 편지 가운데 이러한 사연도 실려 있다. "내게는 눈에 보이지 않는 사물이 눈에 보이는 것보다 더욱 확실한 것으로 보이고 영원한 것이 현실보다 더욱 친근하게 느껴집니다." 이 정도라면 로맹 롤랑과 마르뷔다 부인의 사랑은 존심우애(尊心友愛), 곧 진리의 사랑이라 할 것이다.

류영모는 하느님의 사랑 아가페(αγαπη)에 대해서 이렇게 말하였다.

"어제는 공자(孔子)의 온 세상을 구원할 사랑을 인(仁)이라고 하였는데 오늘 나는 온 우주의 임자이신 하느님의 사랑을 인(仁)이라고 해본다. 기독교에서는 예수를 사랑의 화신(化身)이라 하여 예수를 믿는다고도 하고 안다고도 하지만 참으로 사랑은 알 수 없는 것이다. 사랑은 다만 화산(火山)이 터져서 용암이 나오듯이 흘러나오는 것이다. 어머니가 되면 젖이 나오고 사랑이 터져 나오는 것이지 어머니의 젖이 무엇인지 사랑이 무엇인지 알 수 있는 것이 아니다. 하느님의 사랑에서 터져 나온 것이 하늘과 땅이다. 말할 수 없는 하느님의 사랑이 밑에 깔려서 이 우주가 생겼다. 이 사랑은 부부 사이, 형제 사이, 친구 사이의 그런 사랑이 아니다. 말로나 생각으로 도저히 할 수 없는 것이 사랑이다. 사람은 어떻게 이 하느님의 사랑에 참여하는가. 사람은 하느님의 긋(部分)이기 때문에 긋이 근원인 절대자를 찾게 되는 것은 어쩔 수 없다. 아들은 아버지인 하느님을 찾는다"(『다석어록』).

"빔을 이제 거스른 나그네 집(몸)인데"(空方逆旅舍)

내 몸이 이 세상에 태어난 것은 빔(허공)을 거스르는 일이다. 무(無)를 거스르는(反) 것이 유(有)이다. 류영모는 정반합의 법칙을 알아낸 헤겔의 공로를 인정하였다. 유(有)는 밑둥(正)인 공(空)을 거스르고는 오래가지를 못한다. 그래서 다시 공(空)으로 돌아가지 않을 수 없다. 거스를 수 있는 것은 잠깐뿐이다. 이 몸은 내 얼이 잠시 머무를 여관이다. "이 육체는 나가 아니다. 참나를 실은 수레라고나 할까"(『다석어록』). 여관집은 곧 떠날 곳이다. 여관집을 내 집이라 하는 것도 어리석은 생각이고,

여관집을 못 떠나가겠다는 것도 미련한 생각이다. 여관집은 묵는 동안만 요긴하게 쓰고 미련 없이 떠나는 것이 현명하고 자연스러운 일인 것이다.

"때로 이르심 따르라는 하느님의 시키심"(時命順天使)

류영모는 공간에서 하느님의 사랑을 느끼고 시간에서 하느님의 말씀을 받았다. 그래서 시자명야(時者命也)라 하였다. 30억 년 동안이나 바다에서만 살던 원시 생물들 가운데 이크시오테가가 3억 6천만 년 전에 육지로 상륙하였다. 물 아가미를 버리고 허파로 숨 쉬게 되었다. 물숨에서 기(氣) 숨으로 바뀌었다. 이것은 하느님의 시키심에 따른 것이다. 무슨 원시 생물들이 과학 연구소를 차려 놓고 연구하여 이루어진 것이 아니다. 하느님이 마련하신 프로그램에 따른 명령이 우리에게는 진화(進化)로 보인 것이다.

공자(孔子)가 50에 천명(天命)을 알았다는 것도 마찬가지다. 이제까지 목숨의 인명(人命)으로 살다가 얼숨의 천명으로 바꾸게 된 것이다. 이것이 생명의 전환이요 부활이다. 멸망의 생명에서 영생의 생명으로 옮기는 것이다. 류영모가 말하기를 "하느님의 성령을 숨 쉬는 얼생명이 참 생명이다. 영원한 참 생명에 들어가면 숨 쉬지 않아도 끊기지 않는 얼생명이 있을 거다. 내가 어쩌고저쩌고하는 그런 나(自我)는 소용이 없다. 석가의 '법신'(法身), 예수의 '아들'은 같은 말로 영원한 생명인 얼나다. 숨 안 쉬면 끊어지는 이 목숨은 가짜 생명이다"라고 하였다.

"깨달음이 더디면 괴로운 꿈 길고"(覺遲苦夢長)

사람은 힘쓰며 애쓰고 산다. 오죽하였으면 예수가 이르기를 "하루의 괴로움은 그날에 겪는 것만으로 족하다"(마태오 6:34)고 하였겠는가. 그러나 막상 살고 나면 삶이란 눈 뻔히 뜨고서 꿈꾸는 일이다. 3일을 살든 3만 일을 살든 꿈을 꾼 것이다. 살고 난 지난날을 생각하면 기억 속에 꿈으로 남아 있을 뿐이다. 그 꿈도 괴로운 꿈이지 결코 즐거운 꿈이 못 된다.

우리의 삶이 꿈인 것을 알고 이 꿈에서 깰 때 상대에서 벗어나 절대인 하느님을 깨닫게 된다. 예수가 인생이란 꿈에서 깨어나 하느님이 참나임을 알았고, 석가가 인생이란 꿈에서 깨어나 니르바나가 참나임을 알았다. 깨달음이 늦으면 괴로운 꿈이 그만큼 길어진다. 하느님(니르바나)을 모르는 이는 삶이 꿈인 줄조차 모른 채 꿈을 꾸고 있는 것이다. 아무리 원망스러운 삶이요 고통스러운 죽음이라 하더라도 거짓 생명이 살고 거짓 생명이 죽는 것이라면 인생이란 한바탕 웃음일 뿐인 것이다. 삶이 한바탕 웃음인 줄 알면 순교한 승조처럼 망나니의 칼에 목이 잘리는 순간에도 칼이 내 목을 자르는 것이 아니라 바람을 자르는 것이라며 껄껄 웃어넘길 수 있다.

"얼생명으로 영생하는 하느님 아들(인자)"(獨生能人子)

제나(自我)가 얼나(靈我)를 참나로 모실 때 인자(人子)가 된다. 인자는 붓다(Buddha)다. 제나의 권리와 사명은 얼나를 참나로 받드는 것이다.

이것을 '참나를 깨달음'이라 '참나로 거듭남'이라 한다. 여기 다석사상을 만난 지 4년 만에 참나를 깨달은 이가 증언하기를 "우주 만물이 이 몸이며 이 몸이 우주 만물이라는 생각에 미치자 일순에 이 몸이 우주 속으로 흩어지는 것이 똑똑히 보였다. 이 몸은 우주 만물로 흩어져 소멸하는데 그것을 지켜보는 '나'는 더욱 빛난다. 자기 몸의 소멸을 지켜보는 이 '나'는 무엇인가. 그것을 뭐라 이름하든 몸이 죽어도 더욱 빛나는 이 생명 자기 몸의 죽음을 지켜보는 영원한 생명이 있음을 체험하였다"라고 하였다. 얼나를 깨달은(見性) 것이다. 얼나를 참나로 받드는 제나(自我)는 짐승의 성질인 탐·진·치 삼독(三毒)을 버리게 된다. 그리하여 탐욕(avarice)이 없어 무소유(無所有)를 지향하고 진에(wrath)가 없어 무저항(無抵抗)을 지향하고 치정(lust)이 없어 무교정(無交情)을 지향한다. 이 셋 가운데 가장 어려운 것이 금욕이다. 얼나를 받드는 제나의 특성은 금욕에 드러난다. 그래서 류영모는 독생(獨生)이란 말을 얼생명이란 뜻과 함께 홀로 산다는 뜻으로 썼다.

류영모는 이렇게 말하였다. "혼자 사는 독생자(獨生子)는 죄에 들어갈 염려가 없다. 자기 혼자 독립해서 사니 마침내 인애(仁愛)로 마치게 된다. 구하는 것도 없고 맛보는 것도 없고 호기심도 나지 않는다. 사람은 인애로 독생(獨生)을 하여야 한다. 성별(聖別)을 자꾸 하면 절로 혼자 살게 된다. 호기심에 이끌려서 재미가 있을 듯해도 그런 것도 이 세상에 있나 하고 그냥 지나간다"(『다석어록』).

"나를 부르심은 (뜻) 받들어 행하라 함이요"(召我以擧行)

예수가 고기 잡는 시몬 베드로를 불러 사람 낚는 어부가 되게 하였듯이 예수 자신도 하느님의 부르심을 받았다. 예수는 그 사실을 이렇게 말하였다. "너희가 사람의 아들(人子)을 높이 들어 올린 뒤에야 내가 누구라는 것을 알게 될 것이다. 또 내가 아무것도 내 마음대로 하지 않고 아버지께서 가르쳐주신 것만 말하고 있다는 것도 알게 될 것이다. 나를 보내신 분은 나와 함께 계시고 나를 혼자 버려두시지 않는다. 나는 언제나 아버지께서 기뻐하시는 일을 하기 때문이다"(요한 8:28-29).

예수의 말 가운데서 '명령', '인자', '보내신 분', '보내신 이'가 하느님의 성령인 얼의 나임을 알 수 있다. 이 얼의 나가 참나로 영원한 생명이다. 이 영원한 생명인 얼나를 받드는 것이 하느님께서 시키신 일을 받들어 행하는 것이다. 제나(自我)는 부름을 받았고 얼나(靈我)는 보내심을 받았다. 그래서 제나는 얼나를 참나로 받들어야 한다. 이것이 유한(有限)한 제나의 사명이다.

류영모는 이렇게 말하였다. "하느님의 뜻을 이루려고 평생 동안 노력하는 것이 기도다. 사람의 아름다운 모습은 예수처럼 하느님 아버지를 섬김에 있다. 하느님과 인류를 섬기는 것을 자기의 사명으로 삼으신 이가 그리스도다. 온 인류로 하여금 영원한 생명인 그리스도(얼나)로 살도록 본보이기 위해 하느님의 뜻을 섬기신 이가 그리스도다."

"나를 거듭나라 함은 얼로서 살리는 것이라"(復我以起死)

류영모는 말하기를 "이 생명은 가짜 생명이다. 우리는 참 생명을 찾아야 한다. 우리의 일이 참나를 찾는 거다. 하늘나라에는 얼인 참나가 들어간다. 가짜 생명은 죽어야 한다"라고 하였다. 제나(自我)가 할 일은 얼나를 위해서 기쁨으로 죽는 것이다. 마지막 날만 죽는 것이 아니라 날마다 기쁨으로 죽어야 한다. 우리가 기도한다는 것은 하느님을 사랑하는 마음으로 기쁘게 죽는 것이다. 이것이 영원한 생명인 얼나로 거듭나는 것이 된다. 영원한 생명인 얼나로 다시 나는 것이 아니라 참나가 얼나임을 깨닫는 것이다. 이것이 예수가 말한 부활이다. 예수가 이르기를 "내 말을 듣고 또 나를 보내신 분을 믿는 사람은 영원한 생명을 얻을 것이다. 그 사람은 심판을 받지 않을 뿐만 아니라 이미 죽음의 세계에서 벗어나 생명의 세계로 들어섰다"(요한 5:24)고 하였다. 심판이란 상대적 존재가 나서 죽는 것이다. 사망(제나)에서 생명(얼나)으로 옮기는 것이 부활이다.

"(제나를) 다스려야 그리스도의 무리들이요"(提督基督徒)

종교에는 믿는다는 말을 쓴다. 믿는다는 말을 뒤집으면 권위가 된다. 권위가 있어서 믿고 믿는 데는 권위가 있다. 이 권위를 그리스어로 에쿠수시아(ἐξουσία, authority)라고 한다. 하느님이 주신 얼(성령)은 사람이 지닌 짐승 성질을 다스리는 권위(권한, 권능)를 가졌다. 이 에쿠수시아(권한)를 가져야 신앙인이라 할 수 있다. 곧 크리스천이 될 수 있고 부디스트가 될 수 있다. 류영모는 이 에쿠수시아(권능)를 제독(提督)이라 하였다. 제독은 다스리는 권한이란 뜻이다.

제나는 얼나를 좇지만 얼나는 제나를 다스린다. 얼나가 참나로 등극하여 제나를 다스리는 이라야 이 땅에 속한 멸망의 생명이 아니라 하늘에 속한 영원한 생명이다. "아버지께서는 아들에게 모든 사람을 다스릴 권한을 주셨고 따라서 아들은 아버지께서 맡겨 주신 모든 사람에게 영원한 생명을 주게 되었습니다"(요한 17:2). 여기에 아들은 얼나를 말하는 것이고 모든 사람은 모든 제나(自我)를 말한다. 제독은 여기에 다스리는 권한을 말한다. 얼나는 제나의 수성(獸性)을 다스릴 뿐만 아니라 영원한 생명이 된다.

"님을 생각함으로 님이 계시니 사랑(의 하느님)이라"(念玆在玆慈)

염자재자(念玆在慈)는 『서경』에 나온다. 이것을 생각하면 이것이 있다는 뜻이다. 여기에서 자(玆)는 하느님이신 얼을 뜻한다. 염재신재(念在神在)라고도 하였다. 하느님은 생각하는 사람에게만 나타난다. 짐승들은 생각하지 않기 때문에 하느님을 모른다. 사람들이 하느님을 생각하지 못하는 것은, 저마다 삶의 가목적을 세워놓고 그 가목적에 매달리기 때문이다. 하느님은 삶의 진목적이다. 어서 빨리 스스로 세운 삶의 가 목적을 버리고 진목적을 알아야 한다. 삶의 진목적은 전체인 하느님이 참나임을 깨닫는 것이다. 그 깨달음은 생각으로만 깨달을 수 있다. 하느님을 생각하는 것이 기도요 참선이다.

예수는 이스라엘 동족에게 미움받고 이스라엘 지배자들에게 박해를 받았다. 예수는 일생 보이지 않는 십자가를 지고 왔다. 그 십자가가 보이게 나타난 것이 로마 총독 빌라도가 마련한 십자가였다. 여느 사람 같으면 예수의 마음속에는 원한 어린 미움이 가득해야 할 것이다. 그런데 예수에게는 미움이라고는 찾아볼 수 없을 뿐 아니라 원수조차 긍휼히 여기는 사랑으로 가득 차 있었다. 공자(孔子)는 "온 세상이 알아주지 않는 데도 하느님 원망도 않고 사람 탓도 않는다"(不怨天 不尤人)고 하였다. 그 인격이 높고도 어질어 사람들을 감동시킨다. 그런데 예수는 공자보다 더 나아가 참혹한 형벌로 죽는 데도 그 깊은 사랑에는 변함이 없었다. 죽는 자신보다 산 이스라엘 사람들을 걱정하여 말하기를 "예루살렘의 여인들아, 나를 위하여 울지 말고 너희와 너희 자녀를 위하여 울어라"(루가23:28)라고 하였다. 자기를 십자가에 못 박는 로마 병정들을 위하여 기도하기를 "아버지, 저 사람들을 용서하여 주십시오! 그들은 자기가 하는 일을 모르고 있습니다"(루가 23:34). 이것으로도 예수가 하느님의 사랑을 얼마나 깊게 그리고 가득히 받았는가를 알고도 남는다. 애증(愛憎)을 넘어선 거룩한 아가페의 사랑이여!

31. 같다는 것도 다르다. 세대는 갈아든다 同也異世也代

산 이는 먼저 간 사람에 대해 안 죽은 사람이고	生者對先未亡人
죽은 이는 뒤에 난 사람에 대해 못 만난 사람	死者對後不邂人
먼저도 아니고 뒤도 아니면 이 세대의 사람	不先不後世代人
먼저도 뒤도 될 수 있는 죽어 사는 사람	可先可後死生人

(1959. 12. 27)

邂: 우연히 만날 해. 代: 갈아들 대. 對: 마주볼 대

"산 이는 먼저 간 사람에 대해 안 죽은 사람이고"(生者對先未亡人)

예수가 세상을 떠날 때 떠나는 예수에게는 살아남을 제자들이 미망인(未亡人)들이었다. 죽지 않은 사람이란 뜻이다. 떠나는 예수에게는 죽는 자신보다 뒤에 남을 제자들이 걱정스러웠다. 제자들이 아직 얼나로

솟나지 못하였기 때문이었다. 예수는 말하기를 "내가 아버지께 구하면 다른 협조자를 보내 주셔서 너희와 영원히 함께 계시도록 하실 것이다. 그분은 곧 진리의 성령이시다. 세상은 그분을 보지도 못하고 알지도 못하기 때문에 그분을 받아들일 수 없지만, 너희는 그분을 알고 있다. 그분이 너희와 함께 사시며 너희 안에 계시기 때문이다"(요한 14:16-17)라고 하였다.

예수는 제자들이 하느님이 보내시는 성령을 받아들여 얼나로 솟나 하느님과 예수의 제자들이 얼나로 하나가 되기를 바란다는 말을 한 것이다.

남편 잃은 과부만 미망인(未亡人)이 아니라 산 사람은 누구나 미망인이다. 언제 죽을지 모르는 송장 후보이기 때문이다. 미망인으로 살지 않는 사람이야말로 돈키호테와 같은 웃기는 사람이다.

"죽은 이는 뒤에 난 사람에 대해 못 만난 사람"(死者對後不邂人)

공자(孔子)가 죽은 해와 맹자(孟子)가 태어난 해 사이에는 157년의 세월이 흘렀다. 그래서 맹자가 말하기를 "참사람의 은택(영향)도 5대(代)면 끊어진다. 나는 공자의 제자가 될 수는 없었지만 내가 본받고 싶은 분이다"(君子之澤 五世而斬 予未得爲孔子徒也 予私淑諸人也 — 『맹자』「이루 하편」)라고 하였다.

공자는 맹자를 만나지 못한 사람이다. 공자는 157년 뒤에 자신을 알아주는 맹자가 오는 것을 전혀 몰랐다. 다만 누가 와도 온다는 것은 믿었다. "뒤에 나오는 이들이 두렵다. 오는 이들이 이제 (우리와) 같지 않을지 어찌 알겠는가"(後生可畏 焉知來者之不如今也 —『논어』「자한편」)라고 하였다.

장자(莊子)에 이르면 그 생각이 너무 엄청나 저절로 고개가 숙어진다. "만세 뒤에 큰 성인을 만나 (내 말을) 알아서 풀 것이다. 이것은 아침 저녁에 만나는 것이다"(萬世之後 而一遇大聖 知其解者 是旦暮 遇之也 —『장자』「재물론」). 장자의 생각쯤 되면 만난 것보다 더 깊은 확신을 가지고 있었다. 예수는 말하기를 "하느님의 지혜가 옳다는 것은 지혜를 받아들인 모든 사람에게서 드러난다"(루가 7:35)고 하였다.

류영모는 이르기를 "내 뒤에 오는 이가 나보다 앞선 이라는 것은 이즈음 진리의 발달이 그러하다. 내가 아무리 예수를 믿는 척하더라도 내 말을 듣고 뒤좇아오는 사람은 언젠가는 나를 앞설 것이다. 나 역시 미완고(未完槁)를 완결 짓기를 바라나 내 손으로는 할 수 없다. 내 뒤에 오는 이가 할 것이다. 인(仁)을 보고 선생은 하지 못하더라도 제자는 할 수 있다"라고 하였다.

"먼저도 아니고 뒤도 아니면 이 세대의 사람"(不先不後世代人)

이 몸은 보잘것없는 거짓 생명에 지나지 않지만, 그 나름대로 상대적 가치는 지니고 있다. 그래서 슈바이처의 생명외경(生命畏敬) 사상이 존중되어야 한다. 그러나 이왕 생명사상을 연구한다면 영원한 생명을 연구하면서 멸망의 생명도 연구되어야 할 것이다. 영원한 생명 얼나를 모른 채 멸망의 생명인 몸나에만 붙잡힌다면 몸생명의 값어치도 바로 알지 못한다.

류영모는 이렇게 말하였다. "우리가 이 세상에 나온 것은 정말 어렵게 비집어서 나온 것이다. 또 오고 싶은 세상이 아니라고 볼지 모르나 이 세상에 나온 것은 참으로 어려운 고비를 넘으며 비집어서 겨우겨우 요나마 세상에 참여한 것이다. 사람이 태어나기가 맹귀우목(盲龜遇木)처럼 어려운 것이다. 그런데 여기서 서로 만났다고 속이고 해치니 될 말인가"(『다석어록』).

우리가 한 세대에 태어나서 서로 만나게 된 것은 놀라운 인연이 아닐 수 없다. 견우직녀가 만나기 위해서는 많은 까마귀와 까치가 다리를 놓아주어야 만나게 된다지만 우리가 만나는 데는 수많은 사람이 다리를 놓아주어서 만나게 된 것이다. 오작교 아닌 인간교(人間橋)로 만나게 되었으면 서로 마음이 통하여 기쁨을 나누면 얼마나 좋겠는가. 그러나 목격도존(目擊道存)이란 말뿐이고 절벽상대(絶壁相對)일 뿐이다. 이게 안타까운 것이다. 이래서야 한 세대에 만난 보람이 뭔가. "아무리 오래 같이 있어도 남의 영혼은 못 본다. 이것이 서러운 일이다. 눈은 들창이고 코는 굴뚝이다. 남을 안다는 것은 결국 들창과 굴뚝을 보고 그 사람을 알았다는 것이다. 그게 알았다고 할 수 없다. 서로의 속알(德)을 내놓는 것같이 좋은 일이 없다. 동지(同志) 지기(知己)라는 게 서로 속을 내놓는 것이다. 얼의 골짜기라고 얼골인데 얼골 속의 얼을 보아야 하지 않겠는가. 우리는 남의 얼굴을 못 보고 그저 가긴가. 친한 친구를 만난다는 것은 일생에 한두 번 있으면 많은 것이다. 공자 같은 분은 열 명쯤 되는 것 같다. 남이 나를 알아주는 것처럼 기쁜 일이 없다. 그러나 사람들이 몰라주어도 하느님만 나를 알아주면 그만인 것이다"(『다석어록』).

"먼저도 뒤도 될 수 있는 죽어 사는 사람"(可先可後死生人)

죽어서 사는 사람이란 제나(自我)로 죽고 얼나(靈我)로 사는 사람을 말한다. "내 말을 듣고 나를 보내신 분을 믿는 사람은 영원한 생명을 얻을 것이다"(요한 5:24). 영원한 생명은 생사를 초월한 얼나의 생명을 말한다. 예수가 "나는 아브라함 태어나기 전부터 있었다"(요한 8:58)라고 한 것은 하느님의 성령인 얼나를 두고 한 말이다. 그렇지 않다면 바리사이인들이 예수에게 말하였듯이 "당신이 아직 쉰 살도 못 되었는데 아브라함을 보았단 말이오?"라는 말 그대로 예수의 정신 상태를 의심하지 않을 수 없을 것이다. 얼나는 하느님의 성령이기에 아브라함보다 먼저인 것이다.

류영모가 말하기를 "예수 · 석가에게 나타났던 영원한 생명이 나에게도 나타났으니 시간 · 공간을 초월하여 얼나가 존재하는 것만은 틀림없다"라고 하였다. 그러므로 얼의 나는 먼저에도 나타나고 뒤에도 나타난다. 얼나는 시간 · 공간을 초월해 존재하는 영원한 생명인 것이다.

사람들이 죽은 뒤의 일을 무척 궁금히 여기는데 궁금히 여길 것 없다. 멸망의 생명인 제나는 멸망하고 영원한 생명인 얼나는 하느님으로 영원한 것이다. 제나는 여럿이라 이름이 필요하지만 얼나는 유일절대라 이름이 필요 없다. 억지로 붙인다면 진리의 나, 전체의 나, 영생의 나, 성령의 나라고 하겠다.

이 시의 제목인 동야이(同也異)에 대해서 류영모는 이르기를 "같은 것이란 다른 것이다(同也者異也). 이단(異端)이라고 헤프게 부르지 마라. 자기하고 다른 것이 이단이면 자기 자체 속에 또 다른 것이 좀 많겠는

가. 죄다가 이단일 것이다. 나 아니고는 모두가 이단이다. 한 가지라고 할 것이 하나도 없다. 동야자이야(同也者異也)는 또 사뭇 다른 것은 같다는 뜻도 된다. 머리와 발은 전혀 다른 것이다. 다르다고 해서 다르게 움직이면 되겠는가. 그래서 우리의 머리와 발은 같은 것인데 같다는 말 속에 다른 것이 있다. 우리는 마침내 일치할 것이다. 같은 것이라도 따지면 다르고 다른 것이라도 따지면 같은 것이 된다"라고 하였다.

허공에서 물질이 나오고 물질이 허공으로 돌아가 공색일여(空色一如)인데 같다고 아니할 수 없다. 그러나 또 허공은 어디까지나 허공이고 물체는 어디까지나 물체이다. 그러니 다른 것이다.

류영모는 스승과 제자 사이에도 온고지신(溫故知新)이 있다고 하였다. 같으면서 달라야 하고 다르면서 같은 것이 스승과 제자의 생각이라는 뜻이다. 그러므로 서로의 생각이 조금씩 다른 것을 인정해 주는 것이 당연하다. 다른 종교끼리도 다르면서 같다는 것을 인정하자는 신앙이 다원주의(多元主義) 신학이다. 다석 류영모의 신앙 사상에 대해서 처음으로 논문을 쓰는 용기를 보인 이가 정양모(鄭良模)였다. 그는 류영모의 다원주의 신앙이 서양보다 70년 앞섰다고 말하였다. 세야대(世也代)는 세대가 바뀐다는 뜻이다. 세(世)자는 열십(十)을 세 개 그린 것이다. 한 세대가 30년이란 뜻이다. 30살이 되면 자식을 낳게 된다. 나이가 30에서 40이 되면 그를 낳은 아버지 어머니는 죽게 된다. 세대는 시간적인 인간 사슬이라고 할 수 있다. 인간 사슬은 무엇을 위한 것인가. 참(眞理)을 찾자는 것이다. 참되시는 하느님을 찾기 위함이다.

32. 마루님(하느님)에 머리 두면 발이 좋이 이를 데를 알아 이르리라 頭頭足足知至至之

머리를 들고 땅에 서니 모자람이 없고	擧頭立地足
머리를 숙이면 만족함을 알지 못한다	低頭不知足
넉넉히 (힘써) 머리를 알기 바란다면	足以求知頭
알아서 으뜸 머리(하느님)에 이르리	知而至元頭
	(1959. 11. 5)

擧: 들 거.

두두(頭頭)는 하느님을 향해 머리를 둔다는 뜻이다. 류영모는 하느님을 사람의 참 머리로 생각하였다. 우두머리(頭目 頭領)란 뜻이다. 우두머리 앞에 머리를 숙여 예(禮)를 나타내는 것은 당신이 나의 참 머리란 뜻이다. 우리가 하느님 앞에만 머리를 숙이고 다른 무엇에도 머리를 숙이지 말자는 것도 하느님만이 우리의 참 머리라는 뜻에서다.

옛 신라 시대에는 마루님(마립한)이 임금의 호칭이었다. 그 먼저는 하느님을 가리켰다. 마루(宗)가 그것이다. 종교(宗敎)란 하느님의 가르침이란 뜻이다. 대청마루는 하느님이 강림하는 자리다. 집 마루는 하느님이 머무시는 곳이다. 마루에는 둥글다는 뜻이 있다. 머리통이 둥글기 때문이다. 우리말이 바다 건너 일본말의 모어(母語)가 되었다.

일본 사람 가가와 도요히코(賀川豊彦)의 말대로 일본 민족의 80%가 일본으로 건너간 한국 사람들이기 때문이다. 일본어(日語)에서는 마루(まる ・圓 ・丸)가 둥글다는 뜻이다.

불교에서도 일원(一圓)은 절대존재인 니르바나(Nirvana)를 나타낸다. 불교 진리의 핵심을 열 폭의 그림으로 나타낸 십우도(十牛圖)가 있다. 거기에도 마지막 열 폭째는 동그라미 하나뿐이다. 전체인 절대존재란 뜻인데 그게 하느님이다. 그런데도 불교 신자들이 하느님이라는 낱말에는 무조건 거부반응을 일으키는 것은 알 수 없는 일이다. 불교도들이 하느님에 대한 올바른 개념을 알지 못하기 때문일 것이다.

석가가 체득한 니르바나야말로 참 하느님이다. 할아버지의 모습을 한 인태신관(人態神觀)의 하느님은 참 하느님이 될 수 없다.

톨스토이는 이렇게 말했다. "불교는 하느님이라고 하지 않는다 하더라도 사람이 니르바나와 하나되고, 사람이 니르바나에 다다라 그 속에 잠기는 것은 인정한다. 그리하여 사람이 니르바나에 다다라 거기에 잠기어 하나된다면 그것은 유대교나 기독교나 회교에서 하느님이라고 하는 근원(根源)과 같은 것이다"(톨스토이, 『종교론』).

"일어서는 것은 머리를 원대(遠大)한 하나에 두는 것이다. 머리란 이 골통이 아니다. 부딪치면 뇌진탕을 일으켜 삶을 그만두게 되는 것은 참 머리가 아니다. 무한대한 하느님이 참 내 머리다. 그러기에 우리는 머리를 하늘에 두고 몸을 곧게 하여 하느님에게 가까이하려고 애쓰는 것이다. 사람이 다른 짐승과는 달리 곧이 곧장 일어설 수 있는 것은 하느님으로부터 오는 얼(靈)을 받기 때문이라고 생각된다. 사람이 만물의 영장(靈長)이 될 수 있는 것도 얼 때문이다. 만물이 아직도 기어 다니는데 사람이 서서 머리를 하늘에 두고 다닌다는 것만 해도 신통한 일이다" (『다석어록』).

결국 우리가 하느님의 생명인 성령의 얼로 하느님과 교통을 하느냐 않느냐에 있다. 몸이 불편하여 자리에서 일어나지 못한다 하여도 하느님과 얼로 교통하면 그 사람은 하늘로 머리를 둔 것이 된다. 그러나 몸은 성하여 머리를 하늘에 두고 다녀도 하느님과 얼로 교통하는 것이 없다면 그 사람은 머리를 하늘에 두고 있는 것이 못 된다. 그래서 예수가 이르기를 "너희의 재물이 있는 곳에 너희의 마음도 있다"(마태오 6;21)고 하였다. 그러므로 마음이 있는 곳에 머리를 둔 것이 된다.

하느님과 얼로 교통하면 이럴까 저럴까 헤매는 일이 없다. 발이 이르러야 할 데를 충분히 알아서 이르기 때문이다. 참나인 하느님이 '길이요 진리요 생명이다'(요한 14:6). 그러니 헤맬 까닭이 없다. 예수 · 석가가 그러하였고 간디 · 류영모가 그러하였다. 그래서 예수가 이르기를 "너희는 먼저 하느님의 나라와 하느님께서 의롭게 여기시는 것을 구하여라. 그러면 모든 것도 곁들여 받게 될 것이다. 그러므로 내일 일은 걱정하지 말아라. 내일 걱정은 내일에 맡겨라. 하루의 괴로움은 그날에 겪는 것만으로 족하다"(마태오 6:33-34)라고 하였다. 내 뜻대로가 아닌 하느님 뜻대로 사는데 내일 일을 걱정할 필요가 없다. 오늘 일에 맘과 뜻과 힘을 다할 뿐이다.

"머리를 들고 땅에 서니 모자람이 없고"(擧頭立地足)

류영모는 말하기를 "이 다섯 자(五尺) 몸뚱이를 보면 한심하다. 이에서 박차고 나가야 한다. 우리의 머리가 위에 달린 게 위로 솟나자는 것이다. 우리가 믿는다는 것은 진리되시는 하느님을 향해 머리를 두는 것이다. 하느님이 내 머리요 참나다. 사람들은 이 세상에서 머리(元首)가 되려고 한다. 그러다가 머리가 무거워서 감당을 못하여 굴러떨어진다. 『주역』(周易)에는 '이 세상에서 머리(지배자)가 되지 말라'고 하였다. 석가는 세상의 머리(임금)되는 것을 그만두었다"라고 하였다.

지금도 사람이 원숭이들처럼 엎드려 땅을 짚고 다닌다고 생각해 보라. 얼마나 기가 막힐 일인가. 이렇게 머리를 하늘에 두고 땅 위에 바로 서니 기쁘다. 지금도 사람이 원숭이들처럼 새끼 낳는 것밖에 모르고 하느님을 생각할 줄 모른다고 생각해 보라. 얼마나 기가 막힐 일인가. 이렇게 하느님을 맘속으로 그리며 사상을 이루니 놀랍다. "그대의 생명을 완성하여 얼이 되게 하여야 한다. 뼈와 피로 된 너의 머리를 머리로 삼지 말라. 새 피와 묵은 피가 언제나 오르내리는 너의 머리는 그대를 유혹하여 그대를 죄악의 포로로 만든다. 이런 심장과 연결되어 있는 머리는 잘라 버려라. 이것이 머리가 없으면 좋다는 것이다(無首卽吉 — 『주역』). 오직 얼만 통하는 금강석처럼 빛나는 머리를 가지도록 하라. 이러한 머리를 말씀이라고 한다. 말씀만으로 살아야 한다. 피 없는 머리는 말씀뿐이다. 다 말씀만을 머리 위에 빛나게 하여야 한다"(『다석어록』).

"머리를 숙이면 만족함을 알지 못한다"(低頭不知足)

머리를 낮추어 숙이고 다니는 것은 짐승이다. 탐·진·치의 짐승 성질로만 살아가는 사람을 무엇으로 짐승이 아니라고 하겠는가. 그들은 탐욕밖에 모른다. 재물이 생긴다면 못 할 짓이 없다. 남의 부녀자도 끌어다가 사창가에 팔아먹고 마약도 들여와서 팔아먹고 밀수품도 들여와서 팔아먹는다. 도박·절도·사기·횡령·강도질도 서슴지 않는다.

그들은 진에밖에 모른다. 하루라도 치고, 박고 싸우지 않으면 밤에 잠이 오지 않는다. 약자를 괴롭히는 것으로 자기의 존재를 확인하면서 희열을 느낀다. 자기가 싸우지 못하면 남의 싸움(경기)을 보면서 대리만족을 느낀다. 승부에서 오는 짜릿한 쾌감을 즐기려는 것이다. 이 사회에 폭력이 끊이지 않고 이 역사에 전쟁이 끊이지 않는 것은 이 때문이다. 그들은 치정(痴情)밖에 모른다. 딸처럼 철없는 여학생을 꼬여다가 간음을 저지르고 임자 있는 여인인 줄 알면서도 유혹하며 처녀를 강간하여 자살해 죽게 만든다.

사람들이 뻔뻔스러워져 많은 이성과 통정을 하였다는 것을 부끄러워하기는커녕 오히려 자랑한다. 이것은 모두가 머리를 앞으로 숙이고 다니는 짐승들이 하는 짓이다. 아니 오히려 짐승들은 성폭력이란 음행은 전혀 모른다.

톨스토이는 탐욕의 대표라 할 수 있는 도박을 하였고 진에의 극치라 할 살인(전쟁)을 하였고 치정의 죄악이라 할 수 있는 간음도 하였다. 그러나 그가 52살에 참회함으로써 사람으로 돌아올 수 있었다. 그렇지 않다면 톨스토이가 우리에게 무슨 상관이 있겠는가.

"몸 사람으로는 호기심과 살맛(肉味)을 찾아다니는 짐승이다. 그래서 몸의 근본은 악(惡)들과 친하려고 한다. 하느님의 아들인 얼사람으로는 하느님 아버지께로 올라가려고 한다. 사람은 하늘을 자꾸 쳐다보고 그다음에는 눈으로 볼 수 없는 그 위까지 쳐다보아야 한다. 이와는 달리 많은 사람들이 머리를 숙이고 짐승으로 횡행(橫行)한다. 천하를 횡행하고 싶다는 영웅들도 죄다가 만족할 줄 모르는 짐승들이다.

사람의 마음에 수욕(獸慾)이 횡행하면 하느님에 대한 생각이 끊어진다. 마르크스와 엥겔스의 공산 사상은 사람들이 공평하게 먹어야 한다는 처음의 이상은 좋았지만 먹을 것에만 횡행하여 그만 짐승 노릇밖에 될 수 없었다. 인생이란 참 불행하다. 짐승이 할 수 없는 일까지 잔인하게도 할 수 있는 것이 사람이다"(『다석어록』).

"넉넉히 (힘써) 머리를 알기 바란다면"(足以求知頭)

참을 알아야 거짓을 알 수 있고 머리를 알아야 꼬리를 알 수 있고 전체를 알아야 개체를 알 수 있다. 나는 거짓이요 꼬리요 개체다. 그러므로 참이요 머리요 전체인 하느님을 알지 않으면 안 된다. 나를 알기 위해 반드시 하느님을 알아야 한다. 예수 · 석가는 하느님(니르바나)을 알고서 자신에 대한 의문이 다 풀린 것이다. 그러므로 아직 하느님을 모르고서 뭘 아는 체하였다면 그것은 근본부터 잘못된 앎에 지나지 않는다. 톨스토이는 말했다. "이 영원하고 확실하고 무한한 우주 사이에 이 나라는 순간적이며 변하기 쉬운 불안정한 생존은 도대체 무엇 때문인가? 참으로 사람의 삶에 들어서려는 이는 이 문제를 회피할 수 없다. 이 문제는 언제나 모든 사람 앞에 선다. 그래서 모든 사람은 언제나 어떻게 해서든지 대답을 하고 있다. 이 문제에 대한 대답이 모든 종교의 알맹이를 이루고 있다. '모든 종교의 본질은 무엇 때문에 내가 살고 있는가. 또 나를 감싸고 있는 무한 우주에 대한 나와의 관계는 어떤 것인가?'라고 하는 문제의 해답 속에 있다"(톨스토이, 『종교와 도덕』).

그런데 예수가 말한 "나를 보았으면 아버지를 본 것이다"(요한 14:9)의 '나'는 하느님의 아들인 얼의 나를 말한 것이다. 얼의 나를 깨달으면 아버지 하느님은 저절로 알게 된다. 얼나는 하느님이 보낸 하느님의 성령이기 때문이다. 얼나를 깨닫지 못하면 아버지 하느님을 바로 알기 어렵다. 필립보를 비롯한 예수의 제자들이 하느님을 잘 몰랐던 것은 얼나로 거듭나지 못했기 때문이다.

"알아서 으뜸 머리(하느님)에 이르리"(知而至元頭)

예수가 하느님을 알고 석가가 니르바나(Nirvana)를 안 것은 원두(元頭)인 하느님에 이른 것이다. 우리도 예수·석가처럼 원두인 하느님에게 이르자는 것이다. 얼로는 하느님과 내가 하나인 것을 깨달아야 한다. 하느님이 참나임을 알자는 것이 사람으로 태어난 삶의 목적이다. 오직 예수·석가가 사람으로 살 수 있었던 것은 원두의 하느님을 알았기 때문이다. 원두의 하느님을 안다는 것은 생사(生死)를 뛰어넘는 감격스러운 일이다. 이러한 체험은 참나를 보았다 하여 견성(見性)이라 하고 삶의 목적을 얻었다 하여 득도(得道)라 하고 짐승에서 사람이 되었다 하여 부활이라 한다.

33. 아낌
嗇
— 노자 가로되 사람 다스리고 하느님 섬김에 아낌 만한 게 없다 老子曰 治人事天莫若嗇

가려움을 빚는 탐욕 성냄 음욕이라　　痒釀貪瞋痴
부스럼이 곪아 터져 죽이기 · 도둑질 · 는지름　　腫癑殺盜淫
배고픔은 다만 굶주려서만이 아닌 것을　　澌腸非單饑
주림의 병 나으려 가벼이 마시지 말라　　療飢勿輕飲

(1958. 11. 19)

嗇: 아낄 색. 痒: 가려울 양. 釀: 빚을 양. 腫: 부스럼 종. 癑: 곪아터질 농. 澌腸(시장): 배고픔. 澌: 성엣장 시(流氷). 饑: 주릴 기. 飢: 주릴 기. 療: 병 고칠 료.

색(嗇)은 거둔 곡식을 창고에 넣어 두고 아낀다는 뜻의 회의(會意) 문자이다. 색(嗇)은 인색(吝嗇)으로 영국의 스크루지나 한국의 놀부를 연상시킨다. 그러나 노자(老子)의 색은 구두쇠의 인색을 말하는 것이 아니다. "사람 다스리고 하느님 섬기는 데는 아낌 같은 게 없다. 그저 오직 아낌이다. 이를 일러 일찍 (하느님께) 따름이라 이른다"(治人事天莫若嗇 夫唯嗇 是謂早服 —『노자』 59장). 사람 다스리고 하느님 섬김에 아낌 만한 게 없다면 이것은 대단히 중요한 것이 아닐 수 없다. 그러면 무엇을 아끼라는 것일까.

류영모는 이렇게 말하였다. "탐 · 진 · 치(貪瞋痴)를 삼독(三毒)이라 한다. 사람이 삼악(三惡)을 저지르면 개운치 않다. 그런데 탐 · 진 · 치는 사람이 살아가는 데 필요한 밑천(資本)이다. 우리는 탐 · 진 · 치에 의하여 이 세상에 나왔고 먹고 자랐으며 또 진취적이 된다. 이게 모순인데 그대로 두어야 한다." 사람은 누구나 짐승인 몸을 가지고 태어났다. 몸은 몸으로써 살아갈 능력인 수성(獸性)을 지니고 있다. 그 수성이 탐 · 진 · 치의 삼독이라는 것이다. 이 삼독을 몽땅 버리면 몸으로는 죽을 수밖에 없다. 짐승인 몸이 살아가자면 탐 · 진 · 치 삼독을 쓰지 않을 수 없다. 삼독의 수성(獸性)이라는 밑천을 쓰되 목숨을 붙여갈 정도로만 아끼고 아껴 쓰자는 말이다. 노자(老子)의 아낌(嗇)의 뜻은 『중용』에서 중용(中庸)으로 절제(節制)한다는 중절(中節)과 그 뜻이 같다.

쉽게 말하면 짐승인 제나(自我)가 하느님 아들인 얼나(靈我)의 뜻에 전적으로 따르는 것이다. 그것이 조복(早服)이요 달도(達道)이다.

짐승의 욕망인 수욕(獸欲)을 아낀다는 뜻으로 색욕(嗇欲)이라고 할 수 있다. 이 색욕은 맹자(孟子)의 과욕(寡欲)과 뜻이 같다. 맹자가 가로되 "참 맘을 기르는 데는 욕심을 작게 하는 것보다 나은 것이 없다. 그 사람됨에 욕심이 적으면 비록 참이 없다 하여도 적게 없을 것이고, 그 사람됨에 욕심이 많으면 비록 참이 있다 하여도 작을 것이다"(養心 莫善於寡欲

其爲人也寡欲 雖有不存焉者 寡矣 其爲人也多欲 雖有 存焉者 寡矣 ―『맹자』「진심 하편」)라고 하였다.

사람의 욕(欲)과 영(靈)은 반비례한다. 색욕(嗇欲)이 되면 따라서 충령(充靈)이 된다. 류영모는 맘을 두 가지로 말하였다. "맘을 가려서 쓰고 싶다. '제맘'이란 아직 상대적인 세상에 욕심을 붙여서 조금 약게 영생하는 데 들어가려는 것이다. '얼맘'이란 모든 욕심을 다 떼어 버리고 자신을 세워나가겠다는 것이다. 모으는 데 힘을 써 물질을 잔뜩 쌓아놓고 자기 혼자만이 잘 살려고 약은 수단을 다 부리는 어리석은 짓은 그만두어야 한다. 물욕을 버리고 얼맘(淸淨心)이 되어야 한다. 본성(本性)의 얼맘으로 돌아가야 생명이 바로 된다. 내가 사람들에게 알게 하고 싶은 것은 바로 얼맘이다. 몸뚱이로 살되 물질의 노예가 되어 살지 말고, 의식주를 구하되 내일을 걱정하지 말자는 것이다. 물질에 매이는 매임(拘束)과 물질을 모으는 모음(致富)은 그만두고 그 마음을 비워 두자. 그래야 하느님의 얼이 들어오신다"(『다석어록』).

"가려움을 빚는 탐욕 · 성냄 · 음욕이라"(痒釀貪瞋痴)

류영모는 말하기를 "사람들이 이 세상에서 좋다는 것은 간질이는 일이다. 간지러워 웃으면서도 죽을 지경이다. 간질이는 게 싫으면서 웃지 않을 수 없는 게 이 세상이니 참 기가 막힌다. 견딜 수 없게 가려워서 긁어버리지 않을 수 없는데도 꾹 참는 게 있어야 한다. 아니할 수 없는 것은, 아니하고 꾹 참고 지내는 게 있어야 한다. 이 인생은, 이 세상은 그렇게 해야 하는 곳이다. 죽도록 참아야 하는 길이 우리가 지나가는 길이다"라고 하였다.

사람의 몸은 짐승이라 짐승의 생리가 지배한다. 그래서 사도 바울로는 통회(痛悔)하기를 "나는 내 마음속으로 하느님의 진리(율법)를 반기지만 내 몸속에는 내 이성의 법과 대결하여 싸우고 있는 다른 법이 있다는 것을 알고 있습니다. 그 법은 나를 사로잡아 내 몸속에 있는 죄의 법의 종이 되게 합니다. 나는 과연 비참한 인간입니다. 누가 이 죽음의 육체에서 나를 구해 줄 것입니까?"(로마서 7:22-24)라고 하였다. 사도 바울로가 밝힌 내 몸속에 있는 죄의 법이란 짐승의 욕망인 수욕(獸欲)을 말한다. 류영모는 수성의 욕망을 간지러운 것이라 하였다. 우리가 흔히 말하기를 먹고 싶어서 목구멍이 근질근질하다고 한다. 또 때리고 싶어서 주먹이 근질근질하다고 한다. 또 닿고 싶어 음근이 근질근질하다고 한다. 수욕(獸欲)의 탐 · 진 · 치는 우리에게 나타나기를 근질근질한 것으로 나타난다는 것을 말해준다. 이 간지러움을 죽기로 꾹 참아야 하는데 이것을 참지 못하면 인격의 파탄이라는 자멸(自滅)을 부른다. 수많은 파렴치(破廉恥)한 사람들은 잠시 일어나는 수욕(獸欲)을 누르지 못하여 다시없는 인생을 그르치게 된다.

나의 의지가 하느님의 얼을 힘입어 수욕을 이겨내는 것을 성별(聖別, consecration)이라고 한다. 그렇지 못하고 수욕에 져서 스스로를 더럽히게 되는 것을 자독(自瀆)이라고 한다. 성별이 구원이고 자독이 멸망이다.

"부스럼이 곪아 터져 죽이기 · 도둑질 · 는지름"(腫癰殺盜淫)

탐 · 진 · 치의 수욕이 일어나 못 견디게 가려워도 죽기로 참아야 하는

데 참지 못하고 그만 긁어버리면 당장은 시원한 것 같지만 거기에 상처가 나고 부스럼이 생겨 곪아 터지게 된다. 그것이 살생이요 도적이요 음란이다.

옛날 임금이 매화틀에다가 용변을 보면 어의들이 그것을 가지고 가서 임금의 건강 상태를 진단하였듯이 날마다 아침이면 배달되는 신문을 보고 사회의 건강 상태를 진찰해 본다. 신문에 실려 오는 기사를 보면 삼악(三惡)의 종농(腫膿)이 터져 사회의 병세가 중태이다. 사회학자들의 말대로 아노미(anomie) 현상을 본다. 박시제중(博施濟衆)해야 할 고관 자리에 앉아 뇌물을 챙겨 치부(致富)를 꾀하지 않나 겨레의 살림을 맡은 청지기가 되어야 할 기업가들이 외화를 빼돌려 라스베가스 도박장에서 도박으로 탕진하지 않나, 젊은 나이에 높은 이상(理想)을 품어야 할 터인데 고위직의 재물을 많이 털었다고 자랑을 하지 않나, 공자는 바른(正) 것이 정치라 하였거늘 날마다 헐뜯는 싸움으로 세월을 보내지 않나, 땀 흘려 일할 생각은 하지 않고 불한당을 만들어 일본의 야쿠자를 흉내 내려 하지를 않나, 학우의 우정은 평생을 못 잊는 법인데 몸이 병약한 학우를 놀려 비관 자살하게 만들지 않나 그리고 예(禮) 아닌 것은 보지도 말라 하였는데 남의 은밀한 곳을 몰래 사진 찍어 비싼 값에 팔아먹지를 않나, 딸같이 어린 여학생을 전화로 불러내어 간음하는 몰지각한 어른이 있지를 않나, 멀쩡한 가정주부가 남편이 직장에서 일하는 사이 매음을 하지를 않나, 온통 세상에 삼독의 화염이 타오르고 삼악의 종농이 터져 흐른다. 장자(莊子)가 이르기를 "삶이란 붙은 혹이요 달린 사마귀다. 죽음이란 부스럼을 째고 헌데를 짜는 것이다"(『장자』「대종사편」)라고 하였지만, 우리가 꼭 이렇게밖에 살지 못하는가. 탐 · 진 · 치를 깨끗이 떼어버리고 예수 · 석가처럼 짐승이 아닌 사람으로 참되게 살지 못할까. 류영모는 이렇게 말하였다. "하느님하고 나하고는 무슨 관계가 있다. 삼독(三毒)이 든 몸 아닌 얼로는 얼나와 하느님이 하나다. 이 얼나가 정말 더 없는 참나요 대적할 것 없는 참나다. 이 참나는 너와 나의 공통의 나라 배타적이 아니다. 이 하나 속에 들지 않는 것이 없다. 모두가 이 속에서 하나다. 이 얼나를 모르기 때문에 허공의 나를 모르기 때문에 탐 · 진 · 치의 삼독의 제나(自我)를 나로 내세운다."

"배고픔은 다만 굶주려서만이 아닌 것을"(澌腸非單饑)

사람들이 시장을 느끼는 것은 비단 굶주려서만은 아니다. 사람들이 배고픔보다 사랑에 더 굶주려 있다. 그러나 사람의 사랑으로 만족하려 해서는 안 된다. 하느님의 사랑을 바라야 한다. 하느님을 사랑하되 멸망할 몸 목숨을 바쳐 사랑하면 하느님께서 영생할 얼 목숨을 주신다. 하느님의 생명인 얼(성령)은 풍성하다. 하느님의 얼을 넉넉히 받으면 하느님을 잘 알게 된다. 하느님을 잘 아는 이는 하느님의 사랑을 많이 받은 이다. 예수가 하느님을 누구보다 확실하게 안 것은 예수가 하느님의 사랑을 많이 받았다는 증거이다. 또한 예수가 하느님을 그만큼 사랑하였다는 증거이다.

류영모는 이르기를 "생각은 하느님에게 사랑이 있을 때 피어나는 하나의 정신적인 불꽃이다. 정신이 자라는 것이 생각이다. 정신이 깨어나고 정신에 불이 붙어야 한다. 정신은 거저 깨어나지 않는다. 가난과 고초를 겪은 끝에 정신이 깨어난다. 정신이 진리로 통일되어야 생각의 불이 붙는다. 분열된 정신은 연기만 난다"라고 하였다.

"주림의 병 나으려 가벼이 마시지 말라"(療飢勿輕飮)

류영모는 예외 없이 하루에 한 끼(저녁)만 먹기 때문에 낮에 다른 사람 집에서 음식 먹는 일이 거의 없었다. 그러면 집주인이 오히려 당황하여 어쩔 줄 모른다. 류영모의 말이 "점심을 안 먹는다고 사양하면 술이라도 한잔 마시라고 권한다. 술을 안 마신다고 하면 사이다라도 한 잔 마시라고 권한다. 사이다도 안 마신다고 하면 차라도 한 잔 마시라고 권한다. 차도 안 마신다고 하면 냉수라도 마시라고 한다. 냉수도 안 마신다고 하면 섭섭하게 생각한다. 물이라 할지라도 가볍게 마셔서는 안 된다. 위는 비워 두어야 하기 때문이다. 그리고 목이 잘 마르면 건강이 좋지 않다는 증거이다. 목이 잘 마르지 않게 하여야 한다. 그것은 적게 먹어야 한다. 나는 하루에 한 끼씩만 먹은 뒤부터 언제나 입에 침이 그득 고여 입이 마르는 일이 없다"라고 하였다.

마르타와 마리아 자매가 예수를 손님으로 맞았다. 언니 마르타는 음식을 마련하느라고 바빴다. 그런데 동생 마리아는 예수의 말씀을 듣고만 있었다. 마음이 바쁜 언니 마르타가 예수에게 나아가 말하기를 "주여, 제 동생이 저에게만 일을 떠맡기는데 이것을 보시고도 가만두십니까? 마리아더러 저를 좀 거들어 주라고 일러 주십시오"라고 말하였다. 예수가 대답하기를 "마르타야, 마르타야, 너는 많은 일에다 마음을 쓰며 걱정하지만 실상 필요한 것은 한 가지뿐이다. 마리아는 참 좋은 몫을 택했다. 그것을 빼앗아서는 안 된다"(루가 10:41-42)라고 하였다.

제3편

1. 겉 사귐 좋아하다가는 잘못된다
皮相交好終失意

몇만 년을 오고 가며 거듭된 소식인데　　幾萬年來往復信
품은 글월 꺼내 본 지도 백 년이 가까워　　懷書出看近百載
단지 편지 겉봉만 읽고 기쁨 슬픔을 말해　　但讀函皮言喜悲
봉해 닫은 편지 반백에 아직 열지 못해　　封弊紙毛猶叵開

(1959. 12. 22)

皮相(피상): 겉모습. 皮: 껍질 피. 百載(백재): 백 년. 載: 해 재. 復: 거듭 복. 信: 서신 신. 懷: 품을 회. 函: 편지 함. 封: 닫을 봉. 弊: 닫을 폐. 紙: 편지 지. 叵: 못할 파. 毛: 반쯤 셀 모. 猶: 아직 유.

이 우주의 임자이신 하느님만 나라고 할 수 있는 참나이다. 그런데 벌레 같은 인간들이 어찌 된 일인지 나라고 하면서 나섰다. 사람이 나라는 것은 하느님을 사칭(詐稱)하는 불경인 것이다. 하느님은 참나이지만, 사람은 거짓 나이다. 그런데 하느님께서 사람에게 피그말리온 효과를 일으키게 하여 나(主)라는 생각을 일으키신 것 같다. 그래서 사람들이 감히 말하기를 하느님이 당신의 형상대로 사람을 만들었다고 말하기에 이르렀다.

그런데 이 말로 인하여 하느님도 사람의 모습을 하고 있는 줄 잘못 생각하는 이가 많이 생겼다. 기독교 신자들 가운데는 하느님을 늙은 할아버지로 생각하는 이들이 많다. 하느님은 없(空)이요 얼(靈)이라 무형무상(無形無狀)이다. 그래서 불교 쪽 사람들이 우리는 무신(無神)이라는 말을 쉽게 할 수 있게 되었다. 인태신(人態神)에 반대해서 무신(無神)이라고 했다면 그것은 너무도 당연한 말이라 하겠다. 그러나 예수의 신관은 성령의 하느님이지 인태의 하느님이 아니다.

하느님은 변하지 않는 절대의 모습과 변하는 상대의 모습이 있다. 변하지 않는 절대의 모습은 무상(無象) 무변(無變)의 얼빔(靈空)이다. 변하는 상대의 모습은 유형(有形), 변역(變易)의 물체이다. 하느님은 절대 속에 상대를 품고 있다.

하느님이 사람에게도 나라는 주체 의식을 준 것은 하느님께서 사람과 대화를 하고 싶어서인 것 같다. 그러나 사람의 나는 거짓 나다. 그러므로 불완전하고 일시적인 나에 지나지 않는다. 이것을 아는 것이 스스로 깨달음(自覺)이다. 예수·석가가 깨달았다는 것이 바로 이것이다. 하느님이 참나이고 우리는 그 그림자인 거짓 나다. 그러나 하느님의 작품인 우리지만 하느님의 피그말리온 효과에 의해 하느님과 대화할 수 있다. 하느님과 대화하는 것이 우리의 할 일이다. 예수와 석가가 기도에 힘쓴 것은 이 때문이다.

"몇만 년을 오고 가며 거듭된 소식인데"(幾萬年來往復信)

거짓은, 오래 갈 수 없다. 그것은 참이 아니기 때문이다. 오래(영원) 간다면 이미 거짓이 아니다. 그래서 사람이 하느님의 아들의 자격으로 하느님과 대화를 나누지만, 거짓 나이기 때문에 때가 되면 사라져야 한다. 그래서 다른 거짓 나가 들어서게 된다. 이것이 사람의 세대교체가 있는 이유이다. 그래서 참나인 하느님은 거짓 나인 사람과 대화가 이어질 수 있다. 이것이 인류 역사이다.

류영모는 사람이 하느님과 대화(소식)를 거듭해온 지가 몇만 년이 되었다고 하였다. 대화다운 대화는 2천 5백 년 전 석가, 노자, 공자 때부터이다. 그러나 그 세 성인의 대화도 하루아침에 갑자기 이루어진 것은 아니다. 더 멀리 가면 사람이 바로 서게 된 2백만 년 전으로 거슬러 올라간다.

"품은 글월 꺼내 본 지도 백 년이 가까워"(懷書出看近百載)

수줍은 처녀, 총각들이 사랑을 고백하기가 부끄러워 사랑한다는 글을 쓴 쪽지를 몰래 그 사람의 가방이나 호주머니에 집어넣듯이 하느님께서는 몰래 우리 마음속에 하느님의 생명인 얼을 넣어 주신다. 우리는 모르고 지내다가 어느 때인가 그것을 발견하고 기쁨의 떨림을 겪는다. 이것을 체득(體得)이라 한다. 체득의 순간에 느끼는 기쁨을 황홀(恍惚)이라 한다.

류영모는 이르기를 "우리 마음 깊은 곳에 하느님께로 올라가려는 신격(神格)의 나가 있다. 우리는 모름지기 이 신격의 나인 얼나(靈我)를 깨달아야 한다. 그래서 우리는 힘껏 솟아나야 한다"라고 하였다. 류영모는 맘속에 넣어 주신 하느님의 글월, 곧 얼나를 찾아 읽어본 것이다. 자신이 겪어보지 않고는 할 수 없는 말이다. 백 년 가까이 되었다는 것은 자신의 나이가 많아 백 살에 가까워지고 있다는 뜻이다.

류영모는 더 구체적으로 이렇게 말하였다. "이 사람은 하느님의 존재를 바로 계신 자리에서 느낀다. 이 하느님밖에 다른 것은 없다. 그래서 나는 이 하느님을 증거하여야 하겠다. 다른 것은 다 모르니까 하느님을 증거하여야 하겠다는 것이다. 그래서 나는 참나(眞我)인 하느님의 증인이다. 류영모뿐만 아니라 누구라도 참나라는 것에 대해서 자세히 알 것 같으면 하느님의 증인이 된다. 그러니 절대자인 하느님이 내 속에도 와 계신다. 나에게 사람의 사명을 주신 이가 하느님이다. 하느님이 주시는 사명을 받아서 하느님의 아들이 된다. 하느님의 아들이 된 것을 느낀다. 하느님의 아들은 하느님의 소리 없는 소리를 귀 없는 맘이 듣는다. 펴져 있는 허공과 이어 오는 시간으로 인해서 하느님의 뜻이 있음을 이 사람은 느낀다. 하느님의 아들 노릇을 한다는 그 소리 그리고 하느님 아버지가 계시다는 이 소리, 아버지와 아들 사이에 뜻이 활동하는 소리가 맘속에 들린다. 내 맘속에서 자꾸만 하느님의 뜻이 일어난다. 그것을 느끼는 것이 내 뜻이다"(『다석어록』).

타고르는 이렇게 하느님에게 사뢰었다. "오 하느님 시간은 당신의 능력 안에서 끝이 없습니다. 그 누구도 님의 시간을 헤아릴 수 없습니다. 낮과 밤은 지나가고 시대(時代)는 꽃처럼 피고 집니다. 님은 기다릴 줄을 아십니다"(Time is endless in your hands. Oh, God. There is none to count your minutes. Day and nights pass, and ages bloom and fade like flowers. You know how to wait. ―타고르, 『하느님의 마음』). 테이야르 드 샤르댕은 그의 일기에 이렇게 적어 놓았다. "내가 믿는 것은 바울로의 에베소서 4장 6절에 나오는 하느님이다. '하느님은 만유의 아버지요 만유 위에 계시고 만유를 통일하시고 만유 가운데 계시는 하나이신 하느님'을 믿는다. 나는 우주가 자라서 생명이 이루어지고 생명이 자라서 정신이 이루어지고 정신이 자라서 그리스도가 이루어진다고 믿는다. 나는 그리스도가 우주의 중심이라고 믿는다. 우주는 아직 자기를 완성하지 못하였다. 아직도 자라려고 무척 고생하고 있으므로 우리 앞길에는 많은 좌절과 실망이 기다리고 있다는 것을 이야기하지 않으면 안 된다."

"단지 편지 겉봉만 읽고 기쁨 · 슬픔을 말해"(但讀函皮言喜悲)

류영모는 말하기를 "여러분은 내 앞으로 온 편지다. 나는 여러분의 편지다. 이 성경도 묵은 편지다. 일체 사물이 모두 다 편지요 말의 재료다"라고 하였다.

38도 선으로 남북이 가로막힌 지, 반세기 만에 금강산을 볼 수 있게 되었다. 그런데 금강산 모습만 바라보고 오는 사람은 편지 겉봉만 보고 온 사람이다. 금강산의 참 임자이신 하느님의 오묘한 솜씨를 느끼고 온 이는 하느님이 보내신 편지의 속 사연을 읽은 셈이 된다. 로맹 롤랑은 알프스산을 내려다보면서 알프스산 뒤에 계시는 하느님의 존재를 느꼈다. 로맹 롤랑은 편지 겉봉만 보지 않고 속 사연도 읽은 셈이 된다. 스티븐 호킹처럼 하늘의 별만 보면 하느님이 보내신 편지의 겉봉만 본 것이다. 그러나 류영모는 별나라 너머에 계시는 하느님을 보았다. 류영모는 하느님이 보내신 편지 속 사연을 읽은 셈이 된다. 이 사람은 하늘의 별들을 쳐다보면 별이 하느님의 눈인 것처럼 생각된다. 잠자리가 삼만 개의 눈이 모여 한눈을 이루었듯이 여러 개의 별이 모여 하느님의 복안(複眼)이 된 것으로 생각된다. 하느님은 언제나 복안으로 우리를 지켜보시는 것만 같다.

"봉해 닫은 편지 반백에 아직 열지 못해"(封弊紙毛猶叵開)

'한국역사'를 지은 경애하던 제자의 청천벽력과 같은 실덕(失德)의 소식을 접한 류영모는 제자의 견성(見性)을 의심하기에 이르렀다. "배달겨레의 수난사에서 하느님의 뜻을 읽은 것이 수박 겉핥기에 지나지 않았단 말인가, 그렇다면 역사책을 다시 써야지"라고 한탄하였다.

모(毛)는 반백(頒白)의 나이를 말한다. 반백이면 60의 나이이다. 이순(耳順)의 나이에 이르러서도 아직 하느님이 주신 편지를 열어보지 못하였다니 아쉽기 그지없다는 말이다. 겨우 아직도 겉 봉투인 제나(自我)가 지닌 수성(獸性)밖에 읽지 못하였다는 통탄할 일이라는 것이다. 그 제자는 여느 사람이 아니라 단군 이래 이 나라의 대사상가로 추앙받기에 이른 사람이기 때문이다. 류영모는 그제까지 그 제자로 인하여 한 사람 만났다고 생각하고 있었다.

2. 아름다움은 (작은 것의 마침에 있고) 美(小有終), 착함은 (한 가지로 하나에 돌아감) 善(同歸一), 참됨은 (비어 없는 큰 것임) 眞(空無大)

밖(일은) 꼭이라 못 해 속(맘)은 나로 말미암아	外不可必內自由
몬이란 기약할 수 없어 맘이 마침을 알아야	物不可期心知終
온전한 하느님은 하늘에 해처럼 분명하나	全玄也天日分明
(개체가) 뒤엉켜 어지럽긴 여름 · 겨울 같아	繞亂也夏冬合同

(1959. 11. 6)

繞: 얽힐 요. 亂: 뒤얽힐 란.

류영모는 사람이 미 · 선 · 진(美善眞)을 알아낸 것은 훌륭한 일이라고 말하면서 어떤 사람도 미 · 선 · 진을 부정할 수는 없다고 하였다. 그러나 이 땅 위에 있는 미 · 선 · 진은 거짓 미 · 선 · 진이라고 하였다. 바른 진

· 선 · 미는 절대존재인 하느님이라고 하였다. 이 땅 위에 진 · 선 · 미가 있는 것은 절대 진 · 선 · 미인 하느님을 잊지 말라는 것이라고 하였다.

> 진 · 선 · 미를 이 세상에서는 흔히 이만하면 미(美)지 선(善)이지 진(眞)이지 하려고 한다. 그러나 이 세상에는 진 · 선 · 미가 없다. 절대(絶對)에서는 이 세상에서처럼 진 · 선 · 미가 따로따로 떨어져 있지 않을 것이다. 하느님은 진이면서 선이면서 미이다(『다석어록』).

美(小有終): 전체인 하느님은 무한히 크시지만, 개체는 모두가 지극히 작다. 전체는 하나(絶對)뿐이지만 개체는 많다. 이 개체는 존재로서 전체에 지양(止揚)되기에 반드시 끝내야 한다. 개체가 끝을 낼 때 아름답다. 식물이 아름다운 꽃을 피우는 것은 일생을 끝맺으려는 것이다. 꽃피워 열매 맺고 삶을 마감하자는 것이다. 그것을 유종의 미(有終之美)라 한다. 하늘의 별도 일생을 다 하고 폭발하여 산화(散華)할 때 아름다운 빛이 빛난다. 그 빛이 몇만 년, 몇억 년이나 걸리어 오늘의 우리의 눈에 비춘다. 그것을 천문학자들은 갑자기 새 별이 나타났다 하여 초신성(超新星)이라 이름한다. 큰 나무에 우수수 낙엽 지는 모양이 전사하는 장군의 모습이라면 큰 별이 폭발하여 불꽃처럼 산화(散華)하는 광경은 순교하는 성자의 모습이다. 예수 · 석가 같은 유종의 미가 어디 있는가. 류영모는 이렇게 말하였다. "마지막을 거룩하게 끝내라. 끝이 힘을 준다. 끝이 힘을 준다는 것은 결단하는 데서 힘이 생긴다는 말이다. 끝이란 끊어버리는 것이다. 몸과 맘의 제나(自我)는 거짓이라고 부정하는 것이다. 끊어버리는 데서 정신이 자란다. 전광석화(電光石火)처럼 생명의 찰나 끝에 생명의 꽃이 핀다. 사람의 마지막 숨 끝 그것이 꽃이다. 그래서 유종지미(有終之美)라 한다. 그러기 위해서는 마지막을 기다릴 것이 아니다. 순간순간이 곧, 끝이다"(『다석어록』).

善(同歸一): 착하다는 것은 다 함께 하느님께로 돌아가는 것이다. 예수와 함께 석가와 함께 하느님(니르바나)께로 돌아간 그 스승과 제자들이 착하다. 그래서 제자들을 흔히 선남(善男), 선녀(善女)라고 한다. 맹자(孟子)가 이르기를 "뜻을 같이하는 이들을 만나면 그 사람들과 함께하고, 뜻을 같이하는 이를 만나지 못하면 홀로 그 길을 가겠다"(得志與民由之 不得志 獨行其道 — 『맹자』「등문공편」)라고 하였다. 진리의 길로 함께 가고자 예수 · 석가가 그렇게 애썼건만 오히려 비웃고 욕하고 죽였다. 그러나 예수는 이르기를 "벗을 위하여 제 목숨을 바치는 것보다 더 큰 사랑은 없다"(요한 15:13)라고 하였다. 예수 · 석가 같은 선린(善隣)의 사랑이 어디 있는가.

眞(空無大): 비고 없이 모든 것을 포용한 전체보다 더 큰 것이 없다. 전체는 유일무이(有一無二)라 참이다. 둘이면 참이 아니다. 예수는 이르기를 "내 아버지는 만유보다 크시매 아무도 아버지 손에서 빼앗을 수 없다"(요한 10:29)고 하였다. 예수는 하느님을 전체로 깨달은 것이 분명하다.

"밖(일은) 꼭이라 못 해 속(맘)은 나로 말미암아"(外不可必內自由) "몬이란 기약할 수 없어 맘이 마침을 알아야"(物不可期心知終)

류영모는 이렇게 말하였다. "밖의 것은 내 뜻대로 되는 것이 아니다. 자유는 내 맘에 있다는 것이 스토익사상이다. 밖의 물건이란 기약할 수 없으므로 맘으로 마치는 것을 알아야 한다. 마침이란 인생을 잊어버리는 것이다. 이 땅 위에서 안 죽고 영생한다는 것은 미신이요 욕심이다. 영생이 가능하다고 말해서 그렇게 되는 것은 아니다. 불가능하니까 구(求)하고 욕(欲)하여 가능해 보겠다고 능욕(能欲)을 한다. 그러나 아무것도 할 수 없는 게 사람이다. 우리가 참으로 할 수 있는 자유는 스토익사상에서 말하는 의지(意志)의 자유만이 있다. 나의 의지밖에 내가 자유할 수 있는 범위가 없다. 그러므로 자유를 자기 이외의 것에서 실현하려고 하면 그것은 애당초 어리석은 짓이다. 우리는 스토익 정신을 가져야 한다. 자유가 없으면 살 수 없다는 것이 스토익 정신이다. 자유는 우리 의지에 있다. 내 뜻은 못 뺏는다 하여 죽음을 무서워하지 않는 지경에 가야 한다. 성경 · 불경은 우리가 죽음의 종이 되지 말자는 것이다. 죽음을 무서워하지 않는 게 예수 · 석가의 뜻이다. '얼이 나를 살리는데 이따위 몸뚱이를 죽이려 한다고 겁낼 것 없다.' 이쯤 되어야 한다는 것이 예수의 가르침이다. 그런데 사람들은 돈이나 권력만 있으면 다 할 수 있는 줄 안다. 그러나 그것은 다 외물(外物)이다.

내 몸도 내 맘대로 하지 못하는데 심지어 자연현상에 대해서 맘대로 할 수 있다고 생각하는 것은 엄청난 망발이다. 몸이 걷겠다고 하면 걷고, 쉬겠다고 하면 쉬고, 누울 때가 되면 눕는 것이 몸이다. 몸의 생리대로 놔두어야 한다. 몸에 대하여 부자연하게 간섭해서 안 된다.

스피드(speed) 시대에는 속성(速成)이 좋다고 하나 이 속성 때문에 불행한 세상이 되고 말았다. 운동선수가 경기장에 나서면서 나는 자신 있다고 말하는 경우가 있는데 여기에는 조건이 따른다. 하느님이 또는 운명이 그 시간까지 건강을 허락한다면 그런 자신이 있을 수도 있을 것이다. 이처럼 외물(外物)에 대해서는 자기 밖의 소관이라 자유로 할 수 없다는 말이다. 영웅이라도 밖의 것에 대해서는 불가항력이다. 자기로서는 어떻게 할 수가 없다. 하느님이 허락하지 않으면 아무것도 할 수가 없다. 밖의 것에는 손을 댈 수가 없다. 나의 의지만이 자유라고 한 것이다. 사람의 자유라는 것은 좁다면 지극히 좁은 것이다. 기껏해야 의지의 자유뿐이다"(『다석어록』).

스토익학파의 한 사람인 에픽테토스가 외계(外界)니, 외물(外物)이라는 말을 썼다. 내가 마음대로 할 수 있는 것은 내 마음뿐이라는 것이다. 에픽테토스는 말하기를 "하느님은 모든 것 가운데 가장 유력하고 요긴한 것 즉 마음을 올바르게 쓰는 것만을 우리의 권내(權內)에 두었으나 그밖의 것은 우리들의 권내에 두지 않았다. 내 의지의 자유는 제우스라도 정복할 수 없다"(에픽테토스, 『어록』)라고 하였다. 공자(孔子)가 말하기를 "삼군의 장수는 빼앗을 수 있어도 한낱 지아비의 뜻을 빼앗지 못한다"(三軍可奪帥也 匹夫不可奪志也 ―『논어』「자한편」)라고 하였다. 그러나 의지의 자유도 지사(志士)라는 말을 들을 수 있을 정도로 마음을 닦은 이에게나 있을 수 있지, 누구에게나 의지의 자유가 있는 것이 아니다. 제 마음 자기도 몰랐다는 무책임한 말을 하는 게 사람들의 마음이다. 술이나 담배, 마약이나 도박에 습관이 되고 중독이 되면 끊고자 하여도 뜻대로 안 된다. 양심의 자유, 진리의 자유를 지향하는 의지조차 잃으면 살았으되 죽은 사람이다.

"온전한 하느님은 하늘에 해처럼 분명하나"(全玄也天日分明)
"(개체가) 뒤엉켜 어지럽긴 여름 · 겨울 같아"(繞亂也夏冬合同)

개체는 수효가 많은데 서로 잡아먹고 살면서 나고 죽기를 되풀이한다. 그래서 한마디로 말하면 개체는 뒤엉켜 어지럽다. 이렇게 요란한 개체를 포용한 전체 하느님은 절대존재로 영원 무한하다. 그러나 요란한 개체는 생멸(生滅)을 끊임없이 되풀이한다. 그것은 여름이나 겨울이나 같다. 그런데 이 나도 지금 요란스러운 개체의 하나이다. 그러나 다른 개체와 다른 것은 전체인 하느님과 교통할 수 있는 개체라는 것이다. 하느님과 교통할 수 있는 기량(器量)을 길러서 하느님과 교통을 잘하는 것이, 무엇보다 바쁘고 중대한 일이다.

류영모는 이렇게 말하였다. "예수와 석가처럼 하느님과의 교통의 길을 꿰뚫는 관도(貫道)의 기량(器量)을 길러야 한다. 예수에게도 석가와 노자(老子)처럼 관도(貫道)가 있다. 그걸 찾지 못하는 것은 우리의 기량이 모자라서다. 예수 · 석가 · 노장은 기량이 높아서 이 우주라는 편지, 이 세상이라는 편지를 바로 읽고 바른길을 걸었다"(『다석어록』).

생멸하는 개체인 사람이 영생하는 전체인 하느님과 교통할 수 있는 길은 생각이다. 생각으로 하느님을 찾고 만나고 하나될 수 있다. 예수 · 석가가 늘 명상기도를 한 것은 하느님과 교통하기 위해서였다. 그런데 사람들은 본말을 거꾸로 하여 하느님과의 교통은 제쳐 두고 자신의 사업만을 하려고 하고 자신의 취미만을 즐기려 한다. 이것은 멸망의 넓은 길로 가는 것밖에 안 된다.

류영모는 이렇게 말하였다. "얼생명을 찾아가는 생각의 귀착점은 참나인 하느님이다. 참나인 하느님을 만나기까지 삶에 만족이란 없다. 계속 나아가는 것뿐이다. 지나간 일은 벌써 허물이요 껍데기지 생명은 아니다. 세상에 달라붙으면 생명은 죽는다. 참나인 하느님을 만날 수 없기 때문이다. 사람이 참으로 모른다고 하는 하느님에 대한 영원성과 이어져 하느님을 사랑하라. 하느님이 무엇인지 모르는 일을 끝내야 한다."

우리는 이 땅에서 님을 찾았다. 그래서 많은 것에 맘을 바치기도 하고 맘을 빼앗기기도 하였다. 그러나 지나고 보면 그 님이 내가 바라던 참님이 아닌 것을 알고는 실망하기가 몇 번이나 되는지 모른다. 지나온 일을 돌이켜 보면 나 자신이 얼마나 어리석었던가를 알게 된다. 이제는 참나인 영원한 님을 찾아야 한다. 인생에서 중요한 것은 첫사랑이 아니라 마지막 사랑이다. 마지막 사랑을 잘하면 이제까지 잘못된 사랑을 보상받을 수 있다. 마지막 사랑의 님은 참나이신 하느님임을 알아야 한다. 진 · 선 · 미의 님이신 하느님에게 나의 모든 것을 바쳐야 한다. 그것을 본보기로 보여준 이가 예수 · 석가 · 간디 · 류영모다. 마하트마 간디는 이렇게 말하였다. "사람 자신만으로는 아무것도 아니다. 그러나 그 자신을 하느님에게 맡기면 그는 개체가 아닌 전체이다"(Man by himself is nothing. But when he surrenders himself to God. He is everything. ― 간디, 『날마다의 명상』).

3. 좁은 길 넓은 길
吉凶道

먹기와 짝짓기는 다만 먹기와 짝짓기일 뿐	食色只食色
알고자 찾음은 오직 알고자 찾음일 뿐	識索惟識索
위아래 입의 혀는 부끄러움이요	上下口舌垢
얼과 몬의 바탈과 실상은 깊은 것이라	內外性情賾
더러움을 떠나 깨끗함을 받자면 닫아야	別垢認淨封
옛 참을 새로 알아야 세울 수 있어	古道知新冊
스스로 빠지면 만 년 동안 살 저미는 괴로움	自陷萬臠苦
저(얼나)가 모든 불행에서 건져 준다	他度一切厄

(1959. 12. 27)

吉: 길할 길. 凶: 흉할 흉. 只: 다만 지. 索: 찾을 색. 情: 실상 정, 속정. 賾: 깊을 색. 別: 떠날 별. 垢: 때 구. 認: 허락할 인. 淨: 깨끗할 정. 封: 닫을 봉. 冊: 세울 책. 臠: 산적 저밀 련. 他: 저 타. 厄: 재앙 액. 度: 지날 도.

예수가 이르기를 "좁은 문으로 들어가라. 멸망에 이르는 문은 크고 또 그 길이 넓어서 그리로 가는 사람이 많지만, 생명에 이르는 문은 좁고 또 그 길이 험해서 그리로 찾아드는 사람이 적다"(마태오7:13-14)라고 하였다. 『주역』(周易)에 "세상을 이롭게 하는데 거룩한 이보다 큰 것이 없다. 깊이 찾고, 숨긴 것을 찾아서 깊이 갉아 들여, 멀리 다다라 세상에 좋고 나쁨을 정해준다"(以爲天下利 莫大乎聖人 探賾 索隱鉤深致遠以定天下之吉凶 ―『주역』「계사 상편」)라고 하였다. 그러므로 예수 · 석가 같은 거룩한 이가 좋은 생명의 길과 나쁜 멸망의 길을 일러준다는 것이다. 예수는 좁은 길이 생명의 길로 좋은 길(吉道)이라 하고 넓은 길이 멸망의 길로 나쁜 길(凶道)이라고 하였다. 예수가 말하는 생명의 길은 하느님이 낳으신 얼나의 삶이다. 멸망의 길은 어버이가 낳은 몸나의 삶이다. 예수는 좁은 문으로 들어가는 길을 더욱 구체적으로 말하여 주었다. "누구든지 새로 나지 아니하면 아무도 하느님의 나라를 볼 수 없다. 물과 성령으로 새로 나지 아니하면 아무도 하느님 나라에 들어갈 수 없다. 육에서 나온 것은 육이며 영에서 나온 것은 영이다. 새로 나야 된다는 내 말을 이상하게 생각지 말라. 바람은 제가 불고 싶은 대로 분다. 너는 그 소리를 듣고도 어디서 불어와서 어디로 가는지 모른다. 성령으로 난 사람은 누구든지 이와 마찬가지다"(요한 3:3, 5-8).

길(吉)은 가득 담긴 항아리를 그린 상형문자이다. 흉(凶)은 우묵한 곳이 텅 비어 있다는 회의(會意) 문자이다. 항아리는 우리 몸도 항아리다. 내 속에 하느님의 성령이 충만하면 좋은(吉) 것이다. 내 속에 하느님의 성령은 없이 텅 비어 있는 것이 나쁜(凶) 것이다. 이렇게 사람의 길흉은 분명하게 정해져 있으므로 우리는 흉을 멀리하고 길을 좇아가면 된다. 그런데 무엇이 또 궁금해 점치러 다니는지 모를 일이다. 그 밖의 일은 죽이든 살리든 하느님께 맡기면 그만이다. 얼생명을 깨달은 이는 몸생명에 대해서 마음 쓸 일이 없다. 참나를 찾은 이상 거짓 나는 언제 버려도 좋은 것이다.

류영모는 이렇게 말하였다. "이 세상에 나오는 것은 좋다고 하고 이 세상을 그만두고 가는 것은 싫어한다. 나온 것은 길(吉)하다 하고 돌아가는 것은 흉(凶)하다고 한다. 참으로 답답한 노릇이다. 마칠 것을 알면 마치고(知終終之) 돌아가자는 것이 참사람의 정신이다. 길흉래귀(吉凶來歸)는 지나는 길에 하는 말이다. 지종(知終)이면, 종지(終之)할 것을 알면 오고 가는 것이 문제될 것 없다"(『다석어록』).

"먹기와 짝짓기는 다만 먹기와 짝짓기일 뿐"(食色只食色)

모든 짐승은 먹고(feeding) 새끼 친다(sex). 사람이 먹고 짝짓기한다고 짐승 노릇이 아닌 것이 아니다. 옛사람들도 짐승 노릇을 버리기가 너무도 어려운 것을 알아서 사람을 평가할 때 색(色)만은 빼자는 말을 하였다. 색을 빼자고 해서 빼지는 것이 아니다. 어떻든 누구라도 짐승 노릇을 버리고서야 사람이 된다. "기생도 늦게나마 남편을 좇으면 일생 동안의 기생 노릇이 거리낄 것이 없고 정절을 지키던 여인이 머리가 희어서 정조를 잃으면 반평생의 깨끗한 괴로움이 다 아무것도 아니게 된다. 말하기를 사람을 보려거든 다만 그 뒤의 반평생을 보라는 말이 참으로 옳은 말이다"(홍자성, 『채근담』).

"알고자 찾음은 오직 알고자 찾음일 뿐"(識索惟識索)

예수가 이르기를 "구하라, 받을 것이다. 찾아라, 얻을 것이다. 문을 두드려라, 열릴 것이다. 누구든지 구하면 받고 찾으면 얻고 문을 두드리면 열릴 것이다"(마태오 7:7-8)라고 하였다. 많은 사람이 이 말을 이 세상에서 살아가는 데 있어야 할 물건이나 일을 두고 한 말로 알고 있다. 예수가 한 말의 뜻은 그것이 아니다. 참나이며 영원한 생명인 하느님을 두고 한 말이다. 필요한 재물은 이마에 땀 흘리며 일하여 얻어야 하는 것이다. 우리가 찾아야 할 이는 하느님 한 분뿐이다. 하느님 아버지를 찾는 것이 우리의 본업이다. 몸나가 먹고사는 일은 부업이다. 그런데 사람들은 본업을 버리고 부업에만 골몰한다. 참으로 본말(本末)이 뒤집힌 일이다. 시몬 베드로는 예수를 알기 전에는 갈릴리 호수에서 고기잡이하는 어부였다. 하루아침 예수를 만나게 되었다. 예수가 이르기를 "두려워하지 말라. 너는 이제부터 사람을 낚을 것이다"(루가 5:10)라는 예수의 말 한마디에 배를 버리고 예수를 따랐다. 시몬 베드로는 생업인 어부 노릇을 그만두고 본업인 하느님을 찾아 나섰으니 어려운 용단이라 아니할 수 없다.

"위아래 입의 혀는 부끄러움이요"(上下口舌垢)

위의 입으로 입 맞추고 아래 입으로 입 맞추는 일은 사람이라면 부끄러워하지 않을 수 없는 짐승 노릇이다. 아담과 하와가 선악과를 따먹고 부끄러워하게 된 것도 이 짐승 노릇을 하였다는 말이다. 노자(老子)

가 말하기를 "그 구멍을 막고 그 문을 닫으면 몸이 마치도록 힘쓰지 않거니와 그 구멍을 열어 일을 치르겠다면 몸이 마치도록 건지지 못한다"(『노자』 52장)라고 하였다.

류영모는 입맞춤의 공개화 성접촉의 자유화에 분개하였다. 그것은 한마디로 인간의 타락이라고 하면서 이렇게 말했다. "옛날에는 17, 18세까지 혹은 20세까지는 전혀 남녀 간의 성(性)을 모르고 지낸 시대가 있었다. 바로 자라난 사람은 다 그러하였다. 그런데 요즘 세상은 그렇지 않다. 춘기가 발동하면 음란한 것을 보고 알게 되는 세상이 되었다. 짐승 이하로 날뛰고 있는 것을 볼 수 있다. 사람이란 곧이 곧게(貞) 살아야 한다. 언제까지나 엎어지고 쓰러지고 넘어져서 아래, 위 구멍으로 콧물, 눈물 흘리면서 지저분하게 살아서는 안 된다. 지저분한 짓 빨리 걷어치우고 따로 바로 설 수 있어야 한다. 따로 서서 위를 바라보고 저 갈 길을 가야 한다"(『다석어록』).

"얼과 몬의 바탈과 실상은 깊은 것이라"(內外性情賾)

예수가 이르기를 "아버지께서 내 안에 계시고 또 내가 아버지 안에 있다는 것을 확실히 알게 될 것이다"(요한 10:38)라고 하였다. 이 말은 얼른 알아듣기 어려운 말이다. 아버지가 내 안에 계시면 아버지는 안이요, 나는 밖이 된다. 그런데 또 뒤집어서 내가 아버지 안에 있다고 하면 내가 안이고 아버지는 밖이 된다. 그러고 보면 안과 밖을 구별할 수가 없다. 하느님은 내가 맘으로 생각을 해서 하느님을 만날 수 있으니 하느님이 내 속에 있다는 말이 틀린 말이 아니다. 그런데 나는 없는 곳이 없이 크신 하느님 속에 있으니 내가 하느님 속에 있다는 말 또한 틀린 말이 아니다. 그러므로 안과 밖의 성정(性情)은 깊고 깊어 헤아릴 수가 없다. 무한 허공 속에 먼지처럼 떠돌아다니는 무수한 별(天體)들이 있다. 그 가운데 한 별(유성)인 지구에 붙어사는 우리로서는 안과 밖을 가늠할 수가 없다. "(변하지 않는) 한결을 보면 우주 만물의 실상을 볼 수 있을 것이다"(觀其所恒 而天地萬物之情可見矣 —『주역』 32恒卦). 우리 눈에는 변하는 우주 만물만 보인다. 변하지 않는 것을 보면 변하는 우주 만물의 실상도 보게 된다는 것이다. 변하지 않는 절대존재를 안(內)이라면 변하는 상대적 존재를 밖(外)이라 할 수 있을 것이다. 그러나 안이 밖을 포용하고 있으니 하느님은 안과 밖이 없다. 다만 개체인 나 중심으로 생각을 펼치게 되니 안으로 보이고 밖으로 보일 뿐이다. 변하지 않는 것과 변하는 것이 합해서 하느님인 것이다. "거룩한 이가 있어 우주의 깊음을 보고 여러 가지로 비겨서 그 모습을 그린다"(聖人有以見天下之賾 而擬諸其形容 —『주역』 계사 상전). 예수 · 석가를 비롯한 거룩한 이들이 일생을 바치면서 한 일이 이것이다. 더구나 여러 가지로 비기기에는 노자 · 장자를 빼놓을 수 없다.

"더러움을 떠나 깨끗함을 받자면 닫아야"(別垢認淨封)

류영모는 말하기를 "몸은 더럽고(垢) 유한(有限)한 생명이다. 얼은 깨끗(淨)하고 영원한 생명이다. 몸이라는 한 금을 넘어가야 얼이 나타나는 사상(思想)이다. 쌀(米)을 먹고 살(肉)이 되듯이 몸은 발전적으로 해소되어 얼의 정신이 된다. 육체 부정이 정신이다"라고 하였다. 더러움을 떠나서 깨끗함을 받아들인(別垢認淨)다는 것은 몸의 제나(自我)에서 얼나(靈我)로 솟나는 것을 말한 것이다. 그렇게 되면 위, 아래의 입을 닫아 단식(斷食), 단색(斷色)을 한다는 말이다.

"생명의 핵심은 식색(食色)의 절제에 있다. 사람이 식색을 절제할 줄 모르면 용기도 지혜도 정의도 있을 수 없다. 밥은 살려고 먹게 되어야 하고 남녀는 아기를 낳으려 할 때만 만나야 한다. 자연의 동물들은 이 법칙을 지키고 있다. 그런데 사람들은 이 법칙을 지키지 않고 있다. 이것이 타락이라는 것이다. 요사이 성(性)의 자유니, 개방이니 하지만 성을 개방하여 무엇이 자유롭다는 말인가. 그래서 인격이 더 존중된다는 것인가. 다 창녀가 되어야 자유롭다는 말인가. 여자의 자유는 존엄에 있지, 성에 있는 것이 아니다. 여자의 존엄은 정신에 있지, 육체에 있는 것이 아니다. 성경 아가서에 보면 닫힌 동산이요 덮은 우물이요 막힌 샘물이라고 한다. 수도꼭지는 언제나 막아두어야 한다. 우물은 덮어두어야 한다. 샘구멍이 언제나 열려 있고 동산이 언제나 열려 있으면 그 물은 먹을 수 없이 더러워진다. 창녀가 더럽다는 것은 열린 우물이 되어서 그렇다"(『다석어록』).

"옛 참을 새로 알아야 세울 수 있어"(古道知新冊)

"신앙은 이성(理性)을 초월한다. 그러나 이성에 반대되지는 않는다"(Faith transcends reason, but is not opposed to it. —간디, 『날마다의 명상』).

류영모도 같은 말을 하였다. "신앙은 학문 이상이지만 학문화되어야 한다. 그렇지 않으면 미신이 되고 만다." 책(冊)이란 학문화한다는 뜻이다. 고도지신(古道知新)은 공자(孔子)가 말한 "옛것을 익혀서 새것을 알면 스승 될 만하다 할 것이다"(溫故而知新 可以爲師矣 ― 『논어』「위정편」) 라는 온고지신(溫故知新)과 같은 뜻이다. 공자나 맹자가 말을 알아야(知言) 한다는 말이 바로 온고지신을 가리킨 말이다. 참이신 하느님은 날로 새롭기 때문에 아무리 오래되어도 늙는 일이 없다. 그래서 장자(莊子)가 이르기를 "우주보다 먼저 있어도 오래지 않고 태초보다 더 오래되어도 늙지 않는다"(先天地生而不爲久 長於上古而不爲老 ― 『장자』「대종사편」)고 하였다. 그러나 여기서 고도(古道)란 옛 예수나 석가가 깨달은 진리(하느님)란 뜻이다. 그 고도를 생각하는 가운데 나 스스로가 하느님을 만나게 되어 지신(知新)한다. 하느님만이 늘 새롭기 때문에 새것을 안다는 것은 하느님을 안다는 말과 같다. 지신(知新)은 지신(知神)이다.

"스스로 빠지면 만 년 동안 살 저미는 괴로움"(自陷萬臠苦)

여기에 자(自)는 제나(自我, ego)를 말한다. 빠진다는 것은 스스로 짐승의 욕망에 빠진다는 말이다. 이 세상 사람들은 자신들이 잘살겠거니 하고 으스대지만, 진리의 눈으로 보면 대부분이 욕망의 바다에 빠져 허우적이고 있다. 그들은 죽음에 직면하지 않고는 자신이 욕망의 바다에 빠져서 죽어가고 있다는 사실조차 모르고 있다. 이승만 대통령의 후계자가 되겠다며 이 나라 민주정치를 위기에 몰아넣었던 이기붕, 박마리아 부부가 그들 자신이 욕망의 바다에 빠져 허우적이고 있다는 사실을 일찍 알았다면 일가족이 집단 자살하는 데까지 이르는 일은 없었을 것이다. 그들은 일만 년 동안의 타산지석이 되었다.

류영모는 말하기를 "얼생명을 얻기 위하여 몸생명을 버리는 것이 천명(天命)이다. 육체를 버리고 세상을 버리는 것이 바른 신앙에 들어가는 것이다. 세상을 미워하고 세상을 버려야 한다. 식욕과 색욕을 미워해야 한다. 모든 탐욕을 버리는 것이 세상을 버리는 것이다. 얼의 자유를 위해 몸은 죽어야 한다. 몸의 죽음이 없으면 얼의 자유도 없다. 거짓 나인 몸이 부정될 때 참나인 얼나에 이른다"라고 하였다.

류영모의 이 말이 황당한 소리로 들리면 그는 이미 삼독의 구렁에 깊이 빠져 있는 사람임에 틀림이 없다. 류영모의 이 말에 부담을 느끼면 그는 이미 삼독의 구렁에 빠져들고 있는 중이다. 류영모의 이 말에 긍정이 가면 그는 아직 삼독의 구렁에 깊이 빠지지는 않았다. 류영모의 이 말에 기쁨이 넘치면 그는 이미 구도에 들어선 사람이다.

"저(얼나)가 모든 불행에서 건져 준다"(他度一切厄)

자(自)에 맞추고자 타(他)를 쓴 것이다. 자(自)가 제나이므로 타(他)는 얼나(靈我)이다. 제나(自我)는 몽땅 일체액(一切厄)이다. 일체액의 제나에서 건져 주는 것은 얼나(靈我)뿐이다.

류영모는 이렇게 말하였다. "얼(靈)밖에 정신이 만족할 만한 것이라고는 상대세계에서는 없다. 그러므로 상대세계에 한눈팔 겨를이 없다. 이 상대세계에는 머물러 맘 붙일 데가 없다(應無所住而生其心). 이 상대세계에 머무르지 않는 참나인 얼에 맘을 내라는 것이다. 이 말 한마디만 잘 알면 이 멸망의 제나(自我)에서 벗어날 수 있고(해탈), 건져질 지경(구원)에 갈 수 있다. 흔히 몸을 위해서는 다부지게 사는 사람이 많다. 그

대표적인 예는 소매치기, 깡패, 브로커 같은 사람들이다. 그러나 우리는 얼나를 가지고 다부지게 살아야 한다. 다부지게 살려면 자기 생각을 분명히 가져야 한다. 생각을 떠나지 않고 생각함으로써 싸워나가야 한다. 이 세상에서 다부지게 살려고 하지 않으면 정말 아무것도 못 된다. 다부지게 살아보자는 것이야말로 올바른 실존 철학일 것이다"(『다석어록』).

4. 영원(하느님)
終古

영원과의 눈 맞춤은 눈감는 한순간	終古目的一瞬瞑
평생의 숨 쉼은 칠십 년 동안인데	平生消息七旬間
살맛에 하고픔은 사람 맘 무너뜨려	肉味肉欲人心危
말 서투르나 꾸밈없고 어질어 옳은 길 평안해	木訥木德道義安

(1958. 11. 6)

終古(종고): 영원. 瞬: 잠깐 순. 瞑: 눈감을 명. 危: 무너질 위, 기울 위. 木訥(목눌): 순진하고 지둔하여 말재주가 없음. 木: 질박할 목. 訥: 말 더듬거릴 눌. 木德(목덕): 나무는 물을 주고 불을 준다. 木德은 王道, 金德은 覇道.

종고(終古)는 '영원히'라는 숙어다. 영원한 것은 하느님뿐이다. 하느님은 시간적으로나 공간적으로나 영원 무한한 절대존재다. '終'은 실을 많이 감아 놓은 실꾸리를 뜻하는 회의 문자다. 冬은 가을에 수확한 곡식을 벽에 주렁주렁 걸어 놓은 것을 그린 것인데 실을 그렇게 갈무리한 것이 종(終)이다. 무한한 시간을 갈무리한 종(終)이요 무한한 진리를 갈무리한 종(終)이다. 고(古)는 선조의 해골 머리를 그린 상형문자이다. 선조 가운데 으뜸 선조가 하느님이다. 종고(終古)는 영원한 하느님을 가리킨다. 하느님은 무한량인 시간과 말씀의 탱크다. "우리 눈앞에 영원한 생명줄이 아버지 계시는 위로부터 끊어지지 않고 드리워져 있다. 영원한 그리스도란 한 줄이다. 불연속의 연속이란 말이 있지만, 생명이란 불연속의 연속이다. 몸생명은 끊어지면서 얼생명은 줄곧 이어가는 것이다. 실이란 곧 말씀이다. 목숨 줄로 나온 실이 말씀이다. 나는 다른 아무것도 안 믿고 말씀만 믿는다"(『다석어록』).

"영원과의 눈 맞춤은 눈감는 한순간"(終古目的一瞬瞑)

마하트마 간디는 삶의 목적을 이렇게 밝혔다. "내가 이룩하고자 하는 것은, 내가 무려 30여 년 동안 이룩하려고 안간힘 쓰며 애쓴 것은 참나의 깨달음이다. 곧 하느님과 눈을 마주 대고 보는 것, 모크샤(moksha)에 다다르는 것이다. 나는 이 목적을 이룩하기 위하여 살고 움직이고 존재한다"(간디, 『자서전』).

류영모는 깨달음에 대하여 이렇게 말하였다. "학문의 시작은 자각(自覺)에서부터다. 자각이 없는 사람은 아무리 학문이 많다 하여도 그것은 노예에 불과하다. 우선 남을 보기 전에 나를 보아야 한다. 거울을 들고 나를 보아야 한다. 거울이란 예부터 내려오는 진리의 말씀이다. 경(鏡)이 경(經)이다. 이 거울 속에 참나가 있다. 말씀이 참나다. 거울을 들여다보고 나를 알아내듯이 말씀을 보는 동안에 붙잡히는 것이 참나다.

자각은 한 번만 할 것이 아니라 순간순간 계속 자각하기 때문에 끝끝내내 자각하고 자각하여 마침내 땅 위에 하느님의 뜻을 이룬다."

돈오(頓悟)나 카이로스(Kairos, 瞬間時)도 전체인 절대의 하느님과 개체인 상대의 제나(自我)가 만나는 모크샤(moksha)를 말한다. 절대와 상대의 만남이 사람의 생각에서 이루어진다는 것은 이 우주에서 놀라운 기적이 아닐 수 없다. 석가가 절대의 니르바나(Nirvana)를, 예수가 절대의 아버지를 참나로 깨달은 것은 이 모크샤의 순간을 얻었기 때문이다. 류영모는 모크샤(一瞬瞑)를 이렇게 말하였다. "인생이 무상(無常)하다는 것은, 미숙(未熟)한 탓이다. 인생이 자족(自足)하다는 것은 성숙한 탓이다. 인생 문제는 성숙할 때 풀린다. 성숙이란 내가 나 아니면서 나가 될 때 이루어진다. 제나(自我)가 부정되고 얼나(超我)가 된다는 말이다. 몸나에서 얼나로 솟난다는 말이다. 부분의 제나로 살지 않고 전체의 얼나가 되는 것이다."

"평생의 숨쉼은 칠십 년 동안인데"(平生消息七旬間)

원시 생물 이크시오테카가 바다에서 민물로, 민물에서 땅 위로 올라오며 대기를 숨 쉬기 시작한 지가 지금으로부터 3억 6천만 년 전의 일이다. 오늘날에도 이크시오테카가 대기를 숨 쉬던 순간을 기념하기 위하여 태아가 모태의 양수 속에서 자라 탯집을 열고 태어날 때 첫 기통을 하면서 소리 내어 운다. 류영모는 숨 쉼에서 하느님의 성령을 숨 쉬면서 사는 얼나가 있다는 체험을 하였다. 하느님에 대한 갑갑한 생각이 시원스레 풀리는 것은 성령을 숨 쉼으로 이루어진다는 것을 느꼈다.

우리는 10년이면 약 1억 번의 숨을 쉰다. 70년을 살면 7억 번의 숨을 쉰다. 그렇다면 일순간에 절대존재와 만날 수 있는 기회라면 7억 번의 기회를 놓친 것이다. 이것은 말이 안 된다. 어떻게 7억 번의 기회에서 한 번도 그 기회를 살리지 못한단 말인가? 그것은 참으로 어리석다 못해 미련하다.

"한 찰나에도 영원의 살림을 살 수 있다. 이 찰나에 영원한 생명(하느님)을 느끼지 못하면 그 사람은 영원한 생명이 없다. 정신이란 그렇게 된 거다. 정신은 시간 · 공간과는 무관한 것이다"(『다석어록』).

"살맛에 하고픔은 사람 맘 무너뜨려"(肉味肉欲人心危)

류영모는 말하기를 "우리가 몸 사람으로는 호기심과 살맛(肉味)을 찾아다니는 짐승이다. 그래서 몸의 근본은 악과 친하려고 한다. 하느님 아들인 얼사람으로는 하느님 아버지께로 올라가려고 한다. 안 할 수 없는 것 같은 것을 안 하고 지내는 게 인생에 필요하다. 이게 인생의 의무요 지킬 거다. 그런데 좋아서 한다는 게 그 무슨 소린가. 그거야말로 정죄할 소리 아닌가. 아무리 화약을 많이 재어놓아도 불을 대지 않으면 폭발하지 않는다. 아무리 호르몬이 많아도 맘에 정욕이 없으면 아무렇지도 않다. 사람에게 색정(色情)이 이는 것은 정욕을 부채질해서 그렇다. 맘을 거기에 안 쓸 수는 얼마든지 있다. 맘이 가지 않으면 벼락을 쳐도 모른다. 대소변은 참으면 병이 나지만 정욕에 맘을 주지 않고 얼마든지 지낼 수 있다"라고 하였다.

우리가 탐 · 진 · 치의 수성(獸性)을 지닌 짐승으로 태어난 것은 부인할 수 없는 사실이다. 그런데 하느님 아들인 얼이 우리 맘에 들어오면 탐·진·치의 수성(獸性)이 힘을 잃는다. 이것은 우주적 사건인 생명의 혁명이다. 짐승인 제나(自我)로 살 것인가 하느님 아들인 얼나로 살 것인가는 각자의 생각과 노력에 달렸다. 얼나를 깨달은 사람은 하느님밖에는 절대적인 사랑은 없다. 이 땅에 어느 누구가 그리워서 죽겠다거나 어느 누구 없이는 못 살겠다는 따위의 눈먼 사랑은 하지 않는다. 다만 다 같이 하느님을 찾아가는 길벗으로 사랑하니 진리의 사랑이다. 사람에게 사랑을 바라지 않으면 그렇게 마음이 조용할 수가 없다. "사람이 나를 몰라주어도 언짢아 않는다면 그 또한 참사람이 아니겠는가"(人不知而不慍不亦君子乎 —『논어』「학이편」). 사람들의 사랑을 받아도 하느님의 사랑을 못 받으면 사람들의 사랑이 무슨 쓸데가 있는가. 사람들의 사랑을 받지 못해도 하느님의 사랑을 받으면 그만인 것이다. "하느님을 생각하는 것은 기쁜 것이다. 하느님을 생각하는 것이 하느님께로 가는 것이다. 하느님을 생각하는 것이 기도다. 기도는 하느님에게 올라가는 것이다. 참으로 하느님의 뜻을 좇아 하느님께로 올라간다는 것이 그렇게 기쁘고 즐거울 수가 없다"(『다석어록』).

"말 서투르나 꾸밈없고 어질어 옳은 길 평안해"(木訥木德道義安)

목눌(木訥)은 『논어』에 나오는 공자의 말에서 따온 것이다. "굳세고 의젓하고 꾸밈없고 말 서툴면 어짐에 가깝다"(剛毅木訥近仁 —『논어』「자로편」). 목덕(木德)은 화·수·목·금·토의 오행(五行) 사상에서 나온 것으로 나무의 덕을 말한다. 나무는 그늘을 주고 물을 주며 불을 주고 재목을 주고 열매를 준다. 사람들에게 너무도 큰 이익을 줌으로 요 · 순임금과 같은 도치(道治)의 왕도(王道)에 비긴다. 금덕(金德)은 패도(覇道)에 비긴다. 육미육욕(肉味肉欲)에 목눌목덕(木訥木德)을 대비시켰다. 몸에 대비가 되는 것은 얼이다. 육미육욕이 몸나의 해인(害仁)이라면 목눌목덕은 얼나의 성인(成仁)을 말한다. 몸을 참나로 알고 사는 이들은 이기해인(利己害仁) 하기를 서슴지 않지만 얼을 참나로 깨달은 이들은 살신성인(殺身成仁)한다. 이기해인은 짐승의 성질인 탐 · 진 · 치를 좇아 악업을 저지르는 것이다. 살신성인은 짐승의 성질인 탐 · 진 · 치를 끊고 하느님을 사모하는 것이다.

"산은 오를수록 험하다. 학문도 종교도 올라갈수록 어렵다. 그것은 행(行)의 세계이기 때문이다. 그러나 올라갈수록 기쁨이 넘친다. 이것이 바라는 것의 실상이요 보지 못하는 것의 증거다. 우리가 하늘나라에 못 가 보았지만, 천국은 기쁨이 넘칠 것이다. 산에 올라가 보면 곧 알 수 있다. 천국은 보지 못했지만, 산에 올라가 보면 오르는데 기쁨이 넘치는 것을 보아 하늘나라가 극락임을 알 수가 있다"(『다석어록』).

도의안(道義安)이란 하느님께로 나아가는 데 두려울 것이 없이 평안타는 말이다. 맹자(孟子)는 이르기를 "어짐은 사람의 평안한 집이고 옳음은 사람의 바른길이다. 그런데 평안한 집을 비워 살지 않고 바른길을 버려 다니지 않으니 슬프도다"(仁人之安宅 義人之正路也 曠安宅而不居 舍正路而不由哀哉 ―『맹자』「이루 상편」)라고 하였다. 제나를 버리고 얼나로 솟나 하느님과 하나되는 것보다 큰 평안과 기쁨은 없다.

5. 하느님은 죽지 않는다
谷神不死

있음 · 없음은 마주 나 숨었다 나타나는 바퀴	有無相生隱顯輪
나고 죽음 한결같이 나고 꺼지는 우주	生死一如出沒谷
있음에 아첨하고 없음을 깔봄은 헤맴 속에 헤맴	諂有蔑無迷中迷
삶을 좋아하고 죽음을 싫어함은 홀림 위에 홀림	好生惡死惑上惑

(1957. 11. 16)

隱: 숨을 은. 顯: 나타날 현. 輪: 바퀴 륜. 諂: 아첨할 첨. 蔑: 업신여길 멸. 迷: 미혹할 미. 惑: 미혹할 혹.

곡신(谷神)은 『노자』에 나온다. "하느님은 죽지 않는다. 이를 일러 하늘 어머님"(谷神不死 是謂玄牡 — 『노자』 6장)이라 하였다. 예수는 하늘 아버지라 하였지만, 노자는 하늘 어머님이라고 하였다. 하느님은 절대라 남녀를 초월하였으니 아버지일 수 없듯이 어머니도 아니다. 그러므로 비유로는 아버지라 할 수 있듯이 어머니라고도 할 수 있다.

노자가 어찌하여 천신(天神)이라 하지 않고 곡신(谷神)이라고 하였을까. 거기에 노자의 우주관이 함축되어 있다. 노자는 이 우주를 골짜기로 보았다. 큰 구멍이 뚫어져 있는데 거기서 바람이 쉼 없이 나오고 이따금 비도 내린다. 큰 구멍에서 비바람이 쏟아지는 모양을 그린 상형문자가 '谷'이다. 노자가 우주를 바람구멍인 풀무에 비긴 것만 보아도 짐작이 된다(『노자』 5장).

하느님은 죽지 않는다(谷神不死). 부분인 개체가 나고 죽지 전체인 무한 우주인 하느님은 죽지 않는다. 우주를 내다보고서 우주 너머에 계시는 하느님(谷神)을 찾아낸 것이다. 숨바꼭질 놀이에서 숨어 계시던 하느님께서 술래인 노자(老子)에게 들킨 것이다. 우주를 내다보고 우주 너머에 숨어 계시는 하느님을 찾아낸 이는 슬기로운 이라 아니할 수 없다. 숨어 계시는 하느님을 찾아낸 이를 장자(莊子)는 진인(眞人), 지인(至人), 신인(神人)이라고 하였다.

류영모는 말하기를 "모든 상(象) 속에 생명의 율동이 있다. 하늘과 땅이 모두 상(象)이다. 우주가 상(象)이다. 악기에서 음률이 나오는 모양으로 우리는 우주의 삼라만상 속에서 영원한 생명의 고동을 느낀다. 우리는 겉으로 드러난 상(象)만으로는 만족하지 못한다. 따라서 우리는 상(象) 위의 무엇인가를 알려고 한다. 상(象)의 핵심 속에 들어가서 그 임자를 만나보고 싶어 한다. 그리하여 근본적인 신격(神格)의 하느님을 알려고 한다. 하느님의 형상대로 지음 받은 사람이기에 마침내 찾는 상(象)은 하느님 상(象)이다. 하느님 아버지의 형상을 찾는 것은 아버지의 형상과 같지 않은 불초자(不肖子)가 되지 않기 위해서다"라고 하였다.

"있음 · 없음은 마주 나 숨었다 나타나는 바퀴"(有無相生隱顯輪)

태아가 어머니의 존재에 대해서 있느니 없느니, 말할 수 없다. 어머니의 존재에 대해서 있느니 없느니, 말한다는 것은 자기 존재를 부인하는 것이 되기 때문이다. 사람은 다른 만물과 다름없이 전체의 부분이다. 부분이 전체를 있느니 없느니, 말할 수 없다. 전체는 부분의 근원이기 때문이다. 그러므로 부분은 전체를 아는 것이 자기를 아는 것이 된다. 그래서 류영모는 말하기를 "우리는 정신을 바짝 차려서 지나간 무지(無知)를 바로 보고 잊은 전체(全體)를 찾아야 한다. 전체는 절대인 '하나'다. 하나는 온전(絶對)하다. 모든 개체들이 이 하나(전체)를 얻자는 것이다. 어떻게 하면 하나를 얻나. 큰 나 속(大我中)에 이것이 있다. 그러니 마침내 하느님 아버지께 매달릴 수밖에 없다. 신앙을 가진다는 것은 대아중(大我中)으로 하나를 만나는 것이다"라고 하였다.

전체인 하느님은 허공(虛空)이다. 시간 · 공간으로 영원한 허공이 그 속에 수많은 천체(별)를 품고 있다. 그 천체들은 없던 것이 생기고 생겼다가는 없어진다. 허공은 모든 것의 뿌리라 있다고도 없다고도 할 수 없다. 그런데 개체인 이 나를 있다고 칠 때 허공은 없다고 할 수밖에 없다. 그러나 이것은 아주 잘못된 말이다. "있다는 것도 참으로 있는 것이 아니고, 없다는 것도 참으로 없는 것이 아니다. 생사(生死)에 빠진 미혹과 환상에서 있다, 없다 하는 것뿐이다. 상대적인 개체는 일체 믿을 것이 못 된다. 믿을 것은 하나(전체)뿐이다. 하나(절대)를 잡으러 올라가는 것뿐이다. 그러기 위해서 우리는 내 속에 들어 있는 탐 · 진 · 치(貪瞋痴)를 이기고 올라가야 한다"(『다석어록』).

허공인 하느님은 없이(無) 계시는 절대무(絶對無)라 절대유(絶對有)이다. 그러므로 상대에 유무(有無)를 초월해 계신다. 오관으로 지각되는 개체가 있다(有)가 없어지는 것은 상대무(相對無)요 상대유(相對有)이다. 이는 거짓 존재란 말이다. 그러므로 있는 것도 아니고 없어진 것도 아닌 거짓이다. 절대무에서 상대유(相對有)가 비롯하여 다시 절대무로 돌아온다. 마치 서울역에서 출발한 교외선 순환 열차가 한 바퀴를 돌아 다시 서울역으로 돌아오는 것과 같다. 무에서 유로 유에서 무로 상생(相生)하며 나타났다 숨었다 하면서 동그라미(輪)를 그린다. 이러한 윤회(輪廻)는 부인할 수 없다. 그러나 한 사람이 다시 짐승이나 사람으로 태어난다는 윤회는 틀린 생각이다.

"나고 죽음 한결같이 나고 꺼지는 우주"(生死一如出沒谷)

절대허공 속에 수많은 천체(별)들이 명멸(明滅)하고 있다. 영원한 시간에 비기면 몇백억 년씩 가는 모든 별도 1초 동안 금실 줄을 긋고 사라지는 별똥별에 지나지 않는다. 우주에서 지구 위로 날아오는 유성(流星)의 수는 엄청나게 많아서 하루 동안에 눈에 보이는 정도의 것만도 1백 50만 개에 이른다고 한다. 때에 따라서는 유성우(流星雨)라고 일컬을 만큼 엄청난 별똥별이 비처럼 쏟아지는 일이 있다. 1833년 11월 12일 새벽에 일어났던 일로 유럽에서는 한 시간 동안에 약 20만 개의 유성이 금비가 되어 쏟아졌다. 얼마나 장관이었겠는가! 절대허공 속에 수많은 유(有)의 존재가 유성우가 되어 명멸(明滅)하고 있는 것이다. 그것이 생사일여출몰곡(生死一如出沒谷)이다. 그것은 절대허공이 죽은 것이 아니라 살아 있다는 것을 보여주는 것이다. 살아 있는 몸의 세포에 끊임없이 신진대사가 일어나고 있는 것과 같다.

"있음에 아첨하고 없음을 깔봄은 헤맴 속에 헤맴"(諂有蔑無迷中迷)

빔(空)이 없(無)이고, 없이 빔이다. 불교에서 공(空)을 많이 쓰고 노장(老莊)은 무(無)를 많이 쓴다. 절대무(絶對無)나 절대공(絶對空)의 뜻은 하느님(Nirvana)이다. 사람들은 쌀이 없다, 돈이 없다 하는 없음(無)만 알지 절대무(絶對無)를 모른다. 대지 몇 평, 아파트 몇 평의 공간만 알지 절대공(絶對空)을 모른다.

우리가 유(有)를 좋아하고 무(無)를 싫어하는 것은 나 자신이 상대적 존재인 유(有)가 되어서 그렇다. 내 몸을 지나치게 사랑하고 재물을 지나치게 사랑하는 것을 류영모는 아첨하는 것이라고 하였다. 몸에 기름진 음식을 먹이고 값비싼 보약을 먹이고 그것도 모자라 온갖 즐거움을 누리게 한다.

"짐승을 기를 때는 우리가 쓸 만큼 사랑하고 길러야지, 더 이상 사랑할 필요가 없다. 내 몸도 짐승이다. 참나를 위해 몸을 길러야지 이 몸을 지나치게 사랑하고 여기에다 전 목적을 두어서는 안 된다. 하느님의 얼을 기르기 위한, 한도 안에서 몸을 건강하게 해야지 몸을 인생의 전 목적으로 해서는 안 된다"(『다석어록』).

숨진 송장을 보관하고자 피라미드를 만든 것이나 진시황의 여산릉처럼 호화 분묘를 꾸민 것도 유(有)에 대한 아첨이다. 누구의 모습을 그리거나 상을 만들어 놓고 절을 하는 것도 유(有)에 대한 아첨에 지나지 않는다. 유(有)에 아첨을 하면 받들어야 할 하느님인 절대무(絶對無)를 업신여기게 된다. 하느님을 업신여기면 인생을 헛사는 것이다. 류영모는 이렇게 말하였다. "허공을 지구보다 작은 것으로 느끼는 사람이 많다. 그러한 소견 가지고는 얘기를 하지 못한다. 우리가 있다, 없다 하는 한정(限定)이 얼마만 한 것인가를 이것으로 미루어 알 수 있다. 우리는 쉽게 있다는 존재로 허공을 알아서는 안 된다. 허공은 우리 몸의 오관(五官)으로 감지해서 알 수 있는 것이 아니다. 과학과 수학으로 아는 것이 아니다. 허공은 무한한 것이다. 잣 알 하나 깨어 보고 빈탕이라는 그따위 허공이 아니다. 이러한 여러 가지 조건을 붙여서라도 단일 허공을 구경하여야 한다"(『다석어록』).

절대무(絶對無)인 허공의 하느님을 모르면 아직도 올바른 하느님을 알지 못하는 것이다. 더구나 여러 가지 상(像)을 사람의 손으로 만들어 놓고 신(神)으로 받드는 일은 이제 그만하자. 부끄럽고 어리석은 일일 뿐 아니라 하느님에게 더없는 불경(不敬)스러운 일이다.

"삶을 좋아하고 죽음을 싫어함은 홀림 위에 홀림"(好生惡死惑上惑)

장자(莊子)는 이르기를 "옛날의 참사람은 났음을 기뻐할 줄 알지 못하고 죽음을 싫어할 줄 알지 못하였다. 그 나온 것을 기꺼워하지 않고 그 들어감을 어기려 하지 않는다"(古之眞人 不知說生 不知惡死 其出不訢其入不距 ―『장자』「대종사편」)라고 하였다.

"이 세상에서 바로 살 줄 알고 말씀을 아는 사람은 사는 것이 좋은 것인지 나쁜 것인지 그리고 기쁜 것인지 슬픈 것인지 잘 모르고 산다.

죽는 것이야말로 축하할 일인지 모른다고 생각하면서 산다. 살려준다고 해서 좋아할 것도 없고 죽이겠다고 해서 흔들릴 것도 없다. 사람들은 죽인다고 하면 살고자 하고 살리고자 하면 빨리 죽었으면 한다. 이것이 혹(惑)이 아니고 무엇인가. 죽는 게 나쁘고 사는 게 좋다는 것은 인생이 혹해서 그런 것이다. 언짢고 좋고가 없는 것이다. 그런데 모두가 이 시험에서 헤어날 줄을 모르고 있다. 살기는 좋고 죽음은 생각도 하지 않겠다는 것은 두 번 혹하는 것이다. 또 죽으려고 하는 것은 더군다나 어림없는 혹이다"(『다석어록』).

6. 눈 맞침(먼 눈)
目的

머리 쳐든 두 눈 가운데로 舉頭兩目中
하늘에 가득한 만 개의 별 눈이 滿天萬星目
눈빛과 눈빛이 서로 꿰뚫어 目目相貫革
거룩한 뜻을 이에 알아차려 聖意焉攄得

(1964. 11. 15)

的: 목표 적. 焉: 이에 언. 攄得(터득): 잘 알아서 자기 것으로 만듦. 攄: 비길 터.

예수가 말하기를 "재물을 땅에 쌓아두지 말아라. 땅에서는 좀먹거나 녹이 슬어 못쓰게 되며 도둑이 뚫고 들어와 훔쳐 간다. 그러므로 재물을 하늘에 쌓아두어라. 거기서는 좀먹거나 녹슬어 못쓰게 되는 일도 없고 도둑이 뚫고 들어와 훔쳐 가지도 못한다. 너희의 재물이 있는 곳에 너희의 마음도 있다"(마태오 6:19-21).

재물을 하늘에 쌓으라는 것은 진리요 생명인 하느님의 말씀을 따르라는 뜻이다. 하느님의 말씀을 기록한 경전은 형이상의 보물을 하늘에 쌓아놓은 결과이다. 경전은 하늘나라 금고의 저축통장과 같다. 하늘나라 경전을 보배로 여기느냐, 세상의 재물을 보배로 여기느냐에 따라 땅에 속한 멸망할 사람과 하늘에 속해 영생할 사람으로 나누어진다. 이를 위대한 분할(great divide)이라고 한다.

그런데 대부분 사람은 삶의 목적을 이 세상 것에 두고 있다. 삶의 목적을 하느님에게 둔 사람이 아주 적다. 예수·석가를 믿는다는 사람들조차 삶의 목적이 하느님에게 가 있는 것이 아니라 몸 삶의 행복만을 바란다. 증권에 투자한 사람들의 관심은 늘 주식값에 가 있다. 공직에 입신한 사람들의 관심은 늘 높은 자리에 가 있다. 운동선수들의 관심은 늘 금메달에 가 있다. 어린이를 기르는 어머니의 관심은 늘 어린이에 가 있다. 혼인할 나이에 이른 젊은이의 관심은 늘 이성(異性)에 가 있다. 노름에 빠진 도박꾼의 관심은 늘 노름판에 가 있다.

마하트마 간디의 일편단심은 예수·석가처럼 오로지 하느님에게 가 있었다. "내가 이루려고 바라고 있는 것, 내가 지난 30년 동안 성취하려고 싸우며 애써 온 것은 참나의 깨달음(self-realization), 하느님과 얼굴을 마주 대고 보는 것, 곧 모크샤를 얻는 것이었다(to see God face, to attain Moksha). 나는 이 목적을 달성하기 위하여 살고 움직이고 존재한다. 내가 말로 혹은 글로 하는 모든 것 그리고 정치 분야의 나의 모든 모험은 이 한 목표에 지향되어 있다"(간디, 『자서전』).

"머리 쳐든 두 눈 가운데로"(擧頭兩目中)

'하늘을 보아야 별을 딴다'는 속담이 있다. 이 속담 속에도 사람의 탐욕이 드러나 있다. 과일을 따서 먹듯이 별을 따서 가지겠다는 것이다. 별을 가져서 뭣하겠다는 것인가. 멀리 두어서 별이지 가까이 가져오면 지구보다 더 크다. 어디 감히 별을 따겠다는 망언을 할까. 겸손한 류영모는 하늘을 보고 별을 따자는 것이 아니라 고개를 들어 별을 우러러보자는 것이었다.

"사람은 하늘을 쳐다보아야 한다. 보통 상식으로도 별자리쯤은 기억할 만큼 하늘을 쳐다보아야 사람이다. 그저 하늘을 쳐다보며 올라가는 것이 어렵다고 할 것 같으면 안 된다. 하늘을 자꾸 쳐다보고 그 다음에는 눈으로 볼 수 없는 그 위까지 쳐다보아야 한다. 이와는 달리 짐승은 머리를 숙이고 횡행(橫行)한다. 천하를 횡행하고 싶다는 영웅들도 죄다가 짐승들이다. 사람의 마음에 물욕이 횡행하면 하느님에 대한 생각은 끊어진다"(『다석어록』).

"하늘에 가득한 만 개의 별 눈이"(滿天萬星目)

우리가 사는 태양계가 속해 있는 은하 우주는 1천억 개가 넘는 별로 이루어진 별 구름 덩어리(星雲)이다. 이러한 은하 우주가 1천억 개가 넘게 있다는 것이다. 류영모가 일만 개의 별 눈이라고 한 것은 사람의 눈으로만 볼 수 있는 별이 6천 개쯤 되므로 일만 개의 별이라고 하였다. 1만 개의 별만 보여도 하늘에 금가루를 뿌린 듯 별이 가득 차 있다. 한

개 한 개의 별들이 깜박깜박 빛나는 것이 눈동자와 같다. 별 한 개가 한 개의 눈이면서 하늘 전체로 한 개의 별눈 복안(複眼)을 이루었다. 잠자리의 눈은 2만 9천 개의 눈이 모여 한눈을 이룬 복안이다. 그렇다면 밤하늘은 하느님의 눈동자라고 할 수 있다. 밤하늘의 별을 우러러보는 것은 하느님의 눈을 마주 보는 '모크샤'가 아닌가.

류영모는 이렇게 말하였다. "대낮처럼 밝은 게 한없이 좋긴 하지만 그 대신 잊어버리는 것이 많게 된다. 더구나 굉장한 것을 잊게 되는 경우가 있다. 그건 다름이 아니라 영혼과의 생활, 정신과의 거래를 잊어버린다. 사람들은 낮을 좋아하고 밤을 쉬는 줄 알고 있기 때문에 밤중에 저 깜박이는 별들이 영원과 속삭이는 것을 모르고 있다. 하느님은 영원이요 무한이요 절대요 성령이다. 천문학자에게는 낮이란 별로 가치가 없다. 우주의 신비를 캐려는 사람에게는 어떻게 하면 저 태양을 가릴 수 있을까 하고 바란다. 별을 통한 영원과의 속삭임을 더 많이 듣고 알고 싶어서일 것이다. 영원과 늘 같이 있고 싶은데 낮이 있으므로 해서 단절되곤 한다"(『다석어록』).

"눈빛과 눈빛이 서로 꿰뚫어"(目目相貫革)

이성(異性)끼리 눈을 맞히면 음란이 일어난다. 동성끼리 눈을 맞히면 싸움이 일어난다. 원숭이의 집단 서식에 대해서 연구하던 생물학자가 하루는 우연히 새끼 원숭이와 눈이 마주치자 새끼원숭이가 비명을 지르면서 도망을 쳤다. 그때 어미 원숭이가 그 생물학자를 공격하였다. 자기 새끼를 해치려 한 줄로 오해를 한 것이다. 짐승들은 눈싸움에 고개를 떨구면 항복하는 것이다. 이것을 기 싸움이라고 한다. 그러나 하느님의 복안(複眼)인 별하늘과 성인의 눈이 마주치면 목격도존(目擊道存)이라 성인의 마음속에 하느님의 아들인 얼나가 생긴다. 공자(孔子)가 "하느님이 내게 얼나를 낳으셨다"(天生德於予 ―『논어』「술이편」)고 한 것이 이것이다. 예수가 "아버지와 나는 하나다"(요한 10:30)라고 한 것이 이것이다. 석가는 별을 보고 깨달음을 얻어 제나로 죽고 얼나로 태어났다. 결국은 몸의 눈이 문제가 아니라 맘의 눈인 생각이 문제다. 하늘에서 별똥별이 떨어지듯이 내 마음에 참된 생각이 스치는 것이다. 그것을 우리는 영감(靈感)이 떠올랐다고 한다. 그 생각은 하느님이 얼의 눈살을 쏜 것이다. 하느님께서 보내주지 않으면 우리가 참되고 새로운 생각을 할 수가 없다.

"큰 성령(하느님)이 계셔서 깊은 생각을 내 속에 들게 하여 주신다. 하느님이 주시는 생각이 말씀으로 나온다. 참으로 하느님을 믿으면 말씀이 나온다. 말은 하늘 마루 꼭대기(형이상)에 있는 말이다. 우리는 그 말을 받아서 씀으로 하느님을 안다. 말을 받아서 쓴다고 말씀이다. 말은 하느님으로부터 받아서 써야 한다. 하느님과 교통이 끊어지면 생각이 결단이 나서 그릇된 말을 생각하게 된다. 정신세계에서 하느님과 연락이 끊어지면 이승의 짐승이다"(『다석어록』).

"거룩한 뜻을 이에 알아차려"(聖意焉攄得)

그리스 신화에 나오는 큐피드는 사랑의 신이다. 그가 쏘는 사랑의 화살이 심장에 꽂히면 큐피드가 정한 사람을 사랑하지 않을 수 없게 된다. 하느님의 눈살인 하느님의 빛살을 맞으면 하느님을 사랑하지 않을 수 없는 믿음이 일어난다. 하느님의 눈살(빛살)을 맞은 예수가 한 말을 들어보자. "나는 내 뜻을 이루려고 하늘에서 내려 온 것이 아니라 나를 보내신 분의 뜻을 이루려고 왔다. 나를 보내신 분의 뜻은 내게 맡기신 사람을 하나도 잃지 않고 마지막 날에 모두 살리는 일이다. 그렇다. 아들을 보고 믿는 사람은 누구나 영원한 생명을 얻게 하는 것이 내 아버지의 뜻이다. 나는 마지막 날에 그들을 모두 살릴 것이다"(요한 6:38-40).

예수가 말한 마지막 날은 사람이 짐승인 몸나의 삶을 끝내는 날이다. 쉽게 말하면 짐승에서 하느님 아들로 거듭나는 날이다. 제 속에 하느님이 보내신 얼나, 곧 하느님 아들을 참나로 믿고 받들면 영원한 생명을 얻는다. 하느님 아들이 영원한 생명이다. 회개하는 날에는 모두가 멸망의 제나에서 영생의 얼나로 거듭난다. 하느님이 사람을 이 세상에 보낸 것은 영원한 생명인 참나를 깨닫게 하자는 것이다. "우리가 여기서 몇십 년 사는 것으로 그치라는 게 아니다. 정죄(定罪)하여 너는 죽을 것이라 심판하고 마는 것이 아니다. 하느님이 할 일이 없어서 우주를 창조하여 사람을 낸 것이 아니다. 우리 사람들에게 영원한 생명을 주려고 하시는 것이다. 그러나 이 몸이 죽지 않는다고 생각하면 못쓴다. 위로부터 난 얼생명을 믿어야 한다. 몸이 죽는다고 멸망이 아니다. 멸망할 것은 멸망하고 하느님이 주신 얼생명은 영원하다"(『다석어록』).

7. 삼독 벌레
三毒蟲

더러운 살과 뼈를 섞고 얽어 싸 감추었고	混濁肉骨緊包藏
얼굴은 빼어나게 고우나 이와 입술은 드러내	眉目秀麗露齒脣
날고기 먹은 걸 제가 비웃나 피 입술 안 지우게	血食自嘲脣不拭
더러운 이슬 늘 흘려 는지름은 짐승 꿈적거림	惡露常漏痴且蠢

(1960. 3. 16)

混: 섞일 혼. 濁: 더러울 탁. 緊: 착착 얽을 긴. 包: 쌀 포. 藏: 숨길 장. 眉目: 얼굴 모습. 眉: 눈썹 미. 秀麗(수려): 빼어나게 아름다움. 秀: 빼어날 수. 麗: 고울 려. 露: 드러낼 로, 이슬 로. 自嘲: 스스로 자기를 비웃음. 嘲: 경멸할 조. 拭 닦을 식, 지울 식. 惡: 더러울 악. 漏: 샐 루. 痴: 어리석을 치. 蠢: 꿈실거릴 준.

삼독(三毒)이란 탐욕의 탐(貪), 진에의 진(瞋), 치정의 치(痴)인 탐 · 진 · 치를 말한다. 그러나 이것은 진리의 얼생명으로 사는 이들이 하는 말이고 동물의 몸생명으로 사는 사람들에겐 그렇지가 않다. 몸생명은 삼독의 공로로 생존하고 번식하니 오히려 삼리(三利)라 할 것이다. 동물학자들의 말에 의하면 모든 동물은 사람들까지도 탐(feeding), 진(fighting), 치(sex)로 생존하며 존속되고 있다는 것이다.

류영모는 말하기를 "탐 · 진 · 치를 삼독이라고 한다. 삼악(三惡)을 하면 개운치 않다. 그런데 탐 · 진 · 치 이것은 인생의 밑천이다. 그걸로 이 세상에 나와서 먹고 자랐으며 또 진취적이 된다. 이게 모순인데 그대로 두어야 한다"라고 하였다. 짐승들은 탐 · 진 · 치로 살되 본능적으로 탐 · 진 · 치의 수성(獸性)을 절제한다. 짐승들은 아무리 육식동물일지언정 배가 부르면 더 이상 살생하지 않는다. 짐승들은 동족끼리 암놈을 두고는 싸우지만, 상대방을 죽음에 이르게 하지는 않는다. 짐승들은 오로지 번식을 위하지만, 수정(受精)시킬 때만 교미를 한다. 그런데 만물의 영장이라고 큰소리치는 사람이란 짐승들은 어떠한가? 얼나로 거듭난 사람을 빼고는 짐승과 사람을 비교하면 어떤 점에서는 짐승들이 훨씬 사람보다 도덕적이다. 의지에서가 아니라 본능에서 이뤄진 것이지만 말이다. 사람만이 지닌 사고능력과 자유행동을 도덕에 활용하지 않고 오히려 삼악에 악용하고 있다.

피와 살로 된 이 몸은 짐승이다. 요망한 이 고깃덩어리 몸뚱이는 온통 죄악이다. 이 몸은 다른 짐승과 다름없이 멸망하고 만다. 우리 인간이 뭐라고 이 짐승인 우리에게 하느님께서 영원한 생명인 얼나를 주셨으니 이게 정말 사랑 아닌가(『다석어록』).

"더러운 살과 뼈를 섞고 얽어 싸 감추었고"(混濁肉骨緊包藏)

석가가 출가하여 고행할 때의 모습을 그리기를 "태자는 땅에 쓰러져 누운 채 머리에서 발까지 진흙과 먼지를 둘러쓰고 신체는 살을 깎아낸 듯 가죽에 싸인 뼈만 앙상하며 눈동자는 우물 속에 비친 별 그림자 같고 갈빗대는 지붕 벗어진 서까래와 같았다"(『대장엄경』). 여기에 더 지나면 촉루해골만이 남게 된다. 206개의 뼈 얼개와 60조 세포의 살 도배로 이루어진 이 몸이 참나가 아니다. 참나인 얼이 잠시 머무는 행재소(行在所)이다.

류영모는 말하기를 "오늘날 세상은 나를 사지(四肢) 오관(五官)에 한정해 버린다. 그리하여 몸나밖에 모른다. 우리가 이 몸에 붙잡히면 짐승인 몸에 잡아먹힌다. 이 짐승인 몸나를 따르지 말고 하느님 아들인 얼나를 따라야 한다. 사람의 임자는 얼이다"라고 하였다. 밥 먹고 똥 누는 이 나는 짐승인데 민족으로, 씨족으로, 개인으로 내가 더 잘 났다고 뽐내는 이들이 있다. 짐승으로 우월하다면 수성(獸性)인 탐 · 진 · 치의 능력이 우월하다는 말밖에 안 된다. 수성 우월하다면 아주 강화된 탐 · 진 · 치 스크루지처럼 탐욕스럽고 도적처럼 포악하고 변강쇠처럼 음란할 뿐이다. 그러므로 삼독의 수성으로 탁월하다면 부끄러운 일이지 영광된 일일 수 없다. 더 몹쓸 짐승이기 때문이다. 하느님의 생명인 영성(靈性)으로는 구별과 차별이 있을 수 없다. 누가 더 수성을 완전히 버리고 순수한 영성을 간직하였느냐가 다를 뿐이다.

"얼굴은 빼어나게 고우나 이와 입술은 드러내"(眉目秀麗露齒脣)

류영모는 미목이 수려하다고 거기에 홀리면 안 된다고 말하였다. 누구든지 귀와 눈에 빠져서는 안 된다. 예쁜 얼굴에 빠지고 고운 목소리에 홀리면 망한다. 사람이 사람에 끌리지 않고 빠지지 않으면 온갖 법도가 다 곧바르게 된다. 사람을 노리개로 여기면 자기 인격을 상실하게 되고 물건에 마음이 끌리면 정신을 잃게 된다. 석가가 집을 나갈 때도 결의를 굳히게 된 계기가 있었다. 아름다운 아내 구이와 그리고 궁녀들이 모두 송장이 되어 뼈마디가 흩어지고 해골이 제 자리서 떨어지며 고운 살이 띵띵 부어 문드러져 냄새가 나고 푸르딩딩한 피고름이 줄줄 뒤섞여서 흐르는 것을 보았다는 것이다. 이것은 환상이 아니다. 50년 뒤에는 꼭 일어날 일을 앞질러 본 것일 뿐이다. 또 석가가 깨달음을 얻기 바로 전에는 미녀들의 유혹을 물리치자 미녀들이 흰 머리털에 주름 잡힌 얼굴에 뼈만 앙상한 노파로 변했다. 이것도 환상을 본 것이 아니라 50년 뒤에 있을 일을 미리 내다본 것일 뿐이다.

류영모가 여기서 말하고자 하는 것은, 미녀들의 이와 입술을 드러낸 것이다. 맹수들은 성을 낼 때 날카로운 이빨을 드러내어 상대방을 두렵게 하여 누르려 한다. 요즘 미녀들은 잘 보이려고 이를 드러내어 환하게 웃음을 짓는다. 차라리 맹수처럼 성난 모습에 이빨을 드러내는 것은 자연스러운데 부드러운 미소 뒤에 드러난 이는 소름이 끼치도록 끔찍하게 느껴진다. 남의 짐승 살을 맛있게 물어뜯는 이빨이기 때문이다. 아무것도 아닌 것으로 보일 미물인 거머리도 날카로운 이빨을 지녔다. 그 이빨로 사람이나 짐승의 살갗을 뚫어서 피를 빨아먹는다. 거머리의 이

빨을 돋보기 렌즈로 들여다보면 앙증맞기 그지없다. 미인의 이나 거머리의 이빨이나 끔찍하기는 같다. 입술을 드러냈다는 것은 입술에 속살이 드러났다는 뜻이다. 모든 살은 살갗으로 덮이어 속살은 보이지 않는다. 그런데 입술만은 살갗이 아닌 속살이 드러난 것인데 그 속살이 보기 싫다는 것이다. 남녀가 그 입술로 입맞춤을 하니 더욱 징그럽다.

"날고기 먹은 걸 제가 비웃나 피 입술 안 지우게"(血食自嘲脣不拭)

맹수들은 그야말로 약육강식(弱肉强食)으로 살아간다. 맹수들도 잡은 먹이를 빼앗기지 않으려고 빨리 먹는다. 영양 많고 먹기 쉬운 내장부터 먹어 치운다. 그러면 입은 말할 것도 없고 머리에까지 피를 묻힌다. 입술연지를 칠한 일이 없는 옛 할머니들이 입술연지를 빨갛게 칠한 신여성을 보고 고양이가 쥐를 잡아먹은 것 같다고 말했다. 입술에 피묻은 미인의 모습은 상상만 하여도 끔찍하기만 하다. 그런데 여인들은 왜 입술에 빨갛게 칠을 하는가. 우리도 혈식(血食)을 하는 짐승임을 스스로 과시하자는 것인가, 아니면 스스로를 비웃자는 것인가. 성천아카데미 다석사상 강좌에서 이 한시를 강의한 바 있다. 한 여자 수강자(전미혜)는 이 강의를 들은 뒤로 입술에 립스틱을 바를 수 없게 되었다고 했다.

마하트마 간디의 말대로 사람이 짐승인 몸을 지닌 이상 힘사(殺生)의 소용돌이에서 완전히 벗어날 수는 없다. 그러나 아힘사(비살생)의 법칙을 따르고자 최선을 다하면 힘사의 소용돌이에서 건짐을 받을 수 있다는 것이다. 마하트마 간디는 말하기를 "나는 몽상가가 아니다. 나는 실천적인 이상가(理想家)이기를 바란다. 비폭력의 종교는 단지 성현들만을 위한 것이 아니고 똑같이 여느 사람들을 위한 것이다. 폭력이 짐승의 법칙인 것과 같이 비폭력은 사람의 법칙이다. 짐승들은 정신이 자고 있어 물질력의 법칙밖에 모른다. 폭력의 한가운데서 비폭력의 법칙을 찾아낸 성현들은 뉴턴 이상의 수재들이고 웰링턴 이상의 용사들이다"(간디, 『간디문집』「검의 가르침」)라고 하였다.

"더러운 이슬 늘 흘려 는지름은 짐승 꿈적거림"(惡露常漏痛且蠢)

악로(惡露)는 알짬(정액)을 말한다. 알짬을 늘 흘린다는 말은 음란하다는 말이다. 음란하면 어리석은 짐승으로 꿈지럭거리는 것밖에 안 된다는 뜻이다.

류영모는 이렇게 말하였다. "남녀관계가 치정(痴情)인데 치정이 사람의 대(代)를 이어준다. 남녀가 깨끗했던들 우리는 나오지 않았다. 그러나 사람은 깨끗할 수가 없다. 어떻게든지 탐 · 진 · 치라는 삼독이 나타난다. 사람의 근본이 욕(欲)인 독이다. 우리가 탐욕이 없다면 나오지도 자라지도 못했을 것이다. 삼독으로 사는 몸은 벌레 노릇 하는 것이고 짐승 노릇 하는 것이다"(『다석어록』). 탐 · 진 · 치 삼독은 식색(食色)을 위하여 날마다 서로 싸우는 사람의 짐승살이 그 자체이다.

석가는 이렇게 가르쳤다. "비구들이여 니르바나(Nirvana)란 무엇인가. 또 그 니르바나에 이르는 길은 무엇인가. 탐욕과 진에와 치정을 완전히 없애는 것이 니르바나다. 그리고 빔에 자리하고(空定), 생각 없음에 자리하고(無想定), 바람 없음에 자리함(無願定)은 그 니르바나에 이르는 길이다"(『아함경』).

8. (하느님은) 바르다
公平

한 없음(하느님)은 숨얼(성령)로 조용히 계시고	一無止性靈
모든 있는 것은 빈탕한 데에 담겨 있다	萬有盛虛空
숨얼은 빈탕한 데에 고루 차 있고	性靈虛空平
한 없음(하느님)은 모든 있음에 공평해	一無萬有公

(1961. 5. 3)

止: 고요할 지, 머무를 지, 살 지. 公: 공변될 공. 平: 화할 평, 바를 평. 盛: 담을 성.

탐 · 진 · 치의 삼독(三毒)을 지니고 사는 개체(사람)는 모두가 제나(自我)로 사(私)이다. 사(私) 자는 벼를 두 팔로 가득히 움켜 안고서 내 것이라고 하는 것을 나타낸 글자이다. 공(公)은 움켜 안고 있는 것을 열어서 사람들에게 주는 것을 나타낸 글자이다. 탐욕, 진에, 치정으로 살면 짐승인 사인(私人)이다. 보시, 지계, 인욕으로 살면 사람인 공인(公人)이다. 탐 · 진 · 치를 버린 예수와 석가야말로 참으로 공인(公人) 가운데 공인이다. 붓다(Buddha)나 그리스도란 말도 공인(公人)이란 뜻이다. 그래서 예수·석가의 말이 제나(自我)로는 죽고 얼나(靈我)로 살라는 것이다. 하느님의 뜻을 받들기에 제나를 죽이는 것이 진리이고 이웃을 돕기 위해 제나를 죽이는 것이 사랑이다. 진리와 사랑의 화신(化身)이 공인(公人)이다. 이 나라에도 수많은 공무원이 있는데 '公'의 뜻을 바로 알아야 위공(爲公)을 할 것이 아닌가.

> 우리나라 지도자 중에 몇 사람이나 거듭났는지 모르겠다. 거듭난 사람이 없으면 안 된다. 거듭나서 하느님과 얼로 이어지지 않으면 몸의 욕망에서 헤어날 수가 없다. 이 나라의 지도자들이 엄청난 욕심만 가졌기 때문에 이 나라가 아직도 이렇다(『다석어록』).

류영모와 오랫동안 가깝게 알고 지낸 목사 김우현(金禹鉉)이 말하기를 "하느님을 이용해서 교권을 쥐고 예수를 팔면서 위선과 독선의 탈을 벗지 못하는 직업종교인보다는 장막을 기워서 밥을 먹는 낭인이 되어서 은총의 복음을 자유스럽게 전하는 일이 얼마나 멋지고 떳떳한 일인지 모른다"(김우현, 『남은 부스러기』)라고 하였다.

"한 없음(하느님)은 숨얼(성령)로 조용히 계시고"(一無止性靈)

하느님은 하나(전체)이면서 없이 계시는 얼이시다. 하느님은 유일무이(唯一無二)의 존재라 만유(萬有)라는 모든 물체를 포괄한다. 그래서 류영모는 말하기를 하느님은 유(有)와 무(無)를 합한 것이라고 하였다. 그러나 우리 자신이 하느님 안에서 개체인 유(有)이기 때문에 하나(전체)이면서 얼인 하느님을 찾게 된다. 일무(一無)의 하느님이 그의 변태인 개유(個有)의 정체(正體)이기 때문이다. 사람들이 흔히 마약에 중독되고 알코올(술)에 중독되고 니코틴(담배)에 중독이 되듯이 사람은 있음(有)에 중독된다. 있음에 중독된다는 말을 얼른 알아듣지 못하겠으면 외롬을 생각해 보면 이해가 될 것이다. 외롬(고독)을 느끼는 사람은 있음(有)에 중독된 것이다. 그래서 무엇이라도 있기를 바라는 심리가 외로움이다. 가족과 같이 지내던 사람이 혼자가 되면 가족이 그리워서 눈물을 쏟는다. 있음(有)에 대한 금단현상이 일어난 것이다. 고향이 그리운 것도 고향에 중독되어서 그런 것이다. 우리가 죽는 것을 두려워하는 것도 있음(有)에 중독이 된 것이다.

믿음이란 이 있음의 중독에서 풀려 나는 것이다. 그런데 신앙생활을 한다면서 또 하나의 있음(有)에 중독되고 있다. 온갖 조형물이나 그림을 모셔놓고 예배하는 일이 그것이다. 아무것도 없으면 허전하다고 한다. 이들은 일무(一無)의 하느님을 알지 못하고 있다. 유(有)에 중독된 이는 모두가 우상 숭배자들이다.

석가가 사람들이 있음(有)에 대한 중독이 심각한 것을 알고 그 중독을 고쳐주려고 한 것이 "마땅히 마음을 내지 마라"(應無所住而生其心 ─ 『금강경』)는 것이다. 석가 · 노자 · 장자가 무(無)나 공(空)을 생명의 원천인 하느님으로 깨달은 것은 인류로서 훌륭한 위업을 이룬 것이라 아니할 수 없다. 예수는 얼의 하느님을 깨달았다. 빔과 얼은 하나이다. 얼이 하느님의 실체(實體)라면 빔(空)은 하느님의 양태(樣態)이고 몬(物)은 실체의 변태(變態)이다. 그러므로 얼은 없으면서 있고 몬(物)은 있으면서 없는 것이다. 전체, 하나, 성령, 허공, 참나는 모두 하느님을 가리키는 낱말들이다. 각각 다른 것으로 생각하면 안 된다.

> 하나(一)는 알 수 없는 영원한 신비다. 이 하나(一)를 님으로 그리워하고 사랑하는 것이 참 신앙이 아닐까. 하나는 절대존재인 하느님이다. 만물은 하나에서 나와서 하나로 돌아간다. 하느님은 없다고 하면 어떤가, 하느님은 없이 계시는 분이다. 그래서 하느님은 언제나 시원하다. 하느님은 몸이 아닌 얼이다. 얼은 없이 계신다(『다석어록』).

"모든 있는 것은 빈탕한 데에 담겨 있다"(萬有盛虛空)

만유(萬有)란 우주의 모든 것이란 말이다. 곧 모든 물체를 말한다. 우주의 만유는 모든 천체(天體)인 별이다. 약 1천억 개의 별이 뭉친 별구름 덩어리가 약 1천억 개 이상이 있다는데 모두 저 허공이라는 테두리 없는 허공의 광주리에 담겨 있다.

> 교회에 있는 분들이 들으면 허무사상을 가지고 어떻게 믿느냐고 할 것이다. 아무래도 뭔가 있어야 좋아한다. 그러나 우리는 빔(空)에 가야 한다. 빔에 가야 평안하다. 빔(空)은 아무것도 없다는 것과 다르다. 태공(太空)이다. 일체가 거기에 담겨 있다. 모든 게 허공에 담겨 있다. 우주가 허공 없이 어떻게 존재할 수 있는가. 허공 없이 존재하는 것은 없다. 허공 없이 진실이고 실존이고 어디 있는가. 절대의 아들은 빈탕(허공)을 바라야 한다. 절대자 하느님이나 무한대의 허공이나 얼의 맘은 하나로서 왔다 갔다 하는 상대적 존재가 아

니라는 것을 이 사람은 인정한다(『다석어록』).

무한 허공에 만유(萬有)의 천체(天體)들이 담긴 전체가 그대로 하느님 한 분이시다. 그런데 만유에 중심을 두고 하느님을 생각한 것이 스피노자, 괴테, 에머슨 등의 범신(汎神)관이다. 허공에 중심을 두고 하느님(니르바나)을 생각한 것이 석가, 노자, 장자의 허공신관이다. 만유신관보다 허공신관이 더 위다. 류영모는 허공 앞에는 우주도 장난감이요 혹이요 눈에 든 티끌이라고 하였다. 류영모는 여기에 얼의 임자(神格)를 믿었고 얼의 사랑으로 교통하였다.

"숨얼은 빈탕한 데에 고루 차 있고"(性靈虛空平)

만유(萬有)가 허공에 담겨 있다는 것으로 하느님의 설명이 끝난 것이 아니다. 유(有)와 무(無)밖에 얼(靈)이 있다. 그 얼은 허공에 두루 편재하여 있어 없는 곳이 없다. 얼은 참나라 진리와 사랑으로 공평무사다.

우리가 유(有)에 붙잡혀 자꾸만 만유(萬有)를 앞세워 하느님을 찾으려 한다. 그러나 하느님 쪽에서 보면 없다가 있고, 있다가 없어지는 만유(萬有)는 없는 것과 같은 것이다. 개체는 전체 앞에서 빛 앞의 어둠처럼 사라져 버린다. 오직 하느님만이 북극의 오로라보다도 몇천 몇만 배 황홀하게 존재한다. 하느님은 내 맘속에 들어와 지혜의 말씀을 들려주시고 짐승의 성질을 다스려 주신다. 하느님은 사람들의 관념이나 상상의 하느님이 아니다. 그 앞에 나아가면 제나가 작아지고 없어지는 체험의 존재이시다. 하느님 앞에서는 만유(萬有)는 그림자요 환상이요 꿈 같은 것이라 아무것도 아니다.

"한 없음(하느님)은 모든 있음에 공평해"(一無萬有公)

흔히들 하는 말이 열 손가락 깨물어서 안 아픈 손가락이 어디 있느냐고 한다. 자식이 자신의 분신이라 손가락과 같다는 것이다. 전체인 하느님과 개체 사이도 그와 같다. 개체라는 것도 결국은 전체인 자기 자신이기 때문이다. 차별할 까닭도 없고 차별이 되지도 않는다. 농부가 씨앗을 뿌렸는데 어떤 것은 조건이 좋아 잘 되는 곡식이 있는가 하면, 어떤 것은 조건이 나빠 못 되는 곡식도 있을 뿐이다. 잘 되어도 임자인 농부가 좋은 것이고 못 되어도 임자인 농부가 나쁜 것이다. 곡식 그 자체는 아무런 상관이 없다. 곡식들이 이왕이면 농부가 바라는 대로 이루어지기를 바라는 것은 자연스러운 일이다.

> 전체인 하느님으로서는 죽음은 없다. 그런데 개체는 죽음을 보고 무서워한다. 개체는 거짓 생명이다. 거짓 생명이 죽는 것은 죽는 것이 아니다. 개체의 죽음을 무서워하는 개체적인 생각을 내던져야 한다. 개체인 육체가 무너지고 전체인 얼이 산다. 몸은 죽어 썩지만, 얼은 살아 빛난다. 그러므로 개체인 몸으로는 죽어야 한다. 예수처럼 하늘에서 이룬 것같이 땅에서도 이루어지이다 하고 죽는 거다. 그것이 전체인 아버지의 뜻이다. 안 죽는 것은 전체인 하느님뿐이다. 하느님은 얼이요 빔이기 때문이다. 전체인 하느님의 얼이 내 맘에서 말씀으로 샘솟았다(『다석어록』).

사람의 할 일이란 짐승인 사인(私人)에서 하느님 아들인 공인(公人)으로 전환하는 데 있다. 그 본을 보여 준 이가 예수 · 석가이다. 그들은 수성(獸性)을 버리고 영성(靈性)으로 거듭나 공평무사(公平無私)에 이른 하느님 아들이었다.

9. 앎
識

(거룩한) 생각이 나와 쓰되 숨겨졌고　　意識出來費而隱
처음을 밝히고 마침을 생각함이 좋은 앎이며　　原始反終善智識
얼굴 읽고 낯 내놓음이 친함을 나누는 일이며　　讀顔釋面事親分
하느님을 캐어 알게 됨이 하늘 일을 함이라　　窮神知化使天職

(1960. 12. 26)

意識(의식): 생각해 알다. 意: 생각할 의. 原始(원시): 시초를 찾음. 原: 추구할 원. 反終(반종): 마침을 생각하다. 反: 생각할 반. 釋: 내놓을 석. 窮: 궁구할 궁. 使: 하여금 사.

예수가 이르기를 "좋은 열매를 얻으려거든 좋은 나무를 길러라. 나무가 나쁘면 열매도 나쁘다. 열매를 보아 나무를 알 수 있다"(마태오 12:33)라고 하였다. 예수의 이 말에 의하면 좋은 열매를 맺는 좋은 나무와 나쁜 열매를 맺는 나쁜 나무가 있다는 말이다. 창세기에 나오는 에덴동산에는 중요한 두 나무가 있다. 선악과나무와 생명나무가 그것이다.

사람에게는 두 나가 있다. 짐승인 제나(自我)와 하느님 아들인 얼나(靈我)가 그것이다. 제나를 선악과에 비기고 얼나를 생명나무에 비길 수 있다. 제나의 나무에는 나쁜 열매가 열리고 얼나의 나무에는 좋은 열매가 열린다. 바로 서는 짐승이 된 지도 2백만 년이 훨씬 지나서야 짐승인 제나가 하느님 아들인 얼나를 깨닫게 되었다. 그것이 2천 5백 년 전에 석가, 노자, 공자 등에 의해 이루어진 일이다. 제나의 나무에 삼독의 나쁜 열매만 열리다가 얼나의 나무에 성령의 좋은 열매를 맺었다. 나쁜 열매를 맺든 좋은 열매를 맺든 앎(識)의 꽃이 피어야 한다. 그 앎의 꽃이 피는 것이 의식(意識)이요 인식(認識)이다. 생각이란 말이다.

이 지구의 변천을 크게 셋으로 나누면 물리 화학적인 변화를 거듭한 천체시대 그리고 생명체가 나타나 진화를 거듭한 생물시대, 끝으로 사람들에 의해 열린 인식의 시대가 된다. 그런데 인식은 인식하는 주체에 따라 다르지만 두 가지로 나눌 수 있다. 짐승인 제나로 사는 사람의 인식과 하느님의 얼로 거듭나 하느님 아들이 된 얼나의 인식이다. 인식의 꽃이 피었어도 제나의 사람들은 나쁜 열매를 맺고 얼나의 사람들은 좋은 열매를 맺는다.

"(거룩한) 생각이 나와 쓰되 숨겨졌고"(意識出來費而隱)

사람이 생각을 하는 것은 그리워서 생각한다. 누가 그리운가. 내 존재의 뿌리인 하느님이 그리워서 생각을 한다. 사람을 그리는 것은 생각이라고 할 것이 못 된다. 하느님을 그리워할 때 참된 생각이라 할 수 있다. 하느님을 그리는 참된 생각이 기도요 선정이다. 짐승들도 친족

연인 친구를 그릴 줄 알지만 생각한다고는 할 수 없다.

류영모는 생각(意識)에 대해서 이렇게 말하였다. "의식(意識)이 있으면 살았다고 하는데 누구나 살기를 좋아한다. 곧 의식을 좋아한다. 앎, 느낌, 깨달음을 좋아한다. 이렇게 말하면 바로 아는 것이 많은 게 잘사는 것이다. 안다는 것은 가장 귀한 것인데 진리의 맛을 알자는 것이다. 이 세상의 대부분은 향락의 맛을 보자는 것이다. 나는 이런 게 아니라 진리의 맛을 바로 알자는 생각이다. 참으로 맛있는 진리의 맛을 맛있다고 해야 한다. 세상의 맛은 맛만으로 보라는 것이다. 거기 들러붙으란 게 아니다. 세상맛은 조금만 보고 지나가야 참으로 만나야 할 참나(하느님)를 만나게 된다. 참나를 깨달으면 내가 이 세상에 해야 할 일을 알게 된다. 그러므로 알려면 세상을 뚫어지게 바로 알아야 한다. 세상에 막히는 앎은 세상에 홀린다. 맘이 텅 비는 게 아는 것이고 아는 것은 맘이 텅 빔이다"(『다석어록』).

이것은 제나(自我)의 의식에서 얼나(靈我)의 의식으로 전환해야 한다는 말이다. 바꾸어 말하면 동물 의식에서 진리 의식으로 솟나야 한다는 말이다. 의식의 전환, 인격의 혁명은 맘을 비우는 데 있다. 제나가 죽어야 맘이 빈다.

예수는 하느님으로부터 오는 진리 의식을 마음에서 터져 나오는 생수(生水)에 비겼다. 하느님의 성령의 샘이 마음속에서 터지는 것은 본인만 알지 다른 사람은 알지 못한다.

류영모는 이렇게 말하였다. "내가 생각을 했는데 나도 모르는 것을 보면 내가 하는 생각도 하느님에게로부터 오는 것 같다. 생각이 나오기는 나로부터 나오는데 오기는 하느님으로부터 온다. 나오는 것은 생각이고 오는 것은 영원한 생명인 얼이다." 이것을 노자(老子)는 이르기를 "얼은 숨어 이름할 수 없으며 그저 오직 얼이라 잘 빌려주어서 이루게 한다"(道隱無名 夫唯道 善貸且成 — 『노자』 41장)고 하였다. 이 사실을 『중용』(中庸 12장)에 비이은(費而隱)이라고 하였다. 류영모가 이를 인용한 것이다.

"얼나(靈我)는 보이지 않지만 있다는 것을 알아야 한다. 얼나는 하느님과 한 생명이다. 얼나는 볼 수 없지만 거룩한 생각이 솟아 나오니까 얼나가 있는 줄 안다. 거룩한 생각이 나오는 것이 얼나가 있다는 증거다. 얼나가 없다는 것은 자기 무시요 자기 모독이다. 얼나가 있으면 하느님도 계시는 것이다. 얼나는 하느님의 성령이기 때문이다."

"처음을 밝히고 마침을 생각함이 좋은 앎이며"(原始反終善智識)

나서 죽는 개체(個體)는 개체의 비롯을 밝히지 않을 수 없고 개체의 마침을 생각하지 않을 수 없다. 비롯을 밝히고 마침을 생각할 때 개체인 이 나를 어느 정도 알 수 있기 때문이다. 비롯을 밝히고 마침을 생각하면 개체인 나와는 다른 나지도 않고 죽지도 않는 전체(하느님, 니르바나)가 개체의 비롯이고 마침인 것을 알게 된다. 나지도 않고 죽지도 않는 전체가 개체의 본 모습인 것을 알게 된다. 그러고는 비록 개체로 있지만, 전체와 하나된 삶이 참삶임을 알게 된다. 이 앎이야말로 선지식(善智識)으로 좋은 앎이라는 것이다.

아무리 상대지가 많아도 절대지에 비하면 없는 것이나 마찬가지다. 그러니까 진리인 절대(하느님 니르바나)를 깨치는 것이 급선무다. 제 속에 있는 영원한 생명을 깨달아야 한다. 불경 성경조차도 내 인생을 알아보는 데 참고가 되는 데 지나지 않는다. 참나인 얼나를 깨닫는 것은 내가 스스로 깨달아야 한다. 영원한 생명을 빛이라고 한다. 우리가 알자는 것은 참 빛이다. 빛의 근원이다. 근원은 밝음이다. 거룩한 것은 밝은 것이다. 거룩한 얼나(하느님)야말로 우리가 알자는 것이다(『다석어록』).

"얼굴 읽고 낯 내놓음이 친함을 나누는 일이며"(讀顏釋面事親分)

류영모는 사람 사귐에 대하여 이렇게 말하였다.

남의 얼굴빛을 보아 그 사람의 마음을 알려고 한다. 마음을 아는데 그 수밖에 없지만 그것 가지고는 안 된다. 그래서 어지간히 십 년, 이십 년 동안 그 사람의 말과 행동이 같아 믿었더니 그 사람이 그럴 수 있느냐고 할 일이 일어난다. 이런 게 인생이다. 우리의 얼은 위로(하느님)는 통하지만, 옆으로(사람)는 통하지 못한다. 아무리 오래 같이 있어도 남의 얼은 못 보는 이것이 서운한 일이다. 서로의 속알을 내놓는 것같이 좋은 일이 없다. 지기(知己)의 동지(同志)라는 게 서로의 속알을 내놓는 것이다. 얼굴 속의 얼을 보아야 하지 않겠는가. 우리는 얼은 못 보고 그저 가긴가. 속알을 보지 못하고 어떻게 안다고 하겠는가. 참으로 남의 속알을 안다면 얼을 알 것이니, 얼의 성질이 멸망하는가 불멸하는가를 알 것이다(『다석어록』).

우리는 몸나 너머의 얼나를 볼 줄 알아야 한다. X광선은 우리 몸속을 들여다볼 뿐이다. 그러나 얼나의 참 빛은 몸속의 얼나를 찾는다. 붓다가 붓다를 알아주고 성인이 성인을 알아준다는 말은 곧 얼나가 얼나를 알아준다는 뜻이다. 예수의 얼나를 보고 석가의 얼나를 본이라면 예수 · 석가의 얼나는 하나인 것을 안다. 예수 · 석가의 진리가 다르다고 하면 아직도 구경각에 이르지 못한 것이다.

"하느님을 캐어 알게 됨이 하늘 일을 함이라"(窮神知化使天職)

궁신지화(窮神知化)라는 말은 『주역』 계사 상전에 나온 말이다. 하느님을 궁구하여 의식화하는 것을 말한다. 궁신지화라는 말은 마하트마 간디의 진리파지(眞理把持)와 같은 말이다. 궁신지화는 바로 기도하는 것이요 선정(禪定)에 드는 것이다.

하느님의 일을 어떻게 하느냐고 묻자 예수가 대답하기를 "하느님께서 보내신 이를 믿는 것이 곧 하느님의 일을 하는 것이다"(요한 6:29)라고 하였다. 보내신 이는 하느님의 얼(성령)이다. 바꿔 말하면 하느님의 얼나를 깨닫는 것이 하느님의 일을 하는 것이다.

> 사람에게는 천직(天職)이 있다. 하느님의 얼을 받아 받들고 있으면 그는 천직(天職)을 살고 있는 것이다. 세상이 어수선한 것은 사람들이 하느님의 얼을 받드는 천직을 업신여겨서이다. 좀 편하고 쉽게 살아보자는 생각 때문이다. 돈 좀 벌겠다고 천직을 버리고 딴 길로 간 사람이 많다. 그것은 참으로 자기 스스로 자기를 묶는 일이다. 참 마음으로 천직에 매달린 이는 예수다. 예수는 천직에 순직함으로써 우리에게 많은 모범을 보여주었다(『다석어록』).

10. 참으로 굳은 것은 굳지 않다
固固不固

맘이 몸을 위해서만 일하면 완악한 맘이고 心爲身役頑固心
(얼로) 몸 · 맘의 (제나를) 거느려 꿋꿋한 나 身率心帥貞固身
공손과 옳음이 욕을 멀리하니 제나 이겨 사람되고 恭宜遠辱克己禮
믿음이 말씀 돌이킴은 옳은 사람에 의해서다 信可復言由義人

(1960. 6. 20)

固: 굳을 고, 고집할 고, 진실로 고. 頑: 완악할 완, 탐할 완. 頑固(완고): 완악하여 고집이 센. 率: 거느릴 솔. 帥: 거느릴 수, 주장할 수. 宜: 옳을 의. 由: 행할 유. 辱: 더럽힐 욕.

류영모의 글은 진리를 나타내려는 글이지 문채(文彩)를 나타내려는 글이 아니다. 그러나 그런 가운데도 문장마다 번뜩이는 문체를 보게 된다. 고고불고(固固不固)라 하기도 하고 불고고고(不固固固)라 한 데도 있다. 그러나 뜻은 똑같다. '참으로 굳은 것은, 굳지 않다'와 '굳지 않은 것이, 참으로 굳다'는 뜻은 같다.

固의 속에 들어 있는 古는 사람의 두개골을 그린 것이다. 두개골은 아주 굳다. 거기에 튼튼한 철옹성 같은 테두리를 쳤으니 얼마나 굳건하겠는가. 굳게 지킨다고 다 좋은 것이 아니다. 참된 지조(志操)를 굳게 지키면 정고(貞固)가 되지만 더러운 욕심을 굳게 지키면 고루(固陋)함이 된다. 공자가 말하는 "배우면 굳지 않다"(學則不固 ―『논어』「학이편」)의 불고(不固)는 고루하지 않다는 뜻이다.

'참으로 굳은 것은 굳지 않다'(固固不固)라는 수수께끼 같은 말은 무슨 뜻인가. 노자(老子)가 이르기를 "세상에 물보다 부드럽고 무른 것이 없으되 굳센 걸 치기에는 (물보다) 잘하기로 앞설 것이 없다"(天下莫柔弱於水 而攻堅剛者 莫之能先 ―『노자』 78장)라고 하였다. 노자의 말에 의하면 물이 바위보다 더 굳다는 말이 된다. 져서 이기는 것이 더 굳센 것일 수밖에 없기 때문이다.

하느님은 바뀌지 않는 불변의 얼 세계와 바뀌는 변(變)의 몬 세계(物世界)로 되어 있다. 얼 세계는 변하지 않는지라 굳다. 그러나 몬 세계는 변하는지라 굳지 않다. 얼은 예수가 이르기를 바람과 같다고 하였다. "바람은 제가 불고 싶은 대로 분다. 너는 그 소리를 듣고도 어디서 불어와서 어디로 가는지를 모른다. 성령으로 난 사람은 누구든지 이와 마찬가지다"(요한 3:8).

물질세계는 보기에는 굳건해 보이는데 알고 보면 수시로 바뀌어 믿을 것이 못 된다. 굳은 바위도 풍화작용으로 갈라지고 굳은 땅도 지진이 나면 꺼진다. 큰 별도 자폭해 사라져 버린다. 굳지 않는 바람 같은 얼이야말로 변하지 않으니 굳고 굳은 것이다.

“맘이 몸을 위해서만 일하면 완악한 맘이고”(心爲身役頑固心)

어느 마술사가 쇠사슬로 몸을 결박한 다음에 자물쇠로 잠갔다. 그리고 사람들로 하여금 자신을 바다에 던져 넣게 하였다. 그는 숨이 막히기 전에 그 쇠사슬을 말끔히 풀고 물 위로 솟아올랐다. 더 늦으면 숨이 막혀 죽게 됨은 여느 사람과 같다. 그런데 우리 사람들도 이 세상에 태어날 때 그와 같은 일을 하지 않으면, 안 되게 되어 있다. 우리는 이 세상에 몸생명을 뒤집어쓰고 나왔다. 우리는 하루빨리 짐승인 이 몸은 가짜 생명의 탈을 쓴 것임을 알아서 벗어버리고 하느님이 주신 얼생명으로 솟나야 한다. 이것이 우리가 대기(大氣)의 바다에서 이루어야 할 우리의 급선무다. 예수·석가는 이 일을 35살 전후에 다 이루었다. 수많은 사람들이 태어났건만 아직도 예수·석가만 한 이가 없어 2천 년이 더 지난 오늘에도 그들을 본보기로 삼고자 한다.

사람들은 죽을 짐승인 이 몸이 거짓 나인 줄을 알지 못한다. 이 몸이 참나인 줄 믿고 전혀 의심조차 하지 않는다. 그리하여 짐승인 몸을 위해서만 맘을 기울이고 힘을 쓴다. 석가는 이를 무명(無明)에 빠진 것이라고 하였다. 사람들은 예수·석가의 가르침조차 아랑곳하지 않는다. 이러한 사람들의 마음을 한 마디로 완고하다고 말한다.

류영모는 말하기를 “우리의 마음이나 몸뚱이가 하자는 대로만 하다간 완고심이 된다. 이 몸은 참나가 지나가는 거지 이 몸은 참나가 아니다. 이 몸은 두루마기 옷 같은 것이라 언제든지 내버릴 때가 있다. 이 몸의 심부름만 하는 것을 사는 것으로 아는 이는 아무리 높이 앉혀도 땅에 붙은 소리밖에 못 한다. 내 맘속에 와있는 하느님 아들을 믿지 않으면 이미 멸망한 거다. 죽을 몸을 참나로 착각하고 있는 것이다. 위로부터 난 하느님 아들인 얼나를 모르면 이미 심판받고 정죄받고 멸망한 것이다. 얼나를 모르고 얼나로 거듭날 생각을 안 하니까 이미 죽은 거다. 몸의 숨은 붙어 있지만 벌써 멸망한 거다"라고 하였다.

"(얼로) 몸 · 맘의 (제나를) 거느려 꼿꼿한 나"(身率心帥貞固身)

석가는 사람들의 생로병사(生老病死)하는 모습을 보고는 몸나에 절망하여 의심하게 되었다. 6년 동안의 고행 끝에 어버이가 낳아준 몸과 맘의 제나(自我)는 참나가 아님을 깨달았다. 그리고 니르바나(하느님)로부터 온 진리의 나(法身)인 얼나가 참나임을 알았다. 참나는 생로병사와는 전혀 관계가 없는 영원한 생명임을 알았다. 그래서 몸으로는 80살에 죽으면서도 얼나로는 영생함을 믿었다. 정고신(貞固身)은 제나를 온전히 다스린 붓다요 그리스도이다.

류영모는 말하기를 "사람이 귀하다는 것은 얼을 가지고 있기 때문이다. 우리의 모든 것이 결단이 나도 얼 하나는 결단이 나서는 안 된다. 우리가 산다는 것은 얼 하나 가지고 사는 것이다. 이 얼이 영원한 생명인 참나다. 하느님 아들인 얼나를 깨달으면 언제 죽어도 좋다. 내 속에는 벌써 영원한 생명이 깃들여 있기 때문이다. 죽지 않는 생명을 가졌기에 이 껍질의 몸은 아무 때 죽어도 좋은 것이다"라고 하였다.

"공손과 옳음이 욕을 멀리하니 제나 이겨 사람되고"(恭宜遠辱克己禮)

『논어』에 있는 유자(有子)의 말에 "믿음이 옳음에 가까우면 말을 돌이킬 수 있다. 공손이 예에 가까우면 부끄럼과 욕을 멀리한다"(信近於義 言可復也 恭近於禮 遠恥辱也 ─『논어』「학이편」)라고 하였다. 류영모는 여기에서 따온 말로 대구(對句)를 이루었다.

공의(恭宜)라는 말은 글자의 어원을 알아보면 그 뜻이 분명해진다. '恭'은 하느님 앞에 제물(祭物)을 바치는 겸허한 맘을 나타낸 글자이다. '宜' 자는 사당 안에 제물을 가득히 쌓아놓은 것을 나타낸 글자이다. 그러므로 하느님께 기도하는 마음이 공의라 할 수 있다. 하느님께 기도하려면 먼저 수성(獸性)을 지닌 제나(自我)가 죽어야 한다. 짐승인 제나가 살아서는 올바른 기도가 안 된다. 제나가 죽지 않고는 얼나가 들어오지 못하기 때문이다. 얼나가 들어오지 못하면 하느님과의 관계가 회복되지 못한다. 하느님 아버지와 하느님 아들(얼나) 사이에서만이 믿음의 관계가 이루어지기 때문이다. 하느님 아버지와 아들 사이가 회복되는 것이 올바른 기도이다. 이것이 극기복례(克己復禮)이다.

짐승인 제나(自我)로 죽고 하느님 아들인 얼나(靈我)로 사는 것이 치욕을 멀리하는 것이다. 이것이 석가가 말한 얼나의 깨달음이요 예수가 말한 얼나의 거듭남이다. 이것을 이루지 못하고서는 하느님 아버지께서 찾으시는 하느님 아들의 예배는 되지 못한다.

류영모는 이렇게 말하였다. "제나(自我)가 죽어야 참나(眞我)가 산다. 제나가 완전히 없어져야 참나다. 참나가 우주의 임자인 하느님이다. 참나는 제나를 다스리는 임자(主)다. 참나는 제나를 다스리고 맡을 수 있는 자유의 나, 진리의 나, 영성의 나다. 참나와 하느님이 하나다. 참나와 성령이 하나다. 참나로는 하느님의 생명과 하나라 참나와 하느님은 이어져 있다."

"믿음이 말씀 돌이킴은 옳은 사람에 의해서다"(信可復言由義人)

예수가 이르기를 "사람이 빵으로만 사는 것이 아니라 하느님의 입에서 나오는 모든 말씀으로 살리라"(마태오 4:4)라고 하였다. 이 말은 빵으로 사는 몸이 인생의 목적이 아니라 하느님의 말씀으로 사는 얼이 인생의 목적이라는 말이다. 그런데 세상 사람들은 몸을 인생의 목적으로 알고 있으며 얼은 있는지조차 모르고 있다.

류영모는 말하기를 "이 세상은 잘못되었다. 세상 사람은 삶의 법칙을 식·색(食色)으로 생각하고 있다. 재물에 대한 애착과 남녀에 대한 애착이 인생이라고 생각하고 있다. 그것이 잘못된 것인 줄도 모르고 있다. 못된 것을 바로잡자면 밥도 처자(妻子)도 잊어야 한다. 예수를 믿는다는 것은 이 세상이 잘못되었으니 바로잡자는 것이다. 예수가 '육적인 것은 아무 쓸모가 없지만, 영적인 것은 생명을 준다'(요한 6:63)라고 했듯이 사람은 식·색으로 사는 것이 아니라 하느님의 말씀으로 사는 것이다. 하느님의 말씀은 마르지 않는다. 성령의 운동이 말씀이다"라고 하였다. 짐승의 성질을 이겨야 옳은 사람이 되고, 옳은 사람이 되어야 하느님 아버지라는 믿음이 일어나고, 하느님 아버지의 믿음이 일어나야 하느님의 말씀이 들린다. 무엇보다 먼저 할 것은 내 몸이 지니고 있는 짐승의 성질과 싸워 이겨야 한다. 이것이 극기복례(克己復禮)다. 극기복례를 이루면 옳은 사람(義人)이다. 옳은 사람이면 끊어진 하느님의 말씀을 돌이킬 수 있다.

11. 사람
人間

고운 낯을 뽐내지 않는 미인은 없고　無面不表女色性
맘속에 얼이 내리지 않은 큰 이 없어　無衷不降丈夫魂
고운 낯바닥을 고른다면 집 방구석의 쥐요　物色顔面家室鼠
하느님의 얼골에 뚫리면 하늘바다의 곤(鯤)이라　穿鑿神容天溟鯤

(1960. 3. 15)

表: 거드름부릴 표. 女色(여색): 미인. 色: 어여쁜 계집 색. 性: 바탕 성. 衷: 가운데 충. 物: 만날 물. 穿鑿(천착): 생각을 깊이 파고듦, 구멍을 뚫음. 穿: 통할 천. 鑿: 뚫을 착. 天溟(천명): 하늘바다, 하늘나라. 溟: 바다 명. 鯤: 곤어 곤. 容: 내용 용.

"고운 낯을 뽐내지 않는 미인은 없고"(無面不表女色性)

어느 브라만이 그의 미인 딸을 석가에게 데리고 와 아내로 맞아 달라고 간청하였다. 석가는 그 브라만에게 이렇게 대답하였다. "브라만, 나는 하늘 아가씨도 쓸데없소. 하물며 그 더러운 피고름을 담은 가죽 주머니를 어디에 쓰겠소. 애욕은 모든 괴로움의 뿌리요, 사람으로서 모든 세속적인 애욕을 버리고 계행을 닦는 것만이 참으로 아주 행복한 길이요." 아름다운 자태를 뽐내던 브라만의 딸 마간디야는 자신을 피고름을 담은 가죽 주머니라고 한 데 대하여 크게 모욕감을 느꼈다. 미녀 마간디야는 그 뒤 그 아름다운 모습으로 인하여 코살비국 우다야나왕의 눈에 들어 첫째 왕후가 되었다. 석가가 그 나라에 들어가 포교하였을 때 왕후 마간디야는 옛날 석가로부터 받은 수모를 앙갚음하고자 하였다. 미간디야는 사람들을 시켜서 석가를 음해하는 헛소문을 퍼뜨렸다. 백성들이 석가 일행에게 공양을 안 하도록 하려는 속셈이었다.

미녀 마간디야만이 자신의 미모를 뽐낸 것은 아니다. 클레오파트라와 양귀비 같은 미녀들은 그 아름다움을 가지고 사람들에게 으스대다가 스스로를 어렵게 만들었을 뿐 아니라 다른 사람들에게까지 화(禍)를 미치게 하였다. 그래서 경국지색(傾國之色)이라느니 미인박명(美人薄命)이라는 말이 있다. 마하트마 간디는 이르기를 "나는 진리(하느님)를 믿는다. 또한 진리에서 아름다움(美)을 찾고 또 본다. 진리란 단지 추상적인 관념만이 아니다. 진실이 가득 찬 모습이나 그림, 노래는 참으로 숭고한 아름다움이다. 그런데 사람들은 슬프게도 진리로부터 떨어져 진리 속에 있는 아름다움에는 장님이 되었다. 그러나 언제라도 진리 속에 있는 아름다움(美)을 보게 되어야 참다운 예술이 태어나게 된다"(간디, 『간디문집』「어느 날 아침의 회견」)라고 하였다.

류영모는 이르기를 "참으로 온전한 세상이라면 부자와 귀인이 있을 리 없고 미인도 병신도 있을 리 없다. 세상에서 부귀(富貴)를 높이고 미인을 권장하는 것은 이 세상이 병든 세상이라 그런 것이다. 병신을 보면 내가 받을 괴롬을 저 사람이 대신한다는 생각이 들어야 옳은 것이다. 병신이나 미인은 눈총을 많이 받아 괴로운 것이다. 거기에다 미인은 유혹까지 받는다"(『다석어록』)라고 하였다.

"맘속에 얼이 내리지 않은 큰 이 없어"(無衷不降丈夫魂)

은(殷)나라를 세운 탕(湯)임금의 말 가운데 "하느님께서 아래 백성들에게 얼을 내리시어 한결같은 바탈이 있는 것 같다"(惟皇上帝降衷 于下民若有恒性 —『서경』「상서탕고편」)란 말이 있다. 무충불강(無衷不降)은『서경』(書經)에서 가져온 것이다. 충(衷)은 옷 입은 사람의 맘속에 얼생명이 있다는 것을 나타낸 글자다.『서경』(書經)「대우모편」에는 덕내강(德乃降), 천명유덕(天命有德)이라는 말이 나온다. 충(衷)을 덕(德)과 같은 뜻으로 알면 잘못이 없다. 공자(孔子)는 "하느님이 내게 속알을 낳으셨다"(天生德於予 —『논어』「술이편」)라고 하였다. 옛사람들도 직감(直感)으로 하느님이 우리에게 착한 맘을 주시는 것을 알았던 것이다. 그 가운데서도 예수·석가는 하느님(니르바나)께서 영원한 생명인 얼생명을 주시는 줄을 분명히 깨달았다. 류영모는 하느님이 주시는 얼생명을 대장부혼이라고 하였다.

류영모는 맹자(孟子)의 대장부(大丈夫)론을 아주 좋아하였다. "맹자의 사나이(大丈夫)라는 소리는 참으로 시원한 말씀이다. 이 말씀은 성경 말씀 안 될 게 없다"라고 하였다.

우주에 넓게 살며, 우주의 바른 자리에 서고, 우주의 큰길로 걷는다. (사람들의) 뜻을 얻으면 사람들과 함께 갈 것이며, 사람들의 뜻을 얻지 못하면 그 큰 길을 홀로라도 간다. 부귀가 음란하게 못 하며, 빈천(貧賤)이 뜻을 꺾게 못 하며, 위협이 무릎 꿇게 못 한다. 이를 일러 사나이라고 한다(居天下之廣居 立天下之正位 行天下之大道 得志 與民由之 不得志獨行其道 富貴不能淫 貧賤不能移 威武不能屈 此之謂大丈夫 —『맹자』「등문공편」).

하느님의 성령인 호연지기(浩然之氣)의 얼생명을 깨닫지 못하고는 이러한 생각을 할 수 없다. 제나(自我)의 수성(獸性)으로는 재산 모을 생각, 새끼 낳을 생각밖에 못 한다. 세상에서는 알렉산더나 나폴레옹처럼 세계 통일이라는 야심을 품고 큰 전쟁을 일으키는 이들을 영웅이라고 일컬어 왔다. 그러나 그들은 이 지구라는 온 도랑물을 흐리게 한 미꾸라지에 지나지 않는다. 그런 미꾸라지를 가지고 곤(鯤)이나 되는 것처럼 말해서야 되겠는가. 칼라일의 '영웅숭배론'을 못마땅하게 생각했으나 읽어보니 영웅숭배론의 결론은 예수야말로 참 영웅이라는 것이었다.

"고운 낯바닥을 고른다면 집 방구석의 쥐요"(物色顔面家室鼠)

버트런드 러셀은 호색에 탐닉하는 까닭을 이렇게 밝혔다. "첫째 사랑이 황홀을 가져다주기 때문이다. 그 황홀은 너무나 위대한 것이어서 몇 시간의 즐거움을 위해서는 남은 생애에 전부를 희생해도 좋다고 생각하는 일도 가끔 있었다. 다음으로 사랑이란 고독감을 덜어주기 때문에 그것을 찾아다녔다. 하나의 떨리는 의식이 이 세상 너머의 차갑고, 끝없고, 생명 없는 심연을 바라보는 그 무서운 고독감이다. 마지막으로 나는 사랑의 결합 속에서 성자와 시인들이 상상한 천국의 신비로운 축도를 미리 보았기 때문에 사랑을 찾아다녔다"(러셀, 『자서전』).

류영모는 러셀과 같은 인생관을 가진 사람을 쥐 같은 이라고 하였다. 방구석에서 구멍만 뚫기 때문이다. 남녀의 정사가 황홀하다는 것은 스스로를 속이는 일이다. 그 일 뒤에 오는 공허감과 환멸감은 몇만 배나 괴로운 것이다. 남녀의 정사로 고독이 해결된 일이 없다. 시인이나 성자가 상상한 천국의 신비감을 미리 맛보았다면 참으로 성자가 누린 천국의 기쁨을 누려보려고 힘쓰는 것이 당연하다. 정사의 신비감이란 거짓 천국에 만족하는 탄트라 교도에 지나지 않는다. 예수·석가의 자리에 이르면 참으로 고독이 사라지고 황홀한 하늘나라가 내 맘속에 임한다.

류영모는 이렇게 말하였다. "색욕의 유혹은 대단한 것이다. 먹는 것에는 제법 사양하고 사리는 것이 있다. 그러나 색(色)에 대해서는 거의 모든 인류가 이 시험에 당하였고 또 이기는 데 어려움을 느끼고 있다. 다른 맛이 있음직해 남의 여자도 건드려보고 남의 남자도 꾀어 본다. 맛에 맘이 나면 사람은 아주 짐승만도 못하다. 몇 번 맛보면 더 먹어볼 것이 없다고 해야 마땅한 일이 아니겠는가. 실제로 어떤 부인은 자식 하나 낳아보고는 다시 더 볼 것 없다 하고는 남편을 새장가 보내고 자기는 다시 더 자식을 낳지 않는 사람이 있었다. 별것 없는 그 맛을 자꾸 따라가야 별 소득이 없는 데도 늙어서까지 처녀 첩을 두었느니 소녀 과부를 얻었느니 하는 소리가 들리니 이러한 사람이 무엇이 되려고 하는 것인가. 세상에 꽤 똑똑한 사람도 먹는 문제, 남녀 문제가 되면 꼼짝 못한다. 그러고도 부끄러워할 줄도 모르고 무슨 영웅이나 된 것처럼 자랑스럽게 여긴다."

"하느님의 얼골에 뚫리면 하늘바다의 곤(鯤)이라"(穿鑿神容天溟鯤)

지질학에서는 땅속 깊이까지 탐사 시추를 해서 땅속 깊은 곳에서 추출물을 얻어 분석함으로써 지질과 함께 연대를 알아낸다. 천문학에서는 우수한 성능의 허블망원경을 통해 우주 깊숙이 들여다본 영상을 얻어서 우주의 구성과 연대를 알아낸다. 이와 같이 사람들은 인간이 지닌 이성(理性)으로 상대를 너머 절대에 이르러 하느님을 알아내고자 하였다. 그러나 칸트를 비롯한 많은 철학자들은 뜻을 이루지 못하였다. 그리하여 하느님은 없다는 말을 서슴없이 말하는 학자들이 우후죽순처럼 나타났다. 참으로 기가 막히는 일이었다. 하느님은 얼이라 내가 얼에 뚫려야지 이성(理性)으로 얼을 뚫으려고 덤비는 것은 돈키호테적인 만용에 지나지 않는다.

> 하느님께 가는 길은 제 맘속으로 들어가는 길밖에 없다. 깊이 생각해서 자기의 속알(德)이 밝아지고 자기의 정신이 깨면 아무리 캄캄한 밤중 같은 세상을 걸어갈지라도 길을 잃어버리는 일은 없을 것이다(『다석어록』).

하느님의 얼에 뚫리어 하느님의 얼이 맘속에서 생수처럼 터져 나오면 신비로운 향내가 피어오를 것이다. 하느님의 얼은 신비의 정체(正體)이기 때문이다. 그러면 하늘바다(天溟)의 곤(鯤)처럼 하느님의 존재인 얼나가 드러날 것이다.

12. 하느(으뜸)님 사랑
元仁

붙지 않고 떨어지지도 않고 자고 먹는 나그네	不卽不離宿食客
소식 듣고 안부 물으며 좋은 이웃과 사귀리	消息安否交好隣
물처럼 밤낮으로 그치잖고 흘러만 가는데	不捨晝夜與水逝
당연히 머물 곳 없는 (얼이) 맘의 임자라	應無所住心主人
맡은 짐 무겁고 길 멀으니 뜻 크고도 굳세게	任重道遠弘毅志
널리 베풀어 무리 건지니 믿음 · 옳음 · 어짐	博施濟衆信義仁
맘 몸의 (제나) 나고 들긴 한 번만 오고 감	心身出入一往來
가장 맨 처음은 생각할 수도 없는 신비	不可思議最原因

(1960. 6. 14)

卽: 붙을 즉. 宿食(숙식): 자고 먹음. 安否(안부): 평안함과 평안하지 못함. 隣: 이웃 린. 捨 놓을 사. 逝: 갈 서. 應: 꼭 응. 弘毅(홍의): 크고 굳셈. 弘: 클 홍. 毅 : 굳을 의. 任: 맡아서 책임질 임.

원(元)은 하느님이고 인(仁)은 사랑이다. 류영모는 하느님의 사랑을 원인(元仁)이라 하였다.

류영모는 말하기를 "우리는 맨 첨 나온 으뜸으로 돌아간다. 복원(復元)하는 것이다. 그렇다고 집으로 돌아가는 것이 아니다. 세상에 마련한 집은 버려야 한다. 이 지구도 우리에게는 집에 지나지 않는다. 마침내 집을 내버리고 나가야 한다. 지나가는 한순간밖에 안 되는 이 세상을 버리고 간다면 섭섭하다고 한다. 이러한 바보들이 어디 있는가. 한 번 가면 다시 오지 못한다. 한 번 가면 못 오는 길을 우리가 가고 있다. 일왕불복(一往不復)이다"라고 하였다. 한 번 가면 못 온다는 것은 윤회설을 부인하는 말이기도 하다.

"붙지 않고 떨어지지도 않고 자고 먹는 나그네"(不卽不離宿食客)

류영모는 말하기를 "이 세상에는 붙어도 안 되고 떨어져도 안 된다. 붙었다 떨어졌다, 떨어졌다 붙었다 하는 것이 생명의 본질이다. 마음이 빈 사람은 굴러가는 수레바퀴처럼 붙지도 않고 떨어지지도 않는다. 사물에 집착하여 화를 잘 내는 사람은 맘과 몸에 병을 가져온다"라고 하였다. 석가는 아난다를 짝사랑하여 따라온 마탕기 처녀 프라크리티를 출가시켜 비구니가 되게 하였다. 여승이 된 프라크리티에게 석가는 설법하기를 "프라크리티야. 애욕이란 모든 죄의 근본이며 괴롬의 씨니라. 그 단맛보다 그 쓴맛이 몇만 갑절이 되느니라. 이 애욕으로 인하여 모든 생명은 길이 지옥, 아귀, 축생의 세계를 벗어나지 못하는 것이다. 마치 여름밤 부나비와 벌레들이 타는 등불에 몸을 던져 죽는 것과 같이 어리석은 범부들도 욕심의 불꽃에 몸을 던지는 것이다. 그러나 지혜 있는 이는 그와 달라서 욕심을 멀리하여 애욕의 불 속에서 벗어나는 것이다" 라고 하였다.

석가에게 비싼 값을 치르면서도 돈을 아끼지 않고 기원정사를 바친 이가 급고독원이라는 이다. 그의 맏며느리 선생(善生)은 부잣집 딸로 버릇없이 자라 시집을 와서도 말썽을 부렸다. 그러자 석가는 그 선생을 불러서 물었다. "선생이여, 세상에는 일곱 종류의 아내가 있다. 사람을 죽이는 따위의 아내, 도둑과 같은 아내, 주인과 같은 아내, 어머니와 같은 아내, 누이동생과 같은 아내, 친구와 같은 아내, 종과 같은 아내다. 선생이여 그대는 일곱 가지 아내 가운데 어느 아내에 속하는가?" 프라크리티에게는 결혼하는 것이 나쁘다고 하였는데 선생에게는 어진 아내가 되라고 하였다. 얼른 보면 일관성이 없는 말 같지만, 이것이 부즉불리(不卽不離)의 인생관인 것이다.

이 세상에 사는 것이 아무것도 아닌 줄 알지만 사는 동안은 열심히 일하면서 살아야 한다. 류영모는 유치원생이 나중에 대학생이 된다고 유치원의 과제를 게을리해서는 안 되는 것이라고 하였다.

이 세상은 여관과 같다. 한쪽에는 묵었던 손님이 떠나간다. 또 한쪽에는 새로 묵을 손님이 들어선다. 나도 여기서 며칠 동안 자고 먹다가는 떠날 나그네 손님인 것이다. 손님 가운데는 곧장 떠나는 손님이 있기도 하고 오래 묵는 손님도 있지만, 떠나가지 않는 손님은 없다. 가정이라, 나라라 하지만 지구가 여관인데 가정이나 나라인들 여관이 아닐 수 없다. 언젠가 강을 건너고 난 다음에는 배를 버리듯이 이 지구를 버리고 떠난다. 제법 이 땅에서 주인 행세를 하려 드는 이가 있는데 그런 사람은 하루빨리 자신이 나그네 처지임을 알아야 한다.

"소식 듣고 안부 물으며 좋은 이웃과 사귀리"(消息安否交好隣)

공자(孔子)가 이르기를 "속나를 깨달은 이는 외롭지 않다. 반드시 이웃이 있다"(德不孤 必有隣 — 『논어』「이인편」)고 하였다. 이 세상에서 외롭게 살다 간 헨리 소로우(1817~1862)는 그의 저서 『숲속의 생활』 고독편에 공자의 이 말을 인용했다. 얼나를 깨달은 이는 벗을 사귀는데 국적도 문제가 아니고 생사도 문제가 아니다. 맹자(孟子)는 "돌아간 옛사람을 벗 삼아 배우는 것을 상우(尙友)라고 하였다"(『맹자』「만장 하편」).

> 좋은 사상은 내 생명을 약동케 한다. 남의 말을 들어도 시원하다. 생각처럼 귀한 것은 없다. 생각 가운데도 거룩한 생각은 향기다. 바람만 통해도 시원한데 거룩한 향기가 뿜어 나오는 바람이 불어오면 얼마나 시원할까. 시원한 생각, 시원한 말씀이 불어가게 하라(『다석어록』).

소식은 막혔던 숨이 쉬어지듯이 시원해야 참된 소식이다. 하느님의 말씀이야말로 새 소식이요 희소식이다. 세상 이야기란 답답하기만 하다. 세상의 새 소식이라는 신문을 읽고 가슴이 시원한 적이 거의 없다. 이미 영원한 생명인 얼나를 깨달았으니 몸이야 죽든 살든 관계가 없다. 그러나 목숨이 붙어 있는 동안에는 서로가 궁금하여 안부를 묻는다. 『장자』(莊子)에 도우(道友)끼리 서로 문안, 문병, 문상하는 얘기가 나온다. 그거야말로 호린(好隣)의 도반(道伴)들이다.

"물처럼 밤낮으로 그치잖고 흘러만 가는데"(不捨晝夜與水逝)

공자(孔子)가 흐르는 냇물 위에서 세월(시간)의 무상함을 느낀 말이 있다. "선생님(공자)이 냇물 위에 서서 가로되, 가는 것(세월)이 이 같구나. 밤낮으로 그치지 않는다"(子在川上曰 逝者如斯夫 不舍晝夜 ―『논어』「자한편」). 공자는 냇물 위에 서서 공자 자신이 없어진 다음의 미래를 내다본 것이다. 사람들은 땅속에 기어 다니는 두더지보다 더 근시라 코앞의 일밖에 모른다. 몇억 년, 몇만 년은 내다보지 못하더라도 몇백 년, 몇천 년쯤은 내다보아야 한다. 그러면 현재의 실상이 꿈으로 보이고 환상으로도 보일 것이다. 그것이 바로 보는 것이다. 이 인생이라는 꿈을 딱 깨자는 것이다.

공자가 냇물 위에서 세월(시간)의 무상함을 탄식한 지가 2천5백 년이 된다. 공자는 떠났어도 시간의 흐름은 멈추지 않았기 때문이다. 류영모가 이 한시를 쓴 지가 지금으로부터 29년 전이다. 이제 이 사람이 쓴 이 풀이 글을 몇십 년 뒤, 몇백 년 뒤에 읽는 이는 공자나 류영모가 느꼈던 것처럼 시간의 무상을 느낄 것이다. 이렇게 생각하면 이제 여기서 이 글을 쓰고 있는 내가 유령처럼 신비롭게만 느껴진다. 물이 흐르는 것은 그래도 길게 본 것이다. 사람의 일생도 지구의 일생도 우주의 일생도 영원에 비기면 1초 동안 금줄(金線)을 긋고 사라지는 별똥별에 지나지 않는다. 누가 그렇지 않다고 하겠는가. 그래서 지나가고 있는 이 순간이 귀하고 귀하다. 이 신비의 순간에 하느님을 만나야 한다. 시간은 한없이 흐르고 흐르지만, 하느님은 변하지 않고 그대로다. 공자 · 석가 · 노자가 본 하느님과 톨스토이 · 간디 · 류영모가 본 하느님에 달라진 것은 없다. 무상한 시간을 보지 말고 유상(有常)한 하느님을 바라야 한다. 하느님은 늙지도 않고 변하지도 않는다.

"당연히 머물 곳 없는 (얼이) 맘의 임자라"(應無所住心主人)

류영모는 말하기를 "몸이 묶이지, 얼은 자유다. 얼은 묶는다는 것이 없다. 상대적 존재인 몸이 묶지 절대존재인 얼은 묶는 일이 없다. 그러므로 우리는 세상에서 응당히 묶지 않는 얼나로 살아야 한다.(應無所住而生其心). 머무를 곳 없는 것이 참 생명인 얼이다. 얼은 묶는 것도 가는 것이고, 가는 것도 묶는 것이다. 그래서 오고 감이 없다는 것이다"라고 하였다. 『금강경』에 나오는 무주(無住)사상은 예수가 말한 "내 나라는 이 세상에 속한 것이 아니다"(요한 18:36)와 같은 뜻이다. 이 세상에 속한 것이 아닌 것은 하느님의 얼뿐이다. 얼이 마음의 임자이지 마음이 얼의 임자가 아니다. 얼은 시간, 공간의 상대세계에 갇히지 않으므로 머물지 않는다. 머문다는 것은 상대세계라는 멸망의 감옥에 갇히는 일이다. 얼나는 무소무재(無所無在)한 전체라 갇힐 리 없다. 사람이란 짐승으로 태어났으나 짐승의 성질인 탐 · 진 · 치를 이기어 사람으로 거듭나야 한다. 그런데 그 탐 · 진 · 치를 아무리 이기려고 하여도 이기기보다는 지고 마는 것이 사람들이 겪는 실상이다. 그러나 하느님이 보내신 얼나를 임자로 맞아드리면 탐 · 진 · 치의 수성이 엄동설한의 뱀처럼 꼼짝을 못한다. 그러면 야생마처럼 설치던 제나가 얼나를 등에 태운 순한 말이 된다. 얼나로 거듭난 예수 · 석가도 짐승의 몸을 지녔으나 수성(獸性)이 가시어진 것은 이 때문이다. 그러나 제나는 얼나가 될 수 없다. 석가가 자신의 몸이 붓다가 아니라고 한 것은 이것을 가르쳐주고자 함이다.

얼로 솟난 류영모는 말하기를 "제나(自我)는 삼독(三毒)에서 나왔기 때문에 탐 · 진 · 치에 빠져 있다. 우리는 탐 · 진 · 치를 벗어나야 한다. 도의(道義)란 탐 · 진 · 치를 벗어나는 것이다. 탐 · 진 · 치를 벗어날 수 있는 길은 하느님의 얼을 님(임자)으로 받드는 것뿐이다"라고 하였다.

"맡은 짐 무겁고 길 멀으니 뜻 크고도 굳세게"(任重道遠弘毅志)

공자(孔子)의 제자 가운데 가장 나이가 적었던 증자(曾子)가 이르기를 "선비로서 큰 도량에 굳센 뜻을 갖지 않으면 안 된다. 짐은 무겁고 길은 멀기 때문이다. 어짐(仁)을 내 짐으로 하는데 무겁지 않겠는가. 죽은 뒤에야 마치니 또한 멀지 않은가"(『논어』「태백편」)라고 하였다. 7자 가운데 지(志)자는 류영모가 붙였고 6자는 증자의 이 말에서 따온 것이다. 사람들은 거의 쓸데없는 일에 정신을 다 소모하고 참으로 쓸데 있는 일에는 거의 정신을 쓰지 않는다. 시간도 재력도 마찬가지다. 그러니까 무엇이 쓸데 있는 일인가를 아는 것이 덕성(德性)이요 진리파지(眞理把持)다. 진리파지란 사람이 이룰 것을 이루고 가질 것을 가지는 것이다"(『다석어록』).

우리가 나 자신을 돌이켜 보면 전체(하느님) 속에 개체(사람)인 것을 알 수 있다. 개체는 전체를 떠나서는 있을 수도 없고 보람(가치)도 없다. 개체는 전체의 요구에 기쁨으로 순종하고 공헌할 때 존재의 보람을 느낀다. 류영모는 개체(사람)는 전체(하느님)의 제물(祭物)이 되는 것이 사람으로서의 사명을 깨닫는 것이라고 하였다. 하느님 아들의 사명을 이루기 위해서는 뜻은 바르고 굳세어야 한다. 그러나 예수조차도 "유혹에 빠지지 않도록 깨어 기도하라고 하면서 맘은 간절하나 몸이 말을 듣지 않는구나!"(마태오 26:41)라고 말하였다.

"널리 베풀어 무리 건지니 믿음 · 옳음 · 어짐"(博施濟衆信義仁)

자공(子貢)이 선생님인 공자(孔子)에게 물었다. "백성들에게 널리 베풀어 무리를 건질 것 같으면 어느 정도입니까. 어짐(仁)이라 말할 수 있겠습니까. 공자 가로되 어찌 어짐(仁)이라고만 하리오. 반드시 거룩한(聖) 일이다"(『논어』「옹야편」).

무리를 건진다는 것은 경제적으로 자활시키고 정신적으로 독립을 시켜서 스스로의 삶을 스스로가 잘살 수 있게 하는 일이다. 누구라도 모든 사람을 이렇게 제도한다면 그이야말로 성인일 것이다. 그리하여 류영모는 경제적 자활을 위하여 톨스토이처럼 귀농하여 농사짓는 모범을 보였다. 정신적 독립을 위하여 교회를 그만두고 스스로 진리를 터득하였다. 그러나 류영모의 모범을 보고 따라오는 이가 없었다. 류영모는 말하기를 "나는 젊어서 모범을 보이면 다 따라오고 잘될 줄 알았지만 그게 안 된다. 누가 모범에 따라가는가. 예수 · 석가를 모범 하는 이가 얼마나 있었는가. 모범을 하였다면 세상이 요 모양, 요 꼴이 되었을 리 없을 것이다"라고 하였다. 전체적인 것은 하느님께서 어떻게 하실 계획을 가지고 계신다. 나는 내가 할 수 있는 것만 하면 된다. 내가 할 일은 얼나로 제나를 다스리고 제나로 얼나를 받드는 일이다. 그러고는 나중까지 견디며 기다려야 한다.

신의인(信義仁)은 인의예지(仁義禮智)로 성인의 성품을 구체적으로 밝힌 것이다. 류영모는 이렇게 말하였다. "성령의 열매란 사람다운 사람의 인격이 되는 것이다. 하느님께 바치는 것은 인격을 바치는 것이다. 인격이란 인 · 의 · 예 · 지다. 인 · 의 · 예 · 지가 사람의 본성이다. 이 본성을 우리는 하느님께 바친다. 그것을 우리는 말씀이라고 한다. 말씀이야말로 인격의 표현이다. 말씀을 통해서 우리는 인격을 바친다. 이 말씀은 태초부터 있는 말씀이요 태초부터 있는 인격이다"(『다석어록』).

"맘 · 몸의 (제나) 나고 들긴 한 번만 오고 감"(心身出入一往來)

노자(老子)는 이르기를 "나오니 삶이요, 들어가니 죽음이다"(出生入死 — 『노자』 50장)라고 말하였다. 사람의 일생이 아무리 파란만장하여도 한 번의 나들이에 지나지 않는다. 불교에서는 이 세상을 떠나고 다시 돌아오지 않는 것을 불환과(不還果)라 하고 한 번 더 다녀가는 것을 일래과(一來果)라고 한다. 그런데 불교의 윤회사상은 모자라는 생각이다. 진리 의식은 나눠지거나 갈라짐이 없지만, 육체 의식은 같거나 이어짐이 없다. 예를 들면 하느님에 대한 진리 의식은 예수와 류영모가 다르지 않지만, 육체 의식은 전혀 연결이 될 수 없다. 예수는 예수고 류영모는 류영모일 뿐이다. 육체 의식의 연속적인 환생이란 있을 수 없고 있지도 않다. 단 한 번만의 인생을 가장 알차고 보람되게 살아야 한다. 예수 · 석가처럼 하느님 뜻대로 사는 것이 가장 알차고 보람된 삶이다. 단 한 번의 인생을 장난삼아 허랑방탕(虛浪放蕩)하여 취생몽사(醉生夢死)할 수는 없다. 멸망의 제나를 버리고 영생의 얼나를 깨달아야 한다. "너는 차라리 세상에 태어나지 않았더라면 더 좋을 뻔했다"(마태오 26:24)라는 말을 들어서야 되겠는가.

"가장 맨 처음은 생각할 수도 없는 신비"(不可思議最原因)

류영모는 말하기를 "사람은 맨 처음인 제일 원인을 잘 모른다. 그것은 온통 하나가 되어서 그렇다. 사람은 개체라 전체를 알 수 없고 완전을 알 수 없다. 그러나 사람이 완전을 그리워하고 또 그리워하는 것은 하느님 아버지가 '완전'이 되어서 그렇다. 하느님 아버지를 그리워하는 것이 참삶이다. 나는 모름지기란 말을 좋아한다. 모름지기란 반드시 또는 꼭이라는 말이다. 사람은 모름을 꼭 지켜야 한다. 모름은 제일 원인인 하느님 아버지다. 하느님 아버지를 다 알겠다는 것은 말이 안 된다. 아무리 아들이 위대해도 차원(次元)이 다르기 때문이다. 그러나 사람이 하느님 아버지를 그리워함은 막을 길이 없다. 그것은 아버지와 아들의 관계이기 때문이다. 아버지와 아들은 둘이면서 하나라 부자불이(父子不二)다. 이것이 부자유친(父子有親)이라는 것이다. 맨 처음이시고 진리 되시는 하느님 아버지를 그리워함은 어쩔 수 없는 인간의 본성이다. 그것이 사람의 참뜻이며 이 뜻은 꼭 이루어진다. 그것이 성의(誠意)다"라고 하였다. 마하트마 간디는 말하기를 "강물은 원류(源流)에서 끊어지면 말라 버린다. 우리도 근본 원류, 곧 하느님에게서 떨어져 나오면 그와 같이 된다. 사람은 자기 존재의 근원(하느님)에서 자신을 잘라 버릴 때 죽는 것이지 얼이 몸에서 떠날 때 죽는 것이 아니다. 하느님을 떠나서 하느님 밖에서는 우리의 존재는 없는 것이다"(간디, 『날마다의 명상』)라고 하였다.

13. 하늘 그물은 널찍하되 (빠뜨리지 않고) 사람의 그물은 촘촘하되 (빠뜨린다) 天網恢恢 人罟數

하루를 하늘 가득히 핀 꽃을 구경하고　　一日賞花天
여러 나라 좋다는 곳을 가 본다는데　　萬邦看善地
옛 노자는 이를 몹쓸 것으로 보았고　　古老觀斯惡
이제 다석은 뭇 사람의 어리석음을 본다　　今夕見衆痴

(4 · 19) 피 제사 뒤에 나라 손님맞이　　血祭後接賓
가는 손님 보내고서 미인들을 살피네　　餞賓去審美
분명히 잇속을 찾아오고 간 역사이거니　　歷歷營營史
연 날리고 폭죽이 터지는 때에　　揚鳶爆竹時

(1960. 6. 22)

天網(천망): 하늘 그물. 網: 그물 망. 恢恢(회회): 넓고 큰 모양. 恢: 넓을 회. 罟: 그물 고. 數: 빽빽할 촉. 賞: 구경할 상. 花天(화천): 꽃이 하늘 가득히 핀. 善: 좋을 선, 地: 곳 지. 餞: 보낼 전. 審: 살필 심. 歷歷(역력): 분명히. 歷: 역력할 력. 營營(영영): 이익 추구하기에 분주한 모양. 營: 경영할 영. 揚: 날릴 양. 鳶: 연 연. 爆 불 터질 폭.

노자(老子)가 이르기를 "하느님의 얼은 싸우지 않고서 잘 이긴다. 말 아니하고도 잘 맞들고 부르지 아니하고도 스스로 온다. 느즈러지되 잘 꾀하나니 하늘 그물은 널찍널찍 성글되 잃지 않는다"(天網恢恢 疎而不失—『노자』 73장)라고 하였다. 여기서 천망회회(天網恢恢)를 따왔다. 하느님의 하시는 일은 어설픈 것 같지만 빠뜨리는 것이 없다는 뜻이다. 불교에서는 관세음보살을 등장시켰다. 관세음보살은 천 개의 눈과 천 개의 손이 있다고 한다. 그 천 개의 눈으로 사람들을 살피고 천 개의 손으로 사람들을 돌본다는 것이다. 이것은 석가의 니르바나(Nirvana) 사상이 쇠퇴하면서 등장한 것이다.

예수는 말하기를 "참새 두 마리가 단돈 한 닢에 팔리지 않느냐. 그러나 그런 참새 한 마리도 너희의 아버지께서 허락하지 않으시면 땅에 떨어지지 않는다. 아버지께서는 너희의 머리카락까지도 낱낱이 다 세어 두셨다"(마태오 10:29-30)라고 하였다. 류영모는 말하기를 "하느님께서 혹 악을 모르고 계시지 않나 걱정하는 사람이 있을지 모르나 하느님은 다 알고 계시니 조금도 걱정할 것 없다. 우리가 크게 생각해야 할 것은 이 모두가 다 큰 뜻이 있어서 그런 것이고 인생은 결코 악인이 승리하는 것이 아니라는 점이다"라고 하였다.

"하루를 하늘 가득히 핀 꽃을 구경하고"(一日賞花天)

봄이 되면 제주도 유채꽃이나 진해에 벚꽃 구경을 하러 일부러 하루 짬을 낸다. 서울에서도 요즘은 여의도 벚꽃 구경을 하지만 그때는 창경궁 벚꽃 놀이가 있었다. 벚꽃이 하늘을 가린 것을 꽃하늘이라 하여 화천

(花天)이라 한다.

류영모는 꽃의 아름다움에 대하여 이렇게 말하였다.

> 꽃은 단적으로 우리에게 아름다움을 가르쳐 준다. 아름다운 것이 여러 가지 있지만, 대표적으로 꽃이 아름다움을 가르쳐 준다. 그 꽃이 우리에게 일러주기를 이 땅 위에서 느끼는 미(美)라는 것은, 순간이라는 것을 해마다 우리에게 보여주고 있다. 하루아침에 피어서 하룻저녁에 지는 꽃이 이 세상의 모든 미(美)는 꽃과 같이 잠깐이라는 것을 가르쳐 주고 있다. 그리하여 이 땅에 없는 영원한 미(美)가 저 하늘에 있을까 하고 하늘을 바라보며 그리는 데서 영원을 생각하게 된다(『다석어록』).

"여러 나라 좋다는 곳을 가 본다는데"(萬邦看善地)

세계 여러 나라에 있는 좋은 곳을 보러 다니는 것을 행복으로 여기고 자랑으로 여기는 사람들이 많다. 요즘은 지구촌 시대가 되어서인지 해외여행을 이웃 마을 드나들 듯하고 있다. 어떤 목사는 이스라엘을 7번이나 다녀왔다고 자랑하였다. 가난한 이웃을 위해서는 한 푼이 아까워도 구경 다니는 데는 목돈도 아까워하지 않는다. 한 유명한 여행가는 살기 위해 여행하는 것이 아니라 여행하기 위해 사는 것 같다. 하긴 인생이란 집안에서만 살아도 지나가는 나그네임에는 틀림이 없다. 그러나 이왕 귀한 시간과 돈을 들여 여행할 바에는 넓은 바다를 보고 오면 생각하는 맘이 바다처럼 넓어져야 하고 높은 산에 오르고 왔다면 품은 뜻이 산처럼 높아져야 할 것이다. 그러나 여행을 하고 와도 하기 전이나 마찬가지인 것 같다. 소득 없는 여행은 시간과 돈의 낭비다. 온 국민이 실속 없는 해외여행을 너무 나다니다가 외국인에게 손가락질 받고 외환위기를 맞았다면 그야말로 웃기는 백성이 아닌가. 가장 귀한 곳은 내 마음속이다. 하느님이 계시는 내 마음속에 들어가 하느님을 만나 뵙게 되면 세계에 좋다는 것도 시시하게 느껴진다. 노자(老子)가 이르기를 "집 문을 나서지 않고 세상을 알며 창을 내다보지 않아도 하느님을 본다. 그 나가는 것이 더 멀면 그 아는 것은 적어진다. 이래서 거룩한 사람은 가지 아니하고 알며 보지 않고도 (누구인 줄 알아) 이름 부르며 하지 않고 이룬다"(『노자』 47장)라고 하였다.

"옛 노자는 이를 몹쓸 것으로 보았고"(古老觀斯惡)

노자(老子)가 이르기를 "세상 사람들이 다 아름답다고 아는 것을, 아름답다면 이는 몹쓸 것이다"(天下皆知美之爲美斯惡已 —『노자』 2장)라고 하였다. 참된 진 · 선 · 미는 하느님이다. 이 세상의 진 · 선 · 미라는 것은 진 · 선 · 미 되는 하느님을 잊지 말라는 모조 진 · 선 · 미다. 모조 진 · 선 · 미에 홀려 진짜 진 · 선 · 미를 잊는다면 그거야말로 몹쓸 짓이 아닐 수 없다. 그러므로 이 세상의 모조 진 · 선 · 미를 보고는 진짜 진 · 선 · 미인 하느님을 찾아야 한다. 모조 진 · 선 · 미가 있는 것은 참된 진 · 선 · 미가 있다는 증거다. 류영모는 사람들이 마음속에 간직한 진리인 얼의 아름다움을 추구하지 않고 몸의 겉모습을 꾸며서 아름다워지려고 하는 것을 몹쓸 것으로 알았다.

야용(冶容)이라면 요즘 말로는 화장(化粧)이다. 야용하면 음란해지는 것이 사실이다. 얼굴에 분 바른다는 자체가 음란을 가리키고 있다. 곧 자기를 한 번 볼 것 두 번 세 번 보아달라는 것이다. 자꾸 보아달라는 것이다. 얼굴뿐만 아니라 말끔히 보아달라는 것이니 무서운 우상(偶像)이 될 수밖에 없다. 어쨌든 부귀와 미인을 강조하는 세상은 병든 세상이다(『다석어록』).

"이제 다석은 뭇 사람의 어리석음을 본다"(今夕見衆痴)

류영모는 진 · 선 · 미의 하느님은 내버리고서 이 땅 위에 아름다움을 추구하고 관광한다는 것을 어리석은 일로 생각하였다.

참으로 고운 것은 아무도 안 보는 데 있다. 자연(自然)의 아름다움은 누구에게 보이려고 생긴 게 아니다. 그러나 사람이 아름답게 하려는 것은 남에게 보이고자 함이다. 별도 아무도 안 보는 겨울에 별이 더 빛난다. 참으로 아름다운 자연의 미(美)는 사람이 살지 못하는 북극에 많다고 한다. 사람들은 말하기를 이런 좋은 날 집에 있을 수 있나 하고는 꽃에 계집에, 촛불에, 네온사인에 빠지는 것도 다 태양의 유혹을 받는 것이다. 달빛에 유혹받는 것은 말할 것도 없다. 이태백 같은 똑똑한 이가 달빛에 홀려 강물에 빠져 죽었다고 한다(『다석어록』).

"(4 · 19) 피 제사 뒤에 나라 손님맞이"(血祭後接賓)

류영모가 이 시를 쓰기 2달 앞서 이승만의 장기집권에 항거하는 4 · 19

학생혁명이 있었다. 그때 109명의 학생들이 총탄을 맞고 숨졌다. 여기에서의 혈제(血祭)란 그때 이 나라 민주 제단에 뿌린 의혈(義血)을 말한 것이다. 그 뒤 이승만이 대통령 자리에서 하야하고 하와이로 떠났다. 허정(許政)이 임시로 나라의 수반이 되어 미국의 대통령 아이젠하워의 방문을 맞았다. 여기에 접빈(接賓)은 그것을 말한다.

류영모는 4 · 19혁명에 대하여 이렇게 말하였다.

> 좋거나 싫거나 사람은 감정을 가지지 않을 수 없다. 미워할 때는 미워해야지 도무지 미워하지 않는다는 것도 말이 아니다. 감정을 바로 가지는 사람은 된 사람이다. 미워할 것을 미워하고 좋아할 것을 좋아하는 게 우리의 표준이 되어야 한다. 4 · 19 때는 미워할 것을 바로 미워한 거다. 그렇게 잘할 수 없으니 그것은 하느님이 한 것이다(『다석어록』).

"가는 손님 보내고서 미인들을 살피네"(餞賓去審美)

아이젠하워 대통령을 보내고서 한국일보사에서 미스코리아를 뽑는 미인대회를 열었다. 그때만 하여도 서로가 미스코리아가 되겠다고 수영복을 입은 채 무대 위를 활보하는 미인 아가씨들의 모습은 온 국민의 시선을 집중시키고도 남았다. 류영모는 미인대회 개최를 미(美)의 상품화라며 아주 못마땅하게 생각하였다.

> 한 사람이 추켜도 올라갈 텐데 많은 사람이 진 · 선 · 미라고 추키면 본인들은 하늘도 낮아질 거다. 한국의 처녀에서 진 · 선 · 미를 뽑는 것은 생각해 봐야

한다. 사람은 제가 무던히 하는 거라고 생각하면 덜된 거다. 얼굴도 그럴 거다. 내가 제법 잘났거니 하는 생각이 있으면 그런 인간은 낯짝도 덜된 데가 있다. 낯짝이 두꺼우니까 그렇게 생각하는 거다. 낯짝이 두꺼우면 암만해도 그 얼굴은 꼴 보기 싫다(『다석어록』).

"분명히 잇속을 찾아오고 간 역사이거니"(歷歷營營史)

인류 역사는 아무리 들여다보아도 삼독(三毒)을 저지르는 동물의 역사지 진리를 추구하는 사람의 역사라고 보기 어렵다. "인류의 역사를 돌에 새기고 쇠에 녹여 부어 수천 년, 수만 년을 남겨 왔어도 결국 싸움하고 물어뜯은 기록들이다. 자랑할 만한 것이라고는 아무것도 없다. 인류의 역사는 죄악의 역사지 그밖에 아무것도 아니다"(『다석어록』).

그 가운데 짐승의 성질인 삼독을 물리치고 하느님의 아들인 얼나를 깨달아 하느님이 참나(眞我)임을 밝힌 이들이 있다. 예수 · 석가를 비롯한 참을 찾은 이들이 그들이다. 그들이 아니었다면 인류 역사는 치욕스러운 짐승들의 동물사에 지나지 않는다.

"연 날리고 폭죽이 터지는 때에"(揚鳶爆竹時)

미국의 대통령이 왔다고 비행기가 뜨고 내리고 예포가 울렸다. 비행기는 연 날림이요 예포는 폭죽이 터지는 것이다. 이럴 때는 평화의 역사가 이루어진 듯하다.

이 세상엔 다 그게 그거다. 독수리 나는 것, 연 날리는 것, 비행기 나는 것, 인공위성 나는 것이 다 같은 거다. 이 지구도 이 우주도 마찬가지다. 이게 모두 연 날리는 장난이다. 우주가 영원히 갈 것 같으면 내가 장난이라고 안 한다. 우주도 어느 땐가 없어질 거다. 이 우주도 이러다가 마는 거다(『다석어록』).

사람이 기도 함으로써 하느님이 참나임을 알게 되었다. 영원한 생명인 하느님이 참나다. 역사란 꿈 같은 거짓이다. 하느님은 영원히 실존(實存)하시며 무한으로 실재(實在)하신다.

14. 니르바나 님
涅槃

저녁에 쉬고 아침이면 바쁜 고달픈 삶	夕休朝忙生涯困
숨은 것은 크나 나타난 건 잘아 작은 것만 보여	幽麤明細所見小
옛 님 그려 애달피 우니 거룩한 탄식이라	痛哭古人聖嘆息
빚진 이제의 나 가볍게 비웃어진다	責任今我快嘲笑

(1965. 6. 1)

忙: 바쁠 망. 生涯(생애): 살아 있는 동안. 困: 지칠 곤. 幽: 숨을 유. 麤: 클 추. 明: 나타날 명. 細: 잘 세. 快: 마음 시원할 쾌. 嘲笑(조소): 조롱하는 웃음. 嘲: 경멸할 조. 責任(채임): 빚진. 責: 빚 채.

공자(孔子)가 말하기를 "옛것을 익히어 새것을 알면 스승 될 만하다"(溫古而知新可以爲師矣 —『논어』「위정편」)라고 하였다. 인류 역사상 온고이지신을 가장 모범적으로 한 이가 예수와 석가이다. 지신(知新)은 지신(知神)에 이르러야 함으로 신관(神觀)을 업그레이드(upgrade)한 이라야 참으로 온고지신한 스승이라 할 것이다.

예수는 유대교 신관(神觀)에 머무르지 않고 새 신관을 열었다. 예수도 자신의 진리의식(眞理意識)이 옛사람들과는 달라서 새롭다는 것을 알았다. 그래서 예수가 말하기를 "낡은 옷에다 새 천 조각을 대고 깁는 사람은 없다. 그렇게 하면 낡은 옷이 새 천 조각에 켕겨 더 찢어지게 된다. 또 낡은 가죽 부대에 새 포도주를 담는 사람도 없다. 그러면 부대가 터져서 포도주는 쏟아지고 부대도 버리게 된다. 새 포도주는 새 부대에 담아야 둘 다 보존된다"(마태오 9:16-17)라고 하였다.

석가는 브라만 신관에 머무르지 않고 새 신관을 얻었다. 그것이 석가의 니르바나(Nirvana)신관이다. 얼른 보기에는 브라만교의 브라흐마(Brahma)와 석가의 니르바나는 다르지 않은 것 같다. 인도의 사상가요 시인인 타고르도 브라흐마와 니르바나를 다르게 보지 않았다. 타고르는 이렇게 말했다. "붓다(Buddha)의 가르침은 최고의 목적으로 니르바나(Nirvana)를 말한다. 니르바나의 참된 특징을 이해하려면 우리는 거기에 도달하는 길을 알아야 한다. 그것은 단순히 죄악된 생각과 행위의 부정을 통해서가 아니라 사랑에 대한 모든 한계를 제거함으로써 되는 것이다. 그것은 사랑 자체로 인한 진리 속에 있고 그 핵심 속에서 우리가 우리의 동정과 봉사를 제공해야 하는 모든 사람을 연결하는 자아의 승화를 뜻해야 한다"(타고르, 『인간의 종교』). "우파니샤드에서 말하는 것과 같이 마음은 브라흐마를 결코 알 수 없고, 말은 브라흐마를 결코 설명할 수 없다. 우리 영혼에 의해서만, 브라흐마에 있는 영혼의 기쁨에 의해서만 그리고 영혼의 사랑에 의해서만 브라흐마를 알 수가 있는 것이다. 바꾸어 말하면 우리는 오직 결합에 의해서만 브라흐마와 관계를 맺을 수 있다. 우리의 온 존재의 결합에 의해서 말이다. 우리는 우리의 아버지와 하나가 되어야 한다. 아버지와 같이 완전하게 되어야 한다"(타고르, 『삶의 실현』).

타고르가 어느 정도 깊이 알았는지는 다 알 수 없으나 브라만교의 브라흐마와 불교의 니르바나가 각기 최고의 가르침임을 알고 있었다. 그렇다면 석가는 어찌하여 브라흐마를 두고 니르바나를 내세웠을까, 거기에는 반드시 중요한 까닭이 없을 수 없다. 석가는 브라흐마에 허공이라는 절대개념이 철저하지 못한 것을 알았기 때문이다. 그 대표적인 예가 우파니샤드에 나오는 엄지손가락만 한 아트만(Atman)이다.

브라흐마가 내 맘속에 들어와 내재(內在)하는 것이 아트만인데 그것이 엄지손가락만 하다면 뭐가 뭔지 모르는 소리에 지나지 않는 것이다. 석가가 철저하게 유(有)를 부정한 니르바나의 절대성을 말하자 뒤에 와서 니르바나조차 부정되는 일이 벌어졌다. 예수의 가르침의 핵심이 아버지 하느님이듯이 석가의 가르침의 핵심은 니르바나인 하느님이었다. 그런데 석가가 떠난 뒤에 니르바나의 자리에는 석가 붓다가 들어서게 되었다 이것은 예수·석가가 절대의 하느님을 밝힌 것을 후퇴시킨 것이다. 신관(神觀)의 업그레이드(upgrade)가 아니라 다운그레이드(downgrade)인 것이다. 이것은 인류 역사를 거꾸로 돌린 것이나 마찬가지다.

불교에서 참으로 석가를 배우겠다면 석가의 니르바나 하느님을 찾아야 한다. 기독교에서 참으로 예수를 배우겠다면 예수의 아버지 하느님을 찾아야 한다.

지금 불교에서는 사람이 죽으면 니르바나에 든다고 한다. 기독교에서 사람이 죽으면 하늘나라에 간다는 말과 같다. 그러나 죽은 다음에 니르바나에 가고 하늘나라에 들어가고자 신앙생활을 하는 것이 아니다. 살아서 니르바나에 들고 살아서 하늘나라에 들어가야 하는 것이다.

예수가 말하기를 "하느님 나라는 너희 마음 가운데 있다"(루가 17:21)라고 하였다. 석가는 말하기를 "아난다는 현세에 기어코 니르바나를 얻을 것이다"(『중일아함경』) 라고 하였다.

석가의 니르바나 하느님과 예수의 아버지 하느님의 실체(實體)는 하나라는 말을 못 알아듣는 이도 있고 못마땅하게 생각하는 이도 있다. 석가가 말한 니르바나를 예수는 하느님 아버지라고 말한 것이다. 다르게 생각하는 이는 그들의 신관(神觀)이 아직도 예수나 석가의 절대신관에 이르지 못하였음을 보여주는 것일 뿐이다. 신관은 주관(主觀)적이다. 그러나 주객(主客)을 초월한 절대인 하느님에 이르면 개체(個體)에 국한된 주관이 아니다. 공통된 주관이다. 그러므로 "나와 아버지는 하나다"(요한 10:30)라는 말은 예수 개인의 말만이 아니라 인류 전체의 말이다.

류영모는 이렇게 말하였다. "사람을 숭배하여서는 안 된다. 그 앞에 절을 할 것은 참이신 하느님뿐이다. 종교는 사람 숭배하는 것이 아니다. 하느님을 바로 하느님으로 깨닫지 못하니까 사람더러 하느님 되어 달라는 게 사람을 숭배하는 이유다"(『다석어록』).

"저녁에 쉬고 아침이면 바쁜 고달픈 삶"(夕休朝忙生涯困)

저녁이라야 쉬고 아침부터 저녁까지 바쁘게 일을 해야 한다. "너는 죽도록 고생해야 먹고살리라. 들에서 나는 곡식을 먹어야 할 터인데 땅은 가시덤불과 엉겅퀴를 내리라"(창세기 3:17-18). 이렇게 사람들은 옛날부터 자신들의 처지를 간파하였다. 먹거리를 얻으려고 이마에 땀흘리는 것은 차라리 즐겁다. 사람의 힘으로는 어쩔 수 없는 자연의 재해와 질병이 있다. 이보다 또 무서운 것은 사람들의 삼독(三毒)의 죄악이다. 불교와 기독교가 같이 지옥이 있다는 생각을 해왔다. 하느님의 나라에 지옥이 있을 리 없지만, 지옥이 있다면 세상이 바로 아비지옥이다. 아파서 못 살겠다, 고파서 못 살겠다, 원통해 못 살겠다는 아우성 소리로 가득 찼다. 석가가 삶을 괴롬으로 본 것은 바로 본 것이다. 그런데 이 세상을 떠나기 싫다는 것은 또 무엇인가?

> 나란 바로 정신이다. 정신이 자라는 것이 생각이다. 정신이 깨어나고 정신에 불이 붙어야 한다. 정신은 거저 깨어나지 않는다. 가난과 고초를 겪은 끝에 정신이 깨어난다(『다석어록』).

삶이 모질게도 고달픈 것은 우리들의 정신을 일깨워 참나인 하느님을 찾아오게 하려는 하느님의 뜻이다. 죽겠다고 아우성만 칠 것이 아니라 먼저 내가 누구인가를 우주의 임자에게 물어야 한다. 나는 우주의 소산이라 우주의 임자(하느님)에게 물어야 한다. 땅의 어버이는 나라는 존재에 대해 책임이 거의 없다.

"숨은 것은 크나 나타난 건 잘아 작은 것만 보여"(幽麤明細所見小)

류영모는 말하기를 "하느님은 원대(遠大)하여 보이지 않고 근소(近小)한 것만 보인다. 제각기 살겠다는 근소한 것들은 수효가 많다. 마치 벌레와 같은 존재들이다. 단지 벌레와 다른 것은 위대한 하느님을 찾아 위로 올라가겠다는 정신이 있기 때문이다. 위로 올라가겠다는 정신이 없으면 우리는 벌레와 같다. 우리는 머리 위에 존중한 님인 하느님을 이고 괴로운 인생길을 이겨나가야 한다. 이 명령이 우리의 목숨이다. 역사를 보면 우리의 조상들은 이것을 좇아가다가 도중에 그만둔 것 같다. 그러나 우리는 다시 이어 끝까지 좇아가야 한다"라고 하였다. 눈에 보이는 것은 다 보잘것없는 거짓이다. 눈에 보이지 않는 것이 거룩한 참님이다. 그런데 사람들은 눈에 보이는 거짓 것에 홀려 눈에 안 보이는 참님을 모르고 있다. 이 사실을 바로 알자는 것이다.

"옛 님 그려 애달피 우니 거룩한 탄식이라"(痛哭古人聖嘆息)

예수를 비롯하여 간디에 이르기까지 몸나를 버리고 얼나로 살았던 옛 님들을 생각하면 통곡이라도 하고 싶도록 그립다. 유학자 류승국이 류영모에게 말하기를 "공자 · 맹자 · 예수 · 석가가 겪은 죽음이라면 저도 기꺼이 죽을 수 있을 것 같습니다"라고 하였다. 류영모는 류승국의 그 말을 기뻐하여 이 사람에게 그 말을 들려주었다.

'통곡고인성탄식'엔 숨은 얘기가 있다. 류영모가 말하기를 "김성탄이라는 사람은 『수호지』, 『삼국지』 등을 이상스럽게 주석을 낸 사람이다. 『서상기』(西廂記)라는 책의 서문에 '나는 나왔습니다. 나는 맘이 있으니까 나를 압니다. 나라는 생각은 이 순간순간을 살고 있습니다'라고 했다. 김성탄은 장자(莊子) 등 일곱 사람을 중국의 명문장가로 쳤는데 그 옛사람(古人)들을 생각하며 통곡을 했다. 그 말이 통곡고인(痛哭古人)이다. 나도 『서상기』의 서문만은 여러 번 읽었다. 김성탄의 이름처럼 거룩한 탄식이었다. 『서상기』는 위당(정인보)이 읽어보라면서 그 책을 주었다"라고 하였다. 류영모가 『서상기』를 서문만 여러 번 읽었다고 하면서 본문에 대해서 전혀 말이 없었던 것은 까닭이 있다. 『서상기』는 중국의 고전에 속하지만, 중국의 춘향전이라 할 수 있는 연애소설인 것이다.

"빚진 이제의 나 가볍게 비웃어진다"(責任今我快嘲笑)

우리의 몸은 흙으로 빚어져 우리는 땅에 빚을 진 것이다. 그래서 언젠가 반드시 빚덩이 몸을 땅에 돌려주어야 한다. 류영모는 이렇게 말하였다.

> 우리의 몸뚱이란 땅에서 꾸어온 것이요 빚진 것이다. 시간·공간에 빚진 것을 마지막 때에 털어 버리는 것이, 송장 되어 드러눕는 거다. 시간·공간에 빚진 속박에서 벗어나는 것이다. 우리가 왜 죽을 것을 겁내나. 빚이 있어 그렇다. 빚이란 곧 죄다. 빚(몸)을 다 갚아 버리고 원대한 하나(하느님)에 참례하면 군색할 것 하나 없다. 원대한 하나에 합쳐지는 것이 온전하게 되는 것이다. 예수가 아버지의 온전하심과 같이 너희도 온전하라고 하였다(『다석어록』).

이 제나(自我)란 빚덩어리, 짐승이라 못난 놈이다. 비웃을 수밖에 체념할 수밖에 없다. 류영모는 말하기를 "우리가 이 세상에 나왔다는 것은 몬(物)에 갇혔다는 말이다. 이 세상에 나온 것은 참 못난 것이다. 물질에 갇혀 있음은 참 못난 짓이다. 이 틀(몸) 쓴 것을 벗어버리기 전에는 못난 것이다. 내 말은 마지막에는 빔(空)을 말하는 것이다. 빔(空) 아니면 안 된다"라고 하였다. 빚덩이 짐승인 몸뚱이 뒤집어쓰고도 잘난 체하는 이가 있다면 참으로 비웃음을 당할 못난 사람이다.

15. 위아래를 알고서야
識而上下

있고 있어 살아 있는 건 온전히 있는 게 아니고　　存存生存非全存
재고 재고도 잴 수 없으니 헤아리지 못해　　量量無量不可量
높고 귀하게 계시는 하느님 삶과 죽음 넘었고　　尊貴一存超生死
넓고 크기 한량없어 재기를 그만둬야지　　浩大無量絶度量

(1960. 7. 7)

存: 있을 존. 量: 생각할 량, 헤아릴 량. 度量(도량): 재다. 度: 잴 도, 헤아릴 탁. 絶: 그칠 절.

죄수가 감옥에 들어가 5년 이상이 되면 감옥 바깥세상을 잊어버리게 된다고 한다. 자신이 죄수이며 감옥에 들어와 있다는 사실조차도 잊어버리게 된다고 한다. 사람은 누구나 상대계라는 시간·공간의 감옥에 갇힌 죄수이다. 장기수가 바깥세상을 잊어버리듯 고향인 절대세계(하늘나라)를 잊어버렸다. 철학자나 사상가 가운데 이 사실을 깨우쳐 주는 이가 있다. 하이데거도 그 가운데 한 사람이다. 우리는 시공(時空)의 감옥에 던져진(被投) 죄수의 현존재(現存在)인데 감옥을 벗어나(企投) 본디의 하늘나라 사람인 실존(實存)이 되자는 것이다. 감옥 안이 아래(下)이고 감옥 밖이 위(上)다. 그래서 하옥시킨다 하고 투옥되었다고 한다. 세상이라는 이 감옥을 벗어나고자 밤낮으로 위로 솟나기를 기도하는 것이 우리의 얼이다. 기도(祈禱)는 곧 기투(企投)를 도모(圖謀)하는 기도(企圖)인 것이다. 그런데 어이없게도 많은 사람들이 감옥살이를 더 좋아하게 되었다는 것이다. 감옥을 감옥인 줄 모르고 있다. 죄수복인 몸을 벗고 감옥 밖으로 나가는 것을 두려워하고 있다. 이것이야말로 슬픈 일이 아닐 수 없다. 이것을 석가는 전도몽상(顚倒夢想)이라고 했다. 생각이 거꾸로 뒤집혔다는 말이다. 감옥을 고향으로 고향을 감옥으로 알고 있기 때문이다. 이 뒤집힌 몽상을 깨우치는 일이 깨달은 이들의 급선무요 최후사다. 우리가 머물고 있는 이 우주에서는 위아래란 없다. 해안선도 없고, 해저선도 없는 무한한 허공의 바다에 1천억이 넘는 별이라는 고기떼가 1천억 떼도 넘게 유영(遊泳)하고 있다. 그 가운데 태양에 딸린 위성인 지구 위에 우리가 붙어 있다. 그런데 어디가 위며 어디가 아래인가. 그런데 우리가 생각하기 쉽도록 맷돌에 비유해 본다. 맷돌은 두 짝으로 되어 있다. 위짝은 움직여 돌아간다. 아래짝은 움직이지 않는다.

이 우주에는 움직이지 않는 허공과 움직이는 천체(天體)가 있다. 거기에 우리 사람이 두 쪽을 잇는 중쇠 노릇을 하고 있다. 이 우주의 맷돌은 변하지 않는 허공이 위짝이고 변하는 물질이 아래짝이다. 이 두 짝이 합쳐진 것이 무한우주인 하느님이다. 옛사람이 이르기를 "꼴 위의 것을 참이라 하고 꼴 아래의 것을 그릇이라 이른다"(形而上者 謂之道 形而下者

謂之器 — 『주역』 「계사 상편」)고 하였다. 위(上)는 안 움직이고 아래(下)는 움직인다.

우리는 형이하(形而下)에서 태어나 형이상(形而上)으로 솟나야 한다. 있는 물질에서 없는 허공으로 오르는 것이 아래서 위로 오르는 것이다. 공자(孔子)는 이르기를 "참사람은 위에 다다르고 여느 사람은 아래로 빠진다"(君子上達 小人下達 — 『논어』 「헌문편」)고 하였다. 예수는 이르기를 "너희는 아래서 왔지만 나는 위에서 왔다. 너희는 이 세상에 속해 있지만 나는 이 세상에 속해 있지 않다"(요한 8:23)고 하였다. 한마디로 말하면 나지 않고 죽지 않는 얼의 세계가 위(上)이고 나서 죽는 몬(物)의 세계가 아래(下)이다. 우리는 아래에서 위로 올라가야 할 사명과 의무를 가지고 있다. 이것이 사람이 이 세상에 와서 꼭 이루어야 할 일이다. 다른 일은 해도 그만 안 해도 그만이다.

"있고 있어 살아 있는 건 온전히 있는 게 아니고"(存存生存非全存)

존존(存存)이란 많은 개체(個體)가 있고, 있고 또 있다는 뜻이다. 전존(全存)이란 모든 개체를 포괄하는 전체(全體)를 뜻한다. 그 단위에 따라 전체의 실체가 달라진다. 우리의 몸은 60조나 되는 세포로 구성되어 있다. 그 세포에게는 전체라면 몸이 된다. 그러나 은하 우주에게 전체가 무엇이냐고 묻는다면 하느님이라고 대답할 것이다. 국가 의식에 머물었던 국가주의자들은 국가를 전체라고 생각하였으나 우주의식을 지니고 있는 류영모에게 전체를 묻는다면 전체는 하느님이라고 대답한다. 참 전체는 하느님 한 분뿐이다. 다른 모든 것은 전체의 부분인 개체일 뿐이다. 개체를 전체라고 하면 생각이 모자라는 이다. 그러므로 내가 우주적 소산(所産)임을 알고 우주의식을 지닌 사람에게는 전체가 곧 하느님이고 하느님이 전체다. 다른 것은 전체일 수가 없다. 류영모는 하느님인 전체를 전존(全存)이라고 하였다. 하느님을 전체로 보는 헤겔과 계급을 전체라고 보는 마르크스를 같은 전체주의자로 보는 것은 문제가 된다. '전체주의'라는 말 때문에 일률적으로 야만적인 사상이라고 말하면 곤란하다. 국가 전체(독재)주의가 야만적이지 예수 · 석가처럼 하느님 전체 사상은 거룩하도록 위대한 사상인 것이다. 예수가 사람들에게 "하늘에 계신 너희 아버지께서 완전하심과 같이 너희도 완전하라"(마태오 5:48)라고 한 것은 우주의식, 진리의식, 전체의식을 가지라는 것이다. 하느님이 주신 성령인 얼나로는 "나와 아버지는 하나다"(요한 10:30)라는 생각을 가지라는 말이다.

"재고 재고도 잴 수 없으니 헤아리지 못해"(量量無量不可量)

사람이란 기이한 짐승임에 틀림이 없다. 지적(知的)인 호기심은 취미를 지나 강박적이다. 무엇이라도 알아내고 싶은 것은 기어이 알아내기도 한다. 지구의 반경이 6,378km이고 지구의 무게는 59억 6천만 조톤(t)이라고 한다. 그뿐인가. 태양의 직경이 약 1백40만km이고 태양의 무게는 지구의 약 23만 배라고 한다.

팽창을 계속하고 있는 유한우주의 직경이 80억 광년으로 그 속에 1천억 개 이상의 별이 구름처럼 뭉친 성운(星雲)이 1천억 개도 더 있다는 것을 알아내었다. 그러나 이 정도는 뉴턴의 말대로 미지의 대양(大洋)

을 앞에 두고 그 해안에서 조약돌 한두 개를 주운 데 지나지 않는다. 유한우주의 팽창을 생겼다가 사라지는 한 개의 태풍 정도로 여기는 저 무한우주의 정체는 과연 무엇인가? 저, 가없는 무한 허공의 실체는 무엇인가? 아무리 생각해도 내가 어디 있는지 모르는 미아라는 생각이 든다. 그뿐 아니라 유한우주가 하나의 미아처럼 느껴진다. 공간만이 아니라 시간 또한 무한하다. 지구의 나이가 46억 년이고 유한우주의 나이가 170억 년이라고 한다. 그 전이라고 시간이 없을 리 없다. 이 지구가 50억 년은 갈 것이라고 한다. 이 유한우주의 미래는 아무도 점치지 못하고 있다. 그렇다고 시간이 끊어질 리가 없다. 공간으로나 시간으로나 그 길이를 헤아릴 수 없다. 무시무종(無始無終)으로 끝이 없다. 그 가운데 일초 동안 나타났다 사라지는 별똥별과 같은 나의 일생의 의미는 무엇인가. 참으로 허망하기 그지없으나 또한 신비롭기 그지없다.

류영모는 이렇게 말하였다. "사람들이 몹시 똑똑한 체한다. 그러나 우리는 아무것도 모른다는 것을 알아야 한다. 알지 못하는 신비를 찾아야 한다. 모르는 것이 많다는 것을 알아야 한다. 내가 모른다는 것을 아는 것이 참 아는 것이다. 나는 모른다. 우리는 결국 신비를 찾아가는데 그 결과 아직 신비가 있다. 있는 것이 아니라 그냥 그대로 있다. 모르는 하느님의 신비는 그대로 있다. 그러기에 사상이 있고 신앙이 있다"(『다석어록』).

"높고 귀하게 계시는 하느님 삶과 죽음 넘었고"(尊貴一存超生死)

없이 있는 허공은 나지 않고 죽지 않으며 시작도 없고 마침도 없는 영원 무한한 유일 절대의 존재이다. 허공의 생명이 성령이라 허공과 성령이 둘이 아니다. 공즉영(空卽靈)이요 영즉공(靈卽空)이다. 유일절대의 빔얼 속에 있음(有)의 개체가 생멸(生滅)을 계속한다. 이 개체는 빔얼(虛靈)의 변태이므로 개체에는 빔얼이 본체요 근원이라 높고 귀할 수밖에 없다. 개체인 우리가 빔얼(虛靈)인 하느님을 높이 받드는 까닭도 이 때문이다. 우리 개체가 할 일은 빨리 개체를 초월하여 전체인 하느님과 하나 되는 것이다. 이것만이 영원한 생명을 얻는 길이요 영원한 안식에 드는 길이다.

류영모는 이렇게 말하였다. "전체인 하느님으로는 죽음이란 없다. 나고 죽음은 개체에게만 있다. 개체는 거짓 나라 개체의 죽음을 무서워하지 말아야 한다. 개체의 육체가 나라는 생각을 내던져야 한다. 하느님의 성령인 얼나가 참나다. 사람이 존귀하다는 것은, 이 얼을 가지고 있기 때문이다. 우리가 산다는 것은 얼 하나 가지고 사는 것이다. 이 얼나가 몸의 생사(生死)를 초월한 영원한 생명이다. 하느님의 아들이란 몸의 나고 죽음을 넘어선 얼나다. 얼나를 깨닫는 것과 생사를 넘어선다는 것은 같은 말이다"(『다석어록』).

"넓고 크기 한량없어 재기를 그만둬야지"(浩大無量絶度量)

존재하는 것은 절대요 전체인 하느님뿐이다. 모든 있음 없음(有無)의 상대적 존재는 모두가 하느님의 속물이다. 우리가 개체로서 전체를 재려는 것은 태아가 어머니를 재려는 어리석음이다. 재려 하여도 잴 수가 없다. 그러나 상대 절대는 분명히 가려야 한다. 상대적 존재를 절대시하는 것은 어리석은 일이기 때문이다.

> 우리는 하나(전체)로 시작해서 마침내 하나(전체)로 돌아간다는 생각을 어쩔 수 없이 하게 된다. 또 그렇게 돼야 하겠다는 강박한 요구가 우리에게 있다. 예수·석가는 하나를 찾고 믿고 말했다. 상대적인 개체는 일체 믿을 것이 못 되고 믿을 것은 전체인 하나뿐이다. 하나를 잡으러 올라가는 것뿐이다. 그러기 위해 탐·진·치의 제나(自我)를 이기고 올라가야 한다(『다석어록』).

개체로서 제한된 가운데서 개체를 벗어나 전체로서 자유롭게 된다면 그것이 해탈이요 구원인 것이다. 이것이 제나(自我)에서 얼나(靈我)로 거듭나는 길이다.

16. 얼나를 간직함
守靜篤

뒤에 뉘우침 막심함은 정액을 쏟는 일이고　　後悔莫深散精憾
으뜸에 뚫리니 바르고 큼이 분명 아버지로다　　元亨正大分明全
전체를 잃고 개체로 나눠져 있기는 다름없으나　　失全有分且無別
어둠의 제나가 어찌 하늘나라에 쉼 얻으리　　無明焉得止至善

뒤 끊어짐이 더없이 큰 불효도 아니거니　　非不孝莫大無後
(자식)끼쳐 전한 게 사랑 아님이 더 깊어　　是不慈尤深遺傳
간 게 돌아오지 않는 것 없어 좋이 참에 돌아가　　無往不復好返道
하느님에게서 나왔으니 돌아가 하느님께 마치리　　出于天來歸終天

(1960. 10. 2)

靜: 고요할 정. 篤: 순전할 독. 憾: 섭섭할 감. 止: 쉴 지. 亨: 형통할 형. 焉: 어찌 언. 返: 돌아올 반. 遺傳(유전): 끼쳐 전함. 復: 돌아올 복.

노자(老子)가 이르기를 "하느님에게 이르러 얼나를 간직한다"(致虛極守靜篤 — 『노자』 16장)라고 하였다. 허극(虛極) 무극(無極)은 『노자』에서 처음 보는 낱말로서 없이 계시는 하느님을 가리킨다. 노자는 허극, 무극을 우리에게 말해준 것만으로도 잊어서는 안 될 사람이다. 밖으로 아주 빔(虛極)에 이르면 속으로는 옹근 고요(靜篤)를 갖게 된다. 아주 빔은 허공이요 옹근 고요는 법신(法身)이다. 하느님의 얼을 받아 가지기 전에는 우리 맘에 삼독의 풍랑이 끊임없이 일어난다. 그러나 하느님의 얼을 간직하면 아주 조용해진다. 예수·석가가 죽음을 앞두고도 태연하였던 것은 그들의 맘속에 얼나를 간직하였기 때문이다. 사람들이 가장 두렵다는 죽음조차도 그 마음을 흔들 수 없었다. 노자(老子)의 '치허극 수정독'은 이러한 체험을 겪지 않고는 할 수 없는 소리다.

철학을 해도 몸생명에 앞서 얼생명을 알아야 한다. 신앙을 해도 몸생명에 앞서 얼생명을 믿어야 한다. 얼생명을 알고 믿으려면 밖으로는 물질을 넘어 없이 계시는 허극(虛極)에 이르러야 하고 안으로는 수성(獸性)을 다스려 정독(靜篤)을 간직해야 한다. 허극에 이르지 못하고 정독을 지니지 못하면 아직 올바른 철학도 신앙도 아니다. 올바른 철학과 신앙은 제나(自我)가 거짓 나임을 뉘우쳐 알고 참나인 하느님 앞에 나아가 자수(自首)하는 것이다. 제나(自我)가 거짓 나인 주제에 제나로 철학이나 신앙을 하겠다는 것은 근본적으로 잘못된 것이다. 제나는 거짓 나라 없어져야 한다.

"뒤에 뉘우침 막심함은 정액을 쏟는 일이고"(後悔莫深散精憾)

사람이 얼나로 거듭나기 전의 제나(自我)는 짐승이다. 그래서 여느 짐승들과 다름없이 먹기를 좋아하고(貪) 싸우기를 잘하고(瞋) 짝짓기를 즐긴다(痴). 이것은 짐승의 본성인 탐 · 진 · 치의 삼독(三毒)이다. 탐 · 진 · 치는 한 뿌리에 세 가지다. 류영모는 이 시에서 탐 · 진 · 치 가운데서 치를 다루었다. 짐승들은 생존의 목적이 오로지 번식하는 데 있다. 사람들도 짐승과 다름없이 번식에 목적을 두었다. 그래서 후손이 번창하라는 말을 큰 축복으로 알았다. 그러나 예수 · 석가는 종족의 번식이 사람의 궁극적인 삶의 목적이 아님을 알았다. 참나인 얼나를 깨닫는 것이 삶의 목적임을 밝혔다. 마하트마 간디는 참나의 깨달음을 self-realization이라고 하였다.

류영모의 일생도 예수 · 석가처럼 사람들이 얼나를 깨달아 하느님의 아들이 되기를 기도하고 가르쳤다. 영원한 생명인 얼나를 깨달아 하느님 속에 하느님과 하나되는 것이 사람의 의무요 권리다.

류영모는 이렇게 말하였다. "영원한 생명은 빼앗기는 것이 아니라 내가 버리는 것뿐이다. 몸생명을 얻기 위하여 얼생명을 버리는 것이 생식(生殖)이고 얼생명을 얻기 위하며 몸생명을 버리는 것이 천명(天命)이다. 육체와 세상을 버리는 것이 바른 신앙에 들어가는 것이다. 식욕과 정욕을 미워하는 것이 육체를 버리는 것이다. 수욕을 버리는 것이 세상을 버리는 것이다"(『다석어록』).

류영모는 26살에 혼인하여 52살에 해혼(解婚)을 선언하고 금욕생활에 들어갔다. 마하트마 간디는 12살에 혼인하여 37살에 금욕(brahmacharya)생활에 들어갔다. 류영모는 26년간, 마하트마 간디는 25년간 성생활을 하였다. 류영모는 성생활의 결과를 이렇게 결론지었다. "혼인 안 했고 자식 안 낳아본 이에게는 안 해야 할 미안한 말이지만 정사 끝에 산정(散精)하는 것이 인생의 쾌락이라고 할 수 있는가. 교미한 뒤에는 허전하고 후회되는 때가 없었던가. 경험 있는 분들은 어디 얘기해 보라. 그것이 과연 쾌락인가. 그 짓이 쾌락이라고 해서 남녀가 자꾸 얼러붙는데 이것은 자기기만이다. 결코 쾌락만일 수는 없다. 정액을 쏟는 일보다 더 슬픈 것은 없다. 우리의 알짬(정액)을 쏟아버리는 것이 제일 후회되는 일이다."

"으뜸에 뚫리니 바르고 큼이 분명 아버지로다"(元亨正大分明全)

사람이 우주선을 타고서 지구 전체를 굽어볼 수 있게 되었지만, 사람이란 지구라는 공에 붙은 먼지 같은 존재에 지나지 않는다. 그런데 유한 우주에서는 지구도 하나의 먼지에 지나지 않는다. 무한 우주에서는 유한 우주가 하나의 먼지에 지나지 않는다. 그래서 전체인 그 으뜸을 알 수 없다. 그런데 멀리 있는 사람과 통신을 할 수 있듯이 전체인 하느님과 얼로 통할 수 있다. 이것이 원형(元亨)이다. "흙이 우리 다섯 자(五尺) 몸을 일으켜 세웠다. 대기(大氣)의 산소가 사람 노릇 하라고 자꾸 내 호흡을 시켜준다. 그런 가운데 우리 마음이 영원한 하느님의 바른 뜻에 가서 이어지면 이 목숨에도 영원한 하느님의 뜻이 일어난다. 내가 하느님을 일어나게 하는 건지 하느님이 나를 일어서게 하는 건지 모르겠다. 이리하여 아들이 아버지를 발견한다. 아버지 따로 있고 아들 따로 있는 것이 아니다. 아버지와 아들은 하나다. 그리하여 우리가 잊었던 본성(本性)을 회복해야 한다. 우리 아버지와 같은 자리, 영원한 자리를 두고 광복(光復)하자는 것이다. 얼마 동안만 올라가는 것이 아니라 내쳐서 올라가는 것이다. 하느님의 아들인 얼 사람으로는 하느님 아버지께로 올라가려고 한다"(『다석어록』).

하느님은 전체라 바르고 크시다. 그러나 사람은 개체라 그릇되고 작다. 예수가 말하기를 "나는 무슨 일이나 내 마음대로 할 수 없고 그저 하느님께서 하라고 하시는 대로 심판할 따름이다. 내가 이루고자 하는 것은 내 뜻이 아니라 나를 보내신 분의 뜻이기 때문에 내 심판은 올바르다"(요한 5:30)고 하였다. 예수조차도 자기 개인의 생각은 바르지 않고 하느님의 뜻만이 바르다고 하였다.

전체가 크고 개체가 작은 것은 당연한 것이다. 모든 개체를 다 모아도 전체보다 클 수는 없다. 개체는 전체 앞에서는 없어지고 말기 때문이다. 그러므로 개체는 있어도 없고 존재하는 것은 전체뿐이다. 전체는 절대(絶對)다. 이 절대의 하느님이 모든 개체의 으뜸이요 뿌리다. 이 절대(絶對)한 전체를 예수는 아버지라 하였고 석가는 니르바나(Nirvana)라고 하였다. "아버지는 나보다 크심이니라"(요한 14:28).

"전체를 잃고 개체로 나눠져 있기는 다름없으나"(失全有分且無別)

개체는 전체를 잃어버렸다. 그리하여 개체는 너와 나로 나뉘어졌다. 모든 개체가 전체를 잃은 것은 다름이 없다. 나도 너도 하느님인 전체를 잊어버린 채 짐승 노릇을 하며 살고 있다. 그런데 참되게 생각을 한 이는 전체를 찾았다. 그 대표적인 사람이 예수와 석가다. 예수가 하느님 아버지를 찾은 것이 전체를 찾은 것이고 석가가 니르바나(Nirvana)를 찾은 것이 전체를 찾은 것이다. 타고르가 전체인 하느님을 찾은 것을 시(詩)로 읊었다.

당신의 존재(하느님의 계심)

님이 나를 만나고자 언제부터 내게 가까이 오신지를 나는 모릅니다.
님의 해와 별도 님을 나로부터 영원히 숨기지는 못합니다.
아침저녁 여러 번 당신의 발자국 소리를 들었습니다.
그리고 님의 얼이 내 마음속에 와서 가만히 나를 불렀습니다.
어찌하여 오늘 내 삶이 온통 들뜨고
떨리는 듯한 기쁨이 내 가슴속을 지나가는지를 모릅니다.
나의 일을 끝낼 때쯤이면 나는 대기(大氣) 속에서 님의 은은한
향기로운 냄새를 느낍니다.

〈The heart of God〉

사람들이 전체인 하느님을 못 찾는 까닭을 류영모는 이렇게 밝혔다. "이 세상(상대세계)은 잘못되었다. 삶의 법칙이 잘못되었으니 못되었다는 것이다. 이 세상 사람은 삶의 법칙을 식색(食色)으로 생각하고 있다. 재물에 대한 애착과 남녀에 대한 애착이 인생이라고 생각하고 있다. 이것이 못된 것이다. 세상은 그것이 못된 것인 줄도 모르고 있다. 못된 것을 바로잡자면 밥도 처자(妻子)도 잊어야 한다. 식색으로 사는 것은 음

란이요 전란이다. 못된 세상을 바로 살게 하는 것이 구원이다.”

“어둠의 제나가 어찌 하늘나라에 쉼 얻으리”(無明焉得止至善)

전체를 모르는 것이, 전체를 잃은 것이 어둠(無明)이다. 전체인 하느님을 모르면 부분인 내가 누구인지도 모른다. 내가 나를 모르면 캄캄할 뿐이다. 자기가 누구인지도 모르면서 사는 사람만큼 답답한 사람이 어디 있을까. 석가만 무명(無明)이라고 한 것이 아니다. 예수도 말하기를 “만일 네 마음을 비춰야 할 빛이 어둡다면 그 어둠이 얼마나 심하겠느냐”(마태오 6:23)라고 하였다.

제나(自我)는 이 세상에서 태어나 이 세상에서 죽어 없어진다. 생멸(生滅)하는 상대적 존재인 제나는 절대의 하늘나라에는 들어가지 못한다. 예수가 말하기를 “성령으로 새로 나지 아니하면 아무도 하늘나라에 들어갈 수 없다”(요한 3:5)라고 하였다. 절대생명인 하느님이 보내신 얼만이 절대 상대를 가리지 않고 무소부재(無所不在)이다. 지지선(止至善)은 대학(大學)의 지어지선(止於至善)을 줄인 것이다. 지극한 선(善)의 자리는 바로 하느님의 나라다. 거기서 쉴(止) 수 있는 것은 하느님의 얼뿐이다. 제나는 들어가지 못한다. 그러므로 얼나로 거듭난 이만이 그 얼나로 하늘나라에 들어간다. 그런데 사람들은 제나로 하늘나라에 들어갈 욕심을 낸다. 그것은 어리석은 생각이다. 거짓 나인 제나는 빨리 죽어 없어지는 것이다. 그밖에 바랄 것은 없다. 거짓의 최선은 없어지는 것이기 때문이다. 위조지폐, 위조수표는 없어지는 것이 최선인 것과 같은 이치다.

"뒤 끊어짐이 더없이 큰 불효도 아니거니"(非不孝莫大無後)

맹자(孟子)는 이르기를 "효도 아닌 것이 셋이 있는데 뒤 없는 것이 크다"(不孝有三 無後爲大 —『맹자』「이루 상편」)라고 하였다. 세 가지 큰 불효 가운데 후손을 잇지 못하고 끊어지게 하는 것이 큰 불효라는 것이다. 이러한 유교 사상이 아들을 좋아하게 만들었다. 그러나 알고 보면 몸사람은 몸 잇는 것을 삶의 목적으로 하지만 참사람은 참(眞)을 잇는 것을 삶의 목적으로 한다. 그래서 예수 · 석가는 자식을 낳지 않고 제자들만 가르쳤다.

> 후손 끊어지는 것을 걱정하지 말고 진리정신이 끊어지는 것을 걱정해야 한다. 이 진리정신을 이어가야지, 자손 끊어지는 것을 걱정할 필요가 없다. 실상 자손이 끊어진 사람은 극히 적다. 그러나 정신이 끊어진 사람은 아주 많다. 단군 할아버지의 정신을 잇댄 사람은 삼국시대에도 별반 찾아볼 수 없었다. 그런데 그 뒤 오늘에 이르기까지 단군 할아버지의 정신이 끊어지는 것을 걱정한 사람이 있었는가?(『다석어록』)

"(자식)끼쳐 전한 게 사랑 아님이 더 깊어"(是不慈尤深遺傳)

이 괴로운 세상에 자기가 고생해보았으면 되었지 굳이 자식까지 불러내어 대를 이어 고생하게 하고 떠날 게 뭐냐는 것이다. 이것은 사랑(慈)일 수 없다는 것이 류영모의 생각이요 주장이었다.

> 불교에서는 나한(羅漢) 이상이 되면 이 세상에 다시 안 온다는데 우리는 낙제생이라 온 것인지도 모른다. 나를 낳아주지 않은 부모 은혜가 더 중(重)하다. 지금보다 더 많이 낳아 놓았다면 우리가 이렇게 활개 치고 살 수도 없지 않을까. 자식 안 낳은 그게 큰 은혜다. 우리를 낳을 때 받은 고통보다도 더 큰 은혜인지도 모른다. 한 여인으로부터 일생 동안 4백 개의 난자가 나온다는데 그것을 다 낳는다면 어떻게 한단 말인가. 자식 못 낳는 게 불효하는 게 아니다. 이걸 내가 대담하게 선언한다. 함부로 자식 낳는 것보다 심한 부자(不慈)는 없다(『다석어록』).

그래서 예수는 혼인을 하지 않아 자식을 두지 않았고, 석가는 출가하기 전에 얻은 외아들도 출가시켜 자손이 끊어졌다. 그러나 모든 인류가 석가와 예수가 되는 기적이 일어나기는 어려울 것이다. 진리의 구도심보다 이성에 대한 호기심이 더 일찍 더 쉽게 발동하기 때문이다.

"간 게 돌아오지 않는 것 없어 좋이 참에 돌아가"(無往不復好返道)

인류의 역사는 되풀이된다. 물질로 된 상대세계이기 때문이다. 그래서 역(易)의 세계라고도 한다. 해마다 농부들은 봄이 되면 농사일을 처음부터 다시 해야 한다. 그래서 농부들은 봄이 되면 '지난해 농사지은 것은 다 먹고 이제는 일만 남았다'고 한탄한다. 해마다 되풀이되는 모든 일이 모두 이와 같다. 세대의 교체도 마찬가지다. 자식들이 태어나서 부모가 밟았던 길을 그대로 되풀이한다. 그 짓 되풀이하려고 이 세상에 나왔다면 참으로 부질없는 일이요 서글픈 일이 아닐 수 없다. 인류 역사는 되풀이하는 가운데 되풀이하지 않는 절대진리인 하느님 찾는 일을 잘해야 한다. 그것은 바로 하느님을 더 가까이함으로 신관(神觀)을 높이는 것이다. 신관을 높이는 것만이 되풀이하는 윤회의 바퀴에서 벗어날 수 있다. 그러므로 사람은 모름지기 우리의 본 모습인 아무것도 없는 공(空)에 돌아가기를 잘해야지, 자식 낳아 대를 이어 되풀이시키려고 해서는 안 된다. 자식을 자꾸 낳는 짐승 짓을 그만두는 사람이 많이 나와야 한다. 현재의 70억(2021년) 인류로도 이 지구가 버티기 어렵다. 멸종하는 동식물의 수가 갑자기 늘어나는 것은 위기에 들어섰다는 신호이다. 이것을 가볍게 생각하여서는 안 된다. 더 이상 환경을 파괴하고 오염시키면 인류는 머지않아서 스스로 자멸하게 될 것이다. 환경운동은 자식 덜 낳기 운동에서 시작되어야 순서이다. 과잉된 인구로 환경운동을 벌인다는 것은 별로 효과가 없기 때문이다.

"하느님에게서 나왔으니 돌아가 하느님께 마치리"(出于天來歸終天)

1931년 로맹 롤랑이 마하트마 간디를 스위스 레만호반에서 만났다. 그 두 사람의 만남은 참으로 역사적인 만남이었다. 수십억을 헤아리는 인류지만 그때 두 사람만큼 서로 뜻이 통하고 경애하는 진리의 벗은 없었기 때문이다. 그리하여 신문기자들도 모여들었다. 신문기자들은 두 사람에게 그들의 신관을 물었다. 마하트마 간디는 "하느님이 진리라기보다 진리가 하느님이시다"라고 말하였다. 로맹 롤랑은 "하느님은 인격적인 것이 아니다. 그것은 불변의 법칙이다. 그리고 그 법칙과 그것을 만드는 이는 하나다. 흔히 우리가 말하는 법칙은 법률의 법칙을 말한다. 그러나 내가 말하는 법칙이라는 것은 산 법칙을 말한다. 그것이 하느님이다. 그리고 그 법칙은 변함이 없다. 그것은 영원한 것이다. 하느님은 영원한 원칙(原則)이다. 그래서 나는 진리가 하느님이라고 말한다"라고 하였다. 아놀드 토인비는 "사랑은 내가 직접 경험할 수 있는 유일한 하느님이다. 하느님이란 사랑이라는 것이 종교의 궁극적 진실이다"(토인비, 『미래의 잔존』).

로맹 롤랑의 원칙과 토인비의 사랑은 하느님의 속성을 하나씩 말한 것이다. 하느님은 유(有)와 공(空)과 영(靈)으로 된 유일절대한 전체 존재인데 원칙과 사랑과 영원의 속성을 지녔다. 하느님으로부터 와서 하느님에게로 돌아간다는 것은 개체로 나서 죽어 전체로 간다는 말이다. 바닷속에서 물고기들이 나서 죽기를 되풀이하듯이 절대의 허공 속에 많은 개체가 생겼다가 없어지기를 되풀이하고 있다. 개체가 생멸(生滅)을 거듭하는 것은, 허공의 하느님이 살아 계시다는 증거인 것이다.

17. 얼숨(생각 목숨)
惟命

풍광 장막에 덮인 사람은 완악한 벙어리요 소경　　風光帳氓頑聾瞽
티끌 세상 절간의 붓다 슬기로워 귀와 눈 밝아　　塵埃刹佛睿聰明
물체의 빛깔은 해와 먼지의 요술장난이고　　物色幻弄太小陽
밤별의 깜빡이는 소식은 영원한 님의 말씀　　星夜通信永遠命

(1960. 8. 21)

惟: 생각할 유. 命: 도(道) 명, 목숨 명. 風光(풍광): 경치. 帳: 장막 장. 氓: 백성 맹. 頑: 완고할 완. 聾: 귀 막힐 롱. 瞽: 장님 고. 塵: 티끌 진. 埃: 티끌 애. 刹: 절 찰. 睿: 슬기 예. 聰明(총명): 슬기롭고 도리에 밝음. 聰: 귀 밝을 총. 物色(물색): 물체의 빛깔. 幻弄(환롱): 요술로 농락함. 幻: 요술 환, 미혹할 환.

류영모는 하느님 아버지와의 얼의 교통을 얼숨이라고 하였다. 유명(惟命)이란 생각하는 얼생명인 성명(性命)을 말한다. 성명(性命)은 신명(身命)이 아니다. 신명은 몸나로 죽는 멸망의 생명이나 유명(惟命)은 얼나로 영원한 생명이다. 성령의 생명이요 불성의 생명인 얼나가 유명(惟命)이다.

"풍광 장막에 덮인 사람은 완악한 벙어리요 소경"(風光帳氓頑聾瞽)

류영모는 말하기를 "우리는 풍광(風光)이라는 장막 속에 갇혀 있다. 그런데도 우리는 세상의 영광이나 경치를 좋다고 한다. 그러니 우리의 눈이 눈이 아니다"라고 하였다. 풍광의 장막이란 눈에 보이는 현상세계를 말한다. 이 현상세계에 갇히고 홀려서 현상세계 너머에 있는 실재세계인 하느님의 모습을 보지 못하고 하느님의 말씀을 듣지 못한다. 그러므로 진리인 하느님에 대해 벙어리요 소경이다. 예수가 자주 "귀 있는 자는 들으라"고 한 것은 진리에 대한 귀가 열리고 입이 열린 이는 하느님의 말씀을 듣고 하느님의 말씀을 하라는 것이다.

현상세계에 대해서는 듣지 못하고 보지 못하고 말하지 못하는 삼중고(三重苦)의 헬렌 켈러는 오히려 하느님의 말씀을 듣고 하느님의 모습을 보고 하느님의 말씀을 하였다. 그러니 현상세계에 대한 삼중고가 문제가 아니라 실재세계에 대한 삼중고가 문제인 것이다. 일제 때(1937. 7. 15.) 한국을 방문한 헬렌 켈러를 류달영이 만나고자 하였으나 여정 관계로 만날 시간이 없었다. 그런데 연락이 있기를 기차로 개성을 통과하여 중국으로 가는 길이니 기차가 개성역에 정차하는 동안에 만나자는 제안이었다. 류달영은 호수돈 여학교의 제자들을 데리고 개성역에서 헬렌 켈러와 만날 수 있었다. 본래 1분간 정차를 하는데 개성 역장도 헬렌 켈러를 보느라 3분 넘게 정차하게 되었다. 그때 헬렌 켈러는 나라를 빼앗겨 고통받고 있는 한국의 청년 교사에게 희망을 잃지 말라는 격려의 말과 함께 성경 한 구절을 전해주었다. "우리는 보이는 것에 눈길을 돌리지 않고 보이지 않는 것에 눈길을 돌립니다. 보이는 것은 잠시뿐이지만 보이지 않는 것은 영원하기 때문입니다"(고린도후서 4:18). 삼중고의 헬렌 켈러를 통해 듣는 이 구절은 더욱 실감이 난다. 그때 이 말은 톰슨 비서와 이와바시(岩橋武夫) 장님(관서대 철학) 교수의 중개 통역으로 이루어졌다.

류영모는 말하기를 "우리에겐 빛의 사상이 있지만 이런 햇빛이 아니고 참 빛이다. 성경 불경에 참 빛 사상이 있다. 옳게 하느님께로 오르자는 건데 이 대낮에 멀쩡한 빛을 가지고는 못 올라간다. 이 햇빛을 떨쳐버리고 홀리지 말아야 옳게 오른다. 절대계에 오르면 하느님에 대하여 볼 것 다 보고 들을 것 다 듣고 알 것 다 알 것이다"라고 하였다.

"티끌 세상 절간의 붓다 슬기로워 귀와 눈 밝아"(塵埃刹佛睿聽明)

풍광의 현상(現象)을 장막으로 보았듯이 티끌 세상을 절간으로 보았다. 이 세상, 이 우주가 그대로 절간이요 교회라는 것이다. 예수와 석가는 후미진 곳이면 어디서나 조용히 혼자 기도하였다. 거짓 나인 제나(自我)를 버리고 얼나(靈我)로 거듭나면 저 풍광의 현상세계라는 장막이 저절로 걷히고 니르바나의 절대존재가 그 영광된 모습을 드러낸다. 니르바나의 영광을 보고 니르바나(Nirvana)의 말씀을 듣는 총명한 얼나를 깨달은 이가 붓다(佛)인 석가다.

류영모는 이렇게 말하였다.

> 사람이 다른 동물과 다른 것은 자기 생명의 근원인 존재(하느님)와의 관계 때문이다. 사람은 짐승과는 달리 제 속에서 존재(하느님)의 소리를 들을 수

가 있다. 공자(孔子)는 60살에 이순(耳順)이라고 하였다. 나이 60살이면 제 속에서 존재(하느님)의 소리가 들린다. 그것은 공자뿐 아니라 모든 사람이 다 그래야 한다. 존재(하느님)의 소리를 듣고 말할 수 있는 것이 사람의 특성이다(『다석어록』).

우리가 이 세상에 태어난 목적은 짐승에서 붓다가 되는 데 있다. 그런데 사람들은 짐승으로 사는 것에 만족하면서 짐승처럼 새끼 기르는 데만 열성이다. 이른바 자식 농사이다. 그보다는 내 맘속에서 하느님의 아들을 길러야 한다. 이것은 진리 농사이다. 맹자(孟子)가 말한 존심양성(存心養性)이 바로 진리 농사다. 진리 농사를 잘 지으면 하느님 아들인 얼나를 깨달은 붓다(佛)가 된다. 자식 농사만 지은 사람은 죽으면 남는 것은 송장뿐이다. 그러나 진리 농사를 지은 사람은 죽으면 탯집 속에서 아기가 나오듯이 하느님 아들이 드러난다. 그래서 류영모는 진리의 사람은 몸이 죽고서부터라고 하였다.

예수·석가는 아예 자식 농사는 치우고 진리 농사만 지었다. 그런데 세상 사람들은 어리석게도 진리 농사는 버리고 자식 농사만 짓는다. 그것은 짐승 노릇에 지나지 않는다. "거듭난 생명의 씨로서 위로 나야 그게 사람의 노릇을 바로 한다. 얼나로 깨야 한다는 것이다. 얼나로 거듭나야 한다는 것이다. 그렇지 못하면 짐승이다. 이 몸은 하느님의 아들이 커갈 보금자리다. 이 보금자리에서 하느님의 아들을 키워 올라가야 한다. 우리가 뭐라고 이 짐승인 우리에게 영원한 생명(하느님 아들)을 주셨으니 이게 참으로 하느님의 사랑이 아닌가"(『다석어록』).

"물체의 빛깔은 해와 먼지의 요술장난이고"(物色幻弄太小陽)

이 세상 만물의 빛깔은 알록달록 얼룩덜룩 오색이 찬란하다. 사람들은 이것을 아름답다고 하지만 참사람은 이것을 홀림이라고 한다. 그래서 노자(老子)가 이르기를 "다섯 가지 빛깔이 사람들로 하여금 눈을 멀게 하고 다섯 가지 소리가 사람들로 하여금 귀를 먹게 한다"(五色令人目盲 五音令人耳聾 ―『노자』 12장)라고 하였다.

류영모는 빛깔의 요술 장난을 큰 태양과 작은 태양이라고 말하였다. 큰 태양은 하늘의 해를 가리킨다. 작은 태양(小陽)은 공기 속에 떠 있는 먼지를 말한다. 낮에 웅달까지 밝은 것은 공기 속에 떠 있는 수많은 먼지 알이 태양의 빛을 반사하는 소양(小陽) 노릇을 하기 때문이다. 먼지가 공기 속에 하나도 없다면 해만 빨갛게 보일 뿐 지금처럼 밝지 않을 것이다. 그래서 태소양(太小陽)의 요술장난이라고 말한 것이다. 류영모는 이렇게 말하였다.

> 태양의 빛은 가짜(假) 빛이다. 태양의 빛은 가리는 빛이다. 우리 눈앞에 전등불을 바짝 대면 눈이 앞을 못 보는 것과 같다. 이렇게 되는 것은 먼지라는 장난꾼 때문이다. 먼지가 햇빛을 받아 우리 눈에 넣어주기 때문이다. 그래서 우리는 가까운 것만 보고 먼 것을 보지 못한다. 저 먼지와 태양이 우리의 눈을 근시(近視)로 만들었다. 낮에는 멀리 있는 별을 볼 수 없다. 햇빛 때문에 눈이 어두워져 못 본다. 이 낮이란 빛의 장막을 쳐서 우리를 현혹게 하고 어둡게 하여 참을 못 보게 한다. 태양은 빛이 아니라 깔(色)이다. 참 빛은 이 세상을 초월하여 있다. 해가 빛이 안 된다는 이건 훌륭한 사상이다. 참나(하느님)

인 생명의 본자리가 바로 영광이다. 이렇게 되면 해(태양)도 더럽게 생각된다. 그 밖에 훈장 명예가 무슨 영광될 까닭이 없다. 내 사상은 상대세계를 부정하는 거다. 거룩을 구하는 내가 머무를 곳이 아니다. 양(陽)자가 거짓 양자(字)라고 한 것은 한 40년 전에 얘기했다. 양동작전(陽動作戰)이라 할 때의 양(陽)이 그것이다. 나는 거기서 시작하였다. '이 세상에서 안 되면 안 된다'고 하는 것은 참된 신앙이 아니다(『다석어록』).

유(有)의 세계가 빈(空) 것으로 사라지고 무(無)의 세계가 빛으로 드러나야 한다.

"밤별의 깜빡이는 소식은 영원한 님의 말씀"(星夜通信永遠命)

인류는 옛날부터 저 태양을 하느님처럼 숭배하여 왔다. 마야 잉카의 사람들은 그들 가슴속의 심장을 꺼내어 바칠 만큼 태양을 외경(畏敬)하였다. 굳이 새해 첫날이 아니더라도 망망한 수평선이나 지평선 위에 또는 만악연봉(萬岳連峯) 위에 어둠을 몰아내며 문득 빛나는 얼굴을 내미는 아침 해의 장엄한 모습은 사람들로 하여금 고개 숙이게 하는 위엄이 있다.

그런데 류영모는 놀랍게도 태양에게 등을 돌리고 어두운 저녁을 찬송(讚頌)했다. "오늘에 이르러보니 어둠을 싫어하기보다 빛에 혹함이 많았다. 제나(自我)를 이긴 이는 어둠이나 죽음의 두려움이란 없다. 빛을 꺼리는 자는 사람의 것을 훔치려는 자이지만 어둠을 꺼림은 하느님의 것을 도적하려는(생명의 사유화) 자다. 불을 위하고 해에 절한 일이 있다지만 그것이 아님을 안다. 창세기에 (먼저) 저녁이 있고 아침이 있다 하였고, 묵시록에 새 하늘과 새 땅에는 다 햇빛이 쓸데없다 하였으니 처음도 저녁이요 나중도 저녁이다. 처음과 나중이 한가지 저녁이로다. 저녁은 영원하다. 낮이란 만년을 깜박거려도 하루살이의 빛이다. 아 영원한 저녁이 그립다. 파동 아닌 빛 속에서 쉼 없는 쉼에 살리로다"(류영모, 「성서조선」, 139호).

류영모가 어두운 밤을 좋아하는 것은 밤은 그대로 하느님과 속삭일 수 있는 기도의 골방이 되어주기 때문이다. 낮에는 하느님을 잃어버리고 헤매게 된다. 그래서 마음속에 하느님의 뜻을 꼭 붙잡고 지낸다. 그러나 밤에는 하느님의 신비한 품에 안길 수 있고 하느님과 속삭일 수 있다. 신랑 신부가 등불을 끄고야 신방에 들 듯이 태양의 등불을 꺼야 하느님의 품에 안길 수 있다. 류영모가 태양을 부정하는 데 감동한 이기상(李基相)은 다석추모강연(1999년)에서 '태양을 꺼라'라고 표현하였다. 태양은 저녁마다 하느님이 꺼주신다. 1960년대까지도 밤마다 정전이 잘 되었다. 정전 동안을 애인끼리의 키스타임이라 하였지만, 태양이 꺼진 밤 동안은 하느님과 포옹을 해야 한다.

> 그믐이나 초하룻날 밤에 하늘에 가득한 별들을 볼 수 있다. 그때 우리의 눈은 가까운 데서는 볼 것이 없다. 멀리 내다보는 우리 마음에는 어떤 정신의 별빛이 쏟아져 온다. 그것이 진리의 얼(靈)이다. 석가가 샛별을 쳐다보고 진리를 깨달은 것도 그래서다. 원대한 사상은 밤에 별을 쳐다봄으로 이루어진다(『다석어록』).

18. 이제 여기
現住

(나를) 잠시 맡긴 땅은 속이 무겁고 暫託地心重
길이 생각할 하느님의 바탕은 비어 永慕天性虛
위는 비었고 아래는 무거운 가운데 上虛下重中
내가 바야흐로 이제 여기에 있나니 自己方今居
(1963. 1. 28)

現: 지금 현. 暫: 잠깐 잠. 慕: 생각할 모. 性: 바탕 성. 居: 곳 거, 살 거.

우물 안 개구리는 바다를 알지 못한다. 우리도 알고 보면 우물 안 개구리다. 우주라는 우물 안에 갇혀 있다. 우물 안 개구리가 바다를 모르듯 우리는 우주라는 우물 안에 갇혀 하느님을 모른다. 우물 안 개구리가 설혹 자기 있는 곳을 안다 한들 바로 알 수 없는 것이다. 나는 누구이며 여기는 어디인가? '나는 나이며 나는 우주 안 지구 위에 있다'라고 대답할 수밖에 없다. 그러나 이 대답이 안다고 할 수 있는 대답이 아니다. 이렇게 대답한 나 자신이 누구인지 여기가 어디인지 모르고 있다. 솔직히 말해서 생각을 좀 하는 사람이라면 자신이 고아 아닌 고아요, 미아 아닌 미아인 것을 안다. 석가가 네팔의 돌산을 헤맬 때도 자기가 누구인지 여기가 어디인지 모르는 정신적인 고아요 미아였던 것이다. 석가가 성주 정반왕의 아들 싯다르타인 것을, 모른 것이 아니다. 그것은 겉몸의 일이요 근본적인 나의 진면목을 몰랐던 것이다.

하이데거는 자신이 던져졌다고 하였다. 자기를 던진 이를 알아야 할 것이 아닌가. 류영모는 자신이 어디서 떨어져 나왔다고 하였다. 자기가 어디에서 떨어져 나왔는가를 알아야 할 것이 아닌가. 그런데 알 수 없으니 고아요 미아인 것이다. 다 같이 고아요, 미아라는 생각을 하였는데 일본의 후지무라 미사오(藤村操)와 류영모의 생각이 다르다.

후지무라는 말하기를 "아득하고 아득하여라, 하늘과 땅, 멀고 멀도다. 옛날과 이제, 다섯 자(尺)의 작은 몸을 갖고 이 큰 것을 헤아리려고 한다. 철학자 프레이저(1819~1914)의 철학적인 생각은 무언가 권위가 있어 보이는데 만유의 실상(實相)은 단 한 마디로 나타낸다면 '알 수 없다'(不可解)이다. 나는 이 한을 품고 번민한 끝에 죽기로 결심하고서 (화엄폭포 절벽) 바위 위에 서기에 이르렀으나 가슴속에 아무런 불안도 없다. 여기에서 비로소 알았으니 커다란 비관은 커다란 낙관과 일치한다"(1905년 5월 28일)라고 하였다. 후지무라는 화엄 폭포 절벽 꼭대기에서 있는 큰 나무 가지에 '岩頭之感'이란 이름으로 이 글발을 써놓고 폭포 절벽에서 떨어져 죽었다.

류영모는 말하기를 "우리는 본디 여기 있는 게 아니고 어디서 떨어져 나왔다는 느낌이 이 속에 있다. 고독하고 비천한 이곳에 낮아지고 떨어졌다는 생각이 든다. 이렇게 타락된 느낌이 있으니까 본디의 모습으로 오르려고 한다. 어디서 떨어졌을까? 거기가 있을 거라 생각된다. 그 본디는 태공(太空)으로 생각된다. 떨어졌다는 것은 한 점(點)이 된 것이다. 태공으로 올라가자는 게 하느님 사상이다"라고 하였다. 류영모는 나를 알 수 없는 가운데서도 포기하지 않고 참나를 찾아 전체인 하느님이 나의 본모습인 것을 깨달았다. 류영모는 예수·석가처럼 얼나를 깨달아 전체인 하느님 아들이라는 것을 알게 되어 고아를 벗어나게 되었고, 여기가 하느님 아버지 품속인 것을 알게 되어 미아를 벗어나게 되었다. 이제는 하느님 아버지를 만나 아버지와 하나 되어야 한다.

"(나를) 잠시 맡긴 땅은 속이 무겁고"(暫託地心重)

같은 태양계 위성이지만 토성은 비중이 물보다 가벼워 물에 넣는다면 뜬다고 한다. 이에 비해 지구는 엄청 무겁다. 지구의 무게는 60억조 톤이나 되며 이 묵직한 덩어리에 우리를 맡기고 있다. 지구는 막강한 중력으로 먼지 한 알도 놓치지 않고 잘 간직한다. 류영모는 땅구슬(地球)에 대하여 이렇게 말하였다. "이 지구가 우리 인류를 얼마 동안 더 실어줄지 모르겠다. 인류가 서로 싸우거나 마구 오염시키면 얼마 못 갈 것이다. 땅은 우리 어머니요 밥그릇인데 모두가 상품으로 본다. 그러나 땅을 어머니로 모시는 이, 밥그릇으로 보는 이가 있다. 마침내는 이 겸손한 이가 땅을 차지할 것이다. 땅을 어머니로 밥그릇으로 아는 이는 놀지 않고 부지런히 힘써 일한다. 사랑하기 때문에 부지런하다. 겸손한 이란 남을 어려워하고 절을 잘하는 이가 아니다. 남이 뭐라거나 땅을 어머니로 모시는 이다."

"길이 생각할 하느님의 바탕은 비어"(永慕天性虛)

몸은 땅에 맡기지만 맘은 하느님을 생각해야 한다. 땅속은 광석이라 무거운 데 비하여 하느님의 바탕은 얼이라 비었다. 땅은 형이하(形而下)요 하느님은 형이상(形而上)이다. 하느님의 절대성인 얼과 땅의 상대성인 몸이 사람인 내 마음에서 만난다. 얼은 하느님이 주신 것이요 몸은 땅이 준 거다. 삶이 끝날 때는 얼은 하느님께로 가고 몸은 땅으로 간다.

> 우리가 이 땅에 있을 동안은 어쩔 수 없이 땅에 부딪힌다. 그러나 예수의 얼이 위로 오른 것처럼 내 얼도 올라감을 믿는다. 예수와 나와는 이 점에서만 관계가 있다(『다석어록』).

류영모는 언제나 하느님 아버지를 생각하였다.

> 하느님을 생각하는 것이 사는 것이다. 생각은 내가 한다. 그러나 나만이 하는 것이 아니라 하늘에 계시는 하느님께서도 생각하고 있다. 그렇게 하여 나도 생각하고 있다. 신앙생활을 하는 데 다른 물질은 필요가 없다. 하느님을 잊지 않고 생각하면 된"(『다석어록』).

예수와 석가가 틈만 나면 아니 틈을 내어 기도를 하였다. 기도할 때는 그토록 사랑하던 제자들도 떼어놓고 오직 혼자만이 하느님과 얼로 교통을 하였다.

> 경의를 표할 수 있는 인격은 하느님 아버지와 교통할 수 있는 아들의 자격을 갖추겠다는 데 있다. 피와 살을 가진 짐승인 우리가 개나 돼지와 다른 것은 하느님하고 교통하는 얼을 가졌다는 것밖에 없다(『다석어록』).

그런데 사람들 가운데는 아는 것은 많은데 하느님만은 전혀 모르는 사람들이 있다. 이들은 색맹(色盲)처럼 천맹(天盲)인 사람들이다. 하느님은 모른 채 온 세상 것을 혼자 다 아는 척한다.

> 하느님을 찾는 사람은 상대세계를 무시해야 한다. 사람이 상대계에 빠져버리면 지식이 굳어져 버린다. 절대세계를 놓치고 아무것도 모르면서 무엇이든지 아는 것 같은 착각을 일으키게 된다. 그리하여 완고해지고 교만해지고 자기가 제일이라는 어리석은 생각을 가지게 된다(『다석어록』).

"위는 비었고 아래는 무거운 가운데"(上虛下重中)

예수가 말하기를 "너희는 아래서 왔지만 나는 위에서 왔다"(요한 8:23)라고 하였다. 예수가 말한 위란 얼인 하느님을 말한다. 얼은 물질이 아닌 형이상이라 비었다. 그래서 상허(上虛)이다. 예수가 말한 아래란 몬(物)인 땅을 말한다. 몬(物)은 물질이라 형이하로 무겁다. 그래서 하중(下重)이다. 그 가운데 있는 나는 위에서 온 얼과 아래서 온 몸으로 되어 있다. 사람이 하느님의 형상대로 지음을 받았다는 것도 사람을 소

우주라 하는 것도 이것을 두고 말하는 것인지 모르겠다. 얼나가 참나라고 예수 · 석가가 일러주었건만 사람들이 알아듣지를 못하였다. 그래서 오늘에도 사람들은 몸의 나만 나로 알지 얼의 나는 있는 줄 모른다. 이 사람이 얼나라는 말을 쓰자 사람들이 이상한 말로 여긴다. 얼나란 이미 2천 년 앞서 예수 · 석가가 한 말이다. 예수의 프뉴마(πνευμα), 석가의 다르마(Darma)가 바로 얼나를 말한 것이다.

맨 처음(하느님)을 알려면 맨 꼭대기에 가서 알아야 한다. 그런데 우리는 낮은 아래 것만 알지 형이상(形而上)의 꼭대기 것은 알지 못한다. 우리는 다만 형이상도 아니고 형이하도 아닌 중간 존재로서 내 속으로 들어가 가온찍기(moksha)를 성실하게 해야 한다. 가온찍기란 참나의 자각이다. 우리의 생명이 한없이 넓어지면 빔(虛)에 다다를 것이다. 곧 영원한 얼생명을 깨닫는다는 말이다. 빔은 참나의 자각(自覺)이다. 우리의 생명이 피어 한없이 넓어지면 빔(虛)은 맨 처음인 생명의 근원이요 일체의 근원인 하느님이시다. 나도 인격인 하느님을 생각한다. 하느님은 인격적이지만 우리와 같은 인격은 아니다. 인격적이란 맨 처음인 일체란 뜻이다. 있, 없(有無)을 초월하여 하느님을 찾는데 물질에 만족하면 안 된다. 있는 것에 만족 못 하니까 없는 하느님을 찾는 것이다. 하느님은 없이(비물질) 계신 이다. 참나(眞我)인 얼생명과 하느님이 하나다. 참나와 하느님의 성령이 하나이기 때문이다. 참나로는 나의 얼생명과 하느님의 성령이 하나다. 참나와 하느님은 이어져 있다. 그리하여 유한(有限)과 무한(無限)이 연결되어야 한다. 그것이 영원한 생명이다(『다석어록』).

"내가 바야흐로 이제 여기에 있나니"(自己方今居)

사람이 70살을 살았다 해도 이제 여기로 산 것이다. 그러므로 우리가 참나인 하느님을 만날 수 있는 때도 이제 여기뿐이다. 이제 여기에서 못 만나면 영원히 만나지 못한다. 어제 만났다 해도 어제의 이제 여기서 만난 것이다. 내일 만난다 해도 내일의 이제 여기서 만나는 것이다. "나는 예 있다. 나 있는 '예'라는 사실이 보통으로 쓰니까 그렇지 여간한 사실이 아니다. '이제 예' 사는 게 삶이지 '이제 예'서 내가 살지 않으면 참삶이 아니다. 예에 살지 않으면 다음 순간 예는 가버린다. 예에서 만족해야 한다. 예에서 무엇을 찾아야 하나, 진 · 선 · 미(하느님)를 찾아야 한다. 이제야말로 참 신비이다. 우리가 알 수 있을 것 같은 신비가 이제이다. 그 이제에 목숨을 태우는 우리 인생에게 이제란 해결되지 않는 신비이다. 이제란 한 찰나에 구십생사(九十生死)가 있다는 인도 사상은 분명히 신비 사상이다. 이제라고 '이'할 때 이제는 이른 것이다. '이'할 때 실상은 이미 과거가 된다. 이 이제를 타고 가는 목숨이다. '이'의 계속이 영원이다"(『다석어록』).

우리는 기도하는 동안에 하느님의 얼을 받아야 한다. 우리의 몸에는 눈에 보이지 않는 시한폭탄이 작동하고 있다. 우리 몸나의 수명은 나 자신도 모른다. 그러므로 무엇보다 먼저 얼생명을 깨달아야 한다. 지금, 이 순간에 깨달아야 한다. 이 세상 모든 것은 믿을 수 없는 허망한 것임을 알 때 얼생명을 깨닫게 된다. 이 세상 무엇에 마음을 빼앗기고 있는 동안에는 얼생명을 깨닫지 못한다. 하느님을 깨달은 마하트마 간디는 말하기를 "진리이신 하느님밖에는 모두가 불확실하다. 우리 주위에 있는 모든 것은 불확실하고 일시적이다. 그러나 그 배후에는 확실한 존재이신 초월자(하느님)가 숨어 계신다. 이 확실한 님의 가느다란 빛을 찾아 거기에다 제 몸수레를 붙들어 매는 이는 축복받은 이다. 그 진리를 탐구함이 인생의 최고선인 것이다"(간디, 『자서전』).

19. 스스로 힘쓰기를 쉬지 않는 사람
自彊不息人

조상으로 말미암아 그 백성들을 슬프게 하고	由弔愍其民
나로 말미암아 그 어짐을 하고자 하는데	由己欲其仁
뜻을 얻거나 잃거나 가는 해는 많아지고	得喪行年富
스스로 힘쓰기에 쉬지 않는 사람이다	自彊不息人

(1963. 11. 29)

彊: 굳셀 강. 由: 말미암을 유. 弔: 조상할 조. 愍: 슬플 민. 득상(得喪): 얻음과 잃음. 富: 많을 부.

자강불식(自彊不息)은 『주역』에 있는 말이다. "하느님의 길은 곧으시다. 참사람은 곧음으로써 스스로 힘쓰기를 쉬지 않는다"(天行健 君子以自彊不息 —『주역』 건괘). 건(健) 자는 붓대를 똑바로 세워서 글씨를 쓰듯 똑바로 걸어가는 것을 나타내는 회의(會意) 문자다. 정신이 똑바로 서려면 짐승의 성질을 깨끗이 다 버려야 한다. 그러므로 참사람은 탐·진

· 치의 수성을 이기기에 스스로 힘써 쉴 겨를이 없다. 수성(獸性)을 지니고서는 곧장 설 수가 없기 때문이다. 짐승들은 네발로 기어 다니면서 횡행(橫行)하기를 마지않는다.

류영모는 말하기를 "『주역』에 자강불식이란 말이 있다. 사람들이 자주 입에 올린다. 구한말에 자강회라는 단체를 만들어 독립운동을 한 일이 있다. 자강이란 자기가 자기로서 산다는 말이다. 자기가 자기로서 사는 것이 곧이 곧장 사는 것이다. 곧이 곧장 사는 것이 잘사는 것이다. 자강(自彊)이란 자기가 힘쓰고 노력하는 것이다. 불식(不息)이란 쉬지 않는 것이다. 식(息)은 숨 쉰다는 식(息)이다. 식(息)은 自와 心으로 되어 있다. 자(自)는 코를 그린 것인데 코가 나를 대표한다. 코는 숨 쉬는 기관으로 숨 쉬는 생명이 나이다. 숨은 코로 쉬는 것이 아니다. 정신으로 숨을 쉰다. 정신의 숨 쉼이 생각이다. 줄곧 숨 쉬며 줄곧 생각하여 하느님에게 도달하여 내가 참나가 되는 것이다. 하느님이 참나인 줄 깨달아 하느님의 뜻에 따를 때 곧이 곧장이 된다. 이것이 자강불식이다"라고 하였다.

"조상으로 말미암아 그 백성들을 슬프게 하고"(由弔愍其民)

류영모가 이 글을 쓰게 된 동기는 미국 케네디 대통령이 암살을 당한 일 때문이다. 이 글은 쓴 날이 1963년 11월 23일인데 일주일 앞서 케네디 대통령이 총격을 받아 숨졌다. 그리하여 미국 국민은 말할 것도 없고 자유주의 나라 사람들은 모두가 애도해 마지않았다. '조상으로 말미암아 그 백성들을 슬프게 하고'는 바로 그것을 가리킨 말이다.

케네디의 죽음은 예수나 간디와 같은 사랑과 진리의 순교라고는 할 수 없다. 그러나 정의와 평화의 순사임에는 틀림이 없다. 케네디는 정의와 평화를 위해 일하다가 피를 흘리며 숨진 것이다. 류영모는 이렇게 말하였다 "꽃은 피처럼 붉다고 꽃을 핀다고 한다. 꽃은 자연의 피요, 사람의 피는 자연의 꽃이다. 꽃이 피요, 피가 꽃이다. 이 꽃다운 피, 피다운 꽃이 예수가 십자가에서 흘린 피다. 예수가 십자가에서 흘린 꽃다운 피가 꽃피(花血)다. 한마디로 의인이 흘린 피다. 아무리 흉악한 세상도 의인이 흘린 피로 씻으면 정결케 된다. 세상을 의롭게 하는 것은 의인의 피뿐이다. 의로운 피를 흘리는 것이 하느님의 영광을 드러낸다. 그것이 성숙의 표다. 성숙이란 하느님 아들이 되는 것이다. 하느님 아들이란 몸의 죽음을 넘어선 얼의 나다. 진리를 깨닫는 것과 죽음을 넘어선다는 것은 같은 말이다. 죽음을 넘어서는 것은 미성년을 넘어서는 것이다. 지식에 사로잡힌 사람은 미성년이다. 진리와 성숙은 같은 말이다. 죽음과 깨달음은 같은 말이다."

"나로 말미암아 그 어짐을 하고자 하는데"(由己欲其仁)

이 글은 『논어』에 나오는 글에서 따온 것이다. 공자가 가로되 "어짐은 무언가? 내가 어짐을 하고자 하면 이에 어짐에 이를 수 있을 것이다"(仁遠乎哉. 我欲仁 斯仁至矣 — 『논어』 「술이편」). "어짐을 함에 나로 인해야지 사람들에 의하랴"(爲仁由己而由人乎 — 『논어』 「안연편」). 「술이편」에서 욕인(欲仁)을 따오고 「안연편」에서 유기(由己)를 따온 것이다. 유기욕기인(由己欲其仁)은 나를 통해서 어짐을 하고자 한다는 뜻이다. 어짐을 공자(孔子)는 "제나를 이기어 하느님과의 관계를 회복함이 어짐을 함이다"(克己復禮爲仁 —『논어』「안연편」)라고 하였다. 톨스토이가 말한 "사람은 짐승으로서의 행복을 부정하는 것이 천명(天命)이다. 사람의 참된 행복은 하느님의 뜻인 선(善)으로 나아가는 것밖에 없다. 선에 대한 희구(希求)가 곧 인생이다"(톨스토이, 『인생론』). 공자의 인(仁)과 톨스토이의 선(善)은 다른 점이 없다. 내 짐승 성질인 삼독(三毒)은 나만이 죽일 수 있다. 참나인 하느님께 나아가는 것도 나만이 나아갈 수 있다. 대신이란 없다. 그러므로 유기욕인(由己欲仁)일 수밖에 없다.

류영모는 자유(自由)도 유기(由己)의 뜻이라고 하였다. "자유(自由)란 내가 한다는 뜻인 유기(由己)다. 책임을 제 스스로 단단히 져서 옆의 사람에게도 책임을 묻는 것이 자유이다. 그것이 니르바나(Nirvana)에 든 사람이다. 정신이 물질에 휘감겨서는 못쓴다. 언제든지 정신이 물질을 부려 써야 한다. 육근(六根)의 몸은 심부름꾼이지 참나가 아니다. 우리는 몸이 아닌 얼의 참나에게로 가자는 것이다. 참나인 얼나로 제대로 하자는 것이다."

"뜻을 얻거나 잃거나 가는 해는 많아지고"(得喪行年富)

득의(得意)는 진리의 도반을 얻는 것이다. 상의(喪意)는 진리의 도반을 잃는 것이다. 진리의 도반이야 얻든 잃든 세월은 흘러가 나이가 많아졌다라는 말이다. 류영모의 나이 73살이었다. 그때 류영모는 가장 믿던 제자의 실덕(失德)으로 인해 몹시 마음 아파하였다. 평생 한 사람 만났다고 생각한 득의가 하루아침에 상의로 돌변해버린 것이다.

류영모는 득의에 대해서 이렇게 말하였다. "득의(得意)란 무슨 일에 성장을 하였다든지 또는 돈을 많이 얻어서 잘살게 되었다든지 하는 그런 것이 아니다. 가지고 있던 이상(理想)을 실현시키는 일이다. 정의에 입각, 이상을 이룰 때에 득의하였다고 한다. 이 땅 위에서 이상을 실현시킬 수 있는가. 조상 때부터 살고 있는 이 땅 위에서는 수천 년의 역사를 헤아리지만, 득의하기가 어렵다."

"스스로 힘쓰기에 쉬지 않는 사람이다"(自彊不息人)

여기에서 '자강불식인'이라고 쓴 것은 류영모 자신을 두고 한 말이다. 류영모는 참을 찾기에 부지런히 힘썼다. 예수 · 석가인들 거저 쉽게 깨달은 것이 아니었다. 류영모는 말하기를 "마음속에 하느님이 주신 아들을 맡아 기르는데 어떻게 게으름을 피울 수 있는가"라고 하였다. 이미 52살에 자신의 몸이 지닌 짐승의 본성을 버리기 위하여 탐 · 진 · 치의 삼독을 온전히 끊었다. 탐(貪)인 식(食)을 끊기 위하여 하루에 저녁 한 끼니만 먹었다. 진(瞋)은 끊은 지 오래이니 남하고 싸운 적이 없었다. 치(痴)를 끊기 위하여 아내와도 책상으로 만리장성을 쌓아놓고 지냈다. 그리고 널감을 사다가 방 윗목에 깔아놓고 온종일 무릎을 꿇고 앉아 있었으며 밤에는 그 위에서 누워 잤다.

류영모는 말하기를 "세상에 빠진 내가 미혹에서 벗어나 뚜렷하게 나서야 한다. 예수는 뚜렷이 하느님을 모시고 태초부터 자기가 모신 아버지라고 불렀다. 나도 이미 성령의 숨을 쉬므로 뚜렷이 하느님의 아들로 사람답게 살겠다는 말씀 한마디만 하고 싶은 것이다. 세상 사람들의 마음을 보니 진리를 따르는 이는 없고 다 가짜 문명이라는 빛에 홀려 정신이 나간 것 같다. 이에 참으로 진실한 한 점 마음으로 하느님께 기도드리고 싶은 것은 모든 인류가 하느님의 은혜로 다 제 마음속에 있는 진리의 한점(참나)을 깨치고 나오기를 빌 뿐이다. 그것을 위하여 하루에 한 끼를 먹으면서 언제나 하느님께 나 자신을 불사른다. 이 세상의 모든 것은 하늘 아버지께 영광을 받으라는 것이다"라고 하였다.

류영모는 자강불식의 사람이라 스스로 얼나를 깨달아 하느님 아버지께로 나아갔다. 어느 누구를 의지하거나 어느 종교에 매이지 않았다. 류영모는 이렇게 말하였다. "남을 기준으로 생각지 말고 자기에게 자신의 주관을 물어라. 나를 물어라. 나는 정신이다. 나는 위에서 왔다. 먹으러 온 것도 아니고 자식을 낳고자 온 것도 아니다. 나무를 불사르듯이 자기의 정신이 활활 불타올라야 한다. 바탈(性)을 타지 못하면 정신을 잃고 실성(失性)한 사람이 된다. 자신의 소질을 살리는 것이 중요하다. 소질 가운데 소질은 생각하는 소질이다. 나는 생각하는 바탈을 살리고자 한다. 내가 숨을 쉰다는 것은 하느님의 성령을 숨 쉬는 것이다. 그리하여 진리를 체득하는 것이다. 이 모든 것은 기도에 있다. 기도는 생각이요 성령은 권능이다. 성령의 힘으로 숨 쉬고 솟나는 것이다"(『다석어록』).

뜻밖에 신학자 심일섭과 목사 박재호는 "류영모는 동방이 낳은 성자임이 틀림없다"(심일섭, 『다석 류영모 연구』)라고 하였다.

20. 세상 잊은 말
忘世間詞

하느님을 속마음에 품어 곧고 太虛中心忠
하느님의 뜻 따르니 어질도다 無極從容恕
땅에 무거운 빚진 것이 몸이고 地責重乎身
하느님이 내 속에 속나를 낳았다 天生德於予

(1962. 11. 27)

詞: 말 사, 글 사. 태허(太虛): 하느님(큰 빔). 忠: 곧을 충. 무극(無極): 하느님. 從容(종용): 안온히 조화됨. 從: 따를 종. 容: 용납할 용. 恕: 어질 서. 責: 빚 책.

세간이나 세상이나 같은 말이다. 사람들이 살고 있는 사회를 통틀어서 세간이라, 세상이라고 말한다. 가정도 나라도 세계도 모두 그 속에 들어간다. 중국에서는 곧잘 천하(天下)라는 말을 쓴다. 류영모는 천하보다는 세상이 더 낫다고 말하였다. 하늘 아래라고 한정하는 것보다 땅 위라는 말이 더 낫다는 것이다. 류영모는 그만큼 위(上)를 좋아하였다. 위로 오르는 것을 하느님께로 나아가는 것으로 생각하였기 때문이다. 우리 삶의 목적은 하느님께로 가는 데 있지, 결코 이 땅 위에 있지 않다. 그러나 사람들은 이 땅 위에 삶이 목적이 있는 줄로 안다. 행복한 가정을 이루는 것이나 융성한 문중을 이루는 것을 삶의 목적으로 하는 사람도 있다. 그 위로는 부강한 나라를 세우는 것이나 평화스러운 세계를 이루는 것을 삶의 목적으로 하는 사람도 있다. 가정보다 문중을, 문중보다 나라를, 나라보다 세계를 생각하는 사람은 더 그릇이 큰 사람임에 틀림없다. 그러나 삶의 목적은 참나인 하느님을 깨닫는 데 있는 것이다. 하느님을 참나로 깨달은 사람이라야 가정도, 문중도, 민족도, 나라도, 세계도 올바르게 사랑할 줄 알게 된다. 가정 지상주의자가 가정을 파탄으로 이끌고 국가 지상주의자가 나라를 멸망으로 이끌고 세계 지상주의자가 세계평화를 깬 일이 얼마나 많은가.

삶의 참뜻은 하늘에 있지, 땅에 있지 않다. 삶의 참뜻은 영원한 허공인 보이지 않는 데 있지, 여기 이 현상(現象)이라는 환상(幻像)계에 있지 않다. 땅이라는 것은 물질세계를 말한다. 세상 사람은 거의 세상을 잘 다스려야 한다. 또는 땅덩어리인 나라를 잘해 나가야 한다고 한다. 그러나 하늘에 가는 일을 잘 해야지 세상이나 나라를 다스려야 한다는 것은 기어코 헛일밖에 되지 않는다. 사람들은 하느님께 먼저 해야 할 것을 땅에 먼저 한다. 사람이 사는 목적을 하늘에 두지 않고 이 세상에 둔다. 이 세상에는 우리가 가질 목적이 없다(『다석어록』).

가정, 나라, 세계라는 것은 석가가 비유한 화성(化城)과 같다. 화성의 비유를 간추리면 이렇다. 어떤 길라잡이가 많은 사람을 데리고 멀리 보물이 많이 있는 곳으로 가고 있었다. 먼 길에 사람들이 지치자 못 가겠다며 되돌아가자고 아우성이었다. 그때 길라잡이는 방편으로 거짓 도성을 하나 만들어 놓고는 이렇게 말하였다. "그대들은 무서워하지 말고 되돌아가지도 말라. 저기 큰 도성이 있으니 그 안에서 마음대로 즐길 수 있느니라"(법화경 화성유품). 다음 날은 그 도성을 없애버리고 다시 보물이 있는 곳으로 이끌고 갔다는 것이다. 가정 · 나라 · 세계란 사람으로 하여금 잠시 쉴 수 있는 화성(化城)에 지나지 않는다. 이 화성에 정착을 하겠다면 그런 어리석은 일이 없다.

"하느님을 속마음에 품어 곧고"(太虛中心忠)

세상을 잊어버리는 것은 제나(自我)가 죽는 것이다. 장자(莊子)의 좌망(坐忘)과 상아(喪我)가 이것이다. 세상을 잊어버리면 하느님(太虛)이 나타나시고, 제나가 죽으면 하느님이 내 맘속에 오신다.

> 영원한 하느님을 아는 것은 생각 때문이다. 원대(遠大)한 하느님을 섬기는 데는 많은 물건이 안 든다. 원대한 하느님을 잊어버리지만 않으면 섬기는 것이다. 안 잊어버린다는 것은 생각, 곧 정신의 일이다(『다석어록』).

생각이 하느님을 붙잡을 수 있는 손이다. 마하트마 간디는 진리를 손으로 잡는다는 뜻으로 진리파지(眞理把持)라는 말을 썼다. 그렇다고 진리를 두 손으로 잡을 수 있는 것은 아니다. 생각이 잡는 것이다. 칼릴 지브란은 로댕과도 아는 사이가 될 만큼 그림도 잘 그렸다. 그가 그린 그림 가운데 손바닥에 눈이 그려져 있는 이상한 그림이 있다. 지브란이 무엇을 나타내려고 그런 그림을 그렸는지는 알 수 없다. 하느님을 볼 수 있고 하느님을 붙잡을 수 있는 생각하는 마음을 그린 것으로 미루어진다. 택선고집(擇善固執) 하는 마음, 진리파지(眞理把持) 하는 마음이 그대로 충(忠)이다. 하느님의 충에 따라서만 움직이는 마음이다. 그러므로 곧은 마음이다. 예수의 마음, 석가의 마음은 곧은 마음이다. 류영모는 충(忠)에 대해서 이렇게 말하였다. "아직도 임금에게 충성하는 것을 충(忠)으로 알고 있으면 이 시대를 밤중으로 알고 있는 것이다. 그렇다고 임금이 없는 세상에는 충이 필요 없다고 생각하면 이는 아직도 충이 무엇인지 생각도 못 한 것이다. 충은 하느님을 향한, 곧이 곧은 마음이다. 우리는 사람에게도 충으로 대하여야 한다."

류달영은 그 자신의 일생을 이렇게 회고하였다. "내가 한국인이 아니었다면 나는 일생 동안 무궁화 연구에 심혈을 기울이지는 않았을 것이다. 내가 한국인이 아니었다면 나는 일생 동안 한국 잔디 연구에 몰두하지 않았을 것이다. 내가 한국인으로 나라 없는 35년을 살지 않았다면 농학을 전공하고 농민운동의 외길을 걷지 않았을 것이다. 나의 일생은 한국 역사의 연줄이 잡아당기는 대로 날아다니는 연과 같은 일생이었다"(류달영, 「진리의 벗」 38호). 류달영의 이 마음이 바로 민족과 나라에 대한 충(忠)이다. 류달영이 만년에 그의 정재를 바쳐 성천아카데미를 만든 것은 진리(하느님)를 위한 충이라 믿어진다.

겨레와 나라를 위한 사랑은 짝사랑이라 하였는데, 하느님에 대한 사랑에는 짝사랑이란 없다. 하느님께서는 조그만 사랑에도 무한한 사랑을 주신다. 겨자씨 한 알만한 믿음이 산을 옮긴다는 예수의 말은 이것을 이르는 말이다. 겨자씨 한 알만 한 믿음(사랑)이 하느님 아버지의 마음을 움직일 수 있다는 말이다. 그래서 하느님은 하느님을 겨자씨만큼만 사랑하는 사람에게도 영원한 생명을 주신다.

"하느님의 뜻 따르니 어질도다"(無極從容恕)

태허(太虛)나 무극(無極)이나 하느님을 일컫는 말이다. 태허는 장횡거가 말하였고 무극은 노자가 말하였다. 충서란 말은 『논어』에 나온다. 증자가 이르기를 "선생님의 길은 곧음과 어짐뿐이다"(夫子之道忠恕而已矣 —『논어』「이인편」)라고 하였다. 서(恕)는 처지를 바꾸어서 생각할 줄 아는 마음이다. 역지사지(易地思之)하면 같은 마음이 될 수 있다. 같은(如), 마음(心)이 서(恕)이다. 서는 너그럽고 어진 마음을 말한다. 충(忠)이 하느님 사랑이라면서(恕)는 이웃사랑이다. 베드로가 예수에게 물었다. "선생님, 제 형제가 저에게 잘못을 저지르면 몇 번이나 용서해 주어야 합니까, 일곱 번이면 되겠습니까?"라고 하자 예수가 이르기를 "일곱 번뿐 아니라 일곱 번씩 일흔 번이라도 용서하여라"(마태오 18:22)라고 대답하였다. 일곱 번씩 일흔 번이면 490번이다. 어떻게 490번을 세어가면서 용서할 수 있겠는가. 이 말은 끝없이 용서하라는 말이다. 무량심(無量心)이 되라는 말이다. 무량심이 곧 서(恕)이다.

"땅에 무거운 빚진 것이 몸이고"(地責重乎身)

몸은 땅에 빌린 것이라 땅에 빚을 진 것이다. 몽땅 다 빌렸으니 무거운 빚이 아닐 수 없다. 류영모는 이렇게 말하였다. "우리가 왜 죽을 것을 겁내나. 빚이 있어서다. 이 몸은 땅에 빚진 것이라 언젠가는 반드시 갚아 주어야 한다. 빚진 죄인이라는 말이 있다. 우리는 땅에 빚을 진 죄인이다. 이 빚을 땅에 다 갚아 버리고 원대한 하나(전체)에 참여하면 군색할 것 하나도 없다. 원대한 하나에 합쳐야지 못 합쳐지니까 문제가 생긴다. 원대한 하나에 합쳐지는 것이 온전하게 되는 것이다. 예수가 아버지의 온전하심과 같이 너희도 온전하라고 하였다"(『다석어록』).

땅에서 빌려온 흙인 이 몸은 참나가 아니다. 그런데 이 몸이 참나인 줄 알고 몸을 위해 온갖 정성을 바치는 이들이 많다. 제비를 뽑아도 꽝이 나오는 것을 싫어하면서 그 결과가 꽝이 되고 말 몸에 매어 달리는 것은 아무리 해도 어리석은 일이 아닐 수 없다.

류영모는 말하기를 "이 몸은 가짜 생명의 탈을 쓴 것이다. 이 몸을 버리고 하느님 아버지께로 가는 것이 영원한 생명이다. 하느님 아버지께로 간다는 것은 몸으로는 죽는다는 뜻이다. 이 몸은 마침내 죽기로 결정되어진 것이다"라고 하였다.

"하느님이 내 속에 속나를 낳았다"(天生德於予)

천생덕어여(天生德於予)는 공자의 말로써 『논어』「술이편」에 나온다. 몸은 땅에서 꾸어온 빚덩이고 마음이란 몸에서 생긴 기능이다. 그래서 맘은 몸에 딸렸다. 몸이 죽으면 마음도 따라서 죽는다. 그런데 그 마음속에 하느님께서 하느님의 생명인 얼나를 낳았다. 공자(孔子)도 자신의 몸은 아버지 숙량흘과 어머니 안징재 사이에서 났지만, 공자가 지닌 진리정신은 하느님이 낳으신 얼나에서 나온다는 것을 깨달았던 것이다. 공자도 진리정신으로는 하느님 아들(天子)이라는 확신을 가지고 살았다. 따라서 하느님 아버지를 가장 어려워할 수밖에 없었다.

공자는 말하기를 "하느님의 말씀을 두려워하고 하느님의 아들을 두려워하고 하느님 아들의 말씀을 두려워한다"(畏天命 畏大人 畏聖人之言 ― 『논어』 「계사편」)라고 하였다. 하느님의 아들다운 말이 아닐 수 없다.

21. 엎드린 뱀
偃蛇

뱀 몸에 사람 머리는 복희씨 혼자만 아니라　　蛇身人首非獨犧
사람의 아들 십자가 형틀은 들린 구리뱀 같아　　人子磔木猶銅蝮
마음을 버려 참을 잃으면 십악으로 달려가고　　放心失道趣十惡
바탈 알아 목숨 세워 짐승의 삼독을 누른다　　知性立命鎭三毒

(1961. 2. 26)

偃: 자빠질 언. 犧(희): 중국 선사시대 지도자인 복희씨. 磔木(책목): 나무 형틀. 磔: 능지할 책. 銅蝮(동복): 구리뱀. 蝮: 독사 복. 趣: 추창할 취. 鎭: 누를 진.

성경에서도 불경에서도 사람이 지닌 수성(獸性)인 탐 · 진 · 치(貪瞋痴) 가운데 치(痴)의 애욕을 뱀으로 비겼다. 성경에는 선악과나무 밑에 나오는 뱀이라 하였고 불경에도 꽃나무 밑에 숨어 있는 독사라고 하였다. 이 시제인 엎드린 뱀(偃蛇)도 애욕을 나타낸 말이다. 애욕의 정사가 사람으로 하여금 뱀처럼 몸을 땅에 쓰러지게 하기 때문이다.

류영모는 말하기를 "사람들은 인간 본연의 길에서 탈선하기가 일쑤다. 제 발로 굳건히 서지 못하고 자칫하면 나자빠져 버리는데 이것은 독립의 전복이다. 우리가 몸으로는 마침내 땅속으로 들어가는 것이지만 정신이 붙어 있는 동안은 하늘에 머리를 들고 아버지 하느님을 부르면서 떳떳하게 서서 나아가는 독립 전진을 해야 한다. 그래서 곧이 곧게 살겠다는 결심 강단이 필요하다. 언제까지나 엎어지고 쓰러지고 넘어져서 아래위 구멍으로 콧물 눈물 흘리면서 지저분하게 살아서는 안 된다. 지저분한 짓은 빨리 걷어치우고 따로 설 수 있어야 한다. 따로 서서 위를 바라보고 저 갈 길을 가야 한다"라고 하였다.

"뱀 몸에 사람 머리는 복희씨 혼자만 아니라"(蛇身人首非獨犧)

중국의 역사가 열릴 즈음 민생에 크게 공헌한 삼황오제가 있다. 그 가운데 한 사람이 복희씨다. 희(犧)는 복희씨의 희 자이다. 그 복희씨가 놀랍게도 뱀 몸에 사람 머리를 지녔다고 중국 신화가 전한다. 그런데 류영모는 우리 모두가 내면으로는 복희씨와 다름없는 괴수(怪獸)에 지나지 않는다는 것이다. 사람은 누구나 몸이 지닌 수성(獸性)에 꽁꽁 묶여 있다. 그 가운데도 문제가 되는 것이 애욕이다. 인도 신지학회에서 20세기의 예정된 메시아로 기르고자 하였던 크리슈나무르티가 26살에 17살의 미국 처녀 헬렌과 6년 동안이나 연애를 하다가 멀어졌다. 그 사랑 이야기가 헬렌에 의해 공개되었다. 사람들이 성자가 되기를 바랐던 그였지만 애욕의 열병은 그에게도 어김없이 찾아왔다는 것을 알려주었다. 이것은 크리슈나무르티 혼자만의 문제가 아니다. 전 인류의 절박하고도 심각한 문제인 것이다. 류영모는 이렇게 말하였다.

> 사람의 마음에 애욕의 번뇌가 일어나지만 제나(自我)가 없는 마음은 남녀의 애욕을 깨끗이 초월한다. 남녀의 바람이 자고 생각의 호수가 깊으면 거기가 바로 니르바나(Nirvana)이다. 사람은 누구나 남녀유별, 부부유별 해야지 오줌똥 싸 뭉개는 어리석은 짓은 벗어나야 한다. 애욕의 음란은 오줌똥 싸기요 강아지와 뱀 노릇이다. 그것은 생식을 위한 성애도 아니요 사람을 돕는 인애(仁愛)도 아니다. 남녀를 구별하고 남녀를 끊어야 붓다(Buddha)이다(『다석어록』).

장자가 물고기 곤(鯤)이 새인 붕(鵬)이 된다고 하였듯이 사람들은 뱀이 용이 된다는 생각을 하였다. 곤이 붕이 된다는 것이나 뱀이 용이 된다는 생각이나 그 뿌리는 같은 생각이다. 짐승으로 태어난 사람이 하느님 아들인 사람으로 바뀌어야 한다는 염원이 그러한 생각으로 나타난 것이다. 누구나 이러한 전기(轉機)를 맞이해야 한다. 톨스토이나 아우구스티누스만이 겪을 일은 아니다. 예수나 석가만이 이룰 일은 아니다. 나도 너도 빠짐없이 겪어야 하고 이루어야 할 일인 것이다.

> 우리의 몸뚱이가 요망한 것이라 스스로가 체신을 갖추어야 참나인 얼나를 깨닫는 아침이 온다. 이것이 궁극의 믿음으로 가는 길이니, 요망한 몸나에 눈이 멀어서 애착하면 안 된다. 내 몸뚱이는 짐승이므로 이 몸을 지나치게 사랑하고 여기에다 전 목적을 두어서는 안 된다(『다석어록』).

"사람의 아들 십자가 형틀은 들린 구리뱀 같아"(人子磔木猶銅蝮)

예수가 언급한 구리뱀 이야기는 요한복음에 나온다. "하늘에서 내려온 사람의 아들(人子) 외에는 아무도 하늘에 올라간 일이 없다. 구리뱀이 광야에서 모세의 손에 높이 들렸던 것처럼 사람의 아들도 높이 들려야 한다"(요한 3:13-14). 예수의 이 말에는 두 가지 뜻이 있다. 하나는 예수의 몸이 십자가에 못 박혀 죽는다는 암시다. 또 하나는 예수의 얼나(진리정신)가 사람들의 마음에서 받들려(존경)야 한다는 비유다. 류영모는 이렇게 말하였다. "예수만 들려야 할 게 아니다. 모세가 구리 뱀을 들어 독사에 물린 이들이 나았듯이 인자(人子, 얼나)도 들려야 한다. 물질의 나에서 정신의 나로 솟난다는 것이다. 몸에서 얼로 거듭난다는 것이다. 사람의 자식은 모두 들려야 한다는 말이다. 들리지 않으면 실패다." 류영모는 예수의 십자가를 제나(自我)의 희생과 얼나(靈我)의 드높임으로 생각한 것이다. 류영모는 인자(人子)를 얼나로 생각하였다.

류영모는 이렇게 말하였다. "예수는 죽음을 앞에 놓고 나는 죽음을 위해서 왔다고 하였다. 다시 말하면 죽으러 왔다는 것이다. 예수는 몸의 죽음을 얼의 깸으로 본듯하다. 인자(얼나)가 영광을 받을 때가 왔다. 진·선·미의 얼을 드러낼 때가 왔다. 진리정신은 죽음을 넘어설 때 드러난다. 내가 이를 위해 이때 왔다. 이제 죽음을 넘어서 참나가 드러난다. 참나인 얼은 죽는 것도 아니고 나는 것도 아니다. 참나는 영원한 생명이다. 우리가 믿는 것은 영원한 생명인 얼나다"(『다석어록』).

"마음을 버려 참을 잃으면 십악으로 달려가고"(放心失道趣十惡)

맹자가 이르기를 "어짐은 사람의 본마음이요 옳음은 사람의 길이다. 그 길을 버리고 가지 않으며 그 본마음을 놓치고도 찾을 줄을 모르니 슬프도다. 사람이 기르던 닭이나 개를 놓치면 찾을 줄을 아는데 (제가) 가진 본마음을 놓치고서 찾을 줄을 모르니 배움의 길이란 다른 것이 아니라 놓친 본마음을 찾는 것일 뿐이다"(仁人心也義人路也 舍其路而不由 放其心而不知求 哀哉 人有鷄犬放則知 求知之,有放心而不知求 學問之道 無他 求其放心而已矣 —『맹자』「고자 상편」).

방심(放心)은 맹자에서 따온 것이다. 맘을 놓쳤다는 말은 그야말로 마음이 제멋대로 하는 것이다. 탐 · 진 · 치의 수성(獸性)을 다스릴 줄도 모르고 진 · 선 · 미의 영성(靈性)을 생각할 줄도 모른다는 말이다. 짐승인지라 진리인 하느님을 모른다. 이것이 방심실도(放心失道)이다. 진리파지(眞理把持)와 반대되는 말이다.

십악(十惡)은 불경에서 나온 말이다.

1. 산 것을 죽이는 것(殺生)
2. 남몰래 훔치는 것(偸盜)
3. 음행을 저지르는 것(邪淫)
4. 남의 마음을 어지럽히는 헛된 말(妄語)
5. 양쪽에 다니며 서로 다른 말을 하여 싸움을 붙이는 것(兩舌)
6. 남을 헐어서 말하는 것(惡口)

7. 번지르르하게 꾸며서 과장하는 말(綺語)
8. 매우 욕심이 많아 자꾸 이기고자 하는 것(貪慾)
9. 성이 나서 남을 원망하고 미워하는 것(瞋恚)
10. 진리나 사물에 대해서 잘못 생각하는 것(邪見)

사람이 저지르는 나쁜 짓이 어찌 십악만이겠는가. 육법전서로도 모자라 계속 입법을 해야 할 판이다. 그러나 그 원형은 제나의 삼악이다. 제나(自我)는 거짓 나라 제나가 하는 일은 좋은 일조차 나쁘다. 기도하는 것이야말로 얼마나 중요한 일인가. 사람은 기도하러 왔다고 할 수 있다. 그러나 기도도 바로 하지 못하면 오히려 죄악이 된다. "기도할 때에도 위선자들처럼 하지 말아라. 그들은 남에게 보이려고 회당이나 한길 모퉁이에 서서 기도하기를 좋아한다. 나는 분명히 말한다. 그들은 이미 받을 상을 다 받았다. 너는 기도할 때에 골방에 들어가 문을 닫고 보이지 않는 네 아버지께 기도하여라"(마태오 6:5-6).

선행이야말로 얼마나 훌륭한 일인가. 사람은 선행하러 왔다고 할 수 있다. 그러나 선행도 바로 하지 못하면 오히려 죄악이 된다. "자선을 베풀 때에도 위선자들이 칭찬을 받으려고 회당과 거리에서 하듯이 나팔을 불지 말라. 나는 분명히 말한다. 그들은 이미 받을 상을 다 받았다. 자선을 베풀 때에는 오른손이 하는 일을 왼손이 모르게 하여 그 자선을 숨겨 두어라"(마태오 6:1-4).

그러므로 사람은 무엇보다 먼저 거짓 나인 제나(自我)를 누르고 참나인 얼나(靈我)를 받들어야 한다. 얼나의 뜻에 의하여 기도하고 선행도 해야 한다.

"바탈 알아 목숨 세워 짐승의 삼독을 누른다"(知性立命鎭三毒)

맹자가 이르기를 "마음을 다하면 바탈을 알고 바탈을 알면 하느님을 알 것이다. 마음에 간직하여 바탈(얼나)을 기르는 것이 하느님을 섬기는 것이다. 일찍 죽거나 오래 살거나 둘이 아닌 것이니 나를 비워서 기다리는 것이 하늘 목숨을 세우는 것이다"(盡其心者 知其性也 知其性則知天矣 存其心養其性 所以事天也. 殀壽不貳 脩身以俟之』 所以立命也 —『맹자』「진심 상편」). 이 글에서 지성(知性)과 입명(立命)을 따온 것이다. 맘을 다하면 바탈을 안다고 하였다. 맘을 다하면 마음(나)이 없어진다. 마음(나)이 없어질 때 하느님의 얼이 나타난다. 하느님의 얼을 받아 얼나로 거듭난다. 하느님의 얼을 받아서 한다고 바탈(性)이라고 한다. 하느님의 얼로 거듭나면 하느님을 모를 수 없다. 마음에 하느님의 얼을 받아 간직하고서 기르는 것이 하느님을 섬기는 것이다. 얼은 영원한 생명이라 몸이 일찍 죽고 오래 살고는 다를 것이 없다. 그러므로 제나를 비우고 하느님의 얼을 기다리는 것이 하느님의 얼생명을 세우는 것이다. 이 말을 줄여서 지성입명(知性立命)이라고 한 것이다. 얼생명(性命)이 몸생명(身命)을 다스린다는 것은 몸이 지닌 짐승의 성질(獸性)을 다스리는 것이다. "하느님을 마음속에 모시면 악한 생각도 생각할 수 없고 악한 행동도 할 수 없다"(When God is enshrined in our hearts, we cannot think evil thoughts or do evil deeds. — 간디, 『날마다의 명상』).

마음은 넓게 가지고 몸은 꼭 졸라야 한다. 몸을 조른다는 것은 대단히 좋은 거다. 금욕 절제함이 조름이다. 졸라매야 참나를 잃지 않는데 이 세상 사람들은 졸라맬 줄 모른다. 나를 빚쟁이 빚 받듯이 바짝 조르면 성불(成佛)한다. 우리는 몸속에 들어 있는 삼독(三毒)이 싫기 때문에 정신수양이니 도의교육이니 한다. 이는 우리 마음 깊은 곳에 줄기차게 하느님께로 올라가려는 신격(神格)의 얼나가 있기 때문이다. 우리는 모름지기 신격의 얼나를 깨달아야 한다(『다석어록』).

22. 위로 나아가는 한 길
向上一路

둥금(전체)을 깨달아 이기며 오르는 길에 圓覺勝騰道
점심하기에 지면 실패한 사람이라 點心負敗人
마음에서 찾아서는 열매(진리) 못 얻고 覓心不得果
반드시 머무르지 않는 얼나에 의해서만 應無所住因

(1960. 12. 28)

向: 나아갈 향. 騰: 오를 등. 覓: 찾을 멱. 因: 의지할 인.

예수는 결별의 기도에서 이러한 말을 하였다. "나는 아버지께서 나에게 맡겨 주신 일을 다하여 세상에서 아버지의 영광을 드러냈습니다. 아버지 이제는 나의 영광을 드러내 주십시오. 우주가 있기 전에 아버지와 함께 내가 누리던 그 영광을 아버지와 같이 누리게 하여 주십시오" (요한 17:4-5). 예수는 개체인 사람이 되기 앞서 전체인 하느님과 함께하였다는 것을 믿었다. 그래서 우주가 있기 전에 아버지와 함께하였다고 말하였다. 예수도 다른 사람과 마찬가지로 전체에서 개체(個體)로 떨어졌다. 얼나에서 제나로 떨어졌으니 다시 얼나로 오르자는 것이다.

류영모는 이렇게 말하였다.

> 우리는 생각을 하는데 오직 위로 올라가는 생각을 해야 한다. 한 10분 동안 위로 올라가는 생각을 해보고 또 아래로 들어가는 생각을 해보면 그 생각의 맛이 다른 것을 알 수 있다. 위로 올라갈 때는 시원한데 아래로 들어가면 답답한 것을 느끼게 된다. 그 설명은 어떻게 말로 안 된다. 우리는 이것만 보아도 위로 올라가게 생겼지, 아래로 미끄러지게 생기지 않았다. 위로 올라가는 생각을 많이 하는 사람은 구원을 받기 싫다 해도 구원을 받고야 말 것이다(『다석어록』).

"둥금(전체)을 깨달아 이기며 오르는 길에"(圓覺勝騰道)

전체인 무한 우주는 중심만 있고 테두리가 없는 원구(圓球)이다. 중심은 내가 서 있는 여기가 중심이다. 옛날 그리스 사람들은 자기 나라에 돌기둥을 세우고는 지구의 배꼽(옴파로스)이라고 하였다. 지구의 배꼽이 있는 곳이 지구의 중심이란 것이다. 우주의 임자요, 전체인 하느님께서는 나를 우주의 중심으로 인정하시든 안 하시든 우리는 그렇게밖에 생각할 수 없다. 내가 우주의 옴파로스다. 중심만 있고 테두리 없는 둥금(圓球)이 전체인 하느님이다. 그래서 둥금을 깨닫는다면 전체인 하느님을 알았다는 말이다. 하느님을 있느니 없느니 하는 사람들이 아직도 있다. 하느님은 전체인데 있다느니 없다느니 말하는 것이 우스운 소리에 지나지 않는다. 부분인 개체로서 전체인 하느님을 있느니 없느니 할 수가 없는 것이다. 부분인 개체가 있는 것이 전체인 하느님이 있다는 증거이기 때문이다.

류영모는 말하기를 "한량없는 시간과 한량없는 공간이 이 우주다. 이 우주는 무(無)요 공(空)이다. 이 태공(太空)의 한 동그라미는 부정할 수 없다. 나(自我)라는 것이 나와서 죽을 때까지 이 한 동그라미(전체)가 안도 밖도 없는 하느님이다. 하느님 아버지에 순종하면 한 동그라미(전체)가 내 것이 된다. 공상(空想)을 하면 못쓴다지만 이 한 동그라미(전체)는 공상해야 한다. 다른 것은 못 해도 한 동그라미만은 예수 · 석가만큼 생각할 수 있다"라고 하였다. 석가는 한 동그라미(一圓)에 대해서 말을 많이 하여 원각경(圓覺經)이라는 경전이 따로 있다. "항상 무명(無明)을 여의어라. 모든 무명을 끝까지 여의면 마치 나무에서 생긴 불이 나무를 태우고 불도 꺼지듯이 무명이 없어지면 곧 원각(圓覺)이다. 원각에는 차례도 방편도 없다"(『원각경』). 무명(無明)이란 제나(自我)와 제나가 머물고 있는 상대세계가 무명이다.

"점심하기에 지면 실패한 사람이라"(點心負敗人)

점심이란 불교에서 나온 말이다. 시장기를 가시게 할 만큼만 먹거리를 조금 입속에 집어넣는 것을 말한다. 그것이 어느새 낮에 먹는 주식을 가리키게 되었다. 점심이라는 말이 널리 쓰이게 된 것은 선사(禪師) 덕산(德山)의 공로가 크다.

류영모는 말하기를 "점심이란 속이 궁금할 때 먹거리를 조금 입 안에 집어넣는 것을 점심이라고 한다. 곧 음식을 조금 먹는 것은 다 점심이다. 꼭 낮에 먹어서만 점심인 것이 아니다. 점심을 먹었으면 꼭 밥값을 내야 한다. 점심만 먹고 점심소견(點心所見)이 없으면 무전취식(無錢取食)한 셈이 된다. 궁금해서 섭섭해서 집어먹는 것만으로는 점심이 되지 않고 사물과 나와의 관계가 있게끔 점심소견이 따라야 한다. 소견(所見)을 생각하고 집어먹으면 물건의 소견을 다 할 수 있다"라고 하였다. 예수는 빵과 포도주를 먹으면서 내 살과 피를 마신다고 하였다. 이것도 점심소견이다. 하느님의 몸인 온 물질을 한 덩어리의 작은 환(丸)으로 만들어 마음속에 집어넣어 말끔히 소화시키는 것이 점심(點心)하는 것이다. 천지 만물의 모든 물질은 하느님의 말씀으로 되지 않는 것이 없으므로 점심하면 말씀이 나온다. 그 말씀이 점심소견인 것이다. 석가가 말하기를 "제나가 죽어야 참나가 산다"(사성제)고 한 것도 점심 소견이다. 예수가 "사는 것은 얼이고 몸은 쓸데없다"(요한 6:63)고 한 것도 점심소견이다. 류영모는 점심소견에 실패하면 인생의 실패라고 말하였다. 돼지처럼 먹기만 하고 제소리 한마디 못 내놓는다면 그게 어디 성공한 인생이라고 할 수 있겠는가. 몇천억 원의 돈을 모으고 몇천만 평의 땅을 갖는다고 성공한 인생일 수는 없다. 온 우주를 꿀꺽 삼키고 삭인 뒤에 하느님의 말씀을 얻어야 성공이다. 어떻게 온 우주를 꿀꺽 삼킬 수 있느냐고 하는 이도 있을 것이다. 사람은 보기에 따라 좁쌀 한 알이 지구만큼 보일 수도 있고 온 우주가 벼 알 크기로 보일 수도 있다. 운봉(雲峰) 선사가 이르기를 "이 우주는 손끝으로 집어보니 벼 알만 한 크기밖에 안 된다"(盡大地撮來 如粟米粒大 ─『벽암록』 5칙)라고 하였다.

류영모는 놀라운 점심소견을 말하였다. "우주 간의 물질이라는 것은 하잘것없는 것이다. 이것을 우리는 무서워할 것 없다."

"마음에서 찾아서는 열매(진리) 못 얻고"(覓心不得果)

불교에서는 깨달음의 진척에 따라 '수다원과' '사다함과' '불한과' '아라한과' 등으로 나누기도 하였다. 여기서도 열매 과(果)는 진리를 상징한다. 그 진리를 마음에서 찾는다고 얻을 수 있는 것이 아니다. 억지로 좋은 생각을 하겠다고 해서 예수 · 석가와 같이 하느님의 말씀을 얻을 수 있는 것이 아니다.

먼저 제나(自我)를 부정하여 제나가 죽어야 한다. 있어도 없는 듯이 완전히 죽으면 그때 비로소 하느님께서 성령으로 생각을 일으켜 주신다. 제나(自我)는 짐승이라 탐 · 진 · 치의 수성(獸性)에서는 죄악된 생각밖에 안 나온다. 짐승에서 거룩한 생각이 나올 수 없는 것이다. 제나(自我) 너머에 있는 하느님의 성령인데 제나의 마음속에서 참인 하느님의 얼을 찾겠다는 것은 헛일이다. 그러나 제나가 죽은 빈 마음에는 하느님의 얼이 들어온다. 류영모는 말하기를 "제나의 마음이 살아서는 안 된다. 제나의 마음은 죽어야 한다. 생심(生心)에 미혹하고 사심(死心)에 얼이 나타난다"라고 하였다.

"반드시 머무르지 않는 얼나에 의해서만"(應無所住因)

『금강경』에 나오는 "반드시 머물러서 맘을 내지 말라"(應無所住而生其心 — 『금강경』)에서 따온 말이다. 류영모는 이렇게 말하였다. "세상에 머물러 묵는다(住)는 실상은 몸뚱이만 묵는 것이지 얼나가 묵는 것은 아니다. 묵(住)는 것은 묶이(束)는 것이다. 몸이 묶이지 얼나는 자유다. 얼나에는 묶인다는 것은 없다"(『다석어록』).

예수·석가는 몸나로 살지 말고 얼나로 살라는 것이다. 그런데 사람들이 그 말을 잘 알아듣지를 못하였다. 얼나는 사람의 오관(五官)으로 감지되지 않는 것이기 때문이다. 그래서 여느 사람은 말할 것 없고 가르치는 이들도 잘 모르고 있다. 석가의 법신(法身)과 불성(佛性), 예수의 아들과 성령은 같은 얼나를 말하는 것이다. "여래(如來)의 법신(法身)은 머무르는 곳이 없다. 그러므로 모든 사람들은 그 머물 곳이 없는 곳에서 물러남이 없이 법신(法身)과 불성(佛性)을 얻게 되는 것이다"(『대승열반경』). "부어주는 성령으로 새로 나지 않는다면 아무도 하느님 나라에 들어갈 수 없다. 몸에서 나온 것은 몸이며 영(얼)에서 나온 것은 영(얼)이다. 새로 나야 된다는 말을 이상하게 생각하지 말라. 바람은 제가 불고 싶은 대로 분다. 너는 그 소리를 듣고도 어디서 불어와서 어디로 가는지 모른다. 성령으로 난 사람은 누구든지 이와 마찬가지다"(요한 3:5-8).

류영모는 말하기를 "하느님의 얼로 난 하느님의 아들이 되어야 사람 노릇을 바로 한다. 얼나로 깨야 한다는 것이다. 얼나로 거듭나야 한다는 것이다. 그렇지 못하면 모두가 짐승새끼다. 우리가 뭐라고 이 짐승인 우리에게 위로부터 난 영원한 생명을 주셨으니 이것이 참으로 하느님의 사랑이 아닌가. 얼나로 거듭나는 것이 성불(成佛)하는 것이다"라고 하였다.

23. 이 글월(진리)의 조용한 말씀 斯文閑談

첫 새벽 아침 고요함을 얻어　　新晨偶得閑
긴 밤 조용히 번거로움 잊어　　長夜定忘忙
말로는 말하지 못하는 가온인데　　語不成說中
말 다듬어 그 참을 세우리라　　修辭入其誠

(1962. 11. 15)

斯文(사문): 전통의 도(道). 斯: 이 사. 閑: 고요할 한. 新: 처음 신. 定: 평안할 정. 忙: 바쁠 망. 修: 다듬을 수. 誠: 참 성. 成: 필 성, 할 성.

사람도 유인원(類人猿)에 속하는 것은 부인할 수 없다. 다른 원숭이류들과 다른 것을 바로 서는 데 둔다면 원숭이들과 갈라진 지는 3백만 년밖에 안 된다. 다른 원숭이들과 다른 것을 글을 쓰는 데 둔다면 원숭이들과 갈라진 지는 6천 년밖에 안 된다. 다른 원숭이들과 다른 것을 진리를 아는 데 둔다면 원숭이들과 갈라진 지는 3천 년밖에 안 된다. 사람에게 진리의 인식과 문자의 개발은 밀접한 관계가 있다. 공자(孔子)

는 문자와 진리를 동격시하였다. 그러므로 이 문자라는 뜻의 사문(斯文)이 그대로 이 진리라는 사도(斯道)와 같은 뜻으로 썼다. 직립(直立) 유인원 때부터를 사람이라 한다고 해도 이 땅 위에는 수많은 사람이 살다가 죽었다. 그들이 남긴 유적이라는 것은 보잘것없다. 그런데 무시할 수 없는 것은 옛사람들의 진리(하느님)에 대한 인식이다. 진리란 하느님의 뜻을 인식하고 실천한 것을 말한다.

류영모는 말하기를 "공자(孔子)는 옛 임금들 가운데서 속나(明德)를 밝힌 분으로 요, 순, 우, 탕, 문, 무, 주공 등을 표준으로 생각한 것 같다. 이런 분을 본받아 자기 속의 속나를 밝히자는 것이다. 그런 다음에 제3자에게까지 미치게 하자는 것이다. 천하의 백성을 제 몸과 같이 알아야 한다는 것이 친민(親民)이다. 명덕(明德)과 친민(親民)이 지선(至善)에 가서 멈춘다. 이것이 궁극의 목적이다. 적어도 옛사람들은 이렇게 하려고 하였다"라고 하였다.

공자(孔子)가 "하느님이 내게 속나를 낳으셨다"(天生德於予 — 『논어』 「술이편」)고 하였는데 참나인 속나로 살아온 전통을 사문(斯文)이라고 하였다. 사문이라는 말이 『논어』에 나온다. 공자가 제후들을 찾아다니며 주유천하(周遊天下)를 할 때이다. 진(陳)나라를 가고자 광(匡) 땅을 지나고 있었는데 광 땅 사람들이 무장하고서 공자 일행을 포위하였다. 그 앞서 노(魯)나라 양호(陽虎)의 습격을 받았던 광 땅 사람들이 공자를 양호로 오인하였던 것이다. 양호의 모습이 공자와 비슷했다는 말이 있다. 여러 날 포위된 채로 지나게 되자 제자들이 두려워하기 시작했다. 그때 공자가 제자들에게 이르기를 "문왕은 이미 죽었고 글월(文)이 여기(내게) 있지 아니한가. 하느님이 장차 이 글월을 없애려 했다면 (문왕의) 후계자인 (나)에게 이 글월을 주시지 않았을 것이다. 하느님이 이 글월을 없애지 않으신다면 광 사람들이 나를 어찌하겠는가"(文王旣沒 文不在玆乎 天之將喪斯文也 後死者不得 與於斯文也 天地未喪斯文也 匡人其如予何 ―『논어』「자한편」)라고 하였다.

여기에 공자의 진리의식(眞理意識)에 대한 자신과 가치를 잘 보여준다. 석가가 말하기를 자신은 석가족의 후예가 아니라 붓다의 후예라고 하였듯이 공자도 공씨족(孔氏族)의 후손이 아니라 문왕의 후손이라는 것이다. 후사자(後死者)란 잇는 이, 곧 포스트(post)란 뜻이다.

진리의식에 대한 공자의 신념은 "인류는 참을 찾을 때만 존속될 것이다. 이것이 나의 신앙이다"라고 한 류영모의 신념과 일치한다. 진리의식이란 바꿔 말하면 하느님 사랑이다. 하느님을 사랑하는 사람은 하느님이 주시는 성령으로 영원한 생명을 얻고 이 땅 위에서 없어지지 않는 생명의 글월(말씀)을 남긴다.

"첫 새벽 아침 고요함을 얻어"(新晨偶得閑)

류영모는 대개 3시에서 4시 사이에 일어났다. 그러니 첫 새벽(新晨)이다. 류영모는 말하기를 "새벽이란 새로 밝는다는 새밝이 새벽이 되었다. 사람이 새벽에는 높은 생각을 가질 수 있다. 그러나 아침이 되면 높은 생각을 갖기 어려워진다. 낮에는 몸살림에 빠지기 때문이다. 우리는 낮은 이 땅을 떠나 영원한 절대로 올라가야 한다. 맨 꼭대기 절대로 가는 거다. 제 자리를 회복하는 거다. 새로 뭐 되는 게 아니다. 영원한 절대만이 우리의 신망애(信望愛)이다"라고 하였다. 새벽에는 사람이 하루 가운데 가장 정신이 맑고 기운이 샘솟을 때다. 류영모는 일어나 앉아 일기(『다석일지』)를 쓰거나 명상기도를 하였다. 류영모도 젊어서는 늦게 자고 늦게 일어난 적도 있었으나 일생 동안 거의 일찍 자고 일찍 일어났다. 이미 31살 때 오산학교 교장으로 가서 함석헌을 비롯한 학생들에게 칼라일의 〈오늘〉이란 시를 가르쳤다. 오늘이란 시는 새벽을 읊은 것이다.

오늘

오 이제 다른 새날이 밝는다
생각을 하라. 할 일 없이 슬쩍 보내지 말라.
영원(하느님)이 새날을 낳으셨도다.
밤이면 영원으로 돌아간다.
시간은 앞서서 보아야 한다. 이미 오면 볼 수 없다.
그러고는 곧 모든 눈앞에서 영원히 숨어버린다.
다른 새날이 밝는다.
생각을 하라. 할 일 없이 슬쩍 보내지 말라.

"긴 밤 조용히 번거로움 잊어"(長夜定忘忙)

'긴 밤'은 이 시를 쓴 때가 겨울이기 때문이다. 사람의 일생이 긴 밤이라 할 수도 있다. 정(定)은 숙면이나 기도를 뜻한다. 류영모는 이렇게 말하였다 "유정능득(有定能得)이라 정(定)함이 있어야 능히 얻는다는 이 말은 『대학』(大學)에 있는 말이다. 정(定)은 집안에 앉아 있는 것을 말한다. 일찍 인도 사람들은 앉아 있는 것을 바로 가는 것으로 알았다. 참선의 원리가 그렇다. 참선하려 함은 입정(入定)이라 하고 참선을 마치고 나가는 것을 출정(出定)이라고 해서 앉는 상(像)을 퍽 존중한다. 정(定)의 자리는 믿는다는 것을 정하는 것이다. 성불(成佛)하겠다고 성불의 자리를 찾겠다고 앉아 있는 것이 정(定)이다. 요즘 내 기도는 이 선정에 기울어지고 있다"(『다석어록』).

류영모는 하느님 아버지의 생각으로 모든 것을 잊어버렸다. 우주도 세계도 나라도 자신조차도 잊어버렸다. 석가는 선정에 들었을 때 빈 수레 5백 대가 근처를 지나가도 몰랐다지만 온 우주의 별이 다 떨어져 없어진다 하여도 몰라야 한다. 나의 의식이 무한으로 팽창하여 무한우주를 안고 하느님의 의식이 축소되어 내 마음속에 들어온다. 이것이 장자(莊子)의 좌망(坐忘)이다.

"말로는 말하지 못하는 가온인데"(語不成說中)

여기에 중(中)은 상대세계의 이쪽도 저쪽도 아닌 가운데를 말하는 것이 아니다. 동서(東西), 남녀(男女), 선악(善惡)의 상대성을 뛰어넘은 절대 중(中)을 말한다. 『중용』(中庸)에 이르기를 "가온(中)이란 우주의 밑둥이다"(中也者天下之大本 — 『중용』 제1장)라고 한 말은 전체요 절대인 하느님을 뜻한다. 하느님은 상대세계를 초월해 존재하면서 상대를 포용하고 있다. 억지로 비기면 상대는 태아요 절대는 어머니다. 아주 다른 것은 태아는 어머니 밖으로 나갈 수 있지만, 상대는 절대의 밖으로 나갈 수 없다는 것이다. 절대의 밖은 없기 때문이다. 그러므로 상대적 있음(有)이 없이 있는 절대적 존재인 하느님을 설명하지 못한다. 그래서 어불성설중(語不成說中)이라 한 것이다. 류영모는 이렇게 말하였다. "성경 불경을 읽고서 절대존재를 알았다면 거짓이다. 언어도단(言語道斷)을 느끼지 않는 것은 거짓이다. 알아서 종교를 갖는 게 아니다. 도리어 모르니까 종교를 갖는 것이다"(『다석어록』). 언어도단이란 사람의 말을 진리가 끊어버린다는 뜻이다. 제나의 존재가 소멸되는 놀라움에 말문이 막히는 것이다. 용광로에 던져진 눈사람처럼 제나의 존재가 소멸되는데 조잘거림도 중얼거림도 있을 수 없다. 그래서 진리를 말하는 설법(說法)이란 토끼의 뿔이요 거북 등의 털이요 돌계집(石女)의 자식과 같은 멀쩡한 거짓말에 지나지 않는다는 것이다. 45년 동안 대장경을 이룰 만큼 많은 설법을 하여 장광설(長廣舌)이라는 말을 듣는 석가이다. 그런데 석가는 오히려 말 한마디 한 일 없다는 것이다. "수보리야, 네 생각에 어떠하냐. 여래가 법(眞理)을 말한 것이 있느냐 없느냐. 수보리가 부처님께 대답하기를 세존이시여, 여래께서는 법을 말씀한 적이 없습니다"(『금강경』-여법수지분). 그러니 사람들이 황금보다 더 귀하게 여기는 팔만대장경도 석가에게는 쓰레기에 지나지 않는 것이다.

"말 다듬어 그 참을 세우리라"(修辭入其誠)

말로는 나타낼 수 없는 하느님을 말로 나타내려 안간힘쓰는 게 사람이 해야 할 일이다. "글이 말을 다하지 못하고 말이 뜻을 다하지 못한다"(書不盡言 言不盡意 — 『주역』「계사 상편」). 또한 뜻은 참(誠)을 다하지 못한다. 그래도 참에 뜻을 두어야 하고 뜻에 말을 맞춰야 하고 말을 글로 간추려야 한다. 이 일을 수사입기성(修辭立其誠)이라 한다. 중국 선불교(禪佛敎)의 중요 교재인 벽암록은 원오(圓悟) 선사에 의해 편찬되었다. 그런데 수도하는 스님들이 벽암록을 외우기만 하고 참나인 법신(法身)을 깨달을 생각을 하지 않는 경향이 생겼다. 그리하여 원오 선사의 제자 대혜(大慧) 선사가 벽암록을 모아서 불태워버렸다.

그러나 뒤에 장명원(張明遠) 거사가 다시 복간하기에 이르렀다. 불입문자(不立文字)의 법신(法身)을 직관 견성할 때까지는 경전에 의지하여 나의 심령(心靈)을 기를 수밖에 없다. '수사입기성'은 경전을 이룩하는 일이다. '수사입기성'이라는 말은 『주역』(周易 건괘)에 나온다. 군자(君子)의 할 일이 진덕수업(進德修業)이요 수사입기성이라는 것이다.

24. 붓다(Buddha)를 그린다
思慕能仁

맘이 살면 세상에서 얼나를 얻지 못해	生心不得現當代
얼나의 씨를 받았으나 자라는 것을 지워	命性成胎削發育
사십억의 인구란 좋지 않은 징조인데	四十憶名凶惡兆
일찍 3천 년 전에 감옥인 집을 나왔지	曾三千年出家獄

(1973. 6. 2)

慕: 사모할 모. 能人(능인): 석가(사카)의 의역, 능히 어짐을 행한다는 뜻. 胎: 애밸 태. 削: 없앨 삭. 曾: 일찍 증. 當代(당대): 그 사람의 일생.

능인(能仁)은 붓다(Buddha)의 별명처럼 되었다. 본디는 석가라 음역된 사카(Sakya)의 의역(意譯)이 능인(能仁)이다. 어짐을 할 수 있다는 뜻이다. 공자(孔子)는 그의 제자 가운데 안회(顔回)만을 인자(仁者)로 인정하고 다른 이는 멀었다고 하였다. 공자(孔子) 자신을 두고는 "어짐이 먼가? 내가 하고자 하면 여기 어짐에도 이를 것이다"(仁遠乎哉 我欲仁 斯仁至

矣 —『논어』「술이편」)라고 하였다. 이 말을 줄이면 능인(能人)이 된다.

류영모는 예수 · 석가를 자주 말하면서도 항상 조심하였다. 그것은 현재의 기독교도들이나 불교도들과 공연히 충돌하지 않고자 함이었다. 예수의 가르침을 바로 배웠다면 예수가 신앙한 하느님 아버지를 사랑해야 한다. 석가의 가르침을 바로 배웠다면 석가가 신앙한 니르바나(Nirvana)를 사랑해야 한다. 그래서 류영모는 이 세상에서 가장 좋아하는 이는 예수 · 석가라 하면서도 "예수 · 석가는 정신적으로 영생한다. 나도 그렇게 되고 싶어 그들의 말을 듣지, 그렇지 않으면 그들하고 상관이 없다"라고 하였다.

류영모는 능인(能仁)을 예수의 인자(人子)와 같은 뜻으로 썼다. 하느님이 보내신 얼나로 솟나 몸이 지닌 탐 · 진 · 치의 수성(獸性)을 다스려 짐승의 몸을 지녔으면서도 짐승을 넘어섰다. 이러한 사람은 능인(能仁)의 인자(人子)이다. 류영모는 그러한 능인의 인자를 사모한다는 말이다. 옛날의 능인 인자만이 아니라 이제 나설 능인의 인자까지도 사모한다는 뜻이다. 능인의 인자가 끊어지면 이 인류 역사는 존재할 가치가 없다. 류영모는 이렇게 말하였다. "참은 하느님의 얼이다. 그러므로 참은 아주 가까운 데 있다. 내 마음속에 있기 때문이다. 참은 아주 쉽게 찾을 수 있다. 참은 제나(自我) 너머에 있기 때문이다. 인류는 참을 찾을 때만 존속될 것이다. 내 뒤에 오는 이가 나보다 앞선 이라는 것은 이즈음에 진리의 발달이 그렇다. 내가 아무리 예수를 믿는 척하더라도 내 말을 듣고 뒤좇아오는 사람이 언젠가는 나를 앞설 것이다"(『다석어록』).

"맘이 살면 세상에서 얼나를 얻지 못해"(生心不得現當代)

"'맘이 산다. 또는 맘을 내다'라는 말은 제나(自我)가 탐 · 진 · 치라는 짐승의 맘을 살리고 짐승의 맘을 내는 것이다. 재물을 가지려 하고 사람들과 싸우려 하고 이성을 유혹하려 하는 것은 짐승 노릇 하는 것이다. 그러므로 응당 집착하여 맘을 살려서는 안 된다"(應無所住而生其心—『금강경』)는 것이다. 쉽게 말하면 견물생심(見物生心)을 하는 동안에는 평생 동안 참나인 얼나를 깨닫지 못한다는 말이다.

류영모는 말하기를 "우리가 사물(事物)을 보는 데는 두 가지가 있다. 꽃을 보고서 곱다면서 그냥 보는 선천관물(先天觀物)이 있고 그 꽃을 기어이 꺾고야 마는 견물생심(見物生心)이 있다. 선천관물은 영원으로 가는 길이고 견물생심은 멸망으로 가는 길이다. 그러므로 견물생심은 하지 말아야 한다. 맘에 드는 좋은 것이 있으면 그런 것이 있나 보다 하고 지나갈 것이지, 거기에 마음을 살리거나 달라붙으면 안 된다.

한 번 보고 그만두어야지 보기 좋다고 해서 두 번, 세 번 보면서 마음에 남겨두면 안 된다. 법(法, 眞理)에도 마음이 살면 안 된다는 말은 생각할 문제다. 진리에도 생심(生心)하면 안 된다는 말은 참으로 괴상한 말이다. 제나(자아)의 마음이 완전히 죽어야 참나인 얼나(法身)가 나타난다. 그래서 진리에도 맘이 살아서는 안 된다. 마음은 죽어야 마음이 빈다. 생심(生心)에 미혹하고 사심(死心)에 영원한 생명인 얼(佛性)이 나타난다"라고 하였다. 우리가 어버이가 준 몸나 외에 하느님이 주시는 얼나를 깨달아야 하는 것은 몸나로 사는 동안인 당대(當代)에 해야 할 일이다. 그런데 제나(自我)의 마음이 죽지 않으면 얼나를 깨닫지 못한다. 부득(不得)은 터득하지 못한다는 뜻이다.

"얼나의 씨를 받았으나 자라는 것을 지워"(命性成胎削發育)

명성(命性)은 성명(性命)으로 영원한 생명인 얼나(靈我)를 말한다. 『중용』에 '天命之謂性'을 命性으로 줄인 것이다. 이것은 유교에만 있는 말이 아니다. 예수가 말하기를 "나는 그 명령이 영원한 생명을 준다는 것을 안다. 그래서 나는 무엇이나 아버지께서 나에게 일러 주신 대로 말하는 것뿐이다"(요한 12:50)라고 하였다. 개체인 사람이 전체인 하느님의 뜻을 느껴 알 때 그 하느님의 뜻을 명(命)으로 나타낸 것이다. 개체에는 전체의 뜻이 영원한 생명인 것이다.

하느님께서 사람의 마음속에 하느님의 씨를 성태(成胎)시켜 놓았다. 바꾸어 말하면 수령(受靈)이 되었다는 것이다. 류영모는 이르기를 "이 몸은 짐승이다. 짐승과 다름없이 멸망하고 만다. 그런데 하느님의 씨를 주신 것이 다른 짐승과 다르다. 내 속에 있는 하느님의 씨가 있어서 이것을 깨달으면 좋지 않겠는가. 성불(成佛)하는 데 하느님의 씨인 불성을 믿어야 한다"라고 하였다.

하느님의 얼이야 절대요 완전이지만 그것을 제나(自我)가 의식(意識)하여 심화(深化)시켜야 한다. 그러기 위해서 끊임없는 학습과 기도가 있어야 한다. 이것을 맹자(孟子)는 존심양성(存心養性)이라고 하였다. 그런데 어리석은 사람들이 하느님의 씨를 기를 생각을 하지 않고 지워버리고 만다. 얼나에 대해서 생각하지 않는다는 말이다.

"사십억의 인구란 좋지 않은 징조인데"(四十億名凶惡兆)

류영모가 이 한시를 쓴 것은 1973년으로 이제로부터 26년 전이다. 지금은(2021년) 벌써 세계인구가 70억에 이르렀다. 26년 동안에 20억의 인구가 늘었다. 이대로 (연1.33%) 인구가 늘면 2200년에는 세계인구가 100억이 된다는 것이다. 이것은 인구폭발을 가져올 아주 나쁜 징조임이 틀림없다. 이 지구에 사람의 적정 인구수는 1억8천만이라고 한다. 이미 그 30배를 넘어선 초만원 상태에 이른 것이다. 인구과잉이 인류의 자멸을 부르게 되는 것은 불을 보듯 뻔한 일이다. 그러니 나쁜 징조가 아닐 수 없다.

야수들도 먹을 것이 모자라면 번식을 늦출 줄 안다. 그런데 만물의 영장이라는 사람들이 인구폭발로 자멸하게 되었는데도 걱정할 줄을 모르니 어이가 없다. 이래서야 영장(靈長)이라 하겠는가?

이 지구는 커다란 잔치를 벌였다. 많은 손님이 다녀갔다. 앞으로도 많은 손님을 청하였다. 40년 뒤에는 지구 위의 사람의 수가 지금의 두 배로 늘어난다고 한다. 사람들이 오래 살게 되어 사망률이 낮아지고 있다. 오신 손님들이 잔칫집에서 일어서지 않으려는 것이다. 손님을 잔칫집에 더 붙잡아 두자는 것이 오늘의 과학 문명이다. 사람이 돼지와 똑같은 몸을 위해 일하다가 나중에 서로 폭발(인구폭발)이 되라고 만든 게 아닐 것이다. 맹수 같은 짐승도 서로 폭발되는 일이 없는데 왜 사람만이 이런 문명을 가지고 있단 말인가. 인구폭발이 원자탄보다 더 무섭다는 것이 아닌가. 인구폭발을 막는 문제의 해결은 금욕하는 순결에 있다. 이 몸은 짐승인데 우리가 짐승의 욕심을 버리고 사람 노릇 하는 것이 순결이다. 이는 2천 5백 년 전에 석가가 가르치고 실천하였다(『다석어록』).

"일찍 3천 년 전에 감옥인 집을 나왔지"(曾三千年出家獄)

석가는 BC 566년에 태어나서 BC 486년에 돌아가니 이 세상에서 80년을 머물렀다. 그러니 석가는 지금으로부터 2천 5백 년 앞서의 사람이다. 류영모가 3천 년이라고 한 것은 글자 수를 맞추고자 약으로 말한 것이다. 석가가 오기 전에도 베다경을 이룩한 브라만들이 출가하기도 하였다. 류영모는 석가를 마음에 두고 썼음이 분명하다. 석가는 빠삐용이 탈옥을 하듯이 집을 벗어났다. 지구의 인력을 벗어나자면 로케트의 초속이 서울에서 인천까지의 거리를 1초가 안 걸리는 속도라야 한다는데 석가가 가정의 인력을 벗어나는 데 애마(愛馬) 칸타카는 얼마의 속력으로 달렸을까. 인류 역사에 석가의 출가만큼 거룩한 쾌거도 드물 것이다. 석가의 고행은 짐승에서 사람(붓다)으로 전환하는 계기가 되었다. 사람들은 가정을 행복의 산실이라 하여 스윗 홈(sweet home)이라 하지만 가정은 뚜렷이 수성(獸性)의 산물이다. 스승과 제자의 도량이야말로 영성의 산물임이 틀림없다. 가정이 지옥이라면 도량은 천국이다.

25. 얼 목숨
性命

맘을 내면 제가 바쁘게 뛰어다녀	生心自奔走
맘이 들면 저를 아주 시원히 잊어	入心己健忘
천효는 마지막을 생각함에 비롯되고	孝始考終極
세고 튼튼해 시원히 잊으므로 평안해	健强健忘康

(1971. 7. 30)

奔走(분주): 바삐 돌아다님. 奔: 달아날 분. 健忘(건망): 잘 잊음. 健: 굳셀 건. 終極(종극): 마지막 끝. 康: 평안할 강.

류영모는 성명(性命)에 대해서 이렇게 말하였다. "유교는 성명(性命)이라는 거다. 성명은 영원한 생명의 원자(原子) 곧 하느님의 원자다. 우리의 바탈(性命)은 소금 같은 바탈이다. 못된 것들이 활동을 해도 이 바탈이 꿈쩍 못 하게 한다. 철학이나 종교라 하는 것은 성명 문제다. 바탈을 자세히 보자는 것이 그 일이다. 우리에게 주어진 바탈을 잘 보아내고 잘 이끌고 나간 이가 노자(老子)요 석가요 예수다."

예수가 사카르라는 동네에 있는 야곱의 우물에서 만난 사마리아 여인에게 말하기를 "내가 주는 물을 마시는 사람은 영원히 목마르지 않을 것이다. 내가 주는 물은 그 사람 속에서 샘물처럼 솟아올라 영원히 살게 할 것이다"(요한 4:14)라고 하였다. 예수가 주는 물은 하느님의 생명인 얼(성령)을 말한다. 짐승은 짐승을 부르듯이 하느님의 아들인 얼나는 얼나를 부른다. 예수의 얼나는 사람들의 마음속에 있는 얼나를 불러내었다. 그리하여 사람의 마음에서 하느님의 얼(성령)이 샘물처럼 솟아 나왔다. 그 얼생명이 성명(性命)인 것이다. 공자(孔子)가 50살에 하늘 목숨(天命)을 안다는 말은 곧 얼나인 성명(性命)을 안다는 말이다.

류영모는 이렇게 말하였다. "쉰 살은 쉬는 나이다. 천명(天命)을 알 때가 된 나이다. 인생이란 것이 잠깐 쉬고 떠나는 것임을 알면 다 이러고 저러고 문제를 일으키지 않을 것이다. 사람이 하느님 아버지의 이르심(天命)을 알 때 하느님의 아들이 된다. 예수는 이미 30대에 천명(天命)을 아는 하느님의 아들이 되었다"(『다석어록』).

맘과 몸의 제나(自我)는 예수와 석가가 다르지만 얼나(法身)로는 다르지 않다. 예수 · 석가가 깨달았던 그 얼나를 이제 나도 깨달을 수 있다. 내가 얼나를 깨달으면 얼나가 석가와 예수에게 길이 되고 진리가 되고 생명이 되었듯이 나의 길이 되고 진리가 되고 생명이 된다. 이 얼나가 하느님의 생명이라 하느님으로부터 왔으니 다시 하느님께로 돌아간다. 이 얼나가 아닌 것으로는 하느님 아버지께로 갈 사람이 없다. 얼나를 깨달으면 얼나가 하느님의 생명이라 하느님을 알게 되는 것은 자연스러운 일이다. 얼나는 하느님의 생명이라 하늘나라에 들어가는 것은 당연한 일이다. 얼나가 하늘나라다. 그러므로 예수가 이르기를 "내 나라는 이 세상에 속한 것이 아니니다"(요한 18:36)라고 하였다.

"맘을 내면 제가 바쁘게 뛰어다녀"(生心自奔走)

"자아(제나)가 죽을 때 영혼(얼나)은 깨어난다"(When the ego dies the soul awakes. ―간디, 『날마다의 명상』)는 이 말을 뒤집으면 '제나가 살 때 얼나는 죽는다'가 된다. 얼나는 나지 않고 죽지 않으므로 죽을 리가 없지만 제나가 살아 있는 마음엔 얼나가 나타나지 않는다는 말이다. 생심(生心)이란 제나의 마음이 살아 있다는 뜻이다. 제나의 마음이 살면 몸을 좇아서 탐·진·치(貪瞋痴)를 저지르기에 분주하다. 맘이 탐(貪)에 살아나면 훔치기도 하고 노름도 한다. 훔치고 노름하는 이가 바쁘지 않을 수가 없다. 맘이 진(瞋)에 살아나면 성질도 부리고 싸움도 벌인다. 성질 부리고 싸움 벌이는 이가 바쁘지 않을 수 없다. 맘이 치(痴)에 살아나면 희롱도 하고 음란도 한다. 희롱하고 음란한 이가 바쁘지 않을 수 없다. 그것도 모자라 삼독(三毒)의 종합판인 전쟁을 일으켜 온 세상이 소란스러워진다. 그야말로 난리가 나서 동분서주하게 된다.

"마음이 물질에 살아나 생심(生心)하면 맘이 어두워진다. 마음이 어두워지면 아무것도 보이는 것이 없어진다. 생각하는 마음이 사라지므로 생심하는 일은 두려워하지 않을 수 없다. 사이비 광명(光明) 속에 마음이 살아나면 마음의 자격을 잃어버린다. 이 세상에 마음을 내어서 참이 될 리가 없다. 생심(生心)하면 안 된다. 물색(物色)에 틀어박히면 죽는다. 우리는 물질이 아무것도 아닌 것을 밝히는 심판을 하러 왔다. 물질을 물색해서 집어쓰겠다고 해서는 안 된다"(『다석어록』).

예수는 여인을 보고 음심을 품으면 이미 간음한 것이라고 하였다. 색계(물질의 현상계)를 보고 호감을 가지면 이미 사심(邪心)에 떨어진 것이다.

"맘이 들면 저를 아주 시원히 잊어"(入心己健忘)

입심(入心)은 마음속으로 들어간다는 뜻이다. 내가 참나를 생각하는 것이 마음속으로 들어가는 것이다. 내가 나를 생각하다 거짓 나인 제나를 넘어 참나인 얼나에 이르면 제나는 온전히 잊어버리기를 죽었을 때와 같다. 제나를 죽었을 때처럼 잊어버리는 것을 건망(健忘)이라고 한다. 장자(莊子)는 좌망(坐忘)이라고 하였다.

"온몸이 허물어지고 똑똑한 제나를 내쫓고 몸을 떠나 앎은 가버리자 하느님께 뚫리어 하나가 된다. 이를 제나 잊음이라 이른다"(墮枝體 黜聰明 離形去知 同於大通 此謂坐忘 ―『장자』「대종사편」). 건망(健忘)이란 말은 "늙어오니 건망증이 많아졌다"(老來多健忘)는 백락천(白樂天)의 시구에서 연유하였다.

류영모는 말하기를 "하느님께로 가는 길은 제 마음속으로 들어가는 길밖에 없다. 하느님을 사모하기에 지성(至誠)을 다하고 정성(精誠)을 다하는 것이다. 깊이 생각해서 자기의 속알(德)이 밝아지고 자기의 정신이 깨면 아무리 캄캄한 밤중 같은 세상을 걸어갈지라도 길을 잃어버리는 일은 없을 것이다"라고 하였다. 예수도 이르기를 "하느님 나라가 오는 것을 눈으로 볼수 없다. 또 보아라 여기 있다고 말할 수도 없다. 하느님 나라는 바로 너희 가운데 있다"(루가 17:21)라고 하였다.

내 마음속에 있으므로 하느님께로 가고자 하면 내 마음속으로 들어갈 수밖에 없다. 눈을 감고 기도하는 것은 내 마음속으로 들어가기 위해서다. 눈감고도 세상의 일을 생각한다면 눈감는 것은 쓸데없는 짓이다. 세상이 사라지고 제나를 잊어버리면 영원 무한하시되 언제나 현재이신 하느님 한 분의 존재만을 느끼고 만나게 된다. 제나(자아)가 주머니 속에 든 송곳처럼 뚫고 나와서 이래 주시오, 저래 주시오 하는 것은 기도라고 할 수 없다.

"천효는 마지막을 생각함에 비롯되고"(孝始考終極)

류영모가 말하는 효(孝)는 천효(天孝)이다. 예수는 하느님 아버지에게 천효를 다한 하느님의 아들이다. 류영모가 예수를 좋아한 것은 자신도 예수처럼 하느님 아버지에게 천효를 다하고 싶어서였다. 하느님에 대한 효도의 비롯은 종극 곧 맨 마지막을 생각하는 데서 비롯한다는 뜻이다.

류영모는 효(孝)에 대해서 이렇게 말하였다. "사람들이 하느님에 대한 효(孝)를 잊어버린 지 오래다. 땅의 아버지를 하늘같이 아는 것을 효라 한다. 그러나 땅의 어버이보다 하느님 아버지가 먼저라야 한다. 천명(天命)에 매달린 유교가 하느님을 잊어버려도 이만저만이 아니다. 그래서 유교가 맥을 쓰지 못한다. 효도를 곧잘 하다가도 장가가서 자식낳으면 그 효도가 쇠한다고 말한다. 효뿐만 아니라 천도(天道)가 망하는 것도 처자(妻子) 때문이다. 왜 그렇게 되느냐 하면 근본 영혼인 하느님을 추원(追遠)하고 사모하여야 하는데, 전향하여 제 여편네와 자식들을 거둬 먹이겠다는 욕심을 좇느라 그렇게 된 것이다. 효도의 실상은 하느님께 하라는 것이다. 하느님을 바로 아는 사람은 최선의 효를 할 수 있다. 하느님에 대한 정성이 부모에 대한 정성이 되고 만다. 이 근본 이치를 모르기 때문에 설움받은 어버이들이 많다."

모든 있어진 개체는 끝이 있다. 그 있는 것 가운데 한 개체인 나 자신의 마지막과 우주의 시작을 생각해야 하느님에게 다다른다. 개체를 없게 함은 누구도 간섭할 수 없는 하느님 아버지의 고유 권한이다. 있던 것이 없어질 때 하느님 아버지의 권위를 느끼게 된다.

"세고 튼튼해 시원히 잊으므로 평안해"(健强健忘康)

류영모는 건강에 대해서 이렇게 말하였다.

> 몸 하나 가졌으니 편안할 수 없다. 몸 없는데 가서야 무슨 걱정이냐고 노자(老子)가 말하였다. 그러니 몸뚱이 자체가 병(病)이다. 그러므로 몸에 병이 없는 상태는 소강(小康)상태에 지나지 않는다. 이 몸을 완전히 벗어버리는 것이 대건강이다(『다석어록』).

제나(自我)가 앓음(病)이요 시름(憂)이다. 제나를 뛰어넘으면 건강이요 평강이다. 제나에서 얼나로 솟난 예수·석가는 사망에서 생명으로 옮긴 것이다. 그 마음에는 언제나 얼나의 기쁨이 넘쳤다.

26. 제나와 얼나
我我

(나란) 틀림없이 타버린 불똥이요　　明明白白火燼末

(삶이란) 사실은 물거품이라　　事事實實水泡沫

말씀은 마음에 꼭 간직할 빔의 얼나　　中庸服膺自公空

탐 · 진 · 치를 쓰려다간 지레 까무러쳐　　利用貪瞋痴昏絶

(1966. 6. 19)

明明白白(명명백백): 아주 명백한. 明: 분명할 명. 白: 분명할 백. 燼: 불똥 신. 事實(사실): 실제로 있는 일. 實: 사실 실. 泡沫(포말): 물거품. 泡: 물거품 포. 沫: 거품 말. 服膺(복응): 마음에 간직하여 잊지 않고 늘 생각함. 服: 생각할 복. 膺: 가슴 응. 昏絶(혼절): 정신이 혼미하여 까무러침. 昏: 어지러울 혼. 絶: 그칠 절.

로미오와 줄리엣은 서로의 의사 전달이 어긋나서 성공적인 사랑이 비참한 결과를 낳았다. 사람 사이의 의사 전달은 매우 중요하다. 그러므로 의사 전달의 방편인 말을 바로 알아듣는다는 것은 아주 중요하다. 더구나 예수· 석가와 같은 성인의 말씀을 바로 알아듣는다는 것은 얼마나 중요한지 모른다. 또한 잘못 알면 그 오류의 파장이 엄청나게 큰 것이다. 류영모는 말하기를 "말은 듣는 이가 들을 줄을 알아야 한다. 듣는 이가 들을 줄을 모르면 말은 다 쓸데없다. 들을 귓구멍이 바로 뚫리지 않으면 보살이나 천사가 아니라 하느님이 말해도 소용없다.

저도 사람이니까 바로 알아들을 수도 있긴 하지만 자꾸 삼독의 욕심이 그 길을 막는다. 예수나 공자가 말씀할 당시에 사람들이 스승의 말씀을 알고 따랐는가 하면 그렇지 않다"라고 하였다.

예수의 제자들이 예수의 말씀을 제대로 알아듣지 못하였다. 그래서 예수가 말하기를 "아직도 나는 할 말이 많지만, 지금은 너희가 그 말을 알아들을 수 없을 것이다. 그러나 진리의 성령이 오시면 너희를 이끌어 진리를 온전히 깨닫게 하여 주실 것이다"(요한 16:12-13)라고 한 것이다. 예수의 제자들이 얼마나 하느님의 얼을 받았는지는 알 수 없다. 예수의 말을 못 알아들은 가운데 가장 치명적이라 할 수 있는 것은 '나'에 대한 것이다. 예수가 위로부터 나야 한다(요한 3:3)는 것은 내가 둘이라는 말이다. 그것은 위로부터 난 이와 아래에서 난 이를 나누는 데서(요한 8:23) 더욱 분명하여진다. 그 두 나는 어버이가 낳아준 제나(自我)와 하느님이 낳아준 얼나(靈我)이다. 제나는 양친에 속한 것이고 얼나는 하느님에게 속한 것이다. 예수도 몸으로는 아래서(어버이) 낳고 얼로는 위에서(하느님) 난 것이다. 아래서 난 제나는 멸망하는 생명이요 위에서 난 얼나는 영원한 생명이다.

"(나란) 틀림없이 타버린 불똥이요"(明明白白火燼末)

1986년 1월 29일 오전 1시 38분(미국에 시간으로는 28일 오전 11시 30분)에 발사된 우주왕복선 챌린저호가 발사된 지 75초 만에 번쩍하는 섬광과 함께 공중 폭발하였다. 챌린저호가 사라진 자리에는 챌린저호가 남긴 연기가 흰 백조 한 마리를 그리더니 그 백조마저도 곧 사라져버렸다. 7명의 우주인은 우주인의 꿈도 펼쳐 보지도 못하고 우주장(宇宙葬)을 치른 것이다. 사람의 평균수명이 75살에 가까워지고 있는데 75년의 삶이 그 75초와 무엇이 다른가. 이처럼 나란 화연무(火煙霧)일 뿐이다.

성냥개비에 불을 일으켜 다 타버리는 데 걸리는 시간이 15초다. 사람의 일생이란 성냥개비 한 개가 불이 붙어서 타버리는 것과 다르지 않다. 70년을 살아야 2억 2천 초를 사는데 영원한 시간에 비교하면 15초에 지나지 않는다. 성냥개비가 다 타고 나면 화신말(火燼末)일 뿐이다.

사람의 일생이란 밤하늘에 문득 나타나 갑자기 사라지는 별똥별이다. 별똥별이 나타났다가 사라지는 데 걸리는 시간이 1초 동안이다. 류영모는 1890년에 나타나 1982년에 사라졌다. 90년 세월이 1초 동안과 다르지 않다. 사람의 일생이 별똥별처럼 순간에 생멸하고 나면 삶이란 몽환상(夢幻像)일 뿐이다.

"(삶이란) 사실은 물거픔이라"(事事實實水泡沫)

우리는 세상에서 가정살림을 하지만 세상을 지나간 뒤에 보면 빈껍데기 살림을 가지고 실생활로 여기고 산 것이다. 물질생활은 변화하여 지나가는 것뿐이다(『다석어록』).

이 세상의 살림살이라는 것이 힘겹기가 삼손이 블레셋 사람들의 연자 맷돌을 돌리는 일이요 예수가 십자가를 지고 골고다 언덕을 오르는 길이다. 그러나 지나고 나면 꺼진 물거품이요 깬 꿈자리와 다르지 않다. 그래서 옛 승조(383~414)는 31살의 나이에 망나니 칼날 아래 목이 잘려 순교를 당하면서도 내 목이 잘리는 것이 아니라 봄바람을 자르는 것이라고 하였다. 승조는 제 목이 잘리는 현실 앞에서 이것이 환상에 지나지 않는다는 것을 알고 있었던 것이다. 지금 목을 자른 망나니는 어디에 있으며 목이 잘린 승조는 어디에 있는가. 꿈속의 꿈이니 승조의 말이 옳은 말이라고 아니할 수 없다. 그런데도 진리와 이상이 언제나 사실과 현실에 밀린다. 이것이 잘못된 것이다. 예수가 십자가를 지고 골고다를 오른 것은 진리와 이상을 좇기 위서였다. 몸은 죽게 되어 있는 운명인데 이렇게 죽으면 어떻고, 저렇게 죽으면 어떻단 말인가. 진리와 이상을 위해 죽을 수 있다면 그만인 것이다. 진리와 이상을 위해 죽는 것은 영원한 생명을 위하여 죽는 것이다. 질항아리를 버리고 금 항아리를 얻어도 기쁠 터인데 죽을 몸생명을 버리고 영원한 얼생명을 얻는다면 얼마나 은혜로운 일인가. 이것이 하느님 아버지의 사랑이다.

몸 하나 가졌으니 평안할 수 없다. 그러니 이 몸이 병이다. 제법 이 몸이 7, 8십 년 간다 하여도 형편없는 것이다. 이 몸을 참나로 알고 붙잡히면 이 짐승인 몸에 잡아먹혀 버린다. 이 짐승인 몸나를 따르지 말고 얼나로 하느님 아들의 길을 가야 한다. 몸으로서의 삶은 무상(無常)하다. 이 세상에서 물질로 된 것에는 영원한 것은 없다. 이것을 알면 우리는 저녁에 잠자리에 들어가듯이 한 번 픽 웃고 죽을 수 있다(『다석어록』).

"말씀은 마음에 꼭 간직할 빔의 얼나"(中庸服膺自公空)

"가온이란 우주의 큰 밑둥이다"(中也者天下之大本 ―『중용』 1장)라고 하였다. 우주의 근본이란 우주의 임자인 하느님이란 말이다. 하느님은 나요, 얼이다. 하느님만 나이고 사람은 거짓 나이다. 그런데 거짓 나를 나라고 하는데 버릇이 되었다. 그래서 하느님을 참나라고 한다. 하느님은 얼이다. 사람은 하느님의 얼을 받아 하느님의 아들이 된다. 하느님으로부터 얼을 받아서야 나도 참나 노릇을 할 수 있다. 그것이 중용복응(中庸服膺)인 것이다. 참나인 하느님의 얼을 받아 마음속에 꼭 간직한다는 뜻이다. 달리 말하면 하느님의 얼을 받아 일용할 먹거리로 한다는 말이다.

류영모는 말하기를 "얼나라는 생각밖에는 이 사람은 생각이 없다. 얼나가 중심이다. 모든 것이 얼나라는 예(여기)가 원점이 되어서 나온다. 얼나에는 묵은 것도 새것도 없다. 얼나가 중심이다. 불교의 중도(中道), 노자(老子)의 수중(守中), 유교의 중용(中庸)이 다 얼나이다. 일체가 얼나(절대)로 돌아가는 것이다"라고 하였다. 하느님(니르바나)이신 얼나는 제나(自我)가 아닌 참나이다. 비타(非他)라 자(自)이고 비사(非私)라 공(公)이고 비물(非物)이라 공(空)이다. 류영모는 빔(空)에 대해서 말하기를 "빔(空)은 맨 처음인 생명의 근원이요 일체의 근원이다. 빔(空)은 하느님이다." 또 공(公)에 대해서 말하기를 "예수의 참나는 공통의 얼나이다.

참나인 하느님만이 안 죽고 영생한다. 구경은 참나인 얼나를 깨닫는 것이다"라고 하였다.

"탐 · 진 · 치를 쓰려다간 지레 까무라쳐"(利用貪瞋痴昏絶)

류영모는 이렇게 말하였다. "오늘날 입 달린 사람들은 대부분 너무 얌전해도 못쓴다. 정직한 사람은 못사는 세상이라고 말한다. 이 세상은 거의 세기말적이라고 한다. 그러나 그 가운데서 하느님의 아들들이 살고 있다. 하느님의 아들들은 겉으로 나타나지 않지만, 악에 무릎을 꿇지 않고서 버티고 있다. 그들이 없다면 세상은 오래가지 못할 것이다"(『다석어록』).

무하마드(마호메트)는 고아로 고독한 가운데 하느님께 매달리며 하느님의 얼을 받았다. 거기까지는 다른 성인들과 다름이 없었다. 칼라일이 무하마드를 영웅으로 내세울 만하였다. 그런데 무하마드는 예수처럼 순교로 끝내지 못하고 박해를 이겨내기 위하여 탐 · 진 · 치의 수성(獸性)을 이용하게 되었다. 그리하여 무하마드가 깨달은 진리정신은 피비린내로 혼절 상태에 빠지고 말았다. 무하마드가 수성(獸性)을 끝까지 죽이지 못하고 이용하게 된 것은 인류의 손실이요 비극이다. 오쇼 라즈니쉬도 거의 깨달음에 이르고서도 죽었던 제나가 살아나 탐 · 진 · 치의 수성(獸性)을 이용하다가 는지른내로 진리정신을 그르치고 말았다. 인류가 통곡할 참으로 아쉬운 일이 아닐 수 없다. 개인적으로 참기 어려운 시련을 다석사상으로 이겨낸 이(전미선)가 있다. 『다석어록』을 거듭거듭 읽고서 믿음과 지혜를 얻었으며 류영모의 한 마리 생선과 헤르만 헤세의 기도를 외우며 일어나려는 제나(自我)와 싸우고 있다. 제나와 싸워 이길 때마다 마음속에 신비와 기쁨이 가득 참을 느낀다.

한 마리 생선

류영모

한 마리면 몇 토막에 한 토막은 몇 점인가
하루하루 저며니 어느덧 끝점 하루
하루는 죽는 날인데 만날 수만 여기네(외 3수)

기도

헤르만 헤세

하느님이시여, 저를 절망케 해 주소서
당신에게서가 아니라 나 자신에게 절망하게 하소서
나로 하여금 미혹의 모든 슬픔을 맛보게 하시고
온갖 고뇌의 불꽃을 핥게 하소서
온갖 모욕을 겪도록 하여 주시옵고
내가 스스로 지탱해 나감을 돕지 마시고
내가 발전하는 것도 돕지 마소서
그러나 나의 자아가 송두리째 부서지거든
그때에는 나에게 가르쳐 주소서
당신이 그렇게 하셨다는 것을

당신이 불꽃과 고뇌를 낳아 주셨다는 것을

기꺼이 멸망하고 기꺼이 죽으려고 하나

나는 오직 당신의 품속에서만 죽을 수 있기 때문입니다.

27. 멀리서 보며 사랑함이 옳다는 말
可遠觀愛說

영광스러운 그날엔 참을 생각하기 어렵고	榮華當日難思眞
굳은 곧이로 언제나 얼로 힘찬 사람이라	貞固平常元氣人
이름 높도록 오직 새로워 착함을 길이 잇고	名高維新善長繼
향기가 멀수록 더욱 맑아 아름다움의 극치라	香遠益淸美極盡

(1966. 7. 7)

榮華(영화): 귀하게 되어 이름이 빛남. 榮: 영화 영. 華: 빛날 화. 平常(평상): 언제나. 極盡(극진): 힘과 맘을 다함. 盡: 다할 진.

사랑을 만나서도 오랜 조름 끝에 어렵게 가까이할 수 있다. 입장이 엄격해서 여간해서 가까이하지 못하다가 허락해 주면 참으로 기쁘다. 그것은 오랜 조름 끝에서만 얻을 수 있다. 아무나 들어갈 수 있는 데면 기쁘지도 않을 것이다. 참으로 아름다우면 제 몸이 가 닿을까 염려된다. 이 세상에서 아름답다는 건 이놈 저놈이 다 가니 거짓 아름다움이다. 참으로 아름답다면 곁에 가지를 못한다. 멀리서 우러러볼 뿐이다(『다석어록』).

아름다운 예술품은 거리를 두고 보는 것이지 손으로 만지면 작품을 망친다. 아름다운 사람도 하느님이 만드신 예술품이라 손댈 생각 말고 멀리서 보는 것으로 만족스럽다. 그런데 사람들은 아름다운 예술품을 만져서 더럽히고 만다. 인도에는 손이 닿으면 부정을 탄다는 불가촉천민이 있다지만 모든 이성(異性)은 손이 닿으면 더러움을 타는 불가촉 귀인들인 것이다.

류영모는 하느님까지 접촉을 하겠다는 이들이 있는 것을 나무랐다.

> 요새 신비한 것, 이상한 것을 찾는 사람들이 많은데 그것은 학문의 적(敵)이다. 신앙은 학문 이상이지만 신앙의 결과로 학문을 낳아야 한다. 궁신(窮神)하면서 동시에 지화(知化)가 되어야 한다. 하느님은 보본추원(報本追遠)이요, 경이원지(敬而遠之)이다. 하느님을 가까이 붙잡겠다(接神)면 안 된다. 하느님은 멀리서 찾아야 하며 그것이 학문이 되어야 한다(『다석어록』).

"영광스러운 그날엔 참을 생각하기 어렵고"(榮華當日難思眞)

류영모는 부귀영화를 추구하는 이 세상을 병든 세상이라고 하였다. 그러나 예로부터 오늘에 이르기까지 거의 모든 사람이 부귀영화를 누리는 것을 삶의 목표로 삼고 있다. 부귀영화는 몸나의 탐·진·치를 추구하는 짐승살이에 지나지 않는다. 류영모는 말하기를 "부귀영화란 식색(食色)의 사회적인 표현이다. 식, 색의 풍부함을 바라는 것이 부귀영화를 추구하는 목적이다. 사람들은 식, 색이 생활의 핵심이다.

식색의 정체를 모르면 삶을 바로 살 수가 없다. 식 · 색은 짐승의 욕망으로 우리가 이겨내야 할 것이다. 이 삶의 핵심을 못 붙잡으면 자기를 사랑하고 남을 사랑한다면서 서로 다치고 죽이는 것이다. 사람의 진면목(眞面目)인 얼나는 드러나지 않은 채로 애매한 세상을 살아가고 만다. 자칫하면 인생을 헛살기 쉽다"라고 하였다.

자살이라도 하고 싶은 생각이 날 정도로 어려움을 겪을 때 사람은 '내가 왜 사는가? 나는 누구인가? 이 우주는 어디인가?'를 생각하게 된다. 세상에서 영화를 누리고 있으면 나에 대한 의문이 일어나지 않고 짐승살이에 빠져 부질없는 삶을 살게 되니 참나에 대한 생각을 할 수가 없다. 거짓 나인 제나에 속고 있는 것이다. 톨스토이가 50살에 참회록을 쓴 것은 거짓 나인 제나에 속았던 것을 늦게 알고서 뉘우침을 고백한 것이다. 제나(自我)에 대한 참담한 허무감에서 오는 근본적인 회의 없이는 참나인 하느님을 깨달을 수 없다.

류영모는 말하기를 "우리가 나에 대해서는 의심을 안 한다. 그런데 이 세상이 괴로울 때면 나를 의심하게 된다. 나까지 의심을 하면 문제가 달라진다. 이렇게 아프고 괴롭고 한 나라는 것이 뭐냐 라는 것이다. 이 나를 의심하고 부정하게 된다. 나를 없애버리고 싶어져 자살도 한다. 괴롭다 하면서 재미를 찾는 이는 아직 나에게 속고 있는 것을 알지 못한 것이다. 석가가 6년 고행(苦行)을 한 것은 나를 의심해서다. 나를 의심하다가 어버이가 낳아 준 이 제나(自我)라는 것이 참나(眞我)가 아니라는 것을 깨닫게 된다. 그리하여 영원 절대한 참나를 깨닫게 되는 것이 성불(性佛)하는 것이다"라고 하였다.

"굳은 곧이로 언제나 얼로 힘찬 사람이라"(貞固平常元氣人)

정고(貞固)라는 말은 『주역』(周易)에서 가져온 말이다. "곧기가 굳으면 넉넉히 일을 맡을 만하다"(貞固足以幹事 —『주역』 건괘)라고 하였다. 하느님의 뜻이 내 뜻으로 붙박아진 것이 정고(貞固)다. 마하트마 간디가 즐겨 쓴 진리파지(眞理把持, Satyagraha)가 바로 정고다. 예수와 간디가 말한 진리는 하느님의 뜻(얼)이다. 진리를 꽉 붙잡은 것이 정고인 것이다. 진리를 꽉 잡은 정고의 사람은 언제나 얼 힘이 찬 사람이다. 류영모가 말하기를 "나는 언제나 코에 숨이 통하고 귀에 말이 통하고 마음에 생각이 통하고 얼이 하느님에게 통하는 삶을 생명이라고 한다. 생명은 통해야 살고 막히면 죽는다. 내 정신과 하느님의 얼이 통할 때는 눈에 정기(精氣)가 있고 말에 힘이 있다. 하느님은 바다이고 나는 샘이다. 하느님의 생명은 내 생각보다 크다." 마하트마 간디는 "기차가 움직이고 비행기가 날며 사람이 살아가는 힘은 그 이름을 무엇이라 하든지 성령의 힘이다. 기차는 증기기관으로 움직이는 것이 아니고 비행기는 모터로 움직이는 것이 아니며 사람은 심장의 기계적인 작용으로 살아가는 것이 아니다"(간디, 『날마다의 명상』)라고 하였다.

그래서 옛 공자(孔子)가 이르기를 "얼나의 사람은 느긋하여 시원시원한데 제나의 사람은 머쓱하여 쭈뼛쭈뼛하다"(君子坦蕩蕩 小人長戚戚 —『논어』「술이편」)라고 하였다.

소크라테스 · 예수 · 마하트마 간디는 죽음에 임해서도 그렇게 자연스럽고 떳떳할 수가 없었다. 그것이 하느님이 주시는 얼의 힘이다. 류영모는 말하기를 "참을 찾는 사람은 바깥일에 초연해야 한다. 좀 성공했다고 우쭐할 것도 없고, 좀 안 된다고 풀 죽어 할 것도 없다. 이 세상은 이렇게 복잡한 세상이지 단순한 세상이 아니다. 그래서 우리가 성경, 불경을 읽는다. 마음이 허공같이 청정(淸淨)하면 누가 훼예(毁譽)한다 해도 히말라야에 있는 수미산같이 움직이지 아니해야 한다"라고 하였다.

"이름 높도록 오직 새로워 착함을 길이 잇고"(名高維新善長繼)

명(名) 자는 초사흘 달을 그린 석(夕)과 입을 그린 구(口)를 모아서 이루어진 글자다. 어슴푸레 어두운 가운데서 자신의 존재를 소리 내어 알리는 것을 말한다. 잘 모르는 것을 알린다는 뜻을 지녔다. 명고(名高)는 잘 모르던 얼나가 점점 뚜렷이 알려진다는 말이다. 그 얼의 나는 계속 새로워지는 유신(維新)하는 존재다. 얼나만이 진 · 선 · 미를 길이 이어지게 한다. 얼나가 사라지면 그때부터 이 땅 위에는 진 · 선 · 미가 없어지는 어둠의 나라로 변한다. 진 · 선 · 미가 없는 나라는 무명(無明)의 나라이다. 얼나가 진 · 선 · 미이기 때문이다.

어떤 사람이 예수에게 이르기를 "선하신 선생님, 제가 무엇을 해야 영원한 생명을 얻겠습니까?" 하고 묻자, "왜 나를 선하다고 하느냐. 선하신 분은 오직 하느님뿐이시다"(마르코 10:18)라고 하였다. 예수는 하느님만이 진 · 선 · 미 하심을 알았다. 선을 길이 잇는다는 것은 제나(自我)의 의식에 나타난 얼나가 하느님의 존재함을 길이 증거한다는 뜻이다. 제나의 의식(意識)에 얼나가 줄곧 나타나기를 빈다. 뒤집어 말하면 얼나를 깨닫는 사람이 줄곧 이어지기를 바란다는 말이다.

맹자(孟子)도 선(善)을 자주 입에 올린 사람이다. 맹자는 "도성선"(道性善 — 『맹자』「등문공 상편」)이라고 하였다. 그런데 이 풀이에 문제가 있다. 이것을 '인성은 선하다고 말하였다'라고 풀이한다. 그래서는 안 된다. '도(道)를 말하다'로 새길 것이 아니라 '도(진리)의 바탈은 선이다'라 해야 옳다. 예수가 하느님 아버지만이 선하다는 말과 같다. 맹자는 거의 모든 사람은 짐승과 같다고 하였다. 결코 제나(自我)의 인성(人性)이 착한 것으로 보지 않았다. 제나의 인성은 짐승의 성질인데 착할 리가 없다. 얼나(道性)가 착한 것이다.

"향기가 멀수록 더욱 맑아 아름다움의 극치라"(香遠益淸美極盡)

> 좋은 사상은 내 생명을 약동케 한다. 남의 말을 들어도 시원하다. 생각처럼 귀한 것은 없다. 생각 가운데도 거룩한 생각은 향기다. 바람만 통해도 시원한데 거룩한 향기가 뿜어 나오는 바람이 불어오면 얼마나 시원할까! 시원한 생각, 시원한 말씀이 불어가게 하라(『다석어록』).

석가가 다녀간 지 2천5백 년이 되었고 예수가 다녀간 지 2천 년이 되었다. 그러나 그들이 남긴 거룩한 사상의 향기는 아직도 그윽이 풍겨온다. 이 시궁창 같은 오탁악세에서 우리가 살 수 있는 것은 예수·석가의 향기로운 사상의 은덕일 것이다.

예수·석가가 남긴 사상의 향기는 하느님과 영통하도록 성숙된 인격을 통하여 나온 하느님의 성령이 풍기는 신비의 향기다. "하느님을 찾는 사람은 하느님의 향기라 할 수 있는 신비를 느껴야 한다. 신비를 느끼려면 자신의 무지(無知)와 부지(不知)를 알아야 한다. 스스로 나는 아무것도 모르는 소자(小子)임을 깨달아야 한다. 하느님은 알 수 없는 영원한 신비이다"(『다석어록』).

하느님의 얼(성령)은 진(眞)이면서 선(善)이면서 미(美)이다. 그러므로 하느님은 극진한 진 · 선 · 미이다. 하느님은 극치의 진 · 선 · 미이기 때문에 하느님은 언제나 그립다. 이 땅 위에 있는 거짓 진 · 선 · 미는 거짓 진 · 선 · 미이기 때문에 곧 싫증이 나고 만다. 마하트마 간디가 말하기를 "진리는 찾지 않으면 안 되는 하느님의 뜻이다. 미(美)와 선(善)은 따라온다"(간디, 『간디문집』)고 하였다.

성천(星泉) 류달영이 88살 되는 해부터 이달이 마지막이거니 생각하여 류달영을 모시고 한 달에 한 번씩 회식을 하면서 류달영의 값진 지혜의 말씀을 듣는 이(신영자)가 있다. 옛날 석가를 마지막으로 공양한 춘다(순타)의 마음처럼 향기로운 마음씨임에 틀림이 없다. 한 번은 백리향(百里香)이라는 음식점을 이용하게 되었다. 류달영이 백리향에 대해서 말하기를 향기가 백 리를 간다는 좋은 이름이라고 하면서 백리향이라는 나무는 낙엽, 활엽의 관목으로서 울릉도 성인봉 등 높은 산 바위 사이에 나 있으며 8월에서 10월 사이에 분홍색 꽃이 피면 향기가 산바람을 따라 멀리까지 퍼져 백리향이라는 이름이 붙었다고 하였다.

사람이 하느님을 사랑하는 마음의 향기는 공간적으로 몇만 리도 퍼지고 시간적으로 몇만 년도 퍼지는 것을 예수 · 석가가 우리에게 보여주었다. 하느님은 영원히 복욱(馥郁)하는 신비의 향기이기 때문이다.

28. 하루(오늘) 일로 참에 이름
日課至誠

바탈(얼) 이뤄 지니고 살핌이 옳은 길이요	成性存存之道義
거짓 버리고 여색 멀리해 의혹 없는 데 서고	去讒遠色處無疑
손으로 만지고 문지르니 다 갖춘 내 몸인데	按手撫摩具足身
바른 마음으로 생각하여 참뜻에 이르리	正心想像至誠意

(1967. 4. 23)

課: 구실 과. 誠: 참 성, 정성 성. 性: 바탕 성, 성품 성. 存: 있을 존, 보존할 존, 살필 존. 讒: 참람할 참. 按: 어루만질 안. 撫: 어루만질 무. 撫摩(무마): 손으로 어루만짐. 摩: 가까워질 마.

북극과 남극은 정반대에 자리하였으면서도 공통점이 많다. 그처럼 인생의 가장 윗자리에 있는 성인들과 가장 아랫자리에 있는 걸인들과는 공통점이 있다. 성인들도 하루살이를 하자는 것이요, 걸인들은 하루살이를 할 수밖에 없다. 오늘 하루에 일생을 살자는 게 일일일생(一日一生)주의다. 예수는 하루살이의 사람이었다. "너희는 먼저 하느님의 나라와 하느님의 옳음을 구하여라. 그러면 모든 것도 곁들여 받게 될 것이다. 그러므로 내일 일은 걱정하지 말아라. 내일 걱정은 내일에 맡겨라. 하루의 괴로움은 그날에 겪는 것만으로 족하다"(마태오 6:33-34).

류영모는 일과에 대해 말하기를 "사람이 하루하루를 지성껏 살면 무상(無常)한 인생이 비상(非常)한 생명이 된다. 하루하루를 덧없이 내버리면 인생은 허무밖에 아무것도 아니다. 우리가 사람 노릇 하는 데 정신 차려야 할 것은 오늘 할 일은 오늘에 해야 한다는 점이다. 한번 정한 일은 꼭 하여야 한다. 일과(日課)의 과(課)는 말씀의 열매로서 말의 결과를 가리킨다. 그러니 말씀을 열매 맺게 하려고 애를 써서 마침내 이루게 하는 것이 지성(至誠)의 길이다. 이 사람이 오늘까지 24,455일을 사는 데 날마다 그날의 일과를 다 했다면 성인(聖人)이 되었을지 모르나 그간 일과를 게을리해서 이 모양이 되었다. 세상에 노력하지 않고 거저 되는 것이 없다. 예수라고 해서 저절로 된 것이 아니다. 잠 안 자며 독서하고 잠 못 자며 고뇌하고 잠자기를 잊은 채 기도하는 가운데 이루어진 인격이다. 작품 하나라도 내놓으려면 밤잠 제대로 못 자면서 온 정력을 다 쏟아야 한다"라고 하였다.

이 세상 모든 것이 내 것이라면서 욕심을 부릴 수 있다. 그러나 내 목숨만은 내 것이 아닌 하느님의 것이다. 그러므로 하루하루의 일을 하느님을 위해서 일해야 한다. "우리는 사물(事物)의 본연(本然)을 지성(至誠)이라 하지만 하나(전체인 하느님)에만 지성이 있다. 이 사람이 말하는 지성은 이치(理致)의 지극한 곳에까지 가야 지성이다. 응당 전체인 얼님(하느님)에게로 시원히 가야 한다. 소극적으로 하면 아무것도 안 된다. 그러므로 참(하느님)에 가서 그쳐야 한다"(『다석어록』).

이날은 무슨 날인가, 하느님을 만나야 하는 날이다. 일하면서 일속에서 하느님을 만나는 것이 '일과지성'이다. 하느님을 만나지 못하는 이날은 공치는 날이요 헛사는 날이다.

"바탈(얼) 이뤄 지니고 살핌이 옳은 길이요"(成性存存之道義)

사람은 몸나, 맘나, 얼나의 세 겹으로 되어 있다. 몸은 맘을 위해 맘은 얼을 위해 살아야 한다. 몸나는 성하기를 바라고 맘나는 놓이기를 바라고 얼나는 이루기를 바란다. 얼나를 이루는 것이 사람이 꼭 이루어야 할 최후의 목적이요 최고의 목적이다. 류영모는 이렇게 말하였다. "기독교에서는 하느님 아버지께 영광을 드린다고 한다. 이것은 하느님께서 나에게 주신 하느님의 본성(本性)을 완성하는 것이다. 본성의 완성이 진리다. 진리를 깨달았다는 것은 본성이 완성되었다는 뜻이요 성숙한 사람이 되었다는 뜻이다. 자족(自足)할 수 있는 사람이 되었다는 말이다. 불교에서는 견성(見性)이라 하고 도교에서는 성성(成性)이라 하고 유교에서는 양성(養性)이라고 말한다. 미숙한 바탈을 이루도록 존재를 살핀다는 뜻으로 성성존존(成性存存)을 바란다. 불교 기독교 유교 그 어느 것을 믿거나 그것은 각자의 할 탓이다. 정신은 자유라 나로서는 무어라 말하지 않는다. 어디로 가더라도 몸은 성하여야 하고 마음은 놓여야 하고 얼(바탈)은 이루어야 한다."

"거짓 버리고 여색 멀리해 의혹 없는 데 서고"(去讒遠色處無疑)

'거참원색'은 『중용』 20장에서 따온 말이다. '거참'이란 참소하지 않는다는 말이다. 죄 없는 의인을 거짓으로 고발하여 처벌받게 하는 것은 음흉과 비겁을 겸한 죄악이다. 소크라테스에게 사약을 먹여 죽게 하고 예수를 십자가에 못 박혀 죽게 한 것이 바로 참소에 의한 것이다. 이순신 장군이 임진왜란 때 세계 해전사상 유례없는 큰 공을 세워 나라를 풍전등화의 위기에서 건지고도 역적으로 몰리어 죽을 뻔한 것도 참소 때문이었다. 그래서 말 속에 뼈가 있다(言中有骨)느니 혀 밑에 도끼가 있다(舌下有斧)라는 속담이 있다. 참소는 남을 미워하고 괴롭히는 데서 이익을 꾀하고 쾌감을 맛보려는 짐승이 지닌 진성(瞋性)의 드러남이다.

류영모는 말하기를 "대자대비(大慈大悲)의 세계는 곱다 밉다고 하는 애증(愛憎)의 세계를 넘어서야 한다. 그리고 남의 슬픔을 내 슬픔으로 가질 때에만 나와 남이 하나가 될 수 있다. 시원하고 좋은 세상을 가지기 위해서는 아픔과 쓴맛을 같이 맛볼 때만 나와 남 사이를 가로막는 산과 골짜기를 넘어서 온 세상에 사랑이 넘치고 넘쳐서 늠실늠실 춤을 추는 꿈을 이룰 수가 있을 것이다"라고 하였다. 얼사랑인 인(仁)에는 차별이 없다. 몸사랑인 애(愛)에는 차별이 있다. 인도의 카스트제도는 차별에서 빚어진 비극이다. 얼사랑의 인(仁)은 모든 사람을 한 사람으로 본다.

원색(遠色)은 호색(好色)의 반대로 여색을 멀리하는 것이다. 얼사람은 원색하지만, 몸사람은 호색한다. 공자가 이르기를 "내 아직 얼나를 좋아하기를 여자를 좋아함같이 하는 이를 보지 못하였다"(吾未見好德 如

好色者也 ―『논어』「자한편」)라고 하였다. 공자는 거의가 짐승으로 사는 제나(自我)의 사람들을 만났고 하느님의 아들인 얼나(靈我)의 사람을 만나지 못하였다는 말이다. 짐승의 성질인 삼독을 버리지 않고는 호재(好財) 호투(好鬪) 호색(好色)을 벗어나지 못한다.

류영모는 이렇게 말하였다 "옛날부터 절세(絶世)의 미인(美人)을 사나이 등골 빼먹을 년이라고 하였다. 등골을 빼 먹는 것도 안 되었고 등골을 빼 먹히는 것도 잘못이다. 자기의 등골을 보존하는 것이 사는 것이지 얼빠진 데 등골까지 빠져버리면 사람이라고 할 수 있겠는가. 그것이야말로 유황불 속에서 펄펄 타고 있는 지옥이 아니겠는가. 사람의 행동은 목적이 있어야 한다. 돈을 써도 목적을 위해서 써야 한다. 거저 돈을 내버린다는 것은 말이 안 된다. 하물며 자기를 위하는 일이 아니라 자기를 죽이는 일에 자기의 정력을 소모한다면 그것은 자살행위요 자독(自瀆) 행위다. 사람의 원동력인 기름(精)을 그냥 하수도에 흘려보낸다면 그 사람이 정신 있는 사람일까. 그 짓은 실성한 사람이 아니고는 할 수 없는 일이다"(『다석어록』).

"손으로 만지고 문지르니 다 갖춘 내 몸인데"(按手撫摩具足身)

안수무마(按手撫摩)란 몸을 손으로 만지고 문지르는 것을 말한다. 요즘엔 목사들 가운데 지압이나 침술을 배워 신도들에게 베푸는 일이 있다는 데 이것은 있을 수 없는 일이다. 1999년 6월 21일 한국 기독교협의회 여성위원회 등 6개 여성단체가 "교회 내 성폭력 무엇이 문제인가"라는 주제로 공청회를 열었다. 거기서 나온 말에 의하면 당회장실이나 기도실뿐 아니라 러브호텔 등지에서 신앙상담 안수기도 및 목회자에 대한 안마 등을 통해 성폭력이 이루어지고 있다고 밝혔다. 삼독을 버릴 것을 가르쳐야 할 교역자가 삼독의 마왕이 되어 설치니 거룩한 자리에 가증한 것이 자리한 것이라 아니할 수 없다.

류영모가 말한 안수무마는 제 자신의 몸을 자신이 주무르고 두드리고 문지르는 것을 말한다. 류영모가 다른 사람의 몸에 그렇게 한 일은 단 한 번도 없었다. 또한 그렇게 해 받은 적도 없었다. 정주(定州) 오산학교 초대 교장 백의행에게 배운 실내 맨손체조를 이 사람에게 가르쳐주면서 이 운동을 하면 손자들에게 등을 쳐달라고 할 필요가 없다고 하였다. 냉수마찰을 하면 한 세숫대야 물로도 목욕이 된다면서 일부러 목욕탕에 갈 필요가 없다고 하였다. 냉수마찰을 못 하면 손바닥으로 온몸을 문질렀다. 자신 혼자서 하는 이러한 건강을 위한 행동 일체를 안수무마(按手撫摩)로 뭉뚱그려 나타낸 것이다.

자신의 말대로 키는 오 척 단신이고 체력도 약한 편이었으나 정신적인 강단력과 합리적인 건강법으로 90살(33,200일)을 넘게 잔병 없이 살았다. 구족신(具足身)이란 불구(不具)의 몸이 아니라는 말이다. 류영모는 키가 작은 데 비하여 손발은 큰 편이었다. 또 키가 작은 데도 몸을 앞으로 굽힌 자세로 걸었다. 류영모는 어떠한 보약이나 보식을 먹은 적이 없었다. 집에서 생산하는 벌꿀도 잘 안 먹었다. 그런데도 잔병 없이 건강하였다. 몸은 나의 심부름꾼인데 잘 보살펴서 해야 할 일을 할 수 있어야 한다는 것이다. 또 자녀를 기르는 어머니는 앓을 겨를이 없듯이 중생을 건져야 하는 목자(牧者)도 앓을 겨를이 없다는 것이다.

"바른 마음으로 생각하여 참뜻에 이르리"(正心想像至誠意)

정심(正心)은 사심(邪心)의 반대이다. 수성(獸性)이 임자 노릇 하는 마음이 사심(邪心)이고 영성(靈性)이 임자 노릇 하는 마음이 정심(正心)이다. 바른 마음으로 생각하면 하느님의 뜻에 이른다는 뜻이다.

내 뜻 없이 보는 것이 바로 보는 것이다. 내 뜻 없이 볼 때 진리의 뜻을 이루게 되는 것이 성의(誠意)이다. 진리의 뜻을 이루는 것을 진성(盡性)이라고 한다. 내 뜻이 없어지고 진리와 내가 하나되는 세계이다. 우리가 하느님 아버지라 하지만 아버지는 우리가 따질 수 없는 큰 존재이다. 하느님께 이르름이 지천(至天)이고 지선(至善)이고 지성(至性)이다. 하느님은 내 속에 계신다. 하느님의 뜻을 받드는 것이 하느님에게 도달하는 것이다(『다석어록』).

사람의 바른 마음과 하느님의 참뜻 사이에는 생각이 매개 역할을 한다. 하느님께서 사람들에게 여느 짐승들에게는 주지 않은 특별한 것을 주었으니 그것이 생각하는 능력이다. 그러므로 짐승이 아닌 사람으로 살려면 생각을 해야 한다. 기도라 참선이라 하지만 알고 보면 다 생각하는 것이다.

생각은 확실히 있다. 생각이 있는 이 시간에는 내가 말씀드릴 수 있지만, 이 다음 시간에 나라는 존재가 있어도 생각이 없으면 이런 시간은 다시 없다. 그렇지만 인류가 끊어지기 전에는 생각은 자꾸 할 것이다. 생각은 아무리 해도 이상한 것이다. 생각이라는 존재만큼은 확실한데 어디서 오고 어디로 가는지 모르겠다. 생각이 있기에 말씀을 한다. 말씀이 있기 때문에 생각을 한다. 말씀으로 모든 것을 만들었다는 것보다는 말씀이 존재이다. 말씀이 하느님이시다. 말씀의 근원은 사람의 정신이 아니라 하느님의 가운데(中)이다. 말씀이 사람의 정신 내용을 살린다(『다석어록』).

29. 얼사랑 찾는 노래
求仁吟

제나를 이겨 서로 좇되 조심조심 갈라서야	克己相從兢兢別
사랑의 곧이로 일생 동안 두렵두렵 삼가기	利貞平生戰戰節
낮 밤 새롭게 고쳐먹고 몸을 잘 간직해	日夜維新持身良
처음에서 끝까지 한결같은 곧은 정신을 길러	始終如一養神烈

(1969. 3. 2)

吟: 읊을 음. 相從(상종): 서로 좋게 지냄. 從: 허락할 종. 兢: 조심할 긍. 別: 나눌 별. 利: 좋을 리. 戰戰(전전): 두려워서 벌벌 떠는 모양. 戰: 무서워할 전. 節: 절제할 절. 烈: 충직할 렬. 維新(유신): 새롭게 고침. 維: 개혁할 유.

맹자(孟子)는 "어진 것이란 사람이다"(仁也者人也 — 『맹자』「진심 하편」) 라고 말하였다. 인(仁)과 인(人)이 그 발음처럼 같다면 이 땅에 하늘나라가 이루어진 지 오래일 것이다. 그러나 인과 인이 같다는 실증은 눈을 부릅뜨고 찾아도 찾을 수 없다. 맹자(孟子)는 공자(孔子)의 사상을 이은 이로 자타(自他)가 인정한다. 맹자가 이르기를 "성인은 우리 마음에 같은 것(얼)을 먼저 얻었을 뿐이다"(聖人先得我心之所同然耳 —『맹자』「고자 상편」)라고 하였다. 류영모가 맹자에 대해서 말하기를 "나는 맹자를 다 알았다고 할 수 없다. 맹자도 성령을 통한 이다. 성령을 통하지 않고는 사람의 바탈(性)을 그렇게 잘 알 수가 없다. 다른 성인들이 본 것을 꿰뚫어 본 이다"라고 하였다.

그렇다면 맹자의 "어진 것이란 사람이다"(仁也者人也)란 말은 어떻게 된 것인가. 그러자면 맹자의 인생관부터 알아봐야 한다. 맹자는 이르기를 "사람이 새, 짐승과 다른 것은 아주 적다. 어느 사람들은 (그것조차) 버렸는데 참사람만이 간직한다"(人之所以異禽獸者幾希 庶民去之 君子存之 —『맹자』「이루 하편」)라고 하였다. 맹자가 여기서 사람이 짐승과 다른 것이 아주 적다는 것은 침팬지와 사람 사이에 유전인자(DNA)가 0.2%밖에 다르지 않다는 것을 말하자는 것이 아니다. 사람이 지닌 탐·진·치의 수성(獸性)과 짐승의 수성이 같다는 것을 말한 것이다. 군자가 지니고 있다는 짐승과의 다른 점은 수성(獸性)을 다스리는 영성(靈性)을 말한다. 맹자는 이 영성을 선성(善性)이라고 말하였다. 군자 이외의 모든 사람은 선성(善性)을 버려 짐승이란 말이다. 군자들만 선성을 지녀 사람이라는 것이다.

맹자는 수성(獸性)을 다스리는 영성(靈性)을 가진 군자만을 사람으로 보았다. 그러니 맹자가 말한 '인야자인야(仁也者人也)'에 인(仁)은 영성을 말하는 것이고 인(人)은 영성을 간직하고 있는 사람을 가리킨 것이다. 맹자의 말은 이치에 틀리지 않는다. 류영모의 구인(求仁)은 수성(獸性)을 다스려 영성으로 거듭난 얼사람(하느님 아들)을 찾아 만나고 싶다는 말이다.

인(仁)이라는 것, 사랑이라는 것도 영원한 것이다. 성경에 하느님의 형상대로 사람을 만들었다고 했는데 하느님의 꼴이 어디 있는가. 하느님은 꼴이 없다. 하느님의 꼴이란 인(仁)의 꼴, 사랑의 꼴이다. 하느님의 꼴을 지닌 사람을 만나고 싶다. 죽은 사람 앞에서 통곡할 것은 이 사람은 아무도 못 만나고 갔구나. 나도 누구 하나 못 만나고 갈 건가 하는 생각이다(『다석어록』).

인(仁)이 얼사랑이라 하면 애(愛)는 몸사랑이다.

"제나를 이겨 서로 좇되 조심조심 갈라서야"(克己相從兢兢別)

『논어』에 나오는 공자의 말 가운데 극기(克己)라는 말처럼 중요한 말이 없다. 내가 나를 이긴다는 것은 이미 내가 홑나가 아니라 겹나인 것을 전제한 말이다. 내가 혼자라면 내가 나와 싸울 수는 없다. 하다못해 그림자라도 있어야 싸울 수 있다. 극기란 얼나(靈我)가 제나(自我)를 항복받아 다스리는 것을 말한다.

안회가 공자에게 인(仁)에 대해서 물었다. 공자가 대답하기를 "제나를 이겨 예를 돌이킴이 어짐을 하는 것이다"(克己復禮爲仁 —『논어』「안연편」)라고 하였다. 예(禮)의 근본은 탐 · 진 · 치라는 삼독의 뿌리가 뽑힌 모습이다. 예수 · 석가에게서 예를 볼 수 있다. 지엽말단적인 예는 그야말로 번문욕예(繁文縟禮)로 사람을 구속할 뿐이다. 몸이 지닌 수성(獸性)을 버리고서 사람이 되는 것이 착(仁)하게 사는 극기복례인 것이다.

류영모는 이렇게 말하였다.

> 사람은 이해타산으로 싸우기를 좋아하는데 싸울 대상은 자기이지 남이 아니다. 자기를 이겨야지 남을 이기면 무얼 하나. 그런데 세상에는 남 위에 서려고 하는 사람이 참으로 많다. 온 세상을 깔고 앉아 보아도 자기를 이기지 못하면 무슨 유익이 있는가. 자기를 이기지 못하면 영원한 생명이 없다. 남을 이기는 것은 나와 남을 죽이는 일이다. 나를 이기는 것은 승리요, 생명이다. 참나를 찾아 올라가는 것은 나를 이기는 승리의 길이다(『다석어록』).

수성(獸性)으로 사는 이들은 탐 · 진 · 치의 삼악으로 뒤엉켜 탐욕과 투쟁과 음란으로 지옥을 이룬다. 수성을 죽인 얼나로 솟난 사람들은 이와는 다르다. 스스로 삼독(三毒)을 이겨 남에게도 삼독을 유발시키지 않는다. 그러므로 남녀 유별하듯이 인수(人獸) 유별(有別)하여야 한다. 똑같이 짐승처럼 살 수는 없는 것이다. 예수가 말한 마태복음 5장의 산상수훈은 인수 유별하라는 가르침인 것이다. 얼나로 거듭나 사람이 되어 사람답게 살아 짐승 노릇을 그만두자는 가르침이다.

> 상대세계에서 못쓸 짐승의 삼독을 우리에게서 뽑아내야 한다. 삼독은 우리의 원수이다. 이 삼독이 없으면 이 세상은 없다. 이러한 세상을 버릴 만한 곳이 없어서 걱정이 아니다. 이러한 세상은 없어져도 조금도 아까울 것이 없다(『다석어록』).

"사랑의 곧이로 일생 동안 두렵두렵 삼가기"(利貞平生戰戰節)

이정(利貞)은 『주역』에 나오는 원형이정(元亨利貞)에서 온 것이다.

글자 수에 제한을 받아서 이정(利貞)만 썼다고 보아야 한다. 원(元)은 으뜸이신 하느님을 뜻한다. 형(亨)은 하느님과 얼로 뚫려 통하는 것이다. 이(利)는 얼나의 뜻에 따라 선한 열매를 맺는 것이다. 정(貞)은 하느님의 뜻을 내 뜻으로 한 곧은 맘이다. 하느님을 사랑하여 거룩한 사랑의 열매를 맺고 하느님의 뜻을 내 뜻으로 하는 곧은 마음으로 일생 동안 조심조심 수성(獸性)을 절제하며 살아야 한다.

『주역』에서는 "으뜸(元)은 착함(善)의 어른(하느님)이다. (하느님과의 얼로) 뚫림(亨)은 아름다운 만남이다. 사랑함(이롭게 함)은 옳음의 열매이다. 곧음은 모든 일의 하느님 뜻(줄기)이다"(元者善之長也 亨者嘉之會也 利者義之和也 貞者事之幹也 ―『주역』 건괘)라고 하였다. 하느님의 얼사랑을 베푸는 것이 이(利)이다. "사람들은 이(利)를 남기려 하고 밑지는 일은 하지 않겠다고 한다. 그래서 음흉한 제사장이 되고 난폭한 폭군이 된다. 그러한 그들이야말로 밑지는 장사를 한 사람이다. 보기에는 분명 실패로 밑진 예수나 간디는 그 진리의 무저항 정신으로 인류 역사에 큰 이(利)를 남겼다"(『다석어록』).

"낮 밤 새롭게 고쳐먹고 몸을 잘 간직해"(日夜維新持身良)

유신(維新)은 중국의 고전인 『시경』(詩經)과 『서경』(書經)에 나온다. 맹자는 『시경』의 유신을 인용했다. "시에 이르기를 '주나라는 비록 오래된 나라이나 그 하느님의 이르심이 새롭다'라고 한 것은 문왕을 이른 것이다"(詩云周雖舊邦 其命維新 文王之謂也 ―『맹자』「등문공 상편」).

몸나는 낮이나 밤이나 숨을 쉬어야 사는데 그 공기는 새 공기여야 한다. 얼나는 낮이나 밤이나 마음으로 하느님의 얼을 숨 쉬어야 하는데 새 얼(진리)이 마음을 다스린다. 하느님의 얼이 마음을 다스리면 몸나를 잘 간직하게 된다. 예수·석가처럼 몸을 잘 간직한 사람이 어디 있는가. 그럴 수 있었던 것은 밤낮으로 끊이지 않고 하느님의 얼(말씀)을 받았기 때문이다. 하느님의 성령은 시공(時空)을 초월하기 때문에 시공 속에 들어오면 언제나 새롭다. 그리고 몸의 수성(獸性)을 다스린다. 류영모는 말하기를 "예수·석가에게 나타났던 영원한 생명(성령)이 나에게도 나타났으니 영원한 생명은 시간·공간을 초월하여 존재하는 것만은 틀림이 없다"라고 하였다. 예수가 간 지 2천 년이 넘는 시간이 흘렀으나 하느님의 성령이 늙었다는 일은 없다. 그래서 석가는 생로병사(生老病死)를 여읜 얼생명을 깨달으라는 것이다.

류영모는 이르기를 "사람이 새롭고 새롭게 살아가기 위해서는 하느님의 말씀으로 살아가야 한다. 말씀으로 살기 위해서는 하느님의 얼로 맘이 뚫려야 한다"라고 하였다. 마하트마 간디는 말하기를 "날마다 새로운 삶이다. 이러한 지식은 우리 자신을 향상시키는 데 도움이 된다"(It is a new life every day. This knowledge should be helpful in upliting ourselves.—간디, 『날마다의 명상』)라고 하였다. 사도 바울로는 이르기를 "옛 생활을 청산하고 정욕에 말려들어 썩어져 가는 낡은 인간성을 벗어버리고 마음과 생각이 새롭게 되어 하느님의 형상대로 창조된 새 사람으로 갈아입어야 합니다. 새 사람은 올바르고 거룩한 진리의 생활을 하는 사람입니다"(에베소서 4:22-24)라고 하였다. 어버이가 낳아 준 짐승인 제나로는 죽고 하느님이 보낸 하느님 아들인 얼나로 살라는 말이다.

"처음에서 끝까지 한결같은 곧은 정신을 길러"(始終如一養神烈)

예수는 말하기를 "하느님께서 보내신 이를 믿는 것이 곧 하느님의 일을 하는 것이다"(요한 6:29)라고 하였다. 하느님께서 보내신 이가 내 마음속에 온 하느님의 생명인 얼나를 말한다. 예수도 자신 속에 온 하느님의 성령인 얼나를 믿고(깨닫고) 하느님의 아들의 일을 할 수 있었다. 류영모가 하느님의 아들을 맡아 기른다고 한 말도 같은 말이다. 맹자가 말하기를 "마음에 지닌 바탈(얼나)을 기르는 것이 하느님을 섬기는 것이다"(存其心 養其性 所以事天也 ─『맹자』「진심 상편」)라고 하였다.

마음속에 간직한 바탈을 기른다는 것은 하느님이 보낸 성령인 얼나를 기른다는 말이다. 하느님을 섬기는 것이나 하느님의 일을 한다는 것이나 같은 말이다. 일사(事) 자가 섬길(事) 사 자이다. 예수의 말과 맹자의 말은 온전히 일치하는 말이다. 예수와 맹자가 한 말이지만 그 속에 얼나는 한 생명이라 같은 말을 하는 것이 이상할 것이 없다. 이처럼 조금도 다르지 않은 같은 말을 억지로 다르다고 할 까닭이 무엇인가.

얼나를 받들기에 처음부터 끝까지 한결같아야 한다.『중용』(中庸)에 "참에 이름은 쉼이 없다"(至誠無息 ─『중용』26장)라고 하였다. 얼나를 받듦이 숨 쉬는 것과 같아 잠시라도 쉬면 죽는다. 숨은 쉬면서 산다. 하느님의 성령인 얼나는 완전무결하다. 그것을 우리가 잘 받들면서 우리의 진리의식이 깊어지는 것을 하느님 아들을 키운다고 말한다.

우리는 하느님 아버지에게 더욱 가까워져야 할 것이 아니겠는가. 나아지는 것은 물론 정신이다. 우리의 인생관을 높여 나아가야 한다. 사람이 사는데 그 인생관의 정도를 좀 더 높이기 전에는 그 사회는 볼일을 다 본 것이다(『다석어록』).

30. 하느님의 일하심이 곧바르다
天行健

무리와 더불어 함께 즐김은 씨알의 바람이요	與衆同樂民主望
내가 살아서는 일에 따름이 참사람의 굳셈	存吾順事君子剛
짝 맞아 사귀기를 좋아함은 속 태움의 씨요	抗儷好交種煩惱
깨끗하고 참된 얼나를 밝힘이 하늘의 성함	純粹精爽元健康

(1966. 6. 7.)

行: 길 행. 健: 굳셀 건. 衆: 무리 중. 剛: 굳셀 강. 抗儷(항려): 짝. 抗: 짝 항. 儷: 짝 려. 粹: 정할 수. 精爽(정상): 정령(精靈). 爽: 혼이 밝을 상. 純: 순수할 순.

『주역』에 이르기를 "하느님의 일하심이 곧바르다. 참사람은 이를 본받아 스스로 힘쓰기를 쉬지 않는다"(天行健 君子以 自强不息—『주역』 건괘)라고 하였다. 이 말은 예수가 말한 "내 아버지께서 언제나 일하고 계시니 나도 일하는 것이다"(요한 5:17)와 같은 말이다. 예수는 "天行健 君子以 自强不息"을 누구보다 모범적으로 실천한 사람이다.

행(行)은 십자로(十字路)의 상형문자이다. 건(健)은 곧장 서서 걸어가는 사람을 나타낸 회의 문자이다. 하느님께서 정정당당하게 곧고 바르게 일하시는 것이다. 하느님께서 일하심에는 막힘이 없고 비뚤어짐이 없다. 그런데 세상에는 하느님의 뜻을 거스르는 이들이 있으니 그들이야말로 사마귀가 앞발을 들고 수레바퀴에 대들다가 치어 죽은 당랑거철(螳螂拒轍)이 아니겠는가. 인류 역사란 당랑거철로 치어 죽은 송장들이 널려 있는 것이라고 할 수 있다.

> 정의(正義)가 최후의 승리를 한다는 것은 똑바른 것이 맨 나중에는 이긴다는 것이다. 정의가 최후의 승리를 한다는 그 정의를 아직 이 세상 사람들은 모르고 있다. 정의를 아는 사람이 없는 것 같다. 누가 정의를 가지고 있느냐고 하면 하느님이 가지고 있다. 하느님이 정의이다. 궁극적인 최후의 승리는 하느님이 하는 것이다. 그래서 정의를 좀 알고 싶으면 하느님을 좀 생각해 보란 말이다. 하느님께서 인정할 때 그때는 진정 정의의 편이다. 다른 것은 다 어떻든지 하느님에게 좀 따라가겠다든지 하느님을 생각한다든지 하면 그것이 참 정의에 살려고 애쓰는 것이다. 그냥 무슨 주의 무슨 신앙 이것보다는 분명한 모름의 하느님을 속의 속 빈 마음으로 찾아가겠다는 사람이 실제로 하느님의 편이 된다. 하느님의 편이 되어야 정당하다. 그것이 참으로 옳다(『다석어록』).

류영모는 천행건(天行健)의 모습을 잘 살려 그렸다. 류영모도 하느님을 본받아 자강불식(自强不息)하였다. 류영모의 사상은 자강불식의 사상이다. 전통의 최면에 걸리거나 대중에 아첨하는 사상이 아니다. 예수·석가도 자강불식의 주체적인 사상가들이다. 스스로 홀로 섰던 사람들이다. 천하에 그야말로 단독자였다. 나중에 적은 수의 제자들이 따랐을 뿐이다.

“무리와 더불어 함께 즐김은 씨알의 바람이요”(與衆同樂民主望)

맹자가 양나라 혜왕에게 이르기를 “이제 임금이 백성들과 더불어 함께 즐기면 (백성들이 기뻐하는) 임금이 될 것입니다”(今王 與百姓同樂則王矣—『맹자』「양혜왕 하편」)라고 하였다. 류영모는 말하기를 “맹자라는 이는 민주를 완성하자는 이다. 형제 동포들과 같이 가다가 뜻이 다르면 혼자 간다고 하였다. 요즘 같은 이런 때에는 맹자의 혼이 펄펄 뛰어야 한다. 씨알(民)을 위함이 하느님을 위함이다. 예수는 여기 있는 형제들 중에 가장 보잘것없는 사람 하나에게 해주지 않는 것이 곧 나에게 해주지 않는 것이다”(마태오 25:45)라고 하였다. 류영모는 이르기를 “백성을 모른다고 하면서 하느님만 섬긴다 함도, 하느님을 모른다고 하면서 백성만 위한다 함도 다 거짓이다. 지금도 내가 잘 경륜하겠다고 나서지만 조금 지나면 그놈이 그놈이다. 역사는 비망록으로 적어 놓은 것이다. 예수를 정말 믿고 염불을 정말 하는 사람은 씨알님(民主)을 머리에 인 자다”라고 하였다.

민(民) 자는 위정자가 백성의 눈을 바늘로 찔러 장님으로 만든 것을 상형한 글자다. 위정자들이 얼마나 백성들을 탄압하였는가를 증언하는 글자다. 오늘에는 씨알들의 얼눈(靈眼)을 뜨게 할 때다. 씨알의 얼눈이 다 밝아질 때 이 땅 위에 명실상부한 민주 시대가 열릴 것이다.

"내가 살아서는 일에 따름이 참사람의 굳셈"(存吾順事君子剛)

내가 살아 있는 동안 내가 하느님의 뜻대로 살고자 안간힘을 써야 한다. 내 뜻대로 할 수 없는 일은 언짢아하지도 않고 싫어하지도 않으며 하느님의 뜻으로 받아들인다. 다만 하느님의 뜻을 이루고자 마음과 뜻과 힘을 다한다. 그것이 군자가 걸어갈 존오순사(存吾順事)의 삶이다. 존오순사는 장횡거의 유명한 서명(西銘)의 맨 끝 구절이다. "살아서는 일에 따르고 죽어서는 평안하리라"(存吾順事 沒吾 寧也-장횡거, 서명) 순명(順命) 순사(順事)의 삶이란 놓인 처지를 불평하지 않고 감사하며 게으르지 않고 힘쓰며 두려워하지 않고 기쁨으로 죽는 것이다. 키가 작으면 작은 대로, 몸이 약하면 약한 대로, 가난하면 가난한 대로, 아프면 아픈 대로 하느님께 감사하며 사는 사람이 존오순사의 삶을 사는 이다. 젊어서 죽으라면 젊어서 죽고 늙어서 죽으라면 늙어서 죽는다. 집에서 죽으라면 집에서 죽고 객지에서 죽으라면 객지에서 죽는다. 오직 기쁨으로 하느님 아버지를 부르면서 숨진다. 이것이 몰오영야(沒吾寧也)의 죽음을 죽는 이다.

하느님 아버지께서 하신 그대로 이르는 것이 예수가 하는 일이었다. 일의 근원은 하느님인데 우리의 말은 그 전갈이다. 사람이 꼭 해야 할 그 길을 말함이 영원한 생명이다. 내 말은 내가 내 마음대로 지껄이는 것이 아니라 아버지께서 하신 대로 함이다. 사람의 아름다운 모습은 섬김에 있다. 사람 본연의 모습은 섬김에 있다. 그런데 많은 사람 가운데서 참으로 하느님을 섬기고 사람을 섬김에 가장 으뜸가는 이는 예수 그리스도가 아닐까. 하느님과 인류를 섬기는 것을 자기의 사명으로 삼으신 이가 예수 그리스도이다. 온 인류로 하여금 그리스도인 영원한 생명으로 살도록 본을 보이기 위해서 하느님을 섬기신 이가 예수 그리스도이다(『다석어록』).

하느님의 뜻에 살고 하느님의 뜻에 죽는 하느님의 아들인 군자(君子)는 굳센 이다. 공자(孔子)는 "삼군의 장수는 빼앗을 수 있지만 한 사나이의 뜻은 빼앗지 못한다"(三軍可奪帥也 匹夫不可奪志也 ─ 『논어』「자한편」)라고 하였다. 그 뜻은 하느님 아버지를 향한 충성심이다. 그 충성심을 가져야 하느님의 아들이 된다.

"짝 맞아 사귀기를 좋아함은 속 태움의 씨요"(抗儷好交種煩惱)

아난다가 붓다에게 물었다. "만일 많은 여자가 찾아와서 비구들과 만나려고 할 때, 저희는 그들에 대해서 어떻게 하면 좋습니까?" "만나주어서는 안 될 것이다." "만일 만나지 아니할 수가 없이 될 긴박한 때에는 어찌하오리까?" "설사 만나주더라도 서로 얘기를 주고받지 않는 것이 좋을 것이다." "만일 도를 듣겠다고 청하면 어찌하오리까?" "물론 그녀들을 위해 법을 설하는 것이 좋을 것이다. 그러나 다만 늙은이에게는 어머니로 생각하고 자기보다 조금 나이가 많은 이에게는 누이로 생각하고 조금 어린 이에게는 손아래 누이동생으로 생각하고 아주 어린 이에게는 딸자식으로 생각하여 너희들의 몸과 말과 뜻에 주의하는 것이 좋으리라"(『소승열반경』). 이것은 짐승처럼 짝 맞아 사귀기를 좋아하면 안 된다는 붓다 석가의 가르침이다.

류영모는 이렇게 말하였다. "남녀 유별하라. 남녀의 교제를 황망히 하지 말라. 이것이 성별(聖別)이다. 성별을 해야 구속(救贖)이 온다. 당길 심 있게 시간적으로 띄우고 공간적으로 멀리하여 성별을 한다. 결코 급하게 사귀기 쉬운 따위의 경솔을 하지 않는다. 곱게 보인다고 곧바로 가까이하지 않는다. 곱고 좋다고 가까이하면 위태롭다. 그러나 혼자 사는 것이 아주 편하다. 죄에 들어갈 염려가 없다. 자기 혼자 독립해 사니 인애(仁愛)로 마침내 마치게 된다. 구함이 없고 맛보는 것도 없고 호기심도 나지 않는다. 인애(仁愛)로 독생(獨生)을 하여야 한다. 성별(聖別)을 자꾸 하면 절로 혼자 살게 된다."

"깨끗하고 참된 얼나를 밝힘이 하늘의 성함"(純粹精爽元健康)

탐 · 진 · 치의 수성(獸性)을 버리면 순수하다. 얼나를 생명으로 받들면 정상(精爽)이다. 류영모는 말하기를 "남녀관계를 끊고 정신적으로 사는 사람이 도인이요 신선이다. 이들은 정(精)에서 기운이 나오고 기운에 신(神)이 나온다고 생각하였다. 그래서 그들이 시행한 것은 정좌(正坐)다. 깊이 숨을 들이쉬면서 배 밑에 마음을 통일하는 것이다. 그래서 나중에는 자기를 잊는 지경에 이른다. 자기의 형해(形骸)를 초월하는 것이다. 이것을 좌망(坐忘)이라고 한다. 불교의 참선과 같다. 그리하여 아랫배에 힘이 붙기 시작하면 기해단전(氣海丹田)에서 성단(成丹)이 된다. 마치 나무를 불완전 연소시켜서 숯을 굽는 것과 같다. 밥의 알짬(精)으로 단(丹)을 만드는 것이다. 이리하여 아랫배 안에서 숯과 같은 단(丹)이 굳어지면서 거기서 나오는 에너지가 기운이다. 이 숯이 금강석이 되면 거기서 나오는 지혜가 신(神)이다"라고 하였다.

31. 이 벗이 참을 맡는다
維友道幹

모든 일의 줄기를 알면 옛과 이제는 끝나고	體幹每事終古今
모든 있는 것을 감싸 안는 큰 빈 마음이라	包容萬有太空心
이제나 옛날이나 마음을 비워야 성령이 일르고	今古心空聖神命
안 뵈면 찾고 나오면 들어 바탈 기르는 사람	尋消聞息養性人
가되 덜 가면 오기를 다하지 못해	往而未去來不盡
구름 올라 비와 스며 나오니 비롯의 샘물	雲騰雨滲出原泉
이제에 나아가지 않으면 이제를 알지 못해	卽今未卽叵知今
꿈이 가고서 깨달음이 오니 지금은 착하라	往夢來覺現責善

(1966. 4. 1)

維: 이 유. 幹: 맡을 간, 줄기 간. 終: 마칠 종. 體: 몸 받을 체. 尋: 찾을 심. 消: 사라질 소. 息: 날 식. 滲: 물 스며 흐를 삼. 原泉: 샘의 원줄기. 卽今(즉금): 이제. 卽: 이제 즉, 나아갈 즉. 叵: 못할 파. 責善(책선): 서로 착한 일을 하도록 권함. 現: 지금 현, 당장 현. 往: 옛 왕, 갈 왕.

이 벗이 참을 맡는다(維友道幹)는 참을 맡을 이 벗의 정신적인 상황을 그렸다. 이때 류영모는 나이가 76살로 80살이 가까웠다. 이미 죽겠다는 날을 받았던 해도 10년 전의 일이다. 예수는 죽음을 미리 내다보며 이렇게 말하였다. "나는 이 세상에 불을 지르려고 왔다. 이 불이 타올랐다면 얼마나 좋았겠느냐"(루가 12:49). 예수가 네로처럼 도시에 불을 지르자는 말이 아니다. 예수는 자신이 전한 진리의 불이 세상 사람에게도 번져나갔으면 좋겠다는 것을 그렇게 비유한 것이다. 류영모는 이미 죽을 해도 넘겼는데 류영모 자신이 전한 진리의 불길이 붙을 기미를 보이지 않자 이러한 도우(道友)가 나오기를 바란다는 마음에서 쓴 글이다.

류영모도 예수처럼 제자들을 벗으로 생각하고 벗이라 불렀다. 예수가 제자들에게 이르기를 "벗을 위하여 목숨을 바치는 것보다 더 큰사랑은 없다. 내가 이르는 것을 지키면 너희는 나의 벗이 된다"(요한 15:13-14)라고 하였다. 류영모도 예수처럼 하느님을 사랑하는 진리의 벗을 바라고 있었다.

"모든 일의 줄기를 알면 옛과 이제는 끝나고"(體幹每事終古今)

류영모는 내 앞에 닥치는 모든 사물(事物)이 내게 보낸 하느님의 편지라고 하였다. 우리는 그 편지를 받아 읽고 하느님의 뜻을 바로 헤아리는 것이 체간매사(體幹每事)이다.

> 일도 물건도 하늘도 땅도 모두 내게 온 편지다. 반가운 일이나 싫은 일이나 다 내게 온 편지다. 모든 것이 다 하느님께서 하느님 당신 생각을 좀 해보라

는 편지다(『다석어록』).

우리가 하느님의 얼나를 깨달으면 시간을 초월하게 되므로 옛과 이제는 끝나게 된다. 옛과 이제를 끝내야 하늘나라에 들어간다. "아들을 보고 믿는 사람은 누구나 영원한 생명을 얻게 하는 것이 내 아버지의 뜻이다. 나는 마지막 날에 그들을 모두 살릴 것이다"(요한 6:40). 하느님 아들인 얼나를 깨달아 영원한 생명을 얻을 때 시공(時空)의 상대세계는 끝난다. 상대세계의 마지막 날이다.

"모든 있는 것을 감싸 안는 큰 빈 마음이라"(包容萬有太空心)

류영모는 제나(自我, ego)가 죽은 마음은 허공과 같다고 하였다. 1천억 조가 넘는 많은 별(天體)이 허공 속에 담겨 있다. 류영모는 말하기를 "마음과 허공(虛空)은 하나라고 본다. 저 허공이 내 마음이요 내 마음이 저 허공이다. 여기 땅에 사는 것에 맛을 붙여 좀 더 살겠다는 그따위 생각은 하지 말자. 마음하고 허공하고는 하나라고 아는 것이 참이다. 빈데(虛空)에 가야 한다. 마음이 식지(죽지) 않아서 모르지, 마음이 식으면 하나가 된다. 허공이 마음이고 마음이 허공이라는 자리에 가면 그대로 그것이다. 오는 것도 가는 것도 아니다. 마음 그릇을 가지려고 한다면 측량할 수 없이 크게 하라. 우리의 마음은 지극히 큰 것으로 비워 놓으면 하늘나라도 그 속에 들어온다. 그 마음에 하늘나라가 들어오지 못하면 마음의 가난을 면치 못한다. 이 세상에서 가장 좋은 것은 무엇보다 마음을 한없이 크게 가진 석가 · 예수 · 간디 등이다"라고 하였다. 얼

(靈)과 빔(空)은 하나란 말이다.

"이제나 옛날이나 마음을 비워야 성령이 일르고"(今古心空聖神命)

석가와 노자는 2천 5백 년 전 사람이고 마하트마 간디와 류영모는 그들보다 2천 5백 년 뒤의 사람들이지만 거짓 나인 제나(自我)가 죽어야 참나인 얼나가 산다고 한 말은 똑같다. "자아(제나)가 죽을 때 영혼(얼나)은 깨어난다"(When the ego dies the soul awakes. —간디, 『날마다의 명상』)는 말은 석가 · 노자 · 류영모의 말과 같다. 예수도 마찬가지다.

류영모는 말하기를 "깊이 느끼고 깊이 생각하여 마음을 비게 하고 마음을 밝게 하면 우리의 마음속에 깨닫게 되는 것이 있으니 그것이 얼생명을 키워가는 것이다"라고 하였다. 장자(莊子)는 이렇게 말했다.

> 오직 얼은 빈 마음에 모인다. 빈 마음이란 마음(제나)을 씻은 것이다(唯道集虛 虛者心齋也 —『장자』「인간세편」).

"안 뵈면 찾고 나오면 들어 바탈 기르는 사람"(尋消聞息養性人)

심소문식(尋消聞息)은 소식을 묻고 들어야 한다는 말이다. 소식 가운데 소식은 하느님의 소식이다. 개체에게는 전체의 소식(말씀)을 듣는 것이 일용할 양식을 먹는 것이고 숨을 쉬는 것이다. 개체가 전체의 소식(말씀)을 듣지 못하면 굶은 듯이 허전하고 숨 막힌 듯이 답답하다.

하느님의 소식(말씀)을 들으면 마음이 든든하고 속이 시원하다. 하느님의 소식(말씀)이 없을 때는 찾아 물어서라도 하느님의 말씀을 들어야 한다. 말씀을 듣는 것이 말씀 먹음이요, 말씀 숨 쉼이다. 내 마음속에 있는 하느님 아들은 하느님의 말씀(소식)을 먹고 숨 쉬어 살며 자란다. 예수가 이르기를 "성서에 사람이 빵으로만 사는 것이 아니라 하느님의 입에서 나오는 모든 말씀으로 살리라"(마태오 4:4)고 하였고, 류영모는 "하느님의 말씀을 숨 쉬지 못하면 사람이라고 하기 어렵다"라고 하였다. 예수와 류영모의 말이 다른 말이 아니다. 제나(自我)는 거짓 나라 아무리 열심히 살아도 헛일이다. 열심히 산다 할지라도 그 결과는 참담한 패배요 멸망이다. 죽음 이상의 패배와 멸망이 어디 있는가. 이 말이 거짓말인가 아닌가는 공동묘지 무덤 속의 촉루(해골)에게 물어보면 알 것이다. 그러나 제나의 삶을 버리고 얼나를 받들어 기르면 죽음을 넘어선 보람과 기쁨을 얻게 된다. 그것이 예수 · 석가의 삶이 보여 준 것이다.

하느님의 성령이 참나라는 것을 깨달아 아는 사람은 누구나 다 하느님이 주신 얼의 씨로 하느님 아들이다. 하느님의 씨인 성령이 하늘나라요, 영원한 생명인 것이다. 사람마다 이것을 깨달으면 이 세상은 그대로 하늘나라다. 영원한 생명인 얼로 보면 하느님의 참사랑을 느낄 수 있다. 자기 속에 있는 하느님 씨가 하느님 아들임을 믿어야 한다. 그러면 누구나 몸으로는 죽어도 하느님 아들인 얼로는 멸망치 않는다. 얼로 거듭나는 것이 영생이다. 얼이 참나인 것을 깨닫는 것이 거듭나는 것이다. 영원한 생명은 예수 이전부터 이어 내려오는 것이다. 예수는 단지 우리가 따라갈 수 없을 만큼 이 사실을 크게 깨달아 가르쳐 주었다(『다석어록』).

류영모는 얼(靈)과 성(性)을 같은 뜻으로 썼다.

"가되 덜 가면 오기를 다하지 못해"(往而未去來不盡)

류영모는 말하기를 "마음이란 어떤 의미로는 영원성 있는 얼을 대표할 수 있다. 그러나 마음이라는 것은 그대로는 안 된다. 벗어버릴 것이 여간 많지 않다. 벗어버릴 것 벗어버리고 가야 한다. 다시 말하면 우리의 마음도 멸거(滅去)하여야 한다. 그런 뒤에 즉진(卽眞)하여 참나에 이르러야 한다. 여러 가지 말을 해도 그것이 참나에 이르지 못하면 아무짝에도 못 쓴다"라고 하였다. 이처럼 제나는 완전히 부정해야지 조금이라도 살려두면 얼나가 바로 오지를 못 한다. 신앙생활을 한다면서 경전을 읽는다면서도 제대로 참나를 깨닫지 못한 사람들이 많다. 그 까닭은 제나(自我)가 거짓 나임을 철저하게 알지 못하고 철저하게 부정하지 못하였기 때문이다. 제나(自我)로 어떤 능력을 얻고 축복을 누려보겠다는 생각을 가졌거나 제나를 부정하지 못한 채 기도를 아무리 해도 최면에만 빠지게 된다. 제나(自我)를 완전히 부정해야 한다. 완전히 부정하는 것은 근본인 전체(하느님)로 복귀하는 것이다.

"구름 올라 비와 스며 나오니 비롯의 샘물"(雲騰雨滲出原泉)

바다에서 김이 올라 구름이 되었다가 다시 비가 되어 땅에 떨어진다. 땅에 떨어진 빗물이 땅속으로 스며들었다가 땅 위로 솟아오르면 물줄기의 비롯인 샘이다. 샘물이 흘러 흘러 냇물이 되고 강물이 되어 다시 바다에 돌아간다. 우리는 예수를 기독교 정신의 원천으로 보고 석가를 불교 정신의 원천으로 본다. 그것은 태백산맥에 자리한 소백산(小白山) 천의봉 밑의 너덜샘이 낙동강의 시원이고 소백산 금대복 계곡의 고옥샘이 한강의 시원인 것과 같다. 그러나 알고 보면 모든 강의 시원은 하늘의 구름이다. 진리사상의 원천은 하느님의 성령이다. 예수·석가도 하느님의 성령이 우리의 참나임을 거듭거듭 일러주었다. 예수가 이르기를 "사람들이 어떤 죄를 짓든 입으로 어떤 욕설을 하든 그것은 다 용서받을 수 있으나 성령을 모독하는 사람은 영원히 용서받지 못할 것이며 그 죄는 영원히 벗어날 길이 없을 것이다"(마르코 3:28-29)라고 하였다.

"이제에 나아가지 않으면 이제를 알지 못해"(卽今未卽叵知今)

이제는 나가 있어서 이제다. 나가 없으면 이제도 없다. 이제를 안다는 것은 나를 안다는 말과 같다. 짐승들은 이제를 모른다. 내가 참나를 만날 때가 이제이다. 초월(超越)의 순간, 돈오(頓悟)의 순간이 이제다.

> 나는 없이 있는 하나의 점이요 긋이다. 찰나인 것뿐이다. '나'라고 하는 순간 이미 나는 아니다. 나는 없이 있는 나다. 그런 나만이 나라고 할 수 있다. 빛보다 빨리 달리는 나만이 참나다. 매일 새롭고 새로운 나만이 참나다. 없이 있는 나만이 참나다. 참나는 말씀의 나요, 성령의 나다. 그래서 우리가 할 것은 가온찍기밖에 없다. 점을 찍는 것은 생각 속에 말씀이 나타나는 것이다. 모든 말씀이 개념화되어 가장 짧은 말로 줄어든 것이 참나다. 참나가 가온찍기다(『다석어록』).

거짓 나가 참나를 만나 녹아 없어지는 것이 가온찍기의 이제다. 그것은 찰나의 순간에 이루어진다. 제나가 죽고 얼나로 사는 것이다.

류영모는 말하기를 "인생 문제는 성숙해질 때 해결된다. 성숙이란 내가 나 아니면서 나(얼나)가 될 때 이루어진다. 제나가 부정되고 얼나가 된다는 말이다. 몸나에서 얼나로 솟난다는 말이다. 부분인 제나로 죽고 전체의 얼나로 사는 것이다"라고 하였다.

"꿈이 가고서 깨달음이 오니 지금은 착하라"(往夢來覺現責善)

변화하는 상대세계는 몽땅 꿈(夢幻)이다. 지나간 과거를 생각해도 꿈이요 다가올 미래를 생각해도 꿈이다. 그러니 지금의 이 노릇도 꿈꾸는 일이다. 미련한 사람도 이것을 아는지라 사진밖에 남는 것이 없다면서 사진을 자꾸만 찍는다. 실제가 없어진 영상이 무슨 소용이 있단 말인가? 류영모는 말하기를 "우리의 삶이란 꿈꾸는 것이다. 나의 거짓된 삶의 꿈은 깨야 한다. 인생이란 마침내 꿈꾸고 마는 것이다. 꿈 깨자고 하는 게 바른 생각이다. 니르바나니 진리니 하는 것은 이 삶이라는 꿈을 딱 깨자는 것이다. 잘못되고 거짓된 이 삶이란 꿈을 깰 때 영원에 들어간다"고 하였다.

인생이라는 꿈을 깨면 하느님이 참나임을 깨닫는다. 하느님이 참나임을 깨달은 이는 인생이라는 꿈에서 깬 이다. 이제도 하느님이 참나임을 모르는 이는 아직도 꿈을 꾸고 있는 사람들임에 틀림없다. 꿈을 꾸는 동안은 자신이 꿈을 꾸는지조차 모르고 있다. 참으로 안타까운 일이다.

꿈을 깬 사람은 몸을 지니고 있는 동안 착하게 살려고 애쓰는 일이 남아 있다. 선(善)만이 아니라 진 · 선 · 미를 실현하여야 한다. 맹자(孟子)는 이르기를 "착하라 권하는 것이 벗 사이의 길이다"(責善朋友之道 — 『맹자』「이루 하편」)라고 하였다.

> 하느님 아버지께서 우리에게 이르신 말씀이 정직하게 살라는 것이다. 정직한 길은 옛날부터 하늘에서 준 길로 모든 성현들이 걸어간 길이다. 이 길만이 마음 놓고 턱턱 걸어갈 수 있는 길이다. 이 길만이 언제나 머리를 들고 떳떳하게 걸어갈 길이다. 모든 상대세계를 툭툭 털어 버리고 오로지 갈 수 있는 길은 곧은 길뿐이다. 곧은 길만이 일체를 이기는 길이다. 세상을 사랑하면 멸망하지만 진리를 따르면 모든 것이 살아난다(『다석어록』).

32. 어디서나 임자됨은 본디 얼나이다
隨處爲主本來性命

갈 것 없고 올 것 없고 또 머물 것 없어 无去无來亦無住
가고 가고 오고 오니 언제나 예 있나니 去去來來恒在玆
뒤에 나 먼저 죽음은 급한 시킴이 있어 後生先死急使命
더디 죽어 살아감은 오직 한님의 뜻 잇기 延死進生惟承旨

(1965. 12. 13)

隨處(수처): 어디든지, 닿는 곳마다. 隨: 따를 수. 性命(성명): 얼생명. 性: 성품 성. 本來(본래): 본디. 无: 없을 무. 玆: 이 자. 延: 미적거릴 연, 뻗칠 연. 承: 받들 승.

어디서나 임자되시는 이는 얼나이신 하느님 한 분이다. 이 땅 위에 여러 나라 여러 민족의 말이 4천에서 6천에 이른다는데 그 말마다 하느님이란 낱말은 꼭 있다. 그것은 사람이 어떤 처지에 있어도 하느님을 생각하게 된다는 증거이다. 물론 그 신관이 유치한 생각을 벗어나지 못한 것들이 많은 것도 사실이다. 그것은 생각이 덜 깨어서 하느님 아닌 것을 하느님으로 섬기는 것뿐이지 하느님에 대한 그리움 자체는 순수한 것임에 틀림없다. 이것만 보아도 얼나이신 하느님은 그 어디서나 임자임에 틀림없다. 이것은 이 우주의 어느 별나라에 간다고 하여도 마찬가지이다. 하느님은 무한우주의 임자이기 때문이다.

개체의 임자는 전체이다. 모든 천체(별)도 개체이듯이 모든 사람도 개체이다. 개체의 임자는 전체인 하느님이시다. 아직도 하느님이 없다고 하는 이들이 있는데 말이 안 된다. 개체가 있는데 어찌 전체가 없을 수 있는가. 개체도 개체의식이 있는데 전체도 전체의식이 있다. 석가는 개체이면서 개체를 초월하여 전체의식을 얻었다. 그것이 붓다의 니르바나 사상이다. 그 니르바나 사상이 바로 하느님 신앙인 것이다. 니르바나님 대신에 무위진인(無位眞人)이니 주인공(主人公)이라는 말을 쓰는데 그게 바로 하느님인 것이다.

류영모는 성명(性命)을 이렇게 말하였다. "유교에서 생명(生命)이라면 이 혈육(血肉)의 몸생명을 가리키는 것 같다. 성명(性命)이라야 정신생명을 가리킨다. 성(性)은 만유근원야(萬有根源也)이다. 성은 로고스요 진리다."

"갈 것 없고 올 것 없고 또 머물 것 없어"(无去无來亦無住)

가서 머물고 와서 머물지 않을 수 없는 것은 개체(個體)들의 운명이다. 그래서 사람이 있는 곳은 반드시 교통 통신이 있어야 하고 여관, 호텔이 있어야 한다. 개체는 시간 · 공간의 제한을 받기 때문에 어쩔 수 없는 숙명이다. 그러나 전체인 하느님은 갈 것도 없고 올 것도 없고 머무를 것도 없다. 전체이기 때문이다. 무소부재(無所不在)하다는 말은 전체라는 다른 표현이다. 석가는 절대유일의 전체인 니르바나를 깨달아 '무거무래역무주'의 사상을 말한 것이다.

류영모는 말하기를 "예수 · 석가에게 나타났던 영원한 생명(얼나)이 나에게도 나타났으니 영원은 시간 · 공간을 초월하여 존재하는 것만은 틀림없다"고 하였다. 시간 · 공간을 초월하여 있다는 것은 어디서나 있다는 뜻이다. 누구에게나 있다는 뜻이다. 아직 모르는 이는 생각을 안 해 깨닫지 못하여 모를 뿐이다.

"가고 가고 오고 오니 언제나 예 있나니"(去去來來恒在玆)

참으로 존재하는 것은 전체인 하느님 한 분이다. 전체밖에는 아무것도 없다. 전체는 유일절대존재이다. 전체의 내용으로 개체들이 있다. 전체는 한결같아 비롯도 없고 마침도 없다. 그러나 개체는 수가 많으면서도 있다가 없어지고 없다가 있어지고 하는 상대적 존재다. 그래서 개체들은 한편으로는 가고 가고 계속 간다. 간다는 말은 죽어 없어진다는 뜻이다. 또 한편으로는 오고 오고 계속 온다. 온다는 말은 나서 있게 된다는 말이다. 이러한 사실을 장자(莊子)는 말하기를 "이를 가리켜 하늘나라라 이른다. 쏟아부어도 가득 차지 않고 퍼내도 마르지 않는다"(此之謂天府 注焉而不滿 酌焉而不竭 — 『장자』「재물론」)라고 하였다.

전체의 그릇인 빔(虛空)은 절대라 변하지 않는다. 전체의 생명인 얼(意識)은 절대라 변하지 않는다. 전체 속에서 생기고 사라지는 개체인 상대적 존재는 생멸(生滅)을 거듭한다. 우리도 개체로서 생멸하는 상대적 존재다. 상대적 존재로서는 하느님을 불변의 얼과 빔의 하느님으로 느낀다. 그러나 생멸하는 상대적 존재조차 엄연히 하느님의 내용물이므로 그것까지 포괄한 하느님은 변하면서 변하지 않는다고 말할 수밖에 없다. 상대적 존재인 개체로서 생멸은 어쩔 수 없는 운명의 철칙이다. 그러나 전체로서는 비롯도 없고 마침도 없는 영원한 생명이다. 항재자(恒在玆)란 이를 두고 하는 말이다.

"뒤에 나 먼저 죽음은 급한 시킴이 있어"(後生先死急使命)

류영모가 뒤에 나서 먼저 죽다(後生先死)라는 말을 쓰게 된 것은 김교신의 부음을 들은 때이다. "저녁 오류동의 송두용으로부터 함흥에 있는 김교신이 별세하였다는 전보 부음이 있었다. 본인(류영모)은 함석헌의 소개로 김교신을 알았다. 류영모가 함석헌보다 4,017일(136삭) 먼저 났는데 함석헌은 김교신보다 36일 먼저 났다. 그런데 맨 뒤에 온 김교신이 반대로 가장 먼저 갔다"(생략)(『다석일지』 4권). 류영모(1890~1981)와 김교신(1901~1945)은 이처럼 류영모가 김교신의 곱을 살았다. 김교신의 사명은 급한 사명이었다는 결론이다. 대통령이 임명한 장관을 3일 만에 교체하든 3달 만에 교체하든 3년 만에 교체하든 그것은 대통령 고유의 권한이다. 여기에 그 누구도 불평이나 항의를 할 수 없다. 김교신은 왜 45년밖에 못 살게 하고 류영모는 90년이나 살게 하느냐고 따질 수 없다. 그래서 류영모도 할 말이 없으니까 "후생선사 급사명"이라고 밖에 더 설명할 수 없었다. 김교신은 2남 6녀를 남겨놓고 45살에 세상을 떠났다. 가장을 잃은 김교신의 가정은 살림살이가 어려워질 수밖에 없었다. 6.25의 한국전쟁을 겪고 나니 판잣집에서 김교신의 부인 한매(韓梅)가 길거리에서 껌팔이를 해서 겨우 생계를 꾸려가는 처지가 되었다. 그러니 그 가난이란 이루 말할 수가 없었다. 김교신의 애제자인 류달영도 그 당시의 대학교수 월급으로는 자신의 가족들도 살기가 어려워 아내가 부업을 해야만 하였다. 류달영의 마음은 평안할 수가 없었다. 걱정하는 아버지의 모습을 지켜보던 류달영의 장녀 류인숙(柳寅淑)이 김교신의 장남 김정손에게 시집을 가서 김교신의 부인을 시어머니로 모시겠다고 나섰다. 류달영은 "김교신 선생님은 나의 은사지 너와는 상관이 없다. 너의 생각은 고마우나 나로서는 부담스러우니 그렇게 할 필요가 없다" 하며 말렸다. 류인숙은 고집을 꺾지 않고 기어이 김교신의 며느리가 되었다. 손수 연탄 장사를 하는 등 간난신고 끝에 김교신이 없는 김교신의 가정을 일으켜 세웠다. 류인숙은 현대판 평강공주라 할 만큼 뜻있는 혼인을 하였다. 혼인 안 하는 것을 이상으로 아는 석가요 예수지만 류인숙의 혼인을 과소평가하지는 않을 것이다.

"더디 죽어 살아감은 오직 한님의 뜻 잇기"(延死進生惟承旨)

김교신이 죽은 1945년에 류영모는 55살이었다. 류영모는 김교신보다 11년 먼저 났다. 김교신의 부음을 들은 1945년 4월 26일에 이런 생각을 하였다. 내가 김교신보다 11년 먼저 났는데 앞으로 11년을 더 살고 죽는다면 어떨까. 그리하여 1956년 4월 26일이 죽는 날로 가정되었다. 그리고 1955년 4월 26일 YMCA 금요강좌에서 1년 뒤 오늘에는 내가 죽는다고 공개 선언하였다. 그러나 그대로 되지는 않았다. 일기(多

夕日誌)를 쓰게 된 것은 1955년 4월 26일부터다.

여기서 죽음이 늦춰졌다는 말은 이래서 나온 말이다. 류영모가 1956년 4월 26일에 죽기로 한 것인데 죽지 않은 것은 죽음이 늦춰진 것이지 죽지 않는 것은 아니다. 사람은 언제나 죽을 준비를 하고 있어야 한다. 사람은 자기의 죽을 때와 곳을 알지 못하기 때문이다. 그래서 참사람은 어제저녁에 죽고 오늘 하루 덤으로 사는 것으로 알고 산다. 그래서 불안도 불만도 없다. 류영모는 이렇게 말하였다. "사람은 가끔 이번만 살려달라고 기도를 한다. 아직 씨가 영글지 않아서 그렇다. 열매를 맺지 못해서 그렇다. 아직 빈 쭉정이 인생을 살고 있는 것이다. '쭉정이가 가지에 삼 년'이란 말이 있다. 쭉정이가 가지에 붙어만 있으면 무얼 하나. 모양만 사납다. 나는 이번만 살려달라는 쭉정이 인생들의 남은 여생이 문제라고 생각한다. 마치 소매치기 전과자들처럼 용서해주면 또 죄를 범하는 것과 같다. 우리가 삶의 길을 걸어가다가 하느님께서 나에게 삶을 그만두라고 하면 "아니 이럴 수가 있는가, 내가 왜 죽어야 하나?"라는 소리가 나오지 않아야 한다. 밥 먹고 똥 누고 하는 이 일을 얼마나 더 해보자고 애쓰는 것은 참 우스운 일이다. '살리거나 죽이거나 하느님 아버지의 마음대로 하십시오'라고 하는 것이 아들의 마음이다" (『다석어록』).

33. 한 번 펼쳐볼라치면
一展可覽

좋은 일하라, 얼굴이 곱다란 말버릇 못 버려　　勸善番美未了俗
살고 보자는 생각에 내 쓸 것만 얻고자 해　　因循姑息用得欲
죄악으로 보고 괴로움으로 알아 참삶을 이뤄　　罪觀苦海成生涯
영원한 하느님만을 믿고 우러르고 사랑해　　永遠絶大信望愛

(1960. 7. 7)

勸善(권선): 선심 쓰기를 권하는 것. 勸: 권할 권. 審美(심미): 생김새를 살피는 일. 審: 살필 심. 了: 마칠 료. 俗: 버릇 속. 因循(인순): 나쁜 습관을 버리지 않음. 因: 의지할 인. 循: 좇을 순. 姑息(고식): 우선 당장에 편함. 姑: 아직 고. 息: 아직 편할 식. 生涯(생애): 사는 동안. 涯: 다할 애.

예수는 제자들까지도 알아듣기 어려운 말을 하였다. 사람들이 예수의 말을 제대로 알아들었더라면 예수를 십자가에 못 박는 못된 짓은 할 리가 없었을 것이다. 인류 역사에서 최고의 깨달음에 이른 성인을 죽이는 어리석은 짓을 왜 하였겠는가. 그들은 진리의 말씀에는 삼중고(三重苦)의 장애자들이었다. 예수가 말하는 진리의 말씀을 못 알아듣기는 짐승들과 다름이 없었으니 쇠귀요 말귀였다.

예수가 하는 말이 "너희는 아래로 왔지만 나는 위에서부터 왔다. 너희는 이 세상에 속해 있지만 나는 이 세상에 속해 있지 않다"(요한 8:23)라고 하였다. 이 세상을 한 번 펼쳐 볼라치면 두 세계가 있다. 짐승인 몸나를 나로 알고 살아가는 사람과 하느님 아들인 얼나를 나로 알고 살아가는 사람이 있다. 예수는 몸나를 나로 알고 사는 사람을 아래에서 왔다 하고 얼나를 나로 알고 사는 사람을 위에서 왔다고 하였다. 몸은 어버이의 하체에서 나왔고 얼나는 하느님의 성령이 온 것이다. 몸나는 언젠가는 죽어야 하는 멸망의 생명인데 얼나는 죽음이 없는 영원한 생명이다. 이 사실을 아는 것이 무엇보다 급선무다. 아이들도 몸 성히 놀 때는 어버이를 잊어버린다. 놀다가 다치기라도 해야 엄마, 아빠를 찾는다. 사람들도 몸살림이 순조로우면 하느님 생각을 하지 않는다. 몸이 성하고 재물이 넉넉한 사람치고 진리를 알고자 하는 사람을 만나기 어렵다. 진리와 재산 가운데서 재산을 택하여 물러가는 부자 청년을 보고서 예수가 이르기를 "나는 분명히 말한다. 부자는 하늘나라에 들어가기가 어렵다. 거듭 말하지만 부자가 하늘나라에 들어가는 것보다 낙타가 바늘귀로 빠져나가는 것이 더 쉬울 것이다"(마태오 19:23-24)라고 하였다.

류영모는 말하기를 "이 고깃덩어리 몸뚱이가 온통 죄악이다. 깜짝 정신을 못 차리면 내 속에 있는 얼나를 내쫓고 이 죄악 몸뚱이가 차지하게 된다. 그러므로 사람은 깨지 않으면 멸망해버린다. 이 몸은 멸망하고 만다. 그런데 내 속에 죽지 않는 하느님의 씨(얼나)가 있어 영생한다"라고 하였다.

"좋은 일하라, 얼굴이 곱다란 말버릇 못 버려"(勸善番美未了俗)

어떤 신앙을 가지라고 권하는 것도 권선이다. 시주(헌금)를 내라고 권하는 것도 권선이다. 귀찮을 정도로 주기적으로 가정방문 전도를 하는 교회가 있는가 하면 자선금을 거두는데 아예 온라인으로 자동이체를 해달라는 집단이 있다. 이것은 아주 낯두꺼운 권선이다. 그보다 더 나아가면 칼을 받겠는가 코란을 받겠는가 하는데 이르게 된다. "어떤 인생관도 어디까지나 제 인생관이지 남에게 꼭 주장할 수는 없다"(『다석어록』). 하느님도 강요하지는 않는데 하물며 사람이 사람에게 강요한다는 것은 있을 수 없다. 진리는 자유를 벗어나서는 살지 못한다. 인(仁)은 내가 한다(由己仁) 권선(勸善)도 지나치면 보기 싫다. 북한 땅에 세워진 김일성의 동상이 3만 개를 넘는다니 그게 할 짓인가? 김일성의 이름 앞에 붙이는 찬사가 80가지라니 그게 있을 수 있는 일인가? 공자·맹자를 높인다면서 자를 두 개씩 붙여서 자공자, 자맹자라 한 적이 있다. 권선도 지나치면 보기 싫은데 권악(勸惡)을 서슴지 않는 이들이 있다. 담배를 권하고 술을 권하고 마약을 권하고 도박을 권하고 음행을 권한다. 이것은 친구가 아니라 나를 파멸로 이끌려는 원수다. 심지어 도둑질 강도질을 함께 하잔다. 놀랍게도 동반자살을 같이 하잔다. 있을 수 없는 파렴치이다.

사람을 만나면 으레 얼굴을 가지고 인사를 삼는다. 얼굴이 예쁘다느니 얼굴이 좋아졌다느니 이것이 심미(審美)다. 에베레스트산 정상에 등반을 하고 온 사람들에게 그런 인사를 할 수 있을까? 심산이나 광야에서 고행수도한 수도자들에게 그런 인사를 할 수 있을까? 그 사람의 진리정신을 알아주어야지 남의 얼굴 모습이나 심미(審美)하여 무엇 하자는 말인가. "누구든지 귀와 눈에 빠져서는 안 된다. 예쁜 얼굴 고운 목소리에 홀리면 망한다. 사람과 사물(事物)에 끌리지 않고 빠지지 않으면 온갖 법도가 다 바르게 된다. 그러나 미색(美色)과 진물(珍物)에 빠지면 자기의 인격과 정신을 잃게 된다"(『다석어록』).

"살고 보자는 생각에 내 쓸것만 얻고자 해"(因循姑息用得欲)

인순고식(因循姑息)이란 몇천만 년 동안 이어져 내려온 짐승살이에 얽매어있는 것을 말한다. DNA(유전인자)로 유전되어 오는 탐 · 진 · 치의 수성(獸性)으로 구차하게 살아가는 것을 말한다. 사람들이 짐승과 다름없이 식색(食色)의 만족을 위하여 사람들끼리 서로 속이면서 겨루면서 엉기면서 살아가고 있다. 그리하여 짐승살이를 그만두고 하느님의 아들로 거듭나게 하고자 석가와 예수가 평생 동안 목숨을 바쳐 가르쳤으나 성과는 지극히 미미하였다. 그리하여 석가를 안타깝게 하였으며 예수를 눈물짓게 하였다.

류영모는 이러한 말을 하였다. "이 세상에서 대부분의 일은 식과 색(食色), 두 가지에 귀착된다. 똑같은 사람끼리 만나 이야기하면 결국에는 식 · 색 두 가지에 가 닿는다. 예수 · 석가 · 톨스토이 · 간디는 명백히 사람은 식 · 색 두 가지 욕망을 따라서 살아서는 안 된다고 말하였다. 사람들은 교제를 한다면 진수성찬을 마련해 놓고 남녀가 어울린다. 남녀의 정사를 쾌락이라고 하지만 다 어리석은 짓이다. 나의 이 말에 반대하는 사람이 많을 것이다. 류영모란 사람은 정력이 약해서 그런 소리를 한다고 할는지 모른다. 그러나 나는 다른 사람보다 더 정력이 강할 것이다. 나같이 마른 사람을 색골(色骨)이라 하지 않는가. 내가 16살(만 15살)부터 성경을 보지 않았으면 나라는 사람이 어떻게 되었을는지 모른다. 나는 51살까지 범방(犯房)을 했는데 그 이후부터는 아주 끊었다. 아기 낳고 하던 일이 꼭 전생(前生)에 하던 일같이 생각된다. 정욕이 없어서 그런 게 아니다. 어떤 이는 단욕(斷欲) 하면 병이 난다고 하는데 세상일 다 보고 더러운 소설이나 영화를 보아 음란한 짓만 생각하면서 참으면 병이 날 것이다."

"죄악으로 보고 괴로움으로 알아 참삶을 이뤄"(罪觀苦海成生涯)

사람의 몸이 지닌 탐·진·치의 수성(獸性)을 예수는 죄로 보았고 석가는 괴로움으로 보았다. 예수는 탐욕을 버려라(루가 12:15), 성내지 말라(마태오 5:22), 음욕을 품지 말라(마태오 5:28)고 하였다. 이는 짐승 성질인 탐·진·치를 부정한 것이다. 진·선·미의 얼생명으로 거듭난 사람에게는 탐·진·치의 수성은 죄악인 것이다. 예수의 생애는 탐·진·치를 떠난 진·선·미의 얼생명으로 사는 본보기를 보여준 것이다.

예수는 '탐욕'을 버렸다. 그리하여 아무것도 가진 것이 없는 무소유(無所有)에 이르렀다. "여우도 굴이 있고 하늘의 새도 보금자리가 있지만, 사람의 아들은 머리 둘 곳조차 없다"(마태오 8:20)라고 하였다. 예수는 진에를 버렸다. 예수는 비폭력 무저항의 사람이었다. 무한히 용서하라는 것이었다. "칼을 도로 칼집에 꽂아라. 칼을 쓰는 사람은 칼로 망하는 법이다"(마태오 26:52)가 그것이다. 예수는 치정을 버렸다. 그래서 아예 혼인하지 아니하였다. 예수가 이르기를 "처음부터 결혼하지 못할 몸으로 태어난 사람도 있고 사람의 손으로 그렇게 된 사람도 있고 또 하늘나라를 위하여 스스로 결혼하지 않는 사람도 있다. 이 말을 받아들일 만한 사람은 받아들여라"(마태오 19:12)라고 하였다. 예수는 진 · 선 · 미의 얼나를 깨달아 얼나의 권위로써 탐 · 진 · 치의 수성(獸性)을 다스렸다. 예수의 생애는 탐 · 진 · 치를 떠난 거룩한 얼나의 삶을 살았다. 삼독을 떠난 성결 없이는 예수의 생애는 없다.

석가의 생애도 탐 · 진 · 치의 임자인 제나(自我)와 싸우는 생애요 승리한 생애였다. 그리하여 생로병사의 몸나를 버리고 진 · 선 · 미의 얼나(法我)를 깨달았다. 석가는 물질인 몸나의 삶은 괴로움이라고 하였다.

물질을 사랑하고 즐겨하는 것은 곧 괴로움을 사랑하고 즐겨하는 것이요 괴로움을 사랑하고 즐겨하면 곧 괴로움에서 해탈하지 못하고 거기에 밝지 못하며 탐욕을 떠나지 못하느니라. 이와 같이 느낌, 생각, 지어감,의식을 사랑하고 즐겨하는 것은 곧 괴로움을 사랑하고 즐겨하는 것이요, 괴로움을 사랑하고 즐겨하면 곧 괴로움에서 해탈하지 못하느니라. 물질을 사랑하고 즐겨하지 않는 것은 곧 괴로움을 사랑하고 즐겨하지 않음이니 곧 괴로움에서 해탈하게 되느니라(『잡아함경』 5, 「무지경」).

물질(몸)에는 탐욕과 성냄과 음욕이 있다. 만일 그것이 없어지면 욕심을 떠나 마음은 지극히 고요해질 것이다. 느낌, 생각, 지어감, 의식에는 탐욕과 성냄과 음욕이 있다. 만일 그것이 없어지면 욕심을 떠나 마음은 지극히 고요해질 것이다(『잡아함경』 118, 「탐진치경」).

"영원한 하느님만을 믿고 우러르고 사랑해"(永遠絶大信望愛)

영원절대는 하느님이시다. 하느님만이 비롯도 없고 마침도 없는 영원한 존재이다. 하느님만이 가장자리도 없고 맞설 것도 없는 절대한 존재이다. 그런데 하느님의 한 세포에 지나지 않는 개체인 사람이 하느님을 있느니 없느니 하는 것은 말이 안 된다. 개체인 사람은 시한(時限)의 존재라 영원을 모르고 부분의 존재라 전체를 몰라 하느님이 없다는 정신없는 소리를 한다.

류영모는 말하기를 "적어도 높이 생각하는 이는 높고 멀고 큰 것을 생각해야 한다. 우리 머리보다 훨씬 더 높고 멀고 큰 것을 생각해야 한다. 우리는 이 작은 몸뚱이에서 저 높고 큰 데로 솟나야만 산다는 뜻이 우리에게 줄곧 있다"라고 하였다.

신망애(信望愛)는 사도 바울로의 말이다. "우리가 지금은 거울에 비추어보듯이 희미하게 보지만 그때에 가서는 얼굴을 맞대고 볼 것입니다. 지금은 내가 불완전하게 보지만 그때에 가서는 하느님께서 나를 아시듯이 나도 완전하게 알게 될 것입니다. 그러므로 믿음과 희망과 사랑이 세 가지는 언제나 남아 있을 것입니다. 이 중에서 가장 위대한 것은 사랑입니다"(고린도전서 13:12-13). 오직 하느님만이 우리가 믿을 님이요, 바랄 님이요, 사랑할 님이다. 류영모는 이렇게 말하였다. "우리는 낮은 이 땅을 떠나 영원한 절대로 올라야 한다. 맨 꼭대기의 절대로 가는 것이다. 제자리를 회복하는 것이다. 새로 뭐가 되는 게 아니다. 영원절대만이 우리의 신 · 망 · 애(信 望 愛)이다"(『다석어록』).

다석 류영모 연보(多夕年譜)

1890년 (0세)	3월 13일(경인년 2월 23일) 서울 남대문 수각 다리 가까운 곳에서 아버지 류명근(柳明根) 어머니 김완전(金完全) 사이에서 형제 가운데 맏아들로 태어나다.
1896년 (6세)	서울 홍문서골 한문서당에 다니며 통감(通鑑)을 배우다. 천자문(千字文)은 아버지께 배워 5세(만 4세) 때 외우다.
1900년(10세)	서울 수하동(水下洞) 소학교에 입학 수학(修學)하다. 당시 3년제인데 2년 다니고 다시 한문서당에 다니다.
1902년(12세)	자하문 밖 부암동 큰집 사랑에 차린 서당에 3년간 다니며 『맹자』(孟子)를 배우다.
1905년(15세)	YMCA 한국인 초대 총무인 김정식(金貞植)의 인도로 기독교에 입신(入信), 서울 연동교회에 나가다. 한편 경성일어학당(京城日語學堂)에 입학하여 2년간 일어(日語)를 수학하다.
1907년(17세)	서울 경신학교에 입학 2년간 수학하다.
1909년(19세)	경기 양평에 정원모가 세운 양평학교에 한 학기 동안 교사로 있다.
1910년(20세)	남강 이승훈의 초빙을 받아 평북 정주(定州) 오산학교(五山學校) 교사로 2년간 봉직하다. 이때 오산학교에 기독교 신앙을 처음 전파하여 남강 이승훈이 기독교에 입신하는 계기가 되다.
1912년(22세)	오산학교에서 톨스토이를 연구하다. 일본 동경에 가서 동경 물리학교에 입학하여 1년간 수학하다.
1915년(25세)	김효정(金孝貞, 23세)을 아내로 맞이하다.
1917년(27세)	육당(六堂) 최남선(崔南善)과 교우(交友)하며 잡지 「청춘(青春)」에 〈농우〉(農友), 〈오늘〉 등 여러 편의 글을 기고하다.
1919년(29세)	남강 이승훈이 3·1운동 거사 자금으로 기독교 쪽에서 모금한 돈 6천 원을 맡아 아버지가 경영하는 경성피혁 상점에 보관하다.
1921년(31세)	고당(古堂) 조만식(曺晩植) 후임으로 정주 오산학교 교장에 취임 1년간 재직하다.
1927년(37세)	김교신(金敎臣) 등 「성서조선(聖書朝鮮)」지 동인들로부터 함께

	잡지를 하자는 권유를 받았으나 사양하다. 그러나 김교신으로부터 사사(師事)함을 받다.
1928년(38세)	중앙 YMCA 간사 창주(滄柱) 현동완의 간청으로 YMCA 연경반(硏經班) 모임을 지도하다. 1963년 현동완 사망(死亡) 시까지 약 35년간 계속하다.
1935년(45세)	서울 종로 적선동에서 경기도 고양군 은평면 구기리로 농사하러 가다.
1937년(47세)	「성서조선」 잡지에 삼성 김정식 추모문 기고하다.
1939년(49세)	마음의 전기(轉機)를 맞아 예수정신을 신앙의 기조로 하다. 그리고 일일일식(一日一食)과 금욕생활을 실천하다. 이른바 해혼(解婚) 선언을 하다. 그리고 잣나무 널 위에서 자기 시작하다.
1942년(52년)	「성서조선」 사건으로 일제(日帝) 종로 경찰서에 구금되다. 불기소로 57일 만에 서대문 형무소에서 풀려나다.
1943년(53세)	2월 5일 새벽 북악 산마루에서 첨철천잠투지(瞻徹天潛透地)의 경험을 하다.
1945년(55세)	해방된 뒤 행정 공백기에 은평면 주민들로부터 자치위원장으로 추대되다.
1948년(58세)	함석헌(咸錫憲) YMCA 일요 집회에 찬조 강의를 하다. 1950년(60세) YMCA 총무 현동완이 억지로 다석 2만2천 일 기념을 YMCA회관에서 거행하다.
1955년(65세)	1년 뒤 1956년 4월 26일 죽는다는 사망예정일을 선포하다. 일기(『多夕日誌』) 쓰기 시작하다.
1959년(69세)	『노자』(老子)를 우리말로 완역하다. 그밖에 경전의 중요 부분을 옮기다.
1961년(71세)	12월 21일 외손녀와 함께 옥상에 올라갔다가 낙상(落傷), 서울대학병원에 28일 동안 입원하다.
1972년(82세)	5월 1일 산 날수 3만 일을 맞이하다.
1977년(87세)	결사적인 방랑길을 떠나 3일 만에 산송장이 되어 경찰관에 업혀오다. 3일간 혼수상태에 있다가 10일 만에 일어나다.
1981년(91세)	1981년 2월 3일 18시 30분에 90년 10개월 21일 만에 숨지다.